Daniel Mendelsohn

DIE VERLORENEN

Eine Suche nach sechs von sechs Millionen

Aus dem amerikanischen Englisch
übersetzt von Eike Schönfeld

Pantheon

Die Originalausgabe erschien 2006
unter dem Titel *The Lost: A Search for Six of Six Million*
bei HarperCollins, New York.

Penguin Random House Verlagsgruppe FSC® N001967

Erste Auflage
Pantheon-Ausgabe Januar 2021
Copyright © 2006, 2013, Daniel Mendelsohn
All rights reserved
Copyright © der deutschsprachigen Ausgabe
2021 by Pantheon Verlag
in der Penguin Random House Verlagsgruppe GmbH,
Neumarkter Straße 28, 81673 München
Umschlaggestaltung: Büro Jorge Schmidt, München,
unter Verwendung einer Vorlage von Rudolf Linn, Köln
Umschlagabbildung: © privat
Satz: Uhl + Massopust GmbH, Aalen
Druck und Bindung: CPI books GmbH, Leck
Printed in Germany
ISBN 978-3-570-55441-8

www.pantheon-verlag.de

*Die deutsche Ausgabe dieses Buches ist
dem Andenken an meinen großen Lehrer
Fred Hertrich gewidmet.*

Die Familie von Shmiel Jäger

JÄGER

Isak Jäger
geb. um 1820
gest. vor 1900

Neche KORNBLÜH
geb. 1825
gest. 1899

11 weitere Kinder

Elkune Jäger **Taube MITTELMARK**
geb. 1867   *geb. 1875*
gest. 1912   *gest. 1934*

Shmiel   **Ruchele**   **Sosia**   **Itzhak**
(Sam)   **(Ray)**   **(Sylvia)**   *geb. 1900*
geb. 1895   *geb. 1896*   *geb. 1898*   *gest. 1972*
gest. 1943?   *gest. 1923*   *gest. 1981*

& Ester   **& Philip**   **& Miriam BIN**
SCHNEELICHT   **RECHTSCHAFFEN**   („Tante Miriam")
geb. 1896
gest. 1942

Lorka   **Frydka**   **Ruchele**   **Bronia**   **Allan**   **Elkana**   **Bruria**
geb. 1920 *geb. 1922* *geb. 1925* *geb. 1929?*   *geb. 1927*   *geb. 1928* *geb. 1930*
gest. 1943? *gest. 1943?* *gest. 1941* *gest. 1942*

*(zahlreiche
Kinder und Enkel;
„die israelischen
Cousinen")*

MITTELMARK

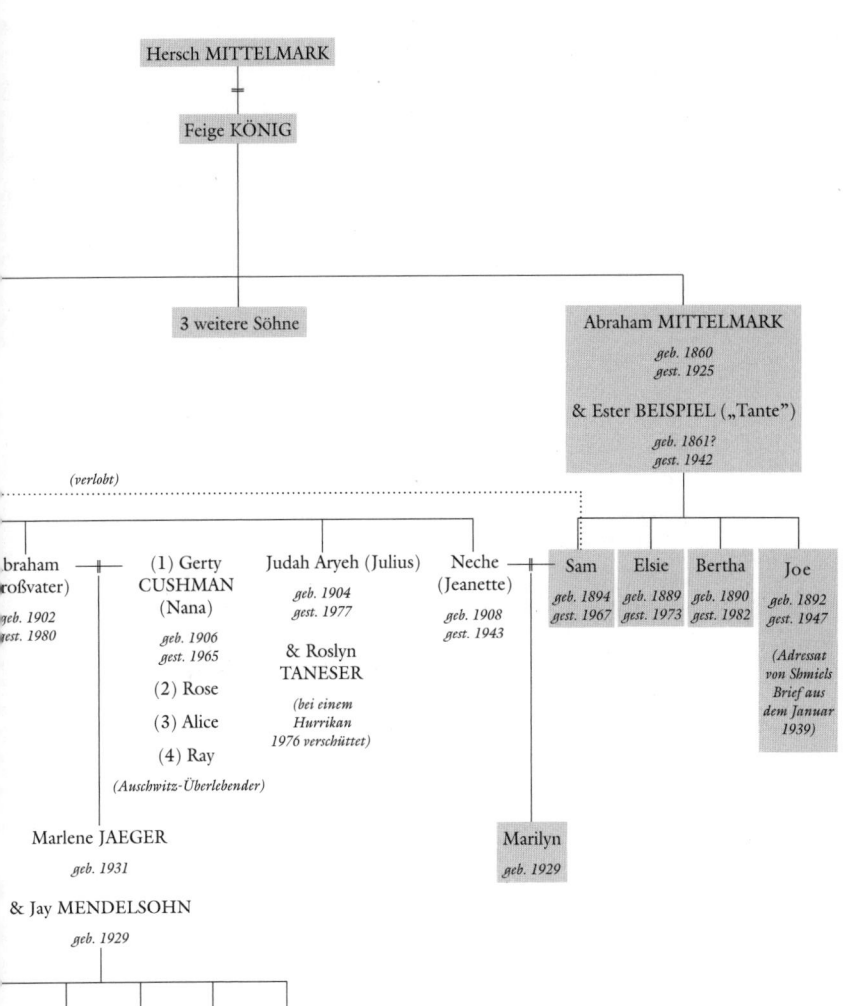

Hersch MITTELMARK

Feige KÖNIG

3 weitere Söhne

Abraham MITTELMARK

geb. 1860
gest. 1925

& Ester BEISPIEL („Tante")

geb. 1861?
gest. 1942

(verlobt)

braham
roßvater)

geb. 1902
gest. 1980

(1) Gerty
CUSHMAN
(Nana)

geb. 1906
gest. 1965

(2) Rose

(3) Alice

(4) Ray

(Auschwitz-Überlebender)

Judah Aryeh (Julius)

geb. 1904
gest. 1977

& Roslyn
TANESER

*(bei einem
Hurrikan
1976 verschüttet)*

Neche
(Jeanette)

geb. 1908
gest. 1943

Sam

geb. 1894
gest. 1967

Elsie

geb. 1889
gest. 1973

Bertha

geb. 1890
gest. 1982

Joe

geb. 1892
gest. 1947

*(Adressat
von Shmiels
Brief aus
dem Januar
1939)*

Marlene JAEGER

geb. 1931

& Jay MENDELSOHN

geb. 1929

Marilyn

geb. 1929

ew   Daniel   Matthew   Eric   Jennifer

957   *geb. 1960*   *geb. 1962*   *geb. 1964*   *geb. 1968*

ERSTER TEIL

Bereschit
oder
Anfänge

(1967–2000)

Wenn wir ein gewisses Alter überschritten haben, werfen die
Seele des Kindes, das wir gewesen, und die Seelen der Toten,
aus denen wir hervorgegangen sind, mit vollen Händen ihre
Schätze und ihren bösen Zauber auf uns.

Marcel Proust,
Auf der Suche nach der verlorenen Zeit
(Die Gefangene)

1

Die formlose Leere

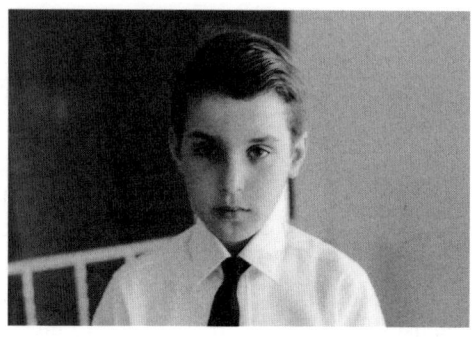

Vor einiger Zeit, als ich sechs, sieben oder acht Jahre alt war, kam es zuweilen vor, dass ich ein Zimmer betrat und bestimmte Leute zu weinen begannen. Die Zimmer, in denen das geschah, befanden sich zumeist in Miami Beach, Florida, und die Leute, auf die ich diese sonderbare Wirkung hatte, waren, wie fast alle Mitte der sechziger Jahre dort, alt. Fast alle (so jedenfalls erschien es mir damals) waren Juden – Juden jener Spezies, die, wenn sie einander ihren hoch geschätzten Klatsch erzählten oder zum lange hinausgezögerten Ende einer Geschichte oder der Pointe eines Witzes kamen, ins Jiddische verfielen, was natürlich zur Folge hatte, dass die Höhepunkte dieser Geschichten und Witze den Jungen unter uns unverständlich blieben.

Wie viele ältere Einwohner von Miami Beach zu jener Zeit lebten diese Leute in Wohnungen oder kleinen Häusern, die denen, die nicht darin lebten, ein wenig muffig erschienen und in denen es im Allgemeinen ruhig zuging, bis auf jene Abende, wenn die Klänge der Shows von Red Skelton, Milton Berle oder Lawrence Welk aus den Schwarz-Weiß-Fernsehern plärrten. In gewissen Abständen wurde es in ihren muffigen, stillen Wohnungen jedoch laut von den Stimmen kleiner Kinder, die im Winter oder Frühling auf einen mehrwöchigen Besuch bei diesen alten Juden aus Long Island oder New Jersey hergeflogen waren, wo sie ihnen vorgeführt und auch noch gezwungen wurden, starr vor Verlegenheit und Scheu, ihre papiernen, kalten Wangen zu küssen.

Die Wangen alter jüdischer Verwandter! Wir wanden uns, wir stöhnten, wir wollten hinunter zu dem nierenförmigen beheizten Swimmingpool hinter dem Wohnkomplex laufen, aber erst mussten wir alle Wangen küssen, die bei den Männern nach Keller und Haarwasser und Tiparillos rochen und auf denen kratzige Koteletten wuchsen, die so weiß waren, dass man sie oft für Fussel hielt (wie einmal mein kleiner Bruder, der versuchte, die störenden Flusen wegzuzupfen, wofür er einen unsanften Klaps auf den Kopf erhielt), die bei den alten Frauen ein diffuses Aroma von Gesichtspuder und Bratöl verströmten und so weich waren wie die »Not«-Tüchlein, die sie tief in ihre Handtaschen gestopft hatten wie Blütenblätter neben das violette Riechsalz, schrumplige Hustenbonbonpapierchen und zerknüllte Geldscheine … Die zerknüllten Scheine. *Halt das mal für Marlene, bis ich wieder rauskomme*, trug die Mutter meiner Mutter, Nana nannten wir sie, meiner anderen Großmutter an einem Tag im Februar 1965 auf, als sie ihr eine kleine rote Lederhandtasche mit einem zerknitterten Zwanzigdollarschein darin übergab, bevor man sie zu einer diagnostischen Operation in den OP rollte. Sie war gerade neunundfünfzig geworden, und es ging ihr nicht gut. Meine Großmutter Kay gehorchte und nahm die Handtasche mit dem zerknüllten Schein, und gemäß ihrem Versprechen übergab sie sie meiner Mutter, die sie noch einige Tage später in der Hand hielt, als Nana, in eine schlichte Fichtenkiste gelegt, wie es Brauch ist, auf dem Friedhof Mount Judah in Queens beerdigt wurde, in dem Abschnitt, der sich (wie eine Inschrift auf einem Granittor mitteilt) im Besitz der First Bolechower Sick Benevolent Association befindet. Um dort begraben zu werden, musste man dieser Vereinigung angehören, was wiederum bedeutete, dass man aus einer Kleinstadt von ein paar tausend Einwohnern namens Bolechow kommen musste, die fast auf der anderen Seite der Welt in einer Landschaft lag, die einst zu Österreich, dann zu Polen und dann vielen anderen gehört hatte.

Freilich wurde die Mutter meiner Mutter – mit deren weichen Ohrläppchen, daran klobige blaue oder gelbe Kristallohrringe, ich immer spielte, wenn ich bei ihr auf dem geflochtenen Gartensessel vorn auf der Veranda meiner Eltern auf dem Schoß saß, und die ich zu einer bestimmten Zeit lieber mochte als alle anderen, weswegen ihr Tod zweifellos das erste Ereignis war, an das ich deutliche Erinnerungen habe, auch wenn diese Erinnerungen bestenfalls Fragmente sind (das wellenförmige Fischmuster auf den Fliesen an den Wänden des Wartesaals im Krankenhaus; meine Mutter sagt eindringlich etwas zu mir, etwas Wichtiges, auch wenn es noch vierzig Jahre dauern sollte, bis ich mich daran erinnerte, was es war; ein komplexes Gefühl aus Sehnsucht, Furcht und Scham; das Geräusch von Wasser, das in eine Spüle läuft) –, wurde die Mutter meiner Mutter nicht in Bolechow geboren, sondern war vielmehr die einzige meiner vier Großeltern, die in den Vereinigten Staaten zur Welt kam, was ihr als Teil einer bestimmten Gruppe Menschen, die heute ausgestorben ist, ein gewisses Prestige verlieh. Allerdings war ihr gut aussehender und dominanter Mann, mein Großvater, *Opa*, in Bolechow geboren und bis zum Jüngling herangewachsen, er und seine sechs Geschwister, die drei Brüder und die drei Schwestern, und aus diesem Grund war es ihm gestattet, eine eigene Grabstelle in jenem bestimmten Teil des Friedhofs Mount Judah zu besitzen. Dort liegt nun auch er, ebenso seine Mutter, zwei seiner drei Schwestern und einer seiner drei Brüder. Die andere Schwester, die hochgradig besitzergreifende Mutter eines Einzelkinds, folgte ihrem Sohn in einen anderen Staat und liegt dort begraben. Von den anderen beiden Brüdern war einer so vernünftig und vorausschauend (wie man uns immer sagte), mit seiner Frau und seinen kleinen Kindern in den dreißiger Jahren von Polen nach Palästina auszuwandern, und wurde infolge dieser weisen Entscheidung schließlich in Israel beerdigt. Der älteste Bruder, der von allen sieben Geschwistern auch am besten aussah, am meisten verehrt und hofiert wurde, der *Prinz* der Familie, war 1913 als junger Mann nach New York gekommen, jedoch nach einem knappen Jahr, in dem er dort bei einer Tante und einem Onkel wohnte, zu der Erkenntnis gelangt, dass ihm Bolechow lieber war. Und so ging er nach einem Jahr zurück –

eine Entscheidung, von der er, da er dort glücklich und wohlhabend wurde, wusste, dass sie die richtige war. Er hat überhaupt kein Grab.

Von diesen alten Männern und Frauen – die manchmal allein schon bei meinem Anblick weinten, diesen alten Juden mit Wangen, die geküsst werden mussten, mit ihren Uhrarmbändern aus Krokoimitat und den schmutzigen jiddischen Witzen und den dicken schwarzen Plastikbrillen, mit den vergilbten Plastikhörgeräten, deren Kabel ihnen über den Rücken hingen, mit ihren Gläsern, randvoll mit Whiskey, mit den Bleistiften, die sie einem bei jeder Begegnung hinhielten und die den Namen einer Bank oder eines Autohändlers trugen; mit den A-Linie-Kleidern aus bedruckter Baumwolle und den Dreifachsträngen weißer Plastikperlen und den blassen Kristallohrringen und dem roten Nagellack, der auf ihren endlos langen Fingernägeln blitzte und klackte, wenn sie Mah-Jongg und Canasta spielten oder die endlos langen Zigaretten hielten, die sie rauchten –, von denen hatten diejenigen, die ich zum Weinen bringen konnte, bestimmte andere Dinge gemein. Sie alle redeten mit einem besonderen Akzent, mit dem ich vertraut war, weil er, wenn auch schwach, aber erkennbar, die Aussprache meines Großvaters durchzog; nicht zu stark, denn als ich alt genug war, um solche Dinge wahrzunehmen, hatten sie hier in Amerika schon ein halbes Jahrhundert lang gelebt, und dennoch eignete manchen Wörtern, besonders solchen mit *r* und *l*, Wörtern wie *darling* oder *wonderful*, eine verräterische Rauheit, etwas Sonores, sie hatten eine bestimmte Art, in die *t* und *th* zu beißen, in Wörtern wie *terrible* und (ein Wort, das mein Großvater, der gern Geschichten erzählte, häufig gebrauchte) *truth. It's de troott!*, sagte er. Diese ältlichen Juden unterbrachen einander gern bei solchen Treffen, wenn sie und wir uns alle bei jemandem im muffigen Wohnzimmer drängten, fielen anderen in die Geschichte, um sie zu korrigieren, um einander zu erinnern, was zu dieser oder jener *vahnderful* oder (was wahrscheinlicher war) *tahrrible time* wirklich geschehen war, *dollink, I vuz dehre, I rrammenbah, and I'm tellink you, it's de troott.*
Noch charakteristischer und denkwürdiger war, dass sie alle

13

anscheinend zweite, alternative Namen füreinander hatten. Das verwirrte mich, als ich sechs, sieben Jahre alt war, zutiefst, weil ich glaubte, meine Nana (beispielsweise) heiße Gertrude, manchmal auch Gerty, weshalb ich auch nicht begriff, warum sie in dieser ausgesuchten Gesellschaft in Florida bei großen Familienzusammenkünften, die vierzig Jahre nach der Ausschiffung der herrischen und zu Dramen neigenden Familie ihres Mannes in Ellis Island und ihrer Neudefinierung als Amerikaner (wobei sie unablässig weiter Geschichten aus Europa erzählten) stattfanden, zu *Golda* wurde. Ebenso wenig verstand ich, warum der jüngere Bruder meines Großvaters, unser Onkel Julius, ein großer Verteiler beschrifteter Bleistifte, der ungewöhnlich spät geheiratet hatte und den mein prunkender, gut gekleideter Großvater immer mit einer Nachsicht behandelte, die man gemeinhin schlecht erzogenen Haustieren vorbehält, plötzlich zu *Yidl* wurde (erst Jahrzehnte später erfuhr ich, dass der Name auf seiner Geburtsurkunde Judah Arie, »Löwe von Judäa«, gelautet hatte). Und wer war überhaupt diese *Neche*, die mein Großvater manchmal als seine liebste jüngste Schwester bezeichnete, die aber, wie ich wusste, 1943 im Alter von fünfunddreißig Jahren (so erzählte es mir mein Großvater, womit er mir erklärte, warum er diesen Feiertag nicht mochte) am Thanksgiving-Tisch der Schlag getroffen hatte; wer war diese *Neche*, da ich doch wusste oder zu wissen glaubte, dass seine geliebte kleine Schwester Tante Jeanette gewesen war? Nur mein Großvater, dessen richtiger Name Abraham war, hatte einen mir verständlichen Spitznamen: Aby, und das verstärkte das Gefühl in mir, dass er ein Mensch von totaler und transparenter Authentizität war, einer, dem man vertrauen konnte.

Von diesen Menschen weinten manche, wenn sie mich sahen. Ich trat ins Zimmer, sie sahen mich an und (vor allem die Frauen) führten beide verkrümmten Hände mit den Ringen und den Knoten, die ihre Knöchel waren, geschwollen und hart wie bei einem Baum, diese Hände führten sie an ihre vertrockneten Wangen und sagten mit einem kleinen theatralischen Atemzug: *Oj, er set ojss seier enlech zu Shmiel!*

Oh, er sieht Shmiel so ähnlich!

Und dann fingen sie an zu weinen und machten leise Ausrufe

und wiegten sich vor und zurück, und ihre rosa Pullover oder Windjacken schlackerten ihnen lose um die Schultern, und dann setzte ein rechter Schwall Schnellfeuerjiddisch ein, von dem ich dann ausgeschlossen war.

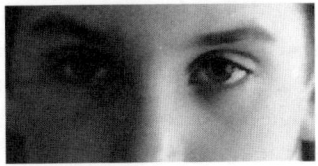 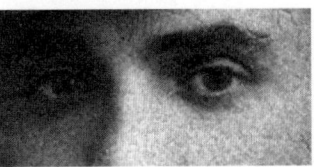

Über diesen Shmiel wusste ich natürlich etwas: der älteste Bruder meines Großvaters, der mit seiner Frau und seinen vier schönen Töchtern während des Krieges von den Nazis umgebracht worden war. *Shmiel. Von den Nazis umgebracht.* Letzteres war, wie wir alle wussten, die ungeschriebene Unterschrift unter den wenigen Fotografien, die wir von ihm und seiner Familie hatten; sie liegen jetzt sorgfältig verstaut in einer Plastiktüte in einer Schachtel in einem Karton im Keller meiner Mutter. Ein offenbar wohlhabender Geschäftsmann Mitte fünfzig, der mit sichtlichem Besitzerstolz vor einem Lastwagen neben zwei uniformierten Fahrern steht; eine Familie, um einen Tisch versammelt, die Eltern, vier kleine Mädchen, ein unbekannter Fremder; ein schicker Mann in einem Mantel mit Pelzkragen, einen Fedora auf dem Kopf; zwei junge Männer in der Uniform des Ersten Weltkriegs, der eine, wie ich wusste, der einundzwanzigjährige Shmiel, die Identität des anderen hingegen war unmöglich zu erraten, unbekannt und nicht zu ermitteln. … *Unbekannt und nicht zu ermitteln*, das konnte frustrierend sein, erzeugte aber auch einen gewissen Reiz. Die Fotografien von Shmiel und seiner Familie waren deshalb so viel faszinierender als die anderen Familienbilder, die so penibel im Familienarchiv meiner Mutter verwahrt wurden, eben weil wir fast nichts über ihn, über sie wussten; ihre ernsten, nichts aussagenden Gesichter erschienen uns daher umso verlockender.

Lange Zeit gab es nur die stummen Fotografien und manchmal auch das unbehagliche Flirren in der Luft, wenn Shmiels Name fiel. Zu Lebzeiten meines Großvaters geschah dies nicht sehr oft, denn es war, wie wir wussten, die Tragödie seines Lebens, dass sein Bruder und seine Schwägerin und die vier Nichten von den Nazis umgebracht worden waren. Selbst ich, der ich, wenn er zu Besuch kam, immer gern zu seinen Füßen saß, die in weichen Lederpantoffeln steckten, und seinen zahlreichen Geschichten über »die Familie« zuhörte, was natürlich *seine* Familie bedeutete, deren Name einst Jäger gewesen war (und die, gezwungen, den Umlaut abzulegen, als sie nach Amerika kamen, nach und nach zu Yaegers und Yagers und Jagers und, wie er, Jaegers wurden: alle diese Schreibweisen finden sich auf den Grabsteinen auf dem Mount Judah), diese Familie, die jahrhundertelang eine Metzgerei und dann, später, einen Fleischhandel in Bolechow hatte, *eine hübsche Stadt, ein lebendiges Städtchen, ein Schtetl,* ein Ort, der berühmt war für das Holz und Fleisch und die Lederwaren, die seine Kaufleute nach ganz Europa lieferten, *ein Ort, an dem man leben konnte, ein schönes Fleckchen am Fuß der Berge*; selbst ich, der ich ihm so nahe war, der ihn mit zunehmendem Alter so oft über Familiendinge ausfragte, ihre Geschichte, Daten, Namen, Beschreibungen, Orte, sodass er, wenn er auf meine Fragen antwortete (auf dünnem Briefpapier der Firma, die er vor langer Zeit besessen hatte, mit blauer Tinte aus einem fetten Parker-Füller), gelegentlich schrieb: *Lieber Daniel, bitte stelle mir keine Fragen mehr über die mischpoche, denn ich bin ein alter Mann und erinnere mich an nichts mehr, und außerdem, willst Du denn wirklich noch mehr Verwandte finden?!* – selbst mir war es unangenehm, sie zur Sprache zu bringen, diese schreckliche Sache, die Shmiel widerfahren war, seinem eigenen Bruder. *Von den Nazis umgebracht.* Als Kind, als ich erstmals den Refrain über Shmiel und seine verlorene Familie hörte, fand ich es schwierig, mir vorzustellen, was genau das bedeutete. Selbst später noch, nachdem ich alt genug war, um etwas über den Krieg erfahren zu haben, die Dokumentarfilme gesehen, mit meinen Eltern die Folge einer PBS-Serie namens *The World at War* angeschaut hatte, der die Angst machende Warnung voranging, bestimmte Bilder des Films seien für Kinder zu aufwühlend – selbst später war es schwer vorstellbar, wie genau man sie umgebracht hatte, schwer, die Einzelheiten, die Besonderheiten zu erfassen. Wann? Wo? Wie? Mit Gewehren? In der Gaskammer? Doch mein Großvater wollte es nicht sagen. Erst später begriff ich, dass er es deshalb nicht sagen wollte, weil er es nicht oder nicht genau genug wusste, und dass dieses Nichtwissen Teil dessen war, was ihn quälte.

Und so brachte ich es nicht zur Sprache. Stattdessen hielt ich mich an sichere Themen, an Fragen, die es ihm gestatteten, lustig zu sein, was er gern war, wie zum Beispiel in dem folgenden Brief, den er mir kurz nach meinem vierzehnten Geburtstag geschrieben hatte:

20. Mai / 74

Lieber Daniel,
habe Deinen Brief mit allen seinen Fragen erhalten, kann Dir aber leider nicht alle Antworten geben. Ich habe in Deinem Brief gesehen, wo Du mich fragst, ob Du mit allen Deinen Fragen meinen engen Zeitplan störst, die Antwort lautet NEIN
Ich habe gesehen, dass Du Dich sehr darüber freust, dass ich mich an den Namen von HERSHS Frau erinnere. Auch ich freue mich, weil Hersh mein Großvater ist und Feige meine Großmutter.
Und was nun die Geburtsdaten der beiden angeht, ich kenne sie nicht, weil ich nicht dabei war, aber wenn einmal der MESSIAH kommt und alle Verwandten Wiedervereint sind, werde ich sie fragen …

Ein Nachtrag zu diesem Brief ist an meine Schwester und meinen jüngsten Bruder gerichtet:

Liebste Jennifer und Lieber Eric,
wir danken Euch beiden für Eure wundervollen Briefe, und wir freuen uns besonders, weil Ihr keine Fragen zur Mischpoche habt

LIEBE JENNIFER,
ICH WOLLTE DIR UND DEINEM BRUDER ERIC ETWAS GELD SCHICKEN, ABER WIE DU WEISST, ARBEITE ICH

NICHT UND HABE AUCH KEIN GELD. ALSO LIEBT
TANTE RAY EUCH BEIDE SEHR, UND TANTE RAY
LEGT ZWEI DOLLAR BEI EINEN FÜR DICH UND
EINEN FÜR ERIC.
VIELE GRÜSSE UND KÜSSE
TANTE RAY UND OPA JAEGER

Und im PS schrieb er meiner Mutter:

Liebste Marlene,
bitte lass Dir mitteilen, dass Dienstag, 28. Mai, JISKOR ist …

Jiskor, *Jizkor*: ein Gedenkgottesdienst. Mein Großvater dachte
immer an die Toten. Jeden Sommer, wenn er uns besuchen kam,
gingen wir mit ihm zum Mount Judah, um meine Großmutter
und alle anderen zu besuchen. Wir Kinder bummelten herum
und betrachteten gelangweilt die Namen auf den bescheidenen
Grabsteinen und flachen Platten oder das riesige Grabdenkmal
in Form eines Baums, dem die Äste abgehackt waren, das an die
ältere Schwester meines Großvaters erinnerte, die mit sechsundzwanzig gestorben war, *eine Woche vor ihrer Hochzeit*, wie
mein Großvater mir jedenfalls immer erzählte. Einige dieser
Steine trugen graublaue Plaketten mit der Aufschrift ›Immer-
während Fürsorge‹, nahezu alle Namen wie Stanley und Irving
und Herman und Mervin, wie Sadie und Pauline, Namen, die
meine Generation als typisch jüdisch empfindet, wobei es – eine
jener Ironien, die nur das Vergehen einer gewissen Zeit verdeut-
lichen kann – vielmehr so ist, dass die Juden, die ein Jahrhundert
zuvor eingewandert waren, mit Namen wie Selig und Itzig, wie
Hercel und Mordko, wie Scheindel und Perl geboren worden
waren, sich für diese Namen gerade deshalb entschieden hatten,
weil sie ihnen als sehr englisch, sehr unjüdisch erschienen. Wir
bummelten also herum und sahen uns das alles an, während
mein Großvater, wie stets in einem makellosen Sportjackett, mit
scharfen Bügelfalten an der Hose, kühn gebundener Krawatte
und Einstecktuch, seinen akribischen und systematischen
Rundgang begann, reihum vor jedem Grab stehen blieb, vor
dem seiner Mutter, seiner Schwester, seines Bruders, seiner Frau,

alle hatte er sie überlebt, und dabei die Gebete auf Hebräisch in einem eindringlichen Gemurmel sang. Fährt man auf dem Interboro Parkway in Queens, hält beim Eingang zum Friedhof Mount Judah und blickt über den Steinzaun an der Straße, kann man sie dort alle sehen, kann ihre angenommenen, ein wenig hochtrabenden Namen lesen, begleitet von den rituellen Bezeichnungen: Geliebte Frau, Mutter und Großmutter; Geliebter Mann; Mutter.

Also ja: Er dachte immer an die Toten. Es sollten noch viele Jahre vergehen, bis ich erkannte, wie sehr er an sie dachte, mein stattlicher und lustiger Großvater, der so viele Geschichten kannte, der sich so großartig kleidete; mit seinem glatt rasierten ovalen Gesicht, den zwinkernden blauen Augen und der geraden Nase, die in die feinste Andeutung einer Knolle auslief, als hätte derjenige, der ihn gestaltete, im letzten Moment beschlossen, einen Hauch Humor dazuzutun; mit seinem spärlichen, säuberlich gebürsteten weißen Haar, seiner Kleidung, seinem Kölnischwasser und der Maniküre, seinen berüchtigten Witzen und den verwickelten, tragischen Geschichten.

Mein Großvater kam Jahr für Jahr im Sommer, denn im Sommer war das Wetter auf Long Island nicht so drückend wie in Miami Beach. Er blieb immer einige Wochen, in Begleitung einer der vier Frauen, mit der er da gerade verheiratet war. Wenn er kam, belegte er (und manchmal auch die Frau) das Zimmer meines kleinen Bruders mit den zwei schmalen Einzelbetten. Dort hängte er, vom Flughafen eingetroffen, seinen Hut auf einen Lampenschirm und faltete sein Sportjackett säuberlich über eine Stuhllehne, danach wandte er sich seinem Kanarienvogel Schloimele zu, was Jiddisch ist und *kleiner Salomon* heißt, stellte den Käfig auf ein kleines eichenes Kinderpult und besprengte den kleinen Vogel mit ein paar Tropfen Wasser, *nur um ihn ein wenig zu erfrischen.* Anschließend holte er langsam, akribisch die Sachen aus seinen sorgfältig gepackten Taschen und legte sie behutsam auf einem der zwei winzigen Betten aus.

Mein Großvater war für eine ganze Reihe von Dingen berühmt (in dem Sinne, wie eine bestimmte Art jüdischer Einwanderer und ihre Familien jemanden als »berühmt« für etwas bezeichnen, was in der Regel bedeutet, dass ungefähr sechsundzwanzig Menschen davon wissen) – für seinen Humor, für die drei Frauen, die er nach dem Tod meiner Großmutter heiratete und von denen er sich, bis auf die eine, die ihn überlebte, in rascher Abfolge scheiden ließ, für seine Art, sich zu kleiden, für gewisse Familientragödien, seine Orthodoxie, dafür, wie er sich bei Kellnerinnen und Ladenbesitzern in Erinnerung hielt, Sommer um Sommer –, doch für mich war das Herausragende an ihm seine Frömmigkeit und seine herrliche Kleidung. Als Kind und auch noch als Jugendlicher erschienen mir diese zwei Dinge als die Grenzen, innerhalb derer seine Fremdheit, sein Europäischsein existierten: das Terrain, das ihm gehörte und niemandem sonst, ein Raum, in dem es möglich war, weltlich und fromm, stilvoll und religiös zugleich zu sein.

Als Erstes packte er immer die Samttasche mit den Gegenständen aus, die er für sein Morgengebet brauchte – fürs *dawnen*. Das hatte er an jedem Tag seines Lebens von dem Tag im Frühling 1915 an getan, als seine Bar-Mizwa gefeiert wurde, bis zu dem Morgen vor dem Tag im Juni 1980, als er starb. Diese seidengefütterte Tasche aus burgunderrotem Samt, auf deren Vorderseite eine von aufsteigenden Löwen von Judäa flankierte Menora mit Goldfaden gestickt war, enthielt seine Kippa, einen gewaltigen, altmodischen weiß-hellblauen Tallit samt den kitzeligen Fransen, in dem er gemäß den Vorschriften, die er mir an einem heißen Tag im Jahr 1972, da war ich zwölf, ein Jahr vor meiner Bar-Mizwa, akribisch diktierte, an jenem Junitag begraben wurde, und die ledernen Gebetsriemen, die Tefillin, die er sich jeden Morgen um den Kopf und den linken Unterarm band, worauf er dann dawnete – und wir ihn in stummer Ehrfurcht betrachteten. Für uns war das ein bizarrer, aber auch majestätischer Anblick: Jeden Morgen nach Sonnenaufgang umwickelte er, auf Hebräisch murmelnd, seinen Arm mit den Lederbändern und band sich danach einen einzelnen dicken Lederriemen, an dem ein Lederkästchen mit Versen aus der Tora angebracht war, so um den Schädel, dass Letzteres auf seiner Stirn saß, dann legte er den riesigen, ausgebleichten Tallit und die Kippa an, zog seinen Siddur heraus, sein Gebetbuch für den Alltag, und murmelte rund eine halbe Stunde lang Worte, die für uns vollkommen unverständlich waren. Manchmal sagte er, wenn er damit fertig war: *Ich habe ein gutes Wort für euch eingelegt, da ihr ja nur Reformierte seid.*

Mit derselben Genauigkeit und Akribie seines Betrituals kleidete sich mein Großvater auch jeden Morgen an, präzise und ordentlich, eben auch ein Ritual. Mein Großvater war das, was man früher einen *snappy dresser* nannte, einer, der sich in Schale wirft. Seine gebürstete und geschniegelte Erscheinung, seine gute Kleidung waren lediglich äußerer Ausdruck einer inneren Eigenschaft, die für ihn und seine Familie das charakterisierte, was es hieß, ein Jäger zu sein, etwas, das sie *Feinheit* nannten: eine Kultiviertheit, ethisch und ästhetisch zugleich. Man konnte immer davon ausgehen, dass seine Socken zu seinem Pullover passten, und er bevorzugte Hüte mit weicher Krempe, in deren Band eine oder auch zwei kecke Federn steckten, bis die letzte seiner vier Frauen – die ihren ersten Mann und eine vierzehnjährige Tochter in Auschwitz verloren hatte und deren weichen, tätowierten Unterarm ich, als ich klein war, immer gern hielt und streichelte, und die, weil sie, wie ich heute glaube, so viel verloren hatte, etwas so Frivoles wie eine Feder am Hut nicht ertrug – sie schließlich herauszupfte. An einem typischen Sommertag in den Siebzigern mochte er Folgendes tragen: eine senfgelbe, sommerleichte Wollhose mit adretten Bügelfalten, ein weiches weißes Strickhemd unter einem Pullunder mit senffarben-weißem Schottenkaro, hellgelbe Socken, weiße Wildlederschuhe und einen Hut mit weicher Krempe, an dem, je nachdem, welches Jahr es in den Siebzigern war, eine Feder steckte oder auch nicht. Bevor er das Haus verließ, um ein paarmal um den Block oder in den Park zu spazieren, spritzte er sich ein wenig 4711 Kölnischwasser auf die Hände und klatschte es sich auf Wangen und Doppelkinn. *Jetzt*, sagte er dann und rieb sich die manikürten Hände, *können wir ausgehen.*

Das alles beobachtete ich aufmerksam (dachte ich jedenfalls). Er mochte auch ein Sportjackett tragen – was ich kaum fassen konnte, da weder eine Hochzeit noch eine Bar-Mizwa anstand –, in das er dann jedes Mal sein Portemonnaie wie auch, in die Innentasche auf der anderen Seite, eine merkwürdige Brieftasche steckte, lang und schmal, eigentlich zu groß in einer Weise, wie bestimmte europäische Herrenartikel für amerikanische Augen immer irgendwie die falsche Größe haben, und aus einem Leder, zu nahezu wildlederartiger Glätte abgegriffen, das, wie mir heute klar ist, da die Brieftasche sich in meinem Besitz befindet, Straußenleder war, die mich damals aber lediglich als pickelig amüsierte. Während er sprach, betrachtete ich ihn vom Bett meines kleinen Bruders aus und bewunderte seine Sachen: den Pullunder mit Schottenkaros, die weißen Schuhe, die eleganten Gürtel, die schwere, blau-goldene Flasche Kölnischwasser, den Schildpattkamm, mit dem er sich die spärlichen weißen Haare zurückstrich, das abgewetzte, gerunzelte Portemonnaie, das, wie ich schon damals wusste, kein Geld enthielt, wobei ich mir zu dem Zeitpunkt nicht vorstellen konnte, was daran so kostbar sein mochte, dass er es jedes Mal, wenn er sich so makellos kleidete, bei sich tragen musste.

Das war der Mann, von dem ich im Laufe der Jahre Hunderte von Geschichten und Tausende Fakten sammelte, die Namen seiner Großeltern und Großonkel und Tanten und Vettern und Basen zweiten Grades, die Jahre, in denen sie geboren, und Orte, wo sie gestorben waren, den Namen des ukrainischen Hausmädchens, das sie als Kinder in Bolechow gehabt hatten (Lulka) und das sich immer beschwerte, die Kinder hätten einen Magen »wie eine bodenlose Grube«, und welchen Hut sein Vater, mein Urgroßvater, immer trug (einen Homburg: Er war ein gepflegter Mann mit einem Spitzbart und in seiner kleinen, aber lebendigen Stadt eine Art großes Tier, dafür bekannt, dass er seinen potenziellen Geschäftspartnern ungarischen Tokaier mitbrachte, »um den Handel zu versüßen«, und mit fünfundvierzig war er in einem Kurort in den Karpaten namens Jaremcze, wo er aus Gesundheitsgründen zur Kur weilte). Opa erzählte mir von dem Stadtpark mit der Statue des großen polnischen Dichters des neunzehnten Jahrhunderts, Adam Mickiewicz, und dem kleinen Park gegenüber dem Platz mit seiner Lindenallee. Er rezitierte für mich – und ich lernte – den Text von »Mayn Shtetele Belz«, dem kleinen kinderliedartigen jiddischen Lied über die Stadt, die ganz in der Nähe derjenigen lag, in der er aufgewachsen war, das ihm seine Mutter ein Jahr vor dem Untergang der *Titanic* vorgesungen hatte:

Mayn heymele, dort vu ikh hob
Mayne kindershe yorn farbrakht.
Belz, mayn shtetele Belz,
In ormen shtibele mit ale
Kinderlakh dort gelakht.
Yedn shabes fleg ikh loyfn dort
Mit der tchine glaych
Tsu zitsen unter dem grinem
Beymele, leyenen bay dem taykh.
Belz, mayn shtetele Belz,
Mayn heymele vu ch'hob gehat
Di sheyne khaloymes a sach.

Mein Heimatle, wo ich hab
Meine Kinderjahr verbracht.
Belz, mein Schtetl Belz,
in einem kleinen armen Häuschen mit all
den kleinen Kindern hab ich gelacht.

Jeden Sabbat dort bin ich mit
meinem Gebetbuch hin
und hab mich unter den kleinen grünen
Baum gesetzt und am Flussufer gelesen.
Belz, mein Schtetl Belz
Mein Heimatle, wo ich einst
So viele schöne Träume gehabt ...

Von meinem Großvater erfuhr ich auch von dem alten ukrainischen Waldmenschen, der in den Bergen oberhalb Bolechows
lebte, aber in der Nacht vor Jom Kippur, als er sah, wie sich die
ungewöhnliche und für ihn beängstigende Stille über die schimmernden Städte am Fuße der bewaldeten Ausläufer der Karpaten senkte, als die Juden in den Schtetln sich auf diesen furchter-
regenden Feiertag vorbereiteten, von seinem Berg herabkam
und bei einem freundlichen Juden wohnte, so groß war die
Furcht des Ukrainers in jener einen Nacht jedes Jahr vor den Juden und ihrem düsteren Gott.

Die Ukrainer, sagte mein Großvater hin und wieder mit
einem müden kleinen Seufzer, wenn er diese Geschichte erzählte. *Uu-kra-ii-ner.* Die Ukrainer. Unsere *goyim.*

Und so kam er also jeden Sommer nach Long Island, und ich
saß zu seinen Füßen, und er erzählte. Er erzählte von der älteren
Schwester, die *eine Woche vor ihrer Hochzeit* gestorben war,
und erzählte von der jüngeren Schwester, die mit neunzehn mit
dem Verlobten der älteren Schwester verheiratet wurde, dem
buckligen (sagte mein Großvater), zwergenhaften Vetter, den
erst das eine und dann das andere dieser reizenden Mädchen
hatte heiraten müssen, weil der Vater dieses hässlichen Vetters,
erzählte mein Großvater, die Schiffstickets bezahlt hatte, die
diese zwei Schwestern und ihre Brüder und ihre Mutter, die
ganze Familie meines Großvaters, in die Vereinigten Staaten gebracht hatten, und als Preis dafür eine schöne Schwiegertochter
verlangt hatte. Er erzählte verbittert davon, wie dieser Vetter,
der natürlich auch sein Schwager war, 1947 meinen Großvater
zweiundvierzig Treppen im Chrysler Building hinabgejagt
hatte, nachdem ein bestimmtes Testament verlesen worden war,
und dabei eine Schere schwang, vielleicht war es auch ein Brief-

öffner; erzählte von einer knauserigen Tante, der Frau des Onkels, der seine Überfahrt nach Amerika bezahlt hatte – jener Tante, bei der der ältere Bruder meines Großvaters, der Prinz, während seines Kurzaufenthalts in den Vereinigten Staaten 1913 hatte wohnen müssen, vielleicht hatte ja auch ihre Knauserigkeit zu seiner Entscheidung geführt, nach Bolechow zurückzukehren, jener Entscheidung, die da noch so richtig schien.

Und er erzählte von der angenehmen Bescheidenheit der BarMizwas im alten Land, verglichen (wie man spüren sollte) mit der allzu überladenen und aufdringlichen Opulenz der heutigen Feier: erst die religiösen Zeremonien in kalten Tempeln mit ihren schrägen Dächern und danach die Empfänge in üppigen Country Clubs und Speisesälen, Anlässe, bei denen Jungen wie ich die Parascha lasen, den Abschnitt aus der Tora für jene Woche, und die Haftara-Abschnitte sangen, die Passagen aus den Propheten, die jede Parascha begleiten, ohne zu wissen, was wir da sangen, dabei aber von dem sich anschließenden Empfang und der Aussicht auf heimliche Whiskey Sours träumten (und so sang ich auch meine: ein Auftritt, der damit endete, dass meine Stimme brach, laut, zutiefst beschämend, als ich gerade das allerletzte Wort sang, aus einem reinen Sopran zu dem Bariton abstürzte, bei dem sie bis heute geblieben ist). *Nu, so?*, sagte er. *Da ist man dann statt morgens um sechs um fünf aufgestanden, man hat eine extra Stunde in der Schul gebetet, und dann ist man nach Hause gegangen und hat mit dem Rabbi und seiner Mutter und seinem Vater Plätzchen und Tee zu sich genommen, und das war's dann auch.* Er erzählte, wie er auf der zehntägigen Überfahrt nach Amerika seekrank wurde, von der Zeit, Jahre zuvor, als er eine Scheune voller russischer Kriegsgefangener bewachen musste, im Ersten Weltkrieg, da war er sechzehn, und da hatte er auch Russisch gelernt, eine der vielen Sprachen, die er konnte; von der nebulösen Gruppe Vettern, die ihn immer mal wieder in der Bronx besuchten und die rätselhafterweise »die Deutschen« genannt wurden.

Alle diese Geschichten erzählte mir mein Großvater, alle diese Dinge, aber nie sprach er über seinen Bruder und seine Schwägerin und die vier Mädchen, die für mich weniger tot als verloren waren, nicht nur aus der Welt verschwunden, sondern –

was für mich noch schrecklicher war – auch aus den Geschichten meines Großvaters. Weswegen ich von all diesen Geschichten, all diesen Menschen am wenigsten die sechs kannte, die ermordet worden waren, diejenigen, die, so schien es mir damals, die ungeheuerlichste Geschichte hatten, die, die zu erzählen sich am meisten lohnte. Doch bei diesem Thema blieb mein gesprächiger Opa stumm, und seine Stummheit, ungewöhnlich und verkrampft, verklärte das Thema Shmiel und seine Familie, machte sie zu etwas Unaussprechlichem und daher Unfassbarem.

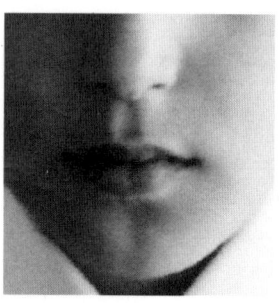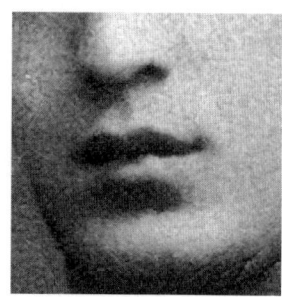

Unfassbar.

Jedes einzelne Wort der Fünf Bücher Mose, des Kerns der hebräischen Bibel, ist über viele Jahrhunderte hinweg analysiert, geprüft, interpretiert und dem forschenden Blick strenger Gelehrter dargeboten worden. Nach allgemeiner Übereinkunft war der größte aller Bibelkommentatoren der französische Gelehrte Rabbi Schlomo ben Jizchak aus dem elften Jahrhundert, besser bekannt als Raschi, ein Name, der nichts anderes als ein Akronym aus den Anfangsbuchstaben seines Titels, Namens und Patronymikums ist: Ra(bbi) Sch(lomo ben) J(zchak) – Raschi. 1040 in Troyes geboren, überlebte Raschi die schrecklichen Umwälzungen jener Zeit, zu denen auch das Gemetzel an den Juden gehörte, einem Nebenprodukt gewissermaßen des Ersten Kreuzzugs. Seine Ausbildung erhielt er in Mainz, wo er bei jenem Mann studierte, der der größte Student des berühmten Gerschom von Mainz gewesen war (da ich immer gute Lehrer hatte, liebe ich solche intellektuellen Genealogien), begründete mit fünfundzwanzig seine eigene Akademie und wurde noch zu Lebzeiten als der größte Gelehrte seiner Zeit angesehen. Sein Interesse für jedes einzelne Wort des Textes, den er studierte, fand in der verkrampften Knappheit seines Stils den perfekten Ausdruck; vielleicht wegen Letzterem wurde Raschis Bibelkommentar selbst zum Gegenstand rund zweihundert weiterer Kommentare. Ein Beleg für Raschis Bedeutung ist, dass die erste gedruckte hebräische Bibel seinen Kommentar enthielt. … Interessant für mich ist die Feststellung, dass Raschi, wie mein Großonkel Shmiel, nur Töchter hatte, was, soweit man das sagen kann, für einen Mann mit einem gewissen Ehrgeiz im Jahr 1040 eine größere Belastung darstellte als 1940. Dennoch führten die Kinder dieser Töchter Raschis das großartige Erbe ihres Großvaters fort, weswegen sie als baalej tossafot bekannt wurden, als »Diejenigen, die erweiterten«.

Obwohl Raschi der überragende Kommentator der Tora bleibt – und mithin auch der ersten Parascha der Tora, des Leseabschnitts, mit dem die Tora beginnt und der selbst nicht mit einem, sondern rätselhafterweise zwei Schilderungen der Schöpfung beginnt, der die Geschichte von Adam und Eva und dem Baum der Erkenntnis enthält und daher eine Passage ist, die im Lauf der Jahrtausende besonders gründliche Kommentare auf sich gelenkt hat –, ist es doch wichtig, die Interpretationen moderner Kommentatoren zu berücksichtigen wie die kürzlich erschienene Übersetzung samt Kommentar von Rabbi Richard Elliot Friedman, die in ihren aufrichtigen und tiefgründigen Versuchen, den alten Text mit dem zeitgenössischen Leben zu verbinden, so offen und freundlich ist wie der Raschis verdichtet und abstrus.

Beispielsweise beschäftigt sich Raschi in seiner gesamten Analyse des ersten Kapitels der Genesis – dessen hebräischer Name Bereschit wörtlich »Am Anfang« bedeutet – mit winzigen Details von Sinn und Diktion, die Rabbi Friedman einfach kommentarlos übergeht, wohingegen es Friedman (der zugegebenermaßen für ein breiteres Publikum schreibt) darauf ankommt, allgemeinere Punkte zu erhellen. Ein Beispiel: Beide Gelehrte verweisen auf die berühmten Schwierigkeiten, die allererste Zeile von Bereschit zu übersetzen – Bereschit bara Elohim et-haschamajim we'et-ha'arez. *Entgegen der Annahme von Millionen, die die Lutherbibel gelesen haben, bedeutet diese Zeile nicht »Am Anfang schuf Gott Himmel und Erde«, sondern muss etwas wie »Am Anfang von Gottes Schöpfung von Himmel und Erde …« bedeuten. Friedman erwähnt lediglich das »klassische Problem« der Übersetzung, ohne näher darauf einzugehen, wohingegen Raschi Unmengen von Tinte darauf verwendet, worin das Problem überhaupt besteht. Und das Problem ist kurz gesagt das, was das Hebräische wörtlich sagt, nämlich »Am Anfang von, schuf Gott Himmel und Erde«. Denn auf das erste Wort,* Bereschit, *»Am Anfang von« (b', »am« + reschit, »Anfang«), müsste eigentlich ein weiteres Substantiv folgen, doch in der ersten Zeile von* Paraschat Bereschit – *wenn wir uns auf ein* Parascha *mit Namen beziehen, verwenden wir die Form »Paraschat« – folgt auf das Wort* Bereschit *ein <u>Verb</u>:* bara, *»schuf«. Nach einer ausführlichen Diskussion der linguistischen Fragen löst Raschi das Problem schließlich damit, dass er bestimmte Parallelen aus anderen Texten heranzieht, in denen auf* Bereschit *statt eines Substantivs ein Verb folgt, was uns gestattet, diese ersten entscheidenden Worte wie folgt zu übersetzen:*

Am Anfang von Gottes Schaffen des Himmels – als die Erde gestaltlos und formlos gewesen war und Finsternis auf dem Angesicht des Tiefen war und Gottes Geist über dem Angesicht des Wassers schwebte – sprach Gott: »Es werde Licht.«

Entscheidend ist für Raschi, dass die falsche Lesart eine verkehrte Chronologie der Schöpfung suggeriert: dass Gott erst den Himmel, dann die Erde, dann das Licht und so weiter schuf. So aber war es nicht, sagt Raschi. Wenn man bereits bei den Details ungenau ist, stimmt auch das Gesamtbild später nicht.

Die Art und Weise, in der winzige Nuancen von Wortstellung, Diktion, Grammatik und Syntax weit größere indirekte Auswirkungen auf die Gesamtbedeutung eines Texts haben können, färbt Raschis Kommentar durchgängig. Für ihn (um ein weiteres Beispiel zu nehmen) ist der berüchtigte »doppelte Beginn« der Genesis – der Umstand, dass sie nicht nur eine, sondern zwei Schilderungen der Schöpfung enthält, deren erste mit der Er-

schaffung des Kosmos beginnt und mit der der Menschheit endet (Genesis 1, 1–30), während die zweite sich von Beginn an auf die Erschaffung Adams konzentriert und fast sofort zur Geschichte Evas, der Schlange und der Vertreibung aus dem Paradies übergeht – im Grunde eine Frage des Stils, die recht einfach zu erklären ist. In seinen Erläuterungen zu Genesis 2 nimmt Raschi das Gegrummel der Leser vorweg – die Erschaffung des Menschen wurde schließlich schon in Genesis 1, 27 behandelt –, erklärt jedoch, nachdem er selbst einiges an Rabbiweisheit befragt hat, er habe eine gewisse »Regel« entdeckt (zufällig Nummer dreizehn von zweiunddreißig, die bei der Erklärung der Tora helfen), und diese Regel besage, wenn auf eine allgemeine Erklärung oder Geschichte eine zweite Version dieser Geschichte folge, so solle die zweite als eine detailliertere Erläuterung der ersten verstanden werden. Und daher solle die zweite Erzählung der Erschaffung des Menschen in Genesis 2 sozusagen als erhöhte Version der ersten in Genesis 1 begriffen werden. Und so ist es ja auch: Denn im ersten Kapitel der Genesis mit seiner trockenen, chronologischen Auflistung der Erschaffung von Kosmos, Erde, ihrer Fauna und Flora und schließlich der Menschheit stimmt uns nichts auf die überbordende Erzählung des zweiten Kapitels ein mit ihren Geschichten von Unschuld, Betrug, Verheimlichung, Vertreibung und letztlich Tod, von dem Mann und der Frau an dem abgeschiedenen Ort, dem jähen und verhängnisvollen Auftauchen des mysteriösen Eindringlings, der Schlange, und dann: der Zerschlagung der friedlichen Existenz. Und im Mittelpunkt dieses Dramas – denn Raschi nimmt nicht geringe Mühen auf sich, um zu erklären, dass es tatsächlich im Mittelpunkt steht – das mysteriöse und irgendwie bewegende Symbol des Baums im Garten, eines Baums, der, zu der Ansicht bin ich gelangt, die Freude wie auch das Leid darstellt, die beide vom Wissen um die Dinge herrühren.

So interessant das alles sein mag, gab ich im Zuge meiner Auseinandersetzung mit der Genesis und ihren Kommentatoren in den letzten Jahren natürlich Friedmans allgemeiner Erklärung, warum die Tora so beginnt, den Vorzug. Ich sage »natürlich«, weil die Frage, die Friedman seinen Lesern begreiflich machen will, im Grund eine schriftstellerische ist: Wie beginnt man eine

Geschichte? *Für Friedman erinnert der Beginn von* Bereschit *an eine Technik, die wir alle vom Film kennen:* »Wie manche Filme, die mit einem weiten Schwenk beginnen, der sich dann verengt«, *schreibt er,* »schwenkt das erste Kapitel der Genesis von einem Blick auf Himmel und Erde allmählich auf den ersten Mann und die erste Frau. Der Fokus der Geschichte verengt sich weiter: von Universum zu Erde zu Menschheit zu bestimmten Ländern und Völkern zu einer einzelnen Familie.« *Und dennoch, so mahnt er den Leser, bleiben uns die breiteren, kosmischen Belange der welthistorischen Geschichte, die uns die Tora erzählt, beim Weiterlesen im Hinterkopf und liefern den fruchtbaren Nährboden des Sinns, der der Geschichte dieser Familie eine solche Tiefe gibt.*

Friedmans Beobachtung impliziert, und das ist sicher richtig, dass der Verstand häufig mehr Mühe hat, das Gesamtbild als die kleinen Dinge zu erfassen, dass es beispielsweise für den Leser naturgemäß reizvoller ist, die Bedeutung eines gewaltigen historischen Ereignisses anhand der Geschichte einer einzelnen Familie zu verinnerlichen.

Da von Shmiel nur wenig gesprochen wurde und wenn, dann eher im Flüsterton oder auf Jiddisch, eine Sprache, in der meine Mutter sich mit meinem Vater unterhielt, damit sie ihre Geheimnisse wahren konnten – wegen alldem war es reiner Zufall, wenn ich tatsächlich etwas über ihn erfuhr.

Einmal, ich war noch klein, hörte ich zufällig mit, wie meine Mutter, die mit ihrer Cousine telefonierte, etwas sagte wie: Ich hab gedacht, sie hätten sich versteckt und die Nachbarin hätte sie angezeigt, oder nicht?

Einmal, Jahre später, hörte ich jemanden sagen: *Vier schöne Töchter.*

Einmal hörte ich zufällig, wie mein Großvater zu meiner Mutter sagte: *Ich weiß nur, dass sie sich in einem* kessle *versteckt hielten.* Da ich zu der Zeit schon wusste, dass ich bei seinem Akzent Anpassungen vornehmen musste, fragte ich mich nur, als ich ihn das sagen hörte: Welches castle, also Schloss? Nach den Geschichten, die er mir erzählt hatte, war Bolechow nicht eben der Ort für Schlösser; es war ein kleiner Ort, das wusste ich, ein friedlicher Ort, eine Kleinstadt mit einem Platz und einer Kirche oder auch zwei und einer Schul und betriebsamen Geschäften. Erst viel später, lange nachdem mein Großvater gestorben war und ich mich eingehender mit der Geschichte dieser Stadt beschäftigt hatte, wusste ich, dass Bolechow, wie so viele andere polnische Schtetl, früher im Besitz eines adligen polnischen Grundbesitzers gewesen war, und in dem Wissen glich ich die neue Information natürlich mit meiner alten Erinnerung an das ab, was ich meinen Großvater hatte sagen hören: *Ich weiß nur, dass sie sich in einem* kessle *versteckt hielten.* Einem Schloss. Offensichtlich hatten Shmiel und seine Familie in der großen Residenz der Adelsfamilie, der einmal ihre Stadt gehört hatte, ein Versteck finden können, und dort hatte man sie auch entdeckt, nachdem sie verraten worden waren.

Irgendwann hörte ich dann jemanden sagen, es sei nicht die Nachbarin gewesen, sondern das eigene Hausmädchen, die *schikse*. Das fand ich verwirrend und verstörend, denn auch wir hatten eine Putzfrau, die – ich wusste, dass *schikse* das bedeutete – eine Goi war, und zwar Polin. Fünfunddreißig Jahre lang kam die polnische Putzfrau meiner Mutter, eine große, breithüftige Frau, die wir irgendwann für eine dritte Großmutter hielten und die sich auch so benahm, eine Frau, die, als aus den Sechzigern die Siebziger und aus den Siebzigern die Achtziger wurden, dieselbe Körperform annahm, die (wie man den wenigen Fotografien von ihr entnehmen kann) Shmiels Frau Ester einmal gehabt hatte, kam also jede Woche zu uns ins Haus und saugte und wischte und fegte und putzte und gab meiner Mutter zunehmend auch Ratschläge, welcher Nippes wohin zu stellen sei (*Is Gerümpel!*, beschimpfte sie dieses oder jenes Stück Porzellan oder Kristall. *Werfen Sie in Müll!*). Nachdem Mrs Wilk und meine Mutter Freundinnen geworden waren und die wöchentlichen Besuche im Haus in zunehmend längere Lunches mit hart gekochten Eiern, Brot, Käse und Tee am Küchentisch übergingen, an dem die beiden Frauen, deren Welten weniger weit auseinander waren, als man zunächst meinen mochte (mein Großvater erzählte, wenn er zu Besuch kam, Mrs Wilk immer seine anstößigen, schlüpfrigen Witze auf Polnisch), nach all den Jahren der Dienstage, an denen sie stundenlang zusammensaßen und klagten und sich bestimmte Geschichten erzählten – beispielsweise die, die

Mrs Wilk schließlich meiner Mutter anvertraute, wie, jawohl, ihr und den anderen polnischen Mädchen ihrer Stadt, Rzeszów, beigebracht wurde, die Juden zu hassen, aber sie hätten es ja nicht besser gewusst – und auch über die *pani* klatschten, die reichen Nachbarinnen, die ihre Mahlzeiten nicht mit ihren Putzfrauen teilten, nach dieser Zeit, in der die beiden Frauen Freundinnen wurden, brachte Mrs Wilk meiner Mutter Gläser mit polnischen Delikatessen, die sie zubereitet hatte, deren herrlichste, gleichermaßen wegen des amüsanten Klangs ihres Namens und des feinen Aromas, das sie verströmten, etwas war, das sie »gawampkies« aussprach: scharf gewürztes Hackfleisch, eingewickelt in Kohlblätter, die in einer gehaltvollen roten Soße schwammen …

Deshalb und wohl auch, weil ich nicht in Polen aufwuchs, schmerzte es mich, dass Shmiel und seine Familie von dem *schikse*-Hausmädchen verraten worden waren.

Ein anderes Mal, Jahre später, sagte der in Israel lebende Vetter meiner Mutter, Elkana, der Sohn des zionistischen Bruders, der in den dreißiger Jahren so vernünftig gewesen war, Polen zu verlassen, und ein Mann, der mich heute mehr als jeder andere noch Lebende an seinen Onkel, meinen Großvater, erinnert, in einem Telefongespräch – mit seiner allwissenden Autorität und seinem verschmitzten Humor, seinem Reichtum an Familiengeschichten und Familiengefühlen, ein Mann, der, hätte er seinen Familiennamen nicht geändert, um sich Ben-Gurions Hebraisierungspolitik in den fünfziger Jahren anzupassen, noch heute den Namen Elkana Jäger trüge, den er bei der Geburt erhalten hatte, den Namen, auf den, mit geringen Veränderungen in der Schreibweise, einstmals ein Homburg tragender Fünfundvierzigjähriger gehört hatte, der eines Morgens in einem Kurort in einer Provinz eines Reichs, das nicht mehr besteht, tot umfiel –, sagte also mein Cousin Elkana: *Er hatte Lastwagen, und diese Lastwagen wollten die Nazis.*

Einmal hörte ich jemanden sagen: *Er war einer der Ersten auf der Liste.*

Das alles hörte ich also, als ich noch ein Kind war. Mit der Zeit verschmolzen diese geflüsterten Fetzen, diese Gesprächsfragmente, die ich, wie ich wusste, nicht hören sollte, zu den dünnen Konturen der Geschichte, die wir lange Zeit zu kennen glaubten.

Einmal, da war ich schon ein wenig älter, fasste ich den Mut, danach zu fragen. Ich war ungefähr zwölf, und meine Mutter und ich gingen die breiten, flachen Betonstufen zu der Synagoge hinauf, der wir angehörten. Es war Herbst, die Zeit der Hohen Feiertage; wir gingen zum Jiskor, der Gedenkfeier, dem Gottesdienst. Zu der Zeit musste meine Mutter das Kaddisch, das Gebet für die Toten, nur für ihre Mutter sprechen, die so unerwartet gestorben war, nachdem sie ihr einen Zwanzigdollarschein anvertraut hatte (den sie noch immer hat: Der Schein ist in der roten Lederbörse ganz unten in einer Schublade in ihrem Haus auf Long Island sicher verwahrt, und manchmal nimmt sie ihn heraus und zeigt ihn mir, dazu die Brille und das Hörgerät meines Großvaters, als wären es Reliquien) – »nur für ihre Mutter«, denn alle anderen lebten noch: ihr Vater, ihre Schwestern und Brüder, alle, die fünfzig Jahre zuvor aus Europa herübergekommen waren, alle bis auf Shmiel. An jenem Abend stiegen wir langsam diese flachen Stufen hinauf, damit meine Mutter ihre Mutter betrauern konnte. Vielleicht hatte sie mich an dem Tag wegen meiner blauen Augen mitgenommen, die auch sie und ihre Mutter hatten. Die Sonne ging unter, und es wurde plötz-

33

lich kühl, weshalb meine Mutter sich entschloss, noch einmal zum Parkplatz zu gehen und einen Pullover aus dem Wagen zu holen, und während dieses kurzen Aufschubs vor dem (wie ich glaubte) beängstigenden Gebet erzählte sie plötzlich von ihrer Familie, ihren toten Verwandten, und ich lenkte das Gespräch auf diejenigen, die ermordet worden waren.

Ja, *ja*, sagte meine Mutter. Damals war ihre Schönheit voll erblüht: die hohen Backenknochen, der kräftige Kiefer, das breite, fotogene Filmstarlächeln mit den erotischen, markanten Schneidezähnen. Ihre Haare, die mit den Jahren zu einem kräftigen Kastanienbraun gedunkelt waren, in dem sich aber noch einige blonde Strähnchen hielten, das einzige Zeichen, dass sie einmal, wie ihre Mutter und Großmutter, ein Flachskopf gewesen war, so wie früher mein Bruder Matthew (Matthew, Matt, der das schmale, hochwangige, etwas längliche Gesicht einer Ikone der orthodoxen Kirche, seltsam katzenartige bernsteinfarbene Augen sowie einen platinblonden Haarschopf hatte, um den ich mit meiner Masse krauser, nicht zu bändigender welliger dunkler Haare ihn insgeheim beneidete) – die Haare meiner Mutter flatterten in dem auffrischenden Herbstwind. Sie seufzte und sagte: Onkel Shmiel und seine Frau, die hatten vier schöne Töchter.

In dem Moment, als sie das sagte, flog laut ein kleines Flugzeug über uns hinweg, und einen Augenblick lang dachte ich, sie hätte nicht *Töchter (daughters)*, sondern *Hunde (dogs)* gesagt, was mich ein wenig irritierte, da ich, obwohl wir so wenig wussten, immer geglaubt hatte, wir wüssten wenigstens dies: dass sie vier Töchter hatten.

Meine Verwirrung währte jedoch nur einen Augenblick, da meine Mutter Sekunden später, mit leicht veränderter Stimme, hinzufügte, fast wie zu sich selbst: Sie haben sie alle vergewaltigt und umgebracht.

Ich stand da wie erstarrt. Ich war zwölf und im Sexuellen für mein Alter ein wenig zurückgeblieben. Ich empfand, als ich diese schockierende Geschichte hörte – desto schockierender, wie mir schien, wegen der beinahe sachlichen Art, in der meine Mutter diese Information preisgab, als redete sie nicht mit mir, ihrem Kind, sondern mit einem Erwachsenen, der über ein tiefes

Wissen über die Welt und ihre Grausamkeiten verfügte –, ich empfand mehr als alles andere Verlegenheit. Nicht Verlegenheit wegen des sexuellen Aspekts der Information, in die ich gerade eingeweiht wurde, vielmehr eine Verlegenheit darüber, dass jeder weitere Wissensdrang hinsichtlich dieses außerordentlichen und überraschenden Details von meiner Mutter als sexuelle Lüsternheit fehlinterpretiert werden könnte. Und so ließ ich, von meiner eigenen Scham erstickt, die Bemerkung verstreichen, was meiner Mutter natürlich noch merkwürdiger erschienen sein muss, als wenn ich sie gebeten hätte, mir mehr zu erzählen. Das alles raste mir im Kopf herum, als wir erneut die Stufen zu unserer Synagoge hinaufschritten, und als ich dann endlich in der Lage war, eine Frage zu dem, was sie gesagt hatte, aufwendig zu formulieren, und zwar in einer Weise, die nicht unangemessen erschien, waren wir an der Tür und gleich drin, und dann war es Zeit, die Gebete für die Toten zu sprechen.

Es ist unmöglich, für die Toten zu beten, wenn man ihre Namen nicht kennt.

Natürlich kannten wir *Shmiel*: Von allem anderen abgesehen war es der hebräische Name meines Bruders Andrew. Und wir wussten, dass es auch *Ester* gegeben hatte – nicht »Esther«, wie ich später entdeckte –, seine Frau. Über sie wusste ich lange Zeit außer ihrem Namen gar nichts, erfuhr dann noch ihren Mädchennamen, *Schneelicht*, über dessen Bedeutung ich später, als ich Deutsch studierte und seine Schönheit erkannte, eine vage Freude empfand.

Shmiel also, und *Ester* und *Schneelicht*. Doch hinsichtlich der vier schönen Töchter offenbarte mein Großvater in all den Jahren, die ich ihn kannte, all den Jahren, in denen ich ihn befragte und ihm Briefe mit nummerierten Fragen über die *mischpoche*, die Familie, schrieb, keinen einzigen Namen. Bis zum Tod meines Großvaters kannten wir nur den Namen eines der Mädchen, und zwar deshalb, weil Onkel Shmiel selbst ihn auf die Rückseite eines jener Fotos geschrieben hatte, in der kraftvollen, geneigten Handschrift, mit der ich später, nach dem Tod meines Großvaters, nur allzu vertraut werden sollte. Auf die Rückseite eines Schnappschusses von ihm selbst, seiner fülligen Frau und einem kleinen Mädchen in einem dunklen Kleid hatte er eine kurze Notiz auf Deutsch geschrieben: *Zur Erinnerung*, dann das Datum, 25/7 1939, und die Namen *Sam, Ester, Bronia*; daher wussten wir, dass diese Tochter Bronia hieß. Die Namen sind mit blauem Filzstift unterstrichen, einem, mit denen mein Großvater im Alter gern seine Briefe schrieb (er verzierte seine Briefe gern mit Zeichnungen; eine seiner liebsten war ein Pfeife rauchender Matrose). Diese Unterstreichung interessiert mich. Warum, frage ich mich jetzt, fand er es nötig, ihre Namen zu unterstreichen, die er doch sicher kannte? Hatte er das für sich selbst gemacht, als er, schon alt, des Nachts dasaß, wer weiß, wann und für wie lange, und diese Fotos betrachtete, oder hatte er es für uns getan?

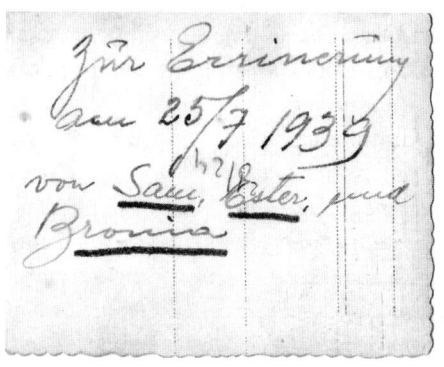

Die deutsche Formel *Zur Erinnerung* erscheint, manchmal falsch geschrieben, immer in Shmiels energischer Handschrift, auf fast allen Fotos, die Shmiel seinen Geschwistern in Amerika schickte. Beispielsweise taucht sie auch auf der Rückseite des Schnappschusses auf, auf dem Shmiel mit seinen Fahrern neben einem Lastwagen posiert, das Bild des erfolgreichen Kaufmanns, in der rechten Hand eine Zigarre, die linke in die Hosentasche gesteckt, das Jackett gerade so weit offen, dass man die goldene Uhrkette blitzen sieht, der kleine, frühzeitig weiß gewordene Schnurrbart in dem Zahnbürstenstil, den ein anderer berühmt gemacht hatte, sauber getrimmt. Auf die Rückseite dieses Fotos schrieb Shmiel *Zur Errinerung an dein Bruder*, und dann noch eine etwas längere Widmung samt Datum: 19. April

1939. Shmiel schrieb an seine Geschwister nur auf Deutsch, obwohl sie sich nie in dieser Sprache, sondern nur auf Jiddisch unterhalten hatten, und auch mit den Gojim ihrer oder anderer Städte hatten sie nicht deutsch gesprochen, sondern polnisch oder ukrainisch. Für sie blieb Deutsch immer die offizielle Hochsprache, die Sprache von Regierung und Grundschule, eine Sprache, die sie in einem großen Klassenzimmer lernten, in dem einst (wie ich erfahren habe) ein großes Porträt des österreichisch-ungarischen Kaisers Franz Joseph I. gehangen hatte, das dann durch eines von Adam Mickiewicz, dem großen polnischen Dichter, ersetzt wurde und dann durch eines von Stalin und dann von Hitler und dann von Stalin und dann – nun, zu dem Zeitpunkt gab es dann keine Jägers mehr, die dort zur Schule gingen und sahen, wessen Bild dort gerade hing. Jedenfalls lernten sie Deutsch, Shmiel und seine Brüder und Schwestern, in der Baron-Hirsch-Schule, und in ihren Köpfen blieb Deutsch auch die Sprache, in der man ernste Dinge schrieb. Zum Beispiel (vier Jahrzehnte, nachdem diese Geschwister erstmals ihr *du* und *Sie* und *der* und *dem* und *eins-zwei-drei* lernten) *Wie Ihr lässt in die papers weist ihr abisel was die juden machen hier mit, daß ist aber ein hunderster teil waß ihr weißt*, oder, etwas später, *Ich werde zwar schiken ein Brief geschrieben in Englisch nach Washington adresiert zum President Rosiwelt und werde schreiben daß meine alle geschwister samt ganze family sind in Amerika sogar meine Eltern sind begraben dort, und ich bin hier ällend, und will zurück kein [nach] Amerika, vieleicht gelingt daß.*

Deutsch, die Sprache für gewichtige Dinge, konnten sie lesen und schreiben, wobei sie nur selten Fehler in der Schreibweise oder Grammatik machten, und nur gelegentlich ins Jiddische oder, noch seltener, ins Hebräische rutschten, was sie ebenfalls rein mechanisch lernten, als sie Jungen und Mädchen während der Herrschaft des Kaisers waren, dessen Kaiserreich schon bald verloren sein sollte. So wie Shmiel in einem seiner Briefe ins Hebräische rutschte: ... *ich will mit meiner lieben Frau und solche teuer 4 Kinder araus von dem gehenim. Gehenim* bedeutet auf Hebräisch »Hölle«, und als ich diesen Brief zum ersten Mal las in dem Jahr, das von dem, in dem Shmiel ihn schrieb, ebenso fern war wie dieses von seiner Geburt, spürte ich einen plötzlichen, lebhaften Hauch von etwas von solcher Zartheit, als ob es beinahe vollständig verloren gewesen war: ein flüchtiger, aber intensiver Augenblick vielleicht seiner Kindheit und der meines Großvaters, vielleicht auch der Art, wie ihr Vater halb im Zorn, halb im Spaß ins Hebräische wechselte, wenn er seine Kinder ausschimpfte und darüber klagte, wie sie ihm das Leben zur *Gehenim* gemacht hätten, ohne 1911 freilich zu ahnen, zu was für einer Hölle diese Stadt noch werden würde.

Deutsch ist also die Sprache, in der sie schrieben. Aber das einzige Mal, dass ich meinen Großvater tatsächlich einmal hatte Deutsch sprechen hören, war lange, nachdem Shmiel nichts weiter als Erde und Wetter eines ukrainischen Weidelands geworden war, als mein Großvater nämlich, während er zähneknirschend Vorkehrungen für seinen jährlichen Kuraufenthalt in Bad Gastein traf, zu dem ihn seine vierte Frau nötigte, zu dieser Frau sagte (die etliche Tätowierungen auf dem Unterarm hatte und die es, nachdem sie ein Menschenalter und viele Regimes zuvor eine wohlerzogene Russin gewesen war, ablehnte, Jiddisch zu sprechen), als sie ihre zahlreichen Koffer und die besondere Nahrung für Schloimele zu Ende packten: *Also, fertig?*, weswegen ich möglicherweise Deutsch auf immer, selbst noch, nachdem ich es lesen und sprechen gelernt habe, mit älteren Juden assoziiere, die gezwungen werden, an Orte zu reisen, an die sie nicht wollen.

Zur Erinnerung. Dieses Bild mit seiner Widmung ist der Grund dafür, dass Shmiel viel später der Einzige der sechs war, dessen Geburtstag und -jahr wir kannten. Der 19. April war sein vierundvierzigster Geburtstag, doch er schrieb nicht »aus Anlass seines 44. Geburtstags«, vielmehr schrieb er »im 44 lebensjahr«, und wenn ich das lese, fällt mir auf, dass er nicht einfach »Jahr« schrieb; auch wenn das bestimmt beiläufig geschah und ich keine Sekunde annehme, dass er beim Schreiben darüber nachgedacht hat, finde ich es dennoch bemerkenswert, vielleicht weil ich weiß, dass er an jenem Frühlingstag, als dieses Foto gemacht wurde, noch genau vier dieser Lebensjahre zu leben hatte.

Zü Erinerüng an dein
Bruder im Jahre 1939
am 19 april im
44 lebensjahr

for Mr. Aby Jäger —

Daher kannten wir einige Namen und ein Datum. Nach dem
Tod meines Großvaters kamen gewisse Dokumente Shmiel be-
treffend in unseren Besitz, dazu noch einige weitere Fotografien, die keiner von uns bisher gesehen hatte, und erst als wir
diese Dokumente fanden und die Fotos ansahen, erfuhren wir
endlich die Namen der anderen Mädchen oder glaubten es jedenfalls. Ich sage »glaubten es jedenfalls«, weil wir aufgrund gewisser Eigenheiten von Shmiels altmodischer Handschrift (zum
Beispiel die kleine horizontale Linie, die er oben an seine kur-
siven *l* anfügte, oder dass er seine End-*y* so schrieb, wie wir
heute das End-z machen würden, wenn wir denn noch Lang-
schriftbriefe in ordentlicher Schreibschrift schrieben) einen der
Namen falsch gelesen hatten. Deshalb glaubten wir lange, tatsächlich noch über zwanzig Jahre nach dem Tod meines Großvaters, dass die Namen der vier schönen Töchter von Shmiel
und Ester wie folgt lauteten:

Lorca
Frydka (Frylka?)
Ruchatz
Bronia

Das aber war, wie gesagt, erst nach dem Tod meines Großvaters.
Bis dahin glaubte ich, das Einzige, was wir jemals über sie wissen würden, sei das eine Datum, *19. April*, die drei Namen *Sam,*

Ester, Bronia und natürlich ihre Gesichter, wie sie uns aus den Fotografien entgegensahen, ernst, lächelnd, offen, gestellt, besorgt, selbstvergessen, aber stets stumm und stets schwarz und grau und weiß. An sich wirkten Shmiel und seine Familie, jene sechs verlorenen Verwandten, drei davon namenlos, völlig fehl am Platz, markierten eine fremdartige, graue Abwesenheit im Zentrum dieser lebhaften und lärmenden und oftmals unverständlichen Gegenwart, dieser Gespräche, dieser Geschichten, unbewegliche, sprachlose Chiffren, über die inmitten von Mah-Jongg und roten Fingernägeln und Zigarren und Gläsern Whiskey, die zu Pointen auf Jiddisch getrunken wurden, unmöglich etwas sehr Wesentliches zu erfahren war, außer eben der einen hervorstechenden Tatsache, dieser schrecklichen Sache, die geschehen war und die durch das eine kennzeichnende Etikett zusammengefasst wurde: *von den Nazis umgebracht.*

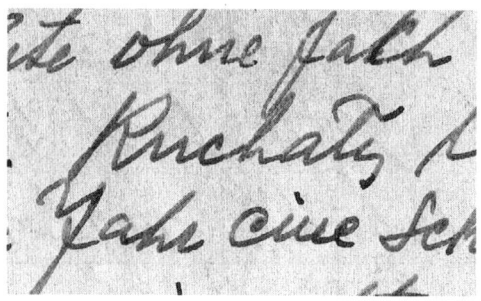

Lange bevor wir davon wussten, in den Tagen, als allein der Anblick meines Gesichts genügte, um Erwachsene zum Weinen zu bringen, lange bevor ich begonnen hatte, bei geflüsterten Telefongesprächen die Ohren zu spitzen, lange vor meiner Bar-Mizwa war ich, und das ist die Wahrheit, bestenfalls nicht mehr als ein wenig neugierig, nicht besonders interessiert an ihm, an ihnen, empfand vielleicht sogar einen vagen Unmut darüber, dass diese Ähnlichkeit mich noch mehr zum Ziel grapschender, klammernder alter Leute machte, in deren modrige Wohnungen wir in Sommer- und Winterferien traten, Schachteln mit Schokolade und kandierten Orangen in der Hand, die gelb und grün und rot und auch noch orange waren, was herrlich war.

Die meisten waren harmlos, manche auch sehr lustig. Häufig saß ich, als ich sechs, sieben oder acht war, zufrieden bei meiner Großtante Sarah, der Schwester der Mutter meines Vaters, auf dem Schoß, spielte mit ihren Perlen und versuchte heimlich, aber konzentriert, in der schimmernden Oberfläche ihrer chinesisch-roten Nägel mein Spiegelbild zu sehen, während sie mit ihren drei Schwestern, die einander sehr nah waren, Mah-Jongg spielte.

Aber manche dieser alten Juden, das wussten wir Kinder, so klein wir da auch waren, mussten um jeden Preis gemieden werden. Da gab es zum Beispiel Minnie Spieler, die Witwe des Fotografen, mit ihrer Nase und den klauenartigen Fingern und den komischen »Boheme«-Sachen, die sie trug; Minnie Spieler, auf die auf unserem Familienfriedhof in Queens ein leeres sandiges Rechteck mit einem Blechschild im Boden wartete, auf dem reserviert für mina spieler stand, was uns jedes Jahr, wenn wir hingingen, um auf die Gräber unserer toten Verwandten Steine zu legen, verstörte und ich mich voller Abneigung fragte, was sie auf unserem Familienfriedhof überhaupt zu suchen hatte. Mit Minnie wollte man nicht sprechen; sie fasste einen bei diesen Treffen mit ihren krabbengleichen Händen am Arm und schaute einem durchdringend ins Gesicht wie eine, die etwas verloren hat und hofft, man könne ihr helfen, es zu finden, und wenn ihr dann klar wurde, dass man nicht der war, den sie suchte, wandte sie sich jäh ab und schlich ins nächste Zimmer.

Es gab also Leute wie Minnie Spieler, die nach einer Weile gar nicht mehr zu den Familientreffen kamen – sie war, hieß es, nach Israel gezogen –, weswegen es mir nie mehr einfiel, mich nach ihr zu erkundigen.

Derjenige unter den Alten aber, den es am meisten zu meiden galt, war der, den wir nur als Herman der Friseur kannten. Bei diesen Treffen, bei denen ich gelegentlich Leute zum Weinen brachte, tauchte auch dieser Herman der Friseur auf, klein und geschrumpft, tief gebeugt, unvorstellbar alt, älter noch als mein Großvater, und versuchte, einem Dinge zuzuflüstern – vielmehr eigentlich mir, denn ich hatte immer das Gefühl, dass er sich auf mich stürzte, wenn man sein langsames, aber entschlossenes Schlurfen denn als »stürzen« bezeichnen konnte; immer näherte er sich mir, versuchte, mich an der Hand oder am Arm zu packen, lächelnd, mit den Zähnen klackernd, die, wie ich heute weiß, nicht die eigenen waren, beim Näherkommen etwas Jiddisches murmelnd, was ich damals noch nicht verstand. Natürlich verdrückte ich mich, sobald ich mich zwischen ihm und der Wand hinauszwängen konnte, und rannte in die Arme meiner Mutter, die mir dann einen vollendeten grünen Halbkreis kandierte Orange gab, während Herman in der Ecke mit einem der anderen alten Bolechower Juden lachte, selbstgefällig lächelnd auf mich zeigte und sagte, was für ein *frische jingele*, ein frecher kleiner Junge, ich sei. Ich flüchtete vor ihm und gesellte mich zu meinen Brüdern, und wir spielten unsere albernen Spiele, Spiele, die gelegentlich daraus bestanden, dass wir uns über ein Wort lustig machten, das manchmal in die Luft über ihren geflüsterten, zänkischen Unterhaltungen aufstieg, ein Wort mit den alten, klagenden Alte-Welt-Diphtongen, die uns peinlich waren und die wir nachmachten. *TOOOJJJJBBBBB*, schrien wir und liefen kichernd im Kreis, TOJB TOJB TOJB! In meiner Kindheit hörte ich meine Mutter immer wieder Jiddisch mit ihren Eltern reden, und manche Wörter und Wendungen konnte ich mir schon früh zurechtlegen, andere dagegen – wie *währbinischgrafpototskii*, was mein Großvater immer wieder mit einem belustigten Lächeln sagte, wenn man ihn um einen Nickel bat, um damit einen Kaugummi zu kaufen, oder *tojb!* – klangen so doof, dass wir *frische jingelach* nur über die komischen Laute lachen konnten.

Frech mochten wir wohl gewesen sein, aber bei diesen Anlässen wurde ich nie gescholten. Niemand schrie einen an, wenn man Herman dem Friseur aus dem Weg ging, seit er in seiner Wirrheit meinem Bruder – dem, der einen anderen Alten an den Barthaaren gezogen hatte – eine ganze Rolle Tums Magentabletten geschenkt hatte in der Annahme, es seien Drops, und mein Bruder sich zwei Tage lang übergab. Zu den anderen alten Leuten musste man nett sein, Herman dem Friseur aber durfte man aus dem Weg gehen, und nach einigen weiteren Reisen nach Florida, einigen weiteren Sommern und Wintern war er nicht mehr da, wenn wir kamen, und wir mussten uns nie wieder wegen ihm Gedanken machen.

2

SCHÖPFUNG

Die Suche begann am Tag meiner Bar-Mizwa.

Wie jedes andere jüdische Kind, das ich kannte, hatte ich eine gewisse religiöse Bildung genossen. Das war vor allem geschehen, um meinen Großvater zu beschwichtigen, wobei die reformierte jüdische Erziehung, die ich erhielt, im Vergleich zu der rigorosen orthodoxen Cheder-Bildung, die er ein Menschenalter zuvor in Bolechow erhalten hatte, so verwässert, so denaturiert war, dass meine drei Brüder und ich in seinen Augen auch von katholischen Priestern hätten erzogen sein können. Diese Bildung, deren Ziel es war, uns auf den Tag unserer Bar-Mizwa vorzubereiten, auch etwas, was wir in erster Linie um unseres Großvaters willen machten, war in zwei Stufen aufgeteilt.

Im Alter von neun oder zehn Jahren mussten wir mit der Sonntagsschule beginnen, ein wöchentlicher Unterricht, der in einem örtlichen Motel stattfand. Im Souterrain dieses unansehnlichen Baus lehrte uns ein großer und sehr beliebter Mann namens Mr Weiss jüdische Geschichte und Bibelgeschichten, die Namen und die Bedeutung der Feiertage.

Viele dieser Feiertage waren, wie ich da schon erkannt hatte, Erinnerungen daran, wie wir der Unterdrückung durch verschiedene heidnische Völker knapp entronnen waren, Völkern, die ich schon damals interessanter, anziehender, potenter und wohl auch erotischer als meine altertümlichen hebräischen Vorfahren gefunden hatte. Als Kind in der Sonntagsschule war ich insgeheim enttäuscht und irgendwie peinlich berührt, dass die alten Juden immer unterdrückt wurden, immer Schlachten gegen andere, mächtigere, größere Nationen verloren und, wenn die internationale Lage relativ ereignislos war, von ihrem düsteren und kaum zu beschwichtigenden Gott schikaniert oder bestraft wurden. In einem bestimmten Alter oder als bestimmtes Kind – ein wunderliches vielleicht, vielleicht eines, auf dem andere, größere Kinder herumhacken – möchte man seine Freizeit nicht mit der Lektüre über Opfer und Loser verbringen. Als Kind und dann auch als Jugendlicher reizten mich viel mehr die Zivilisationen jener anderen alten Völker, die offenbar ein viel tolleres Leben hatten und die, wie sich zeigte, die Unterdrücker der alten Hebräer waren. Als wir über Passah lasen und wie wir mit knapper Not aus *erez Mizrajim*, dem Land Ägypten, entkommen waren, träumte ich von den Ägyptern mit ihren neckischen Liebesgedichten und ihrem durchsichtigen Leinenstoff und den Todesgöttern mit den Schakalköpfen und Särgen aus purem Gold; als wir über Purim lasen, über Esthers Triumph über den gottlosen persischen Wesir Haman, schloss ich die Augen und dachte an die überragenden Feinheiten der Meder, an die Basreliefs von Persepolis mit ihren hypnotisch sich wiederholenden Darstellungen unzähliger, unterwürfiger Vasallen, die edle Roben und gelockte, parfümierte Bärte trugen. Als ich über das Wunder las, dessen jedes Jahr an Chanukka gedacht wird, wie das heilige Öl des Tempels sich im Verlauf von acht Tagen nach der Schändung der heiligen Stätte durch einen hellenistischen griechischen Herrscher auf wundersame Weise hält und noch vermehrt, dachte ich an die Weisheit und den potenziellen Vorteil der Hellenisierungspolitik Antiochos' II. und wie sie dieser stets unruhigen Region womöglich Stabilität gebracht hätten.

Das dachte ich damals. Heute erkenne ich, dass der wahre Grund dafür, dass ich die Griechen mehr als alle anderen den Hebräern vorzog, der war, dass die Griechen ihre Geschichten genauso wie mein Großvater erzählten. Wenn mein Großvater eine Geschichte erzählte – beispielsweise die, die mit *aber sie starb eine Woche vor ihrer Hochzeit* endete –, tat er nichts so Naheliegendes wie am Anfang anzufangen und am Ende aufzuhören; vielmehr erzählte er in weiten, kreisenden Schleifen, sodass jedes Geschehnis, jede Figur, die er erwähnte, wie er so dasaß und sein Leierkastenmannbariton dahinschrammelte, seine eigene Minigeschichte hatte, eine Geschichte in der Geschichte, eine Erzählung in der Erzählung, sodass die Geschichte, die er erzählte, nicht (wie er es mir einmal erklärte) wie ein Dominospiel war, dass also eine Sache nach der anderen passierte, sondern wie ein Set chinesischer Schachteln oder eine russische Puppe, sodass jedes Ereignis wieder ein anderes enthielt und das wieder eines und so weiter. So begann beispielsweise die Geschichte, warum seine schöne Schwester gezwungen wurde, ihren hässlichen, buckligen Vetter zu heiraten, aus der Sicht meines Großvaters zwangsläufig mit der Geschichte, wie sein Vater eines Morgens in dem Kurort Jaremcze ganz plötzlich starb, da das schließlich der Beginn der schlechten Zeiten für die Familie meines Großvaters war, der kargen Jahre, die letztlich die tragische Entscheidung meiner Mutter erforderten, ihre älteste Tochter mit dem buckligen Sohn ihres Bruders zu verheiraten, und zwar als Gegenleistung für den Preis einer Passage nach Amerika, um dort ein neues, aber, wie sich herausstellte, ebenso tragisches Leben zu beginnen. Aber um die Geschichte zu erzählen, wie sein Vater plötzlich eines Morgens in Jaremcze gestorben war, musste er natürlich innehalten, um erst eine andere Geschichte zu erzählen, eine Geschichte darüber, wie er und seine Familie in der reichen Zeit am Ende jedes Sommers in ganz bestimmten schönen Kurorten Urlaub machten, beispielsweise in Jaremcze, weit oben in den Ausläufern der Karpaten, es sei denn natürlich, sie gingen nicht nach Süden, sondern nach Westen, zu Kurorten in Baden oder nach Zakopane, ein Name, der mir sehr gefiel. Dann aber ging er, um mir einen besseren Eindruck davon zu vermitteln, wie sein Leben damals aussah, in den goldenen Jahren vor 1912, als sein Vater starb, noch weiter in der Zeit zurück, um mir zu erklären, wer sein Vater in ihrer Kleinstadt überhaupt gewesen war, und von dem Respekt zu erzählen, den er genoss, und von dem Einfluss, den er hatte; und diese Geschichte führte ihn schließlich ganz an den Anfang zurück zu der Geschichte, wie seine Familie in Bolechow gelebt hatte, seit die ersten Juden dorthin kamen, seit *bevor es ein Bolechow überhaupt gegeben hat.*

Eine nach der anderen öffneten sich die chinesischen Schachteln, und ich saß da, schaute in jede hinein und war hypnotisiert.

Und genauso haben die Griechen ihre Geschichten erzählt. Homer etwa unterbricht häufig den Handlungsverlauf der *Ilias*, sein großes Kriegsgedicht, indem er sich rückwärts in der Zeit und manchmal auch im Raum bewegt, um dem Geschehen eine psychologische Dichte und emotionale Struktur zu geben oder um, wie manchmal der Fall, anzudeuten, dass die *Unkenntnis* bestimmter Geschichten, das Unwissen um die verzwickten Vorgeschichten, die, ohne dass wir uns dessen bewusst sind, die Gegenwart prägen, ein schwerer Fehler sein kann. Das berühmteste Beispiel dafür ist vielleicht die Begegnung relativ am Beginn des Gedichts zwischen den beiden Kriegern Glaukos und Diomedes: Während die Griechen und Trojaner sich zum Kampf rüsten, setzt jeder zu einer langen Geschichte an, die seine militärischen Fähigkeiten und das Ansehen seiner Familie hervorheben soll, und aus ihren langen, ausführlich vorgetragenen Genealogien geht bald hervor, dass zwischen ihnen wichtige Familienbande existieren, und unter Freudenschreien fassen sich die beiden Männer, die sich noch zehn Minuten zuvor nur allzu gern umgebracht hätten, an den Händen und erklären sich ewige Freundschaft. Etwas Ähnliches geschieht (um von der Lyrik zur Prosa zu wechseln), als der Historiker Herodot, Jahrhunderte nach Homer, seine große Geschichte vom unwahrscheinlichen und totalen Sieg der Griechen über das riesige Perserreich zu Beginn des fünften Jahrhunderts vor Christus verfasste; auch er griff auf diese alte und faszinierende Technik zurück. Daher war es für ihn nur natürlich, dass er, um die Geschichte des Griechisch-Persischen Konflikts zu schildern, auch die Geschichte Persiens erzählen musste, was auch größere und kleinere Abschweifungen einschloss, von der berühmten Geschichte vom Wunsch eines bestimmten östlichen Potentaten, ein anderer Mann möge seine Frau nackt sehen (die arrogante Sünde, die, wie uns zu verstehen gegeben wird, den Niedergang einer ganzen Dynastie auslöste), bis hin zu einem eigenen Kapitel, das ausschließlich der Geschichte, den Sitten und Gebräuchen, der Kunst und Architektur Ägyptens gewidmet ist, denn schließlich gehörte Ägypten ja zum Persischen Reich. Und so weiter.

Doch jede Kultur, jeder Autor erzählt Geschichten anders, und jeder Erzählstil eröffnet anderen Geschichtenerzählern Möglichkeiten, von denen er sonst vielleicht gar nicht geträumt hätte. Von einem bestimmten französischen Schriftsteller könnte man beispielsweise lernen, dass es theoretisch möglich ist, den größten Teil eines bedeutenden Romans einer einzigen Unterhaltung zu widmen, die bei einem bestimmten Essen stattfand; von einem bestimmten amerikanischen (allerdings in Polen geborenen) Romancier, dass der Dialog so gestaltet werden kann, dass er in interessanter, gefährlicher Weise vom Standpunkt des Erzählers ununterscheidbar wird; ein von Ihnen bewunderter deutscher Schriftsteller könnte Ihnen die überraschende Erkenntnis vermitteln, dass Bilder und Fotografien, die Sie bei einem ernsten Text bislang eigentlich unpassend fanden oder die mit ihm konkurrieren, manchen traurigen Geschichten unter bestimmten Umständen eine gewisse Würde verleihen können. Und dann demonstrierten natürlich die Griechen Homer und Herodot, dass eine Geschichte nicht geradlinig und chronologisch, erst passierte das, dann passierte das, erzählt werden muss – so wie beispielsweise die Genesis ihre Geschichte erzählt, was nach einer Weile, man muss es so sagen, flach und öde werden kann. Und obwohl es mir damals nicht bewusst war, erkenne ich heute, dass eine bestimmte ringartige Technik des Geschichtenerzählens, von der ich lange Zeit glaubte, mein Großvater habe sie erfunden, der eigentliche Grund dafür war – mehr als heidnische Schönheit und Lust, mehr als heidnische Nacktheit, mehr als heidnische Macht und Autorität, mehr als heidnischer Sieg –, dass nicht die Hebräer, sondern die Griechen meine Fantasie von frühester Kindheit an, von Beginn an reizten.

Weswegen mein Großvater, der für mich das Jüdischsein schlechthin verkörperte, in mir auch eine lebenslange Vorliebe für die Heiden schuf.

Die Geschichte, die wir in der Sonntagsschule lernten, die Geschichte der Juden und der jüdischen Feiertage, war daher eine, die mich uneins mit mir selbst machte, denn ich war ein Jude, der die Griechen bewunderte. Diese Ambivalenz könnte der Grund dafür gewesen sein, dass ich so kläglich an den Anforderungen der zweiten Phase meiner jüdischen Erziehung scheiterte, die Hebräische Schule hieß und mit der wir im Alter von zwölf Jahren begannen. Der Unterricht der Hebräischen Schule fand jeden Mittwochnachmittag in der Synagoge mit den dunklen Bänken und den Giebeln statt, die meine Familie besuchte und deren einziger Zweck die Vorbereitung auf die Bar-

Mizwa war. Unter der Leitung eines rundlichen kleinen Mannes, der seinem Namen so penibel, wie man es von einer gewissen Sorte Mitteleuropäer erwarten könnte, den Titel »Doktor« voranstellte, waren diese beiden Stunden in erster Linie dem Studium der hebräischen Sprache selbst gewidmet. Doch im Alter von zwölf Jahren lernte ich ja schon Altgriechisch und war weit genug fortgeschritten, um vereinfachte Textstellen zu lesen: eine gewagte Geschichte über einen Gott und eine Nymphe, eine Passage von Herodot über die Krokodile im Nil, Themen, die mich weit mehr ansprachen als die monotonen, mürrischen Ergüsse der hebräischen Propheten, aus denen die Texte der *Haftara*-Abschnitte bestanden, die man am Tag der Bar-Mizwa, nach den Lesungen aus der Tora selbst, singen musste, oder die bizarren Verbote beim Essen und bei der Liebe, die sich bei Leviticus finden. Daher studierte ich mein Griechisch, nicht aber mein Hebräisch, weswegen ich, obwohl ich das hebräische Alphabet hinreichend gut lernte, um lange Abschnitte flüssig lesen zu können, was ich ja dann auch bei meiner Bar-Mizwa tat, von der Sprache selbst keine Kenntnis hatte, außer davon, wie man die Wendung *aba babajit,* »Vater ist zu Hause«, liest und schreibt.

Erst viel später, lange nachdem ich meine Studien den griechischen und lateinischen Klassikern gewidmet hatte, wandte ich mich doch wieder dem Hebräischen zu und studierte es mit größerem Ernst. Allerdings nicht, weil ich mich mit fünfundzwanzig frommer als mit dreizehn empfand. Ich wollte wieder Hebräisch studieren, weil ich Mitte zwanzig, kurz bevor ich mit der Graduate School begann, gierig auf Sprachen war, so wie mein Großvater, der so viele gekonnt hatte, und es ärgerte mich, dass ich jene frühe Gelegenheit vergeudet hatte. Also kaufte ich mir einen dicken Wälzer mit dem Titel *Introduction to Biblical Hebrew* und arbeitete mich innerhalb eines Jahres allmählich durch. Nach einer Weile konnte ich in diesen Monaten des Jahres 1985 bereits Bibelstellen lesen, und schließlich ging ich wieder in die Buchhandlung und kaufte mir weitere Bücher, allerdings keine Sprachführer, sondern Bücher, die mir erklärten, was ich schon ein halbes Leben früher hätte lernen sollen. Einige Monate lang vertiefte ich mich in meine jüdische Bildung und erfuhr etwas über die Komposition des *Tanach*, der hebräischen Bibel, die Namen und Themen seiner verschiedenen Bücher und die verschiedenen *Paraschijot*, die wöchentlichen Lesungen aus der Tora, der Fünf Bücher Mose, wie und wann jede Parascha gelesen wurde und was sie bedeutete.

Beispielsweise lernte ich, wie *Paraschat Bereschit*, der erste formale Abschnitt des Buchs Genesis, vom Anfang der Dinge handelte, wie sich die Formen der Dinge nach und nach aus unterschiedsloser Düsternis herausbildeten: Ozeane, Himmel, Erde und später Tiere, Pflanzen, Fische, Vögel und zum Schluss die Menschen. Ich lernte, wie manche dieser Geschichten Allegorien dafür sind, wie die Welt ist: wie beispielsweise die Geschichte von Adam und Eva unter anderem erklärte, warum Frauen die Schmerzen der Geburt ertragen müssen, wie die Geschichte von Kain und Abel, die mich als Jungen so verstörte, dass ich sie in der Sonntagsschule nicht richtig lernen wollte, weswegen mir noch lange danach nicht klar war, ob nun Kain oder Abel der »Böse« war, wie diese Geschichte erklärte, warum es auf der Welt Gewalt und Mord und Krieg gibt. Ich erfuhr von der *Paraschat Noach*, dem Abschnitt der Genesis, der die Geschichte von Noah und der Arche enthält, von seinen schrecklichen Fahrten über das Angesicht der Erde – die erneut eine unterschiedslose Wassermasse werden sollte, da Gott in einem Anfall alles vernichtender Wut, der nicht der letzte sein sollte, beschlossen hatte, seine eigene Schöpfung auszulöschen –, und auch eine Genealogie von Noahs Ahnen, die sich, im Fortgang der Erzählung mit wachsender Intensität, auf eine Familie fokussiert und dann auf einen Mann, Abram. Ich lernte, wie Abrams Reise durch die bekannte Welt auf der Suche nach dem Land, das Gott ihm verheißen hat, eine epische Wanderschaft, die ihn in der *Parascha* namens *Lech Lecha* (»Gehe hin!«) am Ende nicht nur zwingt, fremde neue Ländereien zu durchstreifen, sondern sich auch den Extremen von menschlichem Gut und Böse zu stellen, wie es in der *Paraschat Wajera,* »Und Er Erschien«, geschildert wird: Denn dort sehen wir, wie er in Sodom und Gomorrha auf eine absolute Zurückweisung von Gottes moralischem Gesetz trifft und auf dem Berg Moria selbst aufgefordert wird, sich einer völligen Annahme von Gottes Gesetz zu unterwerfen, selbst wenn dieses Gesetz ihn den eigenen Sohn kostet.

Ich muss zugeben, dass ich bei meinem jüdischen Selbstunterricht nie über die *Paraschat Wajera* hinausgekommen bin. Aber natürlich kenne ich das Ende der fünf Bücher, mit deren Lektüre ich zwanzig Jahre zuvor begonnen hatte: wie Joseph, der auserwählte Nachkomme Abrams, von seinen Brüdern zurückgewiesen, verlassen und letztlich nach Ägypten gebracht wurde, wo sein Stamm dann aber gedieh – obwohl Ägypten letztlich das Land werden sollte, aus dem diese Familie, dieser Stamm seine lange, beschwerliche, unvorstellbare Reise zurück in eine »Heimat« machen würde, die, da niemand sie ja kannte, ihnen gar nicht wie eine »Heimat« erschienen sein kann.

Wie ich schon sagte, ist das Erste, was in der Paraschat Bereschit *geschieht, nicht, wie viele glauben, dass Gott Himmel und Erde schuf, vielmehr sagte er am* Anfang *seiner Erschaffung von Himmel und Erde, als alles eine betäubende Leere war: »Es werde hell!«. Das nämlich ist der erste Schöpfungsakt, von dem wir in* Bereschit *erfahren. Für mich ist dabei interessant, dass jeder Schöpfungsakt, der darauf folgt – Licht und Finsternis, Nacht und Tag, trockenes Land und Ozeane, Pflanzen und Tiere und schließlich der Mensch aus Staub –, als ein Trennungsakt beschrieben wird. Was tat Gott, als er sah, dass das Licht »gut« war? Er trennte es von der Finsternis und trennte dann immer weiter, bis die Bestandteile des Kosmos ihre gefällige und rechtmäßige Ordnung annahmen.*

Raschi widmet diesem Umstand relativ wenig Raum, ihm geht es vor allem um die moralischen Auswirkungen dieser ersten Trennung des Lichts von der Finsternis: »Nach dem einfachen Sinn«, schreibt er über Gottes Trennung des Lichts von der Finsternis, »erkläre so: Er sah, dass es gut war und ihm nicht gezieme, mit der Finsternis zusammen vermischt gebraucht werden, darum wies Er dem einen sein Gebiet am Tag und dem anderen sein Gebiet in der Nacht an.« Und warum tut Gott das? Weil das Licht, wie Raschi sagt, »es nicht verdiene, von den Bösen gebraucht zu werden, und sonderte es für die Frommen in der einstigen Welt ab«. *Die moralischen Implikationen der Fähigkeit, in dieser Weise zu »trennen«, kommen am Ende der Genesis, im 3. Kapitel, natürlich zu einem erzählerisch befriedigenden Schluss, der auch den Höhepunkt der Schöpfungsgeschichte bildet: die Geschichte von Adam und Eva und wie sie die verbotene Frucht vom Baum der Erkenntnis essen. Die Geschichte beginnt mit der Schöpfung, die, wie wir gesehen haben, eine Geschichte der Unterscheidungsakte des einen vom anderen ist; sie endet mit dem Hinweis auf die wesentlichste Unterscheidung überhaupt, die zwischen Gut und Böse, eine Unterscheidung, die den Menschen nur dadurch begreifbar wird, indem sie vom Baum der Erkenntnis essen, einem Baum, von dem die Tora uns sagt, er sei (wie das Licht) »gut«, er sei »ein Reiz für die Augen« Evas und er sei »wünschenswert für das Verständnis«, und wegen dieses Guten, dieses Reizes, dieser Erwünschtheit habe Eva davon gegessen.*

Ich möchte noch ein wenig bei diesem merkwürdigen Baum verweilen, dessen Frucht zwar so gut war, sich aber, wie wir wissen, für die Menschheit als giftig erwies, denn dass davon gegessen wurde, führte der Bereschit *zufolge dazu, dass die Menschen aus dem Paradies vertrieben und letztlich gezwungen wurden, den Tod zu erfahren. Vor allem aber möchte ich ein wenig dem Vergnügen und dem Reiz des Baums der Erkenntnis nachgehen, denn die Zusammenhänge in* Bereschit *zwischen Kreativität, Unterscheiden, Erkenntnis und Vergnügen sind für mich vollkommen normal. Schon als Kind hatte ich eine eigentümliche wissenschaftliche Neigung: das Verlangen zu wissen und das, was ich wusste, zu ordnen. Das war zweifellos ein Nebenprodukt, vielleicht sollte ich eher sagen, die Frucht der intellektuellen Begabung meines Vaters – er ist Wissenschaftler – und der Leidenschaft meiner Mutter für Ordnung, des Hangs zu rigoroser Sauberkeit und Organisation, die sie nur halb im Scherz ihrem »deutschen Blut« zuschrieb. Das ist mein deutsches Blut, sagte sie, das ehemals blonde Produkt von Familien, die rein deutsche – nicht deutsch-jüdische – Namen hatten, Namen wie Jäger und Mittelmark (so hieß, wie ich erfahren habe, eine Provinz Preußens); das sagte sie, manchmal lachend, manchmal auch nicht, wenn sie ein nachlässig gemachtes Bett noch mal* machte, ein Regalfach mit unseren Schulbüchern ordnete oder versuchte, Ordnung bei Dingen zu schaffen, die eigentlich in den etwas nachlässigeren Einflussbereich meines Vaters gehörten, was manchmal zu komischen Ergebnissen führte, beispielsweise wenn sie endlich die vielen verschiedenen kaputten Gegenstände, Spielzeug, Leuchtkörper und Kleinkram, zusammenhatte, die zu reparieren er lakonisch versprochen, es aber nicht geschafft hatte, und alle diese verwaisten Dinge in eine Schachtel getan und diese mit einem schweren marineblauen Magic Marker in ihrer dicken, schwungvollen Handschrift als ZU REPARIEREN ALEVAY beschriftet hatte – wobei »alevay« das jiddische Wort ist, das einen gewissen hoffnungslosen, lädierten Optimismus ausdrückt: »Es sollte eigentlich geschehen (wird es aber nicht).«

Mein Vater wollte also alles gern wissen und meine Mutter organisierte gern alles, und vielleicht entdeckte ich schon in jungen Jahren ein tiefes Vergnügen daran, das Wissen zu organisieren. Es bereitete mir daher nicht nur Vergnügen, über (zum Beispiel) die alten Ägypter und später über die Griechen und Römer zu lesen, über Archäologie und die Romanows und Fabergé-Eier; die Freude lag viel eher in der Organisation des Wissens, das ich langsam ansammelte, im Anlegen und Memorieren von Listen nummerierter Dynastien und Vokabulartafeln und Hieroglyphentabellen und Chronologien von nummerierten Katherinen und Nikoläusen und Alexandern. Das war, wie ich heute sehe, der erste Ausdruck eines Impulses, der letztlich derselbe ist wie derjenige, der einen Menschen zum Schreiben treibt – dazu, ein Chaos aus Fakten zu ordnen, indem man daraus eine Geschichte mit einem Anfang, einer Mitte und einem Ende baut.

Wenn ich ein frühes, zugegebenermaßen exzentrisches Vergnügen von mir beim Ordnen von zuvor unordentlichen Informationsmassen empfand, so empfand ich ebenso einen gewissen Schmerz, gar eine Form von Beklemmung, wenn ich Informationsmassen gegenüberstand, die sich dem Organisieren offenbar widersetzten.

Jedenfalls begann es mit meiner Bar-Mizwa, meiner Bar-Mizwa an jenem Samstagnachmittag, als meine Stimme so fürchterlich brach, der Bar-Mizwa, die den Höhepunkt meiner lückenhaften jüdischen Erziehung darstellte, dass ich auf meine jüdische Familie neugierig wurde und begann, Fragen zu stellen. Neugierig war ich natürlich immer gewesen: Wie konnte es auch anders sein, wenn mein Gesicht manche Leute an jemanden erinnerte, der schon lange tot war? Doch das glühende Interesse an jüdischer Genealogie, das erst zu einem Hobby und später beinahe zur Besessenheit wurde, erwachte an jenem Apriltag. Ich muss hinzufügen, dass es nichts mit der Zeremonie selbst zu tun hatte, mit dem Ritual, auf das ich mich so lange vorbereitet hatte, vielmehr begann alles mit dem Empfang im Haus meiner Eltern. Denn während ich von einem Verwandten zum nächsten gereicht wurde, um geküsst und auf den Rücken geklopft und beglückwünscht zu werden, verstörte mich die wirre Masse unbekannter und ähnlich aussehender Gesichter, und ich fing an mich zu fragen, wie es kam, dass ich mit diesen ganzen Leuten verwandt war, mit diesen Idas und Trudys und Juliussen und Sylvias und Hildas, mit den Namen Sobel und Rechtschaffen und Feit und Stark und Birnbaum und Hench. Ich fragte mich, wer die alle waren, worin nur ihre Verbindung zu mir bestehen konnte, und weil ich dieser unterschiedslosen Masse Verwandter nicht gern gegenüberstand, weil mich dieses Durcheinander beunruhigte, verbrachte ich von da an Stunden und Wochen und Jahre mit der Erforschung meines Familienbaums, mit der Klärung der Beziehungen und der Ordnung der Zweige und Unterzweige der genetischen Verbindungen, mit der Organisation der Informationen, die ich schließlich auf Karteikarten und in Tabellen und Akten sammelte. Natürlich ist die Vorstellung, dass jemand im Alter von dreizehn Jahren zum Mann »wird«, albern, allerdings kann man mit einiger Berechtigung sagen, dass meine Bar-Mizwa mir, wie ungewollt auch immer, ein größeres Bewusstsein dessen verlieh, was es bedeutete, Jude zu sein, als jedes Verständnis der Worte, die ich an jenem Tag im April 1973 sprach, es hätte leisten können.

Und so betrafen die Fragen, die ich mir unmittelbar im Anschluss an meine Bar-Mizwa stellte, nicht nur den rätselhaften Shmiel, sondern sie alle. Diese Fragen führten mich anfangs dazu, den Verwandten, die 1973 noch lebten, Briefe zu schreiben – ihre Zahl war da schon erheblich geringer als noch sechs, sieben Jahre davor, als ich mit meiner Familie immer nach Miami Beach reiste. Ich schrieb diesen alten Verwandten in Queens und Miami und Chicago und Haifa, und manchmal frustrierten und verwirrten mich die Antworten (*Mein genaues Geburtsdatum verrate ich dir nicht*, sagte mir Sylvia, die unglückliche Schwester meines Großvaters, an einem Nachmittag 1974 am Telefon, *weil es besser wäre, ich wäre nie geboren worden*). Häufiger jedoch freuten sich diese alten Leute darüber, dass sich ein so junger Mensch für etwas so Altes interessierte, und sie antworteten eifrig und erzählten mir auf meine Fragen hin alles, was sie wussten. So hämmerte Pauline, eine Tante meines Vaters (immer »Tante Pauly«), zwischen Juni 1973, als ich ihr meinen ersten schüchternen Brief schrieb, und Juni 1985, als ihr eindrucksvolles Gehirn, das mir so viele knackige und entscheidende Details über die väterliche Seite meiner Familie geliefert hatte (*Ich glaube, ich erinnere mich auch, dass jemand den Namen einer Stadt namens ... sagte*), kollabierte, an die hundert Briefe in die Tasten ihrer klapprigen alten Underwood. Zum Ende hin waren das *a, o* und *e* ununterscheidbar geworden, vielleicht eine Parallele dazu, was in dem verwirrten und sich verhärtenden Gewebe stattfand, dem ich so viel verdankte.

Oder meine Großtante Miriam in Haifa, die Frau Itzhaks, des Bruders meines Großvaters, die Frau, die ihren Mann mit ihrem kernigen Zionismus davon überzeugt hatte, dass die Zukunft des Judentums, obwohl ihre Fleischerei so prächtig gedieh, in Palästina lag, weswegen sie und er und ihre beiden kleinen Kinder dem Schicksal entgingen, das Shmiel und die anderen verschlang. Ich schrieb ihr recht häufig, und sie hatte viel zu Bolechow zu sagen, wie es einmal gewesen war, bevor sie die Stadt verließ. Ich freute mich immer über den Anblick ihrer zarten Aerogramme mit den exotischen israelischen Briefmarken darauf, das blaue Papier, fein wie Seidenpapier, bedeckte eine unverwechselbare, altmodische europäische Schrift mit blauem Kugelschreiber, die jeden Zentimeter jedes Blatts des schwerelosen Dokuments ausfüllte. Durch ein Englisch, dessen Syntax und Orthografie für mich ebenso schwierig zu entziffern waren wie ihre Krakelschrift, erfuhr ich viel, vom angenehmen Leben in der alten Stadt, die schmeichelhaften Dinge, die ihr Vater immer über meinen Urgroßvater, Elkune Jäger, sagte; die beiden Männer, schrieb sie, hatten demselben Verein in Bolechow angehört, ein Detail (Verein?), das mich zu einer Neubewertung dessen zwang, was ich über das Leben in einer kleinen galizischen Stadt um die Jahrhundertwende zu wissen glaubte. Besonders interessant waren für mich Dinge über meinen Großvater, da ich inzwischen alt genug war, um zu wissen, dass eine Familiengeschichte mehr sein konnte als nur Tabellen und Schaubilder, tatsächlich mit erklären konnte, wie die Menschen – etwa mein Großvater – zu dem wurden, was sie waren. Über Elkune schrieb sie:

Elkana Jager erinner ich nicht, aber mein Vater sagt mir, dass sie waren Mitglied in dieselbe Synagoge und auch in die Verein und er sag mir, dass er war ein sehr prächtiger und guter Kerl, der gern hat gegeben Geld für die arme Familien und er hat eine sehr gute Meinung und Sympatie für die christliche Birger und das war für ihn und die ganze Stadt sehr wichtig. Aber er ist gestorben sehr jung in die Jahrhundert er war bei Rachel, um sich ruhen aus und hat gekriegt Herzanfall was war eine Tragedi für ganze Stadt und Familie.

Es dauerte eine Weile, bis ich merkte, dass *Birger Bürger* bedeutete. *Rachel* war, wie mir voller Erregung aufging, die ältere Schwester meines Großvaters, diejenige, die *eine Woche vor ihrer Hochzeit* gestorben war, und zwar deshalb, weil auch sie, wie ich später erfuhr, ein schwaches Herz hatte.

Da ich wusste, dass Miriam und ihr Mann bis in die dreißiger Jahre in Bolechow geblieben waren, fasste ich den Mut, sie auch noch nach Shmiel zu fragen. Ich erinnere mich noch an die dunkle Erregung, als ich den Brief schrieb, in dem ich sie fragte, was genau mit ihnen geschehen war, ein Brief, von dem ich meinem Großvater nichts sagte. Aber bei diesem Thema war Miriam zurückhaltender und konnte mir nur das Folgende sagen, in einem Aerogramm mit dem Datum 20. Januar 1975:

Das Datum wo Onkel Schmil und seine Familie gestorben sind, niemand kann mir sagen, 1942 haben die Deutschen die Tante Ester mit zwei Töchter getötet. Die älteste Tochter war bei die Partisaner in die Berge und ist mit ihnen gestorben. Onkel Schmil und 1 Tochter Fridka die Deutschen haben getötet 1944 in Bolechow, das mir sagt ein Mann aus Bolechow niemand weiß was ist wahr.

Wenn sich das als nicht ganz wahr erwies, worauf sie selbst (wie ich jetzt sehe) mich aufmerksam machte, so war das nicht ihre Schuld. Sie gab nur weiter, was sie gehört hatte.

Etwas später, als ich gelernt hatte, von den Antworten nicht allzu viel zu erwarten, und mir immer mehr einbildete, ein effizienter Forscher zu sein, eine bestimmte Methode entwickelt zu haben, schrieb ich zunehmend auch an Einrichtungen und Agenturen, Briefe, in denen man einen frankierten Rückumschlag beilegen sollte, Briefe an die Archive der Stadt New York, darin Postanweisungen für die Begleichung von beglaubigten Kopien oder Totenscheinen (damals je fünf Dollar), an Friedhöfe (besonders gern) mit Namen wie Mount Zion und Mount Judah (»die für Mina Spieler reservierte Grabstätte ist bis heute nicht in Anspruch genommen worden«), an Orte mit Namen wie The Hebrew Orphan Asylum (Das Hebräische Waisenhaus), an Archive hinter finster klingenden Akronymen wie AGAD in Ländern, die damals hinter dem Eisernen Vorhang lagen und von denen ich nie eine Antwort erhielt, obwohl ich die internationale Postanweisung beigelegt hatte; Fragen, die mich, zwei Jahrzehnte später, zu subtileren Werkzeugen greifen ließen. Jetzt gab es Internet-Suchen auf Genealogie-Webseiten, auf dem Totenindex der Sozialversicherung und auf genealogy.com und jewishgen.com, auf der Datenbank von Ellis Island, wo ich das genaue Datum von Shmiels Ankunft in New York 1913 erfuhr, ein Ort, der ihm seiner Meinung nach kein Glück brachte; jetzt gab es FamilyFinder-Behörden; jetzt führte ich lange Korrespondenzen mit vollkommen Fremden, die unvorstellbar anders waren als jene mühseligen Aerogrammwechsel aus meiner Jugendzeit, E-Mail-Anfragen bei Menschen in Kalifornien und Colorado und Wales und Dänemark, die sprachlich äußerst kompetente und unverzügliche Antworten verhießen. Diese wiederum führten mich auf Reisen, im Verlauf eines Jahres, in ein Dutzend Städte von Sydney bis Kopenhagen und Beerscheba, in Flugzeuge und auf Fähren voller jüdischer Jungen und Mädchen in Uniform, Waffen an den schmalen Körpern, und schließlich nach Bolechow selbst, wo ich mit den wenigen noch Lebenden sprach, die gesehen hatten, was getan worden war.

Die Zeit verging. Als junger Mann zwischen zwanzig und dreißig schaute ich gelegentlich in meine Akten, trieb meine Recherchen ein wenig weiter, schrieb ein paar neue Briefe an dieses oder jenes Archiv, erfuhr weitere Fakten. Dann, Mitte, Ende dreißig, fand ich, dass ich über meine Familiengeschichte alles wusste, was es zu wissen gab: vor allem über die Jägers, denn zusätzlich zu den dokumentierten Unterlagen und dem Material, das bei Archiven und Bibliotheken erhältlich war, gab es ja noch all die Geschichten, im Laufe der Jahre aber auch über die Familie meines Vaters, die wortkargen Mendelsohns. Die einzige Leerstelle, die einzige irritierende Lücke waren Shmiel und seine Familie, die Verlorenen, über die es keine Fakten gab, die ich auf den Karteikarten vermerken, keine Daten, die ich in die Genealogie-Software eingeben konnte, keine Anekdoten, keine Geschichten, die zu erzählen waren. Doch mit der Zeit schmerzte es immer weniger, dass wir nicht mehr über sie erfahren würden, da das gesamte Ereignis mit jedem vergehenden Jahrzehnt in die Ferne wich, und damit wurden auch sie matter, schwächer, nicht nur jene sechs, sondern alle; und indem ein Jahrzehnt auf das andere folgte, schienen sie zunehmend nicht mehr uns, sondern der Geschichte zu gehören. Das machte es paradoxerweise leichter, nicht an sie zu denken, denn schließlich dachten so viele an sie – wenn nicht an sie speziell, so doch an eine Art allgemeines *sie*, diejenigen, die von den Nazis umgebracht worden waren, und aus dem Grund war es so, als kümmerte man sich um sie.
Dennoch kam es hier und da vor, dass eine Erinnerung an die Oberfläche stieg und mich zu der Frage veranlasste, ob es vielleicht doch noch etwas zu erfahren gab.

Zum Beispiel:

Mein Großvater erzählte am liebsten Geschichten, die lustig waren, weil er selbst so lustig war und weil die Leute einen lieber mögen, wenn man sie amüsiert. Ich erinnere mich – vielmehr, meine Mutter erzählte mir –, wie sich einmal vor langer Zeit meine Großtante Ida, die Schwester meiner Großmutter, am Thanksgiving-Tisch in die Hose machte, so lustig war die Geschichte, die er erzählte. Wir wissen nicht, welche seiner vielen lustigen Geschichten es war, da die Geschichte, wie sie sich wegen ihm in die Hose machte, die Geschichte selbst verdrängt hat – zu einer eigenständigen Geschichte geworden ist, eine, die heute erzählt wird, um einen bestimmten Aspekt des Wesens meines toten Großvaters zu erhellen oder vielleicht auch zu bewahren. Vor allem mir erzählte er immer gern seine Geschichten über die Stadt, in der er geboren wurde und in der seine Familie gelebt hatte, »seit«, wie er dann immer sagte und sich feucht räusperte, wie es seine Art war, die Augen groß und starr wie die eines Säuglings hinter den Gläsern seiner altmodischen Brille aus schwarzem Plastik, »es ein Bolechow gegeben hat«. *BOHle-choff*, sprach er es aus, wobei er das *l* in der Kehle behielt, am selben Ort, wo er das *ch* streichelte, so wie die Leute von dort es tun, *BOHlechoff*, die Aussprache, die, wie ich wesentlich später erfuhr, die alte, jiddische ist. Auch die Schreibweise hat sich verändert: Bolechow unter den deutschsprachigen Österreichern, Bolechów unter den Polen, Bolechov während der Sowjetjahre und jetzt schließlich Bolechiv unter den Ukrainern, die die Stadt schon immer haben wollten und sie jetzt besitzen. Es gibt einen Witz, den man sich in diesem Teil Osteuropas erzählt, der andeutet, warum Aussprache und Schreibweise ständig wechseln: Er handelt von einem Mann, der in Österreich geboren wurde, in Polen zur Schule geht, in Deutschland heiratet, in der Sowjetunion Kinder hat und in der Ukraine stirbt. *Und die ganze Zeit*, so der Witz, *hat er sein Dorf nie verlassen!*

Dass ich den Namen der Stadt, in dem die Familie meiner Mutter über dreihundert Jahre lang gelebt hatte, falsch aussprach, wurde mir erst Ende der neunziger Jahre klar, als ich eine alte Frau kennenlernte, die Mutter eines Mannes, mit dem ich mich kurz zuvor angefreundet hatte. Nach einer Weile erfuhr ich, dass er – er gehörte zu der Generation meiner Eltern – in einer Nachbarstadt Bolechows geboren wurde, einer eher kleinen Stadt namens Stryj oder auch Striy; ich habe sie inzwischen besucht. Heute wachsen dort hohe, ausladende Bäume inmitten der dachlosen Ruine, die einst die Hauptsynagoge der Stadt gewesen war. Als ich die seltsame geografische Übereinstimmung bemerkte, die unsere Familien verbindet, sagte ich dies meinem Freund, der ebenso wie ich Schriftsteller ist. Er wusste von meinem Interesse an der Geschichte dieses kleinen und heute vergessenen Teils der Welt und schlug mir vor, mich seiner Mutter vorzustellen, die damals auf die neunzig zuging, vielleicht könne sie mir ihre Erinnerungen erzählen. Seine Mutter. Mrs Begley. *Begley*: noch so ein Name, der sich wie die Namen der Städte, in denen Leute wie sie einmal gelebt hatten, unmerklich verändert hatte, denn der Name hatte einmal *Begleiter* gelautet. Natürlich nahm ich die Einladung meines Freundes begierig an, da es mittlerweile, ich war da nun fast vierzig, eine kleine Anzahl merkwürdiger Zufälle gegeben hatte; seltsame Erinnerungen an Bolechow oder Shmiel oder die besondere Vergangenheit unserer Familie waren auf unglaubliche Weise in der Gegenwart aufgetaucht, quälten uns mit der Möglichkeit, dass die Toten weniger verloren waren als vielmehr auf uns warteten …

Beispielsweise las ich vor einigen Jahren irgendwo, dass es, sechzig Jahre danach, noch immer möglich war, dem Internationalen Roten Kreuz die Namen von Holocaust-Opfern zu melden, die gesucht werden sollten. Und so ging ich eines Tages zur hiesigen Dienststelle des Roten Kreuzes, die ihren Sitz in einem großen, rechteckigen, ziemlich unpersönlichen Gebäude nicht allzu weit von mir entfernt hat. An der Fassade dieses Gebäudes ist ein großes rotes Kreuz angebracht. Drinnen füllte ich dann sechs Vermisstenformulare aus. Ich tat dies ohne den kleinsten Funken Hoffnung, denn ich wusste, wie gering die Chancen standen; dennoch, sagte ich mir, man weiß nie.

Und man weiß wirklich nie. Vor rund fünfzehn Jahren kaufte mein jüngerer Bruder, der zu der Zeit Kostümassistent bei Woody Allen war, Stoffe in einem matt beleuchteten Geschäft im New Yorker Garment District, in dem sich die Stoffrollen stapelten. Ihm fiel auf, dass der ältere Herr hinterm Ladentisch auf dem Unterarm eine Tätowierung hatte, und begann mit ihm ein Gespräch. Im Verlauf der Unterhaltung erwähnte mein Bruder, dass Verwandte von uns, die in der Katastrophe umgekommen seien, aus Bolechow stammten, worauf der alte Jude fast ekstatisch die Hände zusammenschlug und ausrief: Ach, Bolechow! Da hatten sie das *schönste* Leder!

Dann das Mal, als auf meine Anfrage auf einer Genealogie-Seite im Internet hin ein alter Mann anrief, um mir zu sagen, er habe einmal einen Shmiel Jäger gekannt. Noch bevor ich etwas sagen konnte, fügte er hinzu, dass dieser Shmiel Jäger aus Dolina gewesen sei, einem Städtchen bei Bolechow, und nach Osten geflohen sei, als die Deutschen im Jahr 1941 gekommen seien – und zwar, wie sich zeigte, tief in die damalige Sowjetunion hinein. *Ich habe gehört, er hat eine Usbekin geheiratet und sogar Kinder mit ihr gehabt!*, brüllte der alte Mann, der schwerhörig war, ins Telefon. Von der Vorstellung belustigt, ein Schtetl-Jude sei bis nach Usbekistan gekommen, dankte ich ihm, dass er sich gemeldet hatte, und legte auf, wobei ich dachte: Das war ja nun nicht sehr aufregend.

Und dennoch seltsam: wie die unerwartete Berührung einer kalten Hand.

Oder jenes Mal, als ein anderer meiner Brüder – Matt, der kurz nach mir geboren wurde, mit dem ich lange nicht sonderlich vertraut war, zu dem ich mich, als ich heranwuchs, in einer dunklen, aber heftigen Konkurrenz sah und dem ich einmal in einem Wutanfall etwas körperlich sehr Grausames zugefügt hatte –, Matt also, mich anrief, um mir zu sagen, er sei bei einem großen Treffen von Überlebenden des Holocaust in Washington, D. C., gewesen, wo er lebt. Matt ist Fotograf, vielleicht hatte er ja den Auftrag gehabt, die Tagung zu fotografieren, ich weiß es nicht mehr. Jedenfalls sagte er mir, auf diesem Treffen sei er jemandem über den Weg gelaufen, der behauptete, Shmiel Jäger gekannt zu haben.

Was?, sagte ich.

Nicht *Onkel* Shmiel, sagte Matt rasch. Dann schilderte er mir, was dieser Mann ihm erzählt hatte: dass der Shmiel Jäger, den er einmal gekannt habe, mit anderem Namen geboren worden sei, während des Krieges aber, als er sich einer Partisanengruppe angeschlossen habe, die um Lwów operiert habe, den Namen Shmiel Jäger angenommen habe; die Partisanen hätten aus Sicherheitsgründen die Namen von Toten angenommen, die sie einmal gekannt hätten.

Ich hörte ihm zu und dachte: *Die älteste Tochter war bei die Partisaner in die Berge und ist mit ihnen gestorben. Onkel Schmil und 1 Tochter Fridka die Deutschen haben getötet 1944 in Bolechow.*

Man weiß also nie. Und aus diesem Grund füllte ich die Formulare des Roten Kreuzes aus, ohne mir viel davon zu erhoffen, gab sie der Person am Schalter und ging wieder nach Hause. Ungefähr vier Monate später lag ein dicker Umschlag in der Post. Mit zitternden Händen riss ich den Packen auf. Sogleich sah ich aber, dass die Masse darauf zurückzuführen war, dass das Rote Kreuz mir nur Kopien der sechs Formulare schickte, die ich ausgefüllt hatte. Das siebte Blatt war ein Brief, in dem mir mitgeteilt wurde, dass es über das Schicksal von Ester Jäger, Lorka Jäger, Frydka Jäger, Ruchatz (wie ich da noch glaubte) Jäger und Bronia Jäger, Einwohner der polnischen Stadt Bolechow, keine Informationen gebe.

Der Fall Shmiel Jäger, schloss der Brief, gelte allerdings als »noch offen« …

Aus diesem Grund war ich also begierig, die Mutter meines Freundes kennenzulernen, diese Mrs Begley, die so nahe bei meinem toten Onkel, meiner Tante und meinen Cousinen gelebt hatte. Nicht dass ich glaubte, ich würde Neues von ihr erfahren, ich wollte nur sehen, wie es war, mit jemandem ihres Jahrgangs und ihrer Herkunft zu sprechen, da ich es unglaublich fand, dass es noch jemanden geben sollte, der sogar auf denselben Straßen wie sie gegangen war. So sehr hatte ich mich an den Gedanken gewöhnt, dass sie und alle aus ihrer Zeit gänzlich und unwiederbringlich der schwarz-weiß-grauen Welt der Vergangenheit angehörten.

Richtig ist aber auch, dass mich, als ich von der Existenz dieser sehr alten Frau hörte, von Louis' Mutter, derart intensive

Fantasien überfielen, dass ich mich beinahe schämte, so wie man sich als Jugendlicher schämt. Ich fragte mich, ob es möglich sein konnte, dass sie sich, auch wenn diese Frau in Stryj gelebt hatte, und meine Verwandten in Bolechow vielleicht … begegnet waren? Dass sie sich womöglich an sie erinnerte? Shmiels Frau kam, das wusste ich (woher? Ich weiß es nicht mehr), aus einer Stryjer Familie. Ihr Bruder hatte dort ein Fotoatelier gehabt, und tatsächlich hatte eine von Shmiels Töchtern, wie ich nur durch Zufall nach dem Tod meines Großvaters herausfand, kurz dort gearbeitet. Als Louis mir daher anbot, mich mit seiner eindrucksvollen Mutter – so sah ich sie jedenfalls, nachdem ich einige Jahre zuvor Louis' erstes Buch gelesen hatte, das eine romanhafte Schilderung dessen zu sein schien, wie er und seine Mutter die Nazi-Jahre überstanden, wie sie die Deutschen und die Ukrainer überlistet hatten, was meiner Familie nicht gelungen war – bekannt zu machen, rasten meine Gedanken. Ich stellte mir eine Szene vor, sagen wir im Oktober 1938, wie Louis (damals Ludwik) und seine Mutter das Schneelicht-Studio in Stryj betraten, um zur Feier des fünften Geburtstags dieses Einzelkinds ein Porträt machen zu lassen. Ich stelle mir Shmiels Tochter vor, Lorka, die Cousine meiner Mutter, eine hochgewachsene, hübsche, etwas zurückhaltende Siebzehnjährige, wie sie Mrs Begley beim Eintreten achtsam den Mantel abnimmt (er hat, denke ich mir, einen Pelzkragen, da ihr Mann, wie eine alte Ukrainerin sich sechzig Jahre später mir gegenüber erinnern sollte, *der größte Arzt der Stadt war*) und dann, indem ihre natürliche Zurückhaltung verfliegt, etwas Reizendes zu dem kleinen Jungen sagt, der eine Wollmütze trägt, unter der Strähnen seiner blonden Haare hervorlugen, die ihm später vielleicht das Leben retten oder auch nicht. Meine Fantasie ist, dass das plötzliche Auftauen dieses ernsten Mädchens einen Eindruck auf die Mrs Begley von 1938 macht – sie selbst ist eine ernste und äußert scharfsinnige Frau –, und wegen dieses Eindrucks wird Mrs Begley sich an sie erinnern, sich an das ermordete Mädchen Lorka Jäger erinnern, sich so viele Jahre später an sie erinnern und mir damit helfen, sie zu retten.

Dann aber geschah Folgendes:

Ich lernte Mrs Begley schließlich 1999 bei einem Empfang für einen von Louis' Söhnen kennen, der Maler ist. Die Party, die in einem Raum über einer eindrucksvollen Galerie im New Yorker Norden stattfand, war laut, und Mrs Begley saß sehr aufrecht, mit einer Miene, in der sich das stolze Vergnügen einer Großmutter und die isolierte Verwirrung einer Tauben mischten – sie hörte allgemein sehr schlecht, wie sie mir bald, nachdem wir einander vorgestellt worden waren, erzählte, auch ohne diesen ganzen *Lärm* –, in einem Sessel ganz hinten in dem Raum.

Dann hatten Sie dort also Familie?, sagte sie zu mir, nachdem ich ihre Hand genommen und mich niedergekauert hatte, um mit ihr zu sprechen, leicht verstört von der Art, wie sie das gesagt hatte, als wären wir schon mitten im Gespräch gewesen, und nicht ganz sicher, ob das »dort« nun Ostpolen oder den Holocaust bedeutete.

Ja, antwortete ich, sie lebten in Bolechow.

BOH-le-choff, sagte ich. Diese Mrs Begley hatte ein langes, intelligentes Gesicht mit hoher, klarer Stirn, ein Gesicht, das jemand von einem anderen Ort und aus einer anderen Generation als *das Gesicht einer Rebecca* beschrieben hätte, das Gesicht einer gefühlvollen, schönen Jüdin; überwölbt von einer makellosen Haube reinen weißen Haars, war es beherrscht von einem hartnäckigen, sarkastischen, verdeckten Blick, der dadurch, dass er nur aus einem Auge kam, nicht abgeschwächt wurde; das andere war trüb und ein wenig zugekniffen, warum, habe ich nie gefragt. Dieser Blick heftete sich an dem meinen fest und ließ während des Gesprächs nicht locker, ein Blick, der mich, selbst nachdem ich sie schon eine Weile kannte, irritierte, nicht zuletzt deswegen, weil es immer den Anschein hatte, als reagierte das Auge, wachsam, distanziert, bewertend, nicht auf die Unterhaltung, die jetzt stattfand, sondern auf ein verborgenes Gespräch, eines darüber, was ihr widerfahren war und was sie verloren hatte, über einen so großen Verlust, den ich, wie sie wusste, niemals begreifen würde, obwohl sie manchmal bereit war, mit mir darüber zu sprechen. An dem Abend, als ich sie kennenlernte, saß sie da, elegant in einem schwarzen Hosenanzug, mit einer Hand den Knauf eines Gehstocks umfassend, zu mir vorgebeugt, teils um ihr Interesse zu bekunden, teils wegen des irrsinnigen Lärms, und als ich sagte, meine Familie stamme aus

Bolechow – *BOH-lechoff* –, flackerte ihr heiles Auge belustigt auf, und zum ersten Mal lächelte sie.

Was, *BOH-lechoff*?, sagte sie abschätzig.

Das erste Wort klang wie *woos*.

Sie schüttelte den Kopf, und ich errötete wie damals als Teenager, als dieser Ort von mir Besitz ergriff. Mit säuerlicher Miene sagte sie: Sie müssen *Bo-LE-choff* sagen. Das ist eine *polnische* Stadt. Sie sagen es auf die *jiddische* Art!

Ich wurde verlegen und defensiv, nachdem ich unversehens einen Hauch längst vergangener Abstufungen bei Klasse und Kultur, die für niemanden mehr von Bedeutung sind, gespürt hatte: vielleicht die Herablassung, die die säkularen, urbanen, assimilierten Juden einer bestimmten Ära an einem bestimmten Ort, Juden, die in einem freien Polen aufwuchsen und zu Hause Polnisch sprachen, den bäuerlichen Juden der ländlichen Schtetls gegenüber zeigten, Juden wie mein Großvater, der, keine zehn Jahre älter als diese Mrs Begley, in einer vollkommen anderen Welt aufgewachsen war, einer österreichischen, nicht polnischen, der zu Hause Jiddisch sprach und für den eine Reise selbst in eine Kleinstadt wie Stryj ein Ereignis war.

Jedenfalls war wegen all dem, wegen der Art, wie ich Bolechow (falsch) ausgesprochen hatte, meine Fantasie mit einem Mal zu Asche zerfallen. Weswegen ich mich, als Mrs Begley mich nach dem Namen meiner Verwandten fragte, nachdem sie meine Aussprache korrigiert hatte, und ich *Jäger* antwortete und sie den Kopf schüttelte und sagte, diesen Namen habe sie nie gehört, nicht überwinden konnte, das Fotoatelier der Familie Schneelicht zu erwähnen, der Schwiegereltern meines Großonkels, die in Mrs Begleys Stadt, in Stryj, gelebt hatten, wo vielleicht einmal die winzige Chance bestanden hatte, dass sie sich begegneten. Eine Chance, die für mich eine Möglichkeit bedeutet hätte, die ferne Vergangenheit, in der meine Verwandten so aussichtslos, unrettbar erstarrt schienen, mit der ungetrübten Gegenwart zu verbinden, in der dieses Gespräch stattfand, dem transparenten Augenblick, der, wie jeder ganz klar sehen konnte, mich und die alte Frau mit ihren weißen Haaren und dem Stock enthielt, den Lärm und die Party und einen gewöhnlichen Herbstabend in einer Stadt, die friedlich war.

Trotz meiner gelegentlichen Irrtümer erfuhr ich im Laufe der Jahre der Briefe und Anfragen, der Interviews und Internet-Recherchen jedoch eine Menge über Bolechow, das nicht falsch war. Zum Beispiel: *Die waren schon dort, als es noch gar kein Bolechow gegeben hat!* Wie lange genau war das? Das kann man fast bis auf den Tag exakt bestimmen.

Als amerikanischer Jude einer bestimmten Generation wie meiner, derjenigen, deren Großeltern zu Beginn des zwanzigsten Jahrhunderts eingewandert waren, wuchs man wahrscheinlich mit Geschichten über das »alte Land« auf, über die kleinen Städte oder Schtetl, aus denen der Opa oder die Oma oder Nana oder *bubby* oder *zeyde* kamen, Kleinstädten, die von jiddischen Autoren wie Isaac Bashevis Singer und in *Fiddler on the Roof* gefeiert wurden, Orten, wie sie heute nicht mehr existieren; und wahrscheinlich dachte man, wie ich es lange tat, dass sie alle mehr oder weniger gleich gewesen waren, bescheidene Orte mit vielleicht drei-, viertausend Einwohnern, mit einem Panorama aus Holzhäusern, die sich um einen Platz drängten, Orte, denen wir heute allzu bereitwillig einen gewissen Sepia-Charme zuschreiben, vielleicht weil es, wenn wir an die Pingpongspiele und den Volleyball und das Skifahren dächten, ans Kino und die Ferien im Zelt, so viel schwieriger wäre, sich zu überlegen, was mit ihnen geschehen ist, weil die Menschen dort dann weniger anders als wir erschienen. Ein Ort, der so durchschnittlich ist, dass nur wenige es für wert erachtet hätten, darüber zu schreiben, natürlich nur so lange, bis er und seinesgleichen komplett ausradiert würden, wonach gerade diese Durchschnittlichkeit als bewahrenswert erschiene.

So jedenfalls sah ich Bolechow. Dann, eines Tages, es ist nicht lange her, schickte mir mein älterer Bruder Andrew als Chanukka-Geschenk ein sehr seltenes Buch, 1922 bei Oxford University Press erschienen, namens *The Memoirs of Ber of Bolechow*. Es handelt sich dabei um die erste englische Übersetzung einer Handschrift mit rund fünfundneunzig eng beschriebenen Blättern in einer guten hebräischen Kursivschrift, die typisch war für die gebildeten Juden des achtzehnten Jahrhunderts, um die Jahrhundertwende verfasst von einem polnischen Juden namens Ber Birkenthal, einem Bewohner Bolechows. Reb Birkenthal, der von 1723 bis 1805 lebte, eine stürmische Periode in der Geschichte Polens und, wie seine Erinnerungen zeigen, auch Bolechows selbst, war ein bemerkenswerter Mann – ein Weiser von hohem Ruf, dessen Grab auf dem Bolechower Friedhof zum Ziel von Pilgerreisen wurde. Ber war der Sohn eines vorausdenkenden, liberal gesinnten Weinhändlers, der den frühreifen geistigen Appetit seines Sohnes von frühester Kindheit an förderte – er erlaubte dem Knaben sogar, bei den katholischen Priestern am Ort Griechisch und Lateinisch zu lernen, etwas Unerhörtes, das später kurz Zweifel an Bers Treue zu seiner Religion aufkommen ließ. Aus dem frühreifen Knaben wurde ein frühreifer Mann: ein erfolgreicher Weinhändler, aber auch ein Gelehrter von enormer Bandbreite und Fundiertheit, einer, der mit Leichtigkeit Polnisch, Deutsch und Italienisch, aber auch Hebräisch, Griechisch und Lateinisch lesen konnte, ein Mann, der sich ebenso gern in das große italienische Werk der Weltgeschichte, *Relazioni universali,* erschienen zwischen 1595 und 1598, vertiefte (und begann, es ins Hebräische zu übersetzen) wie in die geheimnisvollen kabbalistischen Texte, die ihn faszinierten, etwa das *Chemdat Jamim* von Nathan Ghazzati, dem sogenannten Propheten des falschen Messias Shabbetaj Zvi. Ber von Bolechow war demnach ein Mann, der die liberalen, weltlichen Energien exemplifizierte, die zur Entstehung der Haskala beitrugen, der großen jüdischen Aufklärungsbewegung im achtzehnten Jahrhundert, eine Bewegung, die ihre Blüte unter dem Philosophen Moses Mendelssohn hatte, dem Großvater des Komponisten.

Von dem Herausgeber von Ber Birkenthals Erinnerungen im zwanzigsten Jahrhundert, einem Mann namens Vishnitzer, erfahren wir, dass die Stadt Bolechow, wo Ber geboren wurde, im östlichen Teil der als Galizien bekannten Provinz liegt, die sich von Kraków im Westen bis nach Lemberg (heute L'viv) im Osten erstreckte. Dieser Teil Galiziens liegt nahe den Karpaten, die eine mächtige Grenze zum südlich davon gelegenen Ungarn bilden (eine, die jedoch überwunden werden kann, wie ich von einer alten Frau erfuhr, die 1943 als junges Mädchen barfuß über die Karpaten von Bolechow nach Ungarn lief, wo die dortigen Juden, zu denen der Krieg noch nicht vorgedrungen war, die

Gründe für die verzweifelte Flucht des Mädchens kaum fassen konnten). Das spezifische Areal galizischen Bodens, auf dem die Stadt Bolechow gegründet wurde, war im Besitz eines polnischen Adligen namens Nicholas Giedsinski gewesen; 1612 legte Giedsinski den Grundstein der Stadt und stellte ihr eine Gründungsurkunde aus. In dieser Urkunde formulierte der polnische Adlige die Gesetze, an die sich die drei Gemeinschaften halten sollten, die dort lebten: Juden, Polen und (wie es in der Urkunde heißt) »Ruthenen«, wie die Ukrainer früher genannt wurden. Vishnitzer verweist darauf, dass die Juden dort schon gesiedelt hatten, bevor der Ort eine richtige Stadt wurde, eine reguläre Gemeinde entstand jedoch erst nach 1612, als die von Giedsinski ausgestellte Urkunde den Juden gleiche Rechte und Freiheiten einräumte.

Weiterhin beschreibt Vishnitzer die seltenen Privilegien, die die Juden von Bolechow bei dessen Gründung vor fast vierhundert Jahren genossen. Sie durften, schreibt er, Grundeigentum in der Stadtmitte erwerben und darauf Häuser bauen (*Es stand genau am Ringplatz*, sagte mein Großvater zu mir, als ich ein Junge war, und meinte damit das Geschäft seiner Familie: genau am Marktplatz). Den Juden der Stadt wurde ein Grundstück für die Errichtung einer Synagoge überlassen sowie, auf der anderen Seite des Flüsschens, das durch die Stadt fließt, ein Grundstück für eine Begräbnisstätte. Geht man heute dorthin, sieht man mit als Erstes, wenn man über einen kleinen Bach auf das Friedhofsgelände springt, einen großen Grabstein, auf dessen Rückseite der Name JAGER geschrieben steht.

Die Juden von Bolechow, fährt der Autor des Buchs fort, konnten in einer allgemeinen Wahl den Bürgermeister (der bei Amtsantritt schwören musste, die Rechte aller drei in Bolechow lebenden Nationalitäten zu schützen) sowie die Ratsherren für den Stadtrat wählen. Sie genossen rechtlichen Schutz, der polnische Stadtrat durfte keinen Streit zwischen einem Juden und einem Nichtjuden ohne den Beistand von Vertretern der jüdischen Gemeinde beilegen. (Mein Großvater erzählte mir, sein Vater habe einmal dezent bei den österreichischen Behörden interveniert, zu denen er offenbar hervorragende Beziehungen unterhielt, vielleicht wegen der vielen Flaschen Tokajer, um einen verarmten Juden aus dem Gefängnis zu holen. *Ein Wort von ihm zählte etwas*, sagte mein Großvater.) Es verwundert daher nicht, dass, in Vishnitzers Worten, »in den Beziehungen zwischen den Juden und ihren nichtjüdischen Nachbarn Harmonie herrschte«.

Im Lichte seiner Begeisterung als Gelehrter und seines Erfolgs als Kaufmann ist es keine Überraschung, dass Ber Birkenthals Erinnerungen zwischen dem Obskuren und (weit häufiger) dem Weltlichen pendeln. Natürlich gibt es auch gelehrte Anspielungen auf Bibelverse, häufiger jedoch verbreitet sich Ber über gewöhnliche Dinge, über Politik (»Nachdem Poniatowski zum Oberbefehlshaber ernannt worden war …«), geschäftliche Unannehmlichkeiten (»Ich war sehr enttäuscht, keinen der alten Weine zu erhalten. Ich habe die Angelegenheit mit meinem Partner auf unserem Weg von Miskolcz besprochen, da sonst keine Gelegenheit war, weil ich nach Lemberg zurückkehren musste …«), lokale Dramen (»Unter großen Schwierigkeiten und vermöge unermüdlicher Anstrengungen sowie zahlreicher Fürsprachen wurden sie aus dem Gefängnis entlassen …«) und häusliche Themen (»Als meine Schwester und Schwägerin Rachel von meinem Wunsch erfuhren, diese Witwe zu heiraten, redeten sie mit Jenta, damit die Verbindung bald geschlossen werden könne«).

Mit anderen Worten, es geht um ein normales Leben, trotz des außergewöhnlichen Intellekts des Memoirenschreibers. Dennoch bleibt zu sagen, dass zu der Zeit, als Ber von Bolechow in seiner Stadt eine prominente Person war, die Welt weniger stabil war als noch anderthalb Jahrhunderte zuvor, als der polnische Adlige das Fundament der Kleinstadt legte. Polen war das gesamte achtzehnte Jahrhundert hindurch politisch instabil, und Einfälle von Russen, Tataren und Kossaken brachten zwangsläufig Verheerungen über die Juden dieser kleinen Stadt. So kam es auch, dass Ber von Bolechow im Juli 1759 einen schrecklichen Traum hatte, einen schmerzvollen Traum, der sich bald als Vorahnung erwies. Einen Traum, wie er voller Schmerzen schreibt, dass seine Frau in »schweren Wehen« liege. Das sah er als Zeichen, und schon bald, schon am nächsten Tag, musste er erfahren, dass achtundzwanzig ruthenische Rohlinge von den bewaldeten Hügeln oberhalb der Stadt herabgekommen waren und das jüdische Viertel überrumpelt, mehrere jüdische Häuser verwüstet und einen Mann getötet hatten. Bers Besitz und seine Familie waren von der Zerstörung nicht ausgenommen gewesen, was Ber in seinen Erinnerungen anschaulich beschreibt. Angesichts des Augenzeugenberichts der Ereignisse, die so fern von allem sind, was ich je hätte erleben können, und die ich mir daher nur sehr schwer »vorstellen« oder »vergegenwärtigen« kann, möchte ich auf eine Paraphrase verzichten, sondern einfach seine Schilderung zitieren:

Unterdessen hatten zwei weitere Räuber mein Haus betreten und fanden Leah noch im Bette vor. Sie verlangten eine große Summe Geldes, woraufhin meine Frau ihnen einen Dukaten und 20 Gulden gab, wobei sie sich entschuldigte, sie habe keinen weiteren Heller Bargeld verfügbar. Einer der beiden versetzte ihr mit einer Axt grausame Hiebe auf Arm und Rücken, so dass Fleisch und Haut noch lange schwarz blieben. Sie befahlen ihr, die goldenen Ornamente und die Perlen herauszugeben. Einige sagten, die nichtjüdischen Bewohner unsrer Stadt hätten den Räubern mitgeteilt, sie würden solche Dinge in meinem Haus finden. Meine Frau musste ihnen alle kostbaren Gegenstände übergeben: zwei Halsketten mit feinen, schönen Perlen, eine mit vier Reihen, die andere mit fünf, einen Kopfschmuck von großem Wert und Liebreiz sowie zehn Goldringe, mit prachtvollen und seltenen Diamanten besetzt. Der Wert dieser Gegenstände belief sich zu der Zeit auf 3000 Gulden. Überdies nahmen die Räuber die Möbel mit und brannten das Haus nieder.

Der Überraschungsangriff, der nichtjüdische Denunziant, der Raub und der brutale Überfall, die gierige Aneignung seltener Diamantenringe: Das alles sollte sich wiederholen. Doch es gab auch unerwartete und unerklärliche Gefälligkeiten. Ber lobt im Folgenden auch die Achtsamkeit eines nichtjüdischen Hausmädchens, das noch beim Haus blieb, um die Bücher ihres Herrn aus dem Feuer zu retten. »Sie hatte Mitleid mit den Büchern«, schreibt er, »denn sie wusste, das sie mir lieb waren.« Auch solche Taten sollten sich, Jahrhunderte später, wiederholen.

Der Terror, den Ber in dieser Passage schildert, war in Bolechow und anderen österreichisch-ungarischen Städten nicht unbekannt, aber auch nicht die Regel. *The Memoirs of Bar of Bolechow* ist nicht sonderlich literarisch, und die Einzelheiten über Geschäftsabschlüsse und Gerichtsfälle, ganz zu schweigen von den Esoterika des frühmodernen Verlagssystems, werden wohl kaum viele Leser gewinnen, doch gerade die Alltäglichkeit des Lebens, das dieses eigentümliche, vergessene Buch aufzeichnet, ist, so scheint es heute, da wir wissen, was wir wissen, recht kostbar.

Schließlich gab es meines Wissens bis vor Kurzem nur noch ein weiteres Buch, das über Bolechow und seine Juden geschrieben wurde, es trägt den Titel *Sefer HaZikaron LeKedoshei Bolechow*, also »Erinnerungsbuch an die Märtyrer von Bolechow«, herausgegeben von Y. Eshel und 1957 veröffentlicht von einer Gruppe, die sich die *Association of Former Residents of Bolechow* nennt, »Vereinigung ehemaliger Einwohner von Bolechow«. Es ist, mit anderen Worten, ein sogenanntes Jiskor-Buch: eines der Hunderte von Büchern, die nach dem Zweiten Weltkrieg zusammengestellt wurden und die mit den Erinnerungen von Menschen gefüllt sind, die vor dem Krieg weggegangen, und den Zeugenberichten derer, die geblieben waren, um an die Gemeinden – Kleinstädte, Großstädte – zu erinnern, die zerstört wurden, und natürlich auch, um, soweit möglich, an eine Lebensform zu erinnern, die verloren gegangen ist. Ich besitze dieses Buch, das davor meinem Großvater gehörte; es ist in blaues, inzwischen sehr verschossenes Leinen gebunden, und der Text ist auf Hebräisch und Jiddisch. Als Junge fragte ich mich bei den seltenen Anlässen, da mein Großvater mir diesen kostbaren Gegenstand in die Hand gab, warum es in einer Sprache veröffentlicht wurde, die (wie ich damals glaubte) nur die Opfer verstanden. Mein Großvater zeigte mir die Fotos in dem Buch, und auf ein Blatt Briefpapier der Firma, die er einmal besessen hatte – mein Großvater hatte auch den starken Drang, Dinge aufzuheben, zu bewahren –, das er später zwischen die Seiten steckte, die den hebräischen und den jüdischen Teil trennten, schrieb er die Zahlen aller Seiten, auf denen seine Familie erwähnt wurde. Folgendes schrieb er, teils in Großbuchstaben, teils in seiner geneigten

Handschrift, in die sich nur sehr selten ein Schreibfehler ein-
schlich:

44 – BARON HIRSH JÜDISCHE SCHULE
67 – UNTEN RATHAUS *rechts*
67 – *Unten unser Geschäft Links*
110 – IM STADTZENTRUM HAT ES GEBRANNT
282 – <u>ISAK</u> *und* <u>SHMIEL</u> meine beide Brüder
189 – *Die staatliche Schule die ich besucht habe*

Die Unterstreichung ist die einzige Hervorhebung, was eher
untypisch ist. Es ist wahrhaft eigenartig, die Handschrift meines
Großvaters, die ich so gut kannte, zu sehen – sozusagen seine
Stimme zu hören –, wie sie etwas so lakonisch beschreibt, ganz
ohne die gewundenen Kadenzen und blumigen Überhöhungen,
die mir diese vielen Geschichten über seine Welt, seine Kindheit,
diese Stadt einmal so denkwürdig gemacht haben. Am unteren
Rand des Blattes steht das gedruckte Motto seiner Firma: MIT
BORDÜREN SIEHT'S IMMER BESSER AUS.

Interessant ist einstweilen die Antwort auf die Frage, die sich
erstmals durch die kühne Behauptung meines Großvaters
stellte, seine Familie habe schon in Bolechow gelebt, *als es noch
gar kein Bolechow gegeben hat*. Wie lange war das nun her? Die
Antwort geben unsere beiden Bücher gemeinsam. Dem ersten
Buch, den Erinnerungen von Ber Birkenthal, dem Weisen von
Bolechow, entnehmen wir, wann alles begann, aus dem letzten
Buch wissen wir natürlich, wann es endete. Die Jägers lebten
insgesamt dreieinhalb Jahrhunderte in Bolechow, in denen das
Städtchen so war, wie seine Gründer es beabsichtigt hatten, eine
Gemeinde, in der Juden, Polen und Ruthenen in relativer Har-
monie lebten. Was bedeutet, von 1612, als der gerechte Graf
Giedsinski das Fundament legte, bis 1941, als die Deutschen von
Westen kamen und die Ruthenen wieder einfielen.

Und so bestand unser Wissen lange Zeit aus Folgendem:

Wir wussten eine Menge über meine Jäger-Verwandtschaft,
bis hin zu meinen Ururgroßeltern Hersh und Feige Mittelmark
sowie Isak und Neche Jäger. Wir wussten, welche Geschäfte sie

betrieben, in was für einer Stadt sie lebten, die Namen ihrer Kinder, Enkel und Urenkel und bei vielen die Daten von Geburt, Tod und Eheschließung. Wir wussten etwas über die Geschichte Bolechows, wo es auf der Landkarte lag. Wir wussten von alten Fotografien, die meine Mutter sorgsam in ihrem Album aufbewahrte, wie viele ihrer Gesichter aussahen. Wir kannten sehr viele Geschichten.

Und über die Verlorenen wussten wir immerhin dies:

Wir wussten, dass Shmiel Jäger und seine Frau Ester, geborene Schneelicht, sowie ihre vier Töchter, die, wie ich da noch glaubte, Lorca, Friedka, Ruchatz und Bronia hießen, in einem Haus irgendwo in Bolechow lebten, wie die Jägers es dreihundert Jahre lang getan hatten. Ihre Adresse war, wie ich der Abschrift eines polnischen Geschäftsverzeichnisses von 1929 entnahm, Dlugosastraße 9a.

Wir wussten, dass die Nazis 1939 Polen überfielen, dass die Juden in Ostpolen in Form des Hitler-Stalin-Pakts, der die Region, in der Bolechow lag, der Sowjetunion zuschlug, einen Aufschub erhielten. Was Shmiel und seine Familie unter den Sowjets erdulden mussten, wusste niemand.

Wir wussten, dass die Nazis den Pakt im Sommer 1941 brachen und bald darauf, zu Beginn des Sommers, in Ostpolen einfielen. Schon bald erreichten sie Bolechow.

Wir wussten, dass Shmiel einen (mehrere?) Lastwagen besaß. Wir hatten gehört, dass die Nazis die Lastwagen wollten.

Wir hatten gehört, dass er als einer der Ersten auf der Liste stand (Liste?).

Wir hatten gehört, dass sie sich irgendwann in eine Art Versteck zurückzogen. Vielleicht war es das alte Schloss, das den polnischen Grafen gehörte, den Giedsinskis, den ehemaligen Besitzern der Stadt, als sie noch ein privates Gut war. Mein Großvater hatte ja gesagt, sie hätten sich *in einem kessle versteckt*.

Jedenfalls versteckten sie sich. Oder einige von ihnen.

Wir hatten gehört, dass die Nachbarin sie verraten und angezeigt hatte

(oder)

dass das polnische Hausmädchen, die *schikse*, sie verraten und angezeigt hatte. Was stimmte? Unmöglich zu erfahren.

In Tante Miriams Brief hatten wir gelesen, dass die Deutschen 1942 Ester und zwei der Töchter töteten. Das müssen Ruchatz und Bronia gewesen sein. Waren sie im selben Versteck wie die anderen? Unmöglich zu erfahren.

Tante Miriam hatte gesagt, Lorca sei irgendwie entkommen und habe bei den Partisanen in den Bergen gekämpft, mit denen sie dann später getötet wurde. Welche Berge? Welche Partisanen? Wann? Wie? Hatte auch sie sich versteckt gehalten? Unmöglich zu erfahren.

Sie hatte geschrieben, Onkel Shmiel und Frydka seien 1944 von den Deutschen getötet worden. Waren sie in einem anderen Versteck gewesen? Wie und warum waren sie getrennt worden? Unmöglich zu erfahren.

Und das war lange Zeit das, was wir wussten. Es war nicht viel, aber es war einiges mehr als *von den Nazis umgebracht*. Lange Zeit glaubten wir, mehr würden wir niemals in Erfahrung bringen, und angesichts des Ausmaßes der Vernichtung, angesichts der vielen Jahre, die vergangen waren, angesichts dessen, dass es niemanden mehr gab, den man fragen konnte, schien das doch eine ganze Menge zu sein.

Der Anfang des Kapitels Bereschit, *der Teil, der mit der Erschaffung des Kosmos beginnt und sich nach und nach auf die Geschichte von Adam und Eva und ihrer verhängnisvollen Vertreibung aus dem Paradies verengt (was auch der Anfang aller Menschheitsgeschichte ist), erzählt uns viel von der Lust, die man vom Baum der Erkenntnis gewinnen kann: Wir wissen, dass er gut war, eine Augenweide, »lieblich zu betrachten (zu erkennen)« – mit anderen Worten, notwendig, um Unterscheidungen zu treffen, um letztlich zu schaffen (denn erst nachdem sie vom Baum gegessen haben, pflanzen Adam und Eva sich fort).*

Und dennoch wissen wir auch, dass der Baum nicht nur Lust, sondern auch Schmerz bereitet. Denn das Wissen um die Lust, das vom Verzehr der Frucht des Baums rührt, ist mit großem Schmerz verbunden – Vertreibung aus dem Paradies, Arbeit, Geburt – und führt letztlich auch zum größten Schmerz überhaupt, dem Tod.

Bei meiner anhaltenden Suche nach den hilfreichen Bedeutungen, die sich in der Paraschat Bereschit, immerhin der Beginn der ausgedehnten Auslegung der Bedeutungen der jüdischen Geschichte in der Tora, finden lassen, steht immer noch eine Antwort auf eine Frage aus, die sich mir stellt, seit ich ein kleiner Junge war, als ich diese Geschichte erstmals in der Sonntagsschule las. Warum, so fragte ich mich, kommt die Erkenntnis denn von einem Baum? Warum nicht von einem Stein, einer Wolke, einem Fluss – oder gar einem Buch? Die Bäume, die mir damals vertraut waren, boten keine Antwort. Die Front unseres Hauses war von einer horizontalen Reihe hoher Sumpfeichen geschützt, die mir nicht als sonderlich weise erschienen, dahinter standen eine Zeit lang riesige düstere Weiden, die eine dicht am Haus – bei Sturm war es ziemlich gruselig, wie ihre längsten Zweige gegen mein Zimmerfenster und das meines Bruders strichen –, die andere ganz hinten auf unserem Grundstück, in einer Ecke beim Komposthaufen, der, so die alljährliche Hoffnung meines fleißigen Vaters, »anlaufen« werde. Unter einer hörte ich zufällig, Jahre nachdem ich die Sonntagsschule beendet hatte, wie meine Eltern und deren Eltern ein Geheimnis über den Vater meines Vaters lüfteten, das mich bestürzte und mich mit einer Leidenschaft in die Erforschung seiner Familie trieb, wie ich es nie für möglich gehalten hätte. Die andere stürzte in einem Hurrikan um, der das Gebiet New Yorks im August 1976 heimsuchte. Der Weidenbaum schien also nicht besonders weise, da er sich nicht einmal selbst schützen konnte. Es gab einen weiteren Baum auf unserem Grundstück, den ich in meiner Jugendzeit gern betrachtete und mich kurz fragte, was ein »Baum der Erkenntnis« wohl sein mochte. Das war der große, verwachsene Apfelbaum, der in der Ecke unseres Gartens der gegenüber stand, die eine Zeit lang von der Trauerweide besetzt war. Dieser Baum hatte eine Besonderheit, von der ich, glaube ich, erst wusste, als ich auf die Highschool ging: Auf seinen Stamm waren, als er noch klein war, die Zweige von sieben Apfelsorten gepfropft worden, sodass er, als er ausgewachsen war, sieben verschiedene Früchte trug – Früchte, die wir, da wir als Vorstädter nichts Essbarem trauten, das nicht aus dem Supermarkt kam, nie aßen und die daher auf die Erde fielen und verrotteten, bis jemand, ent-

weder wir Jungen oder die Gärtner, die meine Eltern beschäftig-
ten, als wir erwachsen waren, sie wegrechte. Der einzige Mensch,
den ich je von diesem Baum habe essen sehen, war mein Onkel
Nino – natürlich kein richtiger Onkel, denn er war ja Italiener,
vielmehr ein enger Freund meines Vaters von der Arbeit, ein
Mann, der für mich als Kind einen beträchtlichen Glamour besaß,
da er einen Sportwagen fuhr, mit Essen aufwartete, das wir sonst
nirgendwo sahen, von fernen Gegenden erzählte, in denen er ge-
wesen war, und mich aus allen diesen Gründen angenehm an mei-
nen Großvater erinnerte, auch wenn das weltliche Zutrauen,
mit dem Onkel Nino grüne Äpfel von dem Baum pflückte und
aß, in meinen Augen etwas eindeutig Nichtjüdisches hatte und
daher, wie ich jetzt sehe, dunkel mit meinem späteren Wunsch
verbunden war, Kultur und Sprache nicht der Juden, des Volkes,
dem ich angehörte, zu studieren, sondern der Griechen und
Römer, der Völker des Mittelmeers, denen Nino selbst so offen-
sichtlich angehörte. ... Es war mein Großvater, wie ich an dieser
Stelle sagen sollte, der mich eines Tages um diesen Baum herum-
jagte, da war ich vielleicht zehn, und drohte, mich grün und blau
zu schlagen – wenn meine Erinnerung mich nicht trügt, hatte er
dabei eine leere Milchflasche in der Hand –, weil ich unter dem
Baum Modellautos in Brand gesteckt hatte, und während er
mich jagte, rief er ständig: Ein Feuer machst du, ein Feuer?
Willst du uns denn alle umbringen? *Zu der Zeit kannte ich noch*
nicht die Geschichte, wie das Haus seiner Kindheit in Bolechow
im Ersten Weltkrieg von einer russischen Granate getroffen
worden und in Brand geraten war, und auch nicht die, wie er
während eines anderen Artilleriebeschusses im selben Krieg zu-
gesehen hatte, wie ein Schulfreund von ihm verbrannte oder,
vielleicht besser gesagt, zu Tode gekocht wurde, als der Fluss,
der durch Bolechow lief, in Brand gesetzt wurde.

Wir wissen, dass der Baum der Erkenntnis in Bereschit *weder*
eine Eiche noch eine Weide noch ein Apfelbaum war, sondern ein
Feigenbaum, und das wissen wir oder schließen es wenigstens
daraus, dass Adam und Eva, nachdem sie von dem Baum geges-
sen und damit die schamvolle Erkenntnis ihrer Nacktheit erwor-
ben haben, sich mit den Blättern eines Feigenbaums bedecken.
Dem hat Friedman recht wenig hinzuzufügen, nur den zugege-

benermaßen interessanten Umstand, dass die improvisierte Bedeckung, die die ersten beiden Menschen zur Hand nahmen, nicht eigentlich »Kleidung« war, sondern eben eine grobe Bedeckung, da ihre erste Kleidung in Genesis 3:21 von Gott gemacht wird. Raschi hingegen untersucht das Detail der Feigenblätter eingehender und leitet daraus (wie so oft) einen moralischen Schluss ab. »Durch die Sache, durch die sie verdorben worden waren«, schreibt er, »wurde ihnen geholfen.«

Für mich ist diese Wandlung von Verderb zu Hilfe eng mit dem Wesen der Erkenntnis selbst verbunden, die bestenfalls ein Prozess ist: von Unwissenheit zu Bewusstsein, von geistigem »Verderb« zu dessen »Hilfe«, von verworrenem Chaos zu geordneter Gelehrsamkeit. Erkenntnis umfasst daher den Ausgangspunkt, der leer, schädlich, schmerzhaft und auch den Endpunkt, der Freude ist. Für mich beantwortet gerade diese Eigenschaft des Prozesses, der Entwicklung, die sich nur im Laufe der Zeit vollziehen kann, letztlich die Frage, warum die Erkenntnis von einem Baum kommen muss. Denn ein Baum ist etwas, was wächst, und Wachstum kann, wie Lernen, nur mit der Zeit selbst und durch sie geschehen. Denn jenseits des Mediums der Zeit können Wörter wie »wachsen« und »lernen« keinerlei Bedeutung haben.

Und letztlich verleiht erst die Zeit der Lust als auch dem Schmerz, die man durch Erkenntnis erfährt, Bedeutung und Sinn. Die Lust liegt bis zu einem gewissen Grad im Stolz an der Anhäufung: Erst war Leere und Chaos, nun gibt es Fülle und Ordnung. Der Schmerz wiederum ist mit der Zeit in etwas anderer Weise verbunden. Weiß man beispielsweise etwas (denn die Zeit bewegt sich immer nur in eine Richtung), ist das nicht mehr rückgängig zu machen, und es gibt bestimmte Dinge, bestimmte Fakten, bestimmte Formen des Wissens, die uns schmerzen. Und auch: Während andere Formen der Erkenntnis genau so, wie ich es oben beschrieben habe, Lust bereiten, uns mit Informationen füllen, die wir haben wollten, uns gestatten, in etwas, was zuvor als schrecklicher Wirrwarr erschien, einen Sinn zu erkennen, ist es möglich, bestimmte Dinge, bestimmte Fakten zu spät zu erfahren, als dass sie noch gut für uns sein können.

Hören Sie:

Mein Großvater starb 1980. Mitten in der Nacht verließ er, obwohl schon sehr geschwächt – höchstens ein, zwei Wochen, hatte meine Mutter mir gesagt, bevor er an dem Krebs gestorben wäre, der ihn bei lebendigem Leib auffraß –, in seinem makellosen weißen Pyjama das Bett und fand irgendwie die Kraft, an seiner schlafenden Frau, der, die seine Federn gehasst hatte, vorbeizuschleichen, die Wohnung zu verlassen und die Fahrstuhltaste »L« zu drücken, fand die Kraft, durch die marmorne Eingangshalle der Forte Towers und zur Hintertür hinaus zum Swimmingpool zu gehen, dann auch noch die Kraft, hineinzuspringen, obwohl er wusste, dass er nicht schwimmen konnte.

So groß war der Schmerz. Jetzt frage ich mich: welcher?

Weil mein Großvater Selbstmord begangen hatte, sorgte ich mich insgeheim – da war ich zwanzig, aber aus Respekt vor meinem Großvater immer noch ungefähr elf –, ob er deswegen Schwierigkeiten bekommen würde, ob ihm die peinlich genauen Details der Bestattungsformen, die er mir diktiert hatte, das Waschen seines Körpers, die schlichte Holzkiste, die Grabstätte in Queens, die natürlich auf ihn wartete, weil er ja einer aus Bolechow war und seine Gebühren bezahlt hatte, verweigert werden würden. Doch alles lief nach Plan, und so wurde mein Großvater in New York begraben. In den darauf folgenden Wochen flog meine Mutter mehrmals nach Miami, um seine Angelegenheiten zu regeln. (Noch in Erwartung seines Todes war er lustig. Als sie das Tresorfach mit seinen Papieren öffnete, lag ganz oben eine Nachricht, in der unverwechselbaren Handschrift meines Großvaters, der wusste, dass meine Mutter das Schreiben erst nach seinem Tod lesen würde. »Also, Marlene«, begann es, »erst mal hörst Du auf zu weinen, denn Du weißt ja, wie scheußlich Du aussiehst, wenn Du weinst …«.) Wie sie es auch bei ihrer Mutter getan hatte, übergab sie die meisten seiner Sachen jüdischen Wohlfahrtseinrichtungen, aber natürlich hatte auch vieles eine persönliche und familiäre Bedeutung, und das brachte sie mit nach Long Island.

Darunter befand sich beispielsweise das blassblaue Buch mit dem Titel *Sefer HaZikaron LeKodeshei Bolechow*, das »Erinnerungsbuch an die Märtyrer von Bolechow«. Als ich es an jenem Sommertag 1980 sah, fiel mir wieder ein, dass ich es einmal, Jahre zuvor, in seiner Wohnung gesehen hatte, als ich ihn allein besuchte. Ich war fünfzehn und schon so eine Art Familienhistoriker, worauf mein Großvater außerordentlich stolz war, sosehr er mich auch mit meinen zudringlichen Fragen aufzog. Im Verlauf jenes vorigen Besuchs hatte er mich gebeten, ihm beim Ausräumen etlicher alter Kisten mit »nutzlosen Dingen«, wie er es nannte, zu helfen, und eines Tages saß ich einige Stunden neben ihm und warf die Sachen, die er mir reichte – Packen mit Briefen, mit Gummibändern oder Bindfaden umwickelt, alte Führerscheine, Artikel aus *Reader's Digest*, die er herausgerissen hatte –, in einen hohen, mit einer weißen Plastiktüte ausgekleideten Küchenmülleimer. Einmal, als er auf die Toilette ging, warf ich rasch einen Blick auf einen der Briefpacken, der sich als die Korrespondenz mit seiner dritten Frau erwies, einer Dame namens Alice. Zu der Zeit interessierte ich mich nicht für die Ehen, die mein Großvater nach dem unerwarteten Tod meiner Großmutter einging, weil ich sie als »neuere Geschichte« und mithin als nicht von Belang ansah. Natürlich ist seine Heirat mit Alice im Jahr 1970 heute, da ich dies schreibe, weiter entfernt als Shmiels Zeit als Geschäftsmann in Bolechow von jenem Tag, an dem ich Großvaters nutzlose Korrespondenz durchging.

Das jedenfalls war der Tag, an dem mein Großvater das *Sefer HaZikaron LeKodeshei Bolechow*, das »Erinnerungsbuch an die Märtyrer von Bolechow«, herauszog und mir zeigte, und ich frage mich, ob es auch der war, vielleicht in der Nacht, nachdem ich schlafen gegangen war, an dem mein Großvater das Buch durchsah und für mich (so meine Vorstellung) auf dem Blatt seines Firmenbriefpapiers, das er sorgsam aufbewahrt und nicht weggeworfen hatte, alle Fakten notierte, die ich wissen musste, wer wer war und auf welchen Seiten ihre Bilder zu finden waren, in Voraussicht auf die Zeit, wenn er nicht mehr da sein würde, um es mir selbst zu sagen.

Noch etwas anderes brachte meine Mutter mit, etwas, was ich seit meiner Kindheit oft gesehen, woran ich aber nicht mehr gedacht hatte. Es war die eigenartige Brieftasche, die lange, schmale mit den Hubbeln, die er häufig sorgsam in die Innentasche seiner

Jacketts gesteckt hatte, die er so gern trug. Natürlich erkannte ich sie wieder, wäre aber nie darauf gekommen, was darin war.

Denn als wir die Brieftasche dann öffneten, entdeckten wir Folgendes: viele gefaltete, dicht beschriebene Seiten, beschrieben mit einer gleichmäßigen, kraftvollen, eleganten Handschrift auf Deutsch. Meine Mutter hatte vor langer Zeit ein wenig Deutsch gelernt, wenn auch nicht mit viel Erfolg – sie erzählte immer gern die Geschichte von ihrem Deutschlehrer an der Highschool, der von einem Mädchen, das immerhin *Marlene Jaeger* hieß, Großes erwartete und dann bitter enttäuscht wurde –, und so drückte sie mir das Bündel in die Hand, als wir es entdeckten, da ich inzwischen ja am College war und selbst Deutsch studierte. *Lieber Teurer Bruder samt liebe Teure Schwägerin*, las ich. *Liebe Jeanette und Lieber Sam*, las ich. *Lieber Cousin*, las ich. Auf drei verschiedenen Briefen las ich: *Lieber Aby*.

Aby. Mein Großvater.

Ich las die Daten: *Bolechów 16/I 1939*. Wahllos überflog ich die Briefe. Aus dem Anfang von einem: *Ich lebte einige monate mit der hoffnung sich mit Euch meine Teuere persönlich sehn zu können, leider wurde mir der Traum verschwunden.* (Lange, nachdem ich das gelesen hatte, musste ich immerzu an diesen Satz denken: Warum hatte Shmiel sich diesen hoffnungsfrohen Traum gestattet, und warum war er verschwunden? Wer hatte ihm falsche Hoffnungen gemacht? Darüber denke ich oft nach, zumal ich auch weiß, wie Brüder aus Gründen, die kein archiviertes Dokument erhellen kann, einander enttäuschen können.) Von der Seite 2 eines anderen (alle Seiten sind sorgfältig oben nummeriert): *Man halt mich in Bolechów für ein reichen Man ... Du machst vorwürfe mein l. Frau warum sie wendet sich nicht zu ihr Bruder und Schwester. ... Was die Juden machen hier mit, dass ist aber ein hundertster Teil wass ihr weisst ... Die liebe Lorka arbeitet in Stryj bei einen Fotograf. ... Die kleine Bronia geht noch in Schule. ... in ständiger schreck ergriffen. ... Gebe Gott dass Hitler verrissen werden soll!* Und ich las natürlich die Unterschrift, wieder und wieder: *Ich grüße und küsse Euch alle vom tiefen Herzen, dein Sam. ... Von Euer Treuem Sam, ... von Euer Sam. Sam. Sam.*

Shmiel.

Das also hatte mein Großvater all die Jahre mit sich herumgetragen. Die Briefe, die Shmiel geschrieben hatte, in dem letzten verzweifelten Jahr, solange er noch schreiben konnte, als er glaubte, er könne noch irgendwie weg. Es war da gewesen, direkt vor meinen Augen, die ganze Zeit, in jenen Sommern, als ich beiläufig die seltsame Brieftasche betrachtete, endlich nach draußen gehen und die Geschichten meines Großvaters hören wollte, ohne auch nur zu ahnen, welche Geschichte er da in der linken Brusttasche bei sich trug. Da war es gewesen, direkt vor mir, und ich hatte nichts gesehen.

Hören Sie:

Jahre nach dem Tod meines Großvaters beschloss ich, die FamilyFinder-Seite der jüdischen Genealogie-Website auszuprobieren. Man gibt alle Familiennamen ein und dazu die Städte, mit denen diese Namen in Verbindung standen, dann noch die eigenen Kontaktdaten – dahinter steckt der Gedanke, dass jemand, der nach Leuten mit den Namen aus den Städten sucht, die man selbst eingegeben hat, zwangsläufig mit einem verwandt ist und Kontakt mit einem aufnehmen möchte.

Also gab ich die Namen meiner Familie ein. Ich wollte im Zweifel lieber übergründlich sein und gab daher nicht nur die Namen meiner drei im Ausland geborenen Großeltern und deren Ursprungsstädte ein (MENDELSOHN, RIGA; JAGER JAEGER YAGER YAEGER, BOLECHOW; STANGER, KRAKOW), sondern auch noch den Namen jeder einzelnen Person, die mir einfiel und die sozusagen mit meinen Verwandten verwandt war: Meine Einträge umfassten also auch RECHTSCHAFFEN, KALUSZ (der Mann meiner Großtante Sylvia), BIRNBAUM, SNIATYN (die Verwandten meiner Urgroßmutter väterlicherseits), WALDMANN, BOLECHOW (mein Großvater hatte mir, als ich etwa dreizehn war, erzählt, sein Vater habe eine Schwester namens Sylvia gehabt, die einen Mann namens Waldmann geheiratet habe), BEISPIEL, KALUSZ, MITTELMARK, DOLINA (die Familie der Mutter meines Großvaters) und KORNBLÜH, BOLECHOW (die Familie der Großmutter väterlicherseits meines Großvaters). Und obwohl ich wusste, dass es sinnlos war, gab ich auch noch Shmiels Frau Ester SCHNEELICHT, STRYJ ein. Vielleicht schneite es ja an dem Tag.

Und tatsächlich, bei einigen klappte es. Beinahe sofort nahm eine nette Dame aus Long Island Kontakt mit mir auf; ihr Vater war der Enkel jener Sarah Jäger, die einen Mann namens Waldmann geheiratet hatte, und auch wenn es wahrscheinlich töricht und sentimental klingt und die Verwandtschaft ja auch sehr entfernt ist, war ich wegen dieser Entdeckung wochenlang in Hochstimmung. Dann, ungefähr ein Jahr später, ein noch bemerkenswerterer Fund: Wir entdeckten einen ganzen verlorenen Zweig der Familie meines Vaters, weil ich bemerkt hatte, dass noch jemand anderes nach BIRNBAUM aus SNIATYN suchte. (Und um ein Haar hätten wir ihn verfehlt: Ursprünglich hatte ich BIRNBAUM aus KRAKOW eingegeben, weil ich vage in Erinnerung hatte, dass die Eltern meiner Großmutter von dort stammten. Dann, ungefähr ein Jahr, nachdem ich das abgeschickt hatte, durchwühlte ich alte Briefe meiner Tante Pauly und sah, dass sie in einem geschrieben hatte: *Ich glaube, sie stammen aus Cracow, aber mir ist auch, als hätte jemand den Namen einer Stadt namens Sniatin oder Snyatyn erwähnte, vielleicht hilft Dir das ja.* So knapp war das – um Haaresbreite hätten wir das wunderbare Paar aus Colorado verfehlt, das an ihrem Ende BIRNBAUM aus SNIATYN angefragt hatte – Cousine und Cousin von uns.)

Die seltsamste Antwort aber war diejenige, die ich niemals erwartet hätte, die Antwort auf SCHNEELICHT, STRYJ. Ich war gerade zu Besuch bei meinem älteren Bruder in der Bay Area, es ist einige Jahre her, und ich hörte dort eine Nachricht auf meinem Anrufbeantworter in New York von einem Mann ab, der sagte, er habe meine Anfrage gelesen und wolle mit mir über den Namen Schneelicht aus Stryj sprechen. Ich war so aufgeregt, dass nicht wartete, bis ich wieder zu Hause war, sondern ihn noch am Abend von meinem Bruder aus anrief. Er lebte in Oregon. Er sagte mir, sein verstorbener Vater – der Herr war erst wenige Jahre zuvor, 1994, im Alter von 103 Jahren verstorben – sei als Emil Schneelicht in Stryj geboren und habe mehrere seiner sechs Geschwister im Holocaust verloren. Er sagte, die Namen der Eltern seines Vaters seien Leib Herz Schneelicht und Tauba Lea Schneelicht gewesen, Namen, die mir da natürlich nichts sagten. Dann nannte er mir die Namen der Geschwister seines Vaters. Sie lauteten:

Hinde
Moses
Eisig (sein Vater)
Mindel
Ester
Saul
Abraham

Ich hörte ihm zu, und als er den Namen *Ester* sagte, verschlug es mir den Atem. Sie hatte scheinbar so gänzlich dem fernen und unberührbaren Teil der Vergangenheit unserer Familie angehört, die Frau meines Onkels Shmiel, dass es höchst erregend, aber auch bestürzend war, mit jemandem zu sprechen, der in einer engeren Verbindung zu ihr stand als ich – mit ihrem Neffen nämlich, mit dem Cousin der Mädchen, die für mich, als ich aufwuchs, ganz und gar »unsere« Cousinen waren –, mit jemandem zu sprechen, der Wissen über die Verlorenen aufgrund einer Beziehung besaß, die für mich nicht einmal im Traum existiert hatte (wie auch, da ich so wenig über sie wusste, nicht einmal, ob sie Brüder oder Schwestern gehabt hatte?). Ich fragte mich dann, wie viele weitere Spuren sie noch hinterlassen hatte, wie viele weitere Hinweise es noch geben könnte, die in Internet-Einträgen herumschwirrten und in Archiven vergraben waren, von deren Relevanz ich gar nichts wusste, weil ich so wenige Anhaltspunkte hatte, deren Relevanz ich nicht einmal dann erkennen würde, wenn ich sie sähe.

Aber vielleicht zog ich ja voreilige Schlüsse: Schließlich konnte es ja mehr als eine Ester Schneelicht aus Stryj, die in den 1890er-Jahren geboren wurde, gegeben haben. Aber während mir das noch durch den Kopf ging, sagte der Mann am anderen Ende der Leitung noch etwas anderes. Er erzählte mir, dass einige dieser Brüder und Schwestern seines Vaters, die, soweit ich sah, doch die Brüder und Schwestern meiner Großtante Ester waren, Kosenamen gehabt hätten, was ich natürlich aus meiner eigenen Familiengeschichte gut kannte: Sein Vater *Eisig* wurde auch, sagte er mir, *Emil* genannt. Während er redete, machte ich mir Notizen, schrieb nun auf das Blatt Papier, das ich vor mir hatte, Eisig = Emil. Dann sagte er, eine seiner Tanten, Mindel bzw. Mina, sei gar nicht im Holocaust umgekommen, sondern lange davor in die Staaten ausgewandert und habe mit ihrem Mann in New York gelebt. Der sei Fotograf gewesen.

Mina, wiederholte die Stimme am anderen Ende der Leitung. Sie werde auch Minnie genannt.

Ich wollte schon MINDEL = MINA = MINNIE schreiben, als meine Hand schweißnass wurde und mein Herz heftig pochte.

Moment, sagte ich. Moment.

Ich räusperte mich und sagte dann: Sie war mit einem Fotografen verheiratet, und sie hieß Minnie?

Ja, sagte der Mann. Ihr Mann hieß Spieler. Jack oder Jake. Spieler. Sie waren meine Tante und mein Onkel. Jack und Minnie Spieler.

Hören Sie:

Bald danach besuchte ich die Seite jewishgen.org regelmäßig und knüpfte Kontakt mit einer Frau, die wie ich einen Familienbezug zu Bolechow hatte. Sie erwies sich, als ich mich endlich mit ihr traf, als ebenso lebhaft, mitteilsam und großzügig, wie ihre E-Mails angedeutet hatten, Eigenschaften, die sich, als ich sie schließlich an einem Märzmorgen 2001 im Greenwich Village besuchte, irgendwie in ihrer üppigen Pracht rötlicher Löckchen ausdrückten, und sie arbeitete ehrenamtlich bei dem Jiskor-Buchprojekt der Website. (Viele der Jiskor-Bücher, darunter das *Sefer HaZikaron LeKodeshei Bolechow*, sind auf Jiddisch oder Hebräisch oder beides, und jewishgen.org fördert ein Projekt, sie ins Englische zu übersetzen und die Texte auf die Seite zu stellen.) Die Frau, die Susannah hieß, war auch nach Bolechow gereist – obwohl, wie sie mir später sagte, niemand aus ihrer unmittelbaren Familie, niemand, den sie gekannt hatte, von dort sei, ein Detail, das mich bewegte und beeindruckte – und hatte Fotos der Stadt auf ShtetlLinks gestellt. Ich hatte ihr in E-Mails geschrieben, wie sehr mir ihre Einträge gefallen hätten, worauf wir eine Korrespondenz begannen, in deren Verlauf sie mir zwei entscheidende Informationen lieferte.

Erstens brachte sie mich mit einem jungen ukrainischen Forscher namens Alex Dunai zusammen, der sie durch Bolechow – oder, wie es heute heißen müsste, Bolechiv – geführt hatte und der, wie sie mir sagte, auch Archivrecherchen in den verschiedenen Ortsämtern betrieb. Auf diesen Hinweis hin schrieb ich Alex eine Mail und bat ihn, die jüdischen Archive von Bolechow, die im Krieg wie durch ein Wunder unversehrt geblieben waren, zu durchforschen, und ungefähr zwei Monate nach unserem ersten Kontakt erhielt ich ein pralles Paket aus der Ukraine mit über hundert Dokumenten: Fotokopien der Originale, dazu Alex' sorgfältige, getippte Übersetzungen. Über sie möchte ich vorerst nur sagen, dass die frühesten erhaltenen Aufzeichnungen der jüdischen Gemeinde von Bolechow, die jetzt im Stadtarchiv von L'viv lagern, vom Beginn des neunzehnten Jahrhunderts stammen und dass sich darunter ein Totenschein befindet, datiert auf den sechsundzwanzigsten November 1835, der den Tod einer gewissen Sheindel Jäger im neunundachtzigsten Lebensjahr am vierundzwanzigsten jenes Monats verzeichnet. Diese Sheindel, die Witwe des Juda Jäger, war (wie der Totenschein vielleicht überflüssigerweise angibt) an »Altersschwäche« gestorben, und die Adresse war Haus 141; aus Verwaltungsgründen waren alle Häuser im Dorf durchnummeriert, und diese Nummern, nicht die Straßennamen, wurden bei offiziellen Dokumenten verwendet, wobei die Straße Schustergasse hieß, wie mir eine Frau einige Jahre später beim Lunch in Tel Aviv sagte. Sheindel wurde, wie wir daher folgern können, 1746 oder womöglich 1745 geboren, und das macht sie zur ältesten bekannten Ahnin meiner Familie, denn sie war die Mutter von Abraham Jäger (1790–1845), dem Vater von Isak Jäger (ca. 1825–vor 1900, dem Jahr also, in dem der zionistische Bruder meines Großvaters Itzhak, der nach ihm benannt wurde, geboren wurde), dem Vater von Elkune Jäger (1867–1912), meinem Urgroßvater, der in einem Kurort tot umfiel und damit eine Serie von Ereignissen in Gang setzte, die an ihren weitesten, am wenigsten denkbaren Ausläufern zu Toden führte, durch Erschießen, Schlagen und Vergasen, zum Tod seines Sohns, seiner Schwiegertochter und von vier Enkelinnen, der aber auch der Vater von Abraham Jaeger war (1902–1980: Opa), dem Vater von Marlene Jaeger Mendelsohn (geboren 1931), meiner Mutter.

Es entbehrt nicht, wie mir bewusst ist, einer gewissen bitteren Ironie, dass ich das alles letztlich nur deshalb weiß, weil es das »Erinnerungsbuch für die Märtyrer von Bolechow« gibt. Denn wegen dieses Buchs fand ich Susannah, und Susannah vermittelte den Kontakt zu Alex, einem geselligen jungen Ukrainer, dem ich schließlich auch persönlich begegnete. Dieser Ukrainer, der sich seinen Lebensunterhalt jetzt damit verdient, amerikanische Juden zu den zerstörten Schauplätzen ihrer Familiengeschichten zu führen, besorgte mir die Dokumente, die den Weg meiner Jäger-Verwandten nachzeichnen, angefangen bei einer unergründbaren Frau aus dem achtzehnten Jahrhundert – einer Frau, die Ber Birkenthal von Bolechow durchaus gekannt haben könnte und mit weitgehender Sicherheit ihre (blauen?) Augen auf ihn gerichtet hatte, die wie jeder ihrer Nachkommen, von ihrem Sohn bis hin zu ihrem Ururenkel, meinem Großvater, im selben Haus Nummer 141 einer Stadt namens Bolechow in der Nähe von Lemberg (später Lwów, später L'vov, heute L'viv) in der Provinz Galizien im Kaiserlichen und Königlichen Reich der Doppelmonarchie Österreich-Ungarn geboren wurde und gelebt hatte.

Das war das Erste, was Susannah für mich tat. Das Zweite war etwas, was ich davor für undenkbar gehalten hätte.

Wir hatten uns über ihre Reise nach Bolechow 1999 ausgetauscht, denn inzwischen erwog ich bereits, selbst hinzufahren. Ich glaubte, ich könnte einen Artikel darüber schreiben, wie es sei, zu einem Schtetl der eigenen Ahnen zwei Generationen später zurückzukommen und mit den Menschen zu sprechen, die jetzt dort lebten: herauszufinden, welche schwachen Spuren von dem damaligen Leben noch geblieben waren, wenn überhaupt welche. An einem Donnerstag im Januar 2001 fragte ich Susannah in einer E-Mail, ob sie aufgrund ihrer Erlebnisse dort glaube, dass noch jemand in Bolechow, in Bolechiv lebt, der klare Erinnerungen an die Zeit vor dem Zweiten Weltkrieg hat, Leute, die ich für meinen Artikel, den ich schreiben wollte, interviewen könnte. Vielleicht, schrieb ich, sollte ich Alex bitten, mir bei Anzeigen in der Lokalzeitung zu helfen.

Sie antwortete am Dienstag, dem dreißigsten, und gab mir, fast nebenbei, eine Information, die mich sehr verblüffte. Hinsichtlich alter Bolechower, die für mich von Interesse sein könnten, schrieb sie, gebe es einen sehr alten Juden, der erst kürzlich mit seiner ebenso alten Frau von Bolechow nach New York gezogen sei: ein neunundachtzig Jahre alter Mann namens Eli Rosenberg. Er sei, so Susannah, »der letzte Jude von Bolechow« und damals der Hutmacher der Stadt gewesen. (In den Jahren nach diesem E-Mail-Wechsel lernte ich auch den letzten Juden von Stryj kennen wie auch den letzten Juden eines Städtchens nahe Riga. Er hieß Mendelsohn.) Dieser Bolechower Jude, erklärte sie, habe die Kriegsjahre nur deshalb überlebt, weil er im Sommer 1941, als die Deutschen kamen, mit der zurückweichenden Sowjetarmee Richtung Osten nach Russland geflohen sei. Bei der Rückkehr in die Stadt nach ihrer Befreiung 1944 habe er festgestellt, dass niemand aus seiner Familie überlebt habe, trotzdem habe er bleiben wollen. Bis auf das letzte Detail sollte ich diese Geschichte später noch einmal hören.

Ich schaute auf meinen Computerbildschirm, auf dem der Cursor bei dem Wort *zurückgekehrt* in dem Satz *Nach dem Krieg zurückgekehrt, um festzustellen, dass von seiner Familie und auch von der jüdischen Gemeinde niemand mehr übrig war* blinkte. Ich hatte mich so sehr daran gewöhnt, Bolechow als einen mythischen Ort zu sehen (weil er für mich nur in den Geschichten meines Großvaters existierte), und auch, mir das heutige Bolechiv als hoffnungslos entfernt von seiner Vergangenheit im Krieg vorzustellen (weil sechs Jahrzehnte vergangen waren und weil fast niemand von der damaligen Bevölkerung, ob jüdisch, polnisch oder ukrainisch, noch dort war), sodass die Existenz eines alten Juden aus Bolechow, der heute in New York lebte, eines Menschen, der die Distanz zwischen dem Ort, von dem ich immer gehört hatte, und dem, der auf der Landkarte verzeichnet war, überbrücken konnte, mir so unwahrscheinlich erschien wie die Existenz von Außerirdischen.

Am Ende ihrer Mail fragte Susannah, ob ich im Großraum New York lebe und wenn ja, ob ich die Rosenbergs, die in Brooklyn lebten, einmal mit ihr besuchen wolle. Sie sprächen nur Russisch und Jiddisch, erklärte sie, sie selbst habe aber eine Zeit lang ernsthaft Jiddisch studiert und könne dolmetschen. Begeistert schrieb ich ihr zurück, ich nähme ihre Einladung an. Meine Begeisterung, das sollte ich sagen, lag nur zum Teil in dem

Wunsch begründet herauszufinden, ob dieser Eli Rosenberg ein Licht auf Shmiel und seine Familie werfen konnte. Der letzte Jude von Bolechow, der in meiner Gegenwart Jiddisch gesprochen hatte, war mein Großvater, der nun schon zwanzig Jahre tot war. Ich wollte es wieder hören.

Schon bald antwortete Susannah. Die »tolle Nachricht!!!« war, dass sie Mr Rosenberg angerufen, vielmehr mit seinem Sohn gesprochen und mit ihm einen Termin für unser Treffen vereinbart hatte – mein erstes und, wie ich glaubte, wohl auch letztes Treffen mit einem Juden aus Bolechow, der mir etwas, irgendetwas darüber erzählen konnte, was dort vor, während oder nach dem Krieg geschehen war. Das Treffen war auf den 11. März festgesetzt, einen Sonntag. Ich sollte Susannah bei ihr zu Hause in Downtown abholen, dann würde sie uns nach Brooklyn fahren. Sie sagte mir gleich, dass Eli sehr leise spreche, recht gebrechlich sei und dass der Tod seiner Frau Feyge – wovon Susannah erst bei ihrem letzten Gespräch mit Elis Sohn erfahren hatte – ein schwerer Schlag für ihn gewesen sei.

Als wir nach Brooklyn fuhren, war ich extrem angespannt. Wieder, wie im Fall Mrs Begleys auf jenem Empfang zwei Jahre zuvor, war die Vorstellung, jemandem aus dem Ort und der Zeit meines Interesses nahe zu sein, beinahe zu quälend, zu machtvoll: Mir zitterten die Beine, als ich in Susannahs Wagen saß und Manhattan hinter uns verschwinden sah. Auf der Fahrt durch die unvertrauten Straßen, Susannah spähte auf Schilder, ich starrte auf einen übergroßen Straßenatlas, überfielen mich wieder derart intensive Fantasien, die so lebendig und gleichzeitig so peinlich waren angesichts der Banalität der Informationen, die dieses Treffen erbringen konnte – *hat Shmiel einmal bei diesem Mann einen Hut gekauft?* –, dass ich mir, nachdem wir geparkt und die winzige, düstere Wohnung in einem gewaltigen, ziemlich sowjetisch wirkenden Block aus Granit und Backstein gefunden hatten, beim Sprechen nicht traute. Zum Glück, dachte ich, würde vor allem Susannah reden.

Aber dann musste gar nicht so viel geredet werden. Als wir in Rosenbergs Wohnung saßen, die spärlich möbliert und ziemlich dunkel war, im Ohr das Prellen eines Basketballs, das in dem kleinen Hof des Wohnblocks echote, wurde deutlich, dass Mr

Rosenbergs Zustand sich seit Susannahs letztem Kontakt mit ihm stark verschlechtert hatte. Susannah stellte mich auf Jiddisch vor, und ich bat sie, ihm zu sagen, ich hoffte, er habe den Bruder meines Großvaters, Shmiel Jäger, gekannt.

Shmiel Jäger, Shmiel Jäger, sagte Eli Rosenberg mit leiser, ziemlich hoher Stimme, den Mund geöffnet. Doch danach kam nichts, nur dass er die Hand hoch über den Kopf hob, als wollte er einen großen Menschen andeuten. Susannah sagte etwas zu ihm, worauf er heftig nickte und etwas erwiderte, worauf sie sich an mich wandte.

Er sagt, es war ein sehr großer Mann, sagte Susannah.

Ein sehr großer Mann, dachte ich, und mein Mut sank. Auf den Fotos, die ich gesehen hatte, wirkte er nicht sehr groß; ehrlich gesagt war niemand aus der Familie sehr groß.

Dann sah Eli Rosenberg Susannah an und fragte sie, wer ich sei. Sein Sohn, ein sehr dunkler, ziemlich slawisch wirkender Mann um die vierzig, bot uns Tee und Plätzchen an. Im Fernsehen lief recht laut eine Gameshow. Susannah erklärte Eli erneut, ich sei der Enkel des Bruders von Shmiel Jäger, der die Fleischerei in Bolechow gehabt habe. Erneut sagte sie ihm, ich wolle wissen, ob er Shmiel gekannt habe.

Shmiel Jäger, Shmiel Jäger, sagte Eli wieder und nickte auf eine Art, die, auch wenn dieser Eindruck völlig täuschte, einnehmend weise war. Dann schaute er auf – auf mich, nicht auf Susannah – und sagte *Tojb*, dann nickte er wieder, als wäre er mit sich zufrieden. Ich hatte keine Ahnung, was er damit meinte. Susannah redete weiter mit ihm, wie um sich zu vergewissern, dass sie richtig gehört hatte, dann wandte sie sich an mich.

Er sagt, Shmiel Jäger sei taub gewesen. *Tojb*.

Ich blickte von Susannah zu Eli Rosenberg, der nickte und sich eine hohle Hand an ein Ohr hielt, womit er Taubheit mimte. Dann fragte er Susannah erneut, wer ich sei und was ich wolle.

Wieder sank mein Mut. Wenn Shmiel taub gewesen wäre, dann hätte es mein Großvater oder sonst jemand bestimmt erwähnt. Ein solches Detail wäre auffallend und harmlos genug gewesen, um die inoffizielle Zensur, die mein Großvater über alle Geschichten mit Shmiel verhängt hatte, zu überwinden. Allmählich fragte ich mich, mit welchem anderen Nachbar von vor zwei Menschenaltern, einer großen tauben Person, die in keiner Weise verwandt mit mir war, dieser Eli Rosenberg meinen Onkel verband, und auf einmal war ich zutiefst deprimiert. Die ganze Energie, die ganze heimliche Vorfreude, die mir über diese quälend langsamen Wortwechsel in einer Sprache, die ich seit zwei Jahrzehnten nicht mehr gehört hatte, hinweggeholfen hatten, die ganze geschürte Inbrunst meiner Hoffnungen, er könne etwas Großes, etwas Bedeutsames sagen, etwas darüber, wie sie gestorben waren, über den letzten Tag, an dem er sie gesehen hatte, *irgendetwas* – das alles hatte mich, wie ich merkte, erschöpft, ausgelaugt. In dem Augenblick wollte ich nur hinaus aus dieser dunklen, bedrückenden Wohnung und nach Hause zu meinen Fotografien, von denen ich immerhin genau wusste, dass sie von ihnen, dass sie authentisch waren.

Dann sagte der Sohn, er glaube, sein Vater werde müde. Ich war erleichtert. Wir standen alle auf und gaben einander die Hand – die Elis war verblüffend fest –, dann gingen Susannah und ich Richtung Tür. Und noch einmal sagte Eli, ohne jemanden dabei anzusehen, *Shmiel Jäger, Shmiel Jäger.* Verlegenheit zitterte durch den Raum, und der Sohn sagte entschuldigend, seinem Vater gehe es seit dem Tod seiner Frau im vergangenen Jahr nicht so gut.

Schade, dass Sie nicht vor zwei Jahren gekommen sind, sagte er. Da hätte er Ihnen eine Menge erzählen können.

Seitdem habe ich diese Worte oder Variationen davon häufig gehört, da jedoch traf mich der Satz, weil er noch neu war. Der Gedanke, wie viel mehr möglicherweise zu erfahren gewesen wäre, hätte ich nur zwei Jahre, ein Jahr früher angefangen, tat weh.

Das dachte ich, während ich dem Sohn zunickte und ein mitfühlendes Gesicht machte, als Eli Rosenberg mich plötzlich direkt ansah und noch etwas sagte, ein einziges Wort, das es irgendwie, in jenem letzten Augenblick, geschafft hatte, an den zerstörten Axonen und kaputten Synapsen vorbeizukommen und an die Oberfläche zu steigen, bevor es auf immer versank, und er sagte das Folgende:

Frydka.

Hören Sie:

Das früheste bekannte Foto von Shmiel ist dasjenige, auf dem er in seiner österreichischen Armeeuniform neben dem anderen Mann sitzt, der stehenden Gestalt, deren Identität anscheinend im Dunkeln bleiben sollte. Auf diesem Bild sieht Shmiel ziemlich gut aus, so wie wir es auch immer gehört hatten: ausgeprägter Kiefer, volle Lippen, regelmäßige Züge, die schönen tiefen Augenhöhlen, die Augen blau ... ich weiß einfach, dass sie blau waren, auch wenn das Bild es uns nicht verraten kann. Shmiel wurde zu einer Zeit volljährig, in der die Leute sagten, wenn man so gut aussah (und oft auch, wenn nicht), *Du könntest zum Film gehen!* oder *Du solltest Schauspieler werden!*, und genau das hörten wir immer über ihn: dass er ein Prinz war, dass er aussah wie ein Filmstar. Dieses Bild ist viel gestellter und, obwohl es in neun Jahrzehnten gelitten hat, von viel besserer Qualität als die anderen, die wir haben; es ist offensichtlich, dass es in einem Fotoatelier aufgenommen wurde – vielleicht dem der Familie des Mädchens, das er heiraten sollte, nachdem der Krieg vorbei und das Reich, zu dessen Verteidigung er gekämpft hatte, verschwunden war, die Nation, deren Kaiser, Franz Joseph, wie die Leute immer sagten, gut zu den Juden war und daher von den von Herzen dankbaren Juden, die immer ihren offiziellen und ihren jiddischen Namen hatten, Jeanette und Neche, Julius und Yidl, Sam und Shmiel, mit ganz eigenen jiddischen Kosenamen belohnt wurde: *undser Franzele* oder *Jossele*.

Auf dieser Fotografie sitzt Shmiel in steifer Pose auf einem Stuhl, er trägt die Uniform der österreichisch-ungarischen Armee, die Künstlichkeit der Szene und die Pose treten durch die Weichheit, ja Sinnlichkeit seines Aussehens in den Hintergrund. Verträumt, wie während des langen, ermüdenden Prozesses der Aufnahme abgelenkt, blickt er nach links, während zu seiner Rechten der andere Soldat steht. Dieser Mann ist viel älter, er wirkt einfach, ein wenig stumpf, aber nicht unangenehm, und trägt einen Schnurrbart (Shmiel hat seinen noch nicht). Obwohl ich wusste, als ich das Bild vor langer Zeit zum ersten Mal sah, dass dieser andere Soldat ein Leben, eine Familie, eine Geschichte haben musste, schien es mir damals wie noch jetzt, dass er auf diesem Bild fast einen ästhetischen Zweck erfüllt, so wie heute ein Werbefotograf, wenn er originell sein will, in einer Schmuckwerbung einen Diamanten auf ein Stück Kohle legt: Mein Eindruck ist, er soll Shmiel noch schöner aussehen lassen, damit er der Legende von seinem guten Aussehen noch besser entsprechen kann. Dennoch wirkt dieser andere Mann, zwar nicht attraktiv und deutlich älter als Shmiel, einnehmend: Sein dicker Arm ruht freundschaftlich auf der rechten Schulter seines jüngeren Kameraden.

Jahrelang kannte ich dieses Bild von der Fotokopie, die ich an der Highschool gemacht hatte: Meine Mutter verwahrte das Original, das neben ähnlichen aus dem kostbaren Album ihres Vaters stammte, in einem luftdicht verschlossenen Plastiktütchen in einer Schachtel, die in einem verschlossenen Schrank in unserem Keller lagerte. Auf die Schachtel hatte sie mit Magic Marker Folgendes geschrieben:

FAMILIE: <u>ALBEN</u>
Jaeger
Jäger
Cushman
Stanger

Cushman war der Mädchenname der Mutter meiner Mutter, Stanger der Mädchenname der Mutter meines Vaters, Kay, und ihrer Schwestern Sarah, die mit den langen roten Fingernägeln, und Pauly, die so viele Briefe geschrieben hatte.

In diesen Kartons lag das Original des Kriegsbilds von Shmiel, ich selbst hatte immer nur die Kopie der Vorderseite, des Bildes selbst verwahrt. Diese Kopie klebte ich dann auch in ein Album mit alten Familienbildern, das den Grundstock dessen bildete, was sich zu einem ziemlich großen Archiv meiner Familiengeschichte auswachsen sollte. Deshalb besaß ich lange nur das Bild der beiden Männer selbst, nicht aber die Beschriftung, die, wie ich wusste, auf der Rückseite stand.

Allerdings weiß ich, dass ich mir diese Beschriftung irgendwann angesehen haben muss, und zwar aus folgendem Grund: Meiner Erinnerung nach durfte ich das Original ein einziges

Mal haben, als ich nämlich im Geschichtsunterricht in der zehnten Klasse in einer Einheit, deren Thema die europäischen Kriege waren, ein Referat hielt. Ich weiß nicht mehr, ob wir da gerade den Ersten oder den Zweiten Weltkrieg durchnahmen, aber in beiden Fällen hätte es gepasst, das Bild mit in die Klasse zu nehmen. Ich weiß genau, dass ich das Originalfoto zum Vorzeigen in den Unterricht mitgenommen hatte, dieses imposante Bild meines jugendlichen Großonkels in seiner österreichisch-ungarischen Uniform aus dem Ersten Weltkrieg, weil ich im Geiste noch lange danach ein Bild davon bewahrte, was mein Großvater in seiner ausladenden Kursivschrift mit rotem Filzstift auf die *Rückseite* der Fotografie geschrieben hatte. Was da geschrieben stand, wusste ich deswegen noch, weil ich mich so deutlich an die Reaktion meiner Geschichtslehrerin auf die Worte erinnerte. Als sie an jenem Tag vor dreißig Jahren, als ich das Original in die Schule mitbrachte, las, was mein Großvater geschrieben hatte, schlug sie die Hände vor ihr hübsches, humorvolles Gesicht und rief aus: »Oh nein!« Folgendes hatte mein Großvater auf die Rückseite geschrieben – oder zumindest hatte ich es so noch lange danach in Erinnerung:

Onkel Shmiel, in der österreichischen Armee, Von den Nazis umgebracht.

Daran erinnere ich mich jedenfalls, nicht zuletzt deshalb, weil ich von Mrs Munisteris Reaktion ein wenig schockiert war, so sehr hatte ich mich daran gewöhnt, was aus dem schönen jungen Mann auf dem Bild geworden war, so unempfindlich war ich gegen die Wendung *von den Nazis umgebracht* geworden. Und das nistete sich später in meinem Gedächtnis ein, nachdem meine Mutter die Fotografie ganz schnell wieder in die beschrifteten Schachteln mit den Familiendokumenten und Fotografien gesteckt hatte, aus der sie für kurze Zeit zum Zweck einer starken und notwendigen Illustration in einer Highschool-Klasse herausgedurft hatte.

Und so konnte ich, da ich nur die Kopie der Vorderseite des Bilds besaß, lange nur Shmiels Gesicht betrachten, und vielleicht wurde mir bewusst, wenn ich es ansah – eigentlich bin ich mir sicher, dass es so war –, wie leicht jemand verloren gehen kann, unbekannt für immer. Denn da war Shmiel ja, mit diesem Gesicht, mit einem Namen, der noch genannt wurde, wie selten auch immer, mit einer gewissen Geschichte und einer Familie, deren Namen wir kannten oder zu kennen glaubten, und zudem stand neben ihm dieser andere Mann, über den man nie etwas wissen würde, bei dem es so war, so dachte ich, wenn ich das Foto betrachtete, als wäre er nie geboren worden.

Und dann, viele Jahre, nachdem ich in Miami im Wohnzimmer inzwischen längst gestorbener Verwandter gekniffen und geknuddelt worden war, viele Jahre, nachdem ich dieses Bild kopiert hatte, als ich lediglich daran interessiert war, meine Aufgabe im Unterricht zu erfüllen, viele Jahre, nachdem ich erstmals gemeint hatte, alles wissen zu müssen, was es über Shmiel zu wissen gab, über den Mann, mit dem ich einen bestimmten Schwung von Brauen und Kiefer teilte und deshalb manche zum Weinen gebracht hatte und, Jahrzehnte später, weil ich es wissen musste, ein ganzes Jahr auf Reisen gewesen war – ich, der Autor, unterwegs mit meinem jüngeren Bruder, dem Fotografen, der eine seine Wörter schreibend und Aufschriften entziffernd, der andere, der unbewusst ins Familiengeschäft eingestiegen war, seine Fotografien einrichtend und abziehend, wir beide, zwei Brüder, der Autor und der Fotograf, reisten nach Australien und Prag, nach Wien und Tel Aviv, nach Kfar Saba und Beerscheba, nach Vilnius und Riga, dann wieder nach Tel Aviv und wieder nach Kfar Saba und wieder nach Beerscheba, nach Haifa und Jerusalem und Stockholm, und waren schließlich zwei Tage in Kopenhagen bei dem Mann, der einmal noch weiter als wir gereist war und der ein Geheimnis für uns hatte; verbrachten ein Jahr zusammen, Sommer und Herbst und Winter und einen Frühling, der auch ein Herbst war, und die Zeit selbst schien aus den Fugen zu geraten, als die Vergangenheit aus den Trümmern und dem Schmutz und alten Papier und Puder und Whiskey und dem Veilchensalz auferstand und wieder ans Licht kam wie die fast unentzifferbar schwache Schrift auf der Rückseite einer alten Fotografie, aufstieg, um mit der Gegenwart zu wetteifern und sie zu verwirren; verbrachten ein Jahr damit, Menschen aufzuspüren, die jetzt viel älter sind als die alten Leute, die mir damals in Miami in die Wange gekniffen und Stifte geschenkt hatten, Menschen aufzuspüren, die Shmiel nur als den imposanten, eindrucksvollen und ein wenig abgehobenen Vater ihrer Klassenkameradinnen kannten, jener vier Töchter, alle verloren; flogen über den Atlantik und über den Pazifik, um mit ihnen zu sprechen und alle noch verfügbaren Stückchen, jeden noch so gewichtlosen Hauch von Information, die sie mir geben konnten, zu sammeln –, dann, viele Jahre später, als ich bereit war, dieses Buch zu schreiben, das Buch all jener Reisen und jener Jahre, und meine Mutter überredet hatte, mir das Originalfoto noch einmal zu zeigen, die Vorderseite, die ich so gut kannte, ja, aber auch die Rückseite, dann, erst dann konnte ich endlich die ursprüngliche Aufschrift in ihrer Ganzheit lesen, die Worte lesen, die mein Großvater auf die Rückseite geschrieben hatte und mir damit, wie ich jetzt sehe, etwas sagte, was er wie so vieles, das er für mich unterstrichen hatte, für bedeutsam hielt, was er mir mitteilen, womit er mich zum Nachdenken bringen wollte (aber wie hätte ich das damals, als ich nur ein Bild für mein Referat brauchte, erkennen können? Letztlich sehen wir nur, was wir sehen wollen, alles andere bleibt unerkannt). Was genau er geschrieben hatte, und das kann ich Ihnen jetzt sagen, nachdem ich erst vor Kurzem nachgesehen habe, war, in blauer Tinte, in Großbuchstaben: HERMAN EHRLICH UND SAMUEL JAEGER IN DER ÖSTERREICHISCHEN ARMEE, 1916. Mit rotem Magic Marker hatte er dann noch die Worte hinzugefügt, die ich immer in Erinnerung behielt: VON DEN NAZIS IM 2. WELTKRIEG UMGEBRACHT.

Ehrlich?, fragte ich meine Mutter, als wir an dem Tag die Schachteln durchsahen, verblüfft von einem Namen, den ich, trotz meiner vielen Recherchen, nie zuvor gesehen hatte.

Sie war ungeduldig. Den kennst du doch, sagte sie. Der war mit Ethel verheiratet, sie waren Cousin und Cousine meines Vaters. Seine Schwester war diese Yetta Katz, sie war dick und fett und hübsch und hat ganz hervorragend gekocht.

Und trotzdem war ich verwirrt. Ich drehte das Bild um und betrachtete noch einmal die beiden Gestalten, der eine so sehr vertraut, der andere so hoffnungslos unbekannt. Dann, um mir auf die Sprünge zu helfen, sagte meine Mutter noch etwas.

Ach, *Daniel*, den kennst du doch! Herman Ehrlich. Herman der *Friseur*!

Nachts, wenn ich über das alles nachdenke, freue ich mich über das, was ich weiß, denke dabei aber auch viel mehr an das, was ich hätte wissen können, was so viel mehr war als alles, was ich jetzt noch erfahren kann und was jetzt auf immer weg ist. Was ich heute weiß, ist dies: Es gibt so vieles, was man eigentlich nicht sieht, weil man ja mit dem Leben beschäftigt ist, so vieles, was einem nie auffällt, bis man auf einmal, aus irgendeinem Grund – man sieht aus wie einer, der schon lange tot ist, man findet es plötzlich wichtig, seinen Kindern zu erzählen, woher sie kommen – die Information braucht, die einem die Leute, die man kannte, immer hätten geben können, hätte man sie nur gefragt. Aber wenn es einem dann einfällt, sie zu fragen, ist es zu spät.

Über den Rest der Familie hatte ich natürlich schon lange alles gewusst, was es zu wissen gab, hatte lange geglaubt, alles, was es zu wissen gab, auch über die sechs zu wissen, die verloren waren. Denn für mich bezog sich das Wort *verloren* nicht nur darauf, dass sie umgebracht worden waren, sondern auch auf ihren Bezug zur übrigen Geschichte und Erinnerung – hoffnungslos fern, unwiederbringlich. In dem Moment, als meine Mutter *Herman der Friseur* sagte, wurde mir bewusst, dass ich unrecht haben konnte, dass Spuren dieser sechs womöglich noch immer in der Welt waren, irgendwo.

Es war also eine Form von Schuld ebenso wie Neugier, Schuld ebenso wie der Wunsch zu wissen, was wirklich mit ihnen geschehen war, in den Einzelheiten, die denn noch in Erfahrung zu bringen waren, was mich letztlich bewog zurückzugehen. Meinen Computer, die Sicherheit der Bücher und Dokumente zu verlassen, deren Beschreibungen von Ereignissen so verknappt waren, dass man nie geglaubt hätte, dass dies realen Personen widerfahren war (zum Beispiel das Dokument, das folgende Tatsache festhielt: *Auf dem Gang zum Bahnhof von Bolechów zum Transport nach Belzec wurden sie gezwungen zu singen, vor allem das Lied »Mayn Shtetele Belz«*); auf die Behaglichkeit des Archivs und die Annehmlichkeit des Internet zu verzichten und in die Welt hinauszugehen, alle Anstrengungen zu unternehmen, wie unbedeutend der Ertrag auch sein mochte, um zu sehen, was und wer noch geblieben war, und statt Bücher zu lesen und auf diese Weise zu lernen, *mit ihnen allen zu sprechen*, so wie ich einst mit meinem Großvater gesprochen hatte. Um herauszufinden, selbst so unglaublich lange danach, ob es noch andere Hinweise gab, andere Fakten und Details, die so wertvoll waren wie die, die ich mir bereits hatte entgehen lassen, weil die Zeit, als die Menschen, die sie kannten, noch lebten, noch nicht reif dafür gewesen war, Fragen zu stellen, es wissen zu wollen.

Und so ging ich zurück, einundachtzig Jahre, nachdem mein Großvater sein Haus in einer lebendigen Stadt zwischen den Kiefern- und Fichtenwäldern in den Ausläufern der Karpaten verließ, und einundzwanzig Jahre, nachdem er in einem Swimmingpool, umgeben von Palmen, starb, dreihundertneunundachtzig Jahre, nachdem die Jägers nach Bolechow kamen, und sechzig Jahre, nachdem sie endgültig von dort verschwunden waren.

Das war der Anfang.

WORTLAUT EINES BRIEFS VON ABRAHAM JAEGER VOM 25. SEPTEMBER 1973, VOM AUTOR IN EINEM STAPEL ALTER PAPIERE AM 6. JUNI 2005 ENTDECKT:

Liebste Kinder und Elkana und Ruhtie und Enkel
Es ist jetzt beinahe Yom Tov, daher wünschen wir Euch allen ein Frohes und <u>Gesundes</u> Neues Jahr bitte gebt dieses Foto Daniel für das Familienalbum. Der Stehende ist Herman der Friseur, daneben sitzt mein Lieber Bruder SHMIEL in der österreichischen Armee, dies Foto ist 1916 aufgenommen.
Das Foto habe ich von Ethel.
Frohes Neues Jahr
  Alles Liebe
  Daddy – Opa
  Ray schickt beste Grüße

ZWEITER TEIL

Kain und Abel
oder
Geschwister

(1939/2001)

Im Gemeindehaus gab es ein Pergament
mit einer Chronik darauf, aber die erste Seite fehlte,
und die Schrift war verblasst.

Isaac Bashevis Singer,
Der Herr aus Krakau

1

Die Sünde zwischen Brüdern

Am 12. August 2001 stiegen zwei meiner Brüder, meine Schwester und ich aus einem beengten Volkswagen Passat, und unsere Füße berührten den nassen Boden Bolechows. Es war ein Sonntag, und das Wetter war schlecht. Nach einem halben Jahr Planung waren wir endlich da.

Oder wohl eher zurückgekehrt.

Fast sechzig Jahre zuvor – am 1. August 1941 – wurde die Zivilverwaltung dessen, was einmal die habsburgische Provinz Galizien gewesen war, eine Region, der auch die Stadt Bolechow angehörte, den Deutschen unterstellt, die, nach dem Bruch des Hitler-Stalin-Pakts zwei Monate zuvor, eine Kehrtwende gemacht hatten, in den Ostteil Polens einmarschiert waren und nun endlich Ordnung schafften. Nicht viel später – vielleicht noch in jenem August, sicher aber im September 1941 – nahmen Pläne für die erste »Aktion«, also den ersten Massenmord an Juden, in dem Gebiet Gestalt an. Diese Aktionen waren für Oktober geplant. Die Aktion Bolechow fand am 28. und 29. Oktober 1941 statt. Dabei kamen rund tausend Juden um.

Unter diesen tausend ist einer, der mich besonders interessiert.

Am 16. Januar 1939 schrieb Shmiel Jäger einen verzweifelten Brief an einen Verwandten in New York. Es war ein Montag. Shmiel hatte auch noch andere Briefe an seine Familie in den Staaten geschrieben, doch dieser Brief enthielt, wie ich später merkte, alle Gründe dafür, dass wir nach Bolechow zurückkehrten. Mehr als alles andere verbindet er die beiden anderen Daten: der Pläne, die ihre Umsetzung im August 2001 erlebten, und der, die im August 1941 in Angriff genommen wurden.

Wenn ich jetzt an jenen Sonntag denke, an dem wir endlich Bolechow erreichten, den Höhepunkt einer Reise, der monatelange Planungen, viele tausend Dollar und minutiöse Absprachen einer erheblichen Zahl von Menschen auf zwei Kontinenten erfordert hatte, und das alles für eine Reise, die ganze sechs Tage währte, von denen eigentlich nur einer damit verbracht wurde, mit Leuten aus diesem entscheidenden Ort zu reden, dem eigentlichen Zweck unserer Reise, aus Bolechow, der Stadt, über die ich nahezu dreißig Jahre lang geträumt, nachgedacht und geschrieben hatte, einem Ort, von dem ich (damals) glaubte, er sei der einzige, wo ich in Erfahrung bringen könnte, was mit ihnen geschehen war – wenn ich an das alles denke, schäme ich mich, wie nachlässig wir waren, wie schlecht vorbereitet und naiv.

Denn wir waren ohne jede Vorstellung hergekommen, was wir antreffen könnten. Monate vorher, im Januar, als die Idee zu dieser Reise Gestalt annahm, hatte ich Alex Dunai in L'viv gemailt, ob es in Bolechow noch jemanden gebe, der alt genug sei, um meine Familie gekannt zu haben. Alex schrieb mir zurück, er habe mit dem Bürgermeister der Stadt gesprochen, und die Antwort sei Ja. Es sei eine Kleinstadt, schrieb er, und wenn wir hinfahren würden, bräuchten wir nur herumzulaufen und mit ein paar Leuten zu sprechen, um diejenigen zu finden, die Shmiel und seine Familie gekannt haben könnten, die uns sagen könnten, was wirklich passiert war. Da ich entschlossen war, auf jeden Fall hinzufahren, genügte mir das. Auf diese kleinste aller Chancen hin – diejenige, dass wir zufällig, rein zufällig an einem Sonntagnachmittag einem Ukrainer über den Weg laufen könnten, der nicht nur alt genug war, um sechzig Jahre zuvor erwachsen gewesen zu sein, was schon viel verlangt war, sondern der sie auch noch kannte – legte ich mich, meine Brüder und meine Schwester darauf fest, hinzufahren, wobei ich ihnen freilich nicht sagte, wie gering diese Chance war.

Und so verbarg sich im Kern dieser Reise, die wie ein Symbol, fast ein Klischee von Familieneinheit wirkte, eine Täuschung.

Im August 1941 fiel das Schicksal der Bolechower Juden offiziell den Deutschen in die Hände.

Im August und September jenes Jahres hatten die meisten Bolechower Juden, darunter auch mein Großonkel, seine Frau und ihre vier Töchter, sehr wahrscheinlich keine klare Vorstellung davon, was für sie geplant wurde. Gewiss, es gab Gerüchte von Massenmorden auf Friedhöfen weiter westlich, aber nur wenige schenkten ihnen Glauben – schützten sich, wie es Menschen tun, vor dem Wissen um das Schlimmste. Dabei darf man nicht vergessen, dass viele der Bolechower Juden da bereits die schweren Entbehrungen von zwei Jahren grauenvoller sowjetischer Besat-

zung erlitten hatten; so schwer zu glauben es rückblickend auch ist, hofften doch viele Juden angesichts der Flucht der Sowjets vor den Deutschen, man werde sich mit dem harten neuen Status quo schon irgendwie arrangieren. Und tatsächlich bewahrte sich der Alltag der ersten Monate unter deutscher Besatzung, auch wenn einiges sich drastisch geändert hatte, manche Aspekte des früheren Alltags auf nachgerade surreale Weise. Beispielsweise wurden die Juden nicht daran gehindert, am Sabbat die Synagoge zu besuchen. Ein Mann, mit dem ich mich zweiundsechzig Jahre nach der deutschen Machtübernahme unterhielt, erinnerte sich ganz deutlich, am Jom-Kippur-Gottesdienst teilgenommen zu haben. Die haben gewusst, dass sie uns sowieso alle umbringen würden, meinte er. Warum sollten sie sich diese Mühe machen?

Und so pflegten im September 1941 die meisten frommen Juden der Stadt die Traditionen ihrer Ahnen. Der September ging dahin und mit ihm das alte jüdische Jahr. 1941 sollte Rosch ha-Schana, also Neujahr, auf Mitte September fallen, und einige Bolechower Juden bereiteten sich schon darauf vor. Mit Beginn eines neuen Jahrs beginnt für die Juden auch der wöchentliche Zyklus, die Tora zu lesen, von Neuem. Die Parascha für den ersten Sabbat des neuen Jahrs ist natürlich die Paraschat Bereschit, *die mit Gottes Erschaffung von Himmel und Erde beginnt und mit seiner Entscheidung endet, die Menschheit mittels der Sintflut auszulöschen. Das heißt, es ist ein Abschnitt, der einen großartigen und schrecklichen Bogen von genialer Schöpfung zu völliger Vernichtung beschreibt.*

Im Jahr 1941 fand die Lesung der Paraschat Bereschit *am Samstag, dem 18. Oktober, statt. Eine Woche später, am 25. Oktober, wäre* Paraschat Noach, *die Schilderung der Sintflut selbst und des Überlebens einiger Weniger, gelesen worden. Ich muss mich fragen, wie viele der Bolechower Juden in der Woche darauf in die Schul gingen, da zwischen Samstag, dem 25. Oktober, und Samstag, dem 1. November, in Bolechow die erste Massenvernichtung geschah, die so wenige überlebten – die erste Aktion, die am Dienstag, dem achtundzwanzigsten, begann und am folgenden Tag endete. Es ist also möglich, vielleicht sogar wahrscheinlich, dass die letzte Parascha, die viele Juden der*

Stadt hörten, Noach *war, die Geschichte von der göttlich angeordneten Vernichtung, eine von vielen, die wir in der Tora finden. Doch selbst wenn manche Bolechower Juden am Samstag, dem fünfundzwanzigsten, aus Gleichgültigkeit oder aus Angst zu Hause geblieben wären, selbst wenn die letzte Tora-Lesung, die sie in der prächtigen alten Schul am Ringplatz oder in einer der zahlreichen kleineren Schuln und Gebetshäuser hörten, die erste des Jahres gewesen wäre, hätten sie doch Anlass zum Grübeln gehabt. Denn die* Paraschat Bereschit *enthält nicht nur Themen, die von großem Allgemeininteresse sind – die Schöpfung, sicher, aber auch Vertreibung und Vernichtung und, ganz besonders, Lug und Trug, von den lockenden Halbwahrheiten der Schlange bis zu den eigennützigen Täuschungen, die in Familien kursieren, angefangen bei der allerersten menschlichen Familie der Schöpfung –, sondern im Kern auch die Geschichte von Kain und Abel, die große Erzählung der Bibel von der Ursünde des Brudermords, ihren umfassendsten Versuch, die Ursprünge der Spannungen und Gewalttätigkeiten zu erklären, die nicht nur innerhalb von Familien existieren, sondern auch innerhalb und zwischen den Völkern der Erde.*

Die Geschichte, die die ersten sechzehn Verse des vierten Kapitels der Genesis umfasst, ist inzwischen vertraut: wie Adam Eva erkannte, wie sie schwanger wurde und Kain gebar, was sie zu dem prahlerischen Ausruf veranlasste: »Ich habe einen Mann geschaffen mit dem Ewigen!«, und wie sie dann den jüngeren Bruder gebar, Abel. Wie der jüngere Bruder seltsamerweise die angenehmere Aufgabe hatte, die Herde zu hüten, während der ältere als Ackerbauer schuftete, und wie Gott, als die Brüder ihm ihre Opfer brachten, die Früchte des Feldes und das Erstgeborene der Herde, das Opfer des jüngeren Knaben annahm, nicht aber das des älteren, und wie dies Kain – »sein Antlitz sank« – arg verstimmte. Wie Gott Kain schalt und ihn warnte, dass »an der Tür die Sünde, kauernd« sei, dass er »ihrer Herr sein« müsse, und wie Kain seines sündigen Drangs letztlich nicht Herr war, sondern seinen Bruder aufs Feld rief und ihn dort erschlug. Wie der allwissende Gott von Kain wissen wollte, wo sein Bruder sei, worauf Kain seine berühmte Antwort gab, die getränkt ist von der muffigen Frechheit, die Eltern schuldiger Kinder allzu geläu-

*fig ist: »Bin ich meines Bruders Hüter?« Wie Gott dann ausruft,
Abels Blut »schreit auf zu mir vom Ackerboden«, und Kain verflucht, ruhelos auf der Erde umherzustreifen. Dann Kains Qualen, die Vertreibung, das Mal auf seiner Stirn.*

*Ungeachtet ihrer archaischen Steifheit ist es eine Geschichte,
die jedem, der eine Familie hat – Eltern oder Geschwister oder
beides, also praktisch jedem –, auf unheimliche Weise vertraut
sein wird. Das junge Paar, die Geburt des ersten Kindes, die Geburt des zweiten, auf die komplexere und faulere Gefühle folgen, die Saat einer obskuren Konkurrenz, die elterliche Missbilligung, die Scham, die Lügen, die Täuschungen. Die Gewalt in
einem Augenblick von – was?*

Die Abreise, die Flucht und Exil zugleich ist.

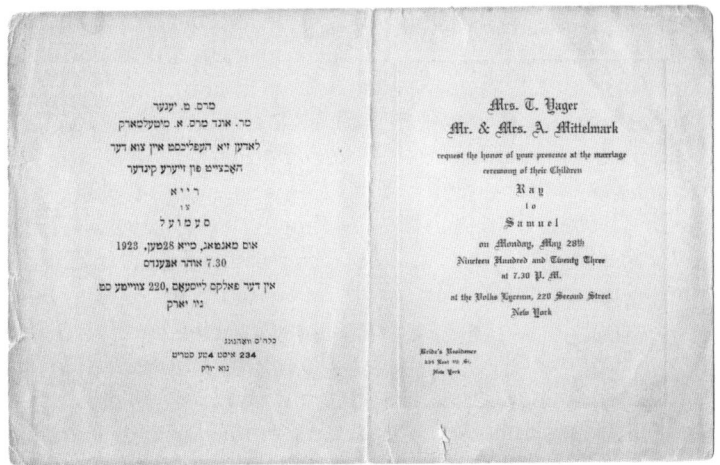

An einem Montag im Januar 1939 schrieb Shmiel Jäger, zu der
Zeit ein dreiundvierzigjähriger Geschäftsmann mit Frau und
vier Kindern, den ersten dieser Briefe. Zwar dürfte jeder Aspekt
der Beziehung meines Großvaters zu seinem ältesten Bruder
eine Sache von Mutmaßungen sein, da Shmiels Geist vor langer
Zeit zu den Molekülen und Atomen in der Luft über dem östlichen Polen wurde, während die Materie, die meinen Großvater
zu dem machte, was er war, längst zerfallen und wieder zu der
Erde jenes kleinen Bereichs des Friedhofs Mount Judah in

Queens geworden ist, der für die Juden aus Bolechow reserviert ist. Doch es gibt bestimmte Aspekte dieses Briefs, konkrete Dinge, Dinge, die der Brief tatsächlich angibt und über die ich daher keine Vermutungen anstellen darf, die mich aber nötigen, an Familienstreitereien zu denken, an Distanz und »Nähe«, beide nicht zeitlich oder räumlich, sondern emotional.

Der Brief beginnt mit einem Datum, das Shmiel wie folgt geschrieben hat: 16/I 1939. 16. Januar 1939. Ich weiß, dass der sechzehnte Januar 1939 auf einen Montag fiel. Natürlich ist dieses Faktum auf alle möglichen Arten verifizierbar, da es heute Websites gibt, die binnen Zehntelsekunden den nachlässigsten Suchenden mit endlosen Mengen kalendarischer, geografischer, topografischer und andersartiger Daten versorgen können. Beispielsweise gibt es etliche Websites, die einem sagen, an welchem Datum eines beliebigen Jahres im vergangenen Jahrhundert das rituelle Lesen einer Parascha, also eines wöchentlichen Tora-Abschnitts, stattgefunden hat, oder einem im Bruchteil einer Sekunde sagen können, welche Haftara, die Auswahl aus den Prophetenbüchern, an welchem Datum gelesen wurde. (In diesem Zusammenhang lohnt der Hinweis, dass eine Erklärung für die Praxis, den Haftara-Abschnitt zusätzlich zum Tora-Abschnitt zu lesen, die ist, dass sie sich während einer Zeit der Unterdrückung der Juden durch die Griechen im zweiten Jahrhundert v. Chr. als eine Art List herausbildete, da die griechischen Herren den Juden die Tora-Lesungen verboten hatten. Als Antwort auf dieses Verbot ersetzten die judäischen Rabbis die wöchentliche Lesung der Paraschijot durch Lesungen aus den Propheten – Texte, die nicht verboten waren. Diese Auszüge wurden jedoch sorgfältig ausgewählt, sodass der Haftara-Abschnitt, der in einer Woche gelesen werden sollte, eine starke thematische Verbindung mit der nicht lesbaren Parascha für diese Woche hatte. Beispielsweise konnte ein Tora-Abschnitt über Opfer, die vom Hohepriester zum Zwecke der Buße gebracht wurden – eine Parascha über rituelle Sündenböcke –, durch einen Haftara-Abschnitt über die Reinwaschung und nachfolgende Erlösung des Volkes Israel ersetzt werden: meine Parascha, meine Haftara. Auf diese Weise schuf die wöchentliche Lesung am Sabbat während dieser sehr frühen Unterdrückung der Juden eine Art narrative Parallelwelt, in der das, was gelesen wurde, genau deshalb gelesen wurde, weil es eben das, was nicht gelesen wurde, das, was zu der Zeit unsagbar geworden war, lebhaft in Erinnerung rief.)

Es gibt also verschiedene Wege, über das Internet zu ermitteln, wann bestimmte Dinge geschehen sind. Und dennoch gründet die Methode, mit der ich bestimmte Geschichtszahlen ermittle, wobei sie seltsamerweise so unfehlbar ist wie die riesigen Archivdaten, aus denen die Online-Datenbanken gespeist werden, auf einem einzigen menschlichen Gedächtnis.

Ich habe einen jungen Freund, der über die eigenartige Fähigkeit verfügt, einem auf der Stelle den genauen Wochentag zu sagen, auf den jedes beliebige Datum innerhalb der letzten zwei Jahrtausende, das man ihm nennt, gefallen ist. Das ist außerordentlich nützlich für Leute wie mich, die sich für geschichtliche Zeiträume interessieren, die weit vor der Ära von Zeitungen und Wandkalendern liegen. Mein junger Freund kann einem beispielsweise sagen, dass der 18. Juli 1290 – der Tag, an dem die gesamte jüdische Bevölkerung Englands durch ein Edikt König Edwards I. unter Androhung der Hinrichtung eine Frist bis zum 1. November jenes Jahres (einem Mittwoch) bekam, das Land zu verlassen – ein Dienstag war (dieser Dienstag fiel in dem Jahr mit der Einhaltung der Fastenzeit des neunten Tages des jüdischen Monats Aw zusammen, ein Ritual, das an eine Vielzahl von Katastrophen für die Juden erinnert, darunter die Zerstörung des Tempels), und die englischen Juden reisten tatsächlich ab, wobei die meisten es über den Kanal ins sichere Frankreich schafften. … Aber Nicky kann einem auch sagen, dass die Atempause dieser englischen Juden nur bis zu einem Freitag sechzehn Jahre später dauerte, denn am 22. Juli 1306 wurden durch ein Edikt Philipps des Schönen (dessen Schatztruhen gefährlich erschöpft waren) alle Juden Frankreichs, die wohl einige hunderttausend Männer, Frauen und Kinder zählten, aus dem Land vertrieben, wonach ihre Häuser, Grundstücke und beweglichen Güter auf Auktionen versteigert wurden, und Philipp der Schöne, der sich von der Sensibilität der Heiligen Schrift gegenüber Wucher offenbar nicht abhalten ließ, die Besitzrechte an den Krediten übernahm, die christliche

Franzosen den nunmehr abwesenden jüdischen Geldverleihern noch schuldeten. (Sechs Jahrhunderte später fühlte sich Frankreich mit seinen Juden noch immer unwohl. Am 15. Oktober 1894, einem Montag, wurde ein jüdischer Offizier der französischen Armee, Alfred Dreyfus, unter der falschen Anklage verhaftet, Geheimnisse an die Deutschen verraten zu haben; der darauf folgende Prozess, ganz zu schweigen von den späteren Enthüllungen über eine Vertuschung auf höchster Regierungsebene zum Schutz antisemitischer Beamter, war einer der explosivsten Skandale der modernen Geschichte Frankreichs und ganz Europas, dessen für beide Seiten verlustreiche Konfrontation in der berühmten Kampfansage gipfelt – *J'accuse!*, »Ich klage an!« –, die Émile Zola auf der Titelseite der Literaturzeitschrift *L'Aurore* vom 13. Januar 1898, einem Donnerstag, an den Präsidenten der Republik richtete. Überhaupt berichteten die Zeitungen in ganz Europa ausführlich über die Affäre, was hier vielleicht Erwähnung verdient, denn unter den Auslandskorrespondenten, die den Prozess beobachteten, befand sich ein junger österreichischer Journalist namens Theodor Herzl, der später zum Begründer der modernen zionistischen Bewegung wurde und von sich sagte, seine Überzeugung, dass die einzige Lösung des Problems des europäischen Antisemitismus ein eigenes Heimatland für die Juden war – das heißt, ein Land, aus dem sie nicht vertrieben werden könnten –, sei von seinen Eindrücken beim Dreyfus-Prozess, von dem amtlichen Antisemitismus, dem er in dessen Verlauf ausgesetzt gewesen sei, gefestigt worden.)

Immerhin (um ins vierzehnte Jahrhundert zurückzukehren) gab es noch andere Länder, in die man konnte, und es ist sehr gut möglich, dass einige der Juden, die erst aus England und dann aus Frankreich vertrieben wurden, sich entschieden, über die Pyrenäen zu gehen, nach Spanien etwa. Und es ist sehr gut möglich, dass sie dort Erfolg hatten, auch wenn man sagen muss, dass auch diese Atempause nicht lange währte; tatsächlich sind in diesem Zusammenhang auch zwei weitere Daten von Interesse, nämlich der 30. März und der 30. Juli 1492, Ersteres der Freitag, an dem der Vertreibungserlass herausgegeben wurde, unterzeichnet von Ferdinand und Isabella (amerikanischen

Schulkindern bekannt als die Gönner von Kolumbus, vermutlich aber weniger bekannt als die Urheber dieses Dokuments), das zweite der Montag, an dem er in Kraft trat und damit rund zweihunderttausend Juden zum Exil verurteilte – wobei auch zu sagen ist, dass Zehntausende bei dem Versuch, das Land zu verlassen, ermordet wurden, manche von habgierigen spanischen Kapitänen, die sie über Bord warfen, nachdem sie ihnen exorbitante Beträge für eine sichere Überfahrt abgenommen hatten, andere von habgierigen Spaniern, die sie, nachdem sie gehört hatten, dass die Juden Gold und Schmuck verschluckt hätten, auf den Landstraßen ermordeten. Allerdings wissen wir auch, dass viele der fliehenden spanischen Juden doch noch ein gutes Leben hatten: Sie waren von dem schlauen und toleranten ottomanischen Sultan Bayezid als Bereicherung in sein Königreich eingeladen worden. (*Wie könnt Ihr Ferdinand von Aragon einen weisen König nennen, diesen Ferdinand, der sein Land verarmt, unseres aber bereichert hat?*, soll er gesagt haben.) Und vielen, die sich noch vor Istanbul niederließen, erging es ebenso gut. Dennoch bleibt festzuhalten, dass fast alle Nachkommen der fliehenden Sephardim, die sich schließlich in Thessaloniki niederließen, der großen byzantinischen und später ottomanischen Stadt, die heute im nördlichen Griechenland liegt – fast alle der sechzigtausend unmittelbaren Nachfahren jener jüdischen Flüchtlinge, die zu Beginn der 1940er-Jahre dort lebten –, in direkter Folge des Einmarsches der deutschen Stoßtrupps am 9. April 1941, einem Mittwoch, unweigerlich umkamen (der erste Transport mit rund zweieinhalbtausend, eine vergleichsweise bescheidene Zahl, verließ den Rangierbahnhof von Thessaloniki am 14. März 1943. Einem Sonntag). Und mein Freund kann einem sagen, dass der neunundzwanzigste Oktober in jenem tödlichen Jahr 1941, das Datum, an dem, wie wir in Bolechow erfuhren, einer der Jägers getötet wurde, die noch nach Ausbruch des Zweiten Weltkriegs in Bolechow lebten, ein Mittwoch war.

Es ist also erstaunlich, wie fehlerhaft manche menschliche Gedächtnisse scheinen, andere dagegen so zuverlässig wie Maschinen.

An einem Montag setzte sich Shmiel dann hin und schrieb den Brief.

Bolechóv 16/I 1939
Lieber Joe an liebe Mina und l. Kinder.
Wirst Dich lieber Cousin wundern daß nach so vielen jahren schreibe ich zu Dir, ich hätte gewesen stäts zu Dir geschrieben, wan Du nur es wünschen vermagst – Ich will hoffen daß Du samt liebe family sich gut befunden, und wie es Dir in die Bussines geht? ist mir nicht bekannt, ich will hoffen daß gut – Meine Geschwister geht es schlecht, und daß allerschlechste ist, daß die alle bereits krank sind, übrigens brauch ich Dir nicht schreiben über sie weil Du es ambesten weist –
Zwar bin ich nicht sicher lieber Cousin ob Du Dich auf mein jetztigen schreiben anrufen wirst aber hoffen will ich doch – Weil es sind jetzt solche zeiten entstanden daß sich (...) fremde und sogar fremdgläubige auf jüdische leiden (...) anrufen, desto mehr will ich hoffen daß Du mir (...) mit ein schreiben wann Du mir mit mehr nicht helfen (wirst?) können –
Ich komme zu Dir mit volgender bitte natürlich wan Du imstande bist, es ist mir nehmlich geschehen ein fall und zwar ein trouble es ist mir verbrent gevoren ein Truck welches jetzt mein parnuse [Lebensunterhalt] ist, und ich muß fahren ein andere und es ist mir nicht möglich so viel geld zusamenstellen u meine Geschwiester kan ich darüber nicht schreiben, weil die werden bloß haben grose ärgernüsse, und helfen werden die mir doch nichts können.
Überdem bitte ich Dich helfe mir araus in so ein laag wie weit es Dir möglich ist. Sollte Dir möglich sein sich zu verständigen mit mein Schwager Schneelicht und in der hilf hineinziehen.
Ich will Dir bemerken daß im fall ich kaufe nicht bis am 1 März 1939 ein anderen Truck wird bei mir (die) Koncesye weg genommen, und bemerke Dir daß ich noch der einziger jude bin in unser Wojewódschaft welcher ein Truck Koncesya hat.

Ich will Dir nicht schreiben kein gewein brief, das ich habe bis heute mir parnuse verdient, und führe eine schöne heim und habe gut erzogene 4 schöne Töchter, darüber lasset mich nicht zusamenfallen und ich will weiter arbeiten und niemanden fallen zur Last.

Infolge dessen dass ein American Bussines Man hat nicht (Zeit) viel zu lesen, will ich Dir nicht viel schreiben und will hoffen, (daß) Du wie auch Deine liebe Frau mich verstanden haben, und er... anrufung von Euch meine liebe – zu wem denn soll (ich) mich wenden in ein noth wan nicht zu eigene –

Ich grüsse und küsse Dich samt liebe teuere Mina und teuere liebe Kinder.

Meine l. Frau und liebe Kinder grüssen und küssen Euch unzählige mahl

Euer Cousin
Sam

Von der ersten Zeile an wird klar, dass es nicht leicht gewesen sein dürfte, diesen Brief zu schreiben. Und zwar nicht, weil Shmiel Schwierigkeiten gehabt hätte, sich schriftlich auszudrücken: Immerhin sprach er vier Sprachen fließend und zwei weitere einigermaßen gut, und sein Brief lässt erahnen, dass er sich auf seine Ausdrucksfähigkeiten nicht wenig einbildete, wie auch auf so vieles andere, sein schönes Haus, seine Frau, seine vier hübschen Töchter, sein hohes Ansehen in der Kleinstadt, in der seine Familie seit Hunderten von Jahren gelebt hatte, sein florierendes Geschäft. Das Deutsch, das er als Schreibsprache gewählt hatte, geht ihm einigermaßen leicht von der Hand. Es ist nicht seine Muttersprache und auch nicht die des Empfängers, aber wie wir wissen, war es die Lingua franca in seiner Familie. Das Problem war, dass er den Mann, an den er schrieb und den er nun um ein erkleckliches Darlehen bitten musste, kaum kannte.

Allein schon dieser Umstand verrät ziemlich deutlich das Ausmaß, in dem Shmiel schon zu Beginn eines Jahres, das sich als schlimm erweisen würde, um sein Geschäft besorgt war, den gut gehenden Fleischversand, den er voller Stolz aufgebaut hatte, nachdem er die Fleischerei geerbt hatte, die jahrhundertelang in Familienhand gewesen war, sorgfältig von Generationen von Jägers gehegt, wie man heute anhand der noch verblüffend zahlreich vorhandenen standesamtlichen Unterlagen über die Bolechower Juden sehen kann, von Jägers, die ihren Geschäftssinn, wie immer er auch sein mochte (eine Eigenschaft, über die Geburts- und Heiratsurkunden oder Totenscheine natürlich nichts aussagen), durch strategische Ehen mit anderen Familien in derselben oder in verwandten Branchen noch beförderten.

Zum Beispiel:

Im Eintrag des Geburtsregisters für Ire Jäger, den Onkel meines Großvaters, der am 22. August 1847 im Haus Nummer 141 in Bolechow geboren wurde, was der Geburtsnachweis Nummer 446 für das Jahr 1847 für die Stadt Bolechow bestätigt, steht unter »Bemerkungen« auf Deutsch in feiner, spinnenwebartiger Schrift das Folgende: *Der Zuname der unehel:[ichen] Kindes Mutter is Kornblüh [Kornbuch?].* Was meine Aufmerksamkeit beim ersten Blick auf dieses Stück Papier erregte – es war eines von rund hundert, die Alex Dunai für mich in der Ukraine ausgegraben hatte –, war nicht, wie man meinen könnte, das Adjektiv *unehelich* – die Kinder aus allen jüdischen Ehen wurden von den staatlichen Behörden, die diese Unterlagen führten, als unehelich betrachtet, weil die Ehen nicht in einer katholischen Kirche geschlossen worden waren und die Juden in der Regel darauf verzichteten, die exorbitanten Gebühren zu bezahlen, die anfielen, um die Geburt ihrer Kinder zu legitimieren –, sondern der Name Kornblüh, ein Name, der mir irgendwie bekannt vorkam, den ich, wie ich mich vage erinnerte, von meinem Großvater gehört hatte, doch in welchem Zusammenhang, das wusste ich nicht mehr. Doch als ich diesen vergessenen Namen nun vor mir sah, fiel mir wieder ein, dass er mir einmal erzählt haben muss, es sei der Mädchenname seiner Großmutter gewesen. Ich ging auf www.jewishgen.org und rief die Online-Datenbank »1891 Galicia Business Registry« auf. Ich hatte diese schon zuvor besucht, daher wusste ich, dass es darin Jägers aus Bolechow gab – ihre Namen werden als Alter, Ichel und Jacob angegeben –, wobei mein Urgroßvater Elkune Jäger aus Gründen, die heute nicht mehr in Erfahrung zu bringen sind, nicht auftaucht, obwohl er auf der Geburtsurkunde seines ersten Kindes von seiner ersten Frau 1890 jedenfalls als *Fleischer* aufgeführt ist. (Erste Frau, erstes Kind: Erst kürzlich und durch puren Zufall entdeckte ich im Zuge einer Recherche in Aufzeichnungen, die online neu zugänglich waren, dass meine Urgroßmutter Taube Elkunes zweite Frau war, dass Elkune noch eine andere, erste Frau gehabt hatte, die zusammen mit ihren beiden kleinen Töchtern Anfang der neunziger Jahre gestorben war. Sie hieß Ester Silberszlag. Ich spürte dem Familienbaum der Familie Silberszlag online nach und hatte meinem Familienbaum nach vielen Stunden im Netz bereits zahlreiche Silberszlags hinzugefügt, als ich merkte, dass ich Tage auf die Dokumentation eines Zweigs meiner Familie vergeudete, der, wie manche erste Ehen, von denen man in der Tora lesen kann – die Abrahams oder Isaaks –, ins Nichts führte.) Auf eine Ahnung hin gab ich den Namen ‚kornbluh' ein, und nachdem der Computer ein paar Augenblicke gesurrt hatte, entsprach das Suchergebnis, dargestellt in fünf Spalten – FAMILIENNAME, VORNAME, STADT, BERUF, BERUF AUF ENGLISCH –, genau dem, was ich erwartet hatte:

*kornbluh, ch. bolechow fleischer, fleischhandler butchers,
meat and smoked meat
kornbluh jac. majer bolechow fleischer, fleischhandler
butchers, meat and smoked meat
kornbluh schlome bolechow fleischer, fleischhandler
butchers, meat and smoked meat*

Mir scheint daher klar, dass mein Urururgroßvater Abraham Jäger sehr wahrscheinlich kurz vor seinem Tod am 7. Mai 1845 eine profitable Ehe zwischen seinem Sohn Isak, der da ungefähr zwanzig Jahre alt war, und Neche Kornblüh arrangierte, der Tochter einer Familie, die ebenfalls mit der Verarbeitung von Fleisch zu tun hatte, das von dem Vieh stammte, das auf den hügeligen Weiden um diesen idyllischen Weiler herum graste.

Und was muss Bolechow, nach dieser kostbaren, wenn auch recht abstrusen Quelle zu urteilen, Mitte des 19. Jahrhunderts für ein blühendes kleines Handelsleben gehabt haben! Obwohl ich mich an dem Tag mit den Kornblühs und Jägers beschäftigte, beschloss ich, auf dem Suchfeld des Geschäftsverzeichnisses für 1891 einfach den Namen der Stadt einzugeben, und diese Suche erbrachte eine Liste aller Kaufleute von Bolechow, die sich die Mühe gemacht hatten, sich an einem lange vergangenen Tag Ende des 19. Jahrhunderts registrieren zu lassen. Während ich die Namen und Berufe las, die eine reichhaltige Skala von Vertrautem bis hin zu hoffnungslos Untergegangenem zeigten, versuchte ich, mir diese längst gestorbenen Nachbarn meiner Vorfahren, der Jägers, vorzustellen. Jacob Ellenbogen, Handelsvertreter, erschien mir als ein wohlhabender Bursche. Ich malte ihn mir mit einem breiten, etwas slawischen Gesicht aus, die Augen schmal und wertend, voll gereiztem Humor und Ungeduld und in schicken Kleidern, die er aus Lemberg oder sogar Wien mitgebracht hat, auf den nächsten Geschäftsabschluss brennend. Der Eintrag zu Abraham Grossbard, Bäcker, ließ mich, weil er mich daran erinnerte, wie gut frisches Brot riecht, von einem Menschen von großer Güte und Geduld träumen, einem Menschen, der weiß, dass man warten muss, bis die Dinge aufgehen. Berl Reinharz, der *Getreide- und Produktenhandler*, ansässig in Skole, dem kleinen Kurort nahe Bolechow, kam sicher jeden Montag in die Stadt, wo, wie ich erfuhr, Markttag war: ein schlanker, angenehmer Mann (sagte ich mir), still und fleißig. Der ansonsten anonyme Goldschmidt, Fischhändler, war gewiss groß und breit und nicht ohne einen gewissen selbstironischen Humor (das Leben stinkt, aber was ist die Alternative?). Gedelje Grünschlag mit seiner florierenden *Baumaterialienhandlerei* samt *Holzhandlerei* wiederum dachte nur ans Geschäft – in gewisser Hinsicht das Gegenteil von Efraim Freilich, ein *Hadern- und Knocheshandler*. Natürlich wusste ich nichts über den armen Efraim, aber ich musste unwillkürlich denken, und natürlich konnte ich völlig falsch liegen, dass sein *nebuchl*, sein bedauernswertes Gewerbe ihn hart gemacht hatte; vielleicht war er einer, der viel tat, vielleicht zu viel, um seine Familie voranzubringen, um weiterzukommen, seine Lumpen und Knochen hinter sich zu lassen …

Aber das war natürlich Fantasie, eine Laune. Viel wahrscheinlicher war die andere Hypothese, die dieses Verzeichnis liefert, nämlich dass der Familienbetrieb, den Shmiel Jäger geerbt hatte, die Fleischerei, deren Entwicklung zum Fleischhandel irgendwann den Erwerb einiger Lastwagen nötig machte, Lastwagen, die später einmal die Ursache nicht geringer Schwierigkeiten werden sollten – dass dieser Familienbetrieb von seinen Vorfahren (also auch meinen) in mancherlei Weise sorgsam gepflegt worden war. ...

Und es ist allzu offensichtlich, dass die Pflege des Familienbetriebs nun auch Shmiel Jäger im Januar 1939 beschäftigt. Was genau ist mit dem Lastwagen geschehen, von dem seine Firma abhängt? Das ist heute nicht mehr zu eruieren – auch wenn die Fantasie natürlich zu gern eine dramatische Erklärung liefern würde. In diesem Fall aber hilft die Geschichte aus. Denn wir wissen, dass die damalige antisemitische polnische Regierung im Januar 1939 Restriktionen gegen jüdische Geschäfte verhängt hatte, die zwar streng waren, aber natürlich nicht mit denen zu vergleichen, die jenseits der Grenze von der antisemitischen deutschen Regierung verfügt worden waren. Nach 1935, nach dem Tod des autokratischen, aber (relativ) gemäßigten Regierungschefs Piłsudski, vollführte die polnische Regierung einen scharfen Rechtsschwenk; in ihrer Bewunderung Hitlers, der Polen ja bald darauf völlig zerstörte, offenbarte sie unmissverständlich die Absicht, das, was als jüdischer Einfluss auf die geschwächte Wirtschaft erkannt wurde, drastisch zu reduzieren – noch während die polnische Elite mit ihrer hochmütigen Sicht auf die Feinheit der polnischen Zivilisation faktische Gewalt gegen die Juden verurteilte. »Wir haben ein zu hohes Verständnis von unserer Zivilisation«, hieß es 1937 in einer Regierungserklärung, »und wir respektieren die Ordnung und den Frieden, die jeder Staat braucht, zu sehr, um brutale antisemitische Handlungen zu billigen. ... Gleichzeitig ist es verständlich, dass das Land über den Instinkt verfügen sollte, der es veranlasst, seine Kultur zu verteidigen, und es ist nur natürlich, dass die polnische Gesellschaft nach wirtschaftlicher Eigenständigkeit strebt.« Dieser freundlichere, sanftere Antisemitismus spiegelte sich in dem

Aufruf Premierminister Sławoj-Składkowskis zu einem »Wirtschaftskampf« gegen die Juden »mit allen Mitteln – aber ohne Gewalt«.

Dennoch hatten die Wirtschaftsgesetze gegen die Juden, die dann in Kraft traten, auf Kaufleute wie Shmiel Jäger brutale Auswirkungen. Zwischen 1935 und 1939 führte die polnische Regierung einen Krieg gegen jüdische Geschäfte, zu deren Boykott die Bürger aufgerufen waren: Christliche Geschäftsleute wurden aufgefordert, mit Firmen in jüdischem Besitz keinen Handel zu treiben, Christen wurde davon abgeraten, Immobilien an Juden zu vermieten, antisemitische Agitatoren erschienen an Markttagen in polnischen Städten, um Nichtjuden aufzufordern, mit den Juden keine Geschäfte zu machen. Häufig wurden auf Marktplätzen und Jahrmärkten jüdische Stände zerstört und jüdische Ladenbesitzer in Kleinstädten nicht selten von durch die Regierung unterstützten Schlägern terrorisiert. Und der durchtriebenste Angriff der polnischen Regierung galt weniger den jüdischen Geschäften als vielmehr dem gesamten jüdischen Leben – auch wenn man sich seine Auswirkungen auf Geschäfte wie das von Shmiel Jäger gut vorstellen kann –, nämlich das Verbot des Schächtens, der rituellen Schlachtung von Tieren. Die wirtschaftliche Sicherheit der Juden Polens, die von der Weltwirtschaftskrise ohnehin in Mitleidenschaft gezogen war – schon 1934 hatte ein volles Drittel der Juden im polnischen Galizien wirtschaftliche Unterstützung beantragt –, wurde durch den Boykott vollends zerschmettert. In diesem Licht müssen wir also Shmiels Briefe sehen, die voller düsterer Bezüge auf »Schwierigkeiten« sind, wobei die richtigen Schwierigkeiten 1939 noch gar nicht begonnen hatten. Und selbst wenn die Katastrophe für Shmiels Betrieb, die Schwierigkeiten mit den Lastern irgendwie Zufall gewesen waren, so deuten doch bestimmte Stellen in dem Brief – *die Schwierigkeiten der Juden, mir wird meine Genehmigung (Koncesye) entzogen, ich bin der einzige Jude, der überhaupt eine Genehmigung hatte* – ganz konkret darauf hin, dass Shmiel, wie wohlhabend er einst auch gewesen sein mag, wie sehr er sein Ziel, »ein großer Fisch in einem kleinen Teich« zu sein, wie mein Großvater mir seine Ambitionen beschrieb, auch erreicht haben mag, wenigstens eine Zeit lang, wie fast alle anderen Juden in diesem kleinen Teich, in tiefe Not geraten war.

Und so schrieb er an diesem Januartag einen Brief.

Wirst Dich lieber Cousin wundern daß nach so vielen jahren schreibe ich zu Dir, ich hätte gewesen stäts zu Dir geschrieben, wan Du nur es wünschen vermagst – Ich will hoffen daß Du samt liebe family sich gut befunden, und wie es Dir in die Bussines geht? ist mir nicht bekannt, ich will hoffen daß gut –

Dass ich bei diesem Brief wieder an Nähe und Distanz denken muss, obwohl er an einen nahen Verwandten gerichtet ist – an seinen Cousin Joe Mittelmark, dem Sohn des ältesten Bruders seiner Mutter –, liegt an der peinlichen Steifheit, die sich sogleich bemerkbar macht. Auffällig ist die merkwürdige Reihung: die vorgeblich herzliche Begrüßung mit dem dreimal wiederholten »Lieber« (in der ersten Zeile des eigentlichen Briefs wieder aufgenommen), gefolgt von einer merklich defensiven Haltung (*ich hätte gewesen stäts zu Dir geschrieben, wan Du nur es wünschen vermagst*), der wiederum eine gewisse gezwungene Lockerheit folgt. Teils liegt diese Steifheit, diese Unbeholfenheit im Stil zweifellos daran, dass Shmiel um Geld bitten musste, was nie angenehm ist. Aber ich weiß zufällig, dass es für diese Unbeholfenheit, diese Distanz, das mangelnde Gefühl, noch andere Gründe gibt. Du hast die *Mittelmark*-Haare, zischte meine Mutter manchmal, als ich noch ein kleiner Junge war, womit sie mich aus meiner Identität vertrieb als einer, der bestimmte zentrale Züge ihrer Familie hatte, der Jägers und Jaegers, jener sich selbst inszenierenden, hochtrabenden österreichisch-ungarischen Juden, für die es besonders wichtig war, wie man aussah und wem man ähnlich sah – denn ihre hübschen Gesichter mit den hohen Backenknochen und den ungewöhnlich blauen Augen waren lediglich die physische Manifestation von Intelligenz, künstlerischem Talent und Kultiviertheit, was sie alles für charakteristisch für ihre Familie hielten und was durch das deutsche Wort *Feinheit* zusammengefasst wurde, das sie sehr häufig für sich selbst gebrauchten

117

und denen vorenthielten, die sie aus irgendwelchen Gründen missbilligten. *Ich finde es schrecklich, wenn du so gemein bist*, sagte sie mit einem Blick auf meine krausen Haare. *Das ist der Mittelmark in dir.*

Ich weiß nämlich sehr wohl, warum es Shmiel an jenem Montag im Januar so unangenehm war, einen Brief an diesen Joe zu schreiben. Denn der Joe, der »liebe Cousin«, an den er seine demütige Bitte richtete, war ein Mittelmark, und schon damals, im Januar 1939, war der Zwist zwischen den Jägers und den Mittelmarks eine Generation alt.

Die Geschichte dieses Zwists liest sich zunächst wie eine Geschichte von einander befehdenden Vettern. Schon mein Großvater und seine Geschwister hatten leidige Schulden bei ihrem reichen Mittelmark-Onkel gehabt, denn er hatte ihre Schiffspassagen nach Amerika bezahlt, und besonders schlimm war dann noch, dass diese Schulden (wie mein Großvater es sah) mit Menschenfleisch beglichen worden war, dem von zwei der drei Jäger-Mädchen, der Schwestern meines Großvaters: der ältesten, Ray, *Ruchele*, die mit jenem unansehnlichen Sohn des Onkels, Sam Mittelmark, ihrem Cousin, verlobt wurde, und danach, als sie *eine Woche vor der Hochzeit* gestorben war, der jüngsten, Jeanette, *Neche*, die mit eben jenem Cousin Sam verheiratet wurde, nachdem man ihr die Zeit gelassen hatte, alt genug zum Heiraten zu werden. Sein ganzes Leben lang gab mein Großvater diesem Cousin die Schuld für ihr unglückliches Leben, wie er immerzu betonte, und den frühzeitigen Tod der beiden, der einen mit sechsundzwanzig, der anderen mit fünfunddreißig, und es fällt schwer zu glauben, dass dieser giftige Zorn bis zu einem gewissem Grad nicht auch von den anderen Geschwistern geteilt wurde, selbst dem weit entfernten Shmiel.

Es sieht also ganz nach einem Zwist zwischen Cousins aus. Liest man aber genauer zwischen den Zeilen – zumindest als jemand, der in einer bestimmten Familienstruktur aufgewachsen ist, etwa einer Familie mit fünf Kindern –, erkennt man, dass am Anfang eine Geschichte über giftige Animositäten zwischen Brüdern und Schwestern gestanden haben muss. In meiner Jugend erzählte mein Großvater diese zutiefst tragische Geschichte über die arrangierten Ehen seiner zwei Schwestern mit ihrem Cousin, und besonders ausführlich erwähnte er dabei die Schmerzen, die diese Verbindungen seiner Mutter bereitet hatten, die im Alter von siebenunddreißig Jahren plötzlich Witwe mit sieben kleinen Kindern geworden war und die sich nach acht Jahren als Witwe in Bolechow, in Not und Armut und einem schrecklichen Krieg letztlich gezwungen sah, erst eine und dann noch eine ihrer hübschen Töchter an ihren reichen Bruder in New York zu verkaufen – denn so müsse man es doch bezeichnen –: als Preis, den sie für Tickets nach Amerika und ein neues Leben für ihre Familie zu bezahlen hatte. Diese Geschichte erzählte mein Großvater in meiner Jugend, und dabei sagte er immer: *Es hat ihr das Herz gebrochen!* Und ich hörte zu und dachte immer: Wie dramatisch, wie tragisch, diese verschacherten Bräute, die Bräute des Todes! Aber wenn ich heute an diese Geschichte denke, dann denke ich: Was ist das für ein Bruder, der eine Schwester, die er liebt, überhaupt zu einer solchen Heirat drängt? Und ich frage mich, was für eine Beziehung zwischen meiner Urgroßmutter Taube und ihrem Bruder bestand.

Doch unter Geschwistern kann es eben Ärger geben. Unter Geschwistern kann es kleine und vermeintlich unbedeutende Dinge geben, die unter der Oberfläche brodeln, wenn man zusammen aufwächst, wenn viele, vielleicht zu viele Kinder in einem kleinen Haus sind, die dann als Wut oder Gewalt oder beides zum Ausbruch kommen. Wenn ich jetzt überlege: Wer würde das seiner Schwester antun?, denke ich an andere Ereignisse in der Geschichte meiner Familie, Ereignisse aus der fernen Vergangenheit, aber auch der jüngeren. Ich denke daran, wie ich meinem Bruder Matt, als ich zehn war und er acht, den Arm brach, ihn bei einem Streit im Garten hinterm Haus unserer Eltern vor lauter Wut einfach abknickte, fast so wie einen Zweig; heute weiß ich, dass die wahren Gründe für meine Gewalttat, gleich, was der unmittelbare Anlass gewesen sein mag, dunkler waren: seine Haarfarbe, dass sein zweiter Vorname Jaeger war und ich fand, dass ich ihn mehr verdient hätte, dass er gern Sport trieb und Schulfreunde hatte, dass er zu schnell nach mir geboren wurde. Vom Alter her waren wir uns nah, nicht aber in anderen Dingen. Ich kann mich nicht erinnern, als Kind je seine Nähe gesucht zu haben, und bestimmt auch er nicht meine.

Dieses mörderische Schweigen zwischen Brüdern zieht sich durch meine Familie so sicher wie manche Gene. Ich denke an meinen Vater, der fünfunddreißig Jahre lang kein Wort mit seinem älteren Bruder sprach, meinem Onkel Bobby, dem mein Vater, wie ich wusste, einmal nahe gewesen war, den er (wie ich erst nach Bobbys Tod erfuhr) als Kind in der Bronx jeden Morgen stumm beobachtete, wenn Bobby sich die beschwerlichen Stützen an seine bleistiftdünnen Beine schnallte. Bobby, dessen Polio, wie es so oft geschieht, später im Leben wiederkam und ihn tötete, und auf dessen Beerdigung, wenige Monate, bevor ich und vier meiner fünf Geschwister uns auf die Suche nach dem unbekannten Bruder unseres Großvaters machten, mein Vater eine derart ergreifende Eloge voller nackter Emotionen hielt, dass ich erst da erkannte, warum er all die Jahre nicht mit ihm gesprochen hatte – seine Gefühle waren nicht zu schwach, sondern zu stark gewesen. Ich denke daran, wie mein Vater wie in einem bizarren Nullsummenspiel, sobald er wieder mit Bobby redete, den Kontakt zu seinem anderen Bruder verlor, einem freundlichen, hochgewachsenen Mann, der am selben Tag wie mein Bruder Matt Geburtstag hatte und der, selbst ein großartiger Amateurfotograf, der Erste war, der Matt in dem Hobby bestärkte, das er später zum Beruf machen sollte.

Ich denke auch an meinen Großvater, wie herrisch und herablassend er zu Onkel Julius gewesen war, der nichts Schlimmeres verbrochen hatte, als reizlos und mit groben Manieren versehen zu sein, keine *Feinheit* zu besitzen. Ich denke an meinen Großvater und an Shmiel und frage mich zum wiederholten Mal, was zwischen ihnen wohl vorgefallen war, welche Aufwallung uneingestandener und unergründlicher Gefühle, die eines Tages mich dazu getrieben hatten, meinem Bruder den Arm zu brechen, und die meinen Großvater getrieben haben könnten, etwas noch viel Schrecklicheres zu tun, etwas, worüber ich mir erst Gedanken machte, als Shmiels Briefe entdeckt wurden.

Denn als Shmiel an jenem Montag im Januar 1939 seinen Brief schrieb, brauchte er Geld, um seinen Laster zu retten; am Ende des Jahres bettelte er dann um Geld, um sein Leben zu retten. Zwischen Januar und Dezember 1939, als der letzte Brief durchkam, schrieb der Bruder meines Großvaters immer wieder, bat meinen Großvater um Geld, auch beider jüngere Schwester Jeanette, dieses Mal nicht um Geld für Laster oder Reparaturen, sondern für Papiere, eidesstattliche Erklärungen (Affidavits), Auswanderungspapiere für (anfangs) die vier Töchter, für (ein wenig später) zwei Töchter, vielleicht (am Ende) für eine Tochter, »die liebe Lorka«, wie er seine älteste Tochter neckisch nannte, deren Geburtsname, wie ich aus einer Geburtsurkunde weiß, die mir vor einigen Jahren das Polnische Staatsarchiv geschickt hatte, Leah war.

Sollte sich die Krisis zeit nich wie am schnellsten endigen werde es nicht aushalten können. Ist es nicht vieleicht ein möglichkeit daß der liebe Sam [Mittelmark] soll durch protektion für der l. Lorka affidavits auswirken, es soll nur abisel leichter werden.

Wenn ich diese Briefe wieder lese, sehe ich, dass das, was sie so bewegend macht, die Anrede in der zweiten Person ist. Denn jeder Brief ist an ein »Du« bzw. »Ihr« gerichtet – »Ich grüße und küsse Euch vom tiefen Herzen« ist Shmiels liebster Abschiedsgruß –, und deshalb ist es schwierig, wenn man Briefe wieder liest, selbst solche, die an andere gerichtet sind, sich nicht angesprochen, sich nicht irgendwie verantwortlich zu fühlen. Die Lektüre von Shmiels Briefen, nachdem wir sie gefunden hatten, sollte mein erstes Erlebnis der sonderbaren Nähe der Toten sein, die es dennoch immer schaffen, unerreichbar zu bleiben.

In dem Maße, wie die Bitten um Geld dringlicher werden, werden es auch die Verweise auf die »Schwierigkeiten«, die Shmiel immer wieder erwähnt. Zu Beginn des Frühjahrs schreibt er meinem Großvater einen bitteren Brief, der mit den Worten beginnt: »Ich bin am 19. april dies Jahr 44 alt geworden und habe noch bis heute keinen guten tag erlebt jedes mal muß waß anders sein.« Er fährt fort:

wie glücklich sind die leute die daß glück haben auf jener seite zu komen, zwar weiß ich daß in Amerika daß leben nicht jedem mit glück strahlt, jedoch wenigstens nicht in ständiger schreck ergriffen. Die Qall von Parnuse wird von tag zu tag verschlimmert. Sämtliche bussines sind eingefroren es ist ein Krisis man handelt nicht alles ist gespant Gebe Gott daß Hitler verrissen werden soll! dan werden wir wan wir es bis damals aushalten aufahtmen.

Ein wenig später aber, in einem Brief an seine Schwester Jeanette, zeigt sich deutlich, dass die »Krisis« sich auf mehr als Kopfzerbrechen wegen der Firma bezieht:

Wie Ihr lässt in die papers weist ihr abisel waß die juden
machen hier mit, daß ist aber ein hundertster teil waß ihr
weißt, man geht auf der gass man fährt auf der bahn ist man
kein 10% sicher daß man wird aheimkomen mit ein ganzen
Kopf oder ganze beiner. Die parnuses die jidische wären alle
weggenomen u.s.w.

Hier findet also eine Eskalation statt: die körperliche Gewalt,
über die die polnische Regierung sich erhaben fühlte, war für die
bereits wirtschaftlich unterdrückten jüdischen Kaufleute Galiziens eindeutig Realität. Und aus zeitgenössischen Zeitungsbe-
richten wissen wir ja auch, dass die brutalen Angriffe auf Juden
in Polen gegen Ende der dreißiger Jahre stark anstiegen: Zwischen 1935 und 1937 wurden in 150 Städten beinahe dreizehn-
hundert Juden verletzt und Hunderte getötet von … tja, von
ihren Nachbarn: den Polen, den Ukrainern, mit denen sie so
viele Jahre Seite an Seite, mehr oder weniger friedlich, »wie eine
Familie« (wie eine alte Frau in Bolechow später zu mir sagte) gelebt hatten … bis etwas freigesetzt wurde und die Bande sich
lösten. *Die Deutschen waren schlimm*, hatte mein Großvater
immer gesagt – aufgrund welcher Quellen, welcher Geschichten, weiß ich nicht und kann es auch nicht herausfinden –, wenn
er mir erzählte, was mit den Bolechower Juden im Zweiten
Weltkrieg geschah. *Die Polen waren schlimmer. Aber die Ukrainer waren am schlimmsten.* Einen Monat, bevor ich mit meinen
Geschwistern in die Ukraine reiste, stand ich in der beklemmen-
den Eingangshalle des ukrainischen Konsulats in der East 49th
Street in New York und wartete auf mein Visum, und wie ich so
dastand, betrachtete ich die Leute, die neben mir standen; sie alle
redeten lebhaft und häufig aufgebracht auf Ukrainisch miteinander, schrien den einsamen Beamten hinter der kugelsicheren
Glasscheibe an, und der Satz *Die Ukrainer waren die schlimmsten* ging mir durch den Kopf, immer wieder, und nahm seinen
eigenen Rhythmus an.

In diesen letzten Briefen wird Shmiels Ton dann panisch. In
einem Brief an meinen Großvater, wahrscheinlich im Herbst
1939 geschrieben – er fragt meinen Großvater darin, wie er den
Sommer verbracht habe –, spricht er von der Möglichkeit, we-

nigstens eine seiner vier Töchter ins Ausland zu schicken, und spielt erneut auf seine schwierige finanzielle Lage an:

Awade [Gewiss] wen die welt wollts offen gewesen und ich hätte gekönts schiken ein Kind wo nach Amerika oder Palestine wollts mir leichter gewesen, den heute kostet Kinder viel Geld überhaupt Mädel –
Der liebes Gott soll mir geben daß es soll sein still auf der Welt, weil es ist stark verwolkend. Man lebt ständig in schreck. Seit nicht meine liebe brojgys [böse] auf mir daß ich Euch so manchen Brief schreibe im pesemistischen sinne, es ist kein wunder man hat im Leben jetzt manche so zwischenfälle daß der mensch auf sich selber böse ist –
Ich habe schon viel mal zu Dir geschrieben lieber Aby ...

Der tadelnde Ton der letzten Zeile ist nicht zu überhören.

Es ist klar, dass Shmiel Ende 1939 davon besessen war, seine Familie aus Polen herauszuschaffen. Im letzten Brief an seine Schwester Jeanette und seinen Schwager Sam Mittelmark rasen seine Gedanken:

Also der antrag ist meiner so – es hot sich jetzt gemacht daß er fahren und sind schon wek gefahren viel familys nach America auf grunde dessen, wann geschwiester legen ein Kawcion in America 5000 $ so können sei araufnehmen seier Bruder samt frau und kinder und nachher kriegt man die Kawcie zurück, daher bin ich in der meinung daß man nimt auch an wertpapiere und daß könnt ihr Euch vieleicht verschaffen, daß Ihr sollts für mich vorstreken Kawcie daß heist daß mit dem geld wird gehaftet daß ich well in America nicht fallen zur laßt der regierung Sonst hätte ich Euch nicht bedarft berühren mit kein Cent. Den wen ich soll alles verkaufen kann mir noch bleiben auser spesen für alle, noch reine 1000 $ nach America zu bringen so lange es ist da ein möglichkeit mich zu reten von hier macht es ob ihr kent nur.

Shmiel war sein ganzes Leben lang Geschäftsmann gewesen, deshalb redete er anfangs nur von Geschäftlichem, von Fakten und Zahlen. Bald aber schleicht sich ein verzweifelter Ton ein. Und es folgt die Stelle, die zu lesen mir immer schwerfällt:

Ihr soll machen ein gesuch sollt Ihr schreiben daß ich bin in Europ einer allein von der family und daß ich bin ein auto mechaniker und bin schohn gewesen in America von 1912 bis 1913 ...

(hier bezieht er sich natürlich auf den katastrophalen Besuch, den er als Achtzehnjähriger bei seinem Onkel Aby gemacht hatte, die Reise, die ihn überzeugt hatte, dass die Rückkehr nach Polen sein Schlüssel zum Erfolg ist)

... vieleicht gelingt es. Wendet Euch zu mein Schwägerin Mina vieleicht kann sie (...) auch Rath geben, den ich will mit mein lieber frau und solche teuer 4 Kinder araus von dem gehenym [Hölle].
Ich werde zwar schiken ein Brief geschrieben in Englisch nach Waschington adresiert zum President Rosiwelt und werde schreiben daß meine alle geschwiester samt ganze family sind in Amerika sogar meine Eltern sind begraben dort, (...) vieleicht gelingt daß.

Meine Schwägerin Mina: Minnie Spieler, über die ich mich immer lustig gemacht und die ich ignoriert hatte.

Shmiel schreibt den Namen des Präsidenten *Rosiwelt* und den Namen der Hauptstadt *Waschington*, und aus irgendwelchen Gründen löst sich damit die wissenschaftliche Ruhe auf, mit der ich jedes Mal, wenn ich diese Texte lese, versuche, Shmiels Gedanken zu entziffern. Ich stelle mir diesen Mann vor. Ich stelle mir vor, wie er diesen flehenden, schmeichelnden Brief schreibt, diesen Brief an »Präsident Rosiwelt« in »Waschington«, und dann stelle ich mir vor, wie Shmiel war und wie er sich in der Welt gesehen hat, stelle mir auch vor, wie er diesen Brief mit einer nochmaligen Beteuerung seines Heimatstolzes schließt –

Ich betone Euch daß ich will nicht awek von hier weil ich hab nicht waß zu essen – (...)

*Daß leben ist aber Teuerer wie alles pisne [altbackenes]
Brott abi [wenn nur] ruhig und sicher. Ich schluss für heute
mein schreiben und erwarte ein baldige antwort wegen der
ganzen frage, waß Ihr sagt dazu –*

– an all das denke ich und frage mich dann, ob der Angestellte in
Washington, D. C., der da irgendwann 1939 einen Brief mit einer
fremdartigen Briefmarke öffnete, einen Brief in einem gestelz-
ten Schulenglisch, ob er ihn überhaupt las oder einfach als ein
nicht zu entzifferndes Schreiben von einem kleinen Juden in
Polen, eines von so vielen, wieder weglegte.

In allen Geschichten, die ich gehört habe, wie Shmiel und seine
Familie starben, steckte das schreckliche Verbrechen, der schreckliche Verrat: vielleicht die böse Nachbarin, vielleicht das treulose
polnische Hausmädchen. Aber nichts davon trieb mich so sehr
um wie die Möglichkeit eines Verrats, der viel schlimmer war.
    Weil Shmiel das Haus, seine Habe und schließlich auch das
Leben genommen wurden, sind die einzigen Briefe, die noch
existieren, diejenigen aus und nicht nach Polen. Und so können
wir nicht mehr erfahren, wie und ob die anderen, die Shmiel
nahestanden – nicht das polnische Hausmädchen oder die jüdischen (oder polnischen oder ukrainischen) Nachbarn, sondern
der Vetter, der Bruder, die Schwester, der Schwager, denen er
so verzweifelt geschrieben hatte –, überhaupt reagiert hatten.
Oder falls sie reagiert hatten, wie emphatisch? Ich habe diese
Briefe viele Male gelesen, und es beschäftigt mich immerzu, ob
genug für sie getan worden war. Ich meine, richtig getan. Wohl
erwähnt Shmiel in einem Brief an meinen Großvater Geld, das
er erhalten hat – achtzig Dollar; es wurde also reagiert. Aber
das Affidavit? Warum beschwert Shmiel sich angesichts der
Häufigkeit und Dringlichkeit seiner Briefe an die Geschwister
in New York immerzu, dass er nichts von ihnen hört? Im
Herbst 1939:

*Lieber Teuerer Bruder samt liebe Teuere Schwägerin,
Da ich von Euch so lange kein schreiben erhalte habe, so
eile ich zu Euch ein schreiben zukomen lassen, um Euch zu*

126

erinneren mitzuteilen wie Ihr Euch befindet überhaupt die
ganze liebe Fammilee.
Ich habe auch von der lieben Jeanette schon eine hübsche
zeit kein schreiben erhalten, Warum? weiß ich nicht. ...

oder:

Schreibt mir öfters wird ihr in mir ein neu leben einsätzen,
werde mich dann nicht so einsam fühlen.
Die liebe Ester schreibt euch ein extra Zuschrift. Ich gruße
und küsse Euch vom tiefen herzen und wünsche nur bei
mein leben mit Euch alle ein sehnsucht
von Euer Sam

oder, der heftigste:

Lieber Aby,
Ich war schon fertig diesen Brief abzuschiken, so habe ich
grade in dem moment erhalten Dein Brief. Du machst vor-
würfe mein l. Frau warum Sie wendet sich nicht zur Ihr
Bruder und Schwester – So schreibe Dir daß Dir ein irtum
hast. Sie hat schon zu sei geschrieben und kein antwort be-
komen. Waß Soll Sie tun?

Natürlich lässt sich nicht mehr in Erfahrung bringen, was genau
zwischen den Geschwistern vorgefallen war. Was bei nüchter-
ner Lektüre der Worte selbst wie Gefühllosigkeit seitens meines
Großvaters erscheint, könnte auch etwas viel Unschuldigeres
gewesen sein. Vielleicht findet sich in den Schätzen, versteckt
auf den Dachböden und in den Senkgruben der noch stehenden
Häuser, die einst den Bolechower Juden gehörten, ja noch ein
Päckchen mit Briefen nebst Fotoalben und Schmuck, eingewickelt in Tücher und in eine Ledertasche gestopft, versenkt in der
Düsternis unter einem Klohäuschen, dazwischen ein Brief mit
einer amerikanischen Briefmarke, der beginnt mit: *Lieber Bru-*
der, wir haben hier jede Möglichkeit ausgeschöpft, können aber
die Summe, die Du erwähnst, nicht aufbringen. Hat Ester denn
versucht, ihren Geschwistern hier in den Staaten zu schrei-

ben? … Vielleicht. Da alle Briefe, die mein Großvater, Jeanette und Joe Mittelmark an Shmiel schrieben (oder geschrieben haben mögen), längst zu Staub zerfallen sind, können wir es nicht wissen.

Dennoch, versucht habe ich es. Einen Monat vor unserer Abreise in die Ukraine bat ich meine Mutter und ihre Cousins und Cousinen – die noch lebenden Kinder von Shmiels Geschwistern – zu einem Treffen, um sie zu fragen, welche Erinnerungen sie an die Zeit kurz vor dem Krieg hatten, als Shmiels Briefe eintrafen. Diese drei Cousins und Cousinen waren gemeinsam in der Bronx aufgewachsen, sie wussten alle dasselbe. Wir saßen an einem Nachmittag im Juni 2001 auf der Terrasse des Cousins meiner Mutter in Chicago zusammen, und sie versuchten sich zu erinnern. Aber sie waren nicht alt genug, waren dem, was geschehen war, nicht nahe genug gewesen, um es mit Bestimmtheit zu wissen; sie hatten lediglich die hartnäckige Gewissheit, dass alle Shmiel geliebt hatten und alles nur Mögliche für ihn getan worden war. Ich wollte gesicherte Fakten, Einzelheiten, Geschichten oder Anekdoten, die die unbequeme Asymmetrie der Wahrheit besaßen, doch immer erhielt ich nur den glatten Klang beruhigender Plattitüden.

Allan, unser Gastgeber, sagte mit Bestimmtheit: Sie hätten alles Menschenmögliche getan, um sie rauszuholen.

Allan ist der Sohn der mittleren Schwester, derjenigen, die mir einmal schrieb: *Mein genaues Geburtsdatum sage ich Dir nicht, weil es besser wäre, ich wäre nie geboren worden*; da frage ich mich nicht, warum er Psychologe geworden ist.

Alle anderen pflichteten ihm nachdrücklich bei.

Ich weiß noch, wie nach dem Krieg die Nachricht kam, dass sie gestorben seien, sagte Marilyn, die andere Cousine meiner Mutter, mit ihrem schleppenden Akzent.

Marilyn ist zwei Jahre älter als meine Mutter, doch ihre Stirn und Nase und Kinnlade sind von einer glatten, fast durchscheinenden Zartheit, die sie, wie sie mir unnötigerweise anvertraut, von ihrer Mutter hat, der Lieblingstante meiner Mutter, Jeanette. (Was so schön war, war ihre *Haut*, aber das sieht man auf den *Bildern* nicht, sagte sie an jenem Wochenende einmal mit dem verblüffend starken südlichen Akzent, den sie sich in den Jahren fern der Bronx zugelegt hatte. *Picshas* statt *pictures*. Ich habe viele Bilder von Marilyns Mutter – auf einem trägt sie das aufwendige Spitzenhochzeitskleid, das ihre reichen Cousins, jetzt ihre Schwiegereltern, gekauft hatten, um ihre Vorzeigebraut auszustaffieren, das andere entstand kurz vor ihrem Tod mit fünfunddreißig – von der legendären Schönheit, von der ich so oft gehört habe, ist auf diesen Fotos nichts zu sehen, es zeigt lediglich eine, wie ich finde, ganz gefällige Jüdin aus den Anfängen des letzten Jahrhunderts. Heute frage ich mich, ob meine merkwürdige Erleichterung, als ich von ihrer Tochter eines Tages, fast fünfzig Jahre nach ihrem Tod, hörte, dass sie tatsächlich schön war, daher rührte, dass ich mir da noch nicht vorstellen wollte, dass so viele Geschichten meiner Familie Beschönigungen oder gar Erfindungen waren.)

Jedenfalls antwortete Marilyn nun auf meine Frage, was ihre Eltern, an die immerhin wenigstens zwei der Briefe adressiert waren, für Shmiel getan oder nicht getan hatten; zwar konnte sie sich nicht erinnern, ob diese vor dem Krieg über Shmiels Bitten gesprochen hatten, desto lebhafter allerdings an den Tag, Monate nach Kriegsende, als sie die Nachricht erhielten, dass er, seine Frau und seine Kinder zusammen mit allen anderen umgebracht worden waren.

Ich weiß noch, wie die Nachricht eintraf, erzählte mir diese attraktive Südstaatlerin und fixierte mich mit ihren großen blauen, leicht überrascht wirkenden Augen. Es wurde nicht nur geweint – es wurde *geschrien*.

Wer weiß, was sich vor siebzig Jahren zwischen den Geschwistern abspielte? Unmöglich zu sagen. An einer Stelle während dieses Chicagoer Treffens zog ich die fotokopierten Übersetzungen hervor, die ich von Shmiels Briefen an ihre jeweiligen Eltern gemacht hatte, und verteilte sie.

Nein, nein, nein, sagte meine Mutter und schob ihre Kopie von sich über den Tisch. Ich will das nicht lesen, es ist zu traurig.

Dann machte sie mit der Zunge ein leises, trauriges, klackendes Geräusch, das sie immer macht, wenn sie gleich das jiddische Wort *nebbich* sagen will, was so etwas wie *das ist aber schade* bedeutet.

for my Brother
Aby from
Jane   4/XI 1925

2

Der Klang des Blutes deines Bruders

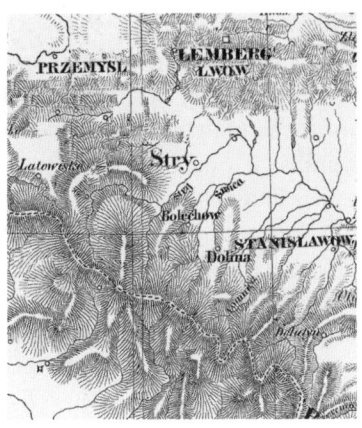

Als wir, meine Brüder, meine Schwester und ich, an jenem Sonntag im August 2001 nach Bolechow hineinfuhren, waren wir vier Tage in Osteuropa gewesen, und um unsere Laune war es nicht gut bestellt. Wir vier Geschwister – Andrew, Matt, Jennifer und ich – reisten zum ersten Mal zusammen seit … wann? Es wird wohl 1967 gewesen sein während unserer denkwürdigen »Nur«-Familie-Ferien in Ocean City, Maryland. Ich glaube, so lange war es her, dreieinhalb Jahrzehnte, seit alle Kinder meiner Eltern oder wenigstens ein bedeutender Prozentsatz von uns zusammen gereist waren. Wir wuchsen in einem bescheidenen Maisonette-Haus auf, wir vier Jungen schliefen zu je zweien in einem Zimmer und waren es seitdem nicht mehr gewöhnt, längere Zeit auf engem Raum zusammen zu sein.

Als Altphilologe weiß ich, dass das Wort »intim« vom Lateinischen *intimus* kommt, der Superlativform des Wortes *in*, was im Lateinischen dasselbe wie im Deutschen bedeutet – wobei der Komparativ ein weiteres verwandtes deutsches Wort ist, *interior*. *In, interior, intimus*: innen, weiter innen, am innersten. Ich weiß, dass diese Wörter bei vielen, die eine Familie haben, für eine selbstverständliche emotionale Wahrheit stehen: dass diejenigen, die *in* derselben Familie aufwachsen, sich einander näher, miteinander *intimer* fühlen als vielleicht allen anderen, auch Ehemann und Ehefrau gegenüber. Allerdings weiß ich auch aus eigener Erfahrung und der anderer, dass eine solche Intimität, ein solcher Zugang zu dem, was in denen vorgeht, die einem durch Blut am nächsten stehen – als »innerst« definiert mein Lateinwörterbuch *intimus* –, manchmal auch eine Gegenreaktion zeitigt, indem Familienmitglieder voreinander flüchten und – heute verwenden wir den wörtlichen wie den übertragenen Sinn des Wortes wechselweise – mehr »Raum« suchen.

Das ist, so meine Vermutung, wenigstens zum Teil der Grund dafür, dass meine Brüder, meine Schwester und ich nicht häufiger miteinander weggefahren sind. Jetzt beim Schreiben denke ich an den bitteren, wenn auch vielsagenden Witz, den mein jüngster Bruder einmal erzählt hat – der, der nicht mitkam, vielleicht wegen eines Übermaßes an Intimität –, darüber nämlich, wie wir uns zueinander verhalten. *Wir sind einander so nahe wie damals die Leute in einem Konzentrationslager*, scherzte er.

Wir erfahren, dass Abel sein Leben änderte und Herden hütete, Kain dagegen weiterhin den Acker pflügte, und Raschi meint, wir sollten uns fragen, warum das so ist. Warum? Raschi sagt, »der Erdboden« sei von Gott verflucht worden, daher habe der jüngere Bruder »sich von dessen Bebauung getrennt«. Tatsächlich gibt es die gesamte Tora hindurch ständig Spannungen zwischen denen, die die Erde bebauen, und denen, die Herden hüten – bekanntermaßen ein durchgängiges, wesentlich eklatanteres Motiv eines mörderischen Konflikts zwischen älteren und jüngeren Geschwistern. Dabei ist es immer der Jüngere, der es schafft, sich bei der Vater- oder Autoritätsfigur beliebt zu machen und sich so die Arbeit mit dem höheren Prestige zu sichern (also Schäfer oder Berater des Pharao zu werden), ein Phänomen, das, wie wir unwillkürlich denken, mitursächlich für den Groll des älteren Bruders ist, der seine tödliche Wut schürt. Raschi bemerkt auch, dass Kains Opfer für Gott »vom Schlechten« war – eine Folge-

rung, die auf etwas gründet, was gar nicht im Text steht, nämlich einer Beschreibung von Kains Opfergabe, wohingegen die Abels als die Allerbeste beschrieben wird. Scharfsichtig merkt Raschi an, dass Gott nicht nur auf diese Opfer, das eine landwirtschaftlich, das andere viehwirtschaftlich, reagierte (»Er wandte sich ... Er wandte sich nicht«), sondern Seine Reaktion auch den beiden Brüdern vermittelt haben muss, da Kain eindeutig wusste, dass Gott sein Opfer zurückgewiesen hatte.

Was jedoch auffällt, ist die Spannung zwischen den Arbeitern, die an den verfluchten Boden gebunden sind – die Bauern –, und denen, die ihren Lebensunterhalt mit beweglichem Eigentum wie Schafherden bestreiten. Ich denke daran, wie verärgert Kain ist – daran, wie neidisch manche Bauern auf jene anderen sein müssen, die, obwohl auf derselben Scholle, in derselben Heimat geboren, glücklicher erscheinen, weil sie den Luxus genießen, in die Ferne schweifen zu können, weil ihr Reichtum sich scheinbar wie von selbst vermehrt und auch weil dieser Reichtum beweglich ist. Ich denke daran, wie die natürlichen Spannungen zwischen Geschwistern, zwischen denen, die in räumlicher Nähe aufwachsen und einander zu gut kennen, von solchem wirtschaftlichen Groll und Neid verschärft werden können. Ich denke an bestimmte Brüder, die bleiben und versuchen, von dem störrischen Boden ihr Leben zu fristen, und an die anderen, scheinbar Glücklicheren, Gesegneteren, die mit ihrem (scheinbar) immer weiter wachsenden Reichtum hierhin und dahin wandern können. Ich denke natürlich an die Ukrainer und die Juden.

Von Beginn an hatte es auf unserer Osteuropa-Reise geregnet – ein kaltes, stetes, nasses Nieseln, genügend Wasser, um einen zu ärgern, ohne einem jedoch die ausgelassene Erleichterung eines Wolkenbruchs zu verschaffen. Nach den Monaten der Vorfreude auf diesen dramatischen Familienausflug – die Rückkehr in das alte Schtetl war inzwischen derart ein Klischee, dass wir uns fast schon über uns lustig machten, während wir noch die nötigen Pläne ausarbeiteten, um vier berufstätige Erwachsene zur selben Zeit ins selbe Flugzeug zu kriegen – schien sich das andauernd miserable Wetter seit dem Donnerstagvormittag, als wir in Warschau landeten und dann zu dem Kurzflug nach Krakau umstiegen, wo der große, blonde Alex Dunai am Ausgang wartete, strahlend, in der hochgehobenen Hand ein kleines Pappschild, auf dem einsam MENDELSOHN stand, über das ganze Unternehmen lustig zu machen; über die Vorstellung, dass die Familie zu ihren Wurzeln zurückkehrt, über das erzwungene Familienzusammensein, das dazu notwendig war, vor allem aber über all die Erwartungen, was wir dort vorfinden würden.

Besonders Letztere hatten wir, noch bevor die Reise überhaupt richtig begonnen hatte, als zunehmend bedrückend empfunden. Ständig zankten wir uns. Wir hatten keine Ahnung, was wir dort, wenn überhaupt etwas, finden würden, und das unausgesprochene, aber bedrückende Gefühl, so hartnäckig und ärgerlich wie das beständige Nieseln, dass wir diese schwierige und teure Reise möglicherweise völlig umsonst unternommen hatten, machte uns alle gereizt. Weil ich alles organisiert hatte, weil ich die Vorstellung hatte, zugegeben eine zutiefst sentimentale, dass die Rückkehr in das Dorf unserer Ahnen eine Familienangelegenheit sei, bei der so viele Geschwister wie möglich dabei sein sollten, weil ich dachte, eines Tages könnte ich über diese Reise schreiben – wegen alldem verspürte ich nicht nur eine grimmige Verantwortung meinen Geschwistern gegenüber, sondern, noch mehr, den furchtbaren Druck, jemanden aufzutreiben, der uns sagen konnte, was passiert war, der uns die dramatische Geschichte erzählen konnte, die wir uns alle erhofften. Und so waren die ersten drei Tage, in denen wir Auschwitz besuchten, durch die Überreste des alten Judenviertels in Kraków streiften, die fünf Stunden Richtung Osten nach L'viv fuhren, einen Tag in L'viv verbrachten und uns auch dort die Überreste des alten jüdischen Lebens ansahen, trübselig. Jede Entscheidung – wo wir essen, wann wir das Hotel verlassen, wo wir hinfahren und was wir uns als Erstes ansehen sollten – führte irgendwie zum Streit. *Ich begreife einfach nicht, warum er ständig so sauer auf mich ist,* schimpfte Andrew eines Abends im Hotel auf Matt. Da Matt auch mir immer ein Rätsel gewesen war – wir sind uns altersmäßig am nächsten, hatten uns aber bei Familientreffen lange Zeit nicht viel zu sagen –, wusste ich auch darauf keine Antwort.

Wir waren erst nach Polen gefahren und nicht gleich in die Ukraine, nach Bolechow, teils wegen mir, teils wegen Andrew. Ich hatte so beginnen wollen, weil ich unbedingt durch das ehemalige Galizien fahren wollte, jene Provinz, aus der so viele amerikanische Juden stammen. Wenn wir von Kraków aus führen, der westlichsten Stadt Galiziens, derjenigen, in der die Mutter meines Vaters, meine Großmutter Kay, geboren wurde (eine Frau, die, wie meine Mutter, vier Söhne großzog, die nicht alle miteinander sprechen), und weiter Richtung Osten nach L'viv, würden wir die ganze Provinz durchqueren. Mich interessierte, woran ich mich immer wieder erinnerte, das Leben des alten Landes, nicht nur sein Tod, ich wollte sehen, wie Galizien aussah, seine Topografie, was für Bäume und Tiere und Menschen dort lebten. Wie die Gegend war, aus der meine Familie stammte.

Aber wir waren auch zuerst dorthin geflogen, weil Kraków nur eine gute Stunde von Auschwitz entfernt liegt, das vor allem Andrew sich ansehen wollte. Obwohl er sich, anders als ich, für die Familiengeschichte nicht immer interessiert hatte, war er doch voller Begeisterung dabei und hatte sich vor unserer Abreise monatelang in die Literatur über den Holocaust vertieft, in Bücher über die Juden Osteuropas und über polnische und ukrainische Geschichte. Das überraschte mich nicht. Er hatte immer vielfältige Interessen verfolgt, mehr, glaube ich, als jeder andere von uns. Vielleicht aus dem Glauben des Erstgeborenen an grenzenlose Möglichkeiten heraus, stürzt er sich auf alles, von der Zucht bestimmter Rhododendronarten übers Möbelbauen bis zum Sammeln japanischer Drucke, und alles mit grenzenlosem Enthusiasmus. Er ist groß, dunkelhaarig und hellhäutig und hat ein Gesicht, das durchaus der Beschreibung auf einem alten Familienpass aus dem Jahre 1920 entspricht: *Gesicht: oval, Gesichtsfarbe: hell, Nase: gerade*. Er spielt, auf hohem Niveau, Klavier, Cembalo, Flöte, Tennis. Wie es oft in großen Familien geschieht, nahmen wir Kinder uns oder erhielten schon früh »Etikette«, wie ich sie lange Zeit nannte. Ich mit meinen dunklen Kraushaaren und den blauen Augen über dunklen Ringen war *schlecht in Mathe, aber gut in Englisch und Französisch*; Matt, blond, gelbe Augen, breites Grinsen, das während seiner aggressiven Adoleszenz für gewöhnlich nur für

Leute außerhalb der Familie reserviert war, und bereits an der Highschool eine Art Held wegen der Fotos, die er von der Fußballmannschaft, den Schülern und Lehrern machte, war der *heimliche sensible Rebell*; Eric mit seinem braunen Haarschopf und den wachen braunen Augen, den Stapeln makabrer und zarter Zeichnungen, die er schon im Alter von zwölf oder dreizehn anfertigte, mit verstörenden Untertiteln (»Hören Sie auf, mir zu folgen, oder ich lasse Sie von meinem Hausmädchen erwürgen«), war, wie jeder wusste, *der Künstlerische*, obwohl er ebenso *der witzigste Mensch in der Familie* war. Und Jen, die Jüngste, das lange erwartete einzige Mädchen, lebhaft, dunkel, zierlich, mit Augen wie (so die alten jüdischen Verwandten) *schwarze Kirschen*, diejenige, die bei der Schulentlassungsfeier die Abschiedsrede hielt, die Cellistin, die Autorin, war *der Star*. Für mich aber, der die ersten fünfzehn Jahre meines Lebens einen halben Meter entfernt von ihm schlief, der ihm zuhörte, wie er Eishockeyübertragungen zuhörte, der sich fragte, wie jemand in Mathe, Naturwissenschaften, Englisch und Sport nur so gut sein konnte, war Andrew einfach *in allem gut*. Es überraschte daher nicht, dass er, als wir nach L'viv aufbrachen, genauso viel über Bolechow wusste wie ich, und schließlich stammte das kostbare Geschenk *The Memoirs of Ber of Bolechow* auch von ihm. Während der Monate vor der Reise mailte er mir unablässig die Titel der Bücher, die er gelesen hatte und die ich seiner Ansicht nach kaufen sollte: *Harvest of Despair: Life and Death in Ukraine under Nazi Rule* etwa oder *Masters of Death: The SS-Einsatzgruppen and the Invention of the Holocaust*. Natürlich kaufte ich sie.

Daher fuhren wir, weil Andrew hinwollte und weil Andrew selten um etwas bittet und weil Matt glaubte, er könne interessante Fotos machen, und weil Jennifer, die in der Zeit davor ihre eigenen Studien jüdischen Lebens und jüdischer Religion betrieben hatte und die bald die Einzige unter uns Geschwistern sein sollte, die einen Juden heiratete, sich auch dafür interessierte: Wegen dieser Dinge also, die meinen Geschwistern wichtig waren, fuhren wir an unserem ersten Tag in Polen nach Auschwitz.

Als Einziger hatte ich nicht hingewollt. Ich traute der Sache nicht. Für mich stellte Auschwitz das Gegenteil dessen dar, was mich interessierte und – wie mir an dem Tag, als ich tatsächlich nach Auschwitz kam, bewusst wurde – warum ich diese Reise überhaupt unternommen hatte. Auschwitz ist inzwischen zu dem einen gigantischen Symbol, der groben Verallgemeinerung, dem Kürzel dessen geworden, was mit Europas Juden geschah – obwohl das, was in Auschwitz passierte, Millionen Juden aus Orten wie Bolechow nicht widerfahren ist, Juden, die am Rand von offenen Gräbern aufgestellt und erschossen wurden oder, wenn das nicht ging, in Lager gebracht wurden, die, anders als Auschwitz, nur einem Zweck dienten, Lager, die der Öffentlichkeit weniger bekannt sind, gerade weil sie keine Alternative zum Tod boten und daher auch keine Überlebenden hervorbrachten, keine Erinnerungen, keine Geschichten. Doch selbst wenn wir Auschwitz als Symbol akzeptieren, dachte ich, als ich über das eigenartig friedliche und manikürte Gelände ging, ergeben sich Probleme. Ich hatte diese merkwürdige und beschwerliche Reise unternommen, um meine Verwandten vor Verallgemeinerungen, Symbolen, Abkürzungen zu bewahren, um ihnen ihre Besonderheit, ihre Eigentümlichkeit zurückzugeben. *Von den Nazis umgebracht* – ja, aber von wem genau? Die schreckliche Ironie ist, wie mir klar wurde, als wir durch die berühmten Räume voller Menschenhaare, Prothesen, Brillen und Gepäck, dessen Ziel das Nichts war, schritten, dass das Ausmaß dessen, was einem da vorgeführt wird, so gewaltig ist, dass das Fabrikmäßige und Anonyme, die schiere Dimension des Verbrechens, unablässig und paradoxerweise auf Kosten noch der kleinsten Spur von individuellem Leben demonstriert werden. Das ist natürlich nützlich, da es sogar bis heute, wo Überlebende noch Leuten wie mir ihre Geschichte erzählen können, diejenigen gibt, wie wir wissen, die das Ausmaß dessen, was geschah, kleinreden wollen, sogar bestreiten, dass es das überhaupt gegeben hat, und wenn man durch einen Ort wie Auschwitz geht, über die gewaltige, schwindelerregend weite Fläche streift, auf der einmal die Baracken gestanden haben, und die lange Strecke dahintrottet, wo einst die Krematorien waren, und von dort zu der Stelle mit den vielen, vielen Gedenksteinen, die die zahllosen Toten aus Dutzenden von Ländern repräsentieren, wird es ansatzweise möglich zu begreifen, wie viele Menschen hier durchgeschleust worden sind. Ich aber, der ich nur hergekommen war, um etwas über sechs von sechs Millionen in Erfahrung zu bringen, dachte unwillkürlich, dass die Unermesslichkeit, der Umfang, die Größe dessen die Erhellung eben jenes sehr schmalen Ausschnitts der Geschichte, der mich interessierte, eher behinderte als unterstützte.

Dann gab es auch noch (dachte ich, als wir an einem schwülen Vormittag, die Luft voller aggressiver Stechmücken, durch den gähnenden Eingang des Wachhauses gingen, vorbei an einer Gruppe skandinavischer Touristen) das Problem der exzessiven Verbreitung. Bei unserem Rundgang fiel uns auf, dass alles so vertraut wirkte: das Torhaus, die Gleise, die Baracken, der noch intakte elektrische Stacheldraht mit den Warnschildern auf Deutsch und das berühmteste überhaupt, das Schild – verblüffend klein, wie es merkwürdigerweise bei so vielen berühmten Monumenten der Fall ist, wenn man sie aus der Nähe sieht – mit der Aufschrift ARBEIT MACHT FREI, was zwar eine Täuschung der sardonischen Sorte war, die die Nazis so mochten, sich in Auschwitz aber als potenziell korrekter erwies als ähnliche Schilder etwa in Belzec, wo es nur eine Bestimmung gab, wenn man den Viehwaggon verlassen hatte. Das alles war schon so oft reproduziert, fotografiert, gefilmt, gesendet und publiziert worden, dass man sich bei einem Besuch schon nach den »Attraktionen« umschaut – es fällt schwer, sie nicht so zu bezeichnen –, nach den Prothesen oder Brillen oder Haaren, mehr oder weniger so, wie man im Naturkundemuseum nach dem frisch restaurierten Apatosaurus sucht.

Und als ich in Auschwitz herumlief, quälte ich mich daher mit der Frage, warum man wohl als Tourist solche Orte aufsucht. Nicht, grundsätzlich jedenfalls, um zu erfahren, was dort geschehen ist, denn jeder, der nach Auschwitz und an die vielen ähnlichen Stätten kommt, weiß das ja schon. Und sicher nicht, um eine bessere Vorstellung davon zu bekommen, »wie es war«, als könnte man durch die Betrachtung der Architektur oder den Eindruck von den Dimensionen des Lagers oder dem Wissen, wie lange es dauert, um von Punkt A zu Punkt B zu gelangen, die Erlebnisse derer, die nicht in klimatisierten Touristenbussen herkamen, sondern in Viehwaggons, deutlich besser verstehen. Nein. Vielleicht liegt es ja daran, dass ich das Kind eines Vaters bin, der Wissenschaftler war, und einer Mutter, die das Produkt einer emotionalen und nostalgischen Familie ist, aber mir scheint doch, dass es zwei Gründe gibt, um nach Auschwitz zu gehen. Der erste ist ein wissenschaftlicher und juristischer: Ein Grund, um nach Auschwitz zu gehen, ist der, dass die ganze Anlage ein gigantisches Beweisstück ist, und die Haufen Brillen oder Schuhe unter diesem Aspekt zu sehen und nicht nur davon zu wissen oder Fotos oder Videos von den Haufen Brillen oder Schuhen oder Gepäck zu sehen, ist nützlicher bei der Vermittlung dessen, was geschah. Der zweite Grund ist ein sentimentaler. Denn der andere Grund, nach Auschwitz zu gehen, ist derselbe, aus dem man einen Friedhof besucht, was Auschwitz ja auch ist: Man möchte den Toten seinen Respekt erweisen.

Solche Gedanken beschäftigten mich, als ich das Museum verließ und im feinen Nieselregen auf meine Geschwister wartete. Eine plappernde Gruppe großer Blondinen – Schwedinnen? Norwegerinnen? –, alle mit Backpacks, aus denen kleine Wasserflaschen herausstanden, näherte sich der Stelle, an der ich stand, direkt vor den Frauenbaracken, und – ich las gerade eine Plakette, die von den standrechtlichen Erschießungen berichtete, die auf einem heute nicht sonderlich bedrohlich wirkenden Hof stattfanden, der auf dem Gelände der meisten amerikanischen Grundschulen nicht deplatziert wirken würde – da grummelte eine junge Frau neben mir: Wenn ich jetzt keine Flasche Wasser kriege, *kipp ich um*!

Auschwitz war für mich also immer nur das Vorspiel. Wir wussten, als wir an jenem ersten Nachmittag den berühmten Stacheldraht sahen, von dem sich wunderschöne künstlerische Kompositionen erstellen lassen, und aus der berühmten Perspektive auf die Bahngleise blickten, die auf den berühmten Bildern mit derselben plausiblen Unausweichlichkeit von Raum und Distanz, die man bei der von Renaissancegemälden – sagen wir, der *Schule von Athen* – findet, durch ein überdachtes, weit geöffnetes Torhaus auf einen Fluchtpunkt hin zustrebten, der in Wirklichkeit der Endpunkt war; sahen die Haufen Schuhe, Brillen und Prothesen, alle sorgfältig konserviert hinter ihren Glasscheiben; und dann, als wir am nächsten Vormittag die leeren Synagogen des Kazimiersz-Viertels in Kraków betrachteten, das alte jüdische Viertel, wo die Mutter meines Vaters in einer anderen, unvorstellbar geschäftigen Welt geboren wurde und wo mich heute die deutschen, amerikanischen und skandinavischen Touristen, die mit höflicher Aufmerksamkeit zwischen lebensgroßen Pappfiguren von Juden umherstreiften, alle in einer Haltung strenger, frommer Hingabe aufgestellt, während im Hintergrund Aufnahmen hebräischer Gebete dröhnten, an meine Kindheitsausflüge ins Amerikanische Naturkundemuseum zu den Dioramen von Dinosauriern erinnerten; und dann – als wir am dritten Tag die selbstgefällige, wenngleich etwas heruntergekommene Wohnarchitektur der Stadt betrachteten, die ich noch immer unwillkürlich als Lwów und manchmal sogar als Lemberg sehe, aber nie als L'viv, die massigen Wohnblöcke aus der Habsburger Zeit, in nichts zu unterscheiden von Wohnblöcken in Wien, Budapest oder Prag, ihre neoklassizistischen Fenster, manche von Ziergiebeln, andere von hohlen Bögen überwölbt, wie sie oberhalb von schwerem Bossenwerk zu ihren Nachbarn im Erdgeschoss hinüberschauten, das, wenn meine Erinnerung an die Architekturgeschichte mich nicht täuscht, den Hausbesitzern Sicherheit vermitteln sollte – wussten wir, als wir das alles sahen, die ganze Geschichte des europäischen Judentums, in zweieinhalb Tage gezwängt, das wuselnde Ghetto, die gescheiterte Assimilation, die erfolgreiche Auslöschung, dass wir, so interessant oder ergreifend oder langweilig das alles sein mochte, nur den richtigen Augenblick abwarteten. Der ganze Zweck der sechstägigen Reise war Bolechow: alles – die Planung, die Ausgaben, die Anstrengungen, das Gezänk, der Artikel –, alles hing davon ab, ob wir, wäre dadurch gerechtfertigt, wenn wir dort nur etwas fanden, jemandem begegneten, der sie kannte, der uns sagen konnte, was geschehen war, oder uns wenigstens eine Geschichte erzählte, die so gut war, dass sie wahr sein, dass sie weitererzählt werden konnte. Das war der ganze Zweck der Reise, jener Sonntag, an dem wir endlich nach Bolechow fuhren.

Und so kamen wir also endlich am vierten Tag nach Bolechow. Als unser Wagen auf dem kleinen, ungepflegten Platz anhielt, war kein Mensch zu sehen.

Von der kleinen Erhebung aus, über die man kurz vor der Stadt fährt, macht Bolechow nicht viel her: eine Ansammlung gedrungener, spitzgiebliger Häuser, durch die sich ein Gewirr von Straßen zieht, das so dicht ist, dass der kleine offene Platz in der Mitte so etwas wie einen Seufzer der Erleichterung darstellt, das Ganze in eine Senke zwischen den Bergen geschmiegt. Als ich von der Stelle aus, wo wir angehalten hatten, um Fotos zu machen, hinabblickte – Matt, der sich mit Andrew im Wagen gekabbelt hatte, hatte aussteigen wollen, um ein Pferd zu fotografieren, das neben dem hässlichen Schild mit dem ukrainischen Namen der Stadt stand, *Bolechiv* –, dachte ich natürlich, wie verletzlich es aussah, wie leicht zu betreten, wie abgeschnitten. Wir stiegen wieder ein und fuhren hinunter.

Dort, in dieser kleinen Stadt, fanden wir drei Menschen, von denen jeder uns ihnen ein wenig näherbrachte, Shmiel und seiner Familie, wobei jeder uns gleichzeitig in Erinnerung rief, wie fern sie uns im Grunde waren.

Als Erstes stießen wir auf Nina. Alex hatte den Passat Kombi auf dem holprigen, ungepflasterten Marktplatz abgestellt, ein wenig abseits der hell gestrichenen ukrainischen Kirche mit dem Zwiebelturm, in der gerade ein Gottesdienst stattfand, unmittelbar gegenüber dem Haus, das an der Stelle stand, wo das Haus meiner Familie einst gestanden hatte. (Einige Monate zuvor hatte Alex eine amtliche Karte der Stadt aufgetrieben und darauf »unser« Haus, Haus 141, ermittelt.) Auf derselben Seite des Platzes wie die Kirche befand sich auch das alte Rathaus, neben dem einmal das Geschäft meiner Familie gewesen war. Gegenüber dem Rathaus lag die große Synagoge, in der mein Großvater seine Bar-Mizwa gefeiert hatte; nach dem Krieg, als es keine Juden mehr gab, die ihre Bar-Mizwa oder sonst etwas feiern konnten, wurde sie ein Versammlungsraum der Lederarbeiter. Da jeder, soweit wir sehen konnten, in der Kirche war, wirkte alles ziemlich trostlos, wenn auch friedlich. Während wir auf feuchtem Gras und Schotter herumschlenderten, erscholl Liturgiegesang aus der Kirche. Eine Ziege lief herum, ohne Strick.

Auf einmal ging eine fröhlich wirkende Frau rasch an uns vorbei. Stämmig, wie Frauen einer gewissen slawischen Herkunft oftmals sind (ebenso wie sie geblümte Kleider tragen, die sich straff über einen mächtigen Busen spannen), war sie meiner Schätzung nach um die fünfzig. Sie schaute uns an, wie wir unschlüssig vor dem Haus standen, und fragte uns in einer Mischung aus Kleinstadtneugier und etwas anderem, Leichterem – der allgemeinen Belustigung der Einheimischen über Fremde –, wer wir seien und was wir da täten. Alex erklärte es ihr ausführlich, und plötzlich kam mir in den Sinn, dass er ihr bestimmt erzählte, wir seien amerikanische Juden, die in die Stadt unserer Ursprünge gekommen seien, und während er auf Ukrainisch redete und redete, hörte ich immerzu nur den Satz: *Die Ukrainer waren die schlimmsten.*

Das Gesicht der Frau brach in ein breites Lächeln aus, dann folgte rasend schnelles Ukrainisch.

Das ist Nina, erklärte Alex. Sie lädt uns zu sich nach Hause ein. Sie selbst ist nach dem Krieg geboren –

(Ich dachte: Das bringt uns gar nichts)

– aber ihre Nachbarin Maria ist viel älter, und sie glaubt, dass Maria sich vielleicht an eure Familie erinnert.

Na, dachte ich, vielleicht wäre es ja doch nicht so schlecht. Und so gingen wir das kurze Stück zu Ninas Wohnung, die im Erdgeschoss eines modernen Wohnblocks aus tristem Beton hinter der alten Synagoge lag. Der Bau erinnerte mich an die Wohnheime mancher amerikanischer Universitäten. Man gelangte von hinten zu den Wohnungen, und als wir um den Block bogen, sah ich zu meiner Überraschung, dass dahinter, in krassem Gegensatz zu der Schäbigkeit des Gebäudes selbst, recht aufwendige, gut gepflegte Blumengärten angelegt waren, in denen um diese Jahreszeit eine Fülle an Rosen, Gänseblümchen und Stockrosen blühten.

Wir gingen die wenigen Betonstufen zu Ninas Wohnungstür hinauf. Davor waren auf einer Matte mehrere Paar Schuhe aufgereiht. Matt warf mir einen verschmitzten Seitenblick zu.

Da hat Mom es also her!, sagte er. Ich wusste, was er meinte: Als wir aufwuchsen, mussten wir immer die Schuhe vor der Tür ausziehen, eine Regel, die uns damals rasend machte und peinlich war; es war demütigend, unsere Freunde zu bitten, die Schuhe auszuziehen, wenn sie zu uns kamen. Natürlich gab es auch noch andere Dinge, die uns in den Augen unserer Schulfreunde und Nachbarn ein wenig fremdartig machten. Als ich ungefähr elf war, hatte ich einen Freund, der in derselben Straße wohnte; am Wochenende holte er mich immer frühmorgens zum Spielen ab. An einem Sommermorgen, mein Großvater war aus Miami Beach zu Besuch, schrillte die Türklingel morgens um acht Uhr. Ich wusste gleich, dass es Lonnie war, und rannte die Treppe hinunter, um zur Haustür zu kommen, bevor der Lärm der Klingel meinen Großvater störte, der im makellosen Wohnzimmer meiner Mutter *dawnete*, die hebräischen Worte murmelte und dabei langsam auf und ab schritt, eingehüllt in seinen riesigen, altmodischen Tallit, die ledernen Tefillin um den Arm und die Stirn geschlungen. Es war keineswegs ungewöhnlich, dass mein Großvater, *während* er betete, rudimentäre Gespräche führen konnte. Beispielsweise konnte man ihn fragen, ob er zum Frühstück Cream of Wheat und Pflaumensaft wollte, worauf er einen mit einem bejahenden Blick ansah und die Lautstärke seines Gemurmels in einer Weise erhöhte, die ein *Ja* andeutete. Ich erwähne das, weil mein Großvater, als ich Lonnie die Tür aufmachte, sich zum Geländer hin bewegte und, ohne den hebräischen Text zu unterbrechen, einen lederbewehrten Arm in einer Geste hob, die teils ungläubig, teils drohend war, und gleichzeitig die Stimme in einer Weise, die ausdrückte, dass niemand, der bei Sinnen war, um acht Uhr morgens Besuche abstattete. Dann drehte er sich um und ging wieder zurück ins Wohnzimmer, und mein Blick folgte ihm in heimlicher Freude: mein exotischer, lustiger Opa. Als ich mich wieder umdrehte, um Lonnie etwas zuzuflüstern, war der schon die Stufen hinabgeflüchtet und verschwunden.

Und *da*, sagte mein Großvater später, wenn er diese Geschichte erzählte, haben wir *den* zum letzten Mal gesehen!

Wir hatten also komische Familiengepflogenheiten, darunter das *Dawnen* meines Großvaters und das Beharren meiner Mutter, dass die Schuhe auf einer Matte gleich hinter der Haustür aufzureihen waren. Daran dachte ich, wie offensichtlich auch Matt, als wir auf der Schwelle von Ninas Wohnung standen, und ich stellte mir vor, wie meine Mutter als Mädchen diese Regel vielleicht von ihrem Vater übernommen hatte, der sie wiederum ein halbes Jahrhundert davor hatte befolgen müssen, weil er, wie

Nina ein Jahrhundert später, in einem Landstädtchen gelebt hatte, wo ein schlichter Gang von hundert Metern die Schuhe vermutlich mit wirklichem Dreck bedeckt hatte – Erde, Schlamm oder Schlimmerem.

Die Wohnung war winzig. Ein Großteil des kleinen Wohnzimmers wurde von einem großen Sofa eingenommen, auf das wir uns fast alle – die vier Mendelsohns und Alex – irgendwie quetschen konnten, die Beine an dem kleinen Couchtischchen vor uns vorbeigestreckt. Neben dem Wohnzimmer gab es eine kleine Küche und eine Art Schlafzimmer, das, soweit ich sehen konnte, von einem Klavier ausgefüllt war. Nina, die in der Küche rumorte, schwatzte lautstark auf Ukrainisch mit Alex, der belustigt wirkte und auch erfreut darüber, dass wir womöglich das Gesuchte gefunden hatten. Schließlich kam Nina wieder herein, einen kleinen Teller in der Hand. Darauf lagen Scheiben der hiesigen Wurst. Sodann ging sie zur Anrichte und holte eine staubige Flasche mit etwas herunter, was sie als Sekt aus Sowjetzeiten bezeichnete – wie seltsam, dass die Sowjets Sekt produzierten, sagten wir, sie dagegen meinte, das sei damals, weiter östlich, in einem der unentzifferbaren »-stans«, ein großes Geschäft gewesen –, und goss, nachdem sie sie entkorkt hatte, jedem ein kleines Begrüßungsgläschen ein. Dann machte sie uns noch je eine Tasse Nescafé, der offensichtlich als etwas ganz Besonderes galt.

Das ist eine große Ehre, sagte Alex und warf uns einen warnenden Blick zu.

Matt, der neben mir saß, brummelte, er möge Nescafé nicht.

Andrew und ich bissen die Zähne zusammen und sagten gleichzeitig: Trink den Scheißkaffee, Matt.

Ich fragte mich, was Alex wohl dachte. Alex ist ein stämmiger, geselliger Mittdreißiger mit einem breiten Lächeln zwischen rosa Grübchen, das häufig aufblitzt. Seit der Auflösung der Sowjetunion führt er amerikanische Juden zu den alten Schtetln Osteuropas in der Umgebung seiner Heimatstadt L'viv, die er uns stolz zeigte (auf dieser Tour versicherte er mir, im Umkreis von Bolechow habe es kein Schloss gegeben, das einmal einem polnischen Adligen gehört habe). Während der vergangenen zehn Jahre hatte er mehr über die Geschichte der Juden in Galizien gelernt, als die meisten Juden wussten. Er war der erste Ukrainer, mit dem ich regen Kontakt hatte, und als wir uns dann endlich sahen, gleich am Krakówer Flughafen am ersten Tag, waren wir alle von seiner natürlichen Wärme und Aufgeschlossenheit eingenommen, die uns leicht über die unvermeidlichen Verlegenheiten hinweghalfen. Auf der langen Fahrt von Kraków nach L'viv, am Tag nach unserem Besuch in Auschwitz, fragten wir ihn, wie ein junger Ukrainer, der einmal in der Sowjetarmee gedient hatte, dazu gekommen sei, amerikanische Juden in die Schtetl ihrer Vorfahren zu begleiten, worauf er, eine Spur zurückhaltend, antwortete: Den meisten Leuten sage ich gar nicht, was ich mache, ich glaube nicht, dass sie es verstehen würden.

Alex nun war sichtlich erfreut, dass Nina für uns den roten Teppich ausrollte. Während sie geschäftig herumschwirrte, warfen meine Brüder, meine Schwester und ich einander Blicke zu, die deutlich machten, dass wir alle dasselbe dachten: *Manche Ukrainer sind doch gar nicht so schlecht.* Unterdessen hämmerte Ninas Gatte, ein dünner, liebenswürdiger Mann, in Badehose und Flipflops auf dem altersschwachen Klavier in dem Nebenraum herum, der, wie man uns sagte, sein Arbeitszimmer sei. Auf »Feelings« folgte rasch – vermutlich uns zu Ehren und sicher auch, um uns seine guten multikulturellen Absichten zu zeigen – »Hava Nagilah«. Wir schauten einander an. Dann spielte er »Yesterday«.

Erst nachdem wir den sowjetischen Sekt getrunken, den Nescafé geschlürft und die heimische Wurst – die ziemlich gut war und uns auch passend erschien, da wir ja schließlich einer langen Linie Bolechower Fleischer und Fleischhändler entstammten – gegessen hatten, erschien Maria vor Ninas Haustür und lächelte schüchtern. Wieder gab es eine lange Vorstellungsrunde: wer wir waren, wonach wir suchten. Maria war eine schöne Frau über siebzig, weiche weiße Haare, breites Gesicht mit hohen, schrägen Backenknochen – typisch für die Gegend, wie ich inzwischen gemerkt hatte. Sie machte ein nachdenkliches Gesicht, als wir den Namen Jäger erwähnten, und nickte. Ich hoffte, dass es das jetzt endlich sei – dass aus Allgemeinheiten etwas Spezifi-

145

sches, ein Stück gesichertes Wissen, der Beginn einer Geschichte hervorplatzten.

Ja, ja, dolmetschte uns Alex, sie kennt den Namen. Sie kennt ihn.

Plötzlich fühlte ich mich ihnen sehr nahe. Diese Frau dürfte während des Krieges ein Teenager gewesen sein, sie konnte sie tatsächlich gekannt haben. Meine Geschwister und ich wechselten Blicke.

Dann sagte Alex: Aber so richtig hat sie sie nicht gekannt.

Noch voller Hoffnung auf irgendetwas – und mit dem jähen Gefühl, wie absurd diese ganze Expedition war, wie machtvoll Zeit, Raum und Geschichte gegen uns waren, wie unwahrscheinlich es war, dass überhaupt etwas von ihnen geblieben sein könnte – zog ich den Packen Fotos hervor, den ich mitgenommen hatte, und zeigte sie ihr. Fotos von Shmiel Mitte dreißig und Anfang vierzig in einem Mantel mit Pelzkragen, aufgenommen in dem Fotoatelier in Stryj, das dem Bruder seiner Frau gehörte, Bilder von drei der Mädchen (welche drei? unmöglich zu sagen) als Kinder in Spitzenkleidchen, ein Atelierporträt vom Kopf eines der Mädchen als Jugendliche mit breitem Lächeln und, wie mir gleich auffiel, denselben krausen Mittelmark-Haaren, die ich als Jugendlicher gehabt hatte. Maria sah sie sich an, langsam, eins nach dem anderen. Dann schüttelte sie mit einem entschuldigenden kleinen Lächeln den Kopf, einem Lächeln, das man mit den Lippen bei gleichzeitigem Stirnrunzeln machen kann, wie meine Mutter es immer getan hat. Sie sagte etwas zu Alex.

Sie erinnert sich nicht an sie, sagte Alex uns. Sie sagt, sie sei nur ein Kind gewesen, damals im Krieg. Sie habe sie nicht gekannt. Das ist sehr schade, sagt sie, weil ihr Mann viel älter war, der hätte es gewusst, aber er ist vor drei Jahren gestorben.

Ich schaute zu Boden, und Alex wechselte mit Maria noch ein paar Worte. Ah, sagte er. Maria hat gerade gesagt, die Schwester ihres Mannes, Olga, lebt ja noch; sie wohnt hier in der Straße. Vielleicht kann uns diese Olga etwas sagen.

Wir standen alle auf, Nina setzte sich sogleich an die Spitze – ganz klar, sie hatte sich unser wie auch unserer Suche angenommen –, und so marschierten wir die Straße entlang zu Olga.

Die Straße, auf der wir von Ninas Wohnung zu Olgas Haus gingen, war, wie wir später erkannten, diejenige, die vom Stadtzentrum zum Friedhof führt, vorbei an der alten Holzmühle. Auf dieser Straße gingen wir nun, und bevor Maria uns verließ, fragten wir sie noch, wie die Juden und Ukrainer vor dem Krieg miteinander ausgekommen seien. Aufgrund unserer Recherchen wussten wir von der jahrhundertealten wirtschaftlichen und gesellschaftlichen Rivalität zwischen Juden und Ukrainern: die Juden, staatenlos, politisch verletzlich, abhängig von den polnischen Adligen, denen diese Städte gehörten und für die so viele zu ihrer Sicherheit notgedrungen als Verwalter und Geldverleiher arbeiteten, und die Ukrainer, die überwiegend das Land bestellten, die die niedrigste Sprosse des wirtschaftlichen Totempfahls einnahmen, ein Volk, dessen Geschichte ironischerweise in vielerlei Hinsicht ein Spiegelbild oder vielmehr Negativ der der Juden war: ein Volk ohne Nationalstaat, verletzlich, unterdrückt von grausamen Herren der einen oder anderen Couleur – polnischen Grafen, sowjetischen Kommissaren. Und wegen dieser seltsam präzisen Spiegelung kam es Mitte des zwanzigsten Jahrhunderts mit der präzisen Logik einer griechischen Tragödie, dass alles, was für eine dieser Gruppen, die in diesen Städtchen jahrhundertelang Seite an Seite lebten, gut, für die andere schlecht war. Als die Deutschen 1939 den Ostteil Polens (den sie gerade erobert hatten) im Rahmen des Hitler-Stalin-Pakts an die Sowjetunion abtraten, jubelten die Juden der Region in dem Wissen, dass sie von den Deutschen erlöst waren, die Ukrainer hingegen, ein äußerst nationalistisches und stolzes Volk, litten unter den Sowjets, die damals wie immer entschlossen waren, die ukrainische Unabhängigkeit zu vernichten – und die Ukrainer. Spricht man mit Ukrainern über das zwanzigste Jahrhundert, wie wir es auf dieser Reise häufig taten, dann erzählen sie von ihrem eigenen Holocaust, dem Tod der fünf bis sieben Millionen ukrainischen Bauern in den dreißiger Jahren, ausgehungert von Stalins Zwangskollektivierung. … Somit war das wundersame Glück der Juden Ostpolens im Jahr 1939 eine Katastrophe für die Ukrainer Ostpolens. Umgekehrt, als Hitler zwei Jahre später den Hitler-Stalin-Pakt brach und in jenem Teil Ostpolens, den er an Stalin abgetreten hatte, einmarschierte, war es natürlich eine Katastrophe für die dortigen Juden und ein Segen für die Ukrainer, die beim Einmarsch der Nazis jubelten, da sie damit von ihren sowjetischen Unterdrückern befreit waren. Es ist schon bemerkenswert, dass zwei Gruppen, die so viele Jahre lang so dicht beieinanderlebten, so verschieden sein konnten, unter so verschiedenen, ja gegensätzlichen Wendungen des Schicksals leiden und darüber jubeln konnten.

In diesem Wissen baten wir Alex, Maria zu fragen, wie die Juden und die Ukrainer früher miteinander umgegangen waren.

Alle seien im Wesentlichen gut miteinander ausgekommen, antwortete er, nachdem er kurz mit Maria gesprochen hatte. Sie sagt, die Kinder hätten oft miteinander auf dem Platz gespielt, Ukrainer und Juden gemeinsam.

Da ich sehr wohl wusste, wohin gemeinsames Spielen führen kann – wie hinter der Nähe, dem Einander-Kennen ein Zu-gut-Kennen stecken kann –, stellte ich die, wie ich fand, nächste logische Frage: Gab es Ukrainer, die froh waren, als die Juden abgeholt wurden?

Wieder redeten sie eine Weile. Ja, sagte Alex nach einer Pause. Doch, einige gab es. Es gab aber auch solche, die helfen wollten, wofür sie dann umgebracht wurden. Sie wiederholt, dass das hier eine Kleinstadt war. Jeder kannte jeden. Die Juden und die Polen und die Ukrainer, das waren viele Menschen auf kleinem Raum.

Maria zeigte ihr seliges, durchscheinendes, hoffnungsvolles Lächeln und murmelte Alex noch etwas zu. Er wandte sich wieder zu uns und sagte: Sie sagt, es war wie eine große Familie.

Alle Kommentatoren schlagen sich mit dem bizarren Problem herum, was, wenn überhaupt etwas, Kain sagte, um Abel zu ihm aufs Feld zu locken, das Feld, auf dem er seinen Bruder zu töten beabsichtigte. Die strikte Übersetzung des hebräischen Verses 8, wa-jomer Kain el Hewel achiw wajehi ... ergibt auf den ersten Blick nur Unsinn: »Und Kain sagte zu Abel. Und als sie auf dem Feld waren ...« Was bedeutet, dass der hebräische Text uns lediglich mitteilt, dass Kain etwas zu Abel sagte und dass Kain auf dem Feld aufstand und Abel tötete; was aber der eine Bruder zum anderen sagte, erfahren wir nicht. Der maßgebliche hebrä-

ische Text schweigt dazu; die Septuaginta hingegen, eine griechische Übersetzung der hebräischen Bibel, im dritten Jahrhundert in Alexandria entstanden, und die Vulgata, die lateinische Übersetzung der hebräischen und aramäischen Bibel, zwischen 382 und 405 von Hieronymus (später der heilige Hieronymus) angefertigt, polstern den Text aus, um ihn sinnvoller zu machen, und diese Übersetzungen, ungenau, aber glatter, kennen die meisten von uns: »Und Kain sprach zu Abel: ›Lass uns aufs Feld gehen …‹« Natürlich ist der Drang, den Text so hinzubiegen, dass er uns das sagen kann, was wir von ihm hören wollen, nichts Neues – im Umgang mit der Bibel wie auch überall sonst.

Friedman, der moderne Kommentator, scheint davon weniger beunruhigt als Raschi, und entsprechend der flotten, freundlichen Sachlichkeit des 20. Jahrhunderts, die seinen Ansatz kennzeichnet, liefert er eine vollkommen einleuchtende Erklärung der merkwürdigen Syntax dieser Passage: »Kains Worte«, schreibt er, »wurden im masoretischen Text« – den hebräischen Texten in bearbeiteten Abschriften aus dem 7. bis 10. Jahrhundert – »wohl von einem Schreiber ausgelassen, dessen Blick vom ersten Satz, der das Wort ›Feld‹ enthält, zum zweiten gesprungen ist.« Jedem, der mit dem Studium von Manuskripttraditionen vertraut ist, wird diese Erklärung durchaus einleuchten: Ein damaliger Schreiber sitzt vor einem ehrwürdigen, heute nicht mehr existenten Tora-Manuskript und schreibt es pflichtgemäß ab, und in dem Moment, als er den jetzt verlorenen Satz »Lass uns aufs Feld gehen«, den der eine Bruder zum anderen sagt, hinschreiben will, schließt er in einem Moment der Müdigkeit die Augen, worauf das müde Auge, als er es wieder öffnet und dabei die müde Hand bewegt, um weiterzuschreiben, auf das Wort »Feld« blickt, und zwar da, wo es zum zweiten Mal auftaucht – auf das Wort also, das in der Zeile steht, die wir kennen, der Zeile, die nicht verloren gegangen ist: »Und als sie auf dem Feld waren …« Und weil er müde ist, weil er schließlich auch ein Mensch ist (und wir wissen, welchen Aussetzern das menschliche Gedächtnis unterworfen ist), schreibt er eben diese Zeile, ohne davor die Zeile geschrieben zu haben, die lautet: »Lass uns aufs Feld gehen« (oder etwas sehr Ähnliches), und wegen dieses winzigen Lapsus ist diese eine Zeile, die, wenn sie denn existierte, eine schwierige Lesart dieses maßgeblichsten aller Texte eliminieren würde, unrettbar verloren.

Dennoch scheint der Verlust dieser Zeile Raschi nicht weiter zu belasten, immerhin hält er eine ebenso zwingende Erklärung bereit – die freilich weniger mechanisch denn psychologisch ist. Sein Kommentar zu dem vermeintlichen Halbsatz, den wir mit »Und Kain sagte zu seinem Bruder Abel« übersetzen, lautet wie folgt: »Er begann mit ihm Worte des Streites und des Haders, um einen Vorwand gegen ihn zu haben, ihn zu töten.« Für Raschi steht fest, dass die tatsächlichen Worte, die Kain sagte, unwesentlich sind, da sie falsch waren, lediglich ein Vorwand; sein Kommentar dazu legt nahe, dass er sehr wohl wusste, dass zwischen Brüdern dunklere Kräfte lauern, die schon bei dem kleinsten Anlass an die Oberfläche kommen und in Gewalt ausbrechen. Was hier interessiert, ist weniger der Anlass als die Kräfte selbst.

Von da, wo Maria umgekehrt war, mitten auf der Straße, und uns in Ninas breiten und energischen Händen zurückgelassen hatte, war es nicht weit zum Haus von Marias Schwägerin Olga, nur zweihundert Meter vom Marktplatz auf der schmalen, ungeteerten Straße, die gesäumt war von den spitzgiebligen Holzhäuschen, die typisch für die Region sind, eingeschossige Häuser mit ein paar großen Fenstern, die denen, die mein Großvater mit seinem blauen Parker-Kuli zeichnete, dessen Spitze er vor dem Schreiben anleckte, wenn ich ihn bat, mir zu zeigen, wie sein Haus im alten Land ausgesehen hat, gar nicht unähnlich waren. Wir gelangten an ein allein stehendes, sehr hübsches Haus, das an der Stelle stand, wo die Straße jäh nach rechts schwenkt, Richtung Friedhof. Alex klopfte – nicht an die Tür, sondern, wie er es gern tut, an ein Seitenfenster. Irgendwo im Innern bellte ein kleiner Hund. Draußen war ein großer Garten, in dem Hühner und weitere Hunde herumliefen, Pflaumenbäume blühten. Alex klopfte noch einmal. Endlich öffnete eine kleine stämmige, alte Frau. Sie spähte über Alex' Schulter hinweg auf uns, dann wieder auf Alex. Olga war sehr alt und füllig, aber mit der kühlen, durchscheinenden Haut extrem hohen Alters, und aus irgendwelchen Gründen erinnerte mich alles an ihr an Essen: Ihr Gesicht war rund wie ein Laib Brot, ihre hellblauen Augen spähten zwischen dicken Backen hervor wie Rosinen in einem Kuchen. Alex begann mit seiner kleinen Rede, worauf sie sich plötzlich zu entspannen schien – ohne allerdings zu lächeln – und uns bedeutete einzutreten.

Wieder stiefelten wir im Gänsemarsch in ein fremdes Wohnzimmer. Das Haus war gemütlich, es gab mehrere luftige Zimmer, vor deren großen Fenstern feinste Spitzenvorhänge hingen und an jeder verfügbaren Wand kunstvolle Teppiche, Webarbeiten und Gobelins. Geschirr und Gläser funkelten in soliden Schränken mit Glastüren. Wieder wurden Stühle geholt, wieder setzten wir uns, aber diesmal war etwas anders (zum einen fiel mir auf, dass kein Essen gereicht wurde, und das fand ich doch rätselhaft). Alex redete, und wieder hörte ich den Namen *Jäger*, dann sagte sie etwas zweimal, und noch bevor Alex übersetzt hatte, wusste ich, es würde anders sein, denn sie sagte mit großer Emphase *Snaju, snaju*, dazu machte sie noch mit beiden Händen eine kleine ungeduldige Gebärde, als wäre doch klar verständlich, was sie sagte.

Ich weiß, ich weiß.

So viel Ukrainisch hatte ich in den Tagen seit unserer Ankunft, den Tagen der Enttäuschung, des Zanks und des Regens, schon aufgeschnappt. Olga nickte heftig und sagte es erneut, dann redete sie lebhaft auf Alex ein, der versuchte, so gut er konnte, Schritt zu halten.

Sie hat die Jägers sehr gut gekannt, sagte er. Sie hat den Nachnamen nicht nur gehört, sie hat diese Familie auch sehr gut gekannt. Sie hatten eine … Fleischerei?

Ich nickte und sagte heiser *Fleischerladen*. An der Stelle unterbrach Alex sich, um uns zu versichern, dass er ihr dieses Detail nicht mitgeteilt habe, die Information, was für ein Geschäft sie gehabt hatten. Er wusste, wie frustriert wir waren, und wollte uns die Authentizität dieser Erinnerung an sie und ihr Leben bestätigen.

Sie weiß es, fuhr er fort. Sie erinnert sich.

Von diesem jähen, wirbelnden Gefühl der Nähe zu ihnen brachen meine Schwester und ich in Tränen aus. So nahe kann man den Toten kommen: Man kann an einem schönen Sommernachmittag in einem Wohnzimmer sitzen, sechzig Jahre, nachdem diese Toten gestorben sind, und mit einer fülligen alten Frau sprechen, die heftig gestikuliert, die, wie einem auffällt, genauso alt ist, wie Shmiels älteste Tochter gewesen wäre, und diese alte Frau kann gerade einen Meter entfernt von einem sein, so fern, so nah. In dem Augenblick schienen die sechzig Jahre und die Millionen Toten nicht größer als der Meter, der mich von dem fetten Arm der alten Frau trennte. Ich weinte auch, weil es ein Augenblick war, der mich meinen anderen Toten näherbrachte. Ich spürte intensiv die Präsenz meines Großvaters, der bis zu diesem Augenblick der letzte Lebende gewesen war, der sie gekannt und mit dem ich gesprochen hatte, und plötzlich schrumpften auch die zwanzig Jahre, die seit seinem Tod vergangen waren. Und so saß ich da, meine Augen schwammen in Tränen, dankbar, dass auch Jennifer weinte, und hörte Olga zu. Wieder sagte sie den Namen und sah sich meine Bilder an, wobei sie unablässig nickte. Alex fuhr fort.

Sie sagt, sie seien sehr nett gewesen, sehr kultivierte Leute, sehr nette Leute.

Trotz meiner aufwallenden Gefühle musste ich lächeln, weil ich wusste, dass meine Mutter mit ihrer Familieneitelkeit, der Jäger'schen Aufgeblasenheit, es schön fände, dass Olga sich vor allem an diese Eigenschaft erinnerte. Nichts richtig Spezifisches, aber doch spezifisch genug, um es für wahr zu halten, wenn man zu den Leuten gehört, die die Geschichten glauben, die sie hören.

Aber da war sie dann auch wieder, die unvermeidliche Ferne, so nah wir ihnen auch gekommen waren.

Sie weiß nicht, was ihnen zugestoßen ist, fuhr Alex nach einem kurzen Wortwechsel mit Olga fort. Nicht von dieser Familie. Sie weiß, dass sie, wie die anderen Juden auch, sehr gelitten haben.

Natürlich lässt sich etwas über das Leid der Juden in Bolechow erfahren, ohne in eine Stadt zu müssen, die heute Bolechiv heißt, und ältere Damen aufzuspüren, die manche dieser Leiden mit eigenen Augen gesehen haben. Beispielsweise kann man die Holocaust-Enzyklopädie aufschlagen und nachlesen, dass die Deutschen die Stadt am 2. Juli 1941 erreichten und dass die erste Aktion, also die erste Massenliquidierung, im Oktober jenes

Jahres stattfand, als ungefähr tausend Juden zusammengetrieben, ins Dom Katolicki, das katholische Gemeindehaus, gesperrt und, nachdem man sie einen Tag lang auf verschiedene Weise gefoltert hatte, zu einem Massengrab geführt und erschossen wurden. Man kann lesen, dass die jüdische Bevölkerung der Stadt, die zu Beginn des Jahrzehnts rund dreitausend betrug, um Tausende anwuchs, die aus kleinen Nachbardörfern hergebracht wurden. Ferner erfährt man, dass die zweite Aktion ungefähr ein Jahr danach stattfand, dass nach einer dreitägigen Menschenjagd einige tausend auf dem Marktplatz vor dem Rathaus – wo wir geparkt hatten, als wir nach Bolechow kamen, wo die Ziege herumgelaufen war – zusammengetrieben wurden, dass fünfhundert Menschen gleich an Ort und Stelle erschossen und die übrigen zweitausend mit Güterzügen ins Lager Belzec deportiert wurden. Weiterhin wurden laut der Holocaust-Enzyklopädie die meisten verbliebenen Juden im Dezember 1942 umgebracht, sodass 1943 nur noch rund tausend lebten, von denen die meisten im Laufe der Zeit ebenfalls ermordet wurden und »nur einige wenige« in die umliegenden Wälder zu den Partisanen flüchten konnten.

Doch die Informationen aus der Holocaust-Enzyklopädie sind trotz aller Details unpersönlich, und wenn man mit aufwendig detaillierten Geschichten aufgewachsen ist, befriedigt es den Hunger nach Einzelheiten darüber, was genau mit den eigenen Verwandten geschehen ist, nicht, und die hatte ich mir natürlich erhofft, als ich in der letzten Highschool-Klasse Yad Vashem anschrieb, das Holocaust-Gedenkmuseum in Israel, um zu erfragen, welche Informationen man dort über die Juden von Bolechow hatte, und als Antwort eine Fotokopie des Eintrags »BOLECHOW« in der Holocaust-Enzyklopädie erhielt. Diese Fotokopie kann einem beispielsweise nicht sagen, was Olga uns an jenem Tag erzählt hat – zwar keine Einzelheiten über den Tod meiner Verwandten, aber andere Besonderheiten, Details, die manche Dinge in einem anderen Licht erscheinen lassen. Ein Vierteljahrhundert, nachdem ich die Antwort von Yad Vashem erhalten hatte, saß ich im Wohnzimmer dieser alten Frau und hörte ihr zu, wie sie dieser allgemeinen Geschichte eine neue Besonderheit verlieh. Mit achtzehn hatte ich mich gefragt, was

»vierundzwanzig Stunden lang gefoltert« bedeuten könnte. Sie erzählte uns, die Juden seien in das katholische Gemeindehaus am nördlichen Stadtrand getrieben worden, wo die Deutschen sie gezwungen hätten, sich auf die Schultern anderer zu stellen, und den alten Rabbi zuoberst platziert hätten, um ihn dann herunterzustoßen. Anscheinend ging das einige Stunden lang (erst viel später, in Australien, dann in Israel und in Skandinavien, erfuhr ich den Rest, jene Einzelheiten, die man nur kennen konnte, wenn man selbst mit drin gewesen war).

»Zu einem Massengrab geführt und erschossen«? Die rund tausend Juden, die bei der Dom-Katolicki-Aktion vom Oktober 1941 umkamen, wurden im Taniawa-Wald zwei Kilometer außerhalb der Stadt erschossen. Aber im Zuge einer der »kleinen« Aktionen, die 1943 stattfanden – als nur noch ungefähr neunhundert Juden in Bolechow lebten und in improvisierten Arbeitslagern arbeiteten –, wurden die Juden gruppenweise – hundert hier, zweihundert da, zum Friedhof geführt und dort in Massengräbern erschossen, wobei diese Massengräber nicht annähernd so groß waren wie das im Taniawa, wo, wie wir zwei Jahre nach unserem Gespräch mit Olga erfuhren, die Erde sich noch Tage nach den Erschießungen bewegte, weil nicht alle Opfer tot waren, als das Grab aufgeschüttet wurde. Dennoch, ein Detail einer der »kleinen« Aktionen, von dem Olga uns erzählte, hat sich in mir festgesetzt, vielleicht wegen der Art, wie es das vollkommen Banale und Begreifbare mit dem absolut Grauenhaften und Unvorstellbaren verbindet und weil ich mir die Szene wegen dieser unglaublichen Verbindung in sehr begrenztem Maße vorstellen kann. Olga erzählte uns, das Geräusch des Maschinengewehrfeuers vom Friedhof (der ja nur ein Stück die Straße entlang von ihrem Haus entfernt lag) sei so furchtbar gewesen, dass ihre Mutter, damals Mitte vierzig, eine altersschwache Nähmaschine holte und die Tretkurbel laufen ließ, damit ihr Rattern das Gewehrfeuer übertönte. Das Gewehrfeuer, die Nähmaschine. Jedes Mal, wenn Olga ein besonders grauenhaftes Geschehnis erzählte, presste sie die Augen zu und stieß mit den dicken Händen nach unten – eine beredte Geste buchstäblichen Ekels. Eine solche Geste hätten auch meine Großmutter oder Mutter machen und dabei mit der Zunge schnalzen und *nebbich* sagen können.

Es erscheint seltsam, dass Friedman, der Moderne, das Produkt des Jahrhunderts Freuds, kein psychologisches Interesse an den fehlenden (oder unwesentlichen) Worten zeigt, die Kain zu Abel sagt, und sich stattdessen eingehend mit einem Detail beschäftigt, das uns einer tieferen Analyse unwürdig erscheinen mag: »Während sie auf dem Feld waren.« »Welche Bedeutung«, fragt Friedman, »hat die Information, dass sie gerade auf einem Feld sind?« Um zu einer befriedigenden Erklärung zu gelangen, führt Friedman erneut die umfangreiche Geschichte des heftigen Geschwisterkonflikts an, der sich durch die gesamte Bibel zieht, von Kains Mord an Abel bis hin zu Salomos Hinrichtung seines Bruders Adonia, der mörderischen Rivalität zwischen Brüdern, der realen wie metaphorischen: zwischen Jakob und Esau, zwischen Joseph und dessen Brüdern, zwischen Abimelech und seinen (»tötete siebzig von seinen Brüdern«, bemerkt Friedman), der in den Kriegen zwischen den Stämmen, aus denen das Volk Israel bestand – Benjamin gegen alle anderen, Israel gegen Judäa –, im Konflikt zwischen Davids Söhnen Absalom und Amnon. Dann macht Friedman eine faszinierende Beobachtung: dass in diesen Geschichten über geschwisterliche Gewalt wiederholt, als eine Art Leitmotiv, das Wort »Feld« auftaucht. Esau ist »ein Mann des Feldes«; Joseph beginnt die Geschichte von dem Traum, der seine Brüder so sehr aufbringt, mit dem Detail, dass sie »auf dem Feld« Garben banden; eine Frau überredet König David, Absalom seinen Brudermord zu vergeben, indem sie eine Geschichte erfindet, dass einer ihrer Söhne seinen Bruder ermordet habe – ein Verbrechen, das sich »auf dem Felde« ereignete; die Geschichte des Konflikts zwischen Benjamin und den anderen Stämmen (erzählt in Richter 20 und 21) erwähnt zweimal ein »Feld«.

Was Friedman daraus ableitet, ist sicher korrekt: dass das »sich wiederholende Wort daher als ein Mittel erscheint, die vielen Fälle zu verbinden, in denen ein Bruder den anderen tötet«. Und dennoch enthält es für mich wiederum etwas, was unbefriedigend konkret ist. Denn auch wenn er im weiteren Verlauf noch über die psychologischen Implikationen des bekannten Brudermordmotivs spekuliert – »es erkennt an, dass die Rivalität unter Geschwistern von nahezu allen Menschen empfunden wird, und es sagt uns, wir sollen feinfühlig sein und unsere feindseligen Gefühle im Zaum halten – und auch den Gefühlen unserer Geschwister gegenüber feinfühlig sein« –, finde ich jedenfalls, dass es nicht nur eine literarische, sondern auch eine psychologische Bedeutung jenes Details der ganzen Gewalt gibt, die auf dem Felde stattfindet, und dass Friedman sich darüber keine Gedanken macht, führt mich zu der Frage, ob der Kommentator denn keine Geschwister hat. Denn es erscheint mir doch als psychologisch natürlich (und wir wissen, dass es historisch wahr ist), dass man, will man dem eigenen Bruder etwas Schreckliches antun, will man dem Zorn, der so lange geschwelt hat, Luft machen, sorgfältig Vorkehrungen trifft, es im Freien zu tun, irgendwo, wo man meint, dass niemand einen sieht.

Wir hatten zwanzig Minuten geredet, als Pjotr, Olgas Mann, von der Kirche nach Hause kam. Der kleine, verblüffend agile und muskulöse Mann von beinahe neunzig trug eine dicke Brille und eine Arbeitermütze, dazu einen alten Anzug von unbestimmter Farbe und eine enge Weste: ein Bauer im Sonntagsstaat. Auch er erkannte den Familiennamen sofort, auch er erzählte uns manches. Beispielsweise, dass jeder, der den Juden helfen wollte, erschossen worden sei, was wir natürlich wussten – Nina hatte es uns gesagt und auch Maria, und anscheinend hatte Nina auch noch Olga daran erinnert, bevor wir mit ihr sprachen. »Ein paar Juden waren in den Gerbereien beschäftigt«, hatte die Enzyklopädie erklärt. »Später wurden die Juden mit Holzarbeiten in einem speziellen Arbeitslager beschäftigt.« Pjotr erzählte uns, er habe als Arbeiter in der Holzmühle versucht, das Arbeitersoll mit einigen Juden aufzufüllen, worauf die Deutschen ihn bedroht hätten. *Brauchst du wirklich Juden?*, hätten sie gesagt. *Willst du wirklich Ärger?* Und während er das sagte, war ich hin- und hergerissen zwischen dem Wunsch, ihm glauben zu wollen, zu glauben, dass die Offenheit und Freundlichkeit, die uns jeder Ukrainer, dem wir auf dieser Reise begegnet waren, gezeigt hatte, wohl wissend, dass wir Juden waren und wonach wir suchten, auch damals gezeigt worden war, und dem Versuch, unvoreingenommen zu sein, mir immer wieder klarzumachen, während diese beiden und alle anderen sagten, wie sehr die Ukrainer versucht – es jedenfalls gewollt – hätten, den Juden zu helfen, während wir diesen Leuten gegenübersaßen, so wie wir anderen gegenübergesessen hatten, die uns so großzügig, ja überschwänglich bei sich aufnahmen, so wie wir Maria und Nina gegenübergesessen hatten, mir klarzumachen, dass noch niemand eine Geschichte ohne bestimmte Absichten erzählt hat.

Da saßen wir und hörten Olga und Pjotr zu, und zum ersten Mal war ich froh, keine genaueren Informationen über meine Verwandten zu haben, denn nun, da ich hier war, war ich mir nicht mehr sicher, ob ich wissen wollte, was sie davon erduldet hatten. Ich dachte an die Leute im Dom Katolicki, die zu einer schrecklichen Menschenpyramide gezwungen wurden. Wer waren sie? Wer sie auch waren, sie waren keine namenlosen Statisten, jeder war ein Jemand, ein Mensch – eine Halbwüchsige beispielsweise – mit einer Familie, einer Geschichte, vielleicht einer Cousine in Amerika, deren Kinder eines Tages zurückkehren mochten, um herauszufinden, was mit ihr geschehen war, um ihr ihre Identität wiederzugeben, wenn schon nicht ihretwegen, so doch um des Seelenfriedens Letzterer willen …

Und dann, als sich das Gespräch dem Ende näherte und ich sah, dass wir nichts Spezifisches mehr über Shmiel und seine Familie erfahren würden, dass wir, auch wenn wir persönlich hier waren, noch immer keinem Faktum, keinem Detail, das die Geschichten, die wir immer gehört hatten, bestätigen oder widerlegen konnte, näher gekommen waren (gab es in der Nähe ein Schloss?, hatte ich in der Erinnerung daran, was ich meinen Großvater vor einer Ewigkeit hatte sagen hören, jeden gefragt, dem wir begegnet waren, und immer kam die unausweichliche Antwort, die ich schon immer gekannt hatte, dass es keine Burg gab, nichts, kein Versteck) – als unser Gespräch sich dem Ende näherte, erfuhren wir doch noch ein letztes Detail. *Zu einem Massengrab gebracht und erschossen.* Pjotr erinnerte sich an die letzte Aktion, bei der die Juden zum Friedhof getrieben und in einem Massengrab erschossen wurden.

Wo war die Straße, auf der sie gingen?, hatte mein Bruder gefragt.

Olga richtete sich resolut auf, zeigte aus dem Fenster und sagte: Da!, und Nina schlug sich voller Erstaunen mit einer Hand auf den Mund, da sie die Geschichte offenbar nie gehört hatte, als könnte sie nicht glauben, dass etwas so Gewaltiges und zugleich Fernes genau *da* geschehen war. Aber dennoch war es so nahe. Es war die Straße, auf der wir zu diesem Haus gegangen waren, die Straße, auf der Maria uns verlassen hatte.

Pjotr erinnerte sich auch noch, dass ihre Nachbarn, die Juden von Bolechow, nahezu nackt diese Straße entlanggetrieben wurden – die wenigen noch verbliebenen Freilichs und Ellenbogens und Kornblühs und Grünschlags und Adlers oder wer es auch war, die Letzten dieser Generationen Bolechower Juden, die Fleischer, die Lumpensammler und die Holzhändler, deren Anwesenheit dort, heute absolut unvorstellbar, gleichwohl in den peinlich genau mit Füller geschriebenen Einträgen in längst vergessenen Volkszählungsunterlagen und Firmenverzeichnissen bestätigt wird, die heute, wie unglaublich, wie bizarr, jedem zugänglich sind, der über einen Computer verfügt –, dass diese Letzten der Juden von Bolechow, als sie nackt, in Zweierreihen, in den Tod gingen, dessen Datum und genauer Ort in keinem offiziellen Dokument auftaucht, ihren Nachbarn – und zwar

Olga, die noch stand und aus dem Fenster zeigte, und den anderen – auf Polnisch »Lebt wohl«, »*So long*, wir werden uns nicht wiedersehen«, »Wir werden uns nie mehr sehen« zuriefen.

Als Alex Pjotrs Schilderung des Todesmarsches seiner Nachbarn übersetzte, erinnerte ich mich genau an das Timbre der Stimme meines Großvaters am Telefon, wenn er »So long« sagte: jene vollen, fließenden *l* der polnischen Juden, eine Aussprache, die heute fast aus der Welt verschwunden ist. Doch das war nicht der Grund, dass mir die angstvollen Abschiedsworte im Gedächtnis hängenblieben und sie für mich das Schrecklichste aller Details waren, die wir an dem Tag hörten. Erst später, als ich wieder in den Staaten war, wurde mir klar, dass dieses eine Detail, von dem wir erfahren hatten, an diesem einen Tag in Bolechow, von dem alles abhing, eine Verbindung zu dem herstellte, was ich aus Shmiels Briefen in Erinnerung hatte: dem bewussten Abschiednehmen, dem undenkbaren Lebewohl. *Ich grüße und küsse Euch alle vom tiefen Herzen.*

So long, *wir werden uns nicht wiedersehen.*

Es ist eine feststehende Tatsache, dass viele der brutalsten Gräuel an den Juden Osteuropas nicht von den Deutschen selbst, sondern von den einheimischen Polen, Ukrainern, Litauern, Letten begangen wurden, den Nachbarn, den Vertrauten, mit denen die Juden jahrhundertelang Seite an Seite gelebt hatten, bis sich ein feiner Mechanismus verschob und sie sich gegen ihre Nachbarn wandten. Manche finden das merkwürdig – nicht zuletzt die Juden selbst. Mehr als ein Überlebender, den ich in den Jahren nach meiner ersten Reise nach Bolechow interviewte, zeigte sich verwirrt, zornig oder wütend darüber, dass die Leute, die sie für ihre Nachbarn gehalten hatten, im nächsten Moment zu Killern geworden waren.

Kannibalen, zischte eine Frau in Sydney. Für mich sind das *Kannibalen*. Jahrelang haben wir neben ihnen gewohnt – und dann *das*.

Ein anderer der Australier, die ich später kennenlernte, bezeichnete die ukrainischen Kollaborateure beständig und eher beiläufig als *Metzger*, so wie man Soundso als richtigen *Gauner* oder jemand anderes als richtigen *Ellenbogentypen* bezeichnen würde. Eines Nachmittags sagte er zu mir, Strutinski sei ein bekannter Metzger gewesen, der habe viele Leute umgebracht. Und ein weiterer Metzger, Matwiejecki, habe sich damit gebrüstet, eigenhändig vierhundert Juden umgebracht zu haben. Es gab auch eine Familie mit Namen Manjuk – eine ukrainische Familie, die perfekt Jiddisch sprach, und während des Holocaust wandten sich zwei der Brüder gegen die Juden und töteten auch zahlreiche.

Perfekt Jiddisch sprachen die?, fragte ich ratlos. Der Mann in Australien nickte und erklärte mir: Sicher, viele der Bolechower Gojim, Polen wie Ukrainer, sprachen perfekt Jiddisch: So nahe waren sie einander gewesen.

Mit einem betrübtem Grinsen sagte er: Wir waren die ersten Multikultis.

Ich hatte den Eindruck, dass hinter der Betrübnis, hinter der bitteren Ungläubigkeit der Leute, mit denen ich sprach, ganz zu schweigen von der Skepsis, mit der die meisten der Tatsache begegnen, dass nahe Nachbarn einander unter den passenden Umständen mit Leichtigkeit umbringen können – was wir natürlich auch noch nach 1941 gesehen haben –, dass hinter dieser Bitternis und Ungläubigkeit die weit verbreitete und vielleicht optimistische Annahme steht, es sei schwieriger, einen Menschen zu töten, dem man nahesteht, als einen vollkommen fremden. Aber da bin ich mir nicht so sicher. Der gebrochene Arm, die eisernen Beinfesseln, die schreckliche erzwungene Heirat, *Ich schreibe Dir, um Dir zu sagen, dass Du völlig verrückt bist.* Das einzige Mal, dass ich so verwegen war, meinen Vater zu fragen, warum er nicht mehr mit seinem Bruder spreche, ein vernichtendes Schweigen, das den größeren Teil meines Lebens dauerte, antwortete er: Manchmal ist es einfacher, mit Fremden umzugehen.

In, interior, intimus. Nähe kann auch zu anderen Emotionen als Liebe führen. Es sind diejenigen, die zu intim mit einem waren, in zu großer Enge mit einem gelebt haben, zu viel vom eigenen Schmerz, vom Neid oder, vielleicht mehr als alles andere, der eigenen Scham gesehen haben, die im entscheidenden Moment allzu leicht ausgeschlossen, verbannt, vertrieben, getötet werden können.

Es ist vielleicht erwähnenswert, dass unser mittelalterlicher Kommentator Raschi mehr daran interessiert ist, Gottes berühmte Frage: »Wo ist dein Bruder Abel?« zu erläutern, wohingegen unser moderner sich auf Kains ebenso berühmte Antwort fokussiert, die er mit »Bin ich meines Bruders Hüter?« übersetzt. Raschi wundert sich, dass der allwissende Gott Kain überhaupt eine Frage stellte, deren Antwort er doch gewusst haben muss. Auch hier ist sein primäres Interesse weniger literarischer als vielmehr psychologischer Natur. Warum befragt Gott Kain? »Sanfte Worte mit ihm [ein Gespräch] zu beginnen«, sagt Raschi, als Anreiz für den schuldigen Bruder: »Vielleicht würde er zurückkehren und sagen, ich habe ihn getötet und gegen dich gesündigt.« Für den französischen Kommentator aus dem Mittelalter hat Gottes Frage nichts mit Neugier zu tun – wie auch? –, sondern spiegelt vielmehr eine anrührende psychologische Nuance wider: Gottes Wunsch, Kain die Chance zu geben, seine Schuld einzugestehen. Wenn ich das lese, muss ich daran denken, dass Raschi nicht nur ein großer Weiser, sondern auch Vater war.

Friedman weigert sich zu Recht, Kains Worte in ihrer bekanntesten Form wiederzugeben: »Bin ich meines Bruders Hüter?« Das tut er, weil das englische Wort »watchman« sehr hübsch ein wiederkehrendes Motiv im Hebräischen rekapituliert, das in der Genesis immer wieder mit der Wurzel des Wortes »wachen«

spielt: sch-m-r. So ist der Mensch in den Garten Eden gesetzt, »*dass er ihn bebaue und bewache*«, *u*l<u>schamr</u>ahu*; nach dem Sündenfall werden die Cherubim dazu bestimmt, den Weg zum Baum des Lebens zu* »*bewachen*« *(*li<u>schm</u>or*), und später verspricht Gott, sein Wort gegenüber Abraham und seinen Nachkommen zu halten, weil Abraham* »*meine Weisungen gewahrt hat*« *(*waji<u>schm</u>or*). Das Wort wird daher mit Loyalität – und natürlich Illoyalität – assoziiert. In diesem Kontext, so Friedman, müssten wir Kains Antwort auf Gott verstehen:* »*Der erste Mensch also, der einen anderen ermordet, stellt seine Verantwortung, über seinen Bruder zu wachen, zynisch in Frage.*« *Mit anderen Worten: Nur in dem Kontext der fortlaufenden Beschäftigung der Genesis mit dem Gedanken des* »*Wachens über*« *können wir das Versagen Kains als Bruder ganz verstehen.*

Nach unserem Gespräch mit Olga und Pjotr wollten wir Bolechow verlassen und nach L'viv zurückkehren. In dem Eindruck, etwas Konkretes, Spezifisches erfahren zu haben, war ich zufrieden, und da wir alle etwas ausgelaugt waren, bekam ich fast Angst, als ein Grüppchen alter Ukrainerinnen über den Platz schlenderte – wir stiegen gerade ins Auto – und Alex in dem Wunsch, uns behilflich zu sein, ihnen über den Rasen zurief, ob sie eine Familie namens Jäger gekannt hätten. Die Frauen wirkten klein vor der Masse eines großen zweistöckigen Hauses, das, wie Alex uns sagte, zweifellos einmal Juden gehört habe wie die meisten Häuser, die am Ringplatz standen. Daraufhin redeten die drei in hohem Tempo miteinander, und sogar aus der Distanz von gut zehn Metern sahen wir ihre silbernen Zahnkronen blitzen. Schließlich drehte sich eine um, nachdem sie sich mit den anderen beraten hatte, und rief Alex etwas zu, wobei sie die Arme in der überall verständlichen Geste unschuldiger Unwissenheit hob. Sie redete ungefähr eine Minute lang. Dann nickte Alex ihnen zu und wandte sich zu uns.

Sie kennen niemand mit Namen Jäger, sagte er. Sie erinnern sich nur an eine jüdische Familie namens Zimmerman. Sagt euch das was?

Nein, antwortete ich, der ich die ganze Familiengeschichte, die verzwickten Stammbäume kannte; es sagte uns nichts. Irgendwie erleichtert stiegen wir ein und machten uns auf die Rückfahrt nach L'viv.

Unterwegs waren wir alle still, versuchten, das Gehörte zu verarbeiten, die Details dessen, was geschehen war, die wir nun endlich hatten, auch wenn sie nichts über das spezifische Schicksal unserer Verwandten aussagten – die nun auf einmal nicht mehr so entscheidend waren. Doch kaum waren wir im Hotel, setzte eine reaktive Redseligkeit ein, und noch bis spät in die Nacht blieben wir in der Hotellobby und unterhielten uns über das, was wir gesehen und gehört hatten. Dann gingen wir auf unsere Zimmer. Das Gespräch, das ich in der Nacht mit Andrew führte, unterschied sich stark von dem, das wir am Abend zuvor geführt hatten, als wir noch angespannt und gereizt waren und befürchteten, wir könnten in Bolechow rein gar nichts finden. Am Abend zuvor hatten wir in den schmalen Einzelbetten gelegen und über unsere kleinen Kabbeleien untereinander und mit den anderen Geschwistern gesprochen, über etwas, was Jen gesagt und mich geärgert hatte, Matts düstere Gereiztheit wegen Andrew, und irgendwann hatte Andrew gesagt: Vielleicht kann man mit Geschwistern einfach keine Beziehung haben.

Nun hatte sich etwas Undefinierbares verändert, und die Luft war wieder klar. Die Fahrt in die Stadt, die überschwängliche Gastlichkeit Ninas, die feine Höflichkeit Marias, die sich so sehr bemühte, das Foto eines Gesichts zuzuordnen, das, falls sie es je gesehen hatte, zwei Menschenalter zuvor aus der Welt verschwunden war, der achtsame Eifer Olgas und Pjotrs – wir hatten eben doch etwas gefunden, vielleicht nicht genau das, wonach wir gesucht hatten, nicht *so* detailliert, aber wir hatten Kontakt aufgenommen.

Und so beschlossen wir alle, endlich mit frischer Energie erfüllt, am nächsten Tag noch einmal hinzufahren – nicht, um weitere Gespräche zu führen, da wir bezweifelten, noch jemand anderes zu finden, sondern um uns den Friedhof anzusehen, um dem Ort, wo Mitglieder meiner Familie über dreihundert Jahre hinweg begraben worden waren, wenigstens einen symbolischen Besuch abzustatten. Wir hatten nicht die Hoffnung, bestimmte Gräber zu finden. Die Grabsteine würden, wie wir wussten, alle auf Hebräisch sein, erodiert und schwierig zu entziffern, und zudem war uns klar, dass auf diesen alten Friedhöfen Familiennamen selten benutzt wurden, da dort noch immer der biblische Brauch vorherrschte: Hier liegt Soundso, Sohn oder Tochter von Soundso. Ebenso wussten wir von einem früheren Besuch Alex', dass es viele hundert davon gab. Noch ein Heuhaufen, noch mehr Nadeln. Dennoch fuhren wir hin.

Die anderthalbstündige Fahrt von L'viv nach Bolechow wirkte am nächsten Tag kürzer; wir waren alle bester Stimmung und redeten noch immer über unsere Entdeckungen vom Vortag. Das Glück war uns hold gewesen. Und tatsächlich, als wir an dem kleinen Bach hielten, der an einer Seite des alten Friedhofs verläuft, schrie Matt plötzlich:

Halt! Halt! Sima Jäger! Sima Jäger!, sagte er immer wieder und zeigte nach rechts.

Das, worauf er zeigte, war ein einzelner Grabstein ganz oben auf dem Hügel. Darauf waren keine hebräischen, sondern lateinische Buchstaben, und sie lauteten tatsächlich: SIMA JÄGER. Da ich mich seit meinem dreizehnten Lebensjahr über diese Leute informiert hatte, wusste ich sofort, dass das die Großtante meines Großvaters war. Wir parkten und liefen den unkrautbewachsenen Hügel hinauf. Wir blieben lange dort, fotografierten Grabsteine, nahmen sie auf Video auf, und als wir gingen, tat ich das, was Juden tun, wenn sie einen Friedhof besuchen – ich legte einen Stein auf den Grabstein. Dann steckte ich noch weitere Steine ein, um sie nach unserer Rückkehr nach New York auf das Grab meines Großvaters zu legen. In einiger Entfernung, am Rand des Friedhofs, wo die Prozession schiefer Grabsteine plötzlich endete, schaukelten blonde ukrainische Kinder auf einem alten Gummireifen, der am Ast einer großen alten Eiche hing. Es waren schöne Kinder, und Matt, der lieber als alles andere Kinder fotografiert – obwohl er auf dieser Reise und den vielen weiteren, die er und ich zusammen unternahmen, lange Zeit nichts als sehr Alte fotografierte –, konnte der Versuchung nicht widerstehen, die flachsblonden, schmalgesichtigen Jungen und Mädchen aufzunehmen, wie sie zwischen den Gräbern vergessener Juden spielten. Auf einem Bild ist eines der Kinder auf einen besonders großen, massigen Stein geklettert – offenkundig das Monument für jemanden von nicht geringem Status.

Erst lange nach unserer Heimkehr fiel mir auf, dass der Name auf dem Grabstein Kornbluh war. Die Inschrift erklärt: Es ist das Grab einer jungen Frau, die starb, bevor sie verheiratet werden konnte ...

Wir standen da und sahen Matt zu, wie er fotografierte. Die relativ große Fläche, über der der Reifen mit seiner Fracht juchzender Kinder hin und her schwang, war leicht verfärbt und sehr hart, als wäre sie vor langer Zeit bewusst festgestampft worden.

In der Geschichte von Kain und Abel findet sich ein allbekanntes Übersetzungsproblem. An einer Stelle sagt das Hebräische wörtlich »die Stimme/der Laut, was die Blute deines Bruders von der Erde zu mir schreien«. Da kol, *»Stimme« oder »Laut«, im Singular steht, dagegen das Wort für »Blut«,* dmej, *und auch die Form des Verbs »schreien«,* zoakijm, *im Plural sind, muss man bei der Übersetzung von Gottes Aussage eine Lösung dafür finden. Die eine Lösung, die die meisten Übersetzer wählen, ist einfach – sie ignorieren die Grammatik und übersetzen den Satz*

wie folgt: »Die Stimme des Blutes deines Bruders schreit …« Das aber ist eindeutig unrichtig, da ein Substantiv im Singular, »Stimme«, kein Verb im Plural, »schreien«, haben kann. Die Herausgeber von Raschis Kommentar behalten in ihrer Übersetzung der Passage die seltsame Syntax bei und lösen sie dennoch sinnvoll: »Der Klang der Blute deines Bruders, sie schreien zu Mir von der Erde!« Mit anderen Worten, der Satz »Der Klang der Blute deines Bruders« wird im Grunde zu einem leicht flatterigen Ausruf, bleibt jedoch streng genommen syntaktisch abgekoppelt von der eigentlichen Aussage, dass nämlich Dinge von der Erde aufschreien (Raschi nun erklärt den merkwürdigen Plural »Blute« auf zweierlei Weise, eine ziemlich figurative und eine ganz wörtliche. Er denkt zunächst poetisch: Er stellt sich vor, dass die Plurale sich auf »sein Blut und das Blut seiner Nachkommen« beziehen. Dann denkt er praktisch, wie einer, der vorhat, einen Mord zu begehen: »… eine andere Erklärung, er [Kain] hatte ihm [Abel] viele Wunden beigebracht, weil er nicht wusste, wo sein Leben entwiche«).

Friedmans Übersetzung ist viel kühner und, wie ich finde, viel effektiver: »Der Klang! Deines Bruders Blut schreit zu mir von der Erde!« Hier trennt er das verstörende Substantiv im Singular, Der Klang!, kurzerhand vom Rest des Satzes, sodass es als reiner Ausruf des Entsetzens isoliert steht. Die Wirkung ist zwiefach. Erstens ist es bewegend wie auch irritierend, dass der Klang von gewaltsam vergossenem Blut so schrecklich sein kann, dass selbst Gott nicht artikulierter zu reagieren vermag, als aufzuschreien, wie es ein Mensch täte, so als presste er sich die Hände

auf die Ohren: Der Klang! Das wirklich Unheimliche an dieser
Weise, mit dem merkwürdigen Hebräisch des Textes umzugehen,
ist aber, dass sie sehr anschaulich suggeriert, dass selbst nachdem
das Blut vergossen ist, die Schreie unschuldiger Opfer immer
weiter aus der Erde dringen, wo es vergossen wurde.

Wir verließen den Friedhof und gingen ins Stadtzentrum. Dort
stoppten wir vor dem großen Haus, das auf dem Grundstück
von Shmiels Haus steht, um einige Fotos zu machen. Bald kam
ein hochgewachsener junger Ukrainer heraus, die blonden
Haare kurz geschnitten, langes Gesicht wie das einer Ikone, wie
man es dort überall sieht, und fragte uns nicht ohne ein gewisses
aggressives Misstrauen, wer wir seien und was wir hier machten.
Wieder redete Alex, wieder dieselbe Geschichte. Und wieder
das unerwartete Willkommen. Das Gesicht des Jungen – er
dürfte nicht älter als fünfundzwanzig gewesen sein – öffnete
sich zu einem breiten Grinsen, und er winkte uns alle ins Haus.

Er sagt, es ist eine große Ehre, sagte Alex, nicht zum ersten
Mal an jenem Tag. Er sagt: Bitte, tretet ein.

Und so marschierten wir wieder im Gänsemarsch hinein, und
der Junge, der Stefan hieß, bat uns, im Wohnzimmer Platz zu
nehmen, wo eine bescheidene Reproduktion des *Letzten Abend-*
mahls Teil der sparsamen Dekoration war. Er verschwand in der
Küche, und wir hörten ihn eindringlich mit seiner hübschen
blonden Frau Uljana flüstern. Bald darauf erschien er mit einer
Flasche Cognac und sagte etwas zu Alex.

Er lädt uns alle auf ein Glas ein, erklärte Alex. Wir machten
alle höfliche Ablehnlaute, bis klar wurde, dass eine Zurückweisung grob wäre. Wir ließen ihn die Gläser füllen, dann tranken
wir. Wir tranken auf das Wohl meines Großvaters, der irgendwo ganz in der Nähe von da, wo wir saßen, geboren worden
war, wir tranken auf das Wohl Amerikas und der Ukraine. Es
war noch nicht einmal Mittag. Die großen Gefühle und die
extreme Ungewöhnlichkeit des langen Vormittags forderten
allmählich ihren Tribut; wir wurden alle ein bisschen be-
schwipst. Uljana werkelte in der Küche, und es dauerte nicht
lange, bis Stefan mit zwei getrockneten Weißfischen heraus-
kam und Alex erklärte, er wolle sie uns mit nach Hause geben.

Er bestand auf einer weiteren Runde, und wieder brachten wir einen Toast aus.

Dann musste ich an das lange, weitläufige Grundstück draußen denken, das sich ein gutes Stück die Straße entlang bis zur Kirche erstreckte und mit Apfel-, Pflaumen und Quittenbäumen bestanden war, und ich bat Alex, ihn zu fragen, warum sie jetzt gerade in diesem Haus lebten. Stefan antwortete lächelnd, es habe dem Vater seiner Frau gehört, der habe es nach dem Krieg erworben. Von wem sein Schwiegervater es erhalten habe, fragten wir. Der Junge breitete die Arme in einer Geste der Ratlosigkeit aus und zeigte das gleiche stirnrunzelnde Lächeln, das wir vierundzwanzig Stunden zuvor auf Marias Gesicht gesehen hatten, als ich sie nach dem Schloss fragte.

Er weiß es nicht, sagte Alex, obwohl ich da bereits wusste, was *nje snaju* heißt. Selbst wenn ich nicht gewusst hätte, dass dieser flachsblonde Junge mit dem langen Gesicht und den hohen Wangenknochen einer schönen orthodoxen Ikone *Ich weiß es nicht* sagte, hätte ich es erwartet. Egal: Wenn Olga zeitlich gesehen dem, wonach wir gesucht hatten, am nächsten kam, waren wir ihm während der halben Stunde, die wir in diesem Haus verbracht hatten, sicher räumlich am nächsten. Genau an dieser Stelle hatten sie alle gelebt und waren, soweit wir wussten, auch gestorben. Erst in Sydney erkannten wir, dass das gar nicht stimmte.

Als wir wieder zum Wagen gingen, kam Stefan uns noch mit einem Korb nachgelaufen. Er war voller Äpfel, kleinen grünen, unreifen Äpfeln, die er von einem der Bäume geschüttelt hatte. Er hielt den Korb hoch und stieß ihn in unsere Richtung, wobei er zu Alex etwas sagte.

Für eure Mutter, sagte Alex. So hat sie immerhin Obst aus dem Haus, das ihr gehört hätte!

Das war eine nette, anrührende Geste. Aber ich wusste ja, dass es gar nicht das Haus war, in dem meine Familie gelebt hatte und mein Großvater geboren worden war, nicht das, in dem Shmiel seine Briefe geschrieben hatte. Man hatte uns schon gesagt, dass dieses Haus abgerissen worden sei, entweder während des Krieges auf Geheiß der Deutschen oder unmittelbar danach, um Platz zu machen für die größeren, moderneren, die von den

Ukrainern gebaut wurden, die, endlich befreit von den Polen und den Juden, in deren Schatten sie nach Ansicht einiger gestanden, die sie unterdrückt und ausgebeutet hatten, wenigstens so lange, bis die Reihe an sie kam, endlich die einzigen Bewohner dieser Stadt waren.

Ein weiteres Haus hatte mich auf unserer Reise beschäftigt.

Dieses Haus, das in Striy steht, dem ehemaligen *Stryj*, der Kleinstadt zwischene L'viv und Bolechow, stand noch; das Problem war, es zu finden. Es hatte Mrs Begley gehört, der Mutter meines Freundes, die immerzu meine Aussprache der Namen polnischer Städte verbesserte. Doch trotz meines schlechten polnischen Akzents war sie von meinem Interesse an ihrer untergegangenen Welt fasziniert, und bald nach unserer ersten Begegnung lud sie mich zu sich an der Upper East Side zum Tee ein. Anfangs war sie wegen meines unbedingten Interesses skeptisch, doch schon bald zeigte sie mir einige Dinge, alte Fotos, das Jiskor-Buch aus Stryj. Sie ist keine sentimentale Frau – als sie vor jenem ersten Mal, im Januar 2000, als ich bei ihr zum Tee war, sagte, ich solle ihr nichts mitbringen, und ich einen Blumenstrauß dabeihatte, war sie richtiggehend verärgert, glaubte ich jedenfalls, da ich ihre komplizierten Signale noch nicht lesen konnte –, doch an jenem ersten Samstag bei ihr zu

Hause, als sie mir das Jiskor-Buch zeigte, weinte sie, ein ganz klein wenig.

Siebzehn, sagte sie, verlegen und verärgert wegen ihrer Tränen, und zeigte auf das verwackelte Foto eines verschwundenen Jungen – eines Neffen, eines Cousins, ich weiß es nicht mehr. *Siebzehn* war er, fast hätte er es rausgeschafft.

Dann machte sie eine ungeduldige Handbewegung und sagte, ich solle mich an den Tisch setzen, den Tisch mit dem frischen weißen Tuch und der Schale mit den Pickles, dem Tablett mit den Scheiben Schwarzbrot und dem Räucherlachs, dem weißen Teller mit seiner Formation aus Plätzchen und Küchlein. Ella, ihre Haushaltshilfe, eine sanfte, blonde Polin Mitte fünfzig, erschien nervös mit einer Teekanne.

Das wäre doch alles nicht nötig gewesen, Mrs Begley! Während ich das sagte, pflichtschuldig die reflexhaften Höflichkeiten meiner Jugend auf Long Island aufsagte, kam ich mir auf einmal wie zwölf vor.

Sie bedachte mich mit einem Blick, der nicht gerade bezaubernd war. Was wäre denn nötig?, fragte sie mit einer Stimme, in die sich Verärgerung und Nachsicht mischten. Ich bin eine polnisch-jüdische Lady. Für mich ist das nötig.

Ich aß den Lachs, die Plätzchen.

Und so ging es die nächsten Monate weiter. Diese Besuche hatten etwas sehr Förmliches, fast Rituelles; noch bis vor Kurzem hat sie sich geweigert, mich anders als *Mr Mendelsohn* zu nennen. Das Telefon klingelte, und eine Stimme sagte: *Mr Mendelsohn, möchten Sie nicht nächste Woche zum Tee kommen, Freitag würde passen, ja, Freitag, gut, bis dann also.* Wenn ich dann kam, wartete sie in der schmalen Diele, aufrecht und elegant in einem der mitternachtsblauen samtenen Hauskleider, die sie am liebsten trug. Ich hielt ihr die Blumen hin, die ich gekauft hatte, sie ignorierte sie, gab mir stattdessen die Hand und sagte, während Ella mir die Blumen abnahm: Kommen Sie, essen Sie etwas. Wir gingen beide langsam durch den Flur ins Esszimmer, wo wir dann Lachs und Plätzchen aßen und Tee tranken, der je nach Wetter heiß oder kalt war, und redeten über meine Kinder oder ihre Kinder und Enkel und Urenkel. Manchmal gingen wir nach dem Essen ins Wohnzimmer mit den Dutzenden gerahmter Fotografien ihres Sohnes und dessen Kindern und Enkelkindern, dem tiefen Sofa, den frischen Blumen und jener leicht abgestandenen Luft von Zimmern, in denen nicht viel rasche Bewegung stattfindet, einer Luft weniger der Aktivität als der Kontemplation, mit der Atmosphäre eines Museums oder einer Gedenkstätte, und da saß sie dann aufrecht und beherrschend auf ihrem Stuhl in der Ecke, während ich mich auf die Sofakante hockte und weiterredete. Dann langte sie schon nach relativ kurzer Zeit nach ihrem Stock und erhob sich, wie Königinnen oder Premierministerinnen es tun, wenn sie sanft, aber bestimmt andeuten wollen, dass die Audienz vorüber ist, und sagte *Nun gut denn, auf Wiedersehen also und vielen Dank.* Sie reichte mir ihre knubbelige, kühle, papiertrockene Hand, so wie eine abgesetzte Kaiserin einem Höfling, der sie schon vor der Revolution gekannt hatte, und ich ging.

Als diese Besuche stattfanden, war mein Großvater, dessen Geschichten und Geheimnisse und Lügen ich ein Gutteil meines Lebens bewahrt und ausgegraben und entwirrt habe, schon ein Vierteljahrhundert tot, und mit ihm alle anderen. Und jetzt war ich hier, trank jeden Monat Tee mit dieser Frau, die ganze acht Jahre nach meinem Großvater geboren worden war, die seiner Generation und Kultur entstammte. Deshalb fand ich, als meine Besuche bei Mrs Begley begannen, dass mir unerwartet etwas wiedergegeben war, dass ich dem Tod ein kleines Schnippchen geschlagen hatte, so wie sie. Ich hatte so viel verpasst, als diese ältlichen Juden, in deren Umgebung ich als Junge gewesen war und die, wie sich zeigte, so viel gewusst hatten, was ich jetzt wissen wollte, noch lebten. Dieses Mal, sagte ich mir in den Monaten, als ich Mrs Begley nach und nach kennenlernte, am Beginn des neuen Jahrtausends, würde ich mir nichts entgehen lassen, ich würde jedes Wort bewusst aufnehmen, nichts vergessen. Indem ich sie kannte, dachte ich, gab ich all denen, die ich wegen meiner Jugend oder Dummheit oder beidem ignoriert hatte, etwas zurück.

Und so hatte ich ihr unmittelbar vor meiner Abreise in die Ukraine, in jenem Sommer 2001, versprochen, nach Striy zu gehen und nach ihrem Haus zu suchen. Ungefähr eine Woche, bevor ich mich mit meinen Geschwistern am Kennedy Airport traf, ging ich sie besuchen. Sie wolle mir noch einige Dinge sagen, bevor ich ginge, hatte sie mir eines Tages am Telefon gesagt. Also ging ich an einem Freitag zu ihr. Sie saß in einem ihrer Samtkleider kerzengerade auf ihrem Stuhl im Wohnzimmer, die Hand auf dem Stock. An dem Tag war alles rein geschäftsmäßig; es gab nur Eistee, und sie diktierte mir die Namen der Orte, die ich aufsuchen müsse, wenn ich dort sei. *Morszyn*, sagte sie, der Name eines Kurorts, für den sie noch immer sechzig Jahre alte Werbebroschüren auf Polnisch und Französisch hatte. *Skole.* Dann, ihre Hand zitterte kaum wahrnehmbar, zeichnete sie auf einem Blatt Papier eine Karte, um mir die Lage des Hauses zu zeigen, in dem sie als Mädchen in Rzeszów gewohnt hatte, einer Kleinstadt auf halbem Weg zwischen Kraków und L'viv (ich halte das Blatt jetzt in der Hand). Dann musste ich mir die Adresse des Hauses aufschreiben, in dem sie und ihr Mann und dann auch ihr Sohn, mein Freund, früher in Striy gewohnt hatten. Sie saß da, streng, altertümlich, genoss es, mir zu diktieren, und gab vor, nicht aufgeregt zu sein.

Vor dem Haus hatten wir ganz *herr*lichen Flieder, sagte sie. So herrlichen, das können Sie sich gar nicht vorstellen.

Mir war aufgefallen, dass sie häufig *das können Sie sich gar nicht vorstellen* sagte, wenn sie eine positive, angenehme Erinnerung ihrer Vergangenheit evozieren wollte, als wäre der Versuch sinnlos, konkretere, deskriptivere Adjektive für das zu verwenden, was in der Vergangenheit gut gewesen war, da es das ja alles nicht mehr gab. Als sie das über den Flieder sagte, nahm ich mir im Stillen vor, ihr Blumen aus dem Garten des Hauses mitzubringen, in dem sie vor so langer Zeit gewohnt hatte. Diese Blumen, dachte ich, würde sie dann aber annehmen.

An dem Tag, nachdem wir zum ersten Mal in Bolechow gewesen waren, dem Tag, an dem wir zum Friedhof fuhren, sagte ich zu Andrew, Matt, Jennifer und Alex, ich wolle gern noch in Striy Station machen. Anfangs freuten sich alle über die Herausforderung, Mrs Begleys Haus zu finden, und natürlich konnte man der Versuchung, einer alten jüdischen Dame, einer Überlebenden des Holocaust aus New York, einen Gefallen zu tun, unmöglich widerstehen. (Sie kannten sie nicht, und ich amüsierte mich bei der Vorstellung, was sie wohl bei einer Begegnung mit dieser alten Dame denken würden, die so anders war als die überschwänglichen, gemütvollen alten Damen, die wir aus unserer Kindheit kannten.) Doch die Suche löste sich schnell in Frust auf. Das Problem mit diesem Haus war sozusagen das Gegenteil des Problems mit dem, das heute auf dem ehemaligen Grundstück Nr. 141 in Bolechow steht. Dort fanden wir den Ort, doch das Haus war abgerissen worden – es war dieselbe Stelle, aber ein anderes Gebäude. Hier sollte, wie man uns gesagt hatte, das Haus noch existieren – *ein großes Haus an der Hauptstraße der Stadt* – jeder hat es gekannt –, doch wir fanden es nicht. *Straße des 3. Mai Nummer fünf*, hatte Mrs Begley gesagt, als sie mir die Liste der Orte gab, die ich in Galizien aufsuchen sollte. Doch die Geschichte hat, wie ich gelernt habe, die Angewohnheit, bei der Geografie Chaos zu stiften, jedenfalls hatte die Straße des dritten Mai ihren Namen so oft gewechselt, dass man kaum sagen konnte, welche der Straßen und Häuser, die wir vor uns sahen, den Straßen und Häusern auf der Vorkriegskarte von Stryj entsprachen, die wir uns hatten beschaffen können …

… Diese Karte hatten wir uns folgendermaßen beschafft: Als ich Alex sagte, dass wir in Striy Halt machen wollten, meinte er, es gebe da jemanden, den wir bei unserem Interesse bestimmt kennenlernen wollten – Josef Feuer, weit und breit bekannt als der letzte Jude von Striy. An dem Tag, als wir mit der Suche nach Mrs Begleys Haus so viel Zeit verbrachten, fuhr Alex uns zu einem heruntergekommenen Wohnblock am Stadtrand, in dem wir ein paar feuchte Betontreppen zu Feuers Wohnung hinaufstiegen. Der alte Mann, gebeugt, aber würdevoll, mit einem kurzen weißen Bart und der Haltung eines Gelehrten, bedeutete uns, in das vollgestellte Zimmer einzutreten, also schlurften wir vier hinein und setzten uns an den Holztisch in der Mitte. Eine Weile plauderten wir mit Josef Feuer, der uns in einem Gemisch aus Deutsch, Jiddisch und Russisch, das ich meinen Geschwistern simultan zu dolmetschen versuchte, die Geschichte seines Überlebens erzählte, die derjenigen glich, die ich zu Beginn des Jahres von Eli Rosenberg gehört hatte: mit knapper Not entkommen, nach Osten in die Sowjetunion geflohen, dann Dienst in der Sowjetarmee und Rückkehr in eine verwüstete Stadt. Wie Rosenberg hatte Feuer geheiratet und war in seiner Heimatstadt geblieben, hatte aber auch noch etwas anderes getan. Wie wir so dasaßen und seiner Geschichte zuhörten, fiel es uns schwer, uns nicht ständig umzusehen, denn die ganze Wohnung war in ein Privatarchiv verwandelt, in das Museum einer ausgelöschten Kultur, in dem Feuer alle Fragmente des untergegangenen jüdischen Lebens von Striy anhäufte, die er zu fassen bekam: alte Gebetbücher, Landkarten, vergilbende Dokumente, amtliche Erhebungen, Fotografien von Menschen, die er kannte, und von vielen anderen, die er nicht kannte, Jiskor-Bücher, Kartons, die von seinen verschiedenen laufenden Briefwechseln mit Yad Vashem oder der deutschen Regierung überquollen. Aus diesem modernden Archiv alter Papiere zog er auch, als wir ihm sagten, warum wir nach Striy gekommen seien, mehrere große alte Pläne der Stadt hervor und aus einem dicken Stapel aktuellerer Unterlagen einen Briefwechsel, der, wie er sagte, eine amüsante Geschichte enthalte. Er habe, sagte er, erst kürzlich an die deutsche Regierung geschrieben, sie solle an der Stelle der großen Aktion im Wald von Holobutow außerhalb der Stadt, wohin 1941 eintausend Juden verbracht und erschossen worden seien, eine Gedenkstätte errichten; die Stelle sei, so sagte er, überwuchert und wild, und man könne Knochen aus der Erde ragen sehen.

Während er uns diese Geschichte erzählte, hielt er die Kopie eines Briefs hoch, den er auf Deutsch nach Berlin geschrieben hatte. Dann einen weiteren, auf dem ein amtliches Regierungssiegel zu sehen war. Die Deutschen, sagte er, hätten mit großer Eilfertigkeit geantwortet und das Folgende vorgeschlagen: Wenn Herr Feuer und die anderen Mitglieder der jüdischen Gemeinde von Striy einen bestimmten Betrag für die Gestaltung der Stelle im Wald von Holobutow und den Bau einer Gedenkstätte dort aufbringen könnten, würde die deutsche Regierung sehr gern denselben Betrag dazugeben.

Darauf schwenkte Feuer ein drittes Schreiben: seine Antwort auf den Vorschlag der Deutschen. Es fällt mir jetzt schwer, mich an das Wesentliche zu erinnern, da der Anfang des Briefs mich so davon abgelenkt hatte. Er hatte geschrieben: *Sehr geehrter*

Herr, alle anderen Mitglieder der jüdischen Gemeinde von Striy sind <u>im</u> Wald von Holobutow. Sicher brachte dieser Umstand, dessen Korrektheit zu bezweifeln wir keinen Anlass hatten, diesen gelehrten und sanften Mann dazu, sich, als er nach dem Ende unseres Gesprächs vor uns die grauen Stufen in seinem Haus hinabging, umzudrehen und zu Matt zu sagen, der da gerade sein Bild machte: *Sagen Sie ihnen, dass ich der letzte Mohikaner bin* …

… Es war also Feuers Stadtplan, mit dessen Hilfe wir eruierten, wo die Straße des Dritten Mai sein musste. Auf der Straße, die dafür am ehesten in Frage kam, hielt Alex eine sehr alte Frau mit Kopftuch an. Er erklärte ihr auf Ukrainisch, wonach wir suchten, hielt dann inne und drehte sich mit einem entschuldigenden Lächeln auf seinem breiten, gelassenen Gesicht zu mir her.

Wie hieß deine Freundin in New York noch mal?

Begley, sagte ich, schüttelte dann den Kopf und korrigierte mich: *Begleiter.*

Ah, *Doktor Begleiter!*, rief die Frau aus, bevor Alex die Gelegenheit hatte zu übersetzen. Sie lächelte breit und sagte etwas sehr schnell auf Ukrainisch. Daraufhin wandte er sich uns zu: Sie sagt, er war ein *sehr* großer Arzt hier.

Sechzig Jahre, dachte ich, Tausende von Kilometern, und wir waren hier auf der Straße dieser Frau über den Weg gelaufen, die aus heiterem Himmel dieses Faktum genannt hatte, das, nach dem wir suchten. Dennoch, das konkrete Ziel, das Haus, in dem der große Arzt gelebt hatte, war einfach nicht aufzufinden. Fast eine Stunde gingen wir die lange Allee auf und ab; einmal filmten wir ein Haus mit der Nummer 5, obwohl man uns gleich danach sagte, dass dieser Teil der Straße vor dem Krieg nicht zur eigentlichen Straße des Dritten Mai gehört hatte. Nach einer Weile grummelten meine Brüder und meine Schwester, daher machte ich, statt weiterzusuchen, von jedem Haus in der Straße, die, wie man uns versichert hatte, einmal die Straße des Dritten Mai gewesen war, ein Foto. Als ich Mrs Begley diese Bilder unmittelbar nach unserer Reise in die Ukraine verlegen zeigte, verzog sie das Gesicht und schüttelte müde den Kopf.

Achhh, das ist aber *sehr* enttäuschend, sagte sie, während wir den aufwendigen Lunch aßen, den sie zur Feier meiner Rückkehr zubereitet hatte. Sie hatte sich meine Dias angesehen, wobei sie immerzu sagte: Ich sag's Ihnen, das war nicht meine Straße.

Dennoch betrachtete sie gierig jedes Foto, jedes Dia, jede Minute des Videos, das wir von den Straßen Striys gemacht hatten, darunter auch die tristen Aufnahmen der einst großen Synagoge der Stadt, jetzt nur noch eine Ruine, in deren ausgeweidetem Inneren gewaltige Bäume wuchsen und sich ungehindert nach der Sonne reckten, da es ja kein Dach mehr gab. *Schaut*, sagte Mrs Begley – sie, Ella und ich kauerten recht unbequem am Fuß ihres Bettes dem Fernseher gegenüber. Sie zeigte darauf und sagte: Das war mein Leben. Als das Video zu Ende war, gingen wir ins Esszimmer, wo Mrs Begley sich noch einmal die Dias ansah und erneut ziemlich streng den Kopf schüttelte, während Ella eine gewaltige Terrine hereintrug. Das habe ich selbst gekocht!, sagte Mrs Begley. Dann bot sie mir gefüllten Kohl an und meinte, ich sei zu schmal.

Am Tag nach der fruchtlosen Suche nach Mrs Begleys Haus sahen wir uns L'viv an. Am Abend dann, unserem letzten in der Ukraine, waren wir Gäste bei Alex und seiner Frau Natalie, einer Ärztin; es gab ein üppiges Abendessen. *Die Ukrainer waren die schlimmsten*, hatte mein Großvater uns immer gesagt. *Kannibalen*, zischte die Dame in Sydney später. *Die waren zu euch bloß deshalb nett, weil ihr Amerikaner seid, weil ihr mehr Amerikaner als Juden seid,* sagte jemand in Israel, mit dem ich gut bekannt werden sollte, als ich beschrieb, wie großzügig, wie liebenswürdig und freundlich die Ukrainer auf unserer sechstägigen Rückkehr ins alte Land, während unserer zwei Tage in Bolechow zu uns gewesen seien. Nach dem, was ich bis dahin wusste – ein kleiner Teil dessen, was ich noch erfahren sollte – und gesehen hatte, das Massengrab in Bolechow, die Synagoge in Striy ohne Dach, war die Versuchung groß, ihnen zu glauben. Doch ich wusste auch andere Dinge und hatte auch andere Dinge gesehen. Natürlich hatte es schlimmen Verrat gegeben, doch auch Rettungen, unvorstellbare, riskante Akte der Güte. Wie kann man schon wissen, wie sich die Leute verhalten?

Am nächsten Tag, einem Mittwoch, flogen wir nach New York zurück. Der Flug war lang, wir waren erschöpft, aber wir hatten auch viel gemacht und gesehen, und wir fanden, dass wir etwas gelernt hatten; die Reise war doch ein Erfolg gewesen. Nachdem unser Flugzeug gelandet war, zwängten wir uns alle in ein Taxi und rasten Richtung Manhattan. Andrew wollte die Nacht in New York verbringen, bevor er am folgenden Tag nach Kalifornien heimflog, Matt und Jen dagegen, die beide in Washington, D. C. lebten, wollten noch den Elf-Uhr-Zug nach Hause erwischen. Aus irgendwelchen Gründen war der Verkehr vom JFK in die Stadt ziemlich dicht, und so hielten wir vor der Penn Station nur wenige Minuten vor Abfahrt des Zuges. Ich weiß nicht, ob es die Erleichterung war, dass wir es gerade noch geschafft hatten, dass Matt, als er in den Bahnhof rannte, sich plötzlich noch einmal umdrehte und Bye, ich liebe dich! rief, als das Taxi schon anfuhr. Dann verschwanden sie in der Nacht.

Erst viele Monate nach unserer Rückkehr erfuhren wir endlich im Detail, was mit Shmiel Jäger und seiner Familie geschehen war.

An einem kalten Februarabend des Jahres 2002 saß ich in meiner Wohnung in New York. Ich war zum Tee bei Mrs Begley gewesen, die mich weiterhin nur *Mr Mendelsohn* nennen wollte; ich hatte ihr noch einen Stapel Fotos von unserer Reise gezeigt, die ich erst an dem Tag aus dem Labor zurückbekommen hatte. Als daher am Abend das Telefon klingelte, keine drei Stunden, nachdem ich wieder zu Hause war, und eine tiefe, mitteleuropäische Stimme Mr Mendelsohn? sagte, fragte ich wie aus der Pistole geschossen: Mrs Begley?

Wieder sagte die Stimme: Mr Mendelsohn?, und da merkte ich, dass nicht sie es war. Verwirrt und etwas ärgerlich – es war mir peinlich – fragte ich, wer denn dran sei.

Ich heiße Jack Greene, sagte die Stimme, und ich rufe Sie aus Sydney in Australien an. Mir ist zu Ohren gekommen, dass Sie nach Leuten suchen, die die Familie Jäger aus Bolechow gekannt haben.

Die Verbindung sirrte leise. Ungeheure Entfernungen.

Jaaa?, sagte ich gedehnt, um Zeit zu gewinnen, kramte auf meinem Schreibtisch nach einem Stift und schrieb auf einen Zettel GREENE(E?). AUSTRALIEN → BOLECHOW. ZU OHREN???

Nun, diese Stimme von der anderen Seite des Erdballs sagte in einem sonoren Akzent, der die unverwechselbaren Konsonanten und Vokale eines Jiddisch Sprechenden mit reinem Polnisch mischte: Sie müssen wissen, ich bin mit einem von Shmiel Jägers Mädchen gegangen, und ich würde gern mit Ihnen darüber sprechen.

Und so waren wir nun endlich doch auf sie gestoßen. Nicht auf der Reise selbst, sondern gewissermaßen deshalb, weil wir diese Reise unternommen hatten.

Nach unserer Rückkehr aus Bolechow hatten wir von den Videos, die wir dort aufgenommen hatten, darunter die unserer Gespräche mit Nina, Maria und Olga, Kopien angefertigt und an die noch lebenden Cousins und Cousinen Jäger, einschließlich Elkana in Israel, geschickt. Das erwies sich als der Beginn des Buschfunks: Elkana hatte einige der wenigen noch lebenden ehemaligen Bolechower reihum eingeladen und ihnen das Band gezeigt. Einer dieser Überlebenden war Shlomo Adler, der Vorsitzende der Ex-Bolechower-Gemeinde in Israel, der uns viel später in einem Hagel von E-Mails mitteilte, wir sollten Pjotr nicht glauben, der habe (schrieb Adler) sich eingeredet, versucht zu haben, den Juden zu helfen, was aber sehr unwahrscheinlich sei, auch sollten wir gar nicht erst versuchen, eine Gedenkstätte für die Toten in dem Massengrab zu errichten, weil die Steine geschändet und die Baumaterialien gestohlen würden, auch fragte er, ob uns aufgefallen sei, dass es in dem kleinen Museum in Bolechow keinerlei Hinweise auf die Juden der Stadt gebe. Vor allem aber hatte er Jack Greene von unserer Reise erzählt, ein gebürtiger *Grünschlag*, der nun in Sydney lebt, ganz in der Nähe seines jüngeren Bruders, mit dem er wie durch ein Wunder den Krieg überlebt hatte und der mit einem der Jäger-Mädchen gegangen war und sie alle gekannt hatte und der, wie sich schließlich zeigte, der erste der letztlich zwölf noch lebenden Juden von Bolechow war, die uns dann sagten, was geschehen war.

Als Jack Greene sagte: *Ich bin mit einem von Shmiel Jägers Mädchen gegangen*, wurde mir genauso schwindelig wie damals, als Olga in Bolechow *Snaju, snaju* sagte. Die riesige Entfernung, die vielen Jahre, und dann saß sie da, mir gegenüber am Tisch, und jetzt war er da, plauderte mit mir am Telefon, alle waren sie noch da, irgendwo, wenn man nur wusste, wo man sie zu suchen hatte, und erinnerten sich an sie.

Da sein abendlicher Anruf mich völlig unvorbereitet erwischt hatte, fragte ich Jack Greene nach einigen atemlosen Minuten, ob es ihm recht sei, wenn ich ihn im Laufe der Woche anriefe, damit ich Zeit hätte, ein Interview vorzubereiten.

Gern, sagte er. Kontaktieren Sie mich, wann Sie wollen. Für mich ist das genauso kostbar wie für Sie.

Ein, zwei Tage später rief ich in Australien an und führte mit Jack Greene ein langes Gespräch, und im Grunde erfuhren wir erst von ihm etwas über Shmiel und seine Familie, wie sie gelebt hatten und wie sie gestorben waren. Auch kleinere Details. In diesem Gespräch erfuhr ich, dass die »Ruchatz« aus Shmiels Briefen tatsächlich *Ruchele* war, manchmal auch *Ruchaly* geschrieben. *Also, als Erstes muss ich Ihnen sagen*, sagte Jack an jenem Abend, *dass Shmiels dritte Tochter Ruchele hieß, buchstabiert R-U-C-H-E-L-E.*

Ich wandte ein, ich sei mir sicher, dass Shmiel *R-U-C-H-A-T-Z* geschrieben habe, worauf Jack lachte. Nein, nein, sagte er, manchmal macht man einen Strich durch das *l*, und das ist kein *z*, sondern ein *y*. Als er das sagte, kam ich mir plötzlich dumm vor und schämte mich. Schließlich war ich dazu erzogen worden, alten Juden gegenüber ehrerbietig zu sein.

Aber er lachte nur und sagte: Hören Sie, ich bin mit ihr gegangen, also weiß ich es auch. *Ruchele*.

RUCH-e-le, wiederholte ich stumm für mich. Ich lauschte ihm, wie er mich verbesserte, und dachte: Wie konnte ich etwas so Elementares wie einen Namen falsch lesen? Und doch hatte ich nun trotz der Scham, der Verlegenheit des Jugendlichen, wieder einen kostbaren neuen Informationsbrocken, den ich meinem wachsenden Schatz hinzufügen konnte: Diese Ruchele war die dritte der vier gewesen. Wir hatten gar nicht genau gewusst, wie die Kinder nacheinander kamen.

Ich hörte intensiv zu, als Jack erzählte, prüfte dabei immer wieder, dass das rote Lämpchen an meinem Aufnahmegerät leuchtete, tippte gelegentlich Notizen in eine Datei, die ich auf meinem Computer geöffnet hatte, wenn er etwas sagte, das ich besonders beachtenswert fand. Vieles von dem, was er erzählte, war wenig dramatisch – zum Beispiel, dass die Teenager von Bolechow sich im katholischen Gemeindezentrum Filme ansahen, im Dom Katolicki, wobei »wenig dramatisch« vielleicht unpassend ist, da einige dieser Teenager nur wenige Jahre später gezwungen wurden, in eben jenem Gemeindezentrum ihre Peiniger zu belustigen, um daraufhin getötet zu werden. Er erzählte mir von den amerikanischen Filmen, die sie dort gesehen hatten (an Wallace Beery erinnerte er sich), und von den Treffen der zionistischen Organisation, zu denen er ging, um Ruchele zu sehen, und von Shmiels Geschäft und dass Bronia *aussah wie ihre Mutter, haargenau*, und dass Shmiel das erste Telefon der Stadt hatte und dass die Jungen und Mädchen abends im Park spazieren gingen und dass Ruchele nicht das protzige Wesen ihres Vaters hatte.

Sie war ein sehr stilles Mädchen, sagte er. Blonde Haare. In meinen Augen war sie ein *schönes* Mädchen.

Dann machte er eine Pause und sagte, als sei es ihm eben erst eingefallen: Frydka hat *sehr* gut ausgesehen.

Aus Gründen, die ich nur wenige Minuten später erfahren

sollte, brachte der Gedanke an Frydka Jack Greene auf das Thema der Kriegsjahre, und da erzählte er mir dann, was er über das Schicksal unserer Verwandten gehört hatte, nur gehört, wie er betonte, da er sich ab einem bestimmten Zeitpunkt natürlich selbst versteckt gehalten habe.

Ich kann Ihnen sagen, begann er, dass Ruchele am neunundzwanzigsten Oktober 1941 umkam.

Ich war von der Genauigkeit dieser Erinnerung verblüfft und gleich darauf bewegt.

Ich sagte: Ich möchte Sie gern fragen, warum – weil Sie sich so genau an dieses Datum erinnern – warum erinnern Sie sich an das Datum?

Während ich RUCHELE → 29. OKT. 1941 schrieb, dachte ich: Er muss sie wirklich geliebt haben.

Jack sagte: Weil meine Mutter und mein älterer Bruder am selben Tag umgekommen sind.

Ich sagte nichts. Wir alle sind, erkannte ich in dem Moment, kurzsichtig, immer im Zentrum der eigenen Geschichten.

Dann fuhr Jack fort.

Er sagte, er könne nur vermuten, dass Shmiel, seine Frau und die jüngste Tochter bei der zweiten Aktion Anfang September 1942 abgeholt wurden, genau wisse er aber, dass Frydka, über deren Berufsaussichten Shmiel sich in einem Brief an meinen Großvater besorgt gezeigt hatte, Arbeit in der Fassfabrik gefunden – eine der ansässigen Branchen, die für die deutschen Kriegsanstrengungen beschlagnahmt worden waren – und nach dieser Aktion noch gelebt habe.

Dreißig Jahre, nachdem ich begonnen hatte, Fragen zu stellen und Eintragungen auf Karteikarten zu machen, konnte ich endlich Folgendes schreiben: SHMIEL, ESTER, BRONIA, 1942 GETÖTET.

Ich weiß, dass ich Frydka nach dieser Aktion in der Fabrik gesehen habe, sagte Jack. Diejenigen mit einer Stellung als Zwangsarbeiter hatten wenigstens gewisse Überlebenschancen, sagte er.

Ich schrieb FASSFABRIK, ZWANGSARBEIT → ÜBERLEBEN.

Man wollte sich eine Stelle in einem kriegswichtigen Betrieb beschaffen, sagte diese Stimme, die so sehr wie die meines Großvaters klang, am Telefon. Da hat man sich dann einigermaßen sicher gefühlt – dass sie einen nicht am nächsten Tag abholten. Vielleicht in einem Vierteljahr, aber nicht *am nächsten Tag*.

Etwas später fügte er noch hinzu, er habe gehört, als klar geworden sei, dass die wenigen hundert verbliebenen Juden liquidiert werden sollten, seien Frydka und ihre ältere Schwester Lorka aus Bolechow geflohen, um sich einer Partisanengruppe anzuschließen, die in den Wäldern um das nahe gelegene Dorf Dolina operierte. Anders als manche lokale Partisanengruppen, sagte er, habe diese gern auch Juden aufgenommen. Die Gruppe sei von zwei ukrainischen Brüdern namens Babij organisiert gewesen, sagte er noch.

Jack sagte: B-A-B-I-J, ich schrieb FRYDKA/LORKA → BABIJ-PARTISANEN.

Dann schrieb ich DOLINA und gleich darauf noch TAUBE. Die Mittelmarks waren aus Dolina, dort war meine Urgroßmutter Taube geboren worden. In Dolina hatte sie mit ihrem älteren Bruder gespielt und vielleicht auch heftig gestritten.

Wissen Sie, sagte Jack, es gab da drei polnische Burschen, keine Juden, und diese Jungs unterstützten die Partisanen oder standen mit ihnen in Kontakt. Und eines Nachts – ich war da nicht in Bolechow, ich war untergetaucht, habe es aber später gehört – wurden die Jungen entdeckt, und die Deutschen führten die drei Polen ab und erschossen sie in der Stadt. Das war genau – na ja, mehr oder weniger zu der Zeit, als sie die Babij-Gruppe im Wald ausgelöscht haben. Ich glaube, es hat vielleicht vier Überlebende gegeben.

Vier?, sagte ich.

Jack machte am anderen Ende ein Geräusch; vielleicht sarkastische Belustigung über meine Naivität. Nun, sagte er, denken Sie doch an Bolechow. Von sechstausend Juden waren wir achtundvierzig, die überlebt haben.

Wieder sagte ich nichts. Ich blickte auf den Bildschirm. FRYDKA/LORKA → BABIJ-PARTISANEN. Ich tippte: JUNGEN, DIE HALFEN, WURDEN GETÖTET.

An jenem Abend im Februar 2002, ich ahnte nicht, wie weit diese Geschichte mich noch führen würde, wie viele Kilometer wir zurücklegen, wie viele Kontinente wir bereisen würden, um herauszufinden, was wirklich geschehen war, wer wirklich geholfen hatte und wer entdeckt und getötet worden war, interessierten mich die Mädchen mehr als die Jungen, also sagte ich: Verstehe. Aber zu der Zeit waren die Mädchen bereits im Wald, nicht?

Das stimmt, sagte Jack. Die Jungen standen in Kontakt mit den Leuten im Wald, sie besuchten sie immer, sie brachten ihnen Sachen, ob Munition oder Essen, weiß ich nicht. Sie wurden getötet, weil sie ihnen Sachen brachten.

Aha, sagte ich. Ich tippte die Worte SACHEN BRINGEN in die Datei, die ich geöffnet hatte.

Wissen Sie, die Deutschen schleusten Spione ein, fuhr Jack fort. Das heißt, Juden, die geflohen waren, die spionierten die Gruppe aus und enthüllten alles. Ich könnte mir denken, sie wurden gezwungen oder erpresst, sie zu verraten, irgendwie, irgendwas.

Ich fuhr hoch. Während ich JUDEN → VERRATEN!! tippte, hatte ich plötzlich eine Vorstellung davon, was geschehen sein musste, wie die Geschichte, die ich jetzt hörte, mit den Geschichten, den Fragmenten, die ich vor langer Zeit gehört hatte, zusammenhängen könnte. Klar (dachte ich), der Verrat an den Babij-Partisanen war irgendwo in der Übersetzung zwischen dem Ereignis selbst und dem Zeitpunkt, an dem jemand meinem Großvater und seinen Geschwistern erzählt hatte, was mit Onkel Shmiel und seiner Familie geschehen war, durcheinandergeraten, und irgendwie hatte sich dieses Einzelelement der Geschichte, der *Verrat*, mit der Zeit in die private Erzählung meiner Familie eingewoben. Mein Großvater, seine Geschwister und die anderen, sie alle hatten diese Geschichte bereitwillig geglaubt, ebenso wir damals, die Geschichte, wegen deren Bestätigung meine Brüder und meine Schwester und ich um die halbe Welt geflogen waren, weil wir glauben wollten, dass es da eine Geschichte *gab*, weil eine Geschichte von Gier, Naivität und schlechtem Urteilsvermögen besser war als die Alternative, nämlich überhaupt keine Geschichte zu haben.

In dem Moment, als Jack Greene mir von den Spionen erzählte, die die Babij-Gruppe verpfiffen hatten, und mir die Ursprünge unserer Familiengeschichte klar wurden, fiel mir Marilyn aus Chicago ein, die Cousine meiner Mutter, wie sie sich an die Reaktion auf die Nachricht von Shmiels Tod erinnerte – ich erinnerte mich an das Wort *schreien* –, und mir wurde bewusst, dass ich auch in der Hoffnung nach Chicago gereist war, auf ein Drama zu stoßen. Ich erkannte, dass ich in der Geschichte der Beziehungen meines Großvaters und meiner Großtanten und -onkel zu Shmiel etwas Unerfreuliches hatte zutage fördern wollen, etwas, das meine eigene, misstrauische Version von einem näherliegenden, schrecklicheren Verrat von Geschwistern an Geschwistern, worüber ich schließlich einiges zu sagen hatte, bestätigte und etwas, was einen schlüssigen Grund für ihr Versagen lieferte, Shmiel zu retten – natürlich nur, *falls* es ein solches »Versagen« überhaupt gegeben hatte. Mein Verlangen nach dieser Version unterschied sich in nichts von dem meines Großvaters, die Geschichten über die jüdische Nachbarin oder das polnische Hausmädchen zu glauben. Beide lagen in dem Bedürfnis nach einer Geschichte begründet, wie schlimm sie auch sei, die ihrem Tod einen Sinn geben, die ihren Tod in etwas *einbetten* würde. Noch etwas anderes erzählte mir Jack Greene an dem Abend: dass auch seine Eltern, wie Shmiel, gehofft hatten, ihre Familie in Sicherheit zu bringen, gehofft hatten, Visa zu bekommen, dass die Warteliste auf Papiere 1939 jedoch schon sechs Jahre betragen habe. (Und da, sagte er, waren alle bereits tot.) Da ich ein sentimentaler Mensch bin, würde ich gern glauben – genau werden wir es natürlich nie erfahren –, dass mein Großvater und seine Geschwister für Shmiel und seine Familie alles taten, was in ihrer Macht stand. Immerhin wissen wir, dass 1939 nichts, was sie hätten tun können, sie gerettet hätte.

Die ganze Reise hindurch war ich enttäuscht gewesen, weil keine der Geschichten, die ich kannte, durch das, was wir hörten und sahen, bestätigt wurde; die ganze Reise hindurch hatte ich auf eine passende Version gehofft. Erst als ich Jack Greene zuhörte, wurde mir bewusst, dass ich hinter der falschen Geschichte her gewesen war – derjenigen, wie sie gestorben waren, und nicht der, wie sie gelebt hatten. Die Besonderheiten des Lebens, das sie geführt hatten, waren zwangsläufig jene wenig erinnernswerten Dinge, aus denen die alltägliche Existenz eines jeden besteht. Erst wenn diese alltägliche Existenz nicht mehr existiert – wenn das Wissen, dass man erst in einem

Vierteljahr und nicht schon am nächsten Tag stirbt, wie eine Oase der »Sicherheit« wirkt –, erscheinen solche verlorenen Details rar und schön. Die wahre Geschichte war, dass sie normal gewesen waren, dass sie wie so viele andere gelebt hatten und dann gestorben waren. Und wieder einmal lernten wir, dass es für manch normales Leben und einen Tod überraschenderweise mehr Belege gibt, als man zunächst annehmen möchte.

Deshalb wusste ich gleich, als mir dämmerte, dass ich von dieser ergiebigen und unerwarteten neuen Informationsquelle am Telefon nur einen gewissen Teil erfahren würde, und als Jack, als hätte er meine Gedanken gelesen, plötzlich meinte, ich solle *wirklich* nach Sydney kommen und eine Weile bei ihm und seinem Bruder bleiben und, wie er hinzufügte, ein paar andere Überlebende aus Bolechow, die dort lebten, kennenlernen, dass ich hinfliegen würde. Sie waren dort gewesen, sie hatten sie gekannt, und ich wusste, dass ich sie besuchen musste. Dieser Mann, der aus dem Nichts aufgetaucht war und mir in einem Telefongespräch mehr sagte, als meine Familie je gewusst hatte, dieser Mann, der sich wie mein Großvater anhörte, war mit der kleinen Ruchele gegangen, und seine Mutter war am selben Tag getötet worden wie sie. Wir waren mit Jack jetzt durch die Bande der Liebe und des Todes verbunden.

Und noch einen anderen Faktor gab es:

Dann soll ich also wirklich nach Australien kommen?, fragte ich Jack an jenem Abend am Ende unseres Gesprächs.

Zögern Sie nicht, sagte er –

(Nein, nein!, unterbrach ich ihn, wollte ihm gefällig sein, so wie ich immer meinem Großvater gefällig sein wollte)

– weil ich es nicht mehr lange mache.

Und so wurde Australien unsere nächste Station. Und in Australien rückten endlich, als wir uns mit Jack Greene und den vier anderen Bolechower Juden trafen, die nach dem Krieg beschlossen hatten, sich auf diesem fernen Kontinent niederzulassen, so weit weg von Polen wie geografisch möglich, die Konturen der Geschichte in den Blick, und wir erhielten jene konkreten Details, die wir gesucht hatten, jene Besonderheiten, die aus Statistiken und Daten eine Geschichte machen können. Welche Farbe das Haus hatte, wie sie ihre Handtasche hielt. Und dann ging es von Australien nach Israel, wo wir Reinharz und Heller trafen, und von Israel nach Stockholm, wo wir Mrs Freilich trafen, und von Stockholm wieder nach Israel und von Israel nach Dänemark, wo wir Kulberg mit seiner außergewöhnlichen Geschichte trafen.

Am Ende bekamen wir dann auch unsere Geschichte.

Aber eine bestimmte Sache über einen der Bolechower Jägers hatte ich bereits gewusst, bevor wir uns auf diese anderen Reisen machten und die anderen Leute trafen. Wir wussten, wie schon gesagt, dass Ruchele Jäger, Shmiels dritte Tochter, bei der ersten Aktion gestorben war, entweder am 28. oder am 29. Oktober 1941. Wir wissen nicht genau und können es auch nicht mehr in Erfahrung bringen, wie alt sie war: Das Polnische Nationalarchiv in Warschau besitzt zwar die Geburtsurkunden ihrer zwei älteren Schwestern, kann jedoch die Rucheles und ihrer jüngeren Schwester Bronia nicht finden. Jack Greene meint, sie sei sechzehn gewesen, und das stimmt wohl auch. Eines aber weiß ich mit Sicherheit: Ich weiß, dass Ruchele nach dem 3. September 1923 geboren sein muss.

Das weiß ich deshalb, weil es der Tag war, an dem eine andere junge Frau namens Rachel, *Ruchele*, gestorben ist. Da osteuropäische Juden ihre Kinder nur nach Toten benennen – meine vier Geschwister und ich sind, genau wie mein Großvater und seine sechs Geschwister, nach toten Verwandten benannt, und wegen dieser Praxis steht Leuten, die sich für die jüdische Genealogie interessieren, eine äußerst verlässliche Methode zur Verfügung, bestimmte Daten festzulegen, wenn es sonst keine Informationen gibt –, weiß ich mit Bestimmtheit, dass Shmiels Tochter Ruchele Jäger nach dem Tod der Schwester ihres Vaters und meines Großvaters geboren sein muss: die erste Rachel Jäger, 1896 geboren, die todgeweihte Braut, deren tragischer und unerwarteter, auch schrecklich vorzeitiger Tod später, über viele Jahre hinweg, zur größten Geschichte meiner Familie werden sollte, einer mythischen Erzählung, deren Kern, glaube ich jedenfalls, eine noch ältere Legende von Nähe und Distanz, Intimität und Gewalt, Liebe und Tod bildet, die erste aller Legenden, der erste aller Mythen darüber, wie leicht wir diejenigen töten, die uns am nächsten stehen.

Obwohl Gott den ersten Mord der Geschichte schwer bestraft, erklärt er, dass jeder, der Kain tötet, siebenfach gerächt werden soll. Auch hier bieten die mittelalterlichen und die modernen Kommentatoren radikal verschiedene Interpretationen an. Die Crux ist das Wesen der Bestrafung derjenigen, die Kain töten würden, ausgedrückt in dem Wort shiw'achtajim, was wörtlich »siebenfach« bedeutet. Erneut gibt sich Raschi die größte Mühe, die natürlichste Lesart des Verses zu umgehen; er möchte, dass wir ihn lesen, als wäre er aus zwei getrennten Elementen zusammengesetzt. Das erste, betont er, sei der Halbsatz »Wer daher Kain erschlägt …!«. Indem Raschi syntaktische Parallelen anderer Stellen in den Hebräischen Schriften anführt, beharrt er darauf, dieser Halbsatz sei als implizite, aber unspezifische Drohung gegen jedermann zu lesen, der versucht sein könnte, dem ersten Mörder der Geschichte etwas anzutun: »… das ist einer von den Versen, die kurz gefasst sind«, behauptet er, »nur andeuten und nicht erklären. ›Fürwahr, wer Kain tötet‹, das ist die Form einer Drohung, so soll ihm geschehen, so und so sei seine Strafe, er erklärt aber die Strafe nicht.«

Diese Manipulation des Texts lässt für Raschi ein Fragment aus zwei Wörtern, schiwatajim jukam, *»wird siebenfache Rache erleiden«, übrig. Raschi beharrt jedoch darauf, dass das implizite Subjekt dieser Aussage nicht, wie wir versucht sein könnten zu glauben, derjenige ist, der versucht sein könnte, Kain zu erschlagen, sondern vielmehr Kain selbst. Raschi zufolge sagt Gott hier nämlich: »Ich möchte jetzt nicht Rache an Kain üben. Am Ende von sieben Generationen nehme ich Meine Rache an ihm, denn Lamech wird sich von seinen Kindeskindern erheben und ihn erschlagen« – wie es denn auch in Genesis 4:23 geschieht.*

Warum möchte Raschi unbedingt eine Lesart des Textes umgehen, der zufolge ein Mörder Kains »siebenfach« bestraft würde – anders gesagt, sieben Mal so viele Schmerzen erleiden würde als die, die er selbst zugefügt hat? (Es ist eine Frage, die zu stellen wir desto mehr versucht sind, als Friedman in aller Gelassenheit die natürlichere Lesart dieses Verses akzeptiert, wie seine Übersetzung nahelegt [»Daher: Ein jeder, welcher Kain tötet, wird siebenfach gerächt werden«], und noch mehr das Fehlen eines jeden Kommentars.) Eine Fußnote zu Raschis Kommentar zu

diesem Vers nennt uns den Grund: »[D]er Vers bedeutet nicht,
dass Gott ihn sieben Mal so viel bestraft, wie er es verdient, denn
Gott ist gerecht und bestraft nicht ungerecht.« Wenn ich das lese,
fällt mir auf, dass die Diskrepanz zwischen Raschis und Fried-
mans Ansatz vielleicht von dem Unterschied zwischen dem elf-
ten und dem zwanzigsten Jahrhundert herrührt. Ich frage mich,
ob uns die Vorstellung, Gott könnte vielleicht doch ungerecht
bestrafen, leichter fällt als Raschi damals.

Die Sünde zwischen Brüdern ist jetzt auf immer in unsere Familiengeschichte eingebrannt, das wiederkehrende Thema der Vergangenheit der Zukunft eingepflanzt. Am 11. August 2002, fast
auf den Tag genau ein Jahr nach unserem Besuch in Bolechow
und exakt sechzig Jahre, nachdem der Mechanismus, der zur
Vernichtung des Bruders meines Großvaters und seiner Familie
führte, in Bewegung gesetzt wurde, heiratete meine Schwester
Jennifer. Wie ich schon sagte, ist sie die Einzige meiner Geschwister, die einen Juden geheiratet hat. Es ist natürlich purer
Zufall – aber gleichwohl ein poetischer, einer, der nicht kunstvoller sein könnte, hätte man ihn erfunden, ihn als Symbol der
Fiktion, an der man schrieb, erschaffen –, dass der Familienname des Mannes, den sie geheiratet hat, *Abel* ist.

DRITTER TEIL

Noach
oder
Totale Vernichtung

(März 2003)

Der Strom der Zeit, unwiderstehlich, stets in Bewegung,
trägt dahin und nimmt fort alles, was geboren wird, und
schleudert es in völliges Dunkel, Taten ohne Bedeutung ebenso
wie Taten, welche machtvoll sind und des Gedenkens würdig. ...
Indes ist die Wissenschaft der Geschichte ein großes Bollwerk
gegen diesen Strom der Zeit; in gewisser Weise gebietet er
dieser unwiderstehlichen Flut Einhalt, hält in festem Griff alles
Treibgut an der Oberfläche und lässt nicht zu, dass es in die
Tiefen des Vergessens gleitet.
Ich ...

Anna Komnena,
Die Alexiade

1

Die undenkbare Reise

Ein merkwürdiger, wenn auch strukturell befriedigender Aspekt von Paraschat Bereschit *ist, dass dieser Abschnitt der Genesis, der mit einer Schilderung der Schöpfung beginnt, mit Gottes Entscheidung schließt, viel von dem, was er am Anfang der Geschichte ersonnen hatte, zu zerstören. Seine Unzufriedenheit besonders mit der Menschheit beginnt recht harmlos – das erste Anzeichen ist seine Entscheidung, die Spanne eines Menschenlebens drastisch zu reduzieren, von nahezu tausend Jahren auf bloß 120 –, endet aber dramatisch mit der Erkenntnis, dass die Ausbreitung der Rasse selbst zu einem proportionalen Anstieg von Laster und Sünde geführt hat. »Ich bedaure, dass ich sie gemacht habe«, sagt Gott; »Er bedauerte, dass Er sie gemacht hat«, echot die Erzählung. Diese am Ende von* Bereschit *gefällte Entscheidung setzt die Handlung der folgenden Wochenlesung in Bewegung,* Paraschat Noach. Noach, *die Geschichte von der Sintflut, gehört zu den ersten nachhaltigen Versuchen in der Literatur, ein Bild dessen zu präsentieren, wie die vollkommene Vernichtung einer Welt aussehen könnte.*

Ich sage »vollkommene Vernichtung«, wobei, um ganz genau

zu sein, das hebräische Wort, das Gott verwendet, um seine Pläne für die Menschheit und alle Lebensformen zu Lande zu beschreiben – Meerestiere sind interessanterweise davon ausgenommen –, nuancierter ist. Gott will, wie er selbst sagt, seine Schöpfung »auflösen«: emche. Raschi rechnet mit Verwirrung seitens des Lesers, der, wie er weiß, ein konventionelleres Wort wie »zerstören« oder »vernichten« erwartet (Friedman übersetzt das Wort kommentarlos mit »wipe out«, »ausrotten«, dagegen hat er viel Interessantes über das ausgefeilte und schöne Wortspiel mit den starken Wurzelbuchstaben von Noahs Namen, N und H, zu sagen, das sich durch die ganze Erzählung von der Sintflut zieht: Noach maza chen, *»Noah fand Gunst«,* wajinnachem, *»er bedauerte«,* nichamti, *»ich bedaure«,* watanach, *»und die Arche ruhte«, und so weiter). Der mittelalterliche französische Kommentator erinnert uns daran, da der Mensch aus Erde gemacht sei, ähnle Gottes Akt der Auflösung, indem er die Form einer schrecklichen Flut annimmt, die sich aus dem Meer ergießt und vom Himmel fällt, dem, wenn man Wasser auf Figuren aus getrocknetem Schlamm gießt. Als ich Raschis Bemerkung las, fiel mir auf, dass, wie jedes Kind weiß, das schon einmal im Matsch gespielt hat, auch für die Erschaffung solcher Figuren Wasser nötig ist; Raschis Beobachtung über das Wasser als Gottes Mittel zur Vernichtung der Menschheit führt uns also zum Augenblick der Schöpfung zurück – eine hübsche Komplementarität.*

Diese subtile Verbindung von Gegensätzen – Schöpfung, Zerstörung – wiederholt sich in der ganzen Parascha Noach. *So wie beispielsweise die dort beschriebene Zerstörung mit dem Schöpfungsakt in* Bereschit *durch das Medium Erde (oder Schlamm sozusagen) verbunden wird, suggeriert ein weiteres Detail der Sintflut wiederum, dass wir auch eine Verbindung zwischen der von der Flut verursachten gewaltigen Zerstörung und dem nächsten »Schöpfungs«akt sehen sollen – nämlich dem Neubeginn des Lebens der wenigen Überlebenden nach der Sintflut, mit dem sich die Menschheit wieder auf der Erde etabliert. Und mehreren Kommentaren des Midrasch entnehmen wir, dass die Wasser der Sintflut, die Sturzseen, die alles Lebende vom Angesicht der Schöpfung tilgten, heiß und schwefelig gewesen seien;*

die Tora selbst sagt uns am Beginn von Noach *aber, dass die Arche, ein Gefährt der Rettung und Erlösung von jenen schwefeligen Sturzseen, aus einem Holz namens* gopher *gebaut sei – ein Name, der sich laut Raschi von* »Gophrith (Schwefel)« *ableitet. Mithin besteht in der Genesis eine komplexe Verbindung zwischen Akten der Schöpfung, der Zerstörung und der Wiederbelebung, was darauf hindeutet, dass diese klar unterschiedenen und scheinbar gegensätzlichen Akte tatsächlich in einer unendlichen und komplizierten Schleife verknüpft sind.*

Diese Verbindung deutet wiederum auf einen weiteren Umstand hin, auf den der Text uns aufmerksam machen will. Denn wäre Noach *lediglich die Geschichte einer vollkommenen Vernichtung – Zerstörung ohne jede Überlebende, ohne eine neue* »Schöpfung« *–, würde sie schnell unser Interesse verlieren: Gerade dass einige wenige überlebt haben, hilft uns ironischerweise, das Ausmaß der Zerstörung zu realisieren. Umgekehrt bedarf es, um die Kostbarkeit der Geretteten zu begreifen, einer gründlichen Würdigung des Schreckens, vor dem sie wie durch ein Wunder bewahrt wurden.*

Je nachdem, wie man es sehen will oder wie ungern man Zeit verliert, dauert die Reise von New York nach Australien entweder zweiundzwanzig Stunden oder gut drei Tage.

Die Reise teilt sich in zwei Abschnitte. Der erste ist, der Stewardess in der Quantas 747 zufolge, die Matt und mich im März 2003 nach Sydney zu Jack Greene und den anderen Bolechowern brachte, der »kurze Flug«, obwohl die meisten ihn an sich schon als beträchtliche Reise sehen würden. Wir flogen in New York um 18.45 Uhr am Abend des neunzehnten ab, dem Tag, an dem ein Krieg begann – obwohl wir, weil wir so lange in der Luft waren, die Nacht, in der das Ultimatum ablief, und auch noch fast den ganzen nächsten Tag, erst anderthalb Tage später wussten, dass wir uns im Krieg befanden –, und überquerten den Kontinent nach Los Angeles. Das dauerte rund fünfeinhalb Stunden. Es folgte ein Aufenthalt von ungefähr einer Stunde, während der die Besatzung wechselte.

Nachdem wir unsere frische Crew bekommen hatten, zockelten wir alle groggy und genervt zurück ins Flugzeug und hoben wieder ab. Während der folgenden sechzehn Stunden war unter uns nichts als der Pazifik. Ich war häufig über den Atlantik geflogen, aber über die Größe von Ozeanen hatte ich erst nachgedacht, als ich um die halbe Welt nach Australien flog, um fünf alte Juden zu besuchen, die einmal in Bolechow gelebt hatten und nun dort lebten, fünf von zwölf noch lebenden Personen, wie sich zeigen sollte, die Shmiel Jäger und seine Familie gekannt hatten und mir etwas über sie erzählen konnten. An den Atlantik hatte ich mich gewöhnt, er war mir allmählich als überschaubar erschienen. Der Pazifik aber ist riesig.

Die Reise von New York nach Sydney dauert also gut zweiundzwanzig konturlose Stunden. Aber wenn man von New York nach Australien fliegt, unternimmt man natürlich in gewisser Hinsicht eine viel längere Reise. Wir hoben früh abends an einem Mittwoch ab, aber wegen des Wechsels der Zeitzonen, weil man, wenn man von New York nach Los Angeles und dann über den Pazifik fliegt, die internationale Datumsgrenze überquert, landeten wir am späten Freitagvormittag. Wenn man also diese Reise unternimmt wie Matt und ich in jenem März 2003, um ein winziges Fragment der Vergangenheit zu bergen, verliert man eigentlich, buchstäblich, Zeit: ein Donnerstag des Lebens verschwindet einfach. Zudem: Man fliegt von der nördlichen zur südlichen Halbkugel und verliert damit gewissermaßen noch viel längere Zeitspannen. Wir verließen New York zum Frühlingsbeginn und trafen in Sydney zum Herbstanfang ein.

Was also verloren wir, als wir zu Jack Greene flogen, worauf er auf den Tag genau ein Jahr zuvor beharrt hatte, als wir uns über Bolechow unterhielten, über den Tag im Oktober 1941, als Ruchele, die Cousine meiner Mutter, einen Spaziergang machte und nicht mehr wiederkam? Was verloren wir? Kommt darauf an: einen Tag, drei Tage, ein halbes Jahr.

Wie viele Enkel von Einwanderern wuchs ich mit Geschichten seltsamer und abenteuerlicher Reisen auf.

Es gab die Geschichte des Vaters meines Vaters, eines kleinen, leicht geschrumpften, wortkargen Mannes, kahlköpfig wie mein Vater, der einmal Elektriker gewesen war und, wenn er und meine Großmutter Kay zu Besuch waren und wir die Treppe in unserem Elternhaus hinauf und hinunter trampelten, von Zeit zu Zeit rief *Immer mit der Ruhe, Jungs!*, da wir *die elektrischen Leitungen störten!*; eines Mannes, der (wie man uns immer sagte, sodass die Worte noch lange danach wie ein Slogan oder eine Kapitelüberschrift in meinem Kopf nachhallten) *auf dem Schiff geboren* worden war, dem Schiff, das die Mendelsohns irgendwann in den 1890ern von Riga nach New York gebracht hatte. Und nicht nur das. Der Vater meines Vaters hatte immer behauptet, er habe einen Zwilling gehabt, der schon als Kleinkind gestorben sei. Aber wann genau diese Geburt, diese Reise stattgefunden oder wie der Zwilling geheißen hatte oder welches Schiff es war, das wusste offenbar niemand oder legte genügend Wert darauf, sich daran zu erinnern: nicht mein Vater, nicht sein älterer Bruder, mit dem er sich lange, unsere ganze Jugendzeit hindurch, so gut verstand, nicht der andere Bruder, mit dem er so lange nichts zu schaffen hatte, zu dem er aber viel später wieder eine Nähe fand, bevor die Kinderlähmung ein letztes Mal wiederkehrte und ihre gequälten Gespräche ein für alle Mal beendete. Die Familie meines Vaters war mir immer als eine des Schweigens erschienen, und das Wenige, was ich im Lauf der Zeit von ihr erfuhr, lieferte Erklärungen dafür. Da waren der Großvater meines Vaters, der Geigenbauer, der auch noch, weil er nicht genügend Geigen verkaufen konnte, Schuhe anfertigte und auch damit zu wenig verdiente; die Mutter, die mit vierunddreißig starb, erschöpft von ihren zehn Schwangerschaften, wovon drei zu Zwillingen führten; die zahlreichen Geschwister, die nicht groß wurden, die schon in der frühen oder späten Kindheit oder Jugend von dieser oder jener Krankheit, von Tuberkulose oder während der großen Grippeepidemie 1918 dahingerafft wurden, weswegen mein Großvater allein erwachsen werden musste und dann, als Erwachsener, über diese Vergangenheit der Dezimierung lieber nicht sprach. Eine Familie also, in Schweigen aufgezogen, in der diese bitteren, leeren Spannen zwischen Brüdern, die Schweigeperioden, die Jahrzehnte dauerten, freilich nur die extremsten Beispiele waren.

Weil sie so lange so still waren – weil sie weniger in ihrer europäischen Vergangenheit als in ihrer amerikanischen Gegenwart lebten –, gibt es heute weniger Geschichten über sie zu erzählen.

Nur durch Zufall erfuhr ich, weil ich eines Tages im Jahr 1972, die Eltern meines Vaters waren aus Miami Beach zu Besuch, gerade unbemerkt unter der Weide im Garten saß, dass mein Großvater Al schon eine Frau gehabt hatte, bevor er meine Großmutter Kay heiratete, dass unsere Familie nur deshalb existierte, weil diese Frau an der Spanischen Grippe gestorben war, dann noch, dass mein Vater einen viel älteren Halbbruder hatte, mit dem er (aus Gründen, die ich erst viel später, als mein Großvater Al im Sterben lag, zutage förderte) nicht mehr gesprochen hatte, seit dieser verlorene Halbonkel, Jahre zuvor, von zu Hause weggegangen war. Wieder wurde ich daran erinnert, dass unsere Linie das Ergebnis eines Zufalls, eines vorzeitigen Todes war, wieder daran, dass die hebräische Bibel zweite Ehefrauen und jüngere Söhne vorzog. Warum, so dachte ich damals, hatten wir diese dramatische Geschichte vorher nie gehört? Aber diesem Großvater war auch nie eingefallen zu erwähnen, nicht einmal nach der Geburt meiner Schwester Jen 1968, dass es unter seinen vielen toten Geschwistern ein Mädchen namens Jenny gegeben hatte.

In meiner Jugend sah ich mir den Vater meines Vaters und dann den Vater meiner Mutter, an, und der Kontrast zwischen beiden war dafür verantwortlich, dass sich in meinem kindlichen Gehirn eine Art Liste herausbildete. In der einen Spalte stand Folgendes: Jaegers, Judentum, Europa, Sprachen, Geschichten. In der anderen: Mendelsohns, Atheisten, Englisch, Schweigen. Schon als ich viel jünger war, verglich ich diese Spalten und setzte sie voneinander ab, und schon da fragte ich mich, was das für eine Gegenwart war, wenn man die Geschichten der Vergangenheit nicht kannte.

In meiner Familie gab es noch weitere Geschichten schwieriger Reisen. Die Mutter meiner Mutter war die Einzige meiner Großeltern, die in den Vereinigten Staaten geboren wurde, anders als ihre Mutter, meine Urgroßmutter Yetta. Yetta Cushman (oder *Kutschmann* oder *Kuschman*, je nachdem, welches Dokument man zutage fördert), die so düster dreinschaut auf dem einzigen Foto, das es von ihr gibt, entstanden kurz vor ihrem vorzeitigen Tod im Sommer 1936 – als sie den Hals eines Huhns zunähte, stach sie sich in den Finger und starb wenige Tage später an Blutvergiftung, die Ursache des furchtbaren seelischen Schocks, auf den der Vater meiner Mutter den Ausbruch der Diabetes seiner jungen Frau zurückführte –, Yetta also war eine äußerst schlichte, beinahe schielende Frau von unbestimmbarem Alter. Yetta, manchmal auch Etta, ist die Verwandte, nach der mein Bruder Eric benannt ist. Sie war Russin. RUSSLAND steht auf ihrem Totenschein unter HERKUNFTSLAND, wobei weder RUSSLAND noch HERKUNFTSLAND, das sei festgehalten, weder die Art ihrer furchtbaren Emigration noch die Gründe dafür andeuten; irgendwann hatte mir mein Großvater, der Schwiegersohn dieser erschöpften und unscheinbaren Frau, davon erzählt, eine Geschichte, die für einen meiner Generation und meines Werdegangs schlicht unvorstellbar ist.

Was hatte mein Großvater mir erzählt? Er hatte mir erzählt, dass seine Schwiegermutter, für die er, wie ich annahm, keine besondere Zuneigung, aber auch keine besondere Abneigung hegte (*Ach, na ja*, sagte er eines Tages achselzuckend, *Schwiegereltern!*), nach Amerika gekommen war, nachdem ihre gesamte Familie in einem Pogrom in oder bei Odessa verbrannt worden war, ein Schicksal, das ihr nur erspart blieb, weil sie zufällig gerade im Klohäuschen gesessen hatte, als die Kossaken oder wer auch immer kamen (natürlich waren sie auch schon davor häufig gekommen), dass sie, fünfzehnjährig und völlig auf sich gestellt, zu Fuß durch Europa lief, um zu dem Schiff zu kommen, das sie nach Amerika bringen sollte, ein Land, in dem sie einen Verwandten hatte, der ihr half, und dass sie gleich nach ihrer Ankunft Anfang der 1890er das Erforderliche tat, nämlich einen Mann zu finden, und dass der Mann, den sie fand, in diesem Fall ein verkrüppelter Witwer mit erwachsenen Kindern war, die, nachdem er diese unscheinbare, traumatisierte junge Frau von vielleicht neunzehn Jahren geheiratet hatte, die neue Frau ihres Vaters quälten, indem sie ganz tief unter den Betten, die sie jeden Morgen machen musste, miefende Socken versteckten, eine Geschichte, die ihre Tochter, meine Großmutter, später *ihrer* Tochter erzählte und die wiederum später mir.

Von dieser Mitleid erregenden Frau hatte meine zuckerkranke Großmutter, die ich so liebte, die goldenen Haare geerbt, die auch meine Mutter hatte, weswegen mein Bruder Matt (auf den ich als Jugendlicher mit meinem rabenschwarzen Krauskopf einst so eifersüchtig war) als Junge so schöne weißblonde Haare hatte, weswegen ich immer dachte, dass er mit diesen Haaren und den leicht tatarisch-schrägen Augen und den strengen Flächen im Gesicht wie die Figur auf einer Ikone aussah und wie die Slawen, die sie anbeteten. Jene Slawen, die an einem nicht mehr benennbaren Tag in den 1880ern eine Stadt in der Nähe von Odessa überfielen, vergewaltigten und plünderten und die Häuser von unbedeutenden Juden niederbrannten, weshalb meine Urgroßmutter nach Amerika kam und weswegen einige aus meiner Familie überhaupt so blonde, blonde Haare haben.

Die besten aller Geschichten waren aber natürlich die, die der Vater meiner Mutter erzählte, denn schließlich war er der einzige meiner Verwandten, der die außerordentliche Reise nach Amerika unternommen hatte und alt genug gewesen war, um sich noch daran zu erinnern. *Wie die Reise nach Amerika war, willst du wissen?*, wiederholte mein Großvater leise kichernd, wenn ich ihn nach seinem Leben befragte. *Das kann ich dir gar nicht sagen, weil ich die ganze Zeit auf der Toilette war und mich übergeben habe!* Aber natürlich war dieser selbstironische Scherz, der besagen sollte, dass es da nichts zu erzählen gab, Teil der Geschichte, wie er nach Amerika kam, einer, die, wie ich wusste, viele Episoden hatte. In unbestimmter Reihenfolge erinnere ich mich heute an sie: daran, wie er und seine Schwester, meine bedrückte Tante Sylvia, die er immer *Susha* nannte und deren Name auf der Passagierliste, jetzt online in der Datenbank von Ellis Island verfügbar, als *Sosi Jäger* auftaucht, »wochenlang« unterwegs waren, um von Lwów nach Rotterdam zu kommen, »wo das Schiff wartete«, wie er sagte, und da ich ein Kind war und wenig von der Welt wusste, war ich beeindruckt, dass so ein großes Schiff auf diese beiden jungen Leute aus Bolechow wartete, ein falscher Eindruck, zu dessen Korrektur mein Großvater wenig beitrug, und dann, wie sie nach der langen Bahnreise von Lwów nach Warschau und von Warschau durch Deutschland in die Niederlande beinahe das Schiff verpasst hätten, weil die Mädchen so lange Haare hatten.

Weil die Mädchen so lange Haare hatten?!, rief ich aus. Als ich diese Geschichte zum ersten Mal hörte, was so lange her ist, dass ich nicht mehr weiß, wann es gewesen sein könnte, fragte ich das, weil ich wirklich verwirrt war; erst heute verstehe ich, was für ein raffinierter Geschichtenerzähler mein Großvater war, was für ein großartiger Anreißer *weil die Mädchen so lange Haare hatten* war, wie der Satz mich zu dieser Frage veranlassen sollte, damit er seine Geschichte erzählen konnte. Später stellte ich die Frage nur noch, weil ich wusste, dass er es wollte.

Ja, weil die Mädchen so lange Haare hatten!, fuhr er dann fort, dort auf dem geflochtenen Gartenstuhl auf der breiten Stufe vor unserer Haustür, und ließ, wie er es gern tat, wenn er zu Besuch war, mit einer Miene herrschaftlicher Zufriedenheit den Blick über das Viertel schweifen, als wäre er irgendwie verantwortlich für die zweistöckigen Häuser in ihren vielen seltsamen Farben, die sauberen Rasenflächen, die in Spiralen in den klaren Sommerhimmel zeigenden Topiaris, die Stille an jenem Wochentag zur Mittagszeit. Und dann erzählte er mir, dass alle Zwischendeckspassagiere, bevor sie auf das große Schiff durften, das ihn und meine immerzu enttäuschte Tante nach Amerika brachte, nach Läusen abgesucht werden mussten, und da die Mädchen, darunter auch meine zweiundzwanzig Jahre alte Großtante Sylvia, damals so lange Haare hatten, dauerte diese Untersuchung vor dem Einschiffen so lange, und irgendwann geriet mein Großvater (den wir heute vermutlich als an schweren Angstzuständen leidend bezeichnen würden, auch wenn die Leute damals nur sagten, er sei »pedantisch«) in Panik.

Und was hast du dann gemacht?, fragte ich genau aufs Stichwort.

Und er sagte: Also hab ich *Feuer! Feuer!* gerufen, und in dem ganzen Durcheinander hab ich deine Tante Susha an der Hand genommen und wir sind die Laufplanke hinaufgerannt und waren auf dem Schiff! Und so sind wir nach Amerika gekommen.

Er erzählte diese Geschichte mit einer Miene, die zwischen Selbstbeweihräucherung und Selbstironie schwebte, als wäre er ob der jugendlichen Kühnheit, die ihm, wenn diese Geschichte nicht gelogen ist, die Reise nach Amerika bescherte, zufrieden mit sich und zugleich (heute) ein wenig verlegen.

Natürlich gab es noch andere Geschichten von dieser Reise, Geschichten, die ich häufig hörte, wenn mein Großvater zu Besuch war und ich mich still im Haus herumdrückte in der Hoffnung, dass er sich mit mir hinsetzte und erzählte, darauf wartete, dass er mit der Zeitung fertig wurde, vielleicht der *Times* oder, was wahrscheinlicher war, der *Jewish Week* (die er abonnierte, nachdem meine Mutter meinen Vater geheiratet hatte, weil er, wie er sagte, Angst gehabt habe, dass sie *vergisst, wie man Jüdin ist*). Er las seine Zeitung langsam, senkte den großen Kopf über der linken Seite hinab, riss ihn dann hoch und nach rechts, um sich dem Gedruckten auf der gegenüberliegenden Seite zuzuwenden. Stumm beobachtete ich ihn, wie er las – denn meinen Großvater unterbrach man nicht, niemals, egal, was er gerade tat –, und wartete, bis er fertig war, in der Hoffnung, er würde in Stimmung sein, mir Geschichten zu erzählen ... Oder ich wartete darauf, dass er seinen Pflaumensaft fertig trank, der, wie er gern sagte, *gut für die Maschinerie* war, oder sein leises Gespräch mit meiner Mutter am Küchentisch vor dem großen Erkerfenster beendete, während sie sich die Nägel lackierte, oder auch, wenn er in dem »großen«, hellblau gefliesten Badezimmer stand, die äußerst penible Einnahme einer oder mehrerer der zahllosen Pillen zu Ende brachte, die er in einem hellbraunen, kalbsledernen Aktenkoffer mit sich führte. Mein Großvater war ein Hypochonder, das wussten wir alle, und offensichtlich ließen ihm seine diversen Ärzte seinen Willen; jeden Abend und manchmal auch morgens stand er im strahlenden Badezimmer meiner Mutter und reihte einen Haufen Pillen auf, die er dann eine nach der anderen, nüchtern lächelnd, schluckte. Da mein Vater Medikamente und Pillen ablehnte und gegen Ärzte im Allgemeinen einen tiefen Argwohn und große, wenn auch vage Animositäten hegte (und warum auch nicht im Lichte dessen, was er in seiner Jugend hatte mit ansehen müssen), mokierte er sich, keineswegs insgeheim, über die Pillenrituale meines Großvaters. Wir Kinder aber sahen zu gern zu, wie er seine Medikamente nahm, ein Ritual, das er, wie so vieles andere, irgendwie lustig gestaltete. *Heute Abend*, sagte er dann und blickte in gespielter Verwirrung auf die lange Reihe Apothekerfläschchen wie eine Hausfrau, die vor einer einschüchternden Ansammlung Reinigungsmittel oder Frühstücksflocken steht, *nehme ich vielleicht eine blaue und eine rote.*

Also wartete ich darauf, dass er die jeweilige Prozedur beendete und mir die Geschichten über seine vielen Reisen und Abenteuer erzählte. Die, »Wie voll das Schiff war«, die, »Wie große Angst er und Tante Sylvia hatten, ausgeraubt zu werden, und ihr Geld deshalb in einem Tuch versteckt hielten« oder, schlimmer noch, die, »Wie seekrank er war«, sodass er deswegen nie wieder mit dem Schiff reisen wollte. Wie sie nach zwei Wochen auf dem Schiff, den berühmten zwei Wochen, in denen er seekrank war, in New York eintrafen und sich zu dem Treffpunkt durchschlugen, den ihr Mittelmark-Cousin festgelegt hatte, und wie jeder, den sie ansprachen, ihre Fragen mit einem verständnislosen Blick quittierte. Er stellte sich, so erzählte er, vor die Leute hin und nannte mit fragender Stimme den Namen des Ortes: *Timmess skwar? Timmess skwar?*, und erst als er ihn auf ein Stück Papier schrieb, wies ihn einer lachend in die richtige Richtung: *Times Square.* Und vom Times Square gingen mein Großvater und meine Großtante in Begleitung ihres Englisch sprechenden Cousins in die Lower East Side, in die East 4th Street, und zogen bei ihrem Onkel Abe Mittelmark ein, einem rothaarigen Mann, dessen Entfremdung von seiner einzigen Schwester, meiner Urgroßmutter, oder auch sein Groll auf sie meiner Ansicht nach der Grund war für den grausamen Ehehandel, der die Jägers auf Generationen hin gegen die Mittelmarks einnahm und der nicht das einzige Beispiel für Geschwisterkonflikte in meiner Familie war.

Wenn ich heute an diese Reise denke, ich, dessen längste zweiundzwanzig Stunden in der Business Class einer 747 dauerte, beeindruckt mich die Kühnheit, die er besessen haben muss, um die Reise überhaupt zu unternehmen. Während ich dies schreibe, betrachte ich seinen polnischen Pass, mit dem er diese undenkbare Reise machte, und obwohl er jetzt tot ist und keine Geschichten mehr erzählen kann, hält dieses Dokument seine eigene Geschichten bereit. Indem ich die elegante offizielle Handschrift entziffere, mit der die Leerzeilen ausgefüllt sind, die Visa und Stempel betrachte, kann ich mit viel größerer Präzision, als sie meinen Großvater beim Erzählen kümmerte, seine Reise nach Amerika rekonstruieren.

Beispielsweise kann ich Ihnen sagen, dass der Pass (»DOWÓD OSOBISTY, »Ausweispapier«) Nummer 19272/20 in Dolina, dem Dorf südlich von Bolechow, dem Verwaltungssitz der Region, in dem einst die Familie der Mutter meines Großvaters, die Mittelmarks, ansässig waren, am neunten Oktober 1920 ausgestellt wurde. Angeheftet ist ein kleines Foto meines Großvaters, das früheste existierende Bild von ihm. Er steht anscheinend vor einer Art Holzwand; das vertraute Gesicht ist glatt, ernst, die kurzsichtigen Augen sitzen sehr tief, die Haare, noch sehr dicht, sind aus der hohen Stirn, die ich von ihm geerbt habe, nach hinten gebürstet. Die Ohren stehen ein klein wenig ab, woran ich mich aber nicht erinnere. Der Kragen seines weißen Hemds ist schmal und sieht unbequem aus, und die extrem hohen, schmalen Revers seines Jacketts wirken unglaublich antiquiert. Der Pass enthält auch eine Beschreibung: Statur »mittel«, Gesicht »oval«, Haare »dunkel«, Augen »blau«, Mund »mittel« – was genau das bedeutet, vermag ich nicht zu sagen – und Nase »gerade«.

Wenn ich diese Beschreibung jetzt lese, nachdem ich bestimmte Geschichten gehört habe, deren Ausgang von Eigenheiten wie geraden Nasen und blauen Augen abhing, frage ich mich nicht zum ersten Mal, wie es meinem verschlagenen Großvater mit den blauen Augen und der geraden Nase ergangen wäre, wenn er wie sein älterer Bruder beschlossen hätte, die Reise, für die er diesen Pass brauchte, nicht zu machen. Darüber unterhielten mein Bruder Andrew und ich uns, wenn wir über meinen Großvater und seine Tricks sprachen.

Der hätte bestimmt überlebt, sagte Andrew einmal, denn er kannte auch noch andere Geschichten von meinem findigen Großvater gut, in denen er mittels Bluffs und Verzögerungstaktik von anderen Leuten bekam, was er wollte, alle möglichen Vergünstigungen und das eine Mal, als ich als Vierzehnjähriger Zeuge seines besonderen Geschicks wurde, einen Breitwandfernseher gratis von einer Sparkasse – nicht für ihn, den Kontoinhaber, sondern für meine Mutter, was streng genommen gegen die Vorschriften war. Auch ich kann mir gut vorstellen, dass er, wenn er 1920 nicht die lange Reise zum *Timmess skwar* gemacht hätte, irgendwie sein Talent eingesetzt hätte, um zu bekommen, was er wollte, um zu überleben ...

... So wie beispielsweise Mrs Begley, der ich manchmal von meinem Großvater erzählte und die auch das Glück hatte, blond und blauäugig zu sein, überlebt hat.

Wissen Sie, ich war blond und ich sprach Deutsch, sagte sie bei einem meiner ersten Besuche, vielleicht dem ersten, im Januar 2000, als ich fürchtete, sie würde nicht über die Vergangenheit sprechen wollen, schon gar nicht über den Krieg, doch zu meiner Überraschung redete sie kaum von etwas anderem und weinte sogar einmal, als sie mir in dem Jiskor-Buch ihrer Stadt Stryj den Namen eines siebzehnjährigen Jungen zeigte, der nicht überlebt hatte: Ob Verwandter oder Freund der Familie, daran erinnerte ich mich erst wieder, als ich kürzlich das Stryjer Jiskor-Buch, das *Sefer Stryj*, online entdeckte und die Seite fand, auf der sie mir eine Namensliste der Toten gezeigt hatte, eine Seite mit der hebräischen Überschrift *Schemot schel Kedoschej Striy*, »Namen der Märtyrer von Stryj« (vielleicht halte ich hier einmal inne, um anzumerken, dass das hebräische Wort *kidusch*, »Märtyrer« oder »Opfer«, sich wie das Wort für »Opfer« (»*sacrifice*«) in manchen anderen Sprachen von dem Wort »heilig« ableitet, *k-d-sch*. Dieser Gebrauch von *kidusch* entspricht dem Konzept im Judaismus namens *kidusch HaSchem*, was sich auf das Sterben im Namen einer jüdischen Sache bezieht; dahinter steht, dass man durch den Prozess des Sterbens Gottes Namen heilig (*kdsch*) macht – *HaSchem* bedeutet »der Name«. Das traditionelle Beispiel wäre Hannah und ihre sieben Söhne, die alle von der Hand Antiochus' starben – es war wohl Antiochus IV., der hellenistische Monarch aus der Chanukka-Geschichte –, weil sie kein Schweinefleisch essen oder sich vor Götzen verneigen wollten. Aber der Gebrauch des Wortes erstreckt sich auch auf die Holocaust-Opfer, die sterben mussten, weil sie Juden waren).

»Namen der Märtyrer von Stryj« war jedenfalls die Seite, auf der Mrs Begleys verstorbener Mann, der sehr große Arzt aus Stryj, dessen Namen eine alte Ukrainerin sechzig Jahre später sofort wiedererkannte, den folgenden Text hatte aufnehmen lassen:

BEGLEITER-BEGLEY EDWARD DAVID Dr.
gedenkt:
BEGLEITER SIMON, Vater
BEGLEITER IDA, Mutter
SEINFELD MATYLDA, Schwester
SEINFELD ELIAS, Schwager
HAUSER OSCAR & HELENA, Schwiegereltern
SEINFELD HERBERT, Neffe

Dieser Herbert Seinfeld hatte, wie sie mir erzählte, wobei ihre leise, bedächtige Stimme brach, bereits seine Auswanderungspapiere, schaffte es aber nicht mehr, rechtzeitig rauszukommen.

Ein *siebzehnjähriger* Junge, hatte sie an dem Tag gesagt und ein wenig geweint. Fast wäre er rausgekommen, aber er hat's nicht geschafft.

Ich hatte nichts gesagt, verlegen angesichts dieses unerwarteten Gefühlsausbruchs. Es war meine Schuld: Ich hatte sie gebeten, mir dieses Jiskor-Buch aus Stryj zu zeigen, weil ich sehen wollte, ob Shmiel und seine Familie unter den Namen der Opfer aufgeführt waren; seine Frau Ester war, wie wir wussten, aus Stryj gewesen (und auch Minnie Spieler war aus Stryj gewesen). Und tatsächlich, da waren sie:

SCHNEELICHT EMIL
gedenkt:
SCHEITEL HELENE, Schwester
SCHEITEL JOSEPH, Schwager & 3 Kind.
SCHNEELICHT MORRIS, Bruder
SCHNEELICHT ROS, Schwägerin & 5 Kind.
JAEGER ESTER, Schwester
JAEGER SAMNET, Schwager & 4 Kind.
SCHNEELICHT SAUL, Bruder, Frau & 5 Kind.
SCHNEELICHT BRUNO, Bruder
SCHNEELICHT SABINA, Schwägerin

Deshalb hatte ich mir das *Sefer Stryj* ansehen wollen, und es versteht sich von selbst, dass ich, hätte ich dieses Buch Jahre früher gesehen, auch gewusst hätte, dass meine Großtante Ester einen Bruder Emil gehabt hatte, der nicht umgekommen war, und ihn vielleicht früher gefunden hätte als an dem Tag im Jahr 1999, als sein Sohn mich aus heiterem Himmel aus Oregon anrief, um mir unter anderem zu sagen, dass Minnie Spieler Esters Schwester war.

Und so blickte ich auf die Namen meiner Toten – bemerkte, wie auch nicht, dass Shmiels Name SAMUEL völlig falsch geschrieben war, vielleicht wegen derselben Eigenheit der Handschrift, des durchgestrichenen kleinen *l*, ein Tick, der heute ausgestorben ist, damals aber bei Leuten von bestimmtem Rang aus einem bestimmten Ort weit verbreitet war und der Shmiels »Ruchaly« in meinen Augen in »Ruchatz« verwandelt hatte –, blickte ich auf diese Namen, deren Präsenz auf dieser Seite wie eine dunkle Bestätigung von etwas war, vielleicht der Tatsache, dass diese Menschen, nach denen ich suchte, auch außerhalb der privaten Erinnerungen und Geschichten meiner Familie existierten und mich deshalb befriedigte. Aber während ich noch darauf blickte, kam ich mir auf einmal blöd vor, weil ich Mrs Begley gebeten hatte, in ihrem Buch nach meinen Verwandten zu suchen, die ich gar nicht kannte und die mir zu dem Zeitpunkt noch etwas eher Abstraktes bedeuteten, wo doch so viele der ihren, die ihr viel näherstanden, auch darin standen.

Wissen Sie, wiederholte sie und zog das Buch ein Stückchen von mir weg, um mit ihrer kühlen, durchscheinenden Hand darüberzustreichen, ich war blond, und ich konnte Deutsch. Ich ging als Deutsche durch. Meine Mutter war sehr schön, aber auf eine *jüdische* Weise. Sie war, wie man das nannte, eine echte *Rebecca*, eine schöne Jüdin.

Sie schwieg einige Augenblicke und sah mich einfach unverwandt, aber misstrauisch mit dem schwerlidrigen Auge an, mit dem gesunden – um sich für die nächste Geschichte zu sammeln oder (was wahrscheinlicher war) weil sie bezweifelte, ich könne das, was sie mir erzählte, würdigen, das wusste ich nicht. Schweigend nippte ich an meinem Tee. Dann holte sie, fast seufzend, tief Luft und erzählte mir ihre eigenen Geschichten von Verschlagenheit und Überleben und auch noch andere. Beispielsweise davon, wie sie während der großen Razzia auf die Juden von Stryj im Herbst 1941, sie selbst in einem sicheren Versteck, jemanden bestochen hatte, der ihre Eltern und Schwiegereltern an einen Ort führen sollte, von dem aus sie sie in Sicherheit bringen konnte, und wie sie, als sie an diesen Treffpunkt kam, einen Wagen voller Leichen vorbeifahren sah und ganz oben auf dem Haufen die Leiber der alten Leute lagen, die sie hatte retten wollen.

Wissen Sie, sagte sie, ich erkannte meinen Schwiegervater an seinem langen weißen Haarschopf.

Und dann sagte sie noch dies: Da sie selbst in Gefahr war, zu dem Zeitpunkt zwar »als Deutsche durchging«, durfte sie keine Gefühlsregung zeigen, als sie die Leichen ihrer Familie auf dem Wagen vorüberfahren sah …

… Wenn ich also von Verschlagenheit und Überleben höre, von irgendeiner Haar- oder Augenfarbe, denke ich an Mrs Begley und bin auch versucht, an meinen Großvater zu denken und zu überlegen, ob wohl auch er überlebt hätte. Aber ich weiß ja, dass viele listige Leute es nicht geschafft haben.

Was kann der Pass meines Großvaters uns noch sagen, außer dass er mit achtzehn Jahren blond und blauäugig war und eine gerade Nase hatte? Aus seinen Geschichten wusste ich, dass er im November 1920 angekommen war. (Das lässt sich anhand der Webseite von Ellis Island bestätigen: Er ist tatsächlich am siebzehnten November 1920 angekommen, auf der *SS Nieuw Amsterdam*, in Begleitung einer Schwester, die in den Aufzeichnungen als »Sosi Jager« aus »Belechow, Poland« geführt wird. Letzteres ein Name, der, wie ich weiß, falsch ist, den aber jemand anderes jetzt in diesem Augenblick irgendwo sorgfältig auf eine Karteikarte schreiben könnte.) Aber was genau geschah zwischen dem neunten Oktober, als er seinen Pass erhielt, und dem siebzehnten November, als er ankam? Der Pass füllt viele Leerstellen dieser Reise. So weiß ich, dass er am zwölften Oktober in Warschau war, wo er das Niederländische und das Amerikanische Konsulat aufsuchte. Ich weiß, dass er am vierzehnten Oktober im Deutschen Konsulat war, wo er ein

Transitvisum für die Reise durch Deutschland auf dem Weg in die Niederlande erhielt. Ich weiß von verschiedenen Grenzstempeln, dass er und Tante Sylvia am achtzehnten Februar in Schneidemühl nach Deutschland einreisten, das Land durchfuhren und es am folgenden Tag, dem neunzehnten, bei Bentheim verließen, wo sie die deutsch-niederländische Grenze nach Oldenzaal ganz im Osten der Niederlande passierten, und dass sie von Oldenzaal Richtung Westen nach Rotterdam weiterreisten, wo mein Großvater und seine Schwester nach rund vierzehn Tagen Aufenthalt in den Niederlanden, am fünften November 1920 – nachdem er aus Angst, das Schiff zu verpassen, *Feuer! Feuer!* geschrien hatte –, endlich an Bord der SS *Nieuw Amsterdam* gingen, einem großen, vierzehn Jahre alten Passagierdampfer von siebzehntausend Tonnen mit einem Schornstein der Holland-America Line, sechshundertfünfzehn Fuß lang und achtundsechzig breit, Fassungsvermögen insgesamt 2.886 Passagiere (wovon 2.200, darunter mein Großvater und Großtante Sylvia, im Zwischendeck fuhren) und kommandiert von P. van der Heuvel, der bei der Ankunft in New York zwölf Tage später eine eidesstattliche Erklärung unterschrieb, der zufolge er »den Arzt besagten Fahrzeugs veranlasst [habe] …, an jedem Einzelnen der in den vorstehenden Passagierlisten, 30 an der Zahl, aufgeführten Ausländern eine körperliche und geistige Untersuchung zu machen und dass nach dem Bericht besagten Arztes … keiner der besagten Ausländer aus allen Klassen vom Einlass in die Vereinigten Staaten ausgeschlossen ist«.

Oh ja: Wir wissen um die körperliche Untersuchung, die, wie Kapitän van den Heuvel naiverweise annahm, seine Passagiere allesamt bestanden hätten. *Die Mädchen hatten so lange Haare.* Doch die Passagierliste, das offizielle Dokument der Ankunft meines Großvaters, kann unmöglich Auskunft darüber geben, wie genau er nun nach Amerika kam, wie all die Geschichten ihren Anfang nahmen.

Doch es gibt eine merkwürdige Lücke. Denn der Pass sagt nichts darüber, was zwischen dem neunzehnten Oktober 1920 (einem Dienstag, wie mir mein Freund Nicky versichert) und dem fünften November geschah, dem Tag, an dem laut Passagierliste das Schiff abfuhr …

Über diese verlorenen siebzehn Tage erzählte mein Großvater eine ganz bestimmte Geschichte. In Holland, pflegte er zu sagen, ging ihm und Tante Sylvia das Geld aus, das ihre Mutter ihnen für die Reise mitgegeben hatte; wie genau das geschah, hat er nie erzählt. Und daher, sagte er, machte er sich *schick* und begab sich zu den diversen Konsulaten und amtlichen Ämtern in Rotterdam – wovon es viele gab, da es während dieser Zeit der starken Auswanderung ein bedeutender Einschiffungshafen nach Amerika war – und bot seine Dienste als Übersetzer an. Laut seines Passes sprach er Polnisch und Deutsch, aber ich weiß, dass er auch noch viele andere Sprachen konnte: Russisch lernte er als Fünfzehnjähriger, als er in Bolechow russische Kriegsgefangene bewachte, nachdem der Spieß umgedreht worden war und die Österreicher vorübergehend die Oberhand über die Russen gewannen, die die Stadt Nacht für Nacht so grausam beschossen hatten (*sie jagten das Stadtzentrum in die Luft!*); Ungarisch lernte er bis Kriegsende in der Schule, als seine Stadt nicht mehr zum Österreichisch-Ungarischen Kaiserreich gehörte. *Und so habe ich mir eine Stelle in einem ungarischen Büro beschafft und habe aus dem Ungarischen ins Deutsche und wieder zurück übersetzt*, sagte er.

Wirklich!?, sagte ich dann, da war ich dreizehn oder vierzehn. Als ich es das erste Mal sagte, war ich wirklich verblüfft, danach verrichtete ich auch hier nur meine Aufgabe als Stichwortgeber. Da musst du Ungarisch ja richtig fließend gesprochen haben! Dann sag doch mal was auf Ungarisch!

Worauf er sein spezielles Pointenlächeln zeigte und sagte: *Weißt du was, ich erinnere mich an kein einziges Wort!* Und auch darüber staunte ich damals – wahrhaftig, nicht geheuchelt, und staune noch heute –, dass man eine ganze Sprache gut genug beherrschte, um sie zu übersetzen, und später jedes einzelne Wort vergaß. Wie kann man so viel vergessen, fragte ich mich damals, als ich elf, zwölf, dreizehn war, als ich selbst noch nichts zu erinnern hatte; wie konnte man etwas so vollständig vergessen?

Jedenfalls unternahmen wir im März 2003 unsere lange, außerordentliche Reise nach Australien, eine weitere Familiensaga der langen Reisen, um herauszufinden, welche Erinnerungen fünf Juden, ein jeder weit älter als mein Großvater, als er begann, mir die Geschichten seiner abenteuerlichen Reisen zu erzählen, noch an meine Verwandten hatten, die sechzig Jahre zuvor aus der Geschichte verschwunden waren.

Raschis Analyse des Textes Paraschat Noach *legt nahe, dass das Substantiv, das Gott zur Beschreibung dessen verwendet, was er für Mensch und Tier geplant hat und was wir im Allgemeinen mit »Sintflut« übersetzen – das hebräische* mabul *–, Feinheiten enthält, die viel zahlreicher sind, als die Übersetzung es vermitteln kann. Stets mit einem offenen Ohr für die Nuancen von Etymologie und Diktion, spielt der große Gelehrte mit den Komponenten des Hebräischen – den Buchstaben* m-b-l *– und sinniert über drei mögliche Verben, die alle die* b-l-*Paarung enthalten, wovon jedes zu unserem Verständnis der Bedeutungsnuancen beiträgt, die* mabool *haben könnte (von »Sintflut« abgesehen). Es sind* n-b-l, *»verrotten«,* b-l-l, *»verwirren«, und* j-b-l, *»bringen«. Sodann bemerkt Raschi, dass alle drei Wörter, die mit* mabool *»Sintflut« assoziiert sind, passen, weil diese »alles auflöst, alles verwischt und alles von der Höhe zur Tiefe hinabträgt«.*

An dieser Stelle lohnt die Bemerkung, dass Raschis feinsinnige Interpretation von dem großen böhmischen Gelehrten und Mystiker des 16. Jahrhunderts Judah Löw ben Bezalel (1525–1609) begeistert unterstützt wurde. Er war viele Jahre Oberrabbi von Prag und schrieb, die Tora verwende zur Benennung von Gottes Vernichtung der Menschheit bewusst das klangvolle Wort mabool, *um gleichzeitig alle drei Bedeutungen wiederzugeben, die Raschi in den verwandten Verben entdeckt hatte. Diese Bemerkung findet sich in Rabbi Löws gelehrtem Kommentar zu Raschis Tora-Kommentar – ein »Superkommentar«, wie die Gelehrten das nennen; das Werk ist unter einem Titel bekannt, der eine Anspielung auf den deutschen Nachnamen des Rabbi, »Löwe«, enthält:* Gur Aryeh al HaTorah, *»Das Löwenjunge über die Tora«. Allerdings muss auch gesagt werden, dass Rabbi Löw seinen beträchtlichen Ruhm, sowohl innerhalb als auch außerhalb jüdischer Kreise, einem anderen Nebenprodukt seiner Vertrautheit mit der* jüdischen Schrift *verdankt: dem Golem, dem Frankenstein-artigen Wesen, das der Rabbi aus dem Schlamm der*

Moldau erschaffen haben soll, und zwar mithilfe von Kräften, die er seiner Kenntnis der Schöpfungsgeschichte entlehnte. Dieses Wesen, das die bedrängten Juden von Prag vor Angriffen schützen sollte, die von feindlichen Höflingen des Habsburgischen Monarchen Rudolf II. angezettelt worden sein sollen, lief letztlich Amok, worauf der Rabbi sein eigenes Geschöpf zerstören musste, indem er aus dessen Maul den Schem, einen Zettel mit mystischen Inschriften, entnahm. Sodann soll er den leblosen Ton auf dem Dachboden der Prager Synagoge bestattet haben.

Klar ist jedenfalls, dass sowohl Raschi als auch sein namhafter frühmoderner Kommentator, der bereits das eine oder andere übers Erschaffen und Zerstören wusste, darin übereinstimmten, dass Gottes Auflösung seiner Schöpfung in Paraschat Noach zu folgenden Ergebnissen führte: Zerfall, Wirrnis und ausgedehnten Bewegungen über Wasserflächen. All diese sind offenbar nötig, damit das Leben von Neuem beginnen kann.

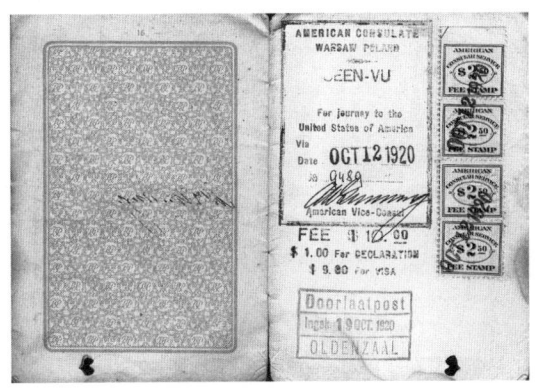

2

Die Geschichte der Sintflut

Es dauerte einen vollen Tag, bis Matt und ich nach unserer Ankunft in Sydney die gewaltige Umstellung von Zeit und Jahreszeit bewältigt hatten. Wir verbrachten ihn weitgehend im Bett, verließen gelegentlich aber auch das Hotel und spazierten die sonnige Uferpromenade entlang, der gegenüber wie zur Bestätigung, dass wir tatsächlich in Australien waren, die berühmte Oper stand. Wie viele ikonische Bauwerke, die ich von Fotos her kannte, bevor ich sie realiter sah – San Marco in Venedig, Stonehenge auf der Ebene von Salisbury, das Tor in Auschwitz, das kleine Rathaus aus der Habsburger Zeit, das *Magistrat* bzw. Rathaus in Bolechow –, war die Oper viel kleiner, viel menschlicher, was die Größe betraf, als ich sie mir vorgestellt hatte. Zufällig sah man von dem kleinen Balkon unseres Hotelzimmers über eine freie Wasserfläche hinweg auf die Oper, und als Matt und ich an jenem Samstag ziemlich benommen herumliefen und nach so vielen Stunden im Flugzeug, so vielen Zeitzonen unsere Beine wieder an festen Boden gewöhnten, gingen wir auch immer wieder auf den Balkon und sahen nach, ob wir es auch wirklich bis hierher geschafft hatten. Wir taumelten über den Teppichboden unseres Hotelzimmers und blickten dankbar auf das Wahrzeichen: klein, gleichmütig, *da*.

Das war der Samstag, ein verlorener Tag. Am Sonntag trafen wir uns dann mit den Leuten, derentwegen wir den weiten Weg hierhergekommen waren.

In den Wochen vor unserer Ankunft erinnerte mich Jack daran, dass er nicht der einzige Bolechower war, den es nach Australien verschlagen hatte. Neben seinem jüngeren Bruder Bob, mit dem er den Krieg gemeinsam überstanden hatte, gebe es auch noch andere »von Interesse«, die ich bestimmt sehen wolle: eine Frau, die mit Frydka befreundet gewesen war, eine sehr betagte Verwandte von ihr, die unglaublicherweise so alt war, dass

210

sie meinen Großvater gekannt hatte, als er noch dort lebte, ein Mann, der Shmiels Nachbar gewesen war. Und so hatte Jack alle zu sich nach Bellevue Hills nahe Bondi Beach eingeladen – von unserem Hotel im Zentrum eine knappe halbe Stunde Fahrt. Mir sagte *Bondi Beach* nichts, Matt dagegen wiederholte den Namen, offenkundig beeindruckt, als ich ihm das Fax schickte, das Jack mir zusammen mit Informationen über Hotels in der Nähe und Wegbeschreibungen geschickt hatte.

Bondi Beach!, sagte Matt. Das ist unglaublich berühmt wegen der Surfer! Die Leute kommen aus der ganzen *Welt*, um dort zu surfen!

Na, entgegnete ich, wir sind aus der ganzen Welt hergekommen, um mit den Bolechowern dort zu sprechen. Ich hatte die jähe Befürchtung, dass er mit mir surfen gehen wollte; an der Highschool war er in der Leichtathletikgruppe gewesen und war aus Flugzeugen gesprungen. Aber nein, er fand es bloß amüsant, dass ein Haufen alter polnischer Juden sich in der Nähe eines Surferparadieses niedergelassen hatte.

Also fuhren wir am Sonntag nach Bondi Beach. Ein Taxi brachte uns zu Jacks luxuriösem Wohnkomplex, dann fuhren wir mit dem Fahrstuhl zu seinem Stockwerk. Sieh mal, sagte Matt mit verschmitztem Grinsen und zeigte auf eine Metallplatte, die im Fußboden der Kabine eingelassen war. Darauf stand der Name des Herstellers, SCHINDLER. Wir sind in Schindlers Lift!

Ich verdrehte die Augen und sagte *Oj wej*.

Wir klingelten, und Jack begrüßte uns an der Tür. Er war ein eher kleiner, drahtiger Mann mit einem langen Gesicht, das freundlich und vielleicht auch ein wenig traurig war, das kantige Kinn wurde von misstrauischen, melancholischen Augen ausgeglichen. Schüttere graue Haare waren sorgfältig zur Seite gekämmt. Er bat uns mit der rechten Hand hinein. Die Wohnung war sehr schön und behaglich und voller Sonne, die durch zimmerhohe Fenster fiel, die auf einen blumenbestandenen Balkon hinausgingen. Das Wohnzimmer war cremefarben und blau; an einer Seite funkelten Tische aus Glas und Messing. Der angenehme Geschmack dieses Heims besaß eine Art sorgfältige Neutralität, die mir schon in Mrs Begleys Wohnung mit dem makellosen Porzellan aus den fünfziger und sechziger Jahren, dem Mobiliar aus hellem Holz und der eleganten »zeitgenössischen« Metallmenora aufgefallen war. Während meiner immer häufigeren Besuche hatte ich mir Gedanken darüber gemacht, und erst jetzt, als ich im Eingang von Jack Greenes komfortabler Wohnung auf der anderen Seite der Welt stand, fiel mir auf, dass in diesen Wohnungen keinerlei Familienerbstücke standen, wie man sie beispielsweise im Haus meiner Mutter antrifft, keine schwer gerahmten alten Familienfotos und antiken Marmortintenfässer und alten Messingmenoras (wie die mit den aufsteigenden Löwen von Judäa, die mein Großvater meiner Mutter hinterlassen hatte) oder die kleinen Braut- und Bräutigamfiguren aus Papier, die 1928 auf der Hochzeitstorte der Eltern meiner Mutter gestanden hatten. Natürlich gab es keine Spuren der europäischen Vergangenheit, der Familiengeschichte. Sie waren allesamt zerstört.

Wir schüttelten Jack die Hand und traten ein. Im Innern erwarteten uns seine Frau Sarah, eine hübsche blonde Dame mit sanftem Gesicht und freundlichem Wesen, und seine Tochter Debbie, die, wie ich schätzte, ungefähr in meinem Alter war und Sarahs offenes, angenehmes, hübsches Gesicht hatte, allerdings mit einem dunklen Teint, den sie von Jack geerbt haben dürfte. Mich verblüffte, dass sie gekommen war, um sich unser Gespräch mit ihrem Vater und seinen Freunden anzuhören, wo sie deren Geschichten doch wohl schon viele Male gehört hatte. Andererseits konnte ich es verstehen. Auch ich wollte manche Geschichten immer wieder aufs Neue hören.

Noch jemand erwartete uns bei Jack und Sarah, er saß schon im Esszimmer am Tisch, darauf ein weißes Spitzentuch, auf dem Matt und ich etwas linkisch das Aufnahmegerät und die Fotoausrüstung ablegten, und zwar Jacks Bruder Bob. Bob kannte ich bereits. Im Sommer zuvor war er in New York gewesen und hatte mich besucht, hatte mir beim Eistee genauer erzählt, wie er, Jack und ihr mittlerweile verstorbener Vater Moses überlebt hatten, indem sie sich in einem mit Laub getarnten unterirdischen Bunker in einem Wald außerhalb von Bolechow versteckten. Bob erzählte mir, dass sie mithilfe eines ukrainischen Bauern unmittelbar vor den letzten Liquidierungen 1943 dorthin geflohen waren. Diese Geschichte hatten sie, wie ich wusste, schon häufig erzählt, erst für ein Buch, das der deutsche Journalist Anatol Regnier geschrieben hatte (der, worauf mehr als einer der Australier verschiedentlich und nicht ohne eine gewisse Ungläubigkeit verwies, *mit einer beliebten israelischen Sängerin verheiratet war!*), und dann noch in einem Dokumentarfilm eines deutschen Fernsehsenders aus Anlass von Jacks und Bobs Rückkehr nach Bolechow 1996.

Wie Jack, war Bob von mittlerem Wuchs, doch er hatte etwas Drahtiges, Sportliches. Er kam mir vor wie einer, der viel im Freien ist, und es überraschte mich nicht, als ich später erfuhr, dass er täglich ausgiebige Gänge am Strand unternahm. Als ich Bob kennenlernte, hatte ich schon mehrmals mit Jack telefoniert, und mir fiel auf, dass Jack, der 1925 geboren wurde und daher neunzehn war, als die Nazi-Besatzung in Bolechow endete, mit einem ausgeprägten polnisch-jüdischen Akzent sprach, während Bob, der Jahrgang 1929 ist und daher bei Kriegsende gerade mal ein Teenager war, fast vollständig australisch klang. Dieser Unterschied in der Sprechweise gewann für mich mit zunehmender Dauer meines Besuchs eine immer größere Bedeutung. Ich empfand Jack vielleicht eher als Bürger der ehemaligen Welt, vielleicht als jüdischer; er würzte seine Konversation mit jiddischen und manchmal auch hebräischen Ausdrücken. Bob dagegen erschien mir im Verlauf der nächsten Tage als einer, der entschlossen war, sich von der Vergangenheit zu befreien. Vielleicht war die Erosion seines Akzents, der Sprachmuster und Klänge, die seine Sprache früher einmal charakterisiert hatten, kein ganz natürlicher Prozess gewesen. Er war eindeutig nicht sehr religiös.

Allerdings hatte Bob seinen Familiennamen behalten, Grunschlag, Jack dagegen hatte ihn anglisiert. Zwischen Brüdern kann es schon merkwürdig zugehen.

Und so warteten Jack, Sarah, Debbie und Bob darauf, von den Amerikanern interviewt zu werden. Als wir die Wohnung betraten, sahen wir, dass außerdem noch ein betagter Herr bereits am Tisch saß. Jack hatte mir von ihm erzählt: Boris Goldsmith, der neunundachtzig war und gegenüber von Shmiel und seiner Familie gewohnt hatte. Jack hatte mir schon gesagt, dass Boris ziemlich schwerhörig sei – den ganzen Nachmittag griff er sich immer wieder ans Ohr, um sein Hörgerät einzustellen –, aber als ich ihm dann begegnete, wirkte er klar und stabil und zeigte einen guten Humor. Er trug ein gelbbraun-schwarzes Sportsakko mit Hahnentrittmuster, und als er Hallo sagte und uns die Hand gab, fiel mir auf, dass in seinem Mund Metall schimmerte. Inzwischen assoziierte ich dieses Aussehen mit Osteuropa.

Matt und ich bereiteten das Interview vor, während wir alle auf das Eintreffen des letzten Gastes warteten, Meg Grossbard, die wie Jack, wie Bob, wie die anderen nach dem Krieg die unglaubliche Reise von Bolechow nach New South Wales unternommen hatte. (Wissen Sie, hatte Jack mir ein Jahr zuvor beim ersten Anruf erzählt, viele von uns hatten sich schon vor dem Krieg überlegt, nach Australien zu fliehen. Diese Idee haben wir uns bewahrt und sind dann eben hier gelandet.) Später erfuhr ich, dass von Megs Familie – allein in Bolechow sechsundzwanzig Menschen – nur Meg, ihr Mann und dessen viel älterer Bruder den Krieg überlebt hatten. Meg und ihr Mann hatten sich in Melbourne niedergelassen, wo es, wie in Sydney, eine beträchtliche Zahl Überlebender gab; ihr Schwager, Salamon Grossbard, war nach Sydney gegangen. Nachdem seine Frau und seine Kinder umgebracht worden waren, hatte er nicht mehr geheiratet. Jetzt war er sechsundneunzig und, wie Jack mir sagte, zu gebrechlich, um an jenem Wiedersehen teilzunehmen. Meg dagegen war extra aus Melbourne hergeflogen und übernachtete bei ihrem Schwager.

Sie wird gleich hier sein, sagte Jack.

Hoffentlich kommt sie nicht zu spät, sagte ich.

Mit undurchsichtiger Miene sagte Jack: Sie hat ihren ganz eigenen Kopf.

Diese Mrs Grossbard wollte ich besonders gern kennenlernen. Aber nur zum Teil deshalb, weil Jack mir erzählt hatte, dass Meg (die diesen englisch klingenden Vornamen bei der Ankunft in Australien angenommen hatte) Frydkas beste Freundin gewesen war; wenn ich etwas über Frydka erfahren wolle, sagte er, dann solle ich mit ihr sprechen, da er mir nur Dinge über Ruchele erzählen könne. Doch so interessant und wesentlich das für mich war, wollte ich doch noch mehr Mr Grossbard sprechen, obwohl

Jack mir gesagt hatte, dass er zu denen gehörte, die von den zurückweichenden sowjetischen Truppen im Sommer 1941 mitgenommen worden waren, und mir daher nichts davon erzählen könne, was mit meiner Familie während des Krieges geschehen sein mochte: Er war die ganze Zeit, in der Bolechow unter den Deutschen gelitten hatte, tief in der Sowjetunion gewesen. Während dieser Zeit waren auch seine Frau und sein kleiner Sohn umgebracht worden.

Doch ich hatte meine Gründe, diesen Mr Grossbard unbedingt sprechen zu wollen. 1908 geboren, gehörte er einer früheren Generation als Jack, Bob und Meg an, die schließlich die Freunde und Schulkameraden von Shmiels Kindern, den verlorenen Cousinen meiner Mutter, gewesen waren. Neunzehnhundertacht war das Jahr, in dem die jüngste Schwester meines Großvaters, Neche, Jeanette, die todgeweihte Braut ihres Cousins, geboren wurde: und dennoch war sie schon so lange tot, schien so vollkommen der Vergangenheit anzugehören, dass ich sie mir, als ich von Mr Grossbard hörte, unmöglich als eine vorzustellen vermochte, die noch am Leben war. Dieser alte Mann war der letzte lebende Bolechower der Generation meines *Großvaters*. So wie ich die Fantasie gehabt hatte, als ich erstmals von Mrs Begley hörte, dass sie eine jener verlorenen Jägers gekannt haben oder ihnen vielleicht auch nur kurz begegnet sein könnte, so bildete ich mir jetzt ein, dass dieser alte, alte Mann als Kind vielleicht eines der Jäger-Kinder gekannt hatte, vielleicht von der Baron-Hirsch-Schule, vielleicht vom *chejder*, der hebräischen Schule, vielleicht vom Spielen auf den ungepflasterten Straßen der Stadt, und selbst wenn er sich nur vage an den Namen eines von ihnen erinnerte – den meines Großvaters vielleicht oder des hoffnungslosen Onkel Julius und vielleicht an Jeanette –, dann würde er sie nicht nur, wenn auch nur für einen Augenblick, in die Gegenwart zurückrufen, sondern mir in gewissem Sinne etwas noch Kostbareres wiedergeben. Hatte ich meine Reisen auf der Suche nach Shmiels Familie allmählich als eine Art Rettungsmission begriffen, bei der ich einige Scherben ihres Lebens, ihrer Persönlichkeit der Vergangenheit entriss, so sah ich die jetzige Reise, auf der ich die Aussicht hatte, mit diesem uralten Mr Grossbard zu sprechen, als eine Mission an, etwas von meinem Großvater zu bergen.

Das war meine heimliche Hoffnung. Wenn mit dieser Mrs Grossbard alles gut lief, so dachte ich, dann würde ich sie auch überreden können, mich mit ihrem Schwager sprechen zu lassen.

Während wir auf Meg warteten, setzten wir uns alle an Jacks und Sarahs Esstisch mit der Spitzendecke. Sarah hatte schon Tassen und Teller hingestellt, bereit für Kaffee und Kuchen; wenn Meg kam, wollten wir essen und reden. Derweil sah Jack sich die Fotos an, die ich mitgebracht hatte, teils alte Familienbilder, teils welche von meiner Reise nach Bolechow.

Wissen Sie, sagte er, wir hatten für jede Stadt in der Gegend einen Spitznamen.

Spitznamen?, wiederholte ich.

Sure, sagte Jack (er gebrauchte das Wort mit Emphase, und oft gebrauchte er auch *That's right*, eine Wendung, die er mit einer leicht polnischen Modulation aussprach, *det's rhight*, wozu er auch emphatisch nickte).

Zum Beispiel, fuhr Jack fort, sagte man, jemand ist ein *Bolechower kricher*, also ein *Kriecher*.

Kriecher.

Warum?, fragte ich.

Weil man da herumkriechen musste – es gab so viele Straßen und Viertel! Er lächelte, von seiner Erinnerung belustigt.

So viele Viertel?, wiederholte ich. Ich war verwirrt, da ich mir Bolechow immer als kleines Dorf vorgestellt hatte. Als wir dort gewesen waren, schien es aus wenig mehr als dem Rynek zu bestehen, dem großen Platz, der Straße, die von Striy im Norden hereinführte, und der, die zum Friedhof ging. Wie sich herausstellte, hatten wir nur sehr wenig von der Stadt gesehen. Es gab nämlich noch viel mehr.

Sure, sagte Jack. Zum Beispiel, erklärte er, gab es eine hübsche Gegend in Bolechow – dabei schaute er sich eine Fotografie an, einen der Schnappschüsse von unserer ukrainischen Reise von vor zwei Jahren –, die nannten wir die deutsche Kolonie. Es gab eine deutsche Kolonie und eine italienische. Dann noch ein Viertel namens *Bolechow Ruski*.

Matt und ich sahen einander an und lachten über die Vorstel-

lung, dass es in diesem winzigen Schtetl »Kolonien« gegeben
haben soll, und auch Jack lachte.

Ja, wir waren große Charlies!, krähte er. Wie er *Charlies* aussprach, als würde es »chollies« geschrieben, erinnerte mich so
lebhaft an meinen Großvater, dass es mir erst einmal die Sprache
verschlug.

Jack fuhr fort. Oder Lwów, sagte er. Das hieß *Lemberger
pipik*. Er grinste.

Pipik? Pipik ist das jiddische Wort für Nabel.

Ja, sagte er. Weil es dort einen Platz gab, einen Rynek, mitten-
drin, genau wie ein Bauchnabel! Dolina haben wir *Dolina hojse*
genannt. *Hojse*, das ist eine Hose. Weil es da bloß zwei Straßen
gab, das hat ausgesehen wie eine Hose!

Er hielt kurz inne. Ich hatte die Namen dieser Städte schon
lange gekannt und sie lange für nichts als Reiseziele gehalten, für
Orte, die an bestimmte Daten oder bestimmte Leute aus meinem Familienbaum gebunden waren. Und nun hatten sie plötzlich eine Art Leben, weil ich sie mir durch die Augen von Menschen vorstellen konnte, die dort gelebt hatten, die noch immer
diese albernen, liebevollen Spitznamen für sie kannten.

Gerade als Jack *Dolina hojse* erklärte, klingelte es an der Tür,
und Mrs Grossbard kam herein.

Sie war anders, als ich erwartet hatte. Klein, aber kerzengerade,
das kastanienbraune Haar mit den aufwendigen kupferfarbenen
Strähnchen zu einer makellosen und sichtlich kostspieligen Frisur zurückgestrichen, verströmte sie eine Aura, die forsch und
distanziert zugleich war. Sie trug dunkle Farben, die ihr leuch-
tendes Haar noch betonten, eine schwarze Seidenbluse, einen
violetten Pullover. Große goldene Ohrringe schmückten ihre
langen Ohrläppchen. Jack küsste sie auf beide Wangen, als sie
hereinmarschierte.

Das ist Daniel Mendelsohn, sagte er und zeigte auf mich, dann
zeigte er auf Matt und sagte lächelnd: Und auch das ist Mr Mendelsohn.

Ich freue mich ja so, Sie zu sehen, sagte ich. Meine Mutter ist
Frydkas Cousine.

Ja, sagte sie, ging an mir vorbei und setzte sich an den Tisch, wo sie sogleich nach einigen Fotos griff, *ich weiß*. Brüsk sah sie sich mit ernster Miene die Bilder an, die Matt auf unserer Reise durch die Ukraine gemacht hatte: ein altes Weib in L'viv, die aus einer Tür kommt, in deren Rahmen man so gerade eine Rille für die Mesusa erkennen kann, die dort einmal angebracht war; ein alter Mann auf dem kleinen Platz von Bolechow, eine Ziege an der Leine.

Während ich dastand und überlegte, was ich sagen sollte, fiel mir auf, dass die Atmosphäre behutsamen Erinnerns, die die erste Viertelstunde dieses merkwürdigen Wiedersehens geprägt hatte, jetzt aufgeladen war. Und offensichtlich war ich nicht der Einzige, den Meg Grossbard nervös machte. Ich überlegte, welche privaten Geschichten, die sechzig Jahre zurückreichten, hinter der höflichen Begrüßung lagen, die die anderen ihr entboten hatten. Ein halbes Jahr später sollte ich es erfahren.

Schon jetzt fürchtete ich mich ein wenig vor ihr – vor dieser Frau, von der ich abhängig war, um Frydka aus der völligen Finsternis retten zu können, und die schon jetzt auf undefinierbare Weise, aber dennoch spürbar Widerstand leistete –, und ich merkte, wie ich versuchte, sie zu besänftigen, so wie ich es als kleiner Junge bei der vierten und letzten Frau meines Großvaters getan hatte, dieser schwierigen, muffigen Frau mit der Tätowierung auf dem Arm, vor der wir alle Angst hatten. Als Mrs Grossbard sich mir daher zuwandte, dabei eine Fotografie aus einer Plastiktüte zog und mir reichte, eine Studioaufnahme von Frydka, auf der das hübsche, langhaarige Mädchen ein Kopftuch trägt und nur sehr vage lächelt, ein Bild, das ich noch nie gesehen hatte und auf dem sie ganz auffallend meiner Mutter ähnlich sieht – als Mrs Grossbard sich mir also zuwandte und sagte: Das ist Frydka Jäger, war ich so blöd zu antworten, wie um zu bestätigen, was sie für wichtig hielt: Das ist die Cousine meiner Mutter. Sie sah mich ohne ein Lächeln an und sagte: Ja, ich weiß, sie war meine Freundin, wobei sie auf das Wort »meine« eine feine, besitzergreifende Betonung legte.

Sie wandte sich wieder ihrer Tüte zu. Ich habe nur ein paar Gruppenfotos von Frydka, sagte sie. Sie erklärte, dass sie nicht ihr gehörten, sie hätten einer Freundin von ihr und Frydka gehört, einer jungen Frau namens Pepi Diamant.

Di-AH-mant.

Sie ist umgekommen, aber ihr Album hat es überlebt, sagte Mrs Grossbard tonlos. Ich habe ihr Album nach dem Krieg gefunden, als ich nach Bolechow zurückkam, und ich habe ein paar herausgenommen – ihre Bilder, meine Bilder, Frydkas Bilder.

Ich wusste, dass sie damit Bilder von Pepi, Bilder von Meg, Bilder von Frydka meinte (Pepis Spitzname, das kam an jenem Nachmittag heraus, war Pepci gewesen, gesprochen *PEP-scha*). Merkwürdigerweise reichte Meg mir da noch keines dieser wie durch ein Wunder erhaltenen Fotos, damit ich sie ansehen konnte. Durch das Plastik erkannte ich auf den Schnappschüssen nur vage Konturen von Mädchengruppen, in Sommerröcken, vor Gartentüren posierend, im Badeanzug am Wasser, in wespentaillierten Winterjacken auf Skiern.

Auf der anderen Seite des Tischs sah sich Boris Goldsmith, eingekeilt zwischen Jack Greene und Bob Grunschlag, weitere Fotos an; man spürte richtiggehend, dass sie darauf warteten, dass das Gruppeninterview endlich begann. Mrs Grossbard ignorierte sie und fuhr fort: Ich habe Frydka zum letzten Mal – da konnten wir noch frei umhergehen – im Februar 'zweiundvierzig gesehen. Zum letzten Mal …

Ihre Stimme wurde leiser. Plötzlich unterbrach sie sich und sah mich zum ersten Mal direkt an. Sie sehen sehr arisch aus, sagte sie mit einem vorwurfsvollen Unterton.

Ich war verblüfft. Ach ja?, sagte ich, halb belustigt.

Ja, schoss Meg zurück. Das ist sehr wichtig, müssen Sie wissen. Wir haben da so eine kleine Geschichte laufen, wir alle. Weil jemand, der so aussah wie Sie, die Chance zum Überleben hatte.

Dazu fiel mir keine passende Antwort ein, also zog ich stattdessen eine Fotografie hervor, die meinem Großvater gehört hatte, ein Bild, auf dem Shmiel, weiße Haare und müder Blick, und Ester, stämmig, großer Busen und in bedrucktem Kleid, schützend zu beiden Seiten von Bronia stehen, die ungefähr zehn sein dürfte. Ich legte das Foto vor Meg Grossbard auf den Tisch, sie nahm es vorsichtig in die Hand. Zum ersten Mal schienen sich die Härte, der Widerstand aufzulösen, und Meg Grossbard nickte sanft und sagte leise: Ja. Das waren ihre Eltern.

Und sie lächelte – ebenfalls zum ersten Mal.

An jenem Tag sollte noch viel geschehen, noch eine ganze Menge über Shmiel und seine Familie gesagt werden, aber wenn ich an unsere seltsame Reise nach Australien denke, verweile ich bei diesem Augenblick. Wie beiläufig wir uns Fotos bedienen, wie faul wir durch sie geworden sind. Wie sieht Ihre Mutter aus?, möchte jemand wissen, und Sie sagen: Moment, ich zeige sie Ihnen, und Sie rennen zur Schublade oder zum Album und sagen: Da ist sie. Aber wenn Sie nun gar keine Fotos von Ihrer Mutter, von keinem aus der Verwandtschaft haben – nicht mal von Ihnen selbst vor einem bestimmten Alter? Wie würden Sie erklären, wie sie, sie, Sie aussahen? Darüber hatte ich nie richtig nachgedacht, bis ich an jenem Sonntagnachmittag mit Meg Grossbard sprach und erkannte, wie nachlässig, ja gedankenlos ich war, dass ich um die Welt reiste und mit diesen Überlebenden sprach, die mit praktisch nichts als sich selbst überlebt hat-

220

ten, und ihnen den reichen Schatz an Fotografien zeigte, die seit Jahren im Besitz meiner Familie waren, all die Fotografien, die ich angestarrt und von denen ich später, als Erwachsener, geträumt hatte, die Bilder von Gesichtern, die für mich an und für sich keinerlei echte emotionale Bedeutung gehabt hatten, die aber den Menschen, denen ich sie nun zeigte, plötzlich die Kraft gaben, sich an die Welt und das Leben zu erinnern, aus dem sie vor so langer Zeit gerissen worden waren. Wie dumm, wie unsensibel ich gewesen war. In dem Moment, als Mrs Grossbard *Das waren ihre Eltern* sagte, wurde mir bewusst, dass sie nicht lediglich die Identität der Leute auf der Fotografie bestätigte, sondern damit in gewisser Weise zum Ausdruck brachte, dass sie den Blick auf Gesichter richtete, die sie seit sechzig Jahren nicht gesehen hatte, was sie sich niemals hätte träumen lassen, Gesichter, die ihre verlorene Mädchenzeit für sie wieder auferstehen ließen. *Das waren die Eltern meiner Freundin.* Ich stellte mir vor, dass sie es unfair gefunden haben muss, dass dieser junge Amerikaner in ihr Leben eindrang und ihr plötzlich Fotos von Leuten hinhielt, die er nie gekannt hatte, als wären es Spielkarten, und sie sollte eine ziehen, Fotografien der Eltern ihrer Freundin, wo sie nicht einmal Fotos ihrer eigenen Eltern hatte, die sie sich ansehen konnte. Und so machte mir das Bild, das ich ihr an jenem Sonntag zeigte, ein Bild, das ich seit meiner Jugend unzählige Male angeschaut hatte, zum ersten Mal bewusst, wie seltsam mein Verhältnis zu den Leuten war, die ich interviewte, Leuten, die reich an Erinnerungen, aber arm an Erinnerungsstücken waren, wohingegen ich so reich an Erinnerungsstücken war, aber keine Erinnerungen hatte, die mit ihnen einhergingen.

Die Bedeutung von Bildern – die Art und Weise, wie ein Bild, das für den einen im Wesentlichen Unterhaltung ist, für den anderen unerwartet zutiefst emotional, ja traumatisch sein kann – ist das Thema einer der berühmtesten Passagen in der gesamten klassischen Literatur. In Vergils Epos *Aeneis*, ein Gedicht nicht ohne Bedeutung für Überlebende verheerender Vernichtungen, ist der Held, Aeneas, ein junger trojanischer Prinz, einer der wenigen Überlebenden der Zerstörung Trojas (der Trojanische Krieg ist das Thema von Homers *Ilias* mit ihren wirbelnden, ringartigen Anekdoten). Da seine Stadt zerstört ist, seine Zivilisation in Trümmern liegt und praktisch alle Freunde und Verwandten ermordet worden sind, durchreist Aeneas die Welt auf der Suche nach einem Ort, wo er sich niederlassen und von vorn beginnen kann. Dieser Ort wird schließlich Rom, die Stadt, die er gründet, doch bevor der traumatisierte Aeneas nach Rom kommt, macht er noch Rast in einer Stadt namens Karthago in Nordafrika, die selbst (wie wir im Ersten Gesang der *Aeneis* erfahren) von einer gejagten, verzweifelten Exilantin gegründet wurde, einer Frau namens Dido, in die Aeneas sich bald verliebt und die er später verlässt, womit er ihr das Herz bricht. Als Aeneas und ein Gefährte in die betriebsame Stadt kommen, streifen sie herum und bestaunen die neu errichteten Gebäude und Monumente. In einem prachtvollen neuen Tempel bleiben die beiden plötzlich wie angewurzelt stehen; vor ihnen ist ein Wandgemälde, das mit Bildern vom Trojanischen Krieg versehen ist. Für die Karthager ist der Krieg lediglich ein dekoratives Motiv, etwas, womit sie die Wände ihres neuen Tempels verzieren, doch für Aeneas bedeutet es viel mehr, und wie er so das Bild betrachtet, das ein Bild seines Lebens ist, bricht er in Tränen aus und spricht eine gequälte Zeile Lateinisch, die so berühmt werden sollte, so sehr Teil des Gefüges der westlichen Zivilisation, dass sie praktisch überall auftaucht: als Name einer Musikgruppe und Titel eines Musikwerks, als Name von Webseiten und Blogspots, als Titel eines Science-Fiction-Romans, eines Zeitungsartikels, eines wissenschaftlichen Buchs. Als Aeneas auf den furchtbarsten Moment seines Lebens blickt, der die Wand eines Schreins in einer Stadt mit Menschen ziert, die ihn nicht kennen und nichts mit dem Krieg zu tun hatten, der seine Familie und seine Stadt zerstört hat, sagt er: *Sunt lacrimae rerum*, »In allen Dingen sind Tränen«.

Diese Zeile kam mir jedenfalls in den Sinn, als Meg *Das sind ihre Eltern* sagte, und auch später immer dann, wenn ich vor der schrecklichen Diskrepanz stand zwischen dem, was bestimmte Bilder und Geschichten mir bedeuteten, mir, der nicht dabei gewesen war und für den die Bilder und Geschichten daher nie mehr als interessant oder erbaulich oder tief »bewegend« sein konnten (in dem Sinn, wie man sagt, ein Buch oder ein Film sei »bewegend«), und was sie für diejenigen darstellten, mit denen ich sprach, für die diese Bilder und Geschichten tatsächlich ihr *Leben* waren. Für mich wurde die lateinische Halbzeile zu einer Art Überschrift für die schmerzlich unüberbrückbaren Distanzen, die die Zeit schafft. Sie waren da, und wir nicht. *In allen Dingen sind Tränen*, aber wir alle weinen aus unterschiedlichen Gründen.

Sie ist umgekommen, aber ihr Album hat überlebt. Als Mrs Grossbard das mit einem leichten Anflug von Ironie sagte, einem Ton, den ich im Laufe der nächsten Tage als typisch erkannte, erinnerte es mich an eine Geschichte von Fotografien und ihrem Überleben, die Mrs Begley mir einmal bei einem meiner Besuche erzählte. Sie hatte versucht, mir zu beschreiben, wie sie einmal ausgesehen hatte, und auch das Aussehen ihrer Mutter. Es war bei dem Besuch, als sie mir erzählte, wie sie versucht hatte, ihre Eltern und Schwiegereltern zu retten, nur um dann sehen zu müssen, wie ihre Leichen weggekarrt wurden, als sie zum vereinbarten Treffpunkt kam.

Eine wahre Rebecca, hatte sie gesagt, eine echte jüdische Schönheit. Wie kann ich das erklären?

223

Dabei nahm sie ihren Stock in die eine Hand, stützte sich mit der anderen auf die Stuhllehne und erhob sich langsam. Mühsam ging sie ins Schlafzimmer und bedeutete mir mitzukommen. Vor einer Kommode blieb sie stehen. Im Wohnzimmer gab es, wie mir mehrmals aufgefallen war, Dutzende von Fotografien ihres Sohns, seiner Kinder, deren Kinder, Bilder, mit denen sie jedes verfügbare Bord, jede Tischfläche vollgestellt hatte. Hier, im Schlafzimmer, standen auf der makellosen Kommode nur eine Handvoll Fotos, die sehr alt wirkten. Eins nach dem anderen nahm sie sie, reichte sie mir kurz und stellte sie sorgsam wieder auf die Kommode, wobei sie mir bei jedem sagte, wer darauf zu sehen war: Ihre Mutter, ihr Vater – ehrlich gesagt kann ich mich jetzt nicht mehr daran erinnern, weil ich an dem Tag im Jahr 2002 wusste, ich würde noch häufig Gelegenheit haben, sie mir anzusehen und Fragen dazu zu stellen, weswegen ich sie mir nicht allzu genau ansah oder ihr besonders aufmerksam zuhörte, und wenn ich jetzt versuche, sie mir zu vergegenwärtigen, habe ich vage Erinnerungen an das Bild einer attraktiven Frau in einer Pelzstola und an das sehr, sehr alte Bild eines eleganten, ernst dreinschauenden alten Mannes in Schwarz, der ein Rabbi sein mochte oder vielleicht auch nur eine jener runden, irgendwie orientalischen Kappen trug, die erwachsene Männer von gewisser Reife in einer bestimmten Zeit wie selbstverständlich trugen.

Allerdings lauschte ich mit großem Interesse den Geschichten, wie sie wieder in Besitz dieser alten Familienfotos aus ihrer Kindheit in Rzeszów und Kraków kam, da ich mich gefragt hatte, wie sie sie nach der Flucht aus ihrem komfortablen Haus in der Straße des Dritten Mai hatte behalten können, dem Haus, das requiriert und zum Gestapo-Hauptquartier gemacht worden war. Ob sie sie irgendwo am Körper versteckt habe, fragte ich sie, nachdem sie das letzte Bild ordentlich an seinen Platz zurückgestellt hatte, beispielsweise im Futter eines Mantels eingenäht, als sie, verkleidet, von Unterschlupf zu Unterschlupf floh, von falschem Namen zu falschem Namen, ihr kleines Kind im Schlepp.

Mrs Begley sah mich an. *Achhh*, sagte sie: Natürlich nicht, glauben Sie denn, ich war verrückt? Ich will Ihnen erzählen, was geschah.

Langsam gingen wir zurück ins Wohnzimmer. Sie ließ sich wieder auf ihrem Stuhl nieder, dann erzählte sie mir die Geschichte: Wie sie nach dem Krieg, als sie wieder mit ihrem Mann zusammen war, dem großen Arzt aus Stryj, der, wie so viele Ärzte, nach Osten mitgenommen wurde, als die Sowjets sich 1941 zurückzogen, von jemandem kontaktiert wurde, der nun ihr ehemaliges Haus bewohnte, dasjenige, das ich im Sommer zuvor vergeblich gesucht hatte.

Er sagte mir, er habe einen Stapel Fotografien von mir gefunden, sagte sie, und wenn ich sie wolle, könne ich an die und die Adresse Geld schicken.

Sie verzog das Gesicht, ihre Miene war nicht ohne einen gewissen Humor.

Das tat ich dann eine Weile, ich schickte Geld, und er schickte ein, zwei Fotos.

Ich sagte nichts. Ich versuchte mir vorzustellen, wie viel ich wohl zu bezahlen hätte, um meine Vergangenheit auszulösen.

Aber schließlich wurde mein Mann zornig, er hatte die Nase voll, und da ließ ich es.

Sie hielt einen Augenblick inne, und ihr Blick fiel auf die Borde mit den Bildern von Louis und seiner Familie.

Und wie Sie sehen, habe ich jetzt viele Bilder, sagte sie.

Bei Jack Greene löste das Bild von Shmiel, Ester und Bronia allmählich die Zungen, und das Gespräch über meinen verlorenen Großonkel und seine Familie wurde mit einem Mal stürmisch und etwas undiszipliniert. So viele Jahre hatten wir nichts über sie gewusst, was frustrierend war. Aber jetzt war ich aus entgegengesetzten Gründen frustriert, weil ich nicht alles gleichzeitig hören konnte. Da ich nicht wusste, mit wem ich zuerst sprechen, wo ich das Mikrofon meines Aufnahmegeräts hinstellen sollte, Gesprächsfetzen von allen Seiten hörte, sagte ich, während diese vier alten Bolechower aufeinander einredeten, verzweifelt zu Matt: Ich kriege überhaupt nichts mehr mit.

Jack Greene sagte: Ich erinnere mich an die Jägers, ich erinnere mich an Shmiel Jäger, ich erinnere mich an Itzhak Jäger – der ist in den dreißiger Jahren nach Palästina gegangen. Haben Sie das gewusst?

Ja, sagte ich, das habe ich gewusst. Itzhak, Shmiels Bruder, derjenige, wie meine Mutter mir einmal sagte, dem sich ihr Vater am nächsten gefühlt, den er am meisten gemocht hatte, Itzhak, der mit seinen zwei kleinen Kindern von seiner glühend zionistischen Frau von Bolechow in den Nahen Osten gezerrt worden war. Auf der anderen Seite des Tischs versuchte Boris Goldsmith lächelnd, sich Gehör zu verschaffen.

Ich weiß noch, sagte Boris, dass er als Erster in der Stadt ein Radio hatte. Es war groß – mit beiden Händen zeichnete er einen großen Kasten in die Luft – mit einer großen *aerial*, Antenne.

Das *r* von *aerial* steckte ganz oben, ganz hinten in seinem Hals, wo das Zäpfchen hängt – genau da, wo es auch mein Großvater platziert hätte.

Die Antenne, die war sehr hoch, sagte Boris ... Er hatte auch das erste Telefon.

Das erste Radio, das erste Telefon. *Ein großer Fisch in einem kleinen Teich.* Als Boris diese Geschichte erzählte, die ich sehr schätzte, weil sie zu der Vorstellung passte, die ich von Shmiel bereits im Kopf hatte, flimmerten Fragmente einer anderen Geschichte über Geräte und Status an den Rändern meiner Erinnerung, wobei ich mich freilich erst ganz genau erinnerte, worum es ging, als ich wieder zu Hause war und meine Mutter anrief. *Mein Vater kaufte Onkel Itzhak und Tante Miriam den allerersten Kühlschrank, den es in Haifa gab*, sagte meine Mutter am Telefon. *Sie hatten keinen Kühlschrank, und als sie schließlich Stromkabel in ihre Wohnung gelegt bekamen, dachte mein Vater, sie sollten einen Kühlschrank haben, und so hat er ihnen einen geschickt. Itzhak und Miriam waren das Stadtgespräch!* Aber an jenem Nachmittag in Australien konnte ich mich an diese Geschichte nicht erinnern.

Dann haben Sie ihn also gut gekannt?, fragte ich Boris Goldsmith.

Ich habe ihn sehr gut gekannt!

Und dann fiel mir nichts mehr ein. Das war das Eigenartige an der Reise: Da war ich nun endlich hier und redete mit Leuten, die sie gut gekannt hatten, sehr gut sogar, und ich hatte keine Ahnung, wo ich anfangen sollte. Ich kam mir vor wie einer, der vor einer verschlossenen Tür steht und einen sehr großen Schlüsselbund gereicht bekommt. Mir wurde bewusst, wie schlecht ich vorbereitet war. Wie findet man denn heraus, wer jemand war? Wie beschreibt man eine Persönlichkeit, ein Leben? Unbeholfen, verlegen wandte ich mich an Boris Goldsmith.

Wie war er denn so?, fragte ich.

Boris wirkte verblüfft.

Er war ein normaler Mensch, sagte er langsam. Er war Fleischer. Er hatte zwei Laster. Er ist immer von Bolechow nach Lwów gefahren.

Fleischer, Laster, Lwów. Das wusste ich schon oder hätte es mir denken können. Ich war ratlos.

Und haben Sie auch Ester gekannt?, fragte ich dümmlich.

Oh ja ... ich bin sehr oft hingekommen. Es war doch direkt gegenüber. Ich habe da schon gewohnt, bevor er dort eingezogen ist ...

Er hatte direkt gegenüber von ihnen gewohnt! Da erinnerte ich mich, wie kostbar der Augenblick anderthalb Jahre zuvor gewesen war, als wir Olga und Pjotr begegneten und sie sagte: *Snaju, snaju, ich habe sie gekannt, ich habe sie gekannt.* Damals hätte ich nicht im Traum daran geglaubt, noch näher an sie heranzukommen. Und nun war ich hier, und die einzige Frage, die mir einfiel, war: Wissen Sie noch, wann er eingezogen ist?

Boris schüttelte bedauernd den Kopf und sagte: Das weiß ich nicht mehr. Es war vor langer, langer Zeit.

So wie er *vor langer, langer Zeit* sagte, könnte man ein Märchen anfangen oder auch beenden. Es wurde still im Zimmer. Dann redete Boris weiter.

Das Haus stand bereits, sagte er. Als er eingezogen ist, hat er mit dem Umbau angefangen. Dann hat er zwei Laster gekauft, Studebaker. Er war Disponent, er hatte einen Kompagnon, der hieß Schindler.

Ich warf Matt einen Blick zu. Er grinste mich an, sagte aber nichts.

Boris fuhr fort: Als 'neununddreißig die Russen kamen, haben sie ihm die Laster weggenommen, und dann ist er aufs Land und hat für die Regierung Vieh gekauft, *cattles.*

Cattles. Mein Großvater hätte es so gesagt: *kettles.*

Vieh für die Regierung gekauft?, fragte ich. Das war interessant: Ich hatte mich immer gefragt, was in den zwei Jahren unter sowjetischer Herrschaft, zwischen 1939 und 1941, aus Shmiel wurde.

Bob warf ein: Für die Regierung, weil er zu der Zeit bei der Regierung angestellt war.

Er war bei der Regierung angestellt!, pflichtete Boris ihm laut bei. Ja, die Kommunisten!

Erst später las ich den Bericht eines Überlebenden, der über die sowjetischen Jahre geschrieben hatte, die Auflösung und anschließende Verstaatlichung aller Betriebe, die untragbar hohen Steuern, den Zerfall des polnischen Złoty und damit die jähe Verflüchtigung jeglicher Liquidität, die Schlangen in den wenigen Geschäften, in denen es noch Waren gab. Dann auf einmal die Deportationen »bürgerlicher Konterrevolutionäre« nach Sibirien, die immer nachts geschahen – ein Glück im Unglück, wie sich später zeigte. Ich las das und versuchte mir vorzustellen, was *aufs Land gehen und Vieh für die Regierung kaufen* für Shmiel bedeutet haben könnte, der viele Jahre zuvor ein Leben in den Vereinigten Staaten verworfen hatte, um das Vermögen seiner Familie wieder aufzubauen. Die Liquidierung des alten Familienbetriebs, die Beschlagnahmung der beiden Studebaker-Laster, die Übernahme der Pflichten, die einst dem wichtigsten Mann des Fleischerkartells oblegen hatten, durch einen kleinen Sowjetbeamten, und schließlich die Zuweisung einer demütigend niedrigen Arbeit – auch wenn sie mit dem Geschäft zu tun hatte, in dem er sich so gut auskannte. Überhaupt sah ich Shmiel erst richtig als Fleischer, als einen, der sich seinen Lebensunterhalt mit Tieren verdiente, so wie es seine Familie seit Generationen getan hatte, als Boris *aufs Land gehen und Vieh für die Regierung kaufen* sagte. Wenn mein Großvater in meiner Kindheit zu Besuch kam, setzte er mich und manchmal auch meine Mutter immer wieder in ihren Kombi und fuhr mit uns zum nächsten Einkaufszentrum, wo es, eingezwängt zwischen einem Frisiersalon und einer Apotheke, einen koscheren Fleischer gab. Dieses Geschäft, schmal und stets unangenehm kalt wegen der niedrigen offenen Kästen an einer Seite, die voller tiefgefrorener

Plastikpäckchen mit Kischke und Leber waren, wurde von zwei Brüdern betrieben, mit denen mein Großvater ausgiebig auf Jiddisch schwatzte. Ich fragte mich oft, warum wir den Laden fast immer verließen, ohne etwas gekauft zu haben, und erst als Boris sagte, *er ist aufs Land und hat für die Regierung Vieh gekauft*, wurde mir klar, dass mein Großvater da nicht nur hinging, um den Klang des Jiddischen zu hören, sondern auch, um über Fleisch zu sprechen, über das Gewerbe seiner Familie.

Bei Boris' Erzählung fiel mir etwas auf. Wenn Shmiel irgendwann in ein Haus gegenüber von Boris Goldsmith gezogen war, dann war das Haus, das wir in Bolechow besucht hatten, das angestammte Jäger'sche Haus auf dem Grundstück Nr. 141, wo heute Stefan und Ulyana wohnten, nicht, wie ich angenommen hatte, das, in dem Shmiel und seine Familie gewohnt hatten und von dem aus sie wie auch immer in den Tod gegangen waren. Das wollte ich genau wissen, und so befragte ich Boris weiter.

Und als er da einzog, hatte er da schon die vier Mädchen –?

Boris machte ein überraschtes Gesicht. Er hatte *drei* Mädchen. Ich erinnere mich nur an *drei* Mädchen.

Na, sagte ich, es waren vier, aber –

Ich glaube nicht, dass es vier waren. Das glaube ich nicht …

Boris nahm das Bild mit Shmiel, Ester und Bronia, das inzwischen den Tisch umrundet und zu ihm gelangt war. Ich nahm einige andere Fotos, lehnte mich über den Tisch und zeigte darauf.

Lorka, Frydka, Ruchele und Bronia, sagte ich. Am anderen Ende des Tischs richtete sich Meg Grossbard plötzlich auf.

Und Bronia!, sagte sie. Ja! Sie lächelte.

Doch Boris war nicht überzeugt. Ich erinnere mich nur an drei, beharrte er. Ich bin mir ganz sicher, dass er nur drei Töchter hatte.

Da lächelte Sarah Greene und sagte: Na, die müssen es doch besser wissen, die waren ihre Familie!

Alle lachten. Ich hatte Angst, dass ich, indem ich mit meinem Beharren darauf, was meines Wissens die Wahrheit war, Boris gekränkt hatte, weil ich damit seine Erinnerung infrage gestellt hatte.

Boris ließ aber nun die Töchter sein und sagte ein wenig spitz: Er war Fleischer. An seine Verwandten erinnere ich mich nicht.

Erinnern Sie sich, ob er einen Bruder hatte, der nach Palästina ging?, fragte ich.

Seinen Bruder kenne ich nicht, sagte Boris knapp. Bloß, dass er einmal eine *Familie* hatte.

Um das Thema zu wechseln, fragte ich alle, ob es auch noch andere Jägers in Bolechow gegeben habe. Mein Großvater hatte erzählt, als er ein Junge war, habe er noch Cousins und Cousinen dort gehabt – Jägers, die mit seiner Tante Sima verwandt gewesen seien, derjenigen, auf deren Grabstein ich auf dem Bolechower Friedhof so unverhofft gestoßen war.

Genau das habe ich eben Jack gefragt, sagte Mrs Grossbard und wandte sich mir zu. Am Rynek hat es Jägers gegeben. Es waren Onkel von Dusia Zimmerman … die Brüder ihrer Mutter. Ihre Mutter war eine Jäger. Sie hatten einen Süßwarenladen, eine *cukierna*.

Dann fragte sie Jack auf Polnisch, wie man *cukierna* auf Englisch wiedergibt. Sarah Greene sagte: Ein Kaffeehaus?

Meg hob eine manikürte Hand. Nein, nein, nein, nein, sagte sie.

Dieses vierfache *nein* war, wie ich im Laufe des Tages erfahren sollte, eine Angewohnheit von ihr, wenn sie sich über die Ungenauigkeiten der anderen ärgerte. Ihre Stimme war angespannt und humorlos.

Kein Kaffeehaus, tut mir leid, sagte sie. Bei uns gab es keine *Kaffeehäuser*.

Alle lachten, ob über Megs Verärgerung oder die Absurdität, dass ein kleines Schtetl wie Bolechow so etwas wie ein Kaffeehaus zu bieten hatte, vermochte ich nicht zu sagen.

Ich habe Frydka mein ganzes Leben gekannt, sagte Meg. Das letzte Mal habe ich sie 'einundvierzig gesehen, als wir noch auf die Straße konnten. Und was dann mit ihr passiert ist, weiß ich nicht. Ich habe keine Ahnung. Aber Lorka habe ich noch einmal im Januar oder Februar 'zweiundvierzig gesehen, bei einer anderen Freundin, denn dort war ihr Freund.

Ich bin die Windungen der englischen Syntax gewöhnt, wenn sie durch das Polnische gefiltert ist, aber ich war mir nicht sicher, auf wen sich das »ihr« bezog.

Wessen Freund war da?, fragte ich Meg.

Lorkas Freund, antwortete sie. Er hieß Yulek Zimmerman. Da habe ich sie zum letzten Mal gesehen, denn Yulek hatte eine jüngere Schwester, mit der wir befreundet waren, Frydka und ich.

Sie erklärte: Anfang 1942, bevor die Juden von Bolechow nicht mehr auf die Straße durften, war Meg zu diesen Zimmermans gegangen, um ihre Freundin Dusia Zimmerman zu besuchen, und als sie hinkam, war auch Dusias älterer Bruder da, Yulek, mit Lorka Jäger, seiner Freundin.

Dann hatte sie also einen Freund, dachte ich.

Während Meg bei dieser Geschichte verweilte, die sie ein paar Tage später, als ich sie und den alten Mr Grossbard dann doch besuchte – nicht, wie sich zeigte, ohne gewisse Schwierigkeiten –, noch einmal erzählte, überlegte ich, warum der Name *Zimmerman* mich an etwas erinnerte. Und dann fiel es mir ein: An unserem letzten Tag in Bolechow anderthalb Jahre zuvor hatten uns einige alte Frauen gesagt, jemanden namens Jäger hätten sie nicht gekannt, dafür aber eine Familie Zimmerman, doch ich hatte nicht weiter mit ihnen sprechen wollen, weil Leute mit Namen Zimmerman ja nichts mit uns zu tun hatten.

Ich fragte Meg: Dann haben Sie sie also gekannt, seit Sie ein kleines Mädchen waren? Womit ich Frydka meinte.

Oh ja, wir sind zusammen groß geworden.

Und die anderen Schwestern, haben Sie die überhaupt gekannt?

Sie verzog das Gesicht. Ich war sehr oft bei ihnen, sagte sie nach einer Weile. Sie waren reizend, sie waren freundlich. Es war ein sehr nettes Haus. Sehr warm, sehr freundlich.

Nach einer Pause setzte sie hinzu: Es war eingeschossig, aber geräumig. Es war weiß gestrichen, wie ich mich erinnere.

Wieder war ich verwirrt und frustriert – wütend auf mich gewissermaßen. Sie hatte sie so gut gekannt, und mir wollte partout nicht einfallen, welche Fragen ihrem Gedächtnis einen lebendigen Eindruck davon entlocken konnten, wie diese verschwundene Familie gewesen war. Ich fragte Mrs Grossbard nach Ester. Über sie wüssten wir rein gar nichts, sagte ich.

Tja, also – sie zuckte die Achseln –, wie soll ich sie denn beschreiben? Sie war gastlich, sie war freundlich und … na ja … mehr kann ich Ihnen gar nicht sagen, denn das Leben …

Alle waren einen Augenblick stumm, dann schaltete sich Sarah Greene mit einem Lachen ein. Sie sagte: Vielleicht war sie ja wie alle anderen jüdischen Mütter?

Meg war ungehalten. Mir war inzwischen aufgefallen, dass es ihr nicht passte, wenn andere das letzte Wort behielten; wie jeder – wie natürlich auch ich – wollte sie die Kontrolle über ihre Geschichte behalten.

Nein, nein, nein, nein, sagte sie. Sie war sehr freundlich, sie hatte ein heiteres Wesen. Den Vater habe ich nicht sehr oft gesehen, weil er selten zu Hause war, aber die Mutter, die war immer da.

Wie alle anderen jüdischen Mütter löste etwas in mir aus. Und wenn ich sie mir nun als ganz normale Leute vorstellte statt als Sepia-Ikonen? Ich beschloss, Mrs Grossbard ein wenig zu provozieren.

Wissen Sie, sagte ich zu ihr, Sie kannten diese Mädchen, als sie noch Mädchen waren, aber auch als Teenager. Hatten sie ein gutes Verhältnis zu den Eltern, haben sie sich über sie beschwert?

Sie wirkte verwirrt, als kapierte sie nicht so richtig, worauf ich hinauswollte.

Sehen Sie, sagte sie langsam, wir waren sehr jung, als der Krieg ausbrach …

Ja, dachte ich, das weiß ich. Das Polnische Staatsarchiv hatte mir eine Kopie von Frydkas Geburtsurkunde geschickt. 22. Oktober 1922. Bei Ausbruch des Krieges war sie knapp siebzehn und knapp neunzehn, als die Sowjets sich zurückzogen und die Deutschen kamen. Vermutlich einundzwanzig, als sie starb – wenn es stimmte, dass sie 1943 zu den Babij-Partisanen in die Wälder gegangen war, was natürlich nicht mehr mit absoluter Sicherheit herauszubekommen war. Ich wusste, dass sie alle jung gewesen waren, als der Krieg ausbrach, diese Mädchen, aber in dem Moment, als Meg dem Gespräch über Frydka als Teenager auswich, hatte ich ganz schwach das Gefühl, dass sie das tat, weil das Thema zu einem anderen führen konnte, über das sie noch weniger gern sprach.

Wie sich zeigte, hatte ich recht.

Aber da meldete sich Bob Grunschlag. Wer würde es schon wagen, sich über die Eltern zu beklagen?!, sagte er und grinste.

Alle lachten. Während sie kicherten, hörte ich mit, wie Meg über den Tisch leise etwas zu Jack sagte. Sie sagte: Ich erinnere mich nicht mehr genau, wann Frydka – sie war doch mit Tadzio Szymanski zusammen? *She was with Tadzio* – mit Tadzio?

Wegen meiner damaligen Unkenntnis polnischer Namen und der Art, wie sie jene letzten vier Worte aussprach, für meine Ohren nämlich wie *she wass wiss stadziu*, konnte ich unmöglich sagen, wie der Name genau lautete.

Ich fragte, wer dieser Stadzio oder Tadzio Szymanski gewesen sei.

Nein, nein, nein, nein, sagte Meg sogleich. Ihre Stimme war fest; als junge Frau war sie bestimmt sehr eindrucksvoll gewesen. Dann änderte sie ihren Ton, hellte die Stimme auf, um den Eindruck zu erwecken, dass es sich um jemanden ohne große Bedeutung handelte.

Frydka war mit einem befreundet, den Sie nicht kennen, Jack aber wohl. Dabei schaute Meg an Bob vorbei und sagte zu ihm: *Du* weißt gar nichts.

Dann wandte sich Jack an Meg und korrigierte sie: *Ciszko* Szymanski.

Meg nickte. Ja, Ciszko, wiederholte sie.

Für mich klang das wie Tschissko. Wieder fragte ich, von wem sie da sprachen.

Nein, nein, nein, nein. Nichts.

Nichts?

Jack sagte: Ich habe versucht, mich an einen Jungen zu erinnern, einen nichtjüdischen Jungen.

Meg sah gereizt aus.

Eine ging mit einem nichtjüdischen Jungen?, fragte ich.

Moment, sagte Meg. Nein, nein, nein, nein. Das soll nicht aufgezeichnet werden.

Jack lachte und zeigte auf mich. Na, sehen Sie, sagte er, hier lernen Sie noch was!

Alle bis auf Meg lachten. Ich hatte das Gefühl, das, wie oft bei Intuitionen, vage und unmissverständlich zugleich war, dass ich über eine alte, kontroverse Klatschgeschichte gestolpert war.

Meg sah mich an und sagte: Sie kennen doch diese amerikanische Komödie, wo der immer »I know NUSSSSink« sagt? Natürlich kannte ich sie: *Hogan's Heroes – Ein Käfig voller Helden –*, die lustige Nazi-Kriegsgefangenenlager-Sitcom aus den sechziger Jahren. Eine der Figuren war der fettleibige Feldwebel Schultz, der bei den herrlichen Possen der amerikanischen Kriegsgefangenen zwar immer irgendwie mit dabei war, vor seinem Kommandanten aber stets darauf beharrte, nichts gesehen zu haben. *I know NUSS-ink!*, rief er immer, ein Satz, der jedes Mal Lacher brachte.

Nun, fuhr Meg fort, als ich zustimmend nickte, I know *nussssink! Ich weiß gar nichts!*

Aber wir waren hier nicht im Fernsehen. Das war keine Komödie. Nur wegen dieser Geschichte, die sie mir vorenthalten wollte, war ich vierzehntausend Kilometer weit geflogen.

Dann mochte Frydka also diesen Jungen, und der war kein Jude, insistierte ich.

Ich weiß nicht, ich war nicht dabei, sagte Meg.

Das wäre eine ziemlich große Sache gewesen, wie?, sagte ich.

Bob freute sich diebisch über die Gelegenheit, sie aufzuziehen, und mischte sich wieder ein. Das wäre eine *sehr* große Sache gewesen, sagte er. Das entlockte Meg ein säuerliches Lächeln.

Das ist untertrieben. Die Untertreibung des Jahres, murmelte sie. Und dennoch weigerte sie sich, ausdrücklich zu bestätigen, dass Frydka Jäger ein Menschenalter zuvor, als eine solche Romanze eine sehr große Sache gewesen wäre, diesen polnischen katholischen Jungen gemocht hatte; aber wen interessierte das heute noch? Die Frau meines Bruders Andrew ist Nichtjüdin, Matts Frau ist griechisch-orthodox. Für den Bruchteil einer Sekunde überlegte ich, wie er diese Enthüllung wohl fand.

Meg mauerte. Ich weiß es nicht, ich war nicht dabei.

Sie sollen es ja nicht *bezeugen*, sagte ich halb im Scherz. Aber sie war doch Ihre beste Freundin, sie muss sich Ihnen doch anvertraut haben.

Meg seufzte. Nein, nein, das ist während des Krieges gewesen. Nicht davor. Gott behüte! – *Heavens forbid!*

Ich machte mir in Gedanken eine Notiz, wie sie *Heavens* gesagt hatte, im Plural.

Vor dem Krieg hätte es etwas Derartiges nicht gegeben, erklärte sie.

Das war natürlich so gut wie ein Eingeständnis. In dem Augenblick erhielt Frydka, die bis dahin ein Kindergesicht auf ein, zwei Fotos gewesen war, eine emotionale Gestalt, eine Geschichte. Dann hatte sie also einen jungen Polen gemocht, dachte ich lächelnd, und er hatte auch sie gemocht.

Und in der Annahme, das sei jetzt die Geschichte, eine, die ich, noch während ich sie hier zum ersten Mal hörte, im Geiste bereits fürs spätere Weitererzählen präparierte, meiner Mutter, ihren Cousinen, meinen Geschwistern, wenn ich nach Hause kam, lehnte ich mich auf meinem Stuhl zurück und nahm mir vor, das Thema nun wirklich zu wechseln, bevor ich Mrs Grossbard, die unglücklich aussah, vollends gegen mich aufbrachte, als Jack sich am anderen Ende des Tischs vorbeugte und die Stimme erhob: Ich möchte Ihnen noch etwas sagen. Dieser Junge hat wegen Frydka sein Leben verloren.

Moment, sagte ich. Wie bitte?

Jack senkte die Stimme. Alle anderen am Tisch waren verstummt und hatten sich ihm zugewandt. Er sah mich an und sprach weiter. Mit jeweils einer Pause zwischen den Wörtern zur besseren Betonung sagte er Folgendes:

Der. Junge. Hat. Wegen. Ihr. Sein. Leben. Verloren.

Einen Augenblick herrschte Schweigen.

Wie meinen Sie das?

Nun, sehen Sie, diese drei Mädchen waren bei den Babij, der Partisanengruppe, weil drei polnische Jungen sich mit ihnen anfreundeten. Mit drei Bolechower Mädchen. Frydka, die andere war Dunka Schwartz und die dritte war eine … die Schwester der drei Jungen, die bei den Babijs überlebten, Ratenbach.

Ich hatte keine Ahnung, wer diese Leute waren, aber ich unterbrach ihn nicht. Er sollte weiterreden.

Diese drei Jungen freundeten sich mit den Mädchen an, fuhr er fort, sie halfen den Mädchen, zu dem Wald zu gelangen, wo die Babij waren. Es war ein Wald bei Dolina, da waren rund vierhundert Juden, die den Partisanen angehörten.

Ich nickte; diese Geschichte hatte er mir schon ein Jahr zuvor am Telefon erzählt.

Dann gingen wir natürlich auch selber in den Wald, fuhr er fort, Bob, mein Vater und ich. Da haben wir uns verirrt. Als wir zurückkamen, sagte man uns, dass die drei Jungen –

Er gestikulierte heftig mit der flachen rechten Hand seitlich am Tisch, als wollte er ein bestimmtes geografisches Gebiet dort *drüben* bezeichnen.

– auf ein Feld in Bolechow gebracht, fuhr er fort, und erschossen worden seien.

Weil sie den Mädchen geholfen hatten, sagte ich.

Weil sie den Mädchen geholfen hatten.

Und ich dachte: Das ist jetzt aber eine Geschichte.

Wie sich zeigen sollte, hörte ich den Rest der Geschichte von Frydka und Ciszko erst, als ich weiterreiste – nach Israel, nach Stockholm, nach Kopenhagen. An jenem Nachmittag in Sydney kehrten wir nicht mehr zu dem Thema zurück, weil klar war, dass Mrs Grossbard nichts mehr sagen würde, wenn wir sie damit bedrängten. Stattdessen bat ich sie alle, mir die Chronologie der Nazi-Besatzung zu erläutern.

An welchem Tag sind die Deutschen gekommen?, fragte ich.

Alle machten unentschiedene Geräusche, als Meg sagte, mehr zu sich als zu einem von uns: Am ersten Juli 'einundvierzig. Ich habe die ersten Patrouillen gesehen, ich habe sie kommen sehen.

Sie fügte hinzu, drei Wochen später seien ungarische Faschistentrupps eingetroffen und rund zwei Monate geblieben.

Nein, unterbrach Jack sie, es waren bloß ein paar Wochen, dann sind die Slowaken gekommen.

Bob sagte, er könne sich an keine Deutschen vor September erinnern. Jack entgegnete, »offiziell« seien die Deutschen am 1. Juli eingerückt, vor ihnen aber seien die ungarischen Einheiten gekommen, über die Berge, und die seien »ein paar Wochen« geblieben.

Die Daten waren für mich relativ unwichtig. Was ist als Erstes passiert?, fragte ich. Ich versuchte, mir den Beginn des Grauens auszumalen, um Shmiel irgendwo darin platzieren zu können. Was hatten sie gesehen, wie war es gewesen?

Als Erstes ist passiert, sagte Jack, dass die Ukrainer gekommen sind und angefangen haben, Juden umzubringen. Jeder, der, na ja, eine Rechnung zu begleichen hatte –

Bob unterbrach ihn. Also, wenn man etwas mit den Juden hatte, brachte man sie um. Ich gebe Ihnen ein Beispiel. Nachdem sich die Sowjets im Sommer 'einundvierzig zurückgezogen hatten, gingen eine Menge jüdischer Jungen, die von den Russen zwangsverpflichtet worden waren, nach Bolechow zurück – sie waren in die russische Armee eingezogen worden und kehrten nun heim. Und die Ukrainer standen auf der Brücke und blickten den heimkehrenden Soldaten in die Augen, als sie zurückkamen, und wenn sie einen für einen Juden hielten, schmissen sie ihn von der Brücke in den Fluss. Und da es ein Fluss mit großen Felsblöcken und so weiter war, können Sie sich denken, was passiert ist.

Ich nickte, auch wenn ich es mir natürlich nicht richtig vorstellen konnte, da ich so etwas auch nicht annähernd erlebt hatte.

Die Erwähnung des Flusses, jenes Flusses, an dem zumindest Frydka herumgetollt war – denn inzwischen hatte Meg alle Schnappschüsse aus Pepci Diamants Album geholt, die Schnappschüsse von den Mädchen auf Skiern, den Mädchen, aufgereiht vor einem Haus, den Mädchen im Badeanzug, wie sie vergnügt hinter Büschen am Wasser hervorlugten, bei einem Imbiss in die Kamera sahen, die Haare mit einem Tuch zurückgebunden –, rief in mir eine lange vergessene Erinnerung wach. Schon einmal war der Sukiel, der, wie ich wusste, durch Bolechow floss und in dem mein Großvater als Junge Bergforellen geangelt hatte, zu einem Ort des Grauens geworden. In meiner Jugendzeit erzählte er mir eine Geschichte aus dem Ersten Weltkrieg. Da Bolechow direkt an der Front zwischen der österreichischen und der russischen Armee lag, begann er, wurde es ständig bombardiert, und zu Beginn dieser Bombardements rannten er und seine Brüder und Schwestern – alle bis auf Shmiel, der da schon an der Front war und für seinen Kaiser kämpfte – in die Wälder rund um die Stadt, um sich in Sicherheit zu bringen. Da diese Bombardements, fuhr er fort, manchmal nachts stattfanden, was ganz schrecklich war, sagte seine Mutter den Kindern, sie sollten die Schnürsenkel ihrer Schuhe zusammenbinden und sich diese um den Hals hängen, bevor sie ins Bett gingen, damit sie, wenn sie wegrennen müssten, wüssten, wo ihre Schuhe seien. Eines Nachts begann das Bombardement, aber da mein Großvater nicht auf seine Mutter gehört hatte – und genau das war auch der Sinn der Geschichte, dass man nämlich immer auf seine Mutter hören soll –, denn er hatte sich nicht die Schuhe um den Hals gelegt, konnte er sie auch nicht finden, als die Granaten detonierten, und als er und Ruchel und Susha und Itzhak und Yidl und Neche und ihre Mutter aus dem Haus stürzten und die Straße entlang in die Deckung der Bäume liefen, mussten sie einen Arm dieses Flusses, des Sukiel, durchqueren, und da die Granaten im Wasser explodierten, war das Wasser kochend heiß, und er verbrannte sich die Füße.

Eines dieser Bombardements dauerte fast eine Woche, setzte er manchmal hinzu, und um das zu illustrieren, erzählte er noch eine andere Geschichte. Einmal, nachdem sie wegen eines dieser Bombardements schon viele Tage im Wald festgesessen hatten, zu verängstigt, um in die Stadt zurückzukehren, sahen sich er und seine Familie und eine Gruppe anderer Bolechower gezwungen, ein Reh zu jagen und zu töten und das Fleisch im Wald zu essen. Dabei warf er mir einen bedeutungsvollen Blick zu, und ich wusste, was er meinte: Ein Tier, das auf der Jagd getötet wurde, kann nicht koscher sein. Mein Großvater entstammte einer langen Reihe, ganzen Generationen von Fleischern; sie hatten im Wald bestimmt gewusst, was sie taten. *Aber wenn das Leben auf dem Spiel steht, verzeiht Gott!*, sagte er dann immer …

Er hatte sich also in jener Nacht die Füße in dem kochenden Wasser des Sukiel verbrannt. Aber damit war die Geschichte noch nicht zu Ende. Nach einer effektvollen Pause fuhr er fort. *In jener Nacht ist ein Junge, mit dem ich in die Schule ging, in dem Fluss zu Tode gekocht worden.* Noch heute schaudert es mich bei der Erinnerung daran, wie er das Wort *gekocht* sagte. Wer weiß, ob das stimmte? *Als wir ein paar Tage danach wieder in die Stadt kamen*, sagte er, womit er die Geschichte beendete, *war das halbe Haus weg.*

Daran dachte ich, als Jack und Bob erzählten, wie die Ukrainer am Beginn der schlimmen Zeit Juden in den Fluss warfen. Oder (setzte Jack hinzu) manchmal führten sie die Juden den Fluss entlang und erschossen sie einfach.

Weißt du noch, wie sie Gartenberg erschossen haben?, sagte er und sah Bob an.

Bob nickte: *That's right.*

Roight.

Das war unter der Brücke, fuhr Jack fort.

Das waren die ersten Dinge, sagte Bob.

Zum ersten Mal erhielt ich nun ein klares Bild der ersten Aktion. Ich musste so viele Details wie nur möglich darüber erfahren. Ruchele wurde dabei getötet.

Die erste *deutsche* Aktion, begann Bob, womit er mir den Unterschied zwischen den organisierten Tötungen der Nazis und den wahllosen, privaten Vendetten mancher Ukrainer begreiflich machen wollte, die zuvor mit ihren jüdischen Nachbarn zusammengelebt hatten, wie die freundliche alte Ukrainerin mir in Bolechow erzählt hatte, *wie eine große Familie*, diese Aktion fand am achtundzwanzigsten Oktober 1941 statt.

Als er das sagte, nickte Meg und schaute nachdenklich auf den Tisch. Dann sagte sie langsam, deutlich: Es war ein Dienstag.

Bob fuhr fort. Sie holten zwischen siebenhundert und –

Jack und Meg fielen ihm gleichzeitig ins Wort. Tausend, sagten beide.

– tausend, sagte Bob. Und sie hielten sie ungefähr sechsunddreißig Stunden im Dom Katolicki, im katholischen Gemeindezentrum, da hielten sie sie fest, während die Deutschen auf dem Podium tranken und die Juden auf dem Fußboden knien mussten, und dann wurden sie betrunken und haben viele in der Menge erschossen. Na ja, nach den sechsunddreißig Stunden haben sie sie alle auf Laster verfrachtet und aus der Stadt aufs Taniawa-Feld gefahren, da hatten sie schon eine tiefe Grube ausgehoben, und da haben sie sie dann alle erschossen.

Das erzählte Bob mir an jenem Sonntag, dem Geburtstag meines Großvaters, als Matt und ich mit den Bolechowern zusammensaßen. Als ich ein paar Tage später allein mit ihm sprach, sagte er: Also, ich habe siebenhundertzwanzig in Erinnerung, aber alle anderen sagen, es waren tausend. Ich glaube, sie hatten ein Brett über der Grube, und sie haben sie auf dem Brett erschossen. Maschinengewehre, ich weiß es nicht. Jeder hat es ein bisschen anders in Erinnerung, alles hängt davon ab, was man gehört und was man in Erinnerung behalten hat.

Wie, wollte ich wissen, haben sie die Leute für diese Aktion zusammengetrieben? Ich erinnerte mich von meinen Familiengeschichten her daran, dass Shmiel auf einer Art Liste gestanden hatte.

Bob sagte: Die Deutschen sind mit ukrainischen Polizisten herumgegangen, weil sie anfangs eine Liste hatten. Auf dieser Liste, erklärte er, standen die Namen bedeutender Bolechower Juden: Ärzte, Anwälte, Geschäftsleute. Man wollte die Stadt demoralisieren, indem man die führenden Bürger eliminierte.

Wie, fragte ich, konnten die Deutschen diese Listen aufstellen – woher wussten sie, wer wer war? Schließlich waren die Deutschen dort ja fremd, nicht vertraut mit Bolechow und seinen Einwohnern.

Bob antwortete, die einheimischen Ukrainer seien mit den deutschen Offizieren herumgegangen und hätten ihnen gezeigt, wer wer war und wer wo wohnte. Ich glaube, auf der Liste standen 140 oder 160, sagte er, und wenn die Leute nicht zu Hause waren, wie mein Vater, haben sie sie einfach von der Straße geholt.

Die hatten eine Liste, und auf der stand Shmiel, hatte mein Cousin Elkana mir einmal gesagt; von wem er das hatte, lässt sich heute nicht mehr in Erfahrung bringen. Bestimmt war es aber die Liste, von der Jack jetzt sprach. Und dennoch war ich mir ziemlich sicher, dass Shmiel nicht schon bei dieser ersten Aktion mitgenommen worden war. Tante Miriam hatte vor langer Zeit aus Israel geschrieben, sie habe gehört, Shmiel sei erst 1944 getötet worden, zusammen mit einem der Mädchen, nachdem sie sich den Partisanen angeschlossen hätten; bei dem Treffen von Holocaust-Überlebenden war mein Bruder Matt dem Mann über den Weg gelaufen, der damals den Namen des toten Shmiel benutzt hatte, was bei manchen Partisanen anscheinend üblich war. Und Jack hatte mir bei unserem ersten Telefonat ein Jahr zuvor gesagt, soweit er wisse, sei bei dieser ersten Aktion nur Ruchele abgeholt worden. Also folgerte ich, dass Shmiel, falls er auf dieser Liste stand (*sehr wahrscheinlich*, sagte Jack), an dem Tag, als die Deutschen und die Ukrainer anklopften, nicht zu Hause war.

Man halt mich in Bolechov für ein reichen Man, hatte er in einem seiner Briefe geprahlt. Vielleicht war dem auch so gewesen, doch letztlich hat es ihm nichts Gutes eingebracht.

An dem Tag, als wir mit ihnen allen redeten, wollte ich wissen, wie Ruchele abgeholt wurde.

Das war Pech, sagte Jack nachdenklich. Es waren nämlich vier Mädchen, die sehr eng befreundet waren. Ruchele und drei andere. Von den vier Mädchen kamen drei an dem Tag um. Ich nehme an, sie hatten sich irgendwo getroffen – dass sie sich verabredet hatten und geschnappt und weggebracht wurden.

Während er das erzählte, dachte ich an das Bild von Ruchele, das ich hatte: ein großes, breit grinsendes blondes Mädchen mit dem welligen Mittelmark-Haar, das sie von ihrer Großmutter geerbt und das auch ich als Jugendlicher gehabt hatte. Ein nettes Mädchen, ein reizendes Mädchen, ein »stilles« Mädchen, hatte Jack mir erzählt. Im Oktober 1941 war sie sechzehn …

Aber das kommt später. Jetzt wollte ich wissen, wie sie war, diese junge Frau, mit der der achtundsiebzig Jahre alte Mann, der mir da gegenübersaß, anderthalb Jahre lang gegangen war, vierundsechzig Jahre zuvor. Auf meine Frage, wie Shmiel gewesen sei, hatte Boris geantwortet: *Er war Fleischer.* Selbst schuld, ich wusste, dass ich nicht die richtigen Fragen vorbereitet hatte, dass ich nicht vorausgesehen hatte, wie aussichtslos es war, einen Eindruck davon zu bekommen, wie jemand einmal gewesen sein mochte, indem ich einfach fragte: *Wie war er?* Klar, vielleicht hatte er sowieso nicht so viel zu erzählen. Wenn mich heute jemand bitten würde, bestimmte Nachbarn zu beschreiben, die vor vierzig Jahren mir gegenüber gewohnt hatten, dann hätte ich wahrscheinlich auch nicht viel mehr zu sagen als *Er war Ingenieur, sie waren sehr nett.* Was konnte ich also schon erwarten? Und Mrs Grossbard, die, wie ich wusste, viel lebhaftere Erinnerungen hatte, hielt sich bei ihren an Frydka anfangs sehr bedeckt – dies war der Grund für ihre Steifheit, die Zurückhaltung, die ich von Anfang an bei ihr gespürt hatte. Und seit das Thema Frydka und Ciszko Szymanski aufgekommen war, hatte sie völlig dichtgemacht, meinen Beweggründen misstraut, zu Recht geargwöhnt, dass mein Wunsch nach einer Geschichte, nach einer Art Drama, um dem ansonsten unergründlichen Leben dieser Leute Gestalt zu geben, die Frydka, die sie gekannt hatte, zu einem Strichmännchen, einem Niemand machen würde.

Bis dahin hatte ich es also nicht geschafft, die Verlorenen wiederzubeleben. Jack dagegen würde, so mein Eindruck, begreifen, was ich wollte; es war nur eine Frage des richtigen Moments für ein Gespräch. Jack kann in einer Unterhaltung zwar sehr entschieden sein, gleichzeitig ist er aber auch sehr höflich, auf eine altmodische Art. Nie unterbricht er einen, und wenn er merkt, dass er einen Namen oder ein Datum falsch gesagt hat, entschuldigt er sich gleich. (Da Mrs Grossbard meines Wissens nie etwas falsch verstand oder wiedergab, hatte ich auch nie Gelegenheit zu sehen, wie sie sich entschuldigte.) Vermutlich wegen dieser bescheidenen Art ließ er sich während des Gruppentreffens nur ungern über sein Verhältnis mit Ruchele aus, und so verabredete ich mich am folgenden Nachmittag mit ihm allein. Im Haus war es still – Sarah war weggegangen, hatte aber Kaffee und Kuchen bereitgestellt –, und so war auch die Unterhaltung zwanglos.

242

Seine Erinnerungen an Ruchele gingen auf die Zeit zurück, als sie beide wohl erst vierzehn waren, als er sie bei den abendlichen Versammlungen der Hanoar HaZioni sah, der zionistischen Organisation. Er sagte: Sie kam jeden Abend zusammen. Sie war in Altersgruppen aufgeteilt, ich war also in einer Gruppe von Jungen meines Alters, sie in einer von Mädchen ihres Alters.

Er sprach *girls* wie »GEH-rls« aus. In den Dreißigern traf sich Bolechows jüdische Jugend anscheinend vor allem auf diesen Hanoar-Zusammenkünften. Jack fuhr fort: In Europa war die Hauptmahlzeit das Mittagessen. Abends aß man also belegte Brote, und anschließend ging man zur Hanoar. Ich würde sagen, im Winter dauerten die Treffen etwa von halb sechs bis abends um zehn, im Sommer von acht oder halb acht bis zehn. Jeden Abend, und samstags von Mittag bis Abend. Wissen Sie, ich bin jeden Tag mit dem Zug zur Schule gefahren, zur Oberschule in Stryj, ich musste lernen, es war ein vollgepackter Tag. Aber die Hanoar-Gruppe war der angenehme Teil daran. Wir spielten zusammen, wir tanzten, dann die *horas* und die Vorträge und so weiter. Ich hatte die Jäger-Mädchen bestimmt auch schon davor gekannt, aber eine eindeutige Erinnerung an sie habe ich erst von da an.

Matt fragte: Wie hat sie ausgesehen?

Jack lächelte und sagte nach einer Weile: Sie war blond, und ich mochte blonde Mädchen. Sie war schön, sie hatte lange Haare, wissen Sie, wie nennt man das –

(er legte eine Hand in den Nacken und machte mit den Fingern Zwirbelbewegungen)

– sie hatte einen Zopf. Ich glaube, sie hatte grüne Augen, und in einem (dabei hielt er Daumen und Zeigefinger ans Auge, einen halben Zentimeter auseinander, und kniff es zusammen) hatte sie ein braunes Viertel.

Hören Sie, sagte er schließlich, sie war mein Schwarm, wie man das genannt hat, meine große Liebe, ich bin darin aufgegangen.

Wie sie sich kennengelernt hätten, wollten wir wissen.

Jack erzählte uns eine lustige Geschichte. Ich war nicht der erste Junge, erklärte er. Er war ein Jahr älter als ich, auch er fuhr nach Stryj zur Schule, und der ist mit ihr gegangen. Mundzio

Artman. Er war sehr religiös und ging samstags nicht zur Schule nach Stryj – er fuhr freitags hin und blieb übers Wochenende, damit er samstagabends zurückkonnte. Deshalb bat er mich: »Hör mal, kümmere du dich samstags um sie.« Und das tat ich! Sie entfernte sich von ihm, und dann wurde es etwas mit uns. Ich war vierzehn, vielleicht dreizehn, und sie war genauso alt.

Wenn man in Bolechow Ende der dreißiger Jahre mit einem Mädchen ging, was machte man da?

Wir haben uns meistens in der Hanoar getroffen, und überall da, wo die Jungen nicht von den Mädchen getrennt waren, machten wir alles zusammen. Wir haben diskutiert, wir haben geredet. Natürlich war sie reifer als ich. Das habe ich später erkannt. Ich bin halt nicht gern zur Schule gegangen. Das Lernen, na ja, ich war mit Lernen nicht so begabt!

Er kicherte in gut gelaunter Selbstironie. Als er *mit Lernen* sagte, musste ich lächeln. Jahre nach diesem Gespräch erwähnte Mrs Begleys Sohn, das Schwierigste am Englischlernen seien die Präpositionen gewesen.

Ich weiß noch, fuhr Jack fort, wie ich am Jahresende mein Zeugnis bekam. Ruchele war mit im Zug, vielleicht auch in der Schule, und sah sich an, wie ich abgeschnitten hatte. Und ich möchte Ihnen nicht ihre Enttäuschung wiedergeben, als sie es gesehen hat! Und ich glaube, das hat sie dann ein bisschen von mir entfernt …

Matt grinste hämisch. Sie wollte einen Arzt!, scherzte er. Ich grinste aus einem anderen Grund. Mir gefiel *reifer als ich*. Das verlieh diesem Mädchen, von dem es heute noch ein einziges Foto gibt, eine gewisse Präsenz. Ich dachte: Dann hatte sie also gewisse Vorstellungen, wie ihr Freund sein sollte; hatte vielleicht eine übersteigerte Meinung von sich. Schließlich war sie ja eine Jäger.

Ich fragte Jack, ob Ruchele denn eine gute Schülerin gewesen sei.

Jack lächelte traurig und sagte: Das weiß ich nicht. Aber ich muss annehmen, dass Frydka die Klügste war, weil sie auf die Oberschule ging und die anderen nicht. Möglich, dass die Eltern entschieden, dass nur Frydka auf die Oberschule gehen sollte und nicht sie. Gut möglich, dass Ruchele eine gute Schülerin war, aber Shmiel sich die Oberschule da nicht leisten konnte.

Er hielt inne. Die Gebühren waren hoch, sagte er, als wollte er Shmiel entschuldigen. Dazu die Fahrtkosten und die Bücher, und die Uniformen …

Die Uniformen hatte ich inzwischen gesehen. Unter den Fotos, die Meg am Vortag aus der sorgfältig gefalteten Plastiktüte gezogen hatte, war ein sehr frühes – es ist von 1936, da waren die Mädchen wohl vierzehn – von Meg, Frydka und Pepci Diamant, wie sie im Winter vor einem Zaun stehen. Alle drei tragen schwere, dunkle Wintermäntel, zweireihig, Gürtel, Pelzkragen; an den Füßen sitzen niedrige Stiefel, auf dem Kopf Schulmützen. Ihre Gesichter sind jung und weich, Frydka verliert gerade ihren Babyspeck. Ihr Gesicht erschien mir darauf ein wenig älter als auf einem anderen, das Meg mir gezeigt hatte, einem Schnappschuss, der Pepci gehört hatte (*die umkam*, sagte Meg ein zweites Mal, als sie mir das Bild zeigte, *während ihr Fotoalbum überlebt hat*), auf dem Frydka auf dem Bauch liegt, den rechten Arm vor sich angewinkelt; das Kinn liegt auf dem rechten Handrücken, während sie mit der linken Hand (zufällig) ein Fotoalbum aufhält. Sie schaut ziemlich gewollt nach rechts, die Augen aufwärts gerichtet. Das Bild hat etwas Gestelltes, etwas Schauspielerinnenhaftes; sie ist ein junges Mädchen, aber sie posiert bereits. Auf diesem Bild hat sie noch runde Wangen, während sie auf den anderen, die Meg mitgebracht hatte – dem Schnappschuss von Frydka, 1940 datiert, auf dem sie ein Kopftuch trägt und gedankenschwer, mit dunklen Augen, still aus dem Bild heraussieht, den Gruppenfotos, auf denen Meg, Frydka und ihre umgekommene Freundin Pepci Diamant Ski fahren, schwimmen, posieren –, schon eine richtig gut aussehende junge Frau ist: groß, dunkel, zartgliedrig, ein amüsiertes Blitzen in den Augen.

Ruchele ging also nicht auf die Oberschule in Stryj, sagte Jack. Zu der Zeit ging sie in die siebte Klasse der Hauptschule und machte danach eine Schneiderlehre.

Ich erwähnte es Jack gegenüber nicht, aber das alles wusste ich aus Shmiels Briefen wie jenem, in dem er schrieb:

Ich bin hier sehr iellend und die liebe Ester hat hier sehr falsche geschwiester, ich verkehre mit sei überhaupt nicht, stellt Euch vor daß man hat mir Lorka nicht gewolt ein mal auslernen daß fotographen fach

Nicht daß soll mich vorstellen für Euch meine lieben, nur waß fremde leute sagen daß ich habe die erste und vornehmste Kinder in Bolechóv waß habe ich davon? Die liebe Frydka hat hoche schulen gemacht es hat mich gekostet ein vermögen, wo nimt man ein posten für Ihr? Die liebe Ruchatz hat auch 7 klassen mit vorzug gemacht, und jetzt habe ich $ 25 für ihr bezahlt und sie lernt schon seit ein jahr ein schneiderin.

Frydka fuhr immer mit der Bahn nach Stryj in die Oberschule, sagte Jack. Und sie war ein großes Mädchen, wie ich mich erinnere, Sie wissen ja, die Mädchen —

Er streckte eine Hand aus und sagte: Moment, ich hole eine Tasche.

Unter meinem verwirrten Blick eilte er aus dem Wohnzimmer und kam wenige Sekunden später mit einer abgewetzten alten Aktentasche wieder, um damit zu veranschaulichen, wie die schon lange tote Frydka mit ihrer Schultasche aus dem Zug hastete.

Wissen Sie, fuhr er nun fort, alle trugen ihre Tasche so – er ging ein paar Schritte, wobei er die Schultasche tief an der Seite hielt, als wäre sie schwer beladen, da voller Bücher. Frydka dagegen war ein großes Mädchen, voller *Energie*, und sie ging *so*.

Er presste sich die Büchertasche gegen die Brust, umfasste sie mit einem Arm und schritt zielbewusst aus.

Er sagte: Sie war Tag für Tag immer eine der Ersten, die aus dem Zug stiegen, und sie hat sie immer so getragen.

Doch Frydka muss warten. Erst wollte ich noch etwas von Ruchele erfahren, diesem Mädchen, das doch, so still es auch war, einen gewissen Elan besaß und wusste, mit was für einem Jungen sie gehen wollte, vielleicht einem Überflieger wie ihr Vater.

Und wie lange sind Sie mit ihr gegangen?, fragte ich Jack.

Anderthalb, zwei Jahre, antwortete er.

Welche Erinnerung haben Sie noch an ihre Eltern?, fragte ich. Haben Sie sie oft gesehen?

Jack machte ein belustigtes Gesicht. Natürlich! Wissen Sie, man kannte doch *jeden*. Es war ja ein kleines Schtetl. Ich kannte die Eltern, ich kannte die Schwestern. Aber ich habe nicht mit ihnen gesprochen, nicht mit ihnen geredet. … Jeder hatte einen Spitznamen.

Am Vortag hatte er mir von den Spitznamen der Städte erzählt, jetzt erzählte er mir von den Spitznamen der Städter.

Plötzlich sagte Jack: Der *król*! Ich hatte eine Tante, die Schwester meiner Mutter, die nannte Shmiel Jäger den *król* – den König. Ich glaube, sie hat ihn sehr gemocht.

Ich fand es schwer, mir Shmiel als jemanden vorzustellen, für den andere auch etwas anderes als Kummer empfanden.

Jack lächelte in sich hinein und fuhr fort: Sie hat über ihn geredet. Der König hier, der König da. Der *król*. Es muss wohl – na, seine Erscheinung gewesen sein. Er war das Oberhaupt des Fleischerkartells, es gab nämlich ein Fleischerkartell, und er war der Boss. Alles Fleisch war natürlich koscher, und man hatte es in jedem jüdischen Haushalt, wenn man es sich leisten konnte.

Ich dachte, wie glücklich mein Großvater gewesen wäre, diesen Bolechower Jungen so über Shmiel reden zu hören.

Wissen Sie, erzählte Jack, mein Vater war sehr wohlhabend, aber von einem Wagen hat er nie geträumt, nicht einmal von einem Pferdewagen. Aber Shmiel Jäger … In Bolechow hat es nur zwei Autos gegeben, und eines gehörte Shmiel Jäger.

Aber über Shmiel Jäger wollte ich im Augenblick auch nicht sprechen, erst musste ich mit Ruchele abschließen. Ich zog das Bild von ihr hervor, das meiner Tante Sylvia gehört hatte, ein Bild, das ich Jack lange vor unserer Begegnung schon gemailt hatte, eine Fotografie nicht aus meiner, sondern aus seiner Vergangenheit, ohne auch nur zu ahnen, welche Wirkung es auf ihn haben würde.

Er nahm es behutsam und lächelte.

Ja, das haben Sie mir geschickt. So hat sie ausgesehen, ein schönes Mädchen war sie. Sie können das Lächeln sehen. Ein schönes Lächeln. So hat sie 'neununddreißig ausgesehen. Sie hatte einen schönen Pelzmantel – nicht ganz mit Pelz, nur der Kragen.

Unbewusst tätschelte er sich das Revers.

Wann haben Sie sie das letzte Mal gesehen?, fragten wir.

Das letzte Mal, als ich sie gesehen habe, war an Jom Kippur 1941, sagte er. Da beteten wir vor dem *schtibl*.

Schtibl – dieses Wort hatte ich Jahre nicht mehr gehört: eine kleine Schul, ein kleines Gebetshaus, meistens im Souterrain oder einem Nebengebäude; vielleicht ein wenig geringschätzig nannte mein Großvater die Lubavitch-Synagoge, die er gegen Ende seines Lebens immer besuchte, ein *schtibl*, den kleinen Bau in der 8th Street in Miami Beach, in die er ging, nicht weil er die Chassidim mochte, was nämlich gar nicht der Fall war, sondern weil es die einzige zu Fuß erreichbare Schul von seinem Wohnblock aus war, dem Haus, in dem er sich schließlich umbrachte.

Wir beteten vor dem *schtibl*, sagte Jack, und der Garten des *schtibl* grenzte an den Garten einer Freundin von ihr, Durst. Yetta Durst. Und da habe ich Ruchele gesehen.

Nicht zum ersten Mal dachte ich: Jeder einzelne Name, den er beiläufig erwähnt, war ein Mensch, ein Jemand, ein Leben. Vielleicht hatte Yetta Durst einen Cousin, einen Onkel in New York gehabt. Vielleicht war es möglich, dass das Kind oder Enkelkind dieser Person, ein Mann oder eine Frau von rund vierzig Jahren, eine Suche nach der verlorenen Yetta Durst begann, eine Suche, die ihn oder sie schließlich nach Australien führte, wo er oder sie dann mit Jack Greene sprach …

Yetta Durst, wiederholte Jack, in Gedanken bei ihr. Als er den Namen noch einmal sagte, entdeckte ich einen feinen Hauch von Befriedigung. Er freute sich, dass er sich an den Namen erinnert hatte.

Da habe ich Ruchele also gesehen, und ich weiß noch, ich habe gerade gebetet, und da ist sie gekommen, es war ja im Freien, ich habe im Freien gebetet und sie hat im Garten mit dem Mädchen gespielt … vielleicht hat sie ja auch gewusst, dass ich da sein würde.

Matthew fragte: Und was haben Sie zu ihr gesagt?

Nicht viel, sagte Jack nach einer Pause.

Er sinnierte.

Ich erinnere mich nicht mehr … Wir hatten nicht Schluss gemacht, aber es war abgekühlt. Ich hätte schon noch sehr gern gewollt, aber sie nicht. Ich persönlich glaube, sie fand, sie bräuchte jemand Reiferes. Das interessiert die Mädchen mehr. Das war an Jom Kippur 1941. Da habe ich sie das letzte Mal gesehen. Und da, ja, vier Wochen später war die Aktion. Vier Wochen später haben sie sie umgebracht.

Es war irgendwie merkwürdig, gerade da an ihren Tod erinnert zu werden. Mir war, als lernte ich sie gerade erst kennen.

Ich habe oft versucht, mir vorzustellen, was mit ihr passiert sein könnte, aber jedes Mal habe ich gemerkt, wie begrenzt meine Mittel sind. Wie viel können wir über die Vergangenheit wissen und die, die daraus verschwunden sind? Wir können Bücher lesen und mit denen sprechen, die dabei waren. Wir können uns Fotos ansehen. Wir können an Orte fahren, wo diese Menschen gelebt haben, wo diese Dinge geschehen sind. Jemand kann uns sagen, es ist an dem und dem Tag passiert, ich glaube, sie wollte sich mit Freundinnen treffen, sie war blond.

Doch das alles sind zwangsläufig Annäherungen. Ich war in Bolechow, doch die Stadt ist jetzt äußerlich so verändert – viele Gebäude sind verschwunden oder zur Unkenntlichkeit umgestaltet, die Geschäftigkeit der dreißiger Jahre nach sechzig Jahren sowjetischer Stagnation und Armut zu nichts erodiert –, dass das Bolechow, das ich 2001 besuchte, nur eine unvollkommene Ähnlichkeit mit dem Ort besaß, durch den Ruchele in den Stunden vor ihrem Tod gehen musste. Und selbst wenn es heute (sagen wir) ein Foto der Stadt gäbe, das am 28. Oktober 1941, dem Tag, an dem Ruchele mitgenommen wurde, entstanden ist, könnte ein solches Foto mir den genauen Eindruck dessen vermitteln, was sie sah, als sie zum Dom Katolicki ging? Wohl nicht. (Wir wissen natürlich nicht einmal, welchen Weg sie ging, ob sie den Kopf gesenkt hielt oder aufsah, um noch einen letzten Blick zu erhaschen; wir wissen nicht einmal, ob sie *wusste*, dass dies ihr letzter Gang durch die Stadt sein würde.) Es gibt also ein Visualisierungsproblem. Und was ist mit den anderen Sinnen? Bolechow hatte einen beißenden Geruch wegen der Chemikalien, die in den vielen Gerbereien verwendet wurden – über hundert, wie wir wissen. Roch Ruchele ihn an dem Tag, als sie in den Tod ging? Wie riechen tausend verängstigte Menschen, die man zusammengepfercht hat, um sie zu töten? Wie riecht ein Raum, in dem tausend verängstigte Menschen anderthalb Tage lang festgehalten worden sind, ohne Toiletten, ein Raum, in dem der Herd angezündet war, ein Raum, in dem vielleicht ein Dutzend Leute erschossen worden sind, eine Frau in den Wehen liegt? Das werde ich nie erfahren. Und wie ist der Lärm, den sie machen? Ein Zeuge mochte geschrieben oder gesagt haben: Die Menschen schrien und weinten, das Klavier wurde gespielt. Aber das schlimmste Geschrei, das ich in meinem ganzen Leben gehört habe, da bin ich mir ziemlich sicher, war das Geschrei meines jüngeren Bruders Matt an einem Tag vor nahezu vierzig Jahren, als ich ihm den Arm brach, und ganz ehrlich, ich kann mich nicht mehr an das *Geräusch* erinnern, nur daran, dass er schrie, und das schlimmste Weinen, das ich je gehört habe, war das Weinen bei einer Beerdigung eines Freundes, der zu jung gestorben war, doch ich habe den Verdacht, dass das Geräusch der Schreie kleiner Jungen, die, wie schwer auch immer, verletzt worden sind, nicht das der Schreie ist, die (sagen wir) Männer mittleren Alters ausstoßen, denen die Augen ausgestochen oder die gezwungen worden sind, auf heißen Herdplatten zu sitzen, und genauso wenig ist das Geräusch von vielleicht sechzig Menschen, die bei einer Beerdigung weinen, wie das von tausend Menschen, die aus Angst um ihr Leben weinen. Auch ist es durchaus wahrscheinlich, dass, sollten Sie eine Beschreibung dessen lesen, was während der zwei Tage der ersten Aktion in Bolechow vor sich ging, die Bilder und Geräusche, die Sie sich dazu denken, solche wären, die Sie sich aus Filmen oder dem Fernsehen angeeignet haben, also von Menschen erzeugte Bilder und Geräusche, die bezahlt wurden, nach *ihren* besten Fähigkeiten – darauf basierend, was sie gelesen, besucht und angesehen haben, extrapoliert aus den Erfahrungen, die sie gemacht haben mochten – zu rekonstruieren, wie solche Geschehnisse ausgesehen oder geklungen haben mögen, wobei auch das letztlich nur eine Annäherung ist.

Wir haben also auch das Problem der anderen Sinne.

Sie mögen sagen: Solche Details sind doch nicht entscheidend. Und es ist richtig, dass wir bestimmte *Arten* von Dingen kennen, die passiert sind, und dass es wichtig ist, sie zu kennen und in Erinnerung zu behalten. Aber seit ich damit anfing, dem nachzugehen, was es über meine verlorenen Verwandten zu wissen gibt, war es eins meiner Ziele, möglichst alles, was es an Detailschnipseln über sie noch gab, in Erfahrung zu bringen, wie sie aussahen, wie sie waren und, ja, wie sie starben, falls es noch jemanden gab, der mir das sagen konnte; und dennoch, je mehr ich mit Leuten redete, desto mehr wurde mir bewusst, wie viel einfach nicht mehr zu erfahren ist, teils, weil niemand die Sache – die Farbe ihres Kleides, den genauen Weg, den sie gegangen ist – gesehen hat, teils, weil die Erinnerung an die Dinge, die jemand gesehen hat, diesem einen Streich spielen kann, weil sie das allzu Schmerzhafte ausblenden oder so zurechtstutzen kann, dass es in das Muster passt, das uns gerade gefällt.

Ich finde es wichtig, sich dessen bewusst zu sein, wenn wir versuchen, uns *auszumalen*, was mit Ruchele und den anderen geschah, was wir eigentlich gar nicht können.

Was könnte an dem Tag also geschehen sein? Auch wenn die Lage im Oktober angespannt und beängstigend war, hatte es doch noch keine organisierten Massentötungen gegeben. Daher hatte Ruchele an jenem Dienstag (möglicherweise) den Plan gefasst, sich mit einigen Freundinnen zu treffen. Sie verlässt das einstöckige, weiß getünchte Haus, verspricht vielleicht Ester, ihrer Mutter, eine füllige, freundliche Frau, nicht lange wegzubleiben. Sie geht über die Dlugosa zum Rynek. Vielleicht sieht sie ihre Freundinnen und winkt, geht zu ihnen. Und dann plötzlich die Ukrainer, die Deutschen, Hunde bellen, fremdartige Offiziere brüllen, da rüber, zu den anderen, mitkommen. Die drei Schulfreundinnen haben Angst, aber immerhin sind sie zusammen. Jetzt gehen sie in der großen Menge zum Dom Katolicki, wo sie sich mit anderen immer Filme angesehen hatten.

Und erneut hält das Denken inne, denn es ist sinnlos, so zu tun, als könnte ich mir das Leiden Ruchele Jägers während der nächsten anderthalb Tage vorstellen. Auch wenn ich gewisse Vorstellungen davon habe, was während dieser sechsunddreißig Stunden geschah, lässt sich doch unmöglich rekonstruieren, was sie selbst durchgemacht hat. Zum einen hat kein Überlebender sie gesehen. (Jahrzehnte später hatte meine Mutter erfahren, die Mädchen seien *von den Nazis vergewaltigt und umgebracht* worden. War Ruchele im Dom Katolicki vergewaltigt worden?

Unmöglich, das heute noch zu wissen.) Zum anderen haben wir zu wenig Kenntnis von ihrem Wesen, um uns auch nur annähernd vorstellen zu können, wie ihre seelische Verfassung während einer Sekunde dieser Stunden gewesen sein mag.

Dennoch. Selbst unter der Annahme, dass Ruchele während der sechsunddreißig Stunden, die sie und tausend andere im Dom Katolicki festgehalten wurden, nicht geschlagen, vergewaltigt oder umgebracht wurde, ist es zweifellos möglich, sich eine grobe Vorstellung davon zu machen, was es für ein sechzehnjähriges, vielleicht überbeschütztes Mädchen aus einer bestimmten Zeit bedeutete, mit anzusehen, wie andere umgebracht, gefoltert, vergewaltigt und erschossen wurden. Beispielsweise zu sehen – ein Vorfall, von dem Jack uns erzählte, als wir mit ihm allein sprachen –, wie dem Rabbi, den man schon als kleines Kind kannte, die Augen herausgeschnitten werden, ein Kreuz in die Brust geritzt und er dann gezwungen wird, nackt mit einer entsetzten jungen Frau zu tanzen …

Woher wissen wir, was dort geschehen ist?

Olga erzählte uns, was sie gehört hatte, als wir in Bolechow waren – die menschliche Pyramide.

Jack erzählte uns von dem Kreuz, das dem Rabbi in die Brust geschnitten wurde, was er aber nicht selbst gesehen haben kann. (Ich hatte ihn gefragt, woher er so genau wisse, dass Ruchele gerade in dieser Aktion umgekommen sei. Ob er gesehen habe, wie sie mitgenommen wurde, so meine dumme Frage. Er lachte bitter. *Wenn ich sie gesehen hätte, wäre ich jetzt auch tot!* Woher er es also wisse. Weil sie *danach*, sagte er, ein wenig ungeduldig, *weg* war.)

Bob Grunschlag erzählte mir später, am Tag, als die erste Aktion begann, sei er, nachdem seine Mutter aus ihrem Haus und sein älterer Bruder von dem Heuboden, wo dieser, Jack und Bob sich versteckt hätten, abgeholt worden seien – Bob und Jack wurden nicht entdeckt, obwohl die Heugabel der Häscher bis auf wenige Zentimeter an Bobs Gesicht herangekommen sei –, sei er also, so unglaublich es klingen mag, aus seinem Versteck geschlüpft und im Schutz der Dunkelheit zum Dom Katolicki geschlichen, um zu sehen, was dort geschah. Das D.K., wie er und die anderen es nannten, wobei sie es so aussprachen: *dey-ka*.

Es ging das Gerücht, sagte er, dass die abgeholten Juden irgendwohin zum Arbeiten gebracht werden sollten. Und da es Ende Oktober war, war es auch schon Winter, also dachte ich, bringen wir Mutter lieber mal Wollsachen, und das Hausmädchen hat alles eingepackt. Inzwischen hatten wir gehört, dass sie im D.K., im Vereinshaus, eingesperrt waren. Also bin ich dahin. Aber da wurde Bob von ukrainischen Jungen gesehen – vor dem Gebäude standen eine Menge Ukrainer, sie reckten den Hals, um zu sehen, was darin vor sich ging (darunter ein Junge, der zu dem Mann heranwachsen sollte, den ich zwei Jahre nach diesem Gespräch mit Bob interviewte) – und rannte wieder nach Hause.

Die Wollsachen waren jedenfalls unnötig.

Obwohl Bob also hingegangen war, hatte er doch nicht gesehen, was dort wirklich passierte. Woher wusste er es also – wie sickerten die Geschichten durch?

Bob erklärte mir, eine Nachbarin von ihnen, Mrs Friedmann, habe wie durch ein Wunder überlebt, nachdem eine Ukrainerin die Deutschen überredet habe, sie freizulassen. Sie kam heraus und einen oder anderthalb Tage später zu uns, sagte Bob, und sie hat uns erzählt, was passiert ist. Sie hatte meine Mutter dort gesehen und meinen Bruder. Es war nämlich so, dass sie unsere Mutter zuerst mitgenommen hatten, deshalb wusste sie nicht, dass mein Bruder auch da war, und erst Mrs Friedmann hat sie darauf hingewiesen, dass auch ihr ältester Sohn drin war.

Er brach ab, und auch ich sagte eine Weile nichts. Ich dachte, wie wohl auch er, wie viel froher seine Mutter gewesen wäre, wenn sie nicht gewusst hätte, dass ihren Ältesten, Gedalje – der bestimmt nach dem Vater seines Vaters benannt worden war, jenem Gedalje Grunschlag, dessen Name in dem 1891er Geschäftsverzeichnis von Galizien prangt –, ebenfalls der Tod im D.K. erwartete.

Einen Augenblick später fügte Jack hinzu: Es war der Saal, in dem ich mir ungefähr acht Monate zuvor zusammen mit Ruchele einen Film angesehen hatte.

Manches wissen wir also von Mrs Friedmann. Und es könnte ja auch genügen zu wissen, was Mrs Friedmann den Grünschlags erzählte und was die Grünschlags in Erinnerung behielten und später mir und anderen erzählten, um das Grauen, das meine Cousine Jäger in den letzten sechsunddreißig Stunden ihres Lebens erlebte, wenigstens anzudeuten. Der Rabbi mit dem in die Brust geschnittenen Kreuz, die Obszönität des geblendeten Rabbi, der gezwungen wird, auf der Bühne mit einem nackten Mädchen zu tanzen, während jemand auf dem Klavier spielte, derselbe geblendete, verstümmelte Rabbi, den man schließlich in der Grube des Klohäuschens des D.K. versenkt.

Doch es ist möglich, in noch genaueren Details zu erfahren, was sich im katholischen Gemeindezentrum abgespielt hat. Das Folgende ist die Übersetzung eines Dokuments, das ich im Sommer 2003 von Yad Vashem erhielt, einige Monate nach meinem Besuch in Australien, als ich nach Israel reiste, um einige weitere »Ex-Bolechower« (wie sie sich selbst gern nennen), von denen ich in Australien erfahren hatte, zu interviewen. Das Dokument ist auf Polnisch und die Transkription der Aussage einer Rebeka Mondschein, die diese am zwanzigsten August 1946 im polnischen Katowice, wohin Frau Mondschein nach dem Krieg gezogen war, gemacht hat. An jenem Tag, als die Geschichten noch frisch waren, noch voll von all jenen Details, die ihr die Zeit seither entrissen hat, war sie siebenundzwanzig Jahre alt. Folgendes sagte sie über die erste Aktion:

Am Dienstag, dem 28. Oktober 1941 um zehn Uhr, trafen zwei Wagen aus Stanislawów ein, sie fuhren am Rathaus vor. In dem einen Wagen waren Gestapo-Männer in schwarzen Hemden. In dem anderen waren Ukrainer in gelben Hemden und Baretten mit einer Schaufel darauf. Diese fuhren sogleich nach Taniawa, um ein großes Grab auszuheben. Vom Rathaus wurde eine halbe Stunde später jedem Gestapo-Mann ein Ukrainer zugeteilt, und diese Paare gingen mit einer Liste los, die vom Rathaus für die Stadt erstellt worden war.
Auf der Liste standen die reichsten und intelligentesten Juden. Die Gestapo-Männer trugen Kampfuniform. Die

Leute glaubten, sie sammelten für eine Arbeitsbrigade. Nach zwei Stunden waren sie gemäß der Liste auch abgeholt. Auf der Liste standen: die Rabbis Landau und Horowitz; Dr. Blumental; Landes, Isaak; Feder, Ajzyk; Frydman, Markus; Dr. Leon Frydman, Leiter Dogilewski, seine Tochter, obwohl im vierten Monat schwanger, sprang aus einem fahrenden Wagen und entkam. Insgesamt waren es 160 Menschen.

Der Kommandant der Gestapo, der berüchtigte Krüger, traf aus Stanislawów ein. Er machte eine halbe Stunde etwas im Rathaus und ging dann. Die Aktion wurde von dem Gestapo-Offizier Schindler koordiniert. Auch die Miliz wurde eingespannt. Um 12 Uhr fingen sie an, Leute aus den Häusern und von der Straße zu holen. Bei den Häusern, die ein Gestapo-Mann verlassen hatte, trafen Gruppen von Ukrainern ein, sie drangen in die Häuser, um sie auszurauben, nachdem die Juden zum Marktplatz geführt worden waren. Die Gestapo-Männer, die Angehörigen der ukrainischen Miliz und zahllose junge ukrainische Zivilisten, darunter auch zehnjährige Jungen, jagten sie durch die Stadt. Sie trieben die Juden zum Dom Katolicki auf dem Wołoski-Feld. Sie mussten alle auf die Knie und mit dem Gesicht auf dem Boden bleiben. Die Juden, die glaubten, sie seien zum Arbeiten abgeholt worden, hatten warme Sachen dabei, einen Rucksack und Wertsachen. Am Eingang des Dom Katolicki befahl ihnen ein Gestapo-Mann, alle Wertsachen und alles Geld bei Todesstrafe abzugeben. Bei der Frau von Abeg Zimerman, die sich wie alle anderen auch im Saal ausziehen musste, wurde Geld gefunden. Sie wurde auf der Stelle erschossen. Es gab weitere solche Vorfälle. Nach einem Fluchtversuch durch ein Fenster, dem einzigen solchen Versuch, wurde Ajzyk Feder erschossen.

Neunhundert Menschen wurden in den Saal gepfercht. Die Leute wurden übereinandergestapelt. Viele erstickten. Sie wurden in dem Saal getötet, erschossen oder einfach mit Knütteln und Stöcken auf den Kopf geschlagen, gleich da im Saal.

Isaac Landes war der Kopf so stark zerschlagen, dass später, als 29 Leichen von im Dom Katolicki Ermordeten zum Friedhof gebracht wurden und sein Sohn, Dr. David Landes, sie alle untersuchte, er ihn nicht erkannte. Die Menschen wurden ohne jeden Grund geschlagen; zum Beispiel schleuderte Gestapo-Mann Schindler Cyli Blumental einen Stuhl ins Gesicht und zerschmetterte es, zur Belustigung, im Exzess. Besonders auf die Rabbis hatten sie es abgesehen. Rabbi Horowitz' Körper wurde buchstäblich zerhackt und zerrissen. Rabbi Landau wurde von einem Gestapo-Mann befohlen, sich nackt auf einen Stuhl zu stellen und eine Lobrede auf Deutschland zu halten. Als er sagte, Deutschland ist großartig, schlug ihn der Gestapo-Mann mit einem Gummiknüppel und brüllte: »Du lügst!« Dann brüllte er noch: »Wo ist dein Gott?« Im Saal in der Mitte der Menge begann die Frau von Beni Halpern zu gebären, und gleichzeitig war sie verwirrt und schrie. Ein Gestapo-Mann schoss auf sie, verletzte sie aber nur, also erledigte er sie mit einem zweiten. Sie lag bis zum 30. Oktober da. Auch der Apotheker Kimmelman starb im Saal. Szancia Reisler, die Frau von Friedmann, dem Anwalt, musste vollkommen nackt auf nackten Leibern tanzen. Gegen Mittag wurden die Rabbis aus dem Saal geführt, und es gibt keine Spur mehr von ihnen. Es heißt, dass man sie in die Grube geworfen hat.

So wurden die Leute vom 28. bis zum 29. Oktober gehalten, ohne Essen und Wasser bis 16.00 Uhr. Um 16.00 Uhr wurden sie alle mit Wagen in den Wald von Taniawa gebracht, 8–10 km von Bolechów entfernt. Dort wurden ungefähr 800 Menschen erschossen. Es gab ein Brett über einem Graben, auf das die Leute gehen mussten und wo sie dann erschossen wurden und in das Grab fielen; manche waren schwer verwundet, andere nur leicht. Ducio Schindler entkam von dort am Abend. Er kletterte auf einen Baum und saß dort während der ganzen Exekution und bis das Grab zugeschüttet wurde. Er hat uns alles erzählt. Am nächsten Tag, dem 30. Oktober 1941, befahl Befehlshaber Köhler dem Judenrat [der gesamtjüdische regierende Rat, von den Nazi-Behörden als Mittler zwischen der deutschen und der jüdischen Gemeinde eingesetzt, um ihre Befehle *auszuführen], den Saal des Dom Katolicki zu säubern und die 29 Leichen zum Friedhof zu schaffen.*

Die Gestapo verlangte Entschädigung für die verbrauchte Munition. Der Judenrat musste bezahlen. Darüber hinaus zwangen sie sie, 3 kg Kaffeegranulat für Arbeitsauslagen zu bezahlen.

Man kann also wissen, was geschah, auch wenn es schwierig ist, halbwegs sicher das Schicksal Rucheles zu rekonstruieren. Sehr wahrscheinlich wurde sie am Dienstag, dem achtundzwanzigsten Oktober, irgendwann nach Mittag von den Straßen ihrer Heimatstadt geholt, als sie mit ihren Freundinnen unterwegs war. Dann wurde sie zum Dom Katolicki getrieben und dort wahrscheinlich Zeugin einiger der oben beschriebenen Geschehnisse – auch wenn wir nicht vergessen dürfen, dass die Juden, die an dem Nachmittag im D.K. gezwungen wurden, auf dem Fußboden zu kauern, die Köpfe unten halten mussten, und dass diejenigen, die aufstanden, häufig auf der Stelle erschossen wurden. Statt also zu sagen, dass sie *Augenzeugin* einiger Ereignisse war, sollte man vielleicht eher sagen, dass sie vor allem Dinge *hörte*: Schüsse, Schreie, Gebrüll, Verhöhnungen, das Klavier, die Schritte der hektisch tanzenden Füße auf der Bühne.

Es ist möglich, dass die sechzehn Jahre alte Ruchele dort umgebracht wurde, so wie auch andere. Auch ist es gut möglich, dass sie das nackte Mädchen auf der Bühne war, mit dem der Rabbi, aus dessen Augen Blut lief, zu tanzen gezwungen wurde oder auch, sich auf sie zu legen. Das möchte ich lieber nicht glauben. Andererseits wissen wir, dass sie, falls sie diese sechsunddreißig Stunden, anders als andere, überlebt hat, am Nachmittag des 29. Oktober gegen vier Uhr, nachdem sie den vorigen Tag, die Nacht und den Vormittag in blankem Entsetzen verbracht hatte – das sich vorstellen zu wollen töricht wäre –, nachdem sie vor Hunger und Durst geweint und sich zweifellos auch mit dem eigenen Urin beschmutzt hatte, denn niemand kann sich anderthalb Tage lang nicht erleichtern, dass sie dann erschöpft, hungrig, zutiefst verängstigt, beschmutzt von den eigenen Ausscheidungen (eine Vorstellung, die schwerfällt, vielleicht sogar peinlich, für jeden Erwachsenen abstoßend und zutiefst beschämend ist, ich aber als möglich in Betracht ziehen muss, wenn ich versuche, mir vorzustellen, was mit ihr geschehen ist), dass sie also nach Taniawa gebracht wurde – ob sie die wenigen Kilometer zu Fuß gehen musste oder auf einem Lastwagen hingefahren wurde, lässt sich nicht mehr sagen – und dort, nachdem sie in noch größerem Entsetzen wartete, während sie mit ansehen musste, wie Gruppe um Gruppe ihrer Nachbarn, Leute, die sie ihr ganzes Leben lang (nun ja: sechzehn Jahre) in der kleinen Stadt gesehen hatte, auf eine Planke treten mussten und in die Grube fielen: Nachdem sie das beobachtet hatte, kam sie zwangsläufig selbst an die Reihe; sie trat nackt auf die Planke – mit welchen Empfindungen, lässt sich unmöglich sagen, aber vermutlich dürfte sie in diesen letzten Augenblicken an ihre Mutter, ihren Vater und ihre Geschwister, an zu Hause gedacht haben, aber vielleicht (*Sie sind ein sentimentaler Mensch*, hatte Mrs Begley einmal halb abschätzig, halb nachsichtig zu mir gesagt), vielleicht dachte sie einen flüchtigen Augenblick lang auch an Jakob Grünschlag, den Jungen, mit dem sie anderthalb Jahre lang gegangen war, an seine dunklen Haare und sein erwartungsvolles Lächeln –, und als sie dann auf der Planke oder vielleicht am Rand der frisch ausgehobenen Grube stand, unter ihr die Leiber, über ihr die kalte Oktoberluft, wartete sie. Die kalte Oktoberluft: Wir wissen, dass sie da schon nackt war, und wegen der Witterung und des Grauens zitterte sie bestimmt. Wieder und wieder erscholl, während sie wartete, bis sie an der Reihe war – oder war sie die Erste? –, das Maschinengewehrfeuer (Das war nicht der Tod, auf den die Menschen irgendwann hofften, wenn sie das Pech gehabt hatten, erwischt zu werden. *Der Schuss ins Genick, wie haben sie das auf Deutsch genannt – den »Gnadenschuss«?*, hatte Mrs Grossbard an dem Tag, als alle Bolechower beisammen waren, einfach so in die Runde gefragt. Sie formte mit der Hand eine Pistole und hielt sie sich ins Genick. *Es fällt mir nicht ein. Wenn ich mich aufrege, kann ich mich an nichts erinnern*).

Also: die ratternden Maschinengewehrsalven, die Kälte, das Zittern. Irgendwann war sie dran, und sie ging mit den anderen auf die Planke. Wahrscheinlich federte die Planke ein wenig, vielleicht sogar stark, wenn sie sich aufstellten: eine unpassende spielerische Bewegung. Dann wieder ein Feuerstoß. Ob sie ihn hörte? War die rasende Aktivität ihres Gehirns in dem Augenblick derart, dass sie ihn gar nicht hörte, oder, im Gegenteil, war ihr Gehör vom Warten überfeinert? Wir können es nicht wissen. Wir wissen nur, dass ihr weicher, sechzehn Jahre alter Körper in das Grab fiel – und da mit etwas Glück schon leblos war, auch wenn uns bewusst ist, dass einige noch lebten, wenn sie mit nassem Aufprall auf die warmen, blutenden, mit Exkrementen beschmierten Leiber ihrer Mitbürger fielen –, und das ist das Letzte, was wir von ihr sehen, obwohl wir sie natürlich gar nicht gesehen haben.

Und das alles geschah sehr wahrscheinlich nur, weil sie am Spätvormittag zuvor das Haus verlassen hatte, um sich mit ihrer kleinen Gruppe zu treffen, den drei Schulfreundinnen.

Nur ein Sechstel der jüdischen Bevölkerung kamen an jenem Tag um, erzählte uns Jack. (Nur.) Aber drei Viertel dieser vier Mädchen kamen an dem Tag um.

Nicht zum ersten Mal fiel mir auf, dass das Verb, das Jack durchgehend für die Getöteten benutzte, *perish*, »umkommen« war, was seinen Ausführungen in meinen Ohren einen leicht gehobenen, vielleicht biblischen Anflug verlieh, wenn er über die sprach, die den Krieg nicht überstanden hatten.

Drei Viertel der vier Mädchen kamen an dem Tag um, hatte Jack gesagt.

Dann wussten Sie es also, sagte ich.

Er zögerte einen Augenblick.

Nun, sagte er, *sie* wussten es ... daran erinnere ich mich. Vater war im Judenrat – mein Vater war Mitglied des Judenrats, also fragte ich ihn, was mit Familie Jäger geschehen sei, und er sagte mir: Ein Mädchen ist umgekommen. Und dann habe ich herausgefunden, dass es Ruchele war.

Das erzählte er mir, als alle Bolechower an seinem Esstisch beisammensaßen. Am folgenden Tag, als Matt und ich noch einmal zu ihm gingen, um ihn allein zu interviewen, erzählte er mir eine etwas andere Version der Geschichte.

Die Aktion fand am Dienstag statt, sagte er. Und am Dienstagabend kam mein Vater nach Hause. Er war im Judenrat. Sie hatten Mutter aus dem Haus geholt, aber mein Vater war ja beim Judenrat. Er hat gedacht, sie holen ihn auch, also ist er fortgelaufen und erst nachts wiedergekommen. Deshalb weiß ich eben nicht mehr, ob ich ihn an dem Abend oder am nächsten fragte: Wen haben sie abgeholt?, hab ich gefragt, was ist mit den Jägers? Und er sagte: Eins der Jäger-Mädchen. Also hab ich ihn gefragt: Welches? Und er wusste es nicht, er wusste es nicht oder wollte es mir nicht sagen – ich weiß nicht einmal, ob sie wussten, dass ich mit ihr ging. Und zwei, drei Tage später haben sie mich zu meiner Tante geschickt – es hat mich doch schwer getroffen, meine Mutter und meinen Bruder zu verlieren.

Ich wusste nicht, was ich sagen sollte.

Also habe ich ein paar Tage bei meiner Tante gewohnt. Und ich weiß noch, wie ich abends – vielleicht auch nachmittags, vielleicht abends oder nachts – gefragt habe: Sie haben eins der Jäger-Mädchen abgeholt – welches? Und sie sagten: Ruchele. Das hat mich dann wieder getroffen. In der Nacht habe ich nicht geschlafen, ich weiß noch, meine Tante hat nicht gewusst, warum, sie hat gedacht, ich sei noch … nach dem Tod meiner Mutter …

Er schwieg einen Augenblick und fuhr dann fort.

Ich weiß noch, wie meine Tante jede Stunde, alle anderthalb Stunden zu mir ins Zimmer kam, wo ich im Bett lag, und sagte: Du schläfst noch immer nicht? Du schläfst noch immer nicht? Da habe ich die ganze Zeit an Ruchele gedacht, weil es ein erneuter Schock war.

Was Shmiel und Ester und ihre drei verbliebenen Töchter, für die Rucheles Schicksal die bis dahin größte Katastrophe ihres Lebens war, in den Tagen nach der ersten Aktion in Bolechow durchmachten, wird man nie erfahren. (Immerhin wissen wir, dass Shmiel, der 1941 noch lebte, wohl Geld beizusteuern hatte, als der Judenrat im November jenes Jahres eine Sammlung anordnete, was bedeutet, dass er, wie indirekt auch immer, für die Kugel oder die Kugeln bezahlen musste, die das Leben seiner dritten Tochter beendet hatten.) Allerdings weiß ich jetzt dies: dass Ruchele sehr kurz, vor langer Zeit im Haus von Jack Greenes Tante, jemandem sehr wichtig war, und als ich das bedachte, während Jack in seiner Erzählung fortfuhr, war ich froh.

Ich wusste ja, dass eines der Mädchen umgekommen war, wiederholte er, aber ich hatte nicht gewusst, welches.

Das war, wie sich zeigen sollte, das Letzte, das jemand über Ruchele Jäger zu mir sagte.

Der Mord an unschuldigen Kindern ist ein Problem, das im Text von Paraschat Noach *immer wieder auftaucht.* Paraschat Bereschit, *die vorgeblich von der Schöpfung handelt, endet mit Gottes angewiderter Erkenntnis, dass »die Bosheit der Menschen groß war auf Erden«, eine Erkenntnis, wegen der es ihn – was zu hitzigen Kommentaren führte – »reute«, dass er die Menschen überhaupt erschaffen hatte. (»Was könnte das bedeuten?«, fragt Friedman. »Wenn Gott die Zukunft kennt, wie kann Gott da etwas, was geschehen ist, bereuen?«) Die melancholische Stimmung der Gottheit ist, wie wir wissen, nur von kurzer Dauer, denn unmittelbar danach erklärt sie, sie werde die Menschen, die Tiere, die Vögel und alles Gewürm »tilgen«.*

Die Ursache von Gottes Zorn, das Wesen der Sünde, die seine Abscheu weckt, wird zu Beginn von Noach *beschrieben. Die Erde ist, wie Gott in Genesis 6:11 erkennt, verderbt (wat*ischa*chet), sie wurde verdorben (ni*schcha*ta) –, das Wort taucht im folgenden Vers gleich wieder auf – weil alles Fleisch seinen Wandel verderbt hatte (hi*schchit). Wie genau sieht diese »Verderbtheit«*

aus? Raschi bemerkt, die konsonantische Wurzel des hebräischen Verbs, die in diesen Versen so auffallend häufig wiederkehre, sch-ch-t, bezeichne Götzendienst (das Verb erscheint in Deuteronomium 4:16, als Gott sein Volk davor warnt, sich Götzenbilder zu machen, damit sie nicht verderbt werden) und deute darüber hinaus auf krasse sexuelle Unmoral hin. Er glossiert »alles Fleisch hatte seinen Wandel verderbt« wie folgt: »... selbst die zahmen und die wilden Tiere und die Vögel vermischten sich mit anderen Arten.«

Das Wesen der Verderbtheit hat also mit der abwegigen Vermischung von Kategorien zu tun, die voneinander getrennt bleiben sollen – ein Hauptanliegen dieser Religion, wie durch die ganze Tora hindurch zunehmend deutlich wird, vom Urakt der kosmischen Schöpfung, die als ein Prozess von Scheidung und Unterscheidung beschrieben wird, bis zu dem rigorosen Beharren auf der Scheidung der Arten und Spezies der Dinge in späteren Büchern wie Leviticus, beispielsweise der Trennung von Milch- und Fleischprodukten. Und als Gott Noah Anweisungen zum Bau, zur Ausrüstung und Beladung der Arche gibt, ermahnt er ihn, dass bei den Tierpaaren, mit denen er die Erde danach wieder versehen will (der zweite Schöpfungsakt), jedes »nach seiner Art« sein müsse – eine Spezifizierung, die Raschi so erklärt: »... jene, die sich ihren Arten angeschlossen und ihren Wandel nicht verdorben hatten.«

Die Bestrafung für diese Form der Verderbtheit spiegelt die Natur des Verbrechens ganz angemessen wider. Denn die Sintflut, die Gott entfesselt, hat die Wirkung, die Unterschiede zwischen den Dingen zu verwischen: Indem das Wasser steigt, umschließt der Ozean das trockene Land, und alle Berge und charakteristischen Merkmale der Landschaft verschwinden; als sie dann wieder erscheinen – wie sie zum ersten Mal am Beginn von Paraschat Bereschit erschienen waren, als Gott das Wasser vom Land schied –, sollen wir dies natürlich als zweite Schöpfung betrachten. Diese Verknüpfung von Verbrechen und Bestrafung, ein weiteres Beispiel dafür, wie sehr es in Noach insgeheim um die Verbindung von Gegensätzen geht, wird in einer schlagenden verbalen Eigenheit des Textes sichtbar: Denn das Wort, das Gott verwendet, wenn er sagt »zu verderben alles Fleisch«, ist maschchitam, _was sich, wie die Wörter für_ »verderbt«, _von derselben_ sch-ch-t-_Wurzel herleitet. In_ Noach _ist die Strafe dem Verbrechen also buchstäblich angemessen._

Im Lichte des obsessiven Interesses der Tora für Absonderung, Scheidung, Unterscheidung und Reinheit ist das Auffallende an der Geschichte von Gottes Unzufriedenheit mit seiner Schöpfung und seiner Entscheidung, eine Sintflut zu schicken, die sie auslöscht, seine Entschlossenheit, »alles Fleisch« _zu zerstören. Das Wort_ »alles« _wirft schwierige Fragen auf, impliziert es doch, dass bei der Katastrophe auch mindestens ein paar Unschuldige umkommen. Schließlich können wir uns vorstellen, dass die Bezeichnung_ »alles Fleisch« _beispielsweise auch kleine Kinder oder gar Säuglinge einschließt – eine Kategorie von Menschen, die sich wohl kaum der Rassenmischung schuldig gemacht haben dürfte. Friedman interessiert sich nicht für die verstörende Implikation, dass Gott fähig sein könnte, Unschuldige zu töten, was überrascht, da er sich anderswo sehr human zeigt; vielmehr betont er Noahs_ »Reinheit« _und fehlenden_ »Makel«, _um damit zu zeigen, wie aufgeschlossen die Autoren dieser Geschichte gewesen seien. (»Und es ist wichtig, dass eine von Juden verfasste Geschichte die Tugend eines Mannes betont, der kein Jude ist ...«, und so wurde diese Passage denn auch in manchen Debatten angeführt, um den Eindruck zu stützen, dass es eine Kategorie von Menschen namens_ »Rechtschaffene Nichtjuden« _gibt, solchen also, die im Zweiten Weltkrieg versuchten, Juden zu retten – Leute wie Ciszko Szymanski vermutlich, über den ich noch einiges erfahren sollte.) Raschi hingegen ringt, wenn auch kurz, mit den dunklen Implikationen in_ Noach. _Sein einziger Kommentar zu der Wendung_ »das Ende alles Fleisches« _ist:_ »Überall, _wo du sittliche Entartung und Götzendienst findest, kommt ein Sterben in die Welt und tötet Gute und Böse.« Das impliziert wohl entweder, dass allein schon die durch_ sh-ch-th _gekennzeichnete Sünde alle befleckt, die auch nur im Entferntesten damit verbunden sind, selbst die passiven Opfer von (sagen wir) Rassenmischung, oder dass die Schuldigen durch ihr wahlloses Sündigen selbst die Strafen auch über die Unschuldigen bringen – eine Interpretation, die den Vorteil hat, Schuld von Gott abzulenken._

Nichts davon ist sehr zufriedenstellend, wenn man die Abstraktionen der Kommentatoren einmal beiseitelässt und sich fragt, wie etwa die Auslöschung des Lebens eines Kleinkinds aussieht oder sich anhört, sei es durch Ertränken oder etwas anderes. Selbst nach einigem Nachdenken über Raschis Kommentar fällt es angesichts dessen, wie sehr die Tora um die Aufrechterhaltung der Scheidung der Dinge bemüht ist, schwer, nicht das Gefühl zu haben, dass die unterschiedslose Vernichtung der Unschuldigen wie auch der Schuldigen in der Sintflutgeschichte untypisch schlampig und verstörend – nun ja, unkoscher ist. Andererseits ist die Fähigkeit, alle Details zu berücksichtigen, gewisse Unterscheidungen zu treffen, in manchen Fällen – wenn Pläne in einem gigantischen Maßstab umgesetzt werden, zum Beispiel Pläne für den Umbau der ganzen Welt – vielleicht doch kontraproduktiv.

Ob jemand mit Sicherheit wisse, wann Shmiel und Ester umgekommen seien, fragte ich am Tag des Gruppentreffens nach rund anderthalb Stunden. Inzwischen hatte ich auch schon Jacks Wort *umkommen* übernommen.

Meg sagte, sie glaube, bei der zweiten Aktion.

Jack sagte: Ja, das glaube ich auch, bei der zweiten Aktion. Danach habe ich sie nicht mehr gesehen. Dann setzte er hinzu: Ganz sicher bin ich mir aber nicht.

Ich fragte, ob jemand sie zwischen der ersten und der zweiten Aktion gesehen habe.

Nach der ersten Aktion, sagte Bob, war das Leben natürlich anders geworden. Wir mussten die Armbinden tragen.

Ich nickte. Unter Megs Schnappschüssen befand sich ein bemerkenswertes Foto, das allzu deutlich in dieser Zeit entstanden war: Pepci Diamant mit einem anderen Mädchen auf der Straße – Meg hatte sie als eine der Flüchtlinge erkannt, die aus der Umgegend in die Stadt strömten, als die Deutschen durch Polen trampelten –, beide trugen die weiße Armbinde mit dem blauen Davidstern darauf. Auf dem Schnappschuss lächeln beide jungen Frauen. Ich überlegte, wer ihn wohl gemacht, und auch, was Pepci Diamant gedacht hatte, als sie ihn in ihr Album klebte, das sie überlebt hat.

Jack sagte: Nach der ersten Aktion ging man – kam man nicht

auf die Straße. Es gab einen bestimmten Zeitraum, in dem man hinausdurfte, ein, zwei Stunden am Tag.

Der Judenrat, fuhr Bob fort, musste Leute für Arbeiten und so weiter bereitstellen, so ging es dann weiter. Und natürlich –

(ich fragte mich, warum er *natürlich* sagte, und nahm an, dass er damit vielleicht einfach das Pech der Juden meinte)

– setzte gleichzeitig eine Flut ein.

Eine Flut?, fragte ich. Einen Augenblick lang dachte ich, er meinte es metaphorisch. *Eine Flut Leiden, eine Flut Mühsal*, etwas in der Art.

Aber nein: Es war eine echte Flut. Es regnete viel, sagte Bob, und es schwemmte alles von den Feldern weg, so plötzlich, dass Nahrungsmittel sehr teuer wurden. Es herrschte Hunger. Und als es dann Frühling 1942 wurde, starben viele Juden – und nicht nur ein, zwei pro Woche, sondern pro Tag. Verhungerten einfach.

Ich dachte an Shmiel und Ester, die noch lebenden drei Töchter, wie sie in Angst und Schrecken in dem weiß getünchten Haus wohnten. In seinen Briefen an meinen Großvater, an seinen Cousin Joe Mittelmark, an Tante Jeanette und ihren Mann hatte er unablässig über Geld geklagt, darüber, was es kostete, die Mädchen auf die Schule zu schicken, dass er nicht genügend Geld hatte, seinen Laster aus der Werkstatt abzuholen. Jetzt, an – sagen wir – Passah 1942, gab es natürlich überhaupt keine Arbeit mehr, und die Leute hungerten.

Meg sagte leise: Nach der ersten Aktion redete alles über den Hunger. Ich *träumte* von Brot. Nicht Kuchen: *Brot*.

Matt sagte: Ich weiß, das klingt jetzt blöd, dumm, aber – kann ich eine Frage stellen?

Natürlich, sagten alle.

Er wollte wissen, wie es in den Tagen nach der ersten Aktion in der Stadt gewesen war, was für eine Atmosphäre geherrscht hatte. Mir war inzwischen aufgefallen, dass ich in erster Linie erfahren wollte, was geschehen war, was sich ereignet hatte und in welcher Reihenfolge, während Matt immer nach dem Atmosphärischen, nach dem Gefühl fragte.

Na ja, sagte er, Menschen, Mitglieder Ihrer Familie, waren getötet worden, das war ja bestimmt ganz furchtbar. Wenn Sie einander in dieser Zeit auf der Straße begegneten, wenn Sie also während der Zeiten, zu denen Sie hinausdurften, wenn Sie da jemanden trafen, was haben Sie da gesagt, haben Sie gesagt: »Es tut mir sehr leid, ich habe von Ihrer Mutter gehört«, haben Sie darüber gesprochen?

Etwas Derartiges zu fragen wäre mir nie in den Sinn gekommen.

Meg sagte: Es gab immer nur ein Gesprächsthema,

Jack lachte humorlos und sagte: Nein, drei.

Meg lachte nicht, nahm aber Jacks Stichwort auf.

Ja, sagte sie, *drei*: Essen, Essen und noch mal Essen.

Während die vier Überlebenden über die Zeit zwischen den zwei großen Aktionen sprachen, versuchte ich, das, was ich da hörte, mit dem, was man mir bisher erzählt hatte, in Einklang zu bringen. Tante Miriam – die, wie sie mir dreißig Jahre zuvor geschrieben hatte, Kontakt mit Überlebenden gehabt hatte, die, als ich anfing Fragen zu stellen, schon längst tot waren, mit dem Schicksal meiner Verwandten jedoch sehr wohl vertrauter gewesen sein und frischere Erinnerungen daran gehabt haben mochten – hatte gemeint, Ester und zwei der Mädchen seien 1942 umgekommen; das musste dann wohl die zweite Aktion gewesen sein. Das ältere Mädchen, hatte sie mir geschrieben, sei zu den Partisanen gegangen und mit ihnen gestorben – das war dann wohl Lorka, und soweit die Sydneyer Überlebenden wussten, stimmte das auch. Allerdings hatte Miriam gehört, dass Shmiel und ein anderes Mädchen 1944 umgekommen seien, wohingegen die Sydneyer Gruppe ziemlich sicher war, dass Shmiel, Ester und Bronia, die Jüngste, bei der zweiten Aktion abgeholt worden seien.

Vielleicht, dachte ich, war es so gewesen: Lorka war in den Wäldern zu den Partisanen gestoßen, sehr wahrscheinlich den Babij, darin waren sich alle einig. Bezüglich der anderen hatte Miriam gehört, dass Ester und zwei der Mädchen 1942 gestorben seien, in Wahrheit waren Ester und zwei der Mädchen 1942 aber bereits *umgekommen*: Ruchele im Oktober 1941, im Zuge der ersten Aktion, Ester und Bronia im September 1942, im Zuge der zweiten. Und vielleicht war Frydka tatsächlich erst 1944 gestorben, wie Miriam gehört hatte – *nachdem* sie sich den Partisanen angeschlossen hatte, wie alle anderen nun sagten. (Jedenfalls waren sich alle einig, dass sie 1943, vor den letzten Liquidationen, noch lebte.)

Blieb noch Shmiel, der, was mit ihm bis 1944 auch geschehen war, wahre Ewigkeiten von der Welt von 1939 entfernt gewesen sein musste, als er die Briefe schrieb, durch die, so mein starker Eindruck, seine Stimme noch immer zu hören war: stolz, verzweifelt, herrisch, bitter, hoffnungsvoll, erschöpft, verwirrt. Was, versuchte ich zu ergründen, während ich den Australiern zuhörte, was war mit Onkel Shmiel geschehen?

Jack sagte, seiner Ansicht nach sei er bei der zweiten Aktion abgeholt worden, da niemand ihn danach noch gesehen habe. Allerdings durfte man, wie Meg mich erinnerte, nach der zweiten Aktion nicht mehr auf die Straße: Viele seien danach nicht mehr gesehen worden, was aber nicht zwangsläufig bedeute, dass sie nicht mehr am Leben waren. Und dennoch, wenn Shmiel die zweite Aktion überlebt hätte, dann hätte Frydka, die Jack danach noch regelmäßig sah – da sie häufig zu ihm ins Haus kam, das zu einem der »Lager« geworden war, der Gruppenunterkünfte für Zwangsarbeiter –, bestimmt etwas dahingehend gesagt, und er hätte sich wahrscheinlich daran erinnert. Doch Jacks Eindruck war, noch nachdem er Frydka bis zum November 1942 häufig gesehen hatte, als alle in dem einen oder anderen Lager waren – denn wenn nicht, war man entweder tot oder in einem Versteck oder ins Ghetto von Stryj gebracht worden –, dass Shmiel im September 1942 zusammen mit seiner Frau und seiner jüngsten Tochter umgekommen war. Vielleicht war Tante Miriams Information ja falsch, vielleicht war es Wunschdenken gewesen. (Und Bob hatte mich auch darauf hingewiesen, als ich mich mit ihm einige Tage nach dem Gruppengespräch allein traf, dass während der gesamten Besatzung Leute einfach verschwanden, nicht unbedingt nur während einer der organisierten Aktionen. *Die Leute wurden wahllos eingesperrt, weggebracht*, sagte er, *zum Beispiel wurde der Vater von Shlomo Adler abgeholt, und weil seine Mutter hinter ihm herrannte, haben sie sie auch gleich mitgenommen und noch seinen Onkel.*) Vielleicht kam Shmiel also in der zweiten Aktion um, oder er verschwand einfach eines Tages. Vielleicht hatte sich der alte Partisan in Washington, D. C., einfach getäuscht und den Namen eines anderen Shmiel Jäger angenommen.

Je mehr Jack und die anderen Bolechower in Sydney an jenem Nachmittag redeten, desto mehr wuchs in mir die Überzeugung, dass Shmiel tatsächlich mit Ester und Bronia während der zweiten Aktion verschwunden war, der schlimmsten von allen.

Wann begann die zweite Aktion?, fragte ich sie.

Bob sagte: Im August 'zweiundvierzig.

Meg sagte langsam und emphatisch: *September*. Am vierten, fünften und sechsten September.

Das stimmt, sagte Jack.

Entschuldigt!, sagte Bob.

Also sind Shmiel, Ester und Bronia bei dieser zweiten Aktion verschwunden, wiederholte ich.

Es muss die zweite Aktion gewesen sein, sagten alle, denn danach hat niemand mehr etwas von den Jägers gesehen, nur noch Frydka und Lorka, die arbeiteten da schon in einem der Arbeitslager in der Stadt, weswegen sie wahrscheinlich die zweite Aktion überlebten.

Sie waren in der Fassfabrik, sagte Jack, zusammen mit den Adlers.

Von diesen Adlers hatten, wie ich wusste, zwei überlebt, zwei Cousins: Shlomo und Josef Adler, beide leben heute in Israel. Wie ich inzwischen ebenfalls wusste, war Shlomo der selbsternannte Anführer der ehemaligen Bolechower, er schrieb Mails und organisierte alljährliche Treffen der Überlebenden in Israel. Er war der jüngste aller Überlebenden; nach der Ermordung seiner Eltern war er mit Josef untergetaucht, da war er gerade dreizehn. Die anderen Bolechower machten, wie ich erfahren sollte, liebevolle Scherze über Shlomos hohen emotionalen Einsatz für den schwindenden kleinen Kreis der Bolechower Überlebenden, mir leuchtete das aber durchaus ein: Bestimmt tat er das, um so mit seinen Eltern, die er so früh verloren hatte, verbunden zu bleiben. Shlomo war jedenfalls sozusagen die offizielle Stimme dessen geworden, was vom jüdischen Bolechow noch übrig war; er hatte auch meinem älteren Bruder Andrew geschrieben, nachdem er das Video unserer Reise gesehen hatte, das Elkana, mein israelischer Cousin, herumgezeigt hatte; Shlomo war es auch gewesen, der gemeint hatte, wir sollten gar nicht erst versuchen, ein Mahnmal zu errichten, weil die Ukrainer die Ziegel und Steine stehlen würden.

Das war im Herbst 2001 gewesen. Im Sommer 2002, dem Sommer, in dem Bob Grunschlag kurz in New York gewesen war und dabei auf einen Eistee bei mir hereingeschaut hatte, erhielt ich einen Anruf von Shlomo Adler, der sagte, auch er werde in New York sein und wolle sich sehr gern mit mir treffen. An einem heißen Nachmittag kam er zu mir, auch meine Eltern waren da, sie wollten diesen Mann, einen Mann aus ihrer Generation, der die Verwandten meiner Mutter in Bolechow gekannt hatte, unbedingt kennenlernen. Wir stellten einander vor, und Shlomo rezitierte, als er hörte, ich sei Altphilologe, voller Stolz eine Zeile lateinischer Lyrik – von Vergil, glaube ich –, die er ein Menschenalter zuvor in einem Bolechower Klassenzimmer gelernt hatte. Was sie bedeutete, wusste er nicht mehr. Wir setzten uns. Ich zeigte ihm Bilder von unserer Reise nach Bolechow 2001, und bei der Aufnahme des Rathauses, des *ratusz*, des Magistrats, hielt er inne. *Hier hat die zweite Akcja stattgefunden*, sagte er und zeigte auf das Bild, wobei er das polnische Wort für Aktion verwendete. Shlomo ist ein füllig wirkender Mann mit der massigen Statur eines Lkw-Fahrers; er hat ein scharf geschnittenes, falkenartiges Gesicht und spricht mit ungeheurer Lebendigkeit, gehört zu der Sorte, die einem zur Betonung den

Zeigefinger Richtung Gesicht stößt. Mit so jemandem möchte man sich nicht anlegen, dachte ich an jenem Nachmittag. Daher war ich überrascht, als er mit dem Finger auf dem Bild des Rathauses verweilte, neben dem über Generationen hin die Metzgerei der Jägers gestanden hatte, bis kein Jäger mehr da war, vor dem sich die Hälfte der Bolechower Juden, die nach der ersten Aktion noch lebten, insgesamt rund zweieinhalbtausend Menschen, in den ersten Tagen des September 1942 versammeln mussten und von wo aus sie, nachdem wahllose Schüsse im Hof des *ratusz* diese Zahl um vielleicht fünfhundert reduziert hatten, zum Bahnhof getrieben und in die Waggons nach Belzec gepfercht wurden – ich war also überrascht, dass diesem mächtigen, stämmigen Mann, als er auf Matts Bild von diesem malerischen Gebäude zeigte, der Finger, dann die ganze Hand, dann der ganze Arm so heftig zu zittern begannen, dass meine Mutter sagte: Schon gut, ich hole Ihnen ein Glas Wasser, was sie tat, worauf Shlomo sich nach einigen Minuten wieder fasste und sagte: Entschuldigt, da sind schlimme Dinge passiert ...

Frydka und Lorka waren also zusammen in der Fassfabrik gewesen, zusammen mit den Adlers, wie Jack sagte. Aber das war nach der zweiten Aktion. Zu der Zeit waren sie vermutlich die einzigen noch lebenden Mitglieder meiner Familie in Bolechow gewesen.

Wann sie auch stattgefunden hatte, alle in Jacks Esszimmer waren sich einig, dass die zweite Aktion das bei Weitem Grauenhafteste und Verheerendste war, was den Juden in Bolechow widerfuhr.

Warum war das so? Weil sich die Ziele und Methoden der deutschen Herrscher der besetzten Gebiete, des sogenannten Generalgouvernements, zwischen Spätsommer bzw. Frühherbst 1941, als die erste Aktion stattgefunden hatte, also gleich nach dem Einmarsch der Nazis in Ostpolen, und Spätsommer 1942, als die zweite Aktion stattfand, geändert hatten. In den gesamten besetzten Ostgebieten hatten die speziellen SS-Einsatzgruppen, die zur Tötung der Juden in den besetzten kleinen und großen Städten abkommandiert waren, diese Aufgabe im Spätsommer und Herbst 1941 mehr oder weniger in der Weise erledigt, wie die Deutschen und ihre ukrainischen Helfer die rund tausend Juden, die bei der ersten Aktion in Bolechow umgekommen waren, getötet hatten: Sie brachten sie in Wälder und Schluchten oder auf Friedhöfe, abgelegene Orte, wo Gruben entgegenkommenderweise schon ausgehoben waren, häufig von Einheimischen, und erschossen sie dort. Doch diese Methode der Eliminierung der Juden erwies sich für die Angehörigen der Einsatzgruppen als zu traumatisch. Yitzhak Arad erklärt in seinem Werk, das als das maßgebliche über die Vernichtungslager in Ostpolen gilt – die Todeslager der sogenannten Aktion Reinhard, Treblinka, Sobibor und Belzec –, dass »die fortwährende Verwendung von Angehörigen der Einsatzgruppen bei der Ermordung von Frauen, Kindern und Alten bei manchen zu einem kumulativen psychologischen Effekt und sogar zu Nervenzusammenbrüchen führte«. Als Beleg für diese heute sehr wohl bekannte Feststellung zitiert er einen Augenzeugenbericht über einen Besuch des Reichsführers SS Heinrich Himmler im Spätsommer 1941 in Minsk, wo Himmler der Erschießung von rund einhundert Juden beiwohnte – ein Zehntel der Zahl derer, wie man sich vielleicht erinnern sollte, die bei der ersten Aktion in Bolechow getötet wurden:

Als das Feuern begann, wurde Himmler immer nervöser. Bei jeder Salve schaute er zu Boden. ... Der andere Zeuge war Obergruppenführer von dem Bach-Zelewski. ... Von dem Bach sagte zu Himmler: »*Reichsführer, das waren jetzt nur hundert ... Sehen Sie den Männern dieses Kommandos in die Augen, wie tief erschüttert sie sind. Diese Männer sind fertig.*«

Weil die bedauernswerten SS-Männer von den aufreibenden Anforderungen ihrer Aufgaben im Spätsommer 1941 *fertig* waren, musste eine andere Lösung der »Judenfrage« gefunden werden. Diese erwies sich dann als die Gaskammer. Arad zitiert die Aussage, die Rudolf Höß, der Kommandant von Auschwitz, bei seinem Prozess in Nürnberg machte:

Im Sommer 1941 wurde ich zum persönlichen Befehlsemp-
fang zum Reichsführer-SS, Himmler, nach Berlin befohlen.
Dieser sagte mir dem Sinne nach, ich kann das nicht mehr
wörtlich wiederholen, der Führer hat die Endlösung der Ju-
denfrage befohlen. Wir, die SS, haben diesen Befehl durch-
zuführen …
Eichmann […] kam nach Auschwitz, um mit mir die Durch-
führung des gegebenen Befehls zu besprechen.
(Vernehmung am 15. April 1946/Vormittagssitzung)

Aus Rücksicht auf die Nerven der SS-Leute wurde auf der
Wannseekonferenz am 20. Januar 1942 beschlossen, die Juden
im Generalgouvernement, die sich (nach deutschen Schätzun-
gen) auf rund 2.284.000 Menschen beliefen, als Erste zu liquidieren, und zwar durch Vergasen in speziell dafür ausgerüsteten
Todeslagern: Treblinka, Belzec, Sobibor. Diese Operation wurde
schließlich zum Gedenken an Reinhard Heydrich, dem Stellver-
tretenden Reichsprotektor von Böhmen und Mähren, der im
Mai 1942 in Prag einem Attentat zum Opfer fiel, Aktion Reinhard genannt. Heydrichs Leidenschaft galt, wie es heißt, der
Geige.
    Das alles ist historisch belegt. Ich erwähne diese wenigen
dokumentarischen Details nur, um zu erklären, warum die
zweite Aktion in Bolechow, die Aktion, der Shmiel, Ester und
Bronia zum Opfer fielen, laut den Sydneyer Bolechowern sich
so sehr von der ersten unterschied, so viel größer und brutaler
war.
    Die zweite Aktion in Bolechow war so anders, weil sie Teil
der Aktion Reinhard war.

Die zweite Aktion war die größte, sagte Bob. Es waren über
zweitausend Leute.
    Meg neben ihm sagte, ohne ihn anzusehen, aber die Worte
langsam und deutlich sprechend: Zweieinhalb.
    Sie haben sie nach Belzec gebracht, fuhr Bob fort.
    Ja, sagte Meg.
    Sie wurden nach Belzec geschafft, was ein Vernichtungslager
war, sagte Bob.

Das wusste ich natürlich. *Mayn Shtetele Belz.*

Ganz in der Nähe, oder?, soufflierte ich.

Also, sagte Bob, na ja, hundertfünfzig, hundertsechzig Kilometer. Gleich hinter Lwów.

Und es war im September 'zweiundvierzig?

Sie meinen, es war im September, ich meine, es war im August, sagte Bob listig.

Bob!, rief Jack dazwischen. Das steht in dem Buch, das der deutsche Historiker geschrieben hat.

Ich kann nur sagen, wie ich es in Erinnerung habe, erwiderte Bob sanft. Was der Historiker sagt, weiß ich nicht.

Insgeheim freute ich mich über Bob Grunschlags Hartnäckigkeit gegenüber dem Beharren seines älteren Bruders – und noch mehr gegenüber Megs Widerstand; etwas daran unterstrich eine Eigenschaft, die ich an ihm meinte beobachtet zu haben, etwas Robustes, Sonnengebräuntes, Ledriges nach all den Jahren am Bondi Beach. Die Streitlust des jüngeren Bruders vielleicht. Auch wenn ich mir ziemlich sicher war, dass er diesmal unrecht hatte, teilte ich seine Ablehnung, dem gedruckten Historikerwort blind zu vertrauen, wusste ich doch gut, wie leicht man selbst harmlose Fehler macht – das Auge, das über die falsche Zeile streicht, wenn man von einem verblassten Blatt Papier einen Eintrag abschreibt –, erst recht die beschämenderen Fehler, die uns so häufig unterlaufen, wenn das Gehirn sich sogar frische Informationen falsch merkt, weil bestimmte zufällige Datenschnipsel in Teile der Geschichten umgewandelt werden müssen, die uns über die Welt zu erzählen wir erzogen worden sind und die wir aus diesem Grund in Ehren halten.

Natürlich ist es wichtig, zwischen verschiedenen Fehlerarten zu unterscheiden – sich in den wichtigen Dingen einig zu sein, wie Bob es später formulierte. Dennoch, kleine Irrtümer haben, wenn wir sie bemerken, den Effekt, uns zu verunsichern, wie leicht sie auch erklärt oder verziehen werden mögen; zwangsläufig fragen wir uns dann, welche anderen Fehler, wie gut wir uns auch die Umstände, in denen sie uns unterliefen, vergegenwärtigen können, wie unbedeutend sie auch sein mögen, in den Geschichten und, noch mehr, in den Texten lauern könnten, auf deren »Tatsachen« wir uns so oft blind berufen. So enthält

Yitzhak Arads Buch einen Anhang mit der Überschrift »Appendix A«, in dem die Details der Deportationen polnischer Juden nach Belzec im Zuge der Aktion Reinhard im Spätsommer und Herbst 1942 Bezirk für Bezirk aufgelistet werden. Als ich dieses Buch meiner Sammlung aus Büchern über den Holocaust hinzufügte, die anfangs den Empfehlungen meines Bruders Andrew so viel verdankte (*Masters of Death* musst du unbedingt lesen, sagte er mir, also besorgte ich es mir, denn schließlich bin auch ich ein jüngerer Bruder), blätterte ich diesen langen und streng organisierten Anhang auf der Suche nach dem Namen *Bolechow* durch. Und las, dass im Bezirk Stryj, in der Stadt Bolechow, zweitausend Juden deportiert worden waren, was ich natürlich wusste, denn diese Information deckt sich mit den verschiedenen Berichten von Überlebenden und Zeugen der zweiten Aktion. Doch Arads Tabelle gibt die Daten der Massendeportationen auch mit 3.–6. August 1942 an. Das stimmt nun mit Bobs Erinnerung überein, obwohl Meg nachdrücklich erklärte, die zweite Aktion habe am vierten, fünften und sechsten *September* stattgefunden, und wie wir gleich sehen werden, hatte ein weiterer Überlebender nur vier Jahre nach dieser Aktion aufgeschrieben, sie habe am dritten, vierten und fünften September stattgefunden. Für mich bedeutet das Übergewicht dieser Aussagen, dass die große Aktion in jenen frühen Septembertagen stattfand, und ich gehe davon aus, dass »Arads August« eben ein Fehler war (schnell passiert angesichts der riesigen Zahl von Einträgen, die er für September auflistete). Da ich mit Geschichten aufwuchs, da ich so viele Jahre in Archiven recherchiert habe und (zum Beispiel) weiß, dass ein Eintrag namens »Kornbuch« tatsächlich eine Frau namens Kornblüh bezeichnet haben muss, und da ich mit vielen Überlebenden gesprochen habe, stört mich diese Diskrepanz zwischen mündlichen und schriftlichen Zeugnissen, zwischen dem Datum, das jemand vielleicht bei einem Interview nennt, und der Information, die in einer Tabelle in dem maßgeblichen Buch aufgeführt ist, nicht weiter. Denn wenn Sie jetzt gleich auf die Webseite von Yad Vashem gingen und die zentrale Datenbank der Namen der Shoah-Opfer nach »Jäger« aus Bolechow durchsuchten, würden Sie erfahren – oder vielmehr glauben, Sie erführen –, dass es eine junge Frau namens Lorka Jejger gab, auf die die folgende Aussage zutrifft:

Lorka Jejger wurde 1918 als Kind von Shmuel und Ester in Bolchow, Polen, geboren. Sie war alleinstehend. Vor dem 2. Weltkrieg lebte sie in Bolechow, Polen. Während des Krieges war sie in Bolechow, Polen. Lorka starb 1941 in Bolechow, Polen. Diese Information basiert auf einem Gedenkblatt, das am 22. 05. 57 von ihrer Cousine, einer Überlebenden der Shoah, vorgelegt wurde.

Tatsächlich aber ist kein einziges Element dieses Eintrags korrekt, da Lorka (wie wir von ihrer Geburtsurkunde wissen) am 21. Mai 1920 geboren wurde und laut Aussage verschiedener Augenzeugen zumindest noch im Winter 1942 lebte. Dem ließe sich auch noch hinzufügen, dass praktisch alle Informationen derselben bedeutenden Quelle, der zentralen Datenbank von Yad Vashem, für »Shmuel Yeger« (oder »Ieger«) und »Ester Jeger« (und die drei Töchter, die die Datenbank ihnen zuschreibt: »Lorka Jejger«, »Frida Yeger« und »Rachel Jejger«) nachweislich falsch sind, von der Schreibweise ihrer Namen über die Namen ihrer Eltern (»Shmuel Ieger wurde als Kind von Elkana und Yona 1895 in Bolechov, Polen geboren«, ein Fehler, der, wie ich dachte, als ich es las, meine Urgroßmutter Taube Mittelmark aus der Geschichte tilgt und mit ihr auch ihre geschwisterlichen Spannungen, die durchaus zu Shmiels Entschluss von 1914 geführt haben könnten, New York zu verlassen und nach Bolechow zurückzukehren, ein Entschluss, auf den seine Präsenz in diesem von Fehlern strotzenden Archiv zurückzuführen ist) bis hin zu ihren Geburts- und Todesjahren. Aber wenn Sie nicht gerade, wie ich, ein persönliches Interesse an den wenigen Fakten haben, die noch über sie in Erfahrung zu bringen sind, würden Sie nie erfahren, dass die Informationen über die sechs Menschen, die Sie zu Ihrer großen Freude in der Datenbank von Yad Vashem gefunden haben, fast vollständig unkorrekt sind, und Sie wären nicht klüger als zuvor.

Daher bin ich die Diskrepanzen zwischen den Fakten und dem »Dokument« gewöhnt und rege mich nicht besonders darüber auf. Aber ich verstehe, dass manche sie verstörend finden.

Doch wie Bob mich nun erinnerte, in den großen Dingen stimmten alle überein: Bei der zweiten Aktion geschahen schlimme Dinge.

Bob erzählte mir später, er, Jack und ihr Vater hätten die zweite Aktion überlebt, weil sein Vater, der Vorsitzende des Judenrats, gewarnt worden sei und weil sie nach der ersten Aktion ein Versteck gebaut hätten.

Wir waren versteckt, erzählte er mir, als wir uns allein unterhielten, weil wir im Stall eine doppelte Wand hatten. Die war nach der ersten Aktion von einem jüdischen Schreiner gebaut worden. Wir wussten nämlich schon, dass es noch eine Aktion geben würde. Wir wussten es schon, weil es einige Wochen davor in mehreren Städten in der ganzen Gegend Aktionen gegeben hat. Und am Tag vor der Bolechower Aktion, der zweiten, kam Vater herein und sagte: »Morgen fängt sie an.« Also sind wir in der Nacht oder den frühen Morgenstunden, bevor das Ganze auf den Straßen anfing, in das Versteck gegangen. Sie sind in die Häuser, Haus um Haus, haben die Juden auf der Straße gefangen, auf dem Feld. Dann trieben sie sie zum Bahnhof und brachten sie nach Belzec. Und Belzec war ein Vernichtungslager – *nur* ein Vernichtungslager.

Er wusste, dass ich wusste, was das hieß. In Belzec stieg man aus dem Zug und ging in die Gaskammer.

Wie die Häuser betreten, wie die Juden auf der Straße, auf dem Feld gefangen wurden: davon hatten die Grünschlags natürlich nichts mitbekommen. Ich erinnerte mich, dass Jack sagte: *Wenn ich es gesehen hätte, wäre auch ich gestorben.* Und dennoch hatten die verborgenen Grünschlags qua geografischem Zufall Kenntnis von manchen Dingen, die sich während der drei Tage, die diese zweite Aktion dauerte, ereigneten.

Wir *hörten*, wie sie sie zum Zug führten, sagte Bob, weil wir in der Straße wohnten, die zum Bahnhof führte. Wenn man auf der Dolinskastraße geht, biegt man nach rechts zum Bahnhof ab. Und auf dieser Straße führten sie sie zu den Viehwaggons. Also hörten wir den Tumult, die Rufe und die Schreie und so weiter.

Als das vorbei war, kamen wir aus unserem Versteck, und Sie können sich vorstellen, wie uns da zumute war.

Nein, eigentlich konnte ich das nicht. Und kann es noch immer nicht. Ich habe häufig versucht, es mir vorzustellen, mir auszumalen, wie es für Shmiel und Ester und Bronia war, als sie aus dem weiß getünchten, einstöckigen Haus in der Dlugosastraße geholt oder gestoßen wurden, dem Haus, das Shmiel hergerichtet hatte, als er einzog, und dann gezwungen wurden, das kurze Stück zum Innenhof des Rathauses zu gehen – gezwungen wurden, das kurze Stück zu gehen und dann tagelang zu warten, bis sie wieder gehen mussten, diesmal zum Bahnhof. In Jacks wie auch Bobs Gedanken ruhen konkrete Erinnerungen an die Geräusche, das Heulen und Stöhnen und die Schreie der zweitausend Bolechower Juden, die die ersten Tage der Aktion überlebt hatten und es zum Bahnhof schafften; mir hingegen ist es unmöglich, mir diese Erinnerungen, diese Geräusche vorzustellen, da ich das Geräusch von zweitausend Menschen, die in den Tod geführt werden, nie gehört habe.

Und obwohl es wichtig ist, der Versuchung zu widerstehen, etwas aus dem Bauch heraus darzustellen, es sich »auszumalen« und dann zu »beschreiben«, wozu es in unserer Lebenserfahrung schlicht keine Parallele gibt, ist es doch immerhin möglich, etwas von dem zu erfahren, was während dieser drei Tage im September durchsickerte, den drei Tagen der zweiten Aktion, da uns Augenzeugenberichte überliefert sind. Diese Beschreibungen ermöglichen uns natürlich niemals zu »wissen, was Shmiel, Ester und Bronia erlebten«, da es schlicht unmöglich ist, ihr subjektives Erleben zu rekonstruieren, allerdings erlauben sie uns, ein geistiges Bild – ein verschwommenes, gewiss – bestimmter Dinge zu konstruieren, die ihnen *zugefügt,* vielmehr, ihnen *wahrscheinlich* zugefügt wurden, da wir wissen, dass diese Dinge während eben jenes Ereignisses anderen zugefügt wurden. Ich kann die vorhandenen Quellen durchsehen und vergleichen, sie kollationieren und so zu einer wahrscheinlichen Version dessen gelangen, was Onkel Shmiel, seiner Frau und ihrer Tochter in den Tagen vor ihrem Tod widerfuhr, aber genau wissen werde ich es natürlich nie.

Aus den verschiedenen Zeugenaussagen von einigen der achtundvierzig Bolechowern, die die Nazibesatzung überlebten, wählte ich willkürlich eine aus, die am fünften Juli 1946 von einer gewissen Matylda Gelernter, achtunddreißig Jahre, gemacht wurde – sie wurde also im selben Jahr wie Megs Schwager geboren, demselben Jahr, in dem auch Jeanette, die Tante meiner Mutter, in Bolechow geboren wurde. Die eidesstattliche Aussage über die Geschehnisse in der Stadt während der zweiten Aktion gab sie in Katowice zu Protokoll:

Am 3., 4. und 5. September 1942 fand die zweite Aktion in Bolechów ohne eine Liste statt: Männer, Frauen und Kinder wurden in ihren Häusern, auf Dachböden, in Verstecken gefangen. Ungefähr 660 Kinder wurden gefangen. Leute wurden auf dem Marktplatz von Bolechów und auf den Straßen getötet. Die Aktion dauerte vom Vorabend am Mittwoch bis Samstag. Am Freitag hieß es, die Aktion sei schon vorbei. Da kamen Leute aus ihrem Versteck, doch die Aktion begann am Samstag von Neuem, und an diesem einen Tag wurden mehr Menschen getötet als an den vorangegangenen Tagen. Die Deutschen und die Ukrainer machten besonders auf die Kinder Jagd. Sie packten die Kinder an den Beinen und schlugen sie mit dem Kopf gegen die Kante der Gehsteige, dabei lachten sie und versuchten, sie auf einen Schlag zu töten. Andere warfen Kinder vom ersten Stock herab, und ein Kind fiel auf das Ziegelpflaster, bis es nur noch Matsch war. Die Gestapo-Männer prahlten, sie hätten 600 Kinder getötet, und der Ukrainer Matowiecki (aus Rozdoły bei Żydaczowy) schätzte stolz, er habe eigenhändig 96 Juden getötet, zumeist Kinder.
Am Samstag wurden die Leichen zusammengetragen, auf Wagen geworfen, die Kinder in Säcken, zu einem Friedhof gebracht und diesmal in eine Grube geworfen. Bezüglich der Tatsache, dass diese Aktion stattfinden sollte, rief Backenroth, ein Mitglied des Bolechówer Judenrats, der aus Wełdzirz war, aus Drohobycz an. Er sagte, wir sollten am Donnerstag »Gäste« erwarten. Doch die Ukrainer aus Bolechów wollten nicht auf die Gestapo warten und fingen noch vor dem Abend an, Juden zu fangen und zu töten. Mein Vater, mein

Kind (nicht ganz zwei Jahre alt) und ich liefen zu dem Haus eines Ukrainers, den wir kannten und der einmal gesagt hatte, er würde uns einlassen. Doch er ließ uns nicht ein. Wir kehrten nach Hause zurück und versteckten uns in einer Nische in unserem Haus. Das Kind weinte und wollte trinken, schrie aber nicht laut, weil es das von den früheren Aktionen gewöhnt war. Und als sie vor der Tür unseres Verstecks eine Jüdin erschossen, war das Kind verängstigt, blieb aber still.

Auf dem Dachboden des Nachbarhauses hielten sich meine Mutter, mein Bruder und meine Schwägerin mit einem wenige Monate alten Baby versteckt. Als Gestapo-Männer und Ukrainer dort auf dem Dachboden erschienen, wollten sie fliehen, also stiegen sie die Treppe vom Dachboden hinab, aber es stellte sich heraus, dass die Gestapo-Männer und die Ukrainer im Zimmer saßen und sich mit Kirschlikör betranken, den sie im Keller gefunden hatten. Sie waren so mit dem Likör beschäftigt, dass sie die Leute gar nicht die Treppe herunterkommen hörten, die dann sofort wieder auf den Dachboden stiegen. Meine Schwägerin hatte keine Muttermilch mehr und auch sonst nichts, womit sie das Kind beruhigen konnte. Also deckte sie es mit einem Kissen zu, und dann stellte sich heraus, dass das Kind erstickt ist.

Eine Vielzahl Juden arbeiteten damals in Fabriken. Aber sie wurden aus den Fabriken geholt, zum Marktplatz geführt, und dort wurden sie beim Rathaus getrennt. Die Talentiertesten, nach dem Urteil der Vorarbeiter in den Fabriken, wurden freigelassen, die Übrigen blieben in Gewahrsam. Bald wurden sie auf dem Marktplatz und in den Straßen getötet. Wände und Pflaster waren buchstäblich mit Blut bespritzt. Nach der Aktion wurden die Hauswände und Pflaster mit den Wasserhähnen des Rathauses gesäubert.

Ein schrecklicher Vorfall widerfuhr Mrs Grynberg. Die Ukrainer und die Deutschen, die in ihr Haus eingebrochen waren, sahen, dass sie gerade gebar. Das Weinen und Flehen von Umstehenden half nichts, sie wurde im Nachthemd aus dem Haus geholt und auf den Platz vor dem Rathaus gezerrt. Dann, als die Geburtswehen einsetzten, wurde sie auf eine Mülltonne im Hof des Rathauses gehoben, wo eine Menge Ukrainer standen, die Witze rissen und johlten und die Schmerzen der Geburt beobachteten, und dann hat sie ein Kind geboren. Das Kind wurde ihr sogleich mitsamt der Nabelschnur aus den Armen gerissen und geworfen – Die Menge trampelte darauf herum, und sie wurde auf die Beine gestellt, und das Blut floss aus ihr heraus, und blutende Fetzen hingen herab, und so stand sie einige Stunden lang an der Wand des Rathauses, danach ging sie mit allen anderen zum Bahnhof, wo sie sie in den Waggon eines Zuges nach Belzec luden.

In der Nacht nach der Aktion gingen die Ukrainer auf Raubzug. Sie waren barfuß. Unter anderem machten sie sich an dem äußeren Schloss der Nische zu schaffen, in der wir uns versteckt hielten und eingeschlossen waren. Unsere Herzen hörten auf zu schlagen, wir starben. Mein Kind machte schon kein Geräusch. Bei der Aktion – September 1942 –, die drei Tage dauerte, wurden 600–700 Kinder getötet und 800–900 Erwachsene. Auch die ungefähr 70 Jahre alte Krasel Streifer wurde da im Bett erschossen, weil sie nicht gehen konnte. Meine Schwiegermutter Jenta Gelernter, 71 Jahre alt, starb ebenfalls da. Sie wurde im Nachthemd aus dem Bett geholt; etwas anderes durfte sie nicht anziehen. Sie erschossen sie beim Rathaus, weil sie nicht schnell gehen konnte. Die übrigen Juden, die gefangen wurden, ungefähr 2.000, wurden nach Belzec gebracht. Auf der Fahrt entkam Stern aus dem Zug. Sie erzählte uns, auch andere seien so entkommen. Weiterhin erklärte sie, einmal sei an einem Bahnhof auf der Strecke, wo, erinnere ich mich nicht mehr, heißer Dampf in den Waggon geleitet worden, und Leute sind verbrannt, in Ohnmacht gefallen und erstickt. Die Leute litten wegen Durst schreckliche Qualen, besonders bemitleidenswert war die Lage der Kinder, sie verhungerten und verdursteten. Es gab Fälle, da wurde der Durst mit Urin gestillt. Mrs Stern sprang aus dem Waggon und ließ ihre vierjährige Tochter zurück. Selbige Mrs Stern war in ihrem Unterschlupf entdeckt worden, der von dem Weinen und Jammern ihres zweijährigen Kindes verraten

*worden war. Als sie hörten, dass Deutsche und Ukrainer
beim Unterschlupf waren, schrien die Leute Mrs Stern an,
dass ihr Kind sie verraten würde. Dann bedeckte sie das
Kind mit einem Kissen, und als der Unterschlupf trotzdem
entdeckt wurde, stellte es sich heraus, dass das Kind erstickt
war.*

*Ukrainische Siczowcy [paramilitärische Einheiten, die die
SS unterstützten], die eigens von Drohobycz hergebracht
worden waren, halfen bei der zweiten Aktion.*

*Auf dem Marsch zum Bahnhof in Bolechów zum Transport
nach Belzec mussten sie singen, besonders das Lied »Mayn
Shtetele Belz«. Wer nicht mitsang, wurde mit Gewehrkolben auf Schultern und Kopf blutig geschlagen.*

Das ist also ein Abriss der Dinge, die bei der zweiten Aktion geschahen, ein kleiner Teil der Aktion Reinhard. Eines ihrer Ziele
war es, wie die Dokumente zeigen, das Generalgouvernement
zum zehnten Jahrestag von Hitlers Machtergreifung 1933 vollkommen »judenrein« zu machen, ein weiteres, vielleicht noch
größeres Ziel, den SS-Leuten das psychische Trauma zu ersparen, Kinder im Alter Bronias, der Cousine meiner Mutter, zu erschießen oder auch füllige Frauen, *sehr warme, sehr freundliche*
Frauen wie Tante Ester, wohingegen es vermutlich nicht ganz so
traumatisch gewesen wäre, einen siebenundvierzig Jahre alten
Mann wie Onkel Shmiel zu erschießen, einen Mann, der schließlich selbst Waffen getragen hatte, als er für seinen Kaiser kämpfte.
Seit Jack Greene mich zum ersten Mal angerufen hatte und ich
mir allmählich ein klareres Bild von Rucheles Tod machen
konnte – und seit ich begonnen hatte, die Literatur über die Aktion Reinhard eingehender zu lesen –, habe ich mich oft gefragt,
ob derjenige, der sie tatsächlich erschoss, der das Maschinenge-
wehr bediente, das in einiger Entfernung von der Planke über
der offenen Grube aufgestellt war, ein psychisches Trauma erlitt, obwohl ich weiß, dass sehr vieles dagegenspricht. Aber es
ist wichtig zu versuchen, darüber nachzudenken, über den
Augenblick der Erschießung, denn obwohl wir uns daran gewöhnt haben, uns das Töten in Begriffen wie »Operationen«
und »Aktionen« und »Gaskammern« zu denken, also in abs-

trakten Begriffen, hat es doch immer (und diese Vorstellung fällt leichter bei den Erschießungen, wo die Verbindung zwischen der Hand, die den Abzug betätigt, und den Kugeln und den Zielen und den daraus folgenden Toden so klar, so direkt erscheint) eine einzelne Person gegeben, die es konkret getan hat, und es ist, finde ich, auf seine Weise ebenso wichtig zu versuchen, sich das vorzustellen – fast hätte ich »zu erinnern« gesagt –, wie zu versuchen, etwas von dem Wesen oder der Erscheinung eines einzelnen Opfers zu retten, eines sechzehnjährigen Mädchens, von dem man rein gar nichts wusste, bevor man riesige Entfernungen überwand, um mit Menschen zu sprechen, die es gekannt haben.

Das also war, wie gesagt, ein Bild dessen, wie die zweite Aktion mehr oder weniger aussah.

Doch bevor ich zum Tod von Shmiel, Ester und Bronia komme, erscheint es nur gerecht zu versuchen sich vorzustellen, wie sie waren, als sie noch lebten.

Über Shmiel wissen wir inzwischen natürlich ein wenig. Nach dem Gespräch mit Jack und den anderen konnte ich ihn mir auch recht deutlich vorstellen, beispielsweise an jenem Tag in den 1930ern, als eines der mir so vertrauten Bilder entstand: wie er durchs Stadtzentrum geht – für Sie der Ringplatz, wenn Sie, wie er, alt genug sind, um als Untertan Kaiser Franz Josephs geboren zu sein; Rynek für seine Kinder, die vier schönen Mädchen, die nach dem großen Krieg geboren wurden und daher Polinnen sind und sich auch selbst vollkommen als Polinnen sehen, bis klar wird, dass sie damit unrecht hatten – da geht er also über den Ringplatz, den Rynek, auf dem Weg zu seinem Geschäft, das Oberhaupt des Metzgerkartells, immer irgendwie größer als in der Erinnerung, gut gekleidet in Anzug mit Weste wie auf dem Bild aus dem Jahr 1930, das ich von ihm habe, auf dem er so zielstrebig auf einem Trottoir durch die Stadt schreitet. So sehe ich ihn vor meinem geistigen Auge, in einem solchen Anzug, vielleicht auch in einem wie dem, den er auf dem Foto trägt, das er als Erinnerung an seinen vierundvierzigsten Geburtstag im April 1939 schickte, dem, auf dem er mit seinen Fahrern, zwei Brüdern, neben einem seiner Laster posiert, der wohlhabende Kaufmann mit Zigarre und goldener Uhrkette. Ich kann ihn sehen. Da ist er, groß (wie auch seine zweite Tochter, Frydka, groß war), erfolgreich, vielleicht ein klein bisschen großspurig, und er hat keine Eile, er will stehen bleiben und jeden grüßen in der leicht hochmütigen Art, die so vielen in seiner Familie eigen ist, ein Überbleibsel aus erfolgreicheren Zeiten, als wäre er tatsächlich der *król*, der König, wie ihn manche halb liebevoll, halb spöttisch nennen, was er natürlich weiß, jeder in dieser Kleinstadt weiß alles über jeden, doch es stört ihn nicht. Es schmeichelt, wenn überhaupt, seiner Eitelkeit ein wenig: Schließlich ist er derjenige, der in dieser Stadt bleiben wollte, als er auch leicht anderswohin hätte gehen können, gerade weil er eben ein Macher sein wollte, *ein großer Fisch in einem kleinen Teich.* Warum es also nicht genießen, der *król* genannt zu werden, egal wie es bei denen klang, die ihn so nannten? Da geht er also, eine große Nummer, ein Mann, der gern bemerkt wird, der es genießt, ein Jemand in der Stadt zu sein, einer, der sehr wahrscheinlich bis ganz zum Schluss glaubte, die Entscheidung, von New York nach Bolechow zurückzukehren, sei die beste gewesen, die er je getroffen hatte.

Später wurde die Lage schwierig, und in diese schwierige Zeit gehört der Shmiel der Briefe, eine lebendige, wenn auch vielleicht etwas weniger einnehmende Gestalt als die vorherige, pompösere, ein Geschäftsmann mittleren Alters mit frühzeitig ergrautem Haar und Bruder, Cousin, *mischpoche* für die zahlreichen Empfänger seiner Briefe in New York, die er nach und nach nur noch beknien, löchern, beschwatzen konnte, das alles ziemlich verzweifelt und, wie man sagen muss, ein wenig jämmerlich, als er nach einem Weg suchte, seine Familie oder wenigstens einen kleinen Teil von ihr zu retten, wenigstens eine Tochter, *die liebe Lorka.* (Warum sie? Weil sie die älteste war? Weil sie ihm die liebste war? Man kann es heute nicht mehr wissen.)

Immerhin ist es noch möglich, Shmiels Stimme durch seine Briefe zu hören. Von Ester ist heute sehr wenig geblieben – zumindest teilweise deshalb, weil ich vor Jahren bei meinem Großvater oder sonst wem in Miami Beach nicht mit der unheimlichen Minnie Spieler reden wollte, die, wie mir erst dreißig

Jahre später bewusst wurde, Esters Schwester war, da ich sie nie für interessant genug gehalten hatte, auch nur danach zu fragen. Nachdem ich nun mit jedem heute noch Lebenden gesprochen habe, der die Gelegenheit gehabt hatte, Tante Ester zu begegnen und zu kennen, wie flüchtig auch immer, kann ich berichten, dass von dieser Frau bis auf eine Handvoll Schnappschüsse und die Tatsache, dass sie sehr warm und freundlich war, nahezu nichts geblieben ist. (Eine Frau, die, wie ich unwillkürlich denke, wenn ich die Vernichtung ihres Lebens betrachte – *Vernichtung* mag zunächst übertrieben erscheinen doch ich verwende das Wort hier nur in seinem vollsten etymologischen Sinn: *zu Nichts machen* –, beim normalen Lauf der Dinge, vielleicht 1973 im Alter von siebenundsiebzig Jahren in einem Lwówer Krankenhaus an, sagen wir, Darmkrebs gestorben wäre, obwohl man sich das unmöglich vorstellen kann, weil sie so jung und vor so langer Zeit gestorben ist, dass sie gänzlich der Vergangenheit anzugehören und keinen Anspruch auf die Gegenwart zu haben scheint. Und dennoch gibt es, abgesehen von dem naheliegenden, keinen Grund, dass ich sie nicht hätte kennen können, ebenso wie die ganzen anderen rätselhaften Alten, die zu den Familientreffen erschienen, als ich noch klein war, genauso wie die vier Mädchen, die immer jung bleiben werden, die »polnischen Cousinen« mittleren Alters hätten sein sollen, die wir, meine Geschwister und ich, vielleicht in irgendeinem Sommer in den siebziger Jahren besucht hätten. Als ich diesen seltsamen Gedanken meinem Bruder schilderte, überlegte er einen Augenblick und sagte dann: Ja, da wird einem klar, dass der Holocaust nicht etwas war, das einfach passiert ist, sondern dass er ein Ereignis ist, das *noch immer* passiert.)

Es ist auf der weiten Welt – einer Welt, auf die ich auf den Reisen, die ich unternommen habe, um etwas über sie herauszufinden, oft hinabgeschaut habe – also sehr wenig von dem geblieben, was Tante Ester in den sechsundvierzig Jahren, die sie lebte, ausmachte, bevor sie während der ersten Tage im September 1942 von der Bildfläche verschwand. *Sie war sehr warm, sehr freundlich*, hatte Meg an dem Tag gesagt, als wir alle uns in Jack und Sarah Greenes Wohnung getroffen hatten. Ein paar Tage später, nachdem Meg nach einigem Löchern und Beschwatzen meinerseits schließlich einwilligte, sich mit mir in der Wohnung ihres Schwagers zu treffen und ein Gespräch zu führen, bat ich sie, mir einen Eindruck davon zu vermitteln, wie eine sehr warme, sehr freundliche Bolechower Hausfrau in den Tagen, bevor der Krieg alles veränderte, ihre Zeit verbracht haben könnte.

Meg dachte eine Weile nach.

Im Winter, sagte sie, waren die Nächte sehr lang. Bei uns zu Hause haben sie immer Karten gespielt, mein Vater mit seinen Freunden. Und die Frauen häkelten und strickten. Meistens stickten sie. Das war Freizeit. Die Eltern spielten auch noch Bridge und Schach.

Bei den Jägers war es immer sehr sauber, sagte sie ein wenig später.

Und dann, gegen Ende unseres Gesprächs, wiederholte sie, was sie ein paar Tage zuvor über die längst tote Mutter ihrer engen Freundin Frydka Jäger gesagt hatte. *Ihre Mutter war sehr angenehm*, sagte sie. *Sie hatte ein fröhliches Wesen, ihre Mutter* – wobei ich dazusagen sollte, dass sie, wenn sie in diesem zweiten und letzten Gespräch auf Esters Wesen zu sprechen kam (dem, wie ich jetzt mit Sicherheit sagen kann, immer das bezeichnende Detail, die lebendige Anekdote fehlen wird: Wer von uns wird die Mütter unserer Schulfreunde nicht als freundlich und fröhlich in Erinnerung haben?), dies nur tat, um etwas über Frydka auszusagen, ihre Freundin.

Frydka war wie ihre Mutter, sagte Meg an dem Tag. Lorka war eher mehr – sie war anders.

Wie war sie anders?, insistierte ich.

Meg machte eine Pause.

Sie sah anders aus, sie *war* anders.

Aber *wie* anders? Ich wollte unbedingt ein kleines Bruchstück von Lorkas Wesen haben, etwas Konkretes, etwas, das sie aus dem Allgemeinen heraushob.

Wie soll ich es beschreiben?, sagte Meg und breitete verzweifelt die Hände aus. Dann sagte sie: Ihr Wesen war anders. Sie war anders als Frydka. Sie sahen anders aus. Sie sahen nicht einmal wie Schwestern aus. Ruchele sah eher aus wie Frydka. Aber Lorka sah … anders aus.

Schließlich wechselte ich das Thema. Was kann man schon über einen Menschen sagen?

Es war also sehr schwer zu erfahren, wie Ester gewesen war. Vielleicht hatte sie an Winterabenden mit Freundinnen Karten gespielt oder gehäkelt oder gestrickt; bestimmt hielt sie ihr Haus sauber. Und sie hatte eindeutig ein angenehmes Wesen. *Sie war sehr warm, sehr freundlich, fröhlich.* Doch mein Eindruck von ihrem Wesen leitet sich zumindest teilweise davon ab, dass eine ältere Frau, die einst ein Teenager in Bolechow gewesen war, damit etwas über jemand anderen aussagte.

Und Bronia? Auch von der jüngsten Tochter Shmiels, der jüngsten Cousine meiner Mutter, ist herzlich wenig in der heutigen Welt geblieben. In gewisser Hinsicht war ihr Problem, dass sie zu jung war: Bei Ausbruch des Krieges erst zehn, noch nicht ganz dreizehn, als die zweite Aktion ihrem Leben ein Ende setzte, zu jung, um eine Kandidatin für die Zwangsarbeit zu sein, die bei manchen einen lebensverlängernden Effekt hatte, in manchen Fällen ausreichend, um bei späteren Aktionen zu sterben, in anderen ausreichend für die Entscheidung, ins Babij-Camp zu flüchten, das dann aber auch zerstört wurde, in wieder anderen Fällen ausreichend für den Entschluss unterzutauchen wie Jack, Bob und die anderen, weswegen sie überlebt hatten. Für das alles war Bronia schlicht zu jung, und für die wenigen, die sich im Jahr 2003 überhaupt noch an sie erinnern konnten, war sie eben ein normales Mädchen, und daher muss auch ich sie hier nun als normales Mädchen beschreiben.

Ich erinnere mich an Bronia, sagte Jack am Ende seiner weit längeren Erzählung von Ruchele. Sie war ein kleines Mädchen, und wenn ich sie auf der Straße sah, sagte ich »Hallo, Bronia!«.

Es rührte mich, wie er statt *hello* Hallo sagte; es hatte etwas so Fröhliches und Alltägliches, auch ein wenig Altmodisches. Das Wort selbst – obwohl es natürlich nur eine Übersetzung dessen ist, was immer Jack zu Bronia einst, Jahrzehnte zuvor, auf Polnisch gesagt hatte – war wie ein Sendbote aus einem verlorenen Augenblick in der Geschichte. Ich lächelte.

Auch Jack lächelte. Sie war vier Jahre jünger, sie war in Bobs Alter. Bei Ausbruch des Krieges war sie zehn. Ruchele wurde 'fünfundzwanzig geboren, ich glaube, im September 'fünfund-

286

zwanzig, und Bronia wurde, soweit ich mich erinnere, 'neunundzwanzig geboren. Sie spielte im Garten, ich stand am Zaun und sagte »Hallo, Bronia«. Sie war ein reizendes Mädchen, noch sehr kindlich. Man sah, dass sie immer noch am liebsten spielte, Spiele machte.

Vielleicht war es dieser kindliche Reiz, der Meg an dem Tag, als alle Bolechower zusammensaßen und ich das Foto von ihr herumgehen ließ, ein hübsches Mädchen, das zwischen seinen Eltern steht, allein bei der Erwähnung von Bronias Namen zum Lächeln brachte. *Und Bronia!*, hatte sie gesagt, und ihr Gesicht hatte sich kurz aufgehellt. Doch als ich einige Tage später dann mit ihr allein sprach, war sie frustriert, dass sie keinerlei Erinnerung an Bronia hatte – nicht einmal daran, dass sie auf der Straße stehen geblieben war, um Hallo zu ihr zu sagen.

An die Jüngste kann ich mich nicht erinnern, sagte Meg langsam da im Wohnzimmer ihres Bruders. Ich habe in meiner Erinnerung gewühlt, ich hab's versucht, aber es geht nicht … Lorka habe ich gesehen, weil ich zusammen mit ihr aufgewachsen bin, und Ruchele war im Haus. Aber Bronia, nein, nichts – keine Erinnerung, warum, kann ich Ihnen nicht sagen. Sie war ja noch ein Kind.

Sie hielt einen Moment inne. Wenn man zu ihnen ins Haus kam, war sie da, als Sie mir das Foto zeigten, wusste ich, dass sie es ist. Aber ich kann mich einfach nicht … ihre Stimme verebbte.

Das also war Bronia. Auf dem einen deutlichen Foto, das ich von ihr habe, von 1939, war sie sehr wahrscheinlich zehn Jahre alt, trägt einen dunklen Kittel, niedrige weiße Socken und Riemchenschuhe. Sie lächelt. Ihre Eltern, die, anders als sie, wohl Zeitung lasen, lächeln nicht.

So waren sie gewesen, soweit ich nach den Gesprächen mit den Australiern wusste.

Vielleicht war mit ihnen dann ungefähr Folgendes geschehen:

An einem der Tage also – dem dritten, dem vierten, dem fünften September 1942 – polterte es sehr wahrscheinlich gegen die Tür. (Ich kann mir nicht vorstellen, dass die Deutschen mit ihren ukrainischen Führern klopften: Vielleicht hauten sie mit Gewehrkolben an die Tür des weiß getünchten Hauses.) Aus irgendwelchen Gründen – sehr wahrscheinlich, weil sie schon bei der Arbeit in der Fassfabrik sind – sind Lorka und Frydka nicht im Haus, also werden Shmiel, Ester und Bronia auf die Straße geholt (geschlagen? gepackt? herumgestoßen mit den Gewehrkolben, mit denen gegen die Tür gehämmert worden war?), wo schon so viele andere weinend, schreiend, voller Panik, versammelt sind und zum Magistrat getrieben werden, zum *ratusz*, dem Rathaus, neben dem das Geschäft der Familie Jäger seit Generationen gestanden hat.

Auf dem Hof hinterm Rathaus müssen sie warten, zusammen mit den zweieinhalbtausend, und indem ich die Szenerie betrachte, muss ich die Möglichkeit ins Auge fassen, dass einer oder mehr der drei, es können auch alle drei gewesen sein, diese Wartezeit nicht überleben. Zum Beispiel könnte Bronia eine der sechsundneunzig Juden gewesen sein, die der großmäulige Ukrainer während dieser Zeit eigenhändig getötet hatte und wovon die meisten, wie wir wissen, Kinder waren. Vielleicht wurde das Mädchen aus einem oberen Stockwerk aufs Pflaster geworfen, vielleicht wurde es von einem ukrainischen Polizisten an den Beinen herumgeschleudert, bis sein Kopf an der Ecke des Rathauses zerschmettert war und seine Gehirnmasse herausspritzte, die Masse, die auf so rätselhafte Weise einmal ihr Wesen gebildet hatte, an das sich einundsechzig Jahre später niemand mehr im Detail erinnern konnte. Oder vielleicht war Ester, da bereits eine füllige Frau, zu langsam, als an die Tür des weiß getünchten Hauses gehämmert wurde, vielleicht lag sie an dem Tag auch krank im Bett, und entweder der Deutsche oder der Ukrainer, die sie abholen gekommen waren, erschossen sie, die dicke, kranke Frau, aus Ungeduld oder nur so zum Spaß, gleich da in ihrem Bett.

Oder vielleicht erkannte einer der Ukrainer, die an dem Tag bei der Aktion halfen, Shmiel Jäger in der Menge, und vielleicht war dieser Ukrainer (wie zum Beispiel der Vater der alten Olga, die wir in Bolechow kennengelernt hatten) ebenfalls Metzger und Mitglied jenes kleinen Kartells der Metzger im Ort, und vielleicht hatte dieser Ukrainer schon lange einen Groll gegen Shmiel gehegt, diesen großspurigen Juden, der immer den großen Herrn gespielt hatte, und vielleicht ging dieser Ukrainer, als er Shmiel erkannte, deswegen zu ihm und schlug ihn eine Weile mit seiner Pistole oder dem Gewehrkolben oder schoss ihm einfach in den Kopf.

(Oder, schlimmer, nicht in den Kopf. Man *betete* darum, den Deutschen in die Hände zu fallen, erzählte mir Meg, als sie mir endlich gestattete, allein mit ihr zu sprechen, *glauben Sie mir*. Die Deutschen hatten die, wie sie es nannten, *Gnadenkugel* – das Wort war ihr doch noch eingefallen –, die Ukrainer aber schossen einen in den Bauch, und dann dauerte es vielleicht noch achtundvierzig Stunden, bis man starb. Ein entsetzlicher, langsamer Tod.)

Vielleicht aber auch nicht. Vielleicht überstanden die Tante, der Onkel und die kindliche Cousine meiner Mutter das Zusammentreiben doch. Dann wurden sie, wie wir wissen, nach den Tagen des Terrors im Hof des Rathauses, den Stunden der Schreie und Schläge und des Zerschmetterns von Kinderschädeln, des Anblicks von Mrs Grynberg, wie sie benommen an der Hauswand stand, blutige Fetzen zwischen den Beinen, weggeführt, durch die Stadt zum Bahnhof, vorbei an dem Haus mit der doppelten Wand, hinter der die jungen Jack und Bob sich genau zu der Zeit versteckt hielten – und vielleicht schaute Shmiel, benommen, wie er war, auf und erkannte das Haus von Moses Grünschlag, eines Mannes seiner Generation, den er bestimmt kannte, auch er ein umtriebiger Geschäftsmann, der selten in die Schul ging und Geschwister in Amerika hatte, die, wie Shmiels Bruder, vielleicht gerade in dem Augenblick ihren alljährlichen Sommerurlaub in Far Rockaway, New York, melancholisch zu Ende brachten –, sich versteckt hielten und auf das Weinen und Schreien und Stöhnen horchten (ja, und das *Singen*), wovon ein kleiner Teil, ein Laut, aus den Kehlen von Shmiel und Ester und Bronia gekommen sein mochte, die dann schließlich in den Viehwaggon getrieben wurden.

Da ich zu der Zeit, als ich mit jenen vier in Sydney sprach, bereits in Bolechow gewesen war, konnte ich mir zwar nicht vorstellen, wie das alles für sie tatsächlich gewesen sein musste, aber doch den Hintergrund dieses Leidens ausmalen, vor meinem geistigen Auge die Gebäude sehen, die sie auf ihrem Gang durch die Straßen der Stadt passierten. Vom Hof des Magistrats wären sie dann durch die Dolinska gegangen, die Straße, die nach Süden Richtung Dolina führt, und nach zweihundert Metern links in die Bahnstraße eingebogen, die ziemlich lange, staubige, vielleicht einen Kilometer lange Straße, die zum Bahnhof führt. Ich bin diese Strecke selbst gegangen. Sie hat mich müde gemacht.

Und danach? Über ihre lange letzte Reise, den Tag oder die Tage im Zug, in dem brechend vollen Güterwaggon, weiß man bestimmte Details aus Matylda Gelernters Zeugenaussage, die ich erhielt, als ich in Israel war und einen Tag nach Jerusalem fuhr: Details, die Mrs Gelernter wiederum von der Frau, die sie nur »Stern« nennt, zugetragen worden waren, jener Frau, die sich erst gezwungen sah, in ihrem Versteck ihr zweijähriges Kind zu ersticken, und dann, nachdem sie aus ihrem Versteck gezerrt und gezwungen worden war, in den Viehwaggon zu steigen, ein weiteres Kind zurückließ – vielleicht eines der Kinder, die ihren Durst mit dem eigenen Urin gelöscht hatten – und es dann irgendwie schaffte, vom Zug zu springen, weswegen wir heute etwas darüber wissen, was in jenem Zug geschah, der Shmiel, Ester und Bronia nach Belzec brachte.

Bei dem Versuch einer Rekonstruktion, wie die letzten Tage oder auch der letzte Tag meiner drei Verwandten gewesen sein mochten, muss ich die Möglichkeit Betracht ziehen, dass »Stern« Matylda Gelernter die Zustände in den Güterwaggons weit detaillierter beschrieb, als Gelernter sie in ihrer Aussage wiedergab, und dass Gelernter ihre eigene Schilderung kürzte, weil sie selbst nicht dort gewesen war und sich in ihrer Aussage ja auf ihre persönlichen Erlebnisse konzentrieren sollte. Dessen eingedenk zog ich bezüglich der Zustände in den Güterwaggons, die im Spätsommer 1942 zu den Lagern der Aktion Reinhard fuhren, noch andere Quellen zurate. Ich möchte diese Quellen nicht paraphrasieren, nicht »beschreiben«, wie es war, sondern den Bericht des Überlebenden, den Arad zitiert, für sich selbst sprechen lassen:

Über 100 Menschen waren in unseren Waggon gezwängt. …
Es ist unmöglich, die tragische Lage in unserem stickigen,
geschlossenen Güterwaggon zu beschreiben. Er war eine

einzige große Toilette. Jeder versuchte, sich an eine kleine Luftöffnung zu drängen. Alle lagen auf dem Boden. Auch ich lag da. Ich entdeckte eine Ritze in den Bohlen und steckte die Nase hinein, um ein wenig Luft zu bekommen. Der Gestank in dem Waggon war unerträglich. Die Menschen entleerten sich in allen vier Ecken des Waggons. ... Die Lage in dem Waggon wurde immer schlimmer. Wasser. Wir bettelten die Bahnarbeiter an. Wir wollten sie gut bezahlen. Manche zahlten 500 und 1000 złoty für einen kleinen Becher Wasser ... Ich bezahlte 500 złoty (über die Hälfte des Geldes, das ich hatte) für einen Becher Wasser – ungefähr einen halben Liter. Als ich anfing zu trinken, griff mich eine Frau an, deren Kind ohnmächtig geworden war. Ich trank; ich konnte den Becher nicht vom Mund lösen. Die Frau biss mich tief in die Hand – mit aller Kraft wollte sie mich zwingen, ihr ein wenig Wasser abzugeben. Ich achtete nicht auf den Schmerz. Für ein wenig mehr Wasser hätte ich jeden Schmerz der Welt ausgehalten. Trotzdem ließ ich ein paar Tropfen Wasser im Becher drin, und ich sah zu, wie das Kind trank. Die Lage in dem Waggon wurde schlimmer. Es war erst sieben Uhr morgens, aber die Sonne heizte den Waggon schon auf. Die Männer zogen das Hemd aus und lagen halb nackt da. Auch einige Frauen zogen sich das Kleid aus und lagen in Unterwäsche da. Die Leute lagen auf dem Boden, ächzten und schauderten, als hätten sie Fieber, warfen die Köpfe herum, mühten sich, etwas Luft in die Lungen zu bekommen. Einige waren vollkommen verzweifelt und regten sich nicht mehr.

Diese Schilderung, zusammen mit der »Sterns«, wiedergegeben von Matylda Gelernter, deutet an, warum uns das, was wir in Museen sehen, die Artefakte und die Beweise, nur einen sehr dunklen Begriff davon vermitteln können, wie das Ereignis selbst wirklich war, und warum wir uns nur mit Vorsicht ausmalen dürfen, »wie es war«. Beispielsweise ist es heute möglich, in einem Museum in einem Original-Viehwaggon herumzulaufen, aber im Zeitalter der »Reality«-Entertainments dürfte es wichtig sein, sich daran zu erinnern, dass es nicht dasselbe ist, einfach so in diesem abgeschlossenen, kastenartigen Raum zu sein – für manche, wie ich wohl weiß, an sich schon eine ziemlich unangenehme Situation –, wie in diesem Raum zu stecken, nachdem man aus purer Verzweiflung das eigene Kind ersticken und den eigenen Urin trinken musste, Erlebnisse, die die Besucher solcher Exponate vermutlich länger nicht gehabt haben.

Jedenfalls ist es möglich, dass Shmiel, Ester und Bronia die Fahrt in dem Güterwaggon nicht überlebt haben. Wenn doch, wäre das, was ihnen dann widerfuhr, ungefähr Folgendes gewesen (wie wir von den Schilderungen der wenigen Überlebenden und den Aussagen der Schuldigen, die später vor Gericht gestellt wurden, wissen):

Bei der Ankunft hielt der Zug auf dem Nebengleis im Lager Belzec. Minuten nach dem Halt (»drei bis fünf Minuten«, wie sich ein polnischer Lokomotivführer später erinnerte) war die Fracht toter oder lebender Juden aus den Waggons. Nach Luft schnappend, benommen, mit ihrem eigenen Kot und dem anderer beschmiert, taumelten Shmiel, Ester und Bronia aus dem Waggon in den »Empfangsbereich«. Dort könnte ein deutscher Offizier, vielleicht sogar Lagerkommandant Wirth, seine übliche Rede gehalten haben: dass sie nur »vorübergehend« hergebracht worden seien und dass sie aus Hygienegründen gebadet und desinfiziert werden müssten, bevor sie zu ihrem nächsten Ziel weitertransportiert würden. Ob Shmiel oder Ester das glaubten, lässt sich natürlich unmöglich sagen, doch da ich wusste, wie bereitwillig er nur drei Jahre zuvor glaubte, ein Brief an Präsident »Rosiwelt« könne ihm und seiner Familie helfen, nach Amerika zu kommen, halte ich es doch für möglich, dass er wie die meisten anderen nicht glauben wollte, dass das Schlimmste geschehen werde, weshalb er durchaus einer jener Juden gewesen sein könnte, die, wie wir laut Aussage eines der Offiziere wissen, die unter Wirth gedient hatten, diesem tatsächlich applaudierten, nachdem er seine Ansprache vor den benommenen und mit Scheiße überzogenen Juden am Bahngleis von Belzec beendet hatte, in der er ihnen versicherte, dass ihre Wertgegenstände, die sie an einem Tisch abgeben sollten, ihnen nach der Desinfektion zurückgegeben werden würden. Es ist möglich, wenngleich keineswegs sicher, dass Shmiels

Blick an jenem Tag einen Moment lang auf dem Schild verharrte, das lautete:

Achtung!
Vollständig entkleiden!
Sämtliche mitgebrachten Gegenstände sind in dem gekennzeichneten Bereich abzulegen, ausgenommen Bargeld, Wertsachen, Dokumente und Schuhe. Bargeld, Wertsachen und Dokumente werden erst bei der Sammelstelle an dem bezeichneten Fenster abgegeben und sind bis dahin zu behalten. Schuhe sind paarweise zusammenzubinden und in dem gekennzeichneten Bereich abzulegen. Sie haben sich vollständig entkleidet zum Baden und Inhalieren zu begeben.

Vielleicht sah er das Schild, vielleicht hatte ihn sein Ton – nicht viel anders als, wenn man's bedenkt, der ähnlicher Schilder in Schwimmbädern und Duschräumen von Heilbädern in ganz Europa, Heilbädern wie dem in Jaremcze, wo Shmiels Vater dreißig Jahre zuvor tot umgefallen war – beruhigt.

Wenn also alles normal lief an jenem Tag im September 1942, dem Zeitraum der stärksten »Umsiedelungsaktivitäten« in Belzec, wurde Shmiel an dieser Stelle von seiner Frau und Tochter getrennt und zu den Entkleidungsbaracken geführt. (Die Männer wurden als Erste vergast.) Es steht außer Frage, dass er seine schmutzigen Sachen auszog; vielleicht trug er ja auch den dunklen Mantel und das klein karierte Hemd, die er auf der letzten Fotografie trägt, die wir von ihm haben, ein kleines Viereck, auf dessen Rückseite er *Dezember 1939* schrieb, mithin das einzige noch existierende Relikt seines Lebens während der sowjetischen Besatzung. Darauf sieht er sehr alt aus. ... Er war, wie wir wissen, sehr groß, und vielleicht hatte man ihn auf dem Weg zum Bolechower Bahnhof geschlagen; es ist mehr als wahrscheinlich, dass er beträchtliche Schmerzen litt, als er Schuhe und Socken auszog, und natürlich stand er unter Schock und nun kam das Entsetzen hinzu, von Ester und Bronia getrennt zu sein. (Hatte er sich von ihnen noch verabschieden können? Vielleicht waren sie ja schon im Viehwaggon getrennt, vielleicht, noch in Bolechow, in verschiedene Waggons gesteckt worden.) Andererseits war der Umstand, dass nun alles organisiert war und ordentlich ablief, denn dafür war er ja empfänglich, für ihn vielleicht auch ein gutes Zeichen, das ihm Hoffnung gab. Vielleicht dachte er auch, das Grauen des Sammelns im Hof des Rathauses, dann der Marsch durch die Stadt zu dem wartenden Zug seien das Schlimmste gewesen.

Von den Entkleidungsbaracken wurde der nackte Shmiel Jäger, ein, wie wir uns an dieser Stelle erinnern müssen, großer Mann mit blauen Augen und vollem grauem Haarschopf, nun durch den als »Schlauch« bekannten relativ schmalen Korridor getrieben, ein Gang von knapp zwei Metern Breite und einigen Dutzend Metern Länge. Teils von Brettern eingezäunt und mit Stacheldraht umgeben, verband der Schlauch die »Empfangsbereiche« von Belzec im Lager I mit den Gaskammern und Leichengruben im Lager II. Es fällt schwer zu glauben, dass der Bruder meines Großvaters, ein schamhafter Mann, nicht versuchte, seine Geschlechtsteile zu verbergen, als er durch den Schlauch halb ging, halb trabte, indem er sich die hohlen Hände (die, wenn sie denen meines Großvaters und meinen ähnelten, kantig und mit dunklen Haaren gesprenkelt waren) davorhielt.

Im September 1942, als Shmiel, Ester und Bronia so gut wie sicher, wie ich dachte, vergast wurden – es war praktisch undenkbar, dass dieser Mann mittleren Alters, der für seine Jahre schon alt aussah, seine dicke Frau oder seine kleine, kindliche Tochter einem der Arbeitstrupps zugeteilt wurden, den Gruppen jüdischer Häftlinge, die die Kammern reinigten oder die Leichen nach der Vergasung begruben –, waren die alten hölzernen Gaskammern Belzecs abgerissen und durch ein größeres und viel stabileres Gebäude aus grauem Beton ersetzt worden. Nach dem Gang durch den Schlauch erreichte Shmiel dieses Gebäude und stieg die drei Stufen hinauf, die hineinführten; sie waren ungefähr einen Meter breit, und davor stand ein großer Blumentopf und ein Schild, auf dem Bade- und Inhalationsräume stand. Beim Eintreten in dieses stabile neue Gebäude mochte er dann vor sich einen dunklen, anderthalb Meter breiten Gang gesehen haben, von dem zu beiden Seiten die Türen zu den Bade- und Inhalationsräumen abgingen.

Es ist möglich, dass er noch glaubte, noch jetzt, dass es auch wirklich Bade- und Inhalationsräume waren. Die Räume hatten, wie ein Deutscher, der beim Betrieb des Lagers mitgearbeitet hatte, sich später erinnerte, ein »freundliches, helles Erscheinungsbild« und waren gelb oder grau gestrichen, eben behördlich und nicht bedrohlich. Die Decken waren relativ niedrig – zwei Meter, was auf einen Mann von Shmiels Größe ein klein wenig klaustrophobisch gewirkt haben muss –, aber vielleicht registrierte er auch das jetzt noch nicht, glaubte auch jetzt noch, dass er eine Desinfektionsdusche erhielt. Denn schließlich ragten überall Duschköpfe aus der Decke. Wenn er die abnehmbare Tür an der hinteren Wand des Inhalationsraums sah, der gegenüber, durch die er gerade trat, die Tür also, durch die zehn Minuten später seine Leiche hinausgezogen werden würde, dachte er sich wahrscheinlich nichts dabei.

Dann jedoch, als Onkel Shmiel in dieser niedrigen, gelb gestrichenen, freundlichen, warmen Duschkammer steckt, nachdem sie sich mit neunzehnhundertneunundneunzig weiteren Juden gefüllt hat, fällt es ihm sicher schwerer zu glauben, dass er gleich desinfiziert wird, und in dem Augenblick strömt auch schon das Gas, und das mir vorzustellen werde ich nicht versuchen, denn er ist allein da drin, und weder ich noch sonst jemand (bis auf die neunzehnhundertneunundneunzig anderen, die mit ihm hineingegangen sind) kann da mit ihm hinein … Oder, besser, mit ihnen, denn binnen Kurzem werden Ester und Bronia dieselben Stufen hinaufgehen, einen der Räume betreten, dieselbe Reise machen. (Anders als Onkel Shmiel waren sie erst noch in der Haarschneidebaracke gewesen, wo die Friseure ihnen die dunklen Haare abrasierten.)

Dorthin können wir also nicht mit ihnen. Das Einzige, das ich, glaube ich, jetzt halbwegs sicher sagen kann, ist, dass in einem dieser Räume zu einem bestimmten Zeitpunkt an einem bestimmten Tag im September 1942, auch wenn man Augenblick und Tag nie erfahren wird, das Leben meines Onkels Shmiel und seiner Familie endete, von Samuel Jäger, des Bruders meines Großvaters, des Erben des Betriebs, den er wieder aufbaute und zu dessen Gedeihen die umsichtigen ehelichen Verbindungen jener Generationen von Jägers und Kornblühs ersonnen waren, eines Mannes, der zwischen Januar und Dezember 1939 eine gewisse Anzahl von Briefen schrieb, einer Frau, die sehr warm war, sehr freundlich, eines siebenundvierzig Jahre alten Vaters von vier Mädchen, immer in feinem Zwirn und auch im Auftreten ein wenig großspurig in der Kleinstadt, in der seine Familie, wie es scheint, schon immer gelebt hat, eines kleinen Mädchens, das noch sehr kindlich und bei dem sich ein achtundsiebzig Jahre alter Mann aus Sydney, Australien, erinnert, einmal über einen Zaun *Hallo, Bronia!* zu ihm gesagt zu haben, eines Mannes, einer Frau, eines Kindes, die zu diesem Zeitpunkt gezwungen gewesen waren, mit dem Wissen zu leben, dass ihre dritte Tochter, ihre ältere Schwester, ein sechzehnjähriges Mädchen, das der Vater zur Bewahrung des Andenkens an seine Lieblingsschwester benannt hatte, die, wie eines Tages psalmodiert werden sollte, *eine Woche vor ihrer Hochzeit* starb, über einer offenen Grube erschossen worden war; eines Onkels, einer Tante und Cousine, die in dem Moment, in dem er und dann die beiden vielleicht hören, wie es auf einmal so komisch zischt, eine Nichte und eine Cousine haben, der sie nie begegnet sind, die er aber in einigen Briefen (*Ich grüße Dich und Küsse samt lieber Teuerer Gerty samt lieben Kind auch im namen meiner lieben Frau und liebe Kinder Küsse vom tiefen herzen alle Geschwiester*) höflich erwähnt hat, eine Nichte, die in der Bronx lebt, in New York, eine hübsche blonde Elfjährige mit Zahnspange, die in der ersten Septemberwoche 1942 gerade in die sechste Klasse gekommen ist (just als ihr künftiger, zu der Zeit dreizehnjähriger Ehemann, von dessen Familie so viel für die Erzählung verloren gehen sollte, gerade in die achte Klasse kam, wo er mit einem Jungen spielte, den jeder Billy Ehrenreich nannte, was nicht sein richtiger Name war, aber immerhin wohnte er ja oben bei den Ehrenreichs, ein Flüchtling aus Deutschland, der manchmal meinem Vater sagte, er habe vier Schwestern gehabt, von denen er getrennt worden sei und die er »verloren« habe, ein Wort, das mein Vater, damals ja noch ein Junge, nicht ganz verstand) – in diesem Raum mussten sie schließlich die vergiftete Luft einatmen, und nach einer Spanne von Minuten gingen die Leben von Shmiel Jäger, Ester Schneelicht Jäger und Bronia Jäger, Leben, die sich viele Jahre danach auf die Sammlung einiger weniger Fotografien und einiger Sätze über sie belaufen werden, *Sie nannte ihn den król, den König, sie war sehr warm, sehr freundlich, sie war noch sehr kindlich und spielte mit ihren Spielsachen*, diese Leben und viele andere Dinge an ihnen, die wahr waren, die aber jetzt ebenfalls nie mehr erfahren werden können, zu Ende.

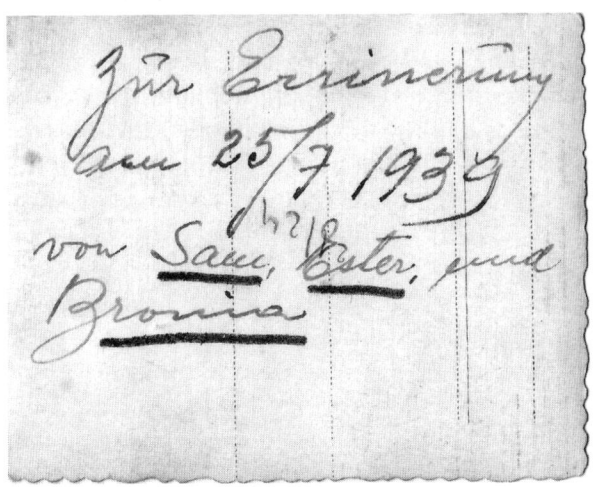

Das war also die zweite Aktion, die Bob und Jack Greene überlebten, weil sie sich erfolgreich versteckt hatten, was Shmiel und seiner Frau und Tochter nicht gelungen war, wenn sie sich überhaupt versteckt hatten: eine Möglichkeit, die sich – wie wir in Australien dachten – nicht mehr verifizieren ließ. Warum hatten die Grünschlags sich in dem winzigen Raum hinter der doppelten Wand im Stall verstecken können und andere nicht? Bob erzählte uns eine Geschichte, und von allen, die wir auf dieser Reise hörten, berührte sie meinen weichherzigen Bruder am meisten – vielleicht, weil sie, anders als die anderen Gräuel, von denen wir hörten, die sich einfach und meiner Ansicht nach zu Recht allen Versuchen einer Identifizierung widersetzen, wie wohlmeinend auch immer, von etwas so Kleinem, Schlichtem handelte, dass selbst die unschuldigen Angehörigen meiner und Matts Generation sie begreifen können.

Zur Zeit der zweiten Aktion, sagte Bob, musste ich meinen

Hund loswerden. Glauben Sie mir, das war das Härteste, was ich je tun musste. Sie haben ja keine Ahnung. Ich hatte ihn von Geburt an, ich nahm ihn mit ins Bett und schlief mit ihm, und natürlich war am nächsten Morgen das Bett nass, und sie wussten nicht, ob er es war oder ich!

Diesen Hund musste er wegbringen, loswerden, fuhr er fort, damit er nicht bellte und sie verriet, wenn sie sich hinter der doppelten Wand versteckten. Als wir diese Geschichte zum ersten Mal hörten, war Matt, der Hunde liebt, davon sehr aufgewühlt, und seitdem erzählt er diese Geschichte jedes Mal, wenn er von unserer Reise in jenem Frühling erzählt und einem das emotionale Grauen, das die Leute durchgemacht haben, nahebringen möchte: Dieser kleine Junge musste seinen Hund töten.

Ich glaube, es berührte ihn so stark, eben weil es so etwas Kleines ist. Aus irgendwelchen Gründen lässt sich das Grauen eines Jungen, der sein geliebtes Tier töten muss, leichter begreifen, aufnehmen und fassbar machen als andere. Das Grauen etwa, das eigene Kind töten zu müssen, damit sein Lärm einen selbst und die anderen nicht verrät. Aber als Bob Grunschlag uns diese Geschichte erzählte, hatten wir Mrs Gelernters Zeugenaussage natürlich noch nicht gelesen.

Das Schiff, in dem Noah und seine Familie zusammen mit zahlreichen anderen Vertretern unbefleckter Lebewesen gerettet wurden, hat im Laufe der Geschichte nichts von seiner Faszination eingebüßt. Das Interessante an diesem berühmten Rettungsfahrzeug ist die Merkwürdigkeit des hebräischen Wortes, mit dem der Gegenstand bezeichnet wird, den wir gemeinhin als »Arche« kennen. Friedman klagt, meines Erachtens zu Recht, über diese inzwischen unvermeidliche Übersetzung, denn die eigentliche Konnotation des femininen Substantivs tebah ist nämlich »Kiste«. Dies impliziert jedenfalls auch die Beschreibung der Arche im Text: Sie ist rechteckig, sie hat weder Kiel, Ruder noch Segel, sie ist an allen Seiten vollständig geschlossen. Es ist bewegend, Friedmans einfühlsamen Kommentar zu diesem merkwürdig konturlosen Ding zu lesen, dessen Mangel an allen Merkmalen, die wir normalerweise mit einem seetüchtigen Fahrzeug assoziieren, ein rührendes Gebilde ergibt: »In einem solchen Fahrzeug«, schreibt er, »sind Mensch und Tier vollkommen hilflos, sie werden ohne jeden Einfluss auf ihr Schicksal auf dem Wasser herumgeworfen. Um das Bild, mit dem diese Erzählung uns konfrontiert, richtig zu begreifen, müssen wir uns vorstellen, wie diese hilflose Kiste des Lebens in einem brutalen Universum, das aus den Nähten platzt, herumgeschleudert wird.« Dieses Bild findet sich noch an einer einzigen anderen Stelle in der Tora, als das Schilfkästchen, tebah genannt, in das der kleine Mose gelegt wird, damit er einem Versuch einer vollständigen Vernichtung in der Tora entrinnen kann: dem Erlass des ägyptischen Pharaos, die Erstgeborenen Israels sollten sterben. Wie Noahs Arche ist Moses Korb ein schlichter, von Menschen gemachter Gegenstand, vollkommen abgeschlossen, mit Pech abgedichtet und innen zweifellos absolut und beängstigend dunkel – eine Kiste, deren passiver Insasse es einfach darauf ankommen lassen muss.

Das Bild einer solchen Kiste als Ort der Flucht in einer Welt, die aus den Nähten platzt, stellt sich ganz natürlich ein, wenn man an Geschichten denkt, wie Jack Greene und sein Bruder Bob sie mir in Australien erzählten – Geschichten, in der die Rettung in Schreckenszeiten nur für diejenigen möglich war, die ein dunkles, kistenartiges Versteck gebaut hatten: zum Beispiel den winzigen Raum hinter der doppelten Wand, die Moses Grünschlag in einem Stall für sich und seine beiden ihm noch gebliebenen Söhne baute, die abgedeckte Grube im Wald, in die sich schließlich diese drei und noch ein paar andere flüchteten und sich ein Jahr darin versteckt hielten, bis der neuzeitliche Pharao geschlagen war. Auch in diesen modernen Archen waren die Insassen völlig hilflos, ohne jede Macht über ihr Schicksal, passive Bewohner verdunkelter Räume, aus denen auch sie dann irgendwann hervorkamen, wie Noah, wie Mose, und ins Licht blinzelten.

Und dennoch erinnern, vielleicht wegen der subtilen, aber beharrlichen Art und Weise, in der Paraschat Noach alles mit seinem Gegenteil verbindet, Schöpfung mit Zerstörung, Zerstörung mit Wiedergeburt, irdene Figurinen mit schlammigem Chaos, schwefeliges Wasser mit schwefeligem Gopherholz, erinnern uns die Kisten, in denen die achtundvierzig Bolechower

Juden letztlich gerettet wurden (einmal abgesehen von vielen anderen Behältnissen, deren Insassen nicht so viel Glück hatten, wie vielen, lässt sich unmöglich sagen, weil niemand mehr da ist, der die Geschichten erzählen könnte), zwangsläufig an gewisse andere kistenartige Gebilde, die in der neuzeitlichen Erzählung von dem Erlass, dass das Volk Israel sterben müsse, Werkzeuge nicht der Rettung, sondern der Vernichtung waren. Ja, es gab die Verstecke, die verborgenen, dunklen Behältnisse, in denen die Insassen nur horchen und hoffen konnten, doch es gab auch die Viehwaggons mit ihrer Fracht sturmgepeitschter Menschen, es gab auch die Gaskammern.

Auch sie waren Kisten. Auch sie Archen.

Das also war die zweite Aktion gewesen, Anfang September 1942, bei der – wie alle an Jack und Sarahs Tisch glaubten – Shmiel, Ester und Bronia umgekommen waren. Von dieser sechsköpfigen Familie existiert nur noch eine Fotografie mit allen zusammen, vom August 1934; sie zeigt einen schockierend unrasierten und ungepflegten Shmiel, eine Anomalie, die sich dadurch erklärt, dass er (wie die Notiz auf der Rückseite erklärt) um seine Mutter trauert, meine Urgroßmutter Taube, die im Monat zuvor gestorben war: sieben ernste Gesichter, die ich heute als die von Shmiel, Ester, Esters Bruder Bruno, Bronia, Ruchele, Lorka und der dunkeläugigen Frydka erkenne, deren Gesicht vom Bildrand teilweise abgeschnitten ist – von dieser sechsköpfigen Familie, für die es nie eine formale Trauerzeit gab ähnlich der, die sie zur Zeit der Entstehung des Bildes einhielten, waren im Oktober 1942 noch zwei übrig.

Sie kamen in die Fassfabrik, hatte Jack gesagt, Lorka und dann auch Frydka, zusammen mit den Adlers. Und auch wir wurden dieser Fabrik zugeordnet, sagte er – womit er sich und die noch Lebenden seiner Familie meinte: seinen Vater, Bob.

Nach der zweiten Aktion wurden die Leute den Arbeitslagern zugeteilt, erklärte Jack. Es gab ein paar Gerbereien, eine Sägemühle, eine Fassfabrik. Und sie dominierten manche Orte, wo sie in Lager umgewandelt wurden, in denen sie lebten, von denen aus sie zur Arbeit gingen und in die sie jeden Abend wieder zurückkehrten. Unser Vater wandelte unser Haus dann auch in ein Lager um. Und in diesem Haus lebten rund zwanzig Leute.

Alle waren in einem Arbeitslager?, fragte ich.

Jeder, der nicht arbeitete, erwiderte Jack, kam ins Ghetto von Stryj.

Dahin wollte man nicht unbedingt, sagten alle gleichzeitig. Aber 1943 war dann klar, dass die »nützlichen Arbeiter« ebenfalls umgebracht werden würden. Und '43 machten dann diejenigen, die klar dachten, allmählich Fluchtpläne.

Wann Frydka und Lorka dann also seiner Meinung nach geflohen waren und sich den Partisanen angeschlossen hatten, wollte ich wissen.

'Dreiundvierzig, sagte Jack.

Mrs Grossbard meldete sich. 'Dreiundvierzig?, sagte sie nachdenklich. Nicht 'zweiundvierzig?

'Dreiundvierzig, erwiderte Jack nachdrücklich.

Und fuhr, an mich gewandt, fort: Frydka kam fast jeden Abend in unser Lager. Sie war als Buchhalterin in der Fassbrik. Der Hauptbuchhalter war krank geworden, er hatte etwas mit den Nieren. Als dieser Buchhalter, Samuels hieß der, Shymek Samuels, als der krank wurde, blieb er in unserem Lager, das als ein besseres Lager galt. Deshalb ist sie fast täglich in unser Lager gekommen und hat ihn besucht.

Sie und Lorka waren in dem Lager neben der Fassfabrik, wo die Adlers lebten, fügte Jack hinzu.

Als er das sagte, fielen mir sofort mehrere Dinge ein. Erstens, dass Frydka und Lorka mindestens noch '43 am selben Ort lebten, was (wie ich mir vorstellte) tröstlich gewesen sein muss. Zweitens, Frydka, die 1943 einundzwanzig war, muss eine liebe junge Frau gewesen sein, dass sie Samuels, den kranken Buchhalter, besuchte, obwohl es, wie Meg Grossbard klarstellte, zu der Zeit lebensgefährlich war, sich auf den Straßen Bolechows blicken zu lassen. (Wir standen *außerhalb des Gesetzes*, sagte sie, um mir begreiflich zu machen, was das bedeutete. *Jeder konnte uns töten.*) Und schließlich drittens, dass ihre Ausbildung an der Handelsschule in Stryj ihr das letztlich eingebracht hatte, diesem Mädchen mit dem entschlossenen Gang, dieser hochgewachsenen jungen Frau, die, wie Meg fallen ließ, immer mit ihr und Pepci Diamant, als sie Teenager waren, mit dem Zug zu einem Kurort in der Nähe namens Morszyn fuhr, wo sie sich auf die Tanzveranstaltungen dort schlichen, für die sie streng genommen noch zu jung waren, diesem lebhaften Mädchen, dessen dunkle Schönheit einen blonden, katholischen polnischen Jungen betört hatte, was ihnen beiden zum Verhängnis wurde, wobei ich die Details dieser Geschichte erst Monate später erfuhr. Das hatte Frydka die kostspielige Ausbildung auf der Handelsschule eingebracht: ein paar zusätzliche Monate Zwangsarbeit als Buchhalterin.

Und nun, nach langen Gesprächen bei Jack und Sarah Greene an jenem Tag, einige Zeit, nachdem das Klappern von Geschirr und das Gurgeln strömenden Kaffees verklungen waren, blieben nur noch Frydka und Lorka übrig. Nachdem sie in die dichten Wälder um Bolechow herum gegangen waren, hatte niemand sie mehr gesehen.

Und was war der Auslöser der Entscheidung, in die Wälder zu fliehen?, fragte ich.

Nach November 'zweiundvierzig gingen wir ins Lager, antwortete Jack. Jeder hatte einen Buchstaben an sich, entweder ein *R*, das für *Rüstung* stand, oder ein *W*, das *Wirtschaft* bedeutete.

Hier nun stritten sich Meg und Bob, wofür das *W* stand: Sie glaubte, es sei *Wehrmacht* gewesen, er aber beharrte darauf, es müsse *Wirtschaft* geheißen haben, da es, wie er argumentierte, keinen wesentlichen Unterschied zwischen *Rüstung* und *Wehrmacht* gebe.

Für mich war die Frage, wofür das *W* gestanden hatte, nebensächlich. Das Entscheidende war, dass alle W-Arbeiter, rund dreihundert Menschen, im März 1943 zum jüdischen Friedhof geführt und in einem Massengrab erschossen wurden. Es war eine der »kleinen« Aktionen, von denen Jack schon gesprochen hatte, jene Aktion, die die alte Olga, der wir in der Ukraine begegnet waren, vom Wohnzimmerfenster aus beobachtet hatte. An dem Punkt, sagte Jack, wurde allen klar, dass selbst die »nützlichen« Arbeiter eben doch nicht so wichtig waren.

Ja, sagte Meg langsam. Genau vor sechzig Jahren waren alle meine Freundinnen verschwunden.

Bob sagte: Alle *W* wurden ausgerottet.

Offenbar war es, dachte ich, letztlich auch den Deutschen egal, wofür das *W* nun stand.

Und die *R*, fuhr Bob fort, blieben noch bis August 'dreiundvierzig.

Zu dem Zeitpunkt waren Frydka und Lorka der Erinnerung dieser Leute nach nicht mehr in Bolechow. Sie verschwanden von der Bildfläche, und niemand hat sie je wiedergesehen.

Dachten wir da.

Das war das Letzte, was mir die Sydneyer an dem Tag über die Jägers erzählen konnten. Es war dann auch das Letzte, worüber wir sprachen. Auf einmal war die Luft raus aus unserem Gespräch. Alle, und nicht nur die Alten, waren erschöpft, ermattet.

Das heißt, ganz stimmt das nicht. Der Letzte, der an jenem Abend etwas sagte, war Boris Goldsmith, der in dieser Diskussion die meiste Zeit geschwiegen hatte, da er während des Krieges nicht dort gewesen war, nicht gesehen hatte, was die anderen gesehen oder wovon sie gehört hatten. Und das wollte er mir plötzlich klarmachen, als das Gespräch verebbte.

Ich kann Ihnen gar nichts sagen, sagte er und sah mich an, breitete die großen Hände aus, weil ich nicht dort war, sondern in der Armee. In der russischen.

Das weiß ich, sagte ich in einem, wie ich hoffte, beruhigenden Ton. Und um ihm das Gefühl zu geben, hilfreich zu sein, um ihn in das Gespräch mit einzubeziehen, wo er schon von den Ereignissen, von denen ich gerade gehört hatte, ausgeschlossen gewesen war, setzte ich noch hinzu: Und was ist dann nach Kriegsende passiert? Sind Sie zurückgegangen?

Boris lachte und schüttelte den Kopf. Nein, sagte er, ich bin nicht zurück, weil ich jemanden gefunden habe, als ich in einem Krankenhaus im Kaukasus lag – er sprach es *KAU-ka-suus* aus –, da habe ich jemanden getroffen. Einen in einer französischen Uniform, und zu dem bin ich hingegangen, er hat ausgesehen wie ein Jude.

Die Vorstellung, dass dieser Jude aus einer Kleinstadt in Polen Tausende Kilometer von zu Hause, tief im Herzen des Kaukasus, einem begegnete, der vertraut und sympathisch aussah, erschien mir so unglaublich, dass es schon wieder lustig war, und ich musste grinsen. Und so wie Boris Goldsmith die Geschichte erzählte, hatte sie tatsächlich auch etwas ein klein wenig Humorvolles, als wäre sie der Auftakt eines Witzes. Ich konnte mir richtiggehend vorstellen, wie mein Großvater eine seiner Geschichten genauso begann. *Stell dir also vor: Ich war da im Kaukasus, am Ende der Welt, und wer kommt mir da entgegen, ein Jude in einer französischen Uniform ...*

Er sah ganz wie ein Jude aus, fuhr Boris fort, also ging ich zu ihm und fragte ihn: Was soll ich denn jetzt tun, zurück nach Bolechow?

Und was hat er gesagt?, fragte ich, um ihm das Stichwort zu geben, genau wie ich es bei meinem Großvater getan hätte.

Und dann sagte Boris zu mir, was der Jude in der französischen Uniform bei dieser unglaublichen Begegnung zu ihm gesagt hatte.

Boris sagte: *Er hat gesagt, ich soll es vergessen, da ist keiner mehr.*

3

Und die Spitzen der Berge tauchten wieder auf

Das war am Sonntag, dem 23. März 2003, gewesen, dem Geburtstag meines Großvaters. Nachdem Boris gesagt hatte, *Er hat gesagt, ich soll es vergessen, da ist keiner mehr*, erhoben sich alle langsam, Jack und Bob und Meg und Boris, und einer nach dem anderen verabschiedete sich und ging nach Hause. Jack bestand darauf, Matt und mich zum Hotel zu fahren. Als ich aus seinem Wagen ausstieg, beugte er sich auf einmal zu der offenen Tür hin und sagte wie aus heiterem Himmel: Natürlich erinnere ich mich an Shmiel Jäger – einen wie den vergisst man nicht!

Am nächsten Tag, dem Montag, gingen Matt und ich noch einmal zu Jack, um ihn allein zu interviewen, und da erzählte er uns dann so viel von Ruchele. Wie erwähnt, hatte er zunächst über Frydka gesprochen – *sie hielt ihre Tasche SO!* –, dann aber gesagt, wenn wir wirklich etwas über Frydka erfahren wollten, müssten wir mit Meg sprechen. Und so hatten wir an dem Nachmittag nach jenen Stunden bei Jack, nach den düsteren Geschichten, die wir gehört hatten, die – wie die von Jack und Bob – zwangsläufig zu Geschichten von Einschließung, Verborgenheit und unterirdischer Erstarrung geworden waren, hatten wir, Matt und ich, als wir im Zentrum Sydneys umherwanderten, beinahe körperliche Schwierigkeiten, in die Helle und Lebendigkeit der Gebäude, die Wärme des Spätsommers, die Attraktivität und lockere Freundlichkeit der Verkäufer, Taxifahrer und Passanten einzutauchen, und so betrat ich während unseres Rundgangs durch die Stadt eine Telefonzelle und wählte die Nummer von Megs Schwager, um sie ein weiteres Mal zu fragen, ob sie mir nicht doch ein persönliches Interview gewähren wolle.

Ich sage, ein »weiteres« Mal, weil ich ihnen am Vortag, als sie gingen, gesagt hatte, ich würde sie gern alle noch einmal einzeln sprechen, und alle genickt hatten, ja, das sei in Ordnung. Bis auf Meg, die den Kopf geschüttelt hatte.

Tut mir leid, sagte sie. An mehr erinnere ich mich nicht, ich kann Ihnen nicht weiterhelfen.

Und außerdem, fügte sie hinzu, als sie ihre Lederhandtasche nahm, müsse sie sich um ihren Schwager kümmern, der sehr gebrechlich sei und mit dem sie noch ein wenig zusammen sein wolle, bevor sie Ende der Woche nach Melbourne zurückfliege.

Ich hatte also wenig Hoffnung, als ich die seltsame achtstellige Nummer wählte, die Jack mir gegeben hatte. Es klingelte.

Hallo, sagte Meg.

Hi, Mrs Grossbard, sagte ich, und das Herz wummerte mir in der Brust wie Jahre davor, als ich die Schwester meines Großvaters, Sylvia, die zu fürchten wir gewissermaßen erzogen worden waren, anrief und sagte, ich wolle sie über die Familiengeschichte interviewen, worauf sie dann antwortete: *Ich sage dir nicht meinen Geburtstag, weil es besser gewesen wäre, ich wäre nie geboren worden …* Hi, sagte ich zu ihr und dann, ich hoffte, sie habe Zeit gehabt, noch einmal darüber nachzudenken, und sich entschieden, mit uns zu sprechen, bevor wir die zweiundzwanzig Stunden nach New York zurückflögen.

Ihre Stimme am anderen Ende war weniger ärgerlich als müde.

Ich kann Ihnen nicht helfen, ich sagte Ihnen doch, dass ich mich sonst an nichts erinnere, sagte sie, wobei wir beide wussten, dass es gelogen war.

Da ich am Telefon war und ihr nicht real gegenüberstand, nahm ich meinen ganzen Mut zusammen und blieb hartnäckig. Ach, bitte, sagte ich, wir möchten doch nur mit Ihnen reden.

Was bringt das schon?, sagte sie am anderen Ende, zu mir wie auch zu sich selbst. Keiner weiß etwas, keinen kümmert es. Es wird ohnehin alles mit uns sterben.

Auf einmal wurde mir klar, dass sie nur überzeugt werden wollte. Also sagte ich: Mrs Grossbard, ich glaube, das stimmt nicht. Allein deshalb sind wir doch überhaupt hergekommen, um mit Ihnen allen zu sprechen, um die Geschichten zu hören, um sie aufzuschreiben. Ich möchte das, woran Sie sich erinnern, *bewahren*, darum geht es doch.

Es wird nur sterben, wenn Sie nicht mit uns sprechen, fügte ich nach einer kleinen Pause hinzu.

Tja, sagte sie. Eine Minute lang war leere Luft, dann sagte sie: Wenn wir uns sehen, muss es in einem Restaurant sein, mein Schwager ist krank, ich kann hier keinen Besuch gebrauchen.

In Ordnung, sagte ich. Uns ist das gleich. Wir treffen uns überall mit Ihnen, sagen Sie nur, wo. Stumm bedeutete ich Matt Daumen hoch.

Jaa!, sagte er.

O.k., sagte Meg, wir treffen uns morgen, Mittwoch. Rufen Sie mich heute Abend an, dann machen wir eine Zeit aus.

Toll!, sagte ich. Ich danke Ihnen *sehr!*

Am Abend rief ich Meg dann noch einmal vom Hotelzimmer aus an. Es wurde klar, dass sie Zeit gehabt hatte, sich über unser Treffen Gedanken zu machen.

Sie sagte: Ich habe mir nun überlegt, dass wir uns doch hier treffen, bei Salamon, zum Lunch.

Toll!, sagte ich. Ich machte Matt, der Nachrichten im Fernsehen sah, ein V-Zeichen. In dem neuen Krieg war gerade der erste amerikanische Soldat gefallen.

Aber ich kann nichts für Sie vorbereiten, setzte Meg hinzu.

Das macht nichts, sagte ich.

Vielleicht mache ich ein paar Sandwichs, sagte sie.

Wir lieben Sandwichs, flötete ich.

Dann kommen Sie doch gegen Mittag vorbei, sagte sie. Sie nannte mir Mr Grossbards Adresse, fügte noch energisch hinzu, dass wir mit ihm nicht würden sprechen können, da er zu schwach sei, um das Bett zu verlassen. Ich biss die Zähne zusammen und meinte, das sei schon in Ordnung, das verstünden wir. Ich wollte schon auflegen.

Noch eins, und darauf bestehe ich, sagte sie, und ihre Stimme wurde angespannt.

Was?, fragte ich.

Und dann nannte sie mir ihre Bedingungen für ein Gespräch unter vier Augen.

Erstens: Sie wolle nicht über den Krieg sprechen, das sei zu schmerzhaft. Wissen Sie, sagte sie, ich spreche nie über den Holocaust. Mein Sohn ist ein Bücherwurm, er bittet mich, alles aufzuschreiben, und jetzt, wo es mit mir zu Ende geht, denke ich manchmal, ich mache es. Aber ich kann es nicht – ich kann mich einfach nicht dazu überwinden.

O.k., sagte ich. Ich versprach ihr, sie nicht zum Krieg selbst zu befragen.

Sie fuhr fort. Es wäre ihr lieber, über ihr eigenes Leben gar nicht zu sprechen, sie wolle nur allgemeine Fragen über das Leben in Bolechow in den Vorkriegsjahren, zu ihrer Mädchenzeit und Jugend zulassen. Sie würde mir gern ihre Erinnerungen an die Jägers erzählen, aber über ihre eigene Familie wolle sie lieber nicht sprechen. Sollte sie tatsächlich, aus welchen Gründen auch immer, bestimmte Erlebnisse erwähnen, die sie selbst im Krieg durchgemacht habe, so sei das nicht für die Öffentlichkeit bestimmt, und ich dürfe in dem Buch, das ich, wie sie wisse, einmal schreiben wolle, nichts davon erwähnen.

Ich biss die Zähne zusammen und sagte: O.k.

Sie wollen mich also immer noch interviewen?, fragte Meg, und da hatte ich das Gefühl, dass sie ihr bitteres Lächeln lächelte.

Allerdings, sagte ich. Vielleicht, dachte ich schon, ändert sie ja noch ihre Meinung, wenn wir kommen, wenn wir unsere ganzen Aufnahmegeräte auspacken, die digitale Videokamera, Matts Stative und Schirme, die Tapes, alles.

Eins noch, sagte Meg.

Noch bevor sie den Mund aufmachte, wusste ich, was das sein würde.

Sie sagte: Ich werde keine Fragen zu Ciszko Szymanski beantworten.

Weswegen ich, obwohl Matt und ich am Ende fast vier Stunden mit Meg verbrachten, Stunden, in denen sie ihre Beschränkungen anscheinend vergessen hatte und ausführlich nicht nur über ihre Erinnerungen an meine Familie sprach, sondern auch über den Krieg wie über andere Leute, an die sie sich erinnerte, oftmals furchtbare Geschichten, davon nichts niederschreiben kann.

Ich möchte nicht, dass mein Leben in Ihrem Buch erscheint, sagte sie. Eines Tages schreibe ich selbst ein Buch. Doch, Sie werden sehen.

Auch wenn sie das sagte, wusste sie ebenso gut wie ich, dass sie nie selbst ein Buch schreiben würde, aber trotz meiner Enttäuschung darüber, nicht einiges von dem, was sie mir an dem Tag erzählte, einarbeiten zu dürfen, Geschichten und Anekdoten, die möglicherweise ein Licht darauf hätten werfen können, wie es war, in Bolechow den Krieg durchzumachen, verstand ich genau, wovor sie sich fürchtete, warum sie nicht wollte, dass ihre Geschichten in mein Buch kamen. Sie wusste, dass sie in dem Moment, in dem sie sie mir erzählte, zu meinen Geschichten werden würden.

Daher kann ich hier nicht wiedergeben, was sie im Verlauf dieses Interviews sagte. Erzählen kann ich immerhin, dass wir, als wir in Salamon Grossbards winzige, leicht muffige Wohnung im Zentrum Sydneys kamen, keine Sandwichs vorfanden. Ein kleiner Tisch in der Küche des alten Mannes war sorgfältig gedeckt, und vier silberne Rechauds köchelten vor sich hin. Meg, die nun zum ersten Mal breit lächelte, bat uns in die Küche.

Ich muss Ihnen sagen, verkündete sie, dass ich ein Mittagessen vorbereitet habe, das Ihr Großvater *über alles lieben* würde.

Ich blinzelte. O.k., sagte ich, ein wenig misstrauisch.

Alles aus Bolechow!, verkündete sie und schwenkte den Arm in Richtung der Rechauds. Ein *déjeuner à la Bolechow!* Dann sah sie mich vorsichtig an und sagte: Aber ich wusste nicht genau, ob – welche Nationalität hatte Ihre Großmutter?

Sie war Russin, sagte ich. Ich dachte an die kleine Hütte in Odessa, die niedergebrannt worden war, an das halbwüchsige Mädchen, das zu Fuß »quer durch Europa« ging. Oh, dachte ich, auch ich könnte Ihnen Geschichten erzählen.

Ah, Russin, sagte Meg und schwieg einen Augenblick. Und Ihr Vater?

Der Vater meines Vaters stammte aus Riga, in Lettland, sagte ich. *Er wurde auf dem Schiff geboren. Er war ein Zwilling. Auch er reiste weite Strecken, um ein neues Leben aufzubauen, um sich fern der Vergangenheit neu zu erfinden, auch er war, wie sein Vater, wie meine Urgroßmutter, wie mein Großvater, von sehr weit her gekommen, um etwas aus seinem Leben zu machen, wovon der eine erzählen wollte, der andere schweigen.*

Und seine Mutter stammte aus Kraków, fügte ich hinzu, womit ich den galizischen Trumpf ausspielte.

Ah, aus Kraków, sagte Meg zufrieden. Wissen Sie, was Kascha ist?

Kascha!, rief ich aus, wir *lieben* Kascha! Meine Großmutter machte meinem Großvater immer tellerweise heiße Kascha – Buchweizenkörner, die erst gekocht und dann mit Zwiebeln geröstet und mit Schleifennudeln serviert werden –, die aß er dann genau wie Kartoffelmehl oder Hafergrütze, mit großer Präzision, und immer begann er am Rand des Tellers und arbeitete sich zur Mitte vor. *So verbrennst du dir nicht den Mund*, sagte er zu mir und blies vorsichtig auf den kleinen Kaschahügel auf seinem Löffel.

Wissen Sie, was Piroggen sind?, fuhr Meg fort.

Natürlich, sagten wir, wir *lieben* Piroggen! Am Abend des Tages, als wir vier in Polen angekommen waren, dem Abend vor unserer Fahrt nach Auschwitz, zu Beginn unserer Reise in die Ukraine, war Alex Dunai mit uns in ein »traditionelles« polnisches Restaurant gegangen. Dort hatte Matt, nachdem er sich einen Kloß in den Mund gesteckt hatte, uns angesehen und gesagt: Das ist kein polnisches, das ist *jüdisches* Essen!

Wissen Sie, was *gołąbki* sind?, fragte sie erfreut. *Gawapkie*. Mir fiel Mrs Wilk ein, wie sie die ganzen Jahre mit ihrem breithüftigen Gang die flachen Stufen zum Haus meiner Eltern hinaufging und manchmal die gewaltigen Krüge mit gefülltem Kohl schleppte. Natürlich kannten wir das.

Ja, sagte ich, allerdings wüssten wir, was *gołąbki* seien.

Ah!, rief Meg aus, tatsächlich! Und, na ja , ich dachte, ich gehe mal auf Nummer sicher – ich dachte, vielleicht mögen Sie dieses Essen ja nicht, also habe ich zur Sicherheit ein gegrilltes Hähnchen gekauft. Schließlich sind Sie ja Amerikaner der *zweiten* Generation.

Sie sagte das Wort *zweiten* mit einem ganz leichten Anflug von Verachtung.

Wissen Sie, fuhr sie fort, es gibt nur noch sehr wenig Leute aus unserer Gegend, die solches Essen kennen, sehr wenige Überlebende aus Galizien. Weil die, die aus dem Westen, die haben sie ins Lager gesteckt, deshalb waren die Chancen größer, dass sie überleben, aber uns haben sie in den Massengräbern erledigt.

Es war schwer, sich in Erinnerung zu rufen, dass wir übers Essen sprachen.

Und dann kam, langsam schlurfend, auf einen Gehbock gestützt, in einem schicken Pyjama von einer Farbe, die mein Großvater, der sein gesamtes Arbeitsleben in einer Branche war, die Schmuckbänder und Borten herstellte, und der über Farben so genießerisch sprach wie andere Leute über Speiseeisaromen, bestimmt *French blue* genannt hätte, Mr Grossbard in die Küche. Mit hoher, papierner Stimme stellte er sich vor, meinte, wie sehr er sich freue, dass wir an diesem Projekt arbeiteten, und setzte sich zum Mittagessen an den Tisch.

Zunächst war ich so überrascht, dass es mir richtiggehend die Sprache verschlug.

Hier ist Selbstbedienung, sagte Meg, bitte greifen Sie zu. Ich hatte das Gefühl, dass sie es genoss, uns überrascht zu haben.

Ich setzte mich neben Mr Grossbard und stellte das Aufnahmegerät an.

Meine Güte, sagte Matt. So ein Essen habe ich zuletzt als Kind gesehen!

Bedenken Sie, sagte ich zu Meg, während meine Gedanken rasten, auch wir sind Bolechower, seit Urzeiten.

Bolechow, das war ein nettes Städtchen, sagte Mr Grossbard. Ein frohes Städtchen. Es hatte zwölftausend Einwohner, drei verschiedene Kulturen. Dreitausend Juden, sechstausend Polen, dreitausend Ukrainer.

Er redete von seiner Kindheit, den Jahren, als mein Großvater noch dort lebte.

Da saß er also. Über seinem französisch-blauen Pyjama trug er einen Morgenmantel von einer Farbe, die man wohl *Bordeauxrot* hätte nennen können. Der sehr breite Rahmen seiner dicken Brillengläser unterstrich noch den Eindruck, dass sein schmales Gesicht vollkommen vertikal war. An den Seiten des Kopfs saßen weiße Haarbüschel, und von der Schädelmitte aus waren einige Strähnen säuberlich nach hinten gebürstet. Vielleicht lag es an seinem hohen Alter, dass ich an die vertrockneten Gesichter ägyptischer oder mesoamerikanischer Mumien denken musste, wenn ich ihn ansah, Gesichter, die auch den Eindruck vermitteln, dass im Lauf der Zeit alles

Unwesentliche entfernt worden war: Lediglich hohe, beinahe Inka'sche Backenknochen, die aristokratische Hakennase, der breite, intelligente Mund, die alten Falten, die von seinem Hals herabhingen, waren noch da. Und doch wurde das alles von einem Paar breiter, großer, fast komischer Ohren abgemildert, die ihm zuweilen die Aura eines Zauberers verliehen. Seine Stimme war verschlissen, fast ein Flüstern, und beim Sprechen beugte er sich manchmal vor und klatschte sich zur Unterstreichung einer Aussage mit beiden Händen auf die knochigen Wangen, dann wiederum lehnte er sich etwas zurück und breitete die erhobenen Hände aus, wie ein Fischer die Größe eines Fangs anzeigt, als messe er etwas: die vergangene Zeit, sein Leben. Der Gehbock, den er bei sich stehen hatte, hatte etwas fast Zeremonielles, als wäre er das Emblem einer obskuren religiösen oder politischen Macht. Beim Sprechen knetete er zuweilen wiederholt die rechte Hand mit der linken, eine Geste der Erregung.

Es war ein hübsches Städtchen, sagte er wieder.

Ja, sagte ich.

Bon appétit!, sagte er.

Ich bin ja so froh, sagte Meg.

Und mehr kann ich Ihnen gar nicht sagen. Nach dem Mittagessen gingen wir ins Wohnzimmer, wo sie stundenlang erzählte und zu meiner Freude auch ihr Schwager, darüber, wie es war, während des Ersten Weltkriegs in Bolechow aufzuwachsen, über das Haus in der Dlugosastraße in Bolechow, in dem er geboren wurde und das er später erbte und in dem er mit seiner Frau und seinem Kind lebte, die anders als er nicht überlebt hatten, in der Straße, in die irgendwann in den dreißiger Jahren Shmiel Jäger mit seiner Frau und den vier Töchtern gezogen war (*Der Fleischer?, das war ein sehr großer, ein kräftiger Mann, ein sehr netter Mann, natürlich kannte ich den, sehr häufig sind wir einander über den Weg gelaufen, an die Kinder erinnere ich mich nicht so gut*), darüber, wie er sich bei Kriegsausbruch 1939 freiwillig bei der polnischen Armee meldete und abgelehnt wurde, weil er Jude war (und ich war Ingenieur, und die brauchten *Pioniere!*, rief er aus und lachte für einen, der fast ein Jahrhundert lang gelebt hatte, verblüffend kräftig. Er hielt einen Augenblick inne und rief dann: *Das war Polen!*). Auch wenn ich nicht allzu detailliert wiedergeben kann, was an jenem Tag gesprochen wurde, kann ich doch sagen, dass ich froh war, dass Meg, warum auch immer, einen Sinneswandel durchgemacht hatte und ausführlich mit uns redete und dass ihr Schwager an dem Tag noch kräftig genug war, um seinen Morgenmantel überzuziehen, bedachtsam durch den Flur zu gehen und sich einige Stunden mit uns zu unterhalten.

Kurz bevor wir uns vom Mittagstisch erhoben, beugte sich Mr Grossbard noch zu mir herüber und sagte mit seiner dünnen Stimme: Bolechow war eine Stadt mit drei Kulturen, und wir sind alle miteinander ausgekommen.

Ich nickte.

Es war eine *menschliche Stadt*, sagte er.

Ich nickte wieder.

Es war eine menschliche Stadt, wiederholte er, in der es keinen Antisemitismus gab.

Er sprach es *Antisemi-TIS-mus* aus.

Keinen Antisemitismus?, fragte ich. Ich mag ja sentimental sein, aber trotzdem kenne ich die Gefahren falscher Nostalgie.

Nun ja, schon, aber alle brauchten einander, wissen Sie. Der Pole brauchte den Juden wegen der Läden, der Jude brauchte den Polen wegen der Ämter. Die Ukrainer, die lebten in der Gegend darum herum, aber an jedem Markttag, jeden Montag, brachten sie Nahrungsmittel und Holz.

Das wusste ich. *Und bei jedem Kol Nidre bekam der ukrainische Waldbewohner eine solche Angst, weil die Stadt so still war und die Berge so dunkel, dass er vom Berg herabkam und über Nacht blieb, dass er sich an jenem einen Abend jedes Jahr bei einer jüdischen Familie einquartierte, so sehr fürchtete er sich vor Jom Kippur.*

Das waren also die Ukrainer, sagte Mr Grossbard. Und alle brauchten sie einander: Wenn der Markttag vorbei war, gingen die Ukrainer in die jüdischen Hotels Bier trinken. Und es war jüdisches Bier! Und die Ukrainer lieferten das Holz für die Häuser. Und die Juden hatten das Zentrum von Bolechow, sie lebten über ihrem Laden oder in der Nähe. Und alle Läden gehörten Juden. Daher respektierten sie einander. Die Haltung, das war Respekt.

Er erzählte von den Parks, als er ein Junge war, den Orchesterkonzerten, den Promenaden, den Damen mit ihren Parasols, wie sie zwischen den Bäumen umherspazierten.

Ich hörte schweigend zu, wie ich immer zuhörte.

Aber die Deutschen, wissen Sie, die sind mit meiner Familie übel verfahren.

Ich nickte. Die Frau umgebracht, das Kind umgebracht.

Aber in *meiner* Familie, fuhr er fort, wem wir da nicht verzeihen konnten, das waren die Franzosen.

Er lehnte sich auf seinem Stuhl zurück und nickte, langsam auf einer Pirogge kauend.

Die Franzosen?, wiederholte ich, nicht recht in der Lage, die Verbindung herzustellen. Ich sah zu Matt hin, der grinste. Unser Vater mag die Franzosen nicht, die, wie er höhnte, nie einen Krieg gewonnen, aber immer tolle Untergrundbewegungen hatten. War Mr Grossbard auf seinen Wanderungen nach dem Holocaust von den Franzosen schlecht behandelt worden? Fantasierte er? Ich machte ein höflich-verständnisloses Gesicht und sagte noch einmal: Sie haben den Franzosen nie verziehen?

Wieder beugte sich Mr Grossbard zu mir her und wackelte mit dem Finger.

Ja, sagte er, den *Franzosen*.

Er machte eine Pause zur Betonung und sagte dann:

Wissen Sie, mein Vater ist über die Dreyfus-Affäre *nie* hinweggekommen.

In Paraschat Noach gibt Gott Noah, nachdem er ihn angewiesen hat, eine Arche zu bauen, detaillierte Anordnungen, was er in die Arche holen muss, denn bekanntlich wird kein atmendes Wesen die schreckliche Vernichtung überleben. «Alles, was auf Erden ist, soll vergehen», sagt Gott. Noah wird natürlich dabei sein und mit ihm seine Söhne, seine Frau und die Frauen seiner Söhne (die spezifische Reihenfolge – erst die Männer, dann die Frauen, statt, wie man erwarten könnte, erst das ältere Paar, gefolgt von den jüngeren – ist ein Hinweis darauf, dass in Noahs

Arche die Trennung der Geschlechter beibehalten wurde. »Von hier«, bemerkte Raschi, »geht hervor, dass ihnen der Eheverkehr verboten war.«). Dann die berühmten Tiere und Vögel: nicht zwei von jedem, wie gemeinhin angenommen, sondern mindestens zwei von jedem, damit die Möglichkeit einer künftigen Vermehrung jeder Art gewährleistet ist; von den »reinen« Arten – d.h. den als Opfer geeigneten – wurden sieben Paare mitgenommen, vermutlich damit die angemessenen rituellen Opferungen nach der Ausschiffung eingehalten werden konnten, ohne die Zukunft dieser Arten zu gefährden.

Die Beschreibung der Sintflut selbst macht dann der langsam sich aufbauenden Spannung alle Ehre, die wir empfinden, wenn wir von den Präliminarien lesen: Die Brunnen der Erde und die Fenster des Himmels taten sich auf, es schüttete vierzig Tage lang – die Zeitspanne, so Raschis hilfreicher Verweis, die der Fötus braucht, um sich nach der Empfängnis herauszubilden (göttliche Rache dafür, bemerkt er im Weiteren, dass Gott sich die Mühe machen musste, die Föten der Verderbten zu formen) –, und einhundertfünfzig Tage lang blieb das Wasser auf der Erde und stieg an, bis es selbst die Berge bedeckte. Es fiele schwer, sich ein wirkungsvolleres Detail als jenes letzte vorzustellen (nun, jedenfalls in biblischen Zeiten, als der Maßstab der Dinge kleiner als heute war), das das Ausmaß der Vernichtung andeutet, die Gott mit der Sintflut erreichte – nicht lediglich die Zerstörung des Lebens, sondern das Auslöschen der Landschaft selbst, die rasche und jähe Eliminierung einer jeden vertrauten Landmarke, jedes vertrauten Gegenstands.

Vielleicht weil ich die letzten Jahre damit verbracht habe, mir die Geschichten von Leuten anzuhören, die bestimmte Orte in großer Eile verlassen mussten, und weil »auch Noah« wie die anderen der Sintflutgeneration, wie Raschi weiß, trotz seiner engen Beziehung zu Gott »zu denen gehörte, die klein an Vertrauen waren, er war nicht ganz davon überzeugt, dass die Sintflut kommen werde, und ging erst in die Arche, als ihn das Wasser drängte«, frage ich mich oft, ob Noah und seine Familie außer den Tieren noch etwas mitnahmen, vielleicht ein Andenken an das Leben, das sie führten, bevor die Welt vollständig rein gewaschen wurde. Da der Text nichts davon erwähnt, muss ich anneh-

men, dass sie es nicht taten, weswegen ich unwillkürlich denke, dass diese furchtbare Entbehrung der Freude, mit der Noah das Erscheinen des Olivenzweigs im Schnabel der berühmten Taube begrüßte, die rechte Würze verlieh. Natürlich kennen wir die unmittelbare Bedeutung des Zweigs, aber ich denke doch, dass der Anblick des grünen Blatts – eine jähe, lebhafte, besondere Erinnerung an die Welt, die er zurückgelassen hatte – ihm wie ein Aufschub bei einer anderen Form des Vergessens erschienen sein muss.

Am Nachmittag jenes Tages trafen wir uns dann noch mit Bob Grunschlag. Es war auch der Tag, den Matt für Fotografien am Strand ausgewählt hatte.

Warum am Strand?, hatte ich ein wenig gereizt gefragt, als er erklärte, er wolle mit Jack und Bob zum Bondi Beach und sie bitten, sich für sein Porträt der beiden Brüder aus Bolechow, die überlebt hatten, ein wenig die Füße nass zu machen. Wusste er denn nicht, dass es doch recht alte Leute waren? Ich wollte sie nicht zu sehr bedrängen. Ich brauchte ihr Wohlwollen.

Hör zu, sagte er, du machst, was du machst, lass mich also meins machen. Mein Job ist es, bei den Leuten den bösen Cop zu spielen, bis sie an ihre Grenzen kommen. Ich brauche ein Bild, das für »Australien« steht, wozu bin ich denn sonst hergekommen?

In Ordnung, sagte ich.

Und so fuhren wir am folgenden Spätnachmittag im Anschluss an unseren langen Lunch mit Meg und Mr Grossbard zu Bob, der direkt am Strand wohnt, und unterhielten uns eine Weile mit ihm, sehr zur Genugtuung seines Bruders, dem am Herzen lag, dass auch sein kleiner Bruder, der die Jäger-Mädchen nicht richtig gekannt hatte, etwas Aufmerksamkeit abbekam.

Guter Junge, guter Junge, hatte Jack gesagt und mir liebevoll auf die Schulter geklopft, als ich ihm sagte, wir wollten auch mit Bob ein Interview machen.

Tja, sagte ich, ich bin ja auch ein älterer Bruder. Ich weiß, wie das ist.

Aber eigentlich wusste ich es nicht. Es brauchte noch ein, zwei weitere Reisen, bis ich Matt nahekam, das Gefühl bekam, ihn unter meine Fittiche nehmen zu wollen.

Am Strand dirigierte Matt Bob und Jack in die Brandung, zog dann plötzlich selbst die nassen Schuhe aus, als er merkte, dass er die Einstellung, die er wollte, nicht anders bekam, und drückte sie mir in die Hand. Er watete bis zu den Knien in die frühabendliche Brandung und öffnete die Taschen, die er um den Hals hängen hatte. Dabei schaute er immer wieder besorgt zum Himmel. Unsere Unterhaltung mit Bob hatte für seinen Geschmack ein wenig zu lange gedauert; die Sonne ging allmählich unter.

Ich nutze nur das restliche Tageslicht, sagte er.

Ich rede nur mit den restlichen Leuten, scherzte ich.

Jack und Bob lachten. Sie waren guter Laune; man brauchte sie nicht zu drängen. Ein bisschen weiter raus, sagte Matt und winkte den Brüdern zu, ohne vom Sucher seiner kastenartigen alten Hasselblad aufzublicken. Sie krempelten sich die Hosenbeine gern noch ein Stück weiter hoch. Ich hörte das unverkennbare und inzwischen vertraute Geräusch des Verschlusses von Matts Kamera: weniger ein *klick* als ein *k-schonk*. Da es für mich nichts zu tun gab, schlenderte ich davon. Soll er nur machen, dachte ich.

Doch in dem Moment sah ich, dass sich ein Grüppchen Surfer hinter Matt sammelte, während er Bild um Bild schoss. *K-schonk, k-schonk.* Inzwischen war es sieben Uhr abends, und das Licht wurde rasch weniger, und an Matts gerunzelter Stirn erkannte ich, dass er noch immer nicht *das Bild* hatte, das ihm vorschwebte. Tja, dachte ich, ich weiß, wie das ist. Plötzlich watete er durch das schäumende Wasser zu einem dunkelhaarigen Surfer mit blendend weißen Zähnen. Das Geräusch der Brandung war zu laut, als dass ich etwas von ihrer Unterredung mitbekam; es war, als sähe man einer Pantomime zu. Matt wies mit dem Arm auf den Surfer, der nicht älter als zwanzig gewesen sein dürfte, und dann auf Jack und Bob, machte mit Zeigefinger und Mittelfinger ein kleines umgekehrtes V-Zeichen und vollführte damit kleine Gehbewegungen. *Dolina hoise*, dachte ich. Der Surfer grinste nun breit und nickte. Dann nahm er sein Brett und begann hinter Bob und Jack auf- und abzugehen, während die Brüder einander die Arme auf die Schulter legten. Matt drückte den Auslöser, wieder und wieder. Jetzt lächelte er. Er war in seinem Element.

Und wie sich zeigte, war auch ich gefragt. Während der grinsende Surfer sich um einen lässigen Gesichtsausdruck bemühte, umkreisten mich einige seiner Freunde: zwei andere Jungen, der eine blond, recht groß und ernst, der andere dunkel und grinsend, dann noch ein großes, breit strahlendes, blondes Mädchen. Wer diese alten Männer seien, wollten sie wissen. Ob die berühmt seien. Oder unsere Eltern. Ob das ein Modefotograf sei. Was sie da täten.

Ich blickte zu den beiden alten Männern aus Bolechow und dann auf diese australischen Kids. Sie waren so stämmig, so groß. Sie verströmten Gesundheit und Wohlwollen. Keiner dürfte älter als neunzehn gewesen sein. Sie wirkten ernsthaft interessiert. Das Mädchen hielt erwartungsvoll den Kopf schief.

Tja, sagte ich, das ist eine lange Geschichte.

Das Mädchen grinste und zeigte auf den Jungen, den Matt für sein Bild herangezogen hatte. Hey, das ist unser Kumpel, sagte sie. Wir müssen sowieso auf ihn warten.

O.k., sagte ich.

Wie sollte ich nur anfangen?

Also, begann ich: Mein Großvater kam aus einer kleinen Stadt in Polen …

Am nächsten Abend flog Meg zurück nach Melbourne.

Am Nachmittag hatte sie noch alle zum Lunch in ein schickes Restaurant in der Innenstadt eingeladen: Jack, Sarah, Bob, Boris, Matt und mich. Sie war plötzlich sehr beschwingt. Etwas hatte sich während unseres langen Gesprächs am Tag zuvor verändert; sie war zu dem Schluss gelangt, dass wir in Ordnung waren. (Sie hat Ihnen *Lunch* gemacht?, hatte Jack am Vorabend ausgerufen, als ich mit ihm telefonierte.) Ich wünschte, ich könnte Ihnen berichten, was sie gesagt hat. Könnten Sie nur ihr Gesicht sehen, wie ausdrucksvoll es ist, den Witz, den schwermütigen Humor, der manchmal darauf spielt, wie eine weltverdrossene Ironie plötzlich einer niederschmetternden Traurigkeit weichen kann, die ich nicht annähernd verstehe, so wie am Ende jenes Nachmittags, als Matt ein Porträt von ihr machte und sie bat, ein Foto ihrer Freundin Frydka hochzuhalten, und gerade als der Verschluss aufging, wurde sie von einer Erinnerung überflutet, schloss die Augen vor Kummer, wie das letzte Bild, das Sie nie sehen werden, deutlich zeigt, von dem zerfurchten Gesicht einer eleganten, wenn auch sehr kleinen Frau, die in ihrer makellos manikürten Hand den Schnappschuss eines verträumt und ernst zugleich dreinschauenden Mädchens hält, dessen Augen weit offen stehen, obwohl es jetzt natürlich die der alten Frau sind, die offen stehen, während die des Mädchens sich sechzig Jahre zuvor auf immer schlossen.

Bei unserem letzten Lunch war ihr Gesicht lebhaft, ihre Stimmung gut. Als wir uns alle vor dem Restaurant trafen, schritt sie auf mich zu.

Wie, kein Küsschen auf die Wange?, sagte sie und hielt sie mir kokett hin. Ich grinste und gab ihr eines. An Sarah Greene gewandt, die darüber lachte, sprudelte es aus ihr heraus.

Ich kann gar nicht daran denken, es ist unglaublich, sagte sie. Erst einmal, dass ich nach so langer Zeit noch lebe, und dann, dass ich Cousins meiner Freundinnen treffe. Ich kann es immer noch nicht fassen, dass ich hier mit Frydkas Cousins stehe. Ich hab's noch gar nicht begriffen. Ich fasse es nicht.

Ich wusste, was sie meinte: das seltsame Gefühl, plötzlich Fäden wiederaufnehmen zu können, die längst verloren geglaubt waren, Fäden, von denen man niemals geglaubt hätte, dass es sie noch gab (*Doktor Begleiter? Das war ein sehr großer Arzt!*). Sie sind jetzt meine Familie, hatte sie am Tag zuvor zu meiner Mutter gesagt, als ich nach dem Interview bei meinen Eltern in Long Island anrief, damit diese Frau und die Cousine ihrer verlorenen Freundin in Kontakt kommen konnten. Sie sind jetzt meine Verwandten.

Auf dem Weg zum Restaurant wurde ich übermütig und sagte: Ich wünschte nur, es gäbe noch andere wie Sie.

Was?, sagte sie und starrte mich in gespieltem Zorn an. Das wissen Sie nicht? Natürlich gibt es noch andere, die sie kannten.

Ich sah Matt an und holte Stift und Notizblock aus der Tasche. Wen?, fragte ich.

Sie lächelte zufrieden und begann zu reden. Eine Freundin von Frydka, die hieß Dyzia Lew, sie nennt sich jetzt Mrs Rybek. Sie hat einen Russen geheiratet. Nach dem Krieg hab ich gesagt, ich geh in den Westen. Und sie hat gesagt, wozu, in der Sowjetunion gibt's 350 Millionen Bettler, auf zwei mehr kommt's da auch nicht an. Aber ich bin in den Westen, und sie ist dort geblieben. Und dann ist sie nach Israel gegangen, und da hat sie Shlomo kennengelernt. Dessen Schwester war meine Freundin.

Die anderen?, sagte ich und schrieb dabei: DYZIA LEW? LOEW?

Und dann ist noch eine in Stockholm, sagte Meg. Sie heißt Klara Schoenfeld, nein, entschuldigen Sie, Schoenfeld war ihr Mädchenname. Ihr Mann war der, der geflohen ist, der Einzige, der auf dem Weg zur Hinrichtung auf dem Friedhof fliehen konnte. Er hieß Jakob Freilich. Und sie heißt Klara Freilich, sie ist in Stockholm. Mit ihr waren wir nicht so vertraut, wir mochten einander, aber sie war nicht auf der Oberschule. Aber klar, sie kannte Frydka.

Ich grinste und sagte zu meinem Bruder:

Was sagst du dazu, Matt? Ich sagte es so laut, dass auch sie es hörte, da ich ihr Einverständnis haben, ihr deutlich machen wollte, wie ernst es uns war. Fahren wir nach Stockholm?

Meg machte große Augen.

Was, wirklich?, sagte sie. Ich kann Ihnen die Adresse geben.

Sie nahm mir Stift und Block aus der Hand und schrieb, nachdem sie ihre Handtasche durchwühlt hatte. Sie reichte mir ein Stück Papier, auf das sie in altmodischer Handschrift KLARA

FREILICH geschrieben hatte, dann noch die Adresse, deren sonderbare Schreibweise und Buchstaben, die ich in der kräftigen Sonne des herbstlichen Frühnachmittags in New South Wales betrachtete, kündeten schon von sehr abgelegenen Orten, von weiteren Reisen. EDESTAVÖGEN hatte sie geschrieben, ein Name, der mir überhaupt nichts sagte. SVEDEN, hatte sie geschrieben, auf eine Weise falsch geschrieben, wie sie mir schon längst nicht mehr auffiel, weil ich mich so sehr an die Orthografie der Juden von Bolechow gewöhnt hatte. *Dies ist die öffentliche Schul, an der ich war. Daneben sitzt mein lieber Bruder SHMIEL in der österreichischen Armee, dies Foto ist 1916 aufgenommen worden.* Na, dachte ich, vielleicht fahren wir ja wirklich nach »Sveden«.

Was wollen Sie noch wissen?, fragte Meg, und ihre Stimme wurde merklich heller, als ich das Blatt Papier, auf das sie EDESTAVÖGEN geschrieben hatte, in die Tasche steckte. Ich sage Ihnen alles, was Sie wissen wollen.

Sie strich eine Strähne Kupferhaar zurecht, die im warmen Sommerwind aufgeflogen war, und lächelte matt. Nein, ich sage Ihnen nicht alles, was Sie wissen wollen. Manche Dinge kann man nicht erzählen.

Das ist völlig in Ordnung, sagte ich, obwohl ich schon dachte, dass mir wenigstens eine dieser anderen, deren Namen ich noch nie gehört hatte, bestimmt etwas über Frydka und Ciszko Szymanski sagen konnte.

Und?, fragte ich.

Reinharz!, sagte Jack zu Meg. Mit dem sollte er sprechen.

Wer ist Reinharz?, fragte ich.

Es sind zwei, die überlebt haben, ein Paar, die haben Shmiel und die anderen bestimmt gekannt.

Genau wie mein Großvater es getan hätte, sprach Jack es *survived* aus.

Und?, fragte ich.

Und Sie sollten auch nach Tel Aviv fahren, sagte Meg, da ist Klara Heller. Sie war Lorkas Freundin.

Lorkas Freundin? Aus irgendwelchen Gründen hatte ich mir nie vorgestellt, dass sie welche hatte – jedenfalls nicht, dass noch welche übrig waren. LORKA FREUNDIN!! → CLARA HELLER → ISRAEL, schrieb ich auf meinen Block.

Reicht Ihnen das?, fragte Meg und hob einen Arm, um uns alle endlich in das Restaurant zu drängen.

Das reicht, sagte ich. Wir gingen hinein.

Drei Monate später flogen wir nach Israel.

VIERTER TEIL

Lech Lecha
oder
Gehe hin!

(Juni 2003 – Februar 2004)

Allerdings besteht der Nachteil der Quellen, sosehr sie auch
auf Wahrheit bedacht sind, in der Ungenauigkeit der Angaben
und in der halluzinatorischen Mitteilung der Nachrichten ...
und von sozusagen samenartiger Vervielfachung rührt die Fülle
der Quellen zweiter und dritter Hand her, also jener,
die abgeschrieben, schlecht abgeschrieben, Gehörtes wiederholten, guten Glaubens abwandelten, schlechten Glaubens
abwandelten, interpretierten, korrigierten, gleichgültig
behandelten, oder auch jener, die sich zur einzigen,
ewigen und unaustauschbaren Wahrheit erklärten und
darum bezweifelbarer sind als all die anderen.

José Saramago,
Die Geschichte der Belagerung von Lissabon

Paraschat Noach, *dieser schreckliche Bericht von Vernichtung, ist in vieler Hinsicht eine Geschichte vom Wasser. Im Gegensatz dazu beschäftigt sich die nächste wöchentliche Lesung in der Tora,* Paraschat Lech Lecha, *in erster Linie mit trockenem Land. Wie die* Paraschat Noach *ist auch sie in gewisser Weise eine Erzählung übers Reisen, nur mit dem Unterschied, dass die Landschaft (oder Seelandschaft), durch die die Personen in der vorigen* Paraschat *reisen mussten, rätselhaft und unergründlich ist, wohingegen die Helden von* Lech Lecha – *Noahs entfernter Nachfahre Abram, ein Chaldäer aus der Stadt Ur, und seine Familie, die ersten Verehrer des hebräischen Gottes – durch Gebiete ziehen, die in sorgfältigen Einzelheiten beschrieben sind: ihr Erscheinungsbild, ihre Ausmaße, ihre unbekannten Bewohner. Ja, man kann* Lech Lecha *wohl als den ersten Reisebericht lesen, als eine Geschichte, die ihren Helden von seinem »Heimatland, seiner Verwandtschaft und vom Haus seines Vaters« in das Land der Wunder führt, in dem er und sein Volk von da an leben werden.*

Diese Beschäftigung mit Land und Territorium ist kein Zufall: Wie man weiß, ist Lech Lecha *die* Parascha, *in der Gott seinen Bund mit Abram explizit benennt: »Zieh du aus deinem Land, von deiner Verwandtschaft und vom Haus deines Vaters«, sagt Gott zu Abram, »nach dem Land, das ich dir zeigen werde. Und ich will dich zu einem großen Volk machen und will dich segnen und deinen Namen groß machen, und du sollst ein Segen sein. (…) und mit dir sollen sich segnen alle Geschlechter der Erde.« (Friedman ist nicht der erste Kommentator, der darauf verweist, dass nie klar wird, worin dieser Segen, dieser Nutzen für die gesamte Menschheit denn besteht.) Aus diesem Grund ist* Lech Lecha *unter anderem auch die am offensten politische aller frühen* Paraschijot: *Immer wieder bringt sie in die laufende Erzählung von der menschlichen Rasse Bekanntmachungen, Verkün-*

dungen und Warnungen ein, die die Ansprüche des Volkes Abram auf einen bestimmten Flecken Land legitimieren sollen. Der Name dieses Gebiets war Kenaan. Von dem Moment an, da Abram dieses Land betritt, liegt Ärger in der Luft. Dennoch gibt Gott sein Versprechen und wiederholt es die ganze Lech Lecha hindurch: »Deinem Samen will ich dieses Land geben.« Die Koordinaten der Ländereien, die von den Kenaanäern dem Volk Abrams übertragen werden sollen – die Details des Transfers sind nicht ausgeführt –, sind ganz konkret: bis an die Stätte Sichem und an den Hain More, Beth-El im Osten und Ai im Westen, die Negev und so weiter.

Die zunehmende Präzision des Textes in puncto Land spiegelt einen größer angelegten Verengungsprozess, den Friedman in seinem Kommentar hübsch analysiert: Die ersten elf Kapitel der Genesis, schreibt er, – also Bereschit und Noach – handeln vom Verhältnis zwischen Gott und der gesamten menschlichen Gemeinschaft. Dieses Verhältnis scheitert eindeutig, und das Ergebnis ist, dass Gott die Menschheit mit Ausnahme von Noahs Familie nach zehn Generationen vernichtet (die erste »Verengung«). Nach weiteren zehn Generationen konzentriert Gott sich auf einen von Noahs Nachkommen, Abram (die zweite »Verengung«). Der Rest der Bibel ist im Grunde eine Geschichte, in erschöpfenden Details erzählt, der Familie dieses tugendhaften Mannes, wie sie darum kämpft, das Land, das Gott ihnen versprochen hat, zu behalten.

Der territoriale Aspekt und die politischen Implikationen interessieren mich nicht weiter, wobei es sich von selbst versteht, dass die in dieser Parascha zitierten Verheißungen oft zu politischen Zwecken angeführt worden sind, sogar noch heute (so unglaublich das weltlichen Menschen, die in der Tora nichts als ein literarisches Werk sehen, erscheinen mag). Ganz zweifellos sind manche allgemeineren Themen dieser Parascha für jemanden wie mich faszinierender, jemanden mit einem tiefen Interesse an der reichen und komplexen Kultur bestimmter untergegangener Zivilisationen wie der Österreich-Ungarns vor dem Ersten Weltkrieg oder dem vielschichtigen Leben in den polnischen Städten wie Lwów zwischen den Kriegen. Nicht das geringste dieser Themen ist die Art und Weise, wie unterschiedliche

Gruppierungen an einem bestimmten Ort entweder koexistieren können oder (häufiger) versuchen, die jeweils anderen daraus zu vertreiben. Ein anderes könnte das Folgende sein: wie es ist, sich in einem Land zu Hause zu fühlen, in dem man eigentlich ein Fremder ist, auf das man jedoch, wie einem gesagt wurde, einen starken und unveräußerlichen Anspruch hat.

Was mich an dieser Parascha jedoch weit mehr interessiert, wie aufschlussreich ihr impliziter Kommentar zu Territorium und Kultur auch sein mag, sind, wie gewöhnlich, bestimmte Details von Diktion und Erzählweise, Dinge also, die (sagen wir) jugendliche Büchermenschen und in Bibliotheken sitzende Gelehrte viel eher interessieren als Premierminister. Beispielsweise ist schon allein der Titel dieser Parascha Gegenstand einer nicht geringen Kontroverse. Das erste Wort des hebräischen Titels, lech, bedeutet »gehen«; was die Kommentatoren verwirrt hat, ist der seltsame Gebrauch des zweiten Wortes, lecha. Es bedeutet so etwas wie »für sich«. Doch was bedeutet »Geh für dich« genau? Raschi verweilt wie gewöhnlich länger bei diesem Problem. Am Ende meint er, dass »Gehe für dich« eine zweifache Implikation hat: »zu deinem Nutzen« und »zu deinem Glücke«. Warum verspricht Gott Abram Nutzen und Glück? Weil, wie Raschi weiter ausführt, die gewaltigen Reisen, die Abram auf sich nimmt, einen schrecklichen Preis fordern werden. Derart ausgedehntes Reisen, bemerkt er, habe drei negative Folgen: Verlust der Fortpflanzung (denn es gehört sich für Paare nicht, in eheliche Beziehungen einzutreten, solange sie bei jemandem zu Gast sind, und Abram und seine Frau Sarai werden erst am Ende ihrer Reise ein eigenes Haus haben), Verlust von Geld (das bedarf kaum einer Erklärung, nicht einmal heute) und Verlust des Rufs – Letzteres, weil Abram an jedem neuen Ort, den er erreicht, sich seinen guten Ruf erst wieder von Grund auf erarbeiten muss.

Zum Ausgleich für die Verluste, so impliziert der Text, verspricht Gott ihm reichen Lohn: Sein Name wird groß sein, er wird gesegnet werden (»Segen« ist, wie Raschi betont, ein Wort, das auch materielle Güter nahelegt), seine Nachkommenschaft wird so zahllos sein wie der Staub oder die Sterne. Mit der Zeit wird er auch eigene Söhne haben: zunächst Ismael von der ägyptischen Sklavin Hagar und dann Isaak von seiner rechtmäßigen

Frau Sarai (auch hier Politik). Selbst sein Name wird wachsen,
durch eine Silbe: auf halber Strecke von Paraschat Lech Lecha
erklärt Gott, Abrams Name solle fortan »Abraham« sein.

Vielleicht weil ich Altphilologe bin, denke ich, wenn ich diese
Parascha *lese, weniger an Hebräer als vielmehr an Griechen. Ich*
denke an Homers Odyssee. *Auch in diesem Epos erduldet der*
Held furchtbare Abenteuer und verwirrende Reisen, um in seine
Heimat zu gelangen, und auch hier wird er für seine Mühsal von
den Göttern belohnt: Am Ende hat er sich materielle Güter,
Macht und eine Familie erworben. Mich überrascht dabei, dass
der biblische Patriarch – ja, Lech Lecha *selbst – im Vergleich zu*
seinem griechischen Pendant ein bizarres Desinteresse an den
Ländern zeigt, durch die er kommt, eine bizarr geringe Neugier
gegenüber den Kulturen, die er antrifft (und natürlich schließ-
lich verdrängt); mir scheint, der Unterschied zwischen Abraham
und Odysseus ist der zwischen einer gefährlichen und schreck-
lichen Emigration und einer Rückkehr in die Heimat, die man
bereits kennt. Aus welchen Gründen auch immer betont die
Odyssee *jedenfalls etwas, was* Lech Lecha *gleichgültig zu sein*
scheint, nämlich dass aus dem Reisen durch die ganze Welt, dem
Kennenlernen neuer Länder, neuer Kulturen, neuer Zivilisatio-
nen, dem erstmaligen Kontakt mit andersartigen Menschen und
Gebräuchen ein weiterer und größerer Lohn zu schöpfen ist:
Wissen. Demnach ist auch Wissen ein Segen, der zunimmt, je
weiter man reist.

Manchmal aber auch nicht. Denn jeder, der viel gereist ist,
weiß, dass man zwar glauben mag, man wüsste beim Aufbruch,
wonach man sucht und wohin man geht, dass aber das, was man
unterwegs lernt, oft ziemlich überraschend ist.

1

Das gelobte Land

(Sommer)

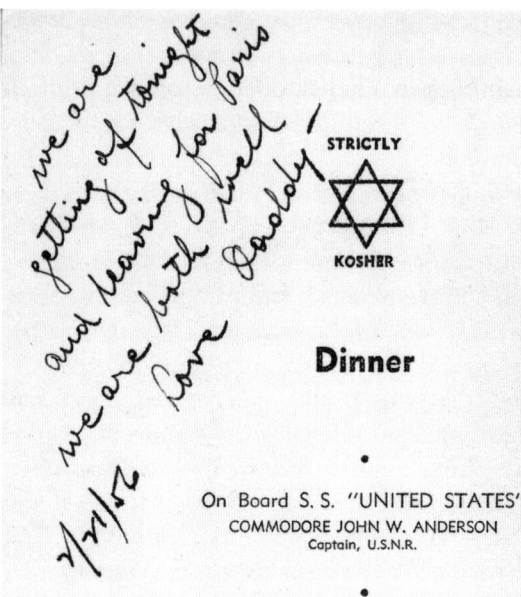

STRICTLY

KOSHER

Dinner

•

On Board S.S. "UNITED STATES"
COMMODORE JOHN W. ANDERSON
Captain, U.S.N.R.

•

Monday, February 20, 1956
222-R

8 Adar, 5716

Mein Großvater war schuld, dass ich eine Reise nach Israel immer vermieden hatte.

Es war nicht so, dass er Israel nicht mochte. Er mochte es durchaus und erzählte mir viele Geschichten davon. Zunächst einmal die, inzwischen beinahe ein Mythos, von der Reise seines Bruders nach Palästina in den dreißiger Jahren. »Gerade noch rechtzeitig!«, sagten wir dann immer unisono, wenn mein Großvater von der sagenhaften und weitsichtigen Emigration seines Bruders ganze fünf Jahre, bevor die Welt dicht machte, erzählte (dessen hebräischen Namen Yitzhak oder Itzhak wir jiddisch aussprachen: *ITZ-ik*), ohne dass uns dabei ganz bewusst wurde, dass wir mit dieser Reaktion gleichzeitig, wie stillschweigend auch immer, auf das Schicksal jenes Bruders anspielten, über den er nicht sprach. Mein Großvater erklärte mir, wie auch sein Bruder Itzhak, angetrieben von Tante Miriam, der glühenden Zionistin, dem Kraftfeld Bolechows, dem Sog der Vergangenheit, der Anziehung, die von so vielen Jahrhunderten der Familienbindungen und Familiengeschichten ausging, endlich doch entronnen war und für sich und seine kleinen Kinder, die Cousins meiner Mutter, ein neues Leben aufbaute, die, als sie größer waren, einen neuen, israelischen Namen annahmen, was dazu führte, dass der einzige Jäger aus der Generation meines Großvaters, der Söhne hatte, schließlich Söhne und Enkel und jetzt auch Urenkel hatte, die nicht den Namen *Jäger* tragen. Und tatsächlich wissen wenige von Onkel Itzhaks Nachkommen, wie ich merkte, als ich endlich doch nach Israel reiste, dass ihr Familienname einmal Jäger gewesen war.

Onkel Itzhak und Tante Miriam waren also nach Israel gegangen. Dort hatten sie sich gerade noch rechtzeitig niedergelassen, um der Feuersbrunst zu entgehen, die alle anderen verzehrte. Dort hatten sie ihre Kinder bekommen und später die zahllosen Enkel mit den komischen Namen, die für uns amerikanische Cousins wie die von Figuren aus einem Science-Fiction-Film klangen, guttural und abgehackt und seltsam einlullend: Rami und Nomi und Gil und Gal und Tzakhi und Re'ut. Und dort in Israel machten sie Sachen, die für mein Ohr exotisch und, da ich mit einer andersartigen Familiengeschichte groß geworden war, wenig reizvoll klangen: Sie lebten in Kommunen in tristen Häusern, arbeiteten auf dem Feld, pflückten Orangen, kämpften in endlosen Kriegen, heirateten sehr jung, waren fruchtbar und mehrten sich. Ungefähr zweimal jährlich erhielten wir, in meiner Jugendzeit, von Tante Miriam ein dünnes, fast durchsichtiges Aerogramm, dem (entgegen der Postvorschriften, aber sie war ja glühende Sozialistin) glänzende Kodacolor-Abzüge irgendeiner Hochzeit beigelegt waren, und damals fiel mir auf, dass diese Israelis bei wichtigen Familienfeiern anscheinend nie Krawatten oder auch nur Jacketts trugen. Unwichtig, werden Sie sagen, trotzdem schien mir das irgendwie zu bestätigen, dass diese Leute letztlich doch keine echten Jägers waren. Für mich als Junge lag es auf der Hand, dass ein Jäger ebenso wie Jude zu sein viel mit Wesenszügen zu tun hatte, die ich mit meinem Groß-vater assoziierte: Eleganz, Förmlichkeit (was im Religiösen strenge Orthodoxie bedeutete und im Weltlichen, ausschließlich in Anzug und Krawatte zu reisen), eine strenge Haltung, alles Dinge, die für mich eindeutig mit Europa assoziiert waren und nicht mit einem Ort mitten in der Wüste.

Dennoch liebte mein Großvater Israel sehr, und zwar von Anfang an. Er – und später, als er tot war, meine Mutter – erzählte immer gern die Geschichte, wie er bei der Abstimmung der Vereinten Nationen über die Eigenstaatlichkeit Israels 1947 in seiner Wohnung in der Bronx auf dem Fenstersims saß und angespannt der Rundfunkübertragung lauschte und wie er, während jede Nation mit Ja oder Nein stimmte, auf einem Blatt Papier eine peinlich genaue Liste erstellte und sorgfältig Striche machte. Und dann, als die Abstimmung vorüber war, wie er schrie, wie sie weinten!

Bevor dieses neue Land auch nur ein Jahrzehnt alt war, fand die sagenumwobene Fahrt auf dem großen Ozeandampfer statt, der meine Großeltern in so pointiertem Kontrast zur ersten At-lantiküberquerung meines Großvaters in großem Luxus über den Ozean trug, diesmal nicht nach Europa, sondern zu dem älteren Land, das nun wieder neu war. Im Februar 1956 bestieg mein Großvater, frisch im vorzeitigen Ruhestand, nachdem er das von den Mittelmarks übernommene Geschäft, das daraufhin seinen Namen, Jäger, trug, verkauft hatte, mit meiner Großmut-ter die *SS United States*, das Schiff, das sie zu Itzhak und Miriam brachte. Das Schiff war vor allem für seine Schnelligkeit berühmt, was mich nicht überrascht, denn wie konnte mein Großvater, der seinen Bruder Itzhak über fünfunddreißig Jahre nicht gesehen hatte, auch nur einen überflüssigen Tag bis zum Wiedersehen mit ihm abwarten?

So wie es Geschichten von der luxuriösen Überfahrt gab, von den Speisekarten und Passagierlisten, die mein Großvater und danach meine Großmutter sorgfältig in Plastikfolien aufbewahrten, sodass sie, als ich sie mir zwanzig Jahre später ansah, noch ganz neu wirkten – so wie es Geschichten von der Überfahrt gab, von der gepflegten Eleganz des ultramodernen Schiffs, der Opulenz und Vielfalt des streng koscheren Essens, das sie serviert bekamen, den endlosen Zerstreuungen an Bord, gab es auch eine Geschichte über den Augenblick des lange erwarteten Wiedersehens. Denn als das große Schiff andockte, wurde mein Großvater wegen der langen Schlangen am Zoll ungeduldig und nahm, als er seinen Bruder in der Menge am anderen Ende des riesigen Raums sah, meine Großmutter an der Hand und drängte sich durch die Reihe der israelischen Zoll- und Einwanderungsbeamten und beschied sie in der ihm eigenen Art: *Ich habe meinen Bruder fünfunddreißig Jahre nicht gesehen, und Sie halten mich jetzt nicht auf! Verhaften Sie mich doch!*

Und so kam mein Großvater also nach Israel. Dort, in diesem nagelneuen Land, das gleichzeitig ein sehr altes war, verbrachten er und meine Großmutter ein ganzes Jahr. Meine Mutter wird Ihnen noch immer erzählen, dass ihr Vater sie in dieser Zeit, als Normalbürger noch nicht locker transatlantische Telefonate führten, zweimal aus Israel anrief: einmal, nachdem er und meine Großmutter angekommen waren, und einmal am Geburtstag meiner Mutter. Doch der Aufenthalt im Ausland hielt meinen Großvater nicht davon ab, er selbst zu sein, ein Mann der großen Gesten – davon, ein Jäger zu sein. Da er selbst einen unfehlbaren Instinkt für die angemessene Geste hatte, sei sie sentimental oder komisch (*Also, Marlene, jetzt hörst du erst mal auf zu weinen, du weißt doch, wie jämmerlich du aussiehst, wenn du weinst ...*), weckte er in anderen, die das an ihm schätzten, einen ähnlichen Wunsch, um seinetwillen große Gesten zu machen. Ein Beispiel: Mein Großvater mochte immer Vögel. Als ich ein Junge war und er uns im Sommer besuchte, holten wir ihn immer am Kennedy Airport ab, und von den ganzen Gepäckstücken, die er dabeihatte, den vielen Koffern und der besonderen Aktentasche für seine Pillen, gab es nur eins, was er unbedingt selbst tragen wollte, nachdem mein Vater, möglicherweise verzweifelt, aber schweigend, alles andere zum Wagen geschleppt hatte, nämlich den großen, oben runden Käfig mit Shloimeleh darin, dem Kanarienvogel. *Solomon.* Warum hieß der Vogel Shloimeleh? Das fragte ich ihn an einem Vormittag im Juli, ich war fünfzehn und er diktierte mir gerade (weil ich Schreibmaschine schreiben konnte, weil ich mich so für seine Familie interessierte, weil es meine Mutter zu sehr aufgewühlt hätte, um sie darum zu bitten, weil ich jede Minute mit ihm allein genoss) jene lange Liste der Anweisungen, was bei seinem Tod geschehen sollte, ein Ereignis, an das er häufig, aber guten Mutes dachte, so wie man vielleicht an einen Besuch denkt, der in ferner Zukunft liegt, aber gleichwohl feststeht, einen Besuch von einem Freund aus der Kindheit, mit dem das Gespräch, wie man wusste, bald zu Ende ging.

Sollte ich an einem Samstag- oder Freitagabend sterben,

(musste ich tippen)

so soll mein Leichnam bitte nicht vor Samstag nach Sonnenuntergang verlegt werden. Meine letzten Riten soll die Chewre Kadische machen, nicht der Leichenbestatter. Gebt ihnen dafür hundert Dollar. Sorgt dafür, dass in der Nacht ein Jude bei mir sitzt und Tehillim spricht. Schickt dann umgehend einhundertfünfzig Dollar an Beth Joseph Zvi, Jerusalem, Israel, zu Händen von Mr Davidowitz, damit er für mich für das volle Jahr das Kaddisch spricht. Mein Name ist Abraham ben Elkana. Bitte nehmt für das Begräbnis meinen großen Tallit.

Warum der Vogel Shloimeleh heißt?, wiederholte er, nachdem er das Dokument mit dem blauen Füllfederhalter, den er so gern benutzte, unterschrieben hatte. *Wie denn sonst? Weil es der klügste Vogel ist, mit dem ich je gesprochen habe.*

Und weil mein Großvater Vögel so sehr mochte, baute sein Bruder Itzhak, den er so liebte und der wiederum ihn, als er und meine Großmutter jenes Jahr in Israel verbrachten, für ihn einen Taubenschlag auf ihrem Haus, damit mein Großvater an jedem Abend, wenn der Tag zur Neige ging, davor sitzen und den Tauben zusehen konnte.

Es gab noch andere Geschichten über jene Reise nach Israel, Geschichten, in denen sich mein Großvater, was ziemlich typisch war, als schlagfertiger oder großspuriger Held erwies. So beispielsweise die, wie meiner Großmutter das Insulin ausging und ihr Mann sich mit so etwas Banalem wie Apotheken oder Krankenhäuser gar nicht erst abgab, sondern gleich das amerikanische Konsulat anrief und dafür sorgte, dass sie ihn mit dem Motorboot zu einem amerikanischen Kriegsschiff brachten, das im nahe gelegenen Hafen vor Anker lag und wo, wie man wusste, ein Vorrat Insulin lagerte. (Du *kennst* ihn ja, setzte meine Mutter hinzu, als sie mir diese Geschichte neulich wieder mal erzählte. Der hatte vor *niemandem* Angst.) Oder die, wie er die Waisen eines Heims unter seine Fittiche nahm – erst jetzt, lange nachdem eine Antwort noch möglich war, frage ich mich endlich: Wessen Kinder waren das? –, also zu diesem Waisenheim ging und mit den Kindern Spaziergänge im Park machte und ihnen Süßigkeiten schenkte. Das Waisenheim war sein Lieblingsobjekt, sinnierte meine Mutter unlängst, als ich sie nach der Israel-Reise ihres Vaters und einige andere Dinge fragte. Weswegen ich heute noch Geld hinschicke. Beth David Zvi. Sie kicherte und fuhr fort: Ich erinnere mich, dass er mir sagte, *Wenn ich den Löffel abgebe, sollst du ihnen jede* jorzajt *und jeden Feiertag, jeden* joutef, *ein wenig Geld schicken. Aber weißt du, diese Juden, die ziehen dir alles aus der Nase! Also schick ihnen immer nur ein bisschen!* Sie hielt einen Augenblick inne und fügte unnötigerweise hinzu: Und das hab ich dann auch getan.

Mein Großvater blieb in dem Jahr in Israel also der, der er war. Angesichts dessen, wie viel mein Großvater von der großen Reise und seinem langen Aufenthalt dort erzählte, ist es seltsam, dass ich als Jugendlicher von Itzhak selbst nur sehr wenig wusste. Lange nachdem mein Großvater in das kühle Wasser des

Swimmingpools in der West Avenue 1000 in Miami Beach sprang, wurde mir bewusst, dass ich keine Ahnung hatte, wie Itzhaks Persönlichkeit gewesen war, welche Dramen sein Leben erfüllt hatten außer dem, dass er so voraussichtig gewesen war, Bolechow zu verlassen, gedrängt von den Ideologien seiner leidenschaftlichen Frau; immer war es so, als müsse es ausreichen, von ihm zu wissen, dass er »derjenige war, der schlau genug war, gerade noch rechtzeitig zu gehen«. Von Itzhak kannte ich genau zwei Besonderheiten, eine erfuhr ich von Elkana, als ich endlich nach Israel kam, lange nachdem er und mein Großvater gestorben waren. Dass sein Vater, genau wie mein Großvater, einen scherzhaften Nonsens-Ausdruck parat hatte, den er lächelnd anbrachte, wenn seine kleinen Kinder (und später seine Enkel) ihn um Geld für ein Eis oder eine Süßigkeit baten: *Was glaubt ihr wohl, wer ich bin, grafpototski?* Ich hatte keine Ahnung, was *grafpototski* bedeuten könnte, aber es klang lustig, und als ich später Deutsch studierte und lernte, was das deutsche *Graf* bedeutet, hatte ich den unsinnigen Ausdruck meines Großvaters natürlich längst vergessen.

Den anderen lebhaften Eindruck, wie Itzhak gewesen sein könnte, erhielt ich von meiner Mutter. Sie erzählte mir immer, genau wie sein Bruder, mein Großvater, habe ihr Onkel Itzhak viel Humor gehabt. Jedenfalls zeigt das einzige Foto, das ich von ihm habe (neben dem kleinen Foto, das in den 1920ern entstand, mit zwei amtlich wirkenden Stempeln darauf, vielleicht für einen Pass, ein Foto, auf dem er schmal ist, ein wenig verträumt nach links schaut und gedankenverloren in sich hineinlächelt), einen massig dicklichen Mann mittleren Alters, der mit scheinbar ewig guter Laune grinst (und heute denke ich: Schau an, welches Glück er hatte). Meine Mutter erinnerte sich, wie sie als junge Frau pflichtschuldig Briefe an diesen Onkel schrieb, den sie nie kennengelernt hatte, und wie sie sorgfältig die Anschrift abschrieb, die ihr Vater ihr gegeben hatte: Itzhak Yager, So-und-so-Straße in Kiryiat Hayim, Israel.

Neulich lachte meine Mutter darüber. Ich weiß noch (sagte sie), wie Onkel Itzhak mir zurückschrieb: »Wo bleibt der *Respekt*? Du schreibst Itzhak Yager auf den Umschlag. Du solltest *Mister* Itzhak Yager schreiben!!«

Wir kicherten – ich aber dachte Folgendes: Im Grunde drehte sich der Witz um ein gewisses erhabenes, gebieterisches Selbstbild, wer er in der Welt war, wovon auch der Humor abhing.

Was es, wie wir wissen, auch in der Familie ihres Vaters gab.

Das also war die erste Israel-Reise eines Mitglieds meiner Familie. Von dieser Reise gibt es einige Fotos. Nicht nur die, die mein Großvater machte, als sie an den West Side Piers in New York an Bord gingen, die von meiner Mutter und ihrer Mutter und von Tanten und Onkel, wie sie in der Kabine standen, bevor die Sirene schrillte, sondern auch Fotos von meinen Großeltern in Israel. Da sind sie an Bord des Schiffs, Arm in Arm an einem sonnigen Tag mitten auf dem Ozean, aufgenommen von einem unbekannten Menschen, und meine Großmutter trägt ein weißes Sommerkleid und sieht glücklich und sogar gesund aus, was sie aber nicht war, dann noch eins von ihr, wie sie, im selben Kleid, gedankenverloren auf einem hölzernen Liegestuhl sitzt; hier sind sie in Israel, stehen vor griechisch-römischen Ruinen mit einem sehr jungen Elkana oder fahren in einem Pferdetaxi auf einer Straße in Tel Aviv, glaube ich, im Schatten von Palmen. Eines meiner Lieblingsbilder zeigt meine Großmutter, meine Nana, wie sie auf einer ungepflasterten Straße neben einem Beduinen geht, der auf einem Esel sitzt und ein Kamel führt. Auf die Rückseite schrieb mein Großvater *1957 in Israel, Oma mit einem Kamel und einem ARABER.* Ich mag das Bild, weil ich heute oft denke, wie schwierig das Leben meiner Großmutter war, mit ihrer Diabetes (*jeden Tag musste sie diese schrecklichen Nudeln in a Schissl kochen*, erinnerte sich meine Mutter unlängst und benutzte dabei – seltsamerweise, schien mir – das jiddische Wort für Topf, ein Wort, das ich aus Gesprächen über *Kascha* und *gołąbki* kenne) und dass sie mit meinem Großvater leben musste; und wenn ich das Bild von ihr und dem Kamel sehe, freue ich mich, dass sie, die eine zutiefst dürftige Erziehung erfahren hatte, die als Mädchen so schrecklich arm gewesen war, ein kleines Abenteuer erleben durfte. Wie schon gesagt, es gab eine Zeit, in der ich niemanden so sehr liebte wie meine Großmutter, vielleicht, weil sie keine Geschichten erzählte, einfach immer nur warm war und sanft lächelte, weil sie schwieg und nichts verlangte, wenn sie mich, auf der Hausschwelle sitzend, mit ihren Ohrringen spielen ließ, und dass sie nun seit vierzig Jahren tot ist, macht mich nicht weniger fürsorglich.

Ein Bild gibt es noch, ein Foto von einer kleinen Gruppe, die weit entfernt vom Kameraobjektiv steht, vielleicht auf einem Gehsteig, ein Bild, das zu entziffern ich Jahre brauchte. Das lag teils daran, dass es ein wenig unscharf ist und die Gesichter nicht zu erkennen sind, teils auch an dem merkwürdigen Winkel, in dem es aufgenommen wurde: Eine seltsame diagonale Linie schneidet die linke untere Seite des Bilds. Erst vor Kurzem stellte

ich fest, dass mein Großvater das Bild an dem Tag machte, als er Israel verließ, und zwar in dem Augenblick, als er die Gangway des Schiffs hinaufging, das ihn und meine Großmutter nach ihrem Jahr in Israel zurück nach Hause brachte; ich sah, dass das, was da diagonal durch die linke Seite des Fotos schnitt, das Geländer der Gangway war. Erst da konnte ich ausmachen, dass die kleine Gruppe, die unten steht, Onkel Itzhak und seine Familie sind, die am Kai stehen und darauf warten, dass meine Großeltern abfahren.

Es sollte noch fast zwanzig Jahre dauern, bis ein anderer aus meiner Familie die israelischen Cousins besuchte, und weitere dreißig Jahre, bis ich selbst hinfuhr, obwohl mich, wie schon gesagt, nicht Israel, sondern Bolechow interessierte. Doch kündigte sich Israel während jener zwanzig Jahre schon an. Immer wieder einmal hatten wir Besuch von dort von Leuten, die meiner jugendlichen Ansicht nach einnehmend exotisch waren und vor allem deshalb Beachtung verdienten. Darunter war auch eine Frau, etwas jünger als meine Eltern, namens Yona – wieder einer dieser rätselhaften knappen israelischen Namen, deren abgehackte, sparsame Silben für mich damals eine wesentliche Eigenschaft Israels selbst darstellten: gestutzt, klein, notwendigerweise praktisch, ohne Sinn für sentimentalen Schnickschnack. Diese Yona erschien gelegentlich allein bei uns, häufiger aber kam sie mit meinem Großvater, der für kurze Zeit Mitte der sechziger Jahre »zwischen Frauen« war, wie ich einmal zufällig jemanden habe sagen hören. Vermutlich wegen dieser Bemerkung fragte ich einmal meine Mutter, als sie gerade einen Topf mit winzigen Erbsen heiß machte, den einzigen, die mein Großvater aß, ob Yona jetzt Opa heirate.

Yona!, lachte meine Mutter und schüttelte den Kopf. Nein, du Dummerchen, Yona ist unsere *Cousine*!

Da meine Mutter Einzelkind ist, hatte ich inzwischen gelernt, dass sie, wenn sie von »Cousinen« und »Cousins« redete – wie auch von manchen »Tanten« und »Onkel« –, Verwandte von mir meinte, deren Verbindung zu mir und meinen Geschwistern ziemlich entfernt war – wenn sie überhaupt mit uns verwandt waren. Daher nahm ich es für gegeben, dass diese halbwegs junge, unnahbare, aber auch attraktive Frau, deren schwarze Haare über ihrem gelangweilten Gesicht hochtoupiert waren, irgendwie mit meiner Familie Jaeger verbunden war und ich daher nett zu ihr sein musste. Ich wollte schon deshalb nett zu ihr sein, weil ich spürte, dass die Aufmerksamkeit, die sie mir widmete, etwas Besonderes war. Was er für blaue Augen hat!, sagte sie ziemlich eindringlich zu meiner Mutter. Und ganz ernst war sie auch. Soweit ich wusste, konnte nur mein Großvater sie zum Lachen bringen, er nannte sie im Scherz *Yona geblonah*! und erzählte ihr Skandalgeschichten in Sprachen, die ich damals noch nicht verstand. Aber dann heiratete mein Großvater die erste der drei Frauen, die auf meine Großmutter folgten, und statt Yona kamen sommers erst Rose, dann Alice und schließlich Ray zu uns, *Raya* mit der Tätowierung auf dem Unterarm, *Raya*, die jeden Abend immer bewusst den Stuhl meines Vaters am Kopfende des Tischs einnahm und sich dann überrascht zeigte, wenn er sich zu Beginn des Essens neben sie stellte und erwartungsvoll zu ihr hinabblickte, *Raya*, die sich, wenn sie schließlich aß, über den Teller beugte, als fürchte sie noch immer, dass jemand ihr etwas wegessen würde, und vielleicht verloren wir Yona wegen dieser ganzen Frauen aus den Augen, denn ab Ende der sechziger Jahre kam sie nicht mehr zu uns nach Long Island, und wir sahen sie nie mehr wieder.

Ebenfalls in den sechziger Jahren bekamen wir erstmals Besuch von Elkana. Er war damals jung, dunkel, ziemlich schneidig; dass er die örtliche Polizei dazu brachte, ihn mit dem Hubschrauber zu unserem Haus zu fliegen, erschien mir als ein Spiegelbild seiner Bedeutung in der Welt, seines Glamours. Elkana war kein sehr großer Mann – kein Jäger war das, dachte ich jedenfalls, bis ich es genauer wusste –, aber er hatte eine ausladende, beherrschende Präsenz, ganz wie mein Großvater damals. Es war irritierend und schön zugleich für mich, dass diese vertraute Persönlichkeit jetzt von einem anderen getragen wurde, auf diesem jüngeren, feinen, pfiffigen Gesicht mit den belustigten Augen und dem schneidigen Schnurrbart in etwas irgendwie Exotisches übersetzt. Wenn er uns besuchen kam, mal allein, mal mit seiner schönen Frau Ruthie mit den großen Augen, die, wie wir schon gehört hatten, sich noch nie die Haare abgeschnitten hatte und der ich manchmal zusehen durfte, wenn sie sich in unserem blau gefliesten Badezimmer, wie jeden Morgen, ihre unglaublichen blonden Zöpfe um den Kopf wickelte, versprach er uns, wenn wir nur einmal nach Israel kämen, würde er es uns angenehm machen, wunderbar, erste Klasse.

Bei mir (*wiss me*), sagte er, braucht ihr gar nichts zu tun (*anyssing*), ihr müsst nur aus dem Flugzeug steigen – kein Zoll, keine Einwanderungsbehörde, keine Passkontrolle, *nussing*. Überlasst einfach alles (*everyssing*) mir! Seine Stimme war gleichmäßig, amüsiert, gebieterisch, gewürzt mit den Zitrusvokalen und fett summenden Konsonanten des englisch sprechenden Israelis. *Dehniel* nannte er mich. *All ze best!*, sagte er, wenn man auseinanderging oder den Hörer auflegte.

1973, bald nach meiner Bar-Mizwa, nahmen meine Eltern endlich seine Einladung an. Ich freute mich, dass sie gingen: Mein Großvater und Ray würden auf uns fünf Kinder aufpassen, solange Mutter und Vater weg waren. Sollten sie Israel haben, ich hatte meinen Großvater.

Meine Eltern hatten diese Reise lange geplant, weil mein Großvater immer gewollt hatte, dass meine Mutter seinen Bruder kennenlernte, seinen vergötterten Bruder. Im Herbst 1972, als die Planungen für meine Bar-Mizwa im darauffolgenden April begannen, fassten meine Eltern dann auch ihre erste Auslandsreise, die lange hinausgeschobene, lange erwartete Reise nach Israel, ins Auge. Doch im Dezember jenes Jahres starb Onkel Itzhak. Da er zu Beginn des Jahrhunderts geboren worden war, war er zweiundsiebzig. Es war für meine Mutter ein vernichtender Schlag, einer Begegnung mit diesem sagenumwobenen Verwandten so nahe gekommen zu sein – ganze vier Monate, und es hätte geklappt – und dann die Möglichkeit eines Kontakts auf immer verwehrt zu bekommen. Zwei Monate nach seinem Tod bereisten enge Freunde der Familie Israel und verbrachten auch einige Zeit bei Elkana. Von dieser Reise kehrten sie mit einer kostbaren Fracht nach Long Island zurück: Unter den vielen Dias, die sie auf ihrer Reise gemacht hatten, waren ein paar von Itzhaks Grabstein. Eines Abends, nicht lange, bevor meine Eltern selbst nach Israel flogen, stellten wir im Wohnzimmer den Diaprojektor auf, und da, auf unserer makellos weiß gestrichenen Zimmerwand, erschien der Name »Jäger« für mich zum ersten Mal, wie er in hebräischen Schriftzeichen auf einem Grabstein aussieht – etwas, was ich erst dreißig Jahre später wiedersehen sollte, als wir auf dem überwucherten Friedhof von Bolechow so unerwartet auf den Grabstein der entfernten Cousine meines Großvaters und Itzhaks stoßen sollten, den von Chaya Sima Jäger, geborene Kaczka.

Auf der Wohnzimmerwand meiner Eltern sah man, stark vergrößert, dies:

יעגער

Bald nach meiner Bar-Mizwa, bei der meine Stimme bei den letzten Worten meiner Haftara so demütigend brach, flogen meine Eltern nach Tel Aviv. Von dieser Reise gibt es natürlich viele Geschichten. Beispielsweise erzählt meine Mutter gern, wie ihr und meinem Vater, genau wie Elkana es Jahre zuvor versprochen hatte, die beschwerliche Schlange am Zoll erspart blieb und stattdessen ein Wagen auf sie wartete, in dem sie davonbrausten, oder von der sofortigen Zuneigung zwischen meinem vergeistigten Vater und der alten Tante Miriam, der vielsprachigen Intellektuellen, deren glühender Zionismus für die Rettung ihrer Familie verantwortlich war, von den heimlichen nächtlichen Ausflügen ins Araberviertel mit seinen unübertroffenen Restaurants, den Nächten im kosmopolitischen Tel Aviv mit Freunden. (Diese Geschichten waren ein Schock für mich, da ich – meine Neugier war nie groß genug gewesen, als dass ich sehr viel gelesen hätte – noch glaubte, das Land sei ein Meer von nagelneuen zweistöckigen Wohnblocks.)

Und dann war da noch die herrlichste aller Geschichten, nämlich die, wie meine Mutter einer Gruppe entfernter Verwandter zu erklären suchte, was Cholesterin ist, und das in der einzigen gemeinsamen Sprache, die alle (mehr oder weniger gut) sprachen, also Jiddisch. Meine Mutter erzählt diese Geschichte noch immer gern, und noch jetzt muss ich lächeln, wenn sie sie, wie erst neulich, wieder zum Besten gibt:

Ich habe also gesagt: Es is asoj, di cholesterin is di schmuz, und das cholesterin los di blit nischt arajngejn!

Und dann sahen mich die Cousins und Cousinen plötzlich
an und sagten: Ahhh, DAS is di cholesterin!

Und obwohl ich die Geschichte großartig finde, interessierte
mich doch, als ich sie zuletzt hörte, vor allem ein Detail, das sie
entweder vorher nie erwähnt hatte oder das mir aus Desinteresse bloß entfallen war: dass die Verwandten, denen sie so bemüht die neueste amerikanische Gesundheitsobsession zu erklären suchte, »Jägers aus Deutschland« waren. Wer genau war
das?, fragte ich meine Mutter unlängst, als sie von jener Reise erzählte. Ich meinte, es zu wissen: Mein Großvater hatte mir Jahre
zuvor berichtet, einer der Brüder seines Vaters habe sich in
Deutschland niedergelassen, ein weiterer in England, aber mehr
wusste er nicht. Und nun hatte es den Anschein, als seien 1973
Jäger'sche Verwandte aus Deutschland in Israel gewesen. Wer
war das?, wiederholte ich. Aber dreißig Jahre danach wusste
meine Mutter es nicht mehr.

Das aufregende, aber auch frustrierende Auftauchen der
Jäger-Verwandten erinnert mich daran, warum ich so lange
nicht nach Israel wollte. Als ich zu Füßen meines Großvaters
aufwuchs, seine Geschichten hörte und sie später niederschrieb,
Informationen auf Karteikarten notierte und (noch später) in
Computerprogramme eingab, schien mir, dass das, was unsere
Familie ausmachte, worin ihr Wert lag, untrennbar mit ihrer
langen Geschichte in Europa verbunden war, einer Geschichte,
die mein Großvater, wie mir jetzt klar wird, mittels der vielen
Geschichten, die er mir erzählte, unbedingt an mich weiter-
geben wollte. Natürlich wusste ich, abstrakt, intellektuell, was
Israel historisch, religiös und politisch bedeuten sollte, für die
Juden im Allgemeinen und natürlich auch für meine Familie.
(*Er ging gerade noch rechtzeitig!*) Überdies wusste ich – ich, der
ich mich schon als Kind für das alte Griechenland und Rom
interessierte und in meiner Freizeit Modelle von alten Tempeln
baute –, dass Israel, das Land als solches, eine Geschichte, die
wie die Griechenlands und Roms Tausende von Jahren zurückging, und zudem Ruinen jedweden Ursprungs vorzuweisen
hatte. Dennoch hatte ich nur geringe Lust, hinzufahren, als
wäre die Neuheit der Präsenz meiner Verwandten dort ein

Faktor, der die Altertümlichkeit der Geschichte des Landes aufhebe – einer Geschichte, mit der meine Familie bis vor dreißig Jahren nichts zu tun gehabt hatte, wohingegen ihre Geschichte in Europa, in Österreich-Ungarn, in Polen, in Bolechow, wie ich wusste, bis in jene ferne Zeit, Jahrhunderte zuvor, zurückreichte, als die Jägers nach Bolechow kamen, genau jene Zeit, als die Juden selbst dort hinkamen. Ein Besuch bei meinen Verwandten in Israel interessierte mich nicht mehr als jemanden, der sich mit dem Amerikanischen Bürgerkrieg beschäftigt, ein Besuch bei meiner Familie in ihrem Maisonette-Haus auf Long Island.

Und weil mein Großvater mich, als ich noch so klein war, dass ich alles glaubte, was er mir erzählte, mit betörenden Geschichten verführte, die immer von der fernen Vergangenheit handelten, hatte ich an Israel, dem nagelneuen Land, eben keinerlei Interesse. Überhaupt lag es an meinem Großvater, wie ich heute sehe, dass ich einmal einen so großen Teil meines Lebens damit verbringen würde, die ferne Vergangenheit zu erforschen, nicht nur seine alte Familiengeschichte, *dieselbe Familie lebte vierhundert Jahre lang in ein und demselben Haus, eine Familie wohlhabender Kaufleute und kluger Geschäftsleute, eine Familie, die wusste, wo sie in der Welt stand, weil sie so lange an ein und demselben Ort gelebt hatte*, sondern auch eine andere, noch ältere Geschichte, die der Griechen und der Römer, die, obwohl scheinbar so verschieden von der jener österreichisch-ungarischen Juden, ebenfalls ihre komischen und, häufiger noch, tragischen Sagen erzählten, ihre Geschichten von Kriegen und Zerstörung, von Jungfrauen, die zum Wohle der Familien geopfert wurden, von Brüdern, in tödliche Kämpfe verstrickt, von Generationen einer bestimmten Familie, die anscheinend dazu bestimmt war, die gleichen schrecklichen Fehler immer und immer zu wiederholen.

Durch meinen Großvater entwickelte ich meinen Sinn für das Alte, und deswegen wollte ich nie nach Israel, bis ich eben erfuhr, dass dort 2003 noch eine Handvoll Bolechower lebte.

Am 26. Juni, einem Donnerstag, traf ich in Israel ein.

Oder vielmehr, wir. Matt hatte auf diese Reise nicht mitkommen können, da er im Mai jenes Jahres sein erstes Kind bekommen hatte und nicht weg konnte; wir sprachen schon von einer möglichen weiteren Reise, später, bei der er dann mitkäme, um die Überlebenden, die ich dort besuchen würde, zu fotografieren, die fünf Bolechower, die jetzt in Israel lebten und mit denen Shlomo Adler ein Treffen arrangiert hatte. Außer Shlomo Adler gab es da noch Anna Heller Stern, *die Lorkas Freundin war*; sie lebte jetzt in Kfar Saba, einem Vorort von Tel Aviv, wie auch Elkana, der Cousin meiner Mutter. (*Du solltest doch nach Israel kommen*, hatte Elkana mir schon Jahre zuvor mit seiner wissenden, kehligen Stimme gesagt, der Stimme eines Mannes, der es gewohnt ist, Anweisungen zu geben, denen auch Folge geleistet wird, eines Mannes, der einfach *Bescheid* weiß, einer Jäger-Stimme. *Und du solltest doch kommen und meine Familie kennenlernen*, hatte er mir gesagt, schon Jahre bevor ich auch nur im Traum daran dachte, nach Bolechow zu fahren oder ein Buch zu schreiben. Und da er wusste, wie er mir die Reise noch schmackhafter machen konnte, hatte er hinzugefügt: *Und da ist auch noch eine Frau, die Lorkas Freundin war, mit der kannst du reden.* Mit genau dieser Stimme hatte er am Telefon ungefähr ein Jahr, bevor ich dann tatsächlich nach Israel reiste, nachdem ich ihm den riesigen Ausdruck des Jäger'schen Familienbaums geschickt hatte, ein Produkt meiner neu erworbenen Genealogie-Software, des Familienbaums, der nun bis zur Geburt meiner fernen Ahnin Scheindl Jäger im Jahr 1746 zurückging, ein Dokument, das so groß war, dass ich es in einer Rolle schicken musste, da es, ganz ausgebreitet, den Großteil meines Wohnzimmerfußbodens bedeckte – mit eben dieser Stimme hatte er mir gesagt, nachdem ich ihn angerufen hatte, um zu hören, ob er schon dazu gekommen war, sich den Stammbaum anzusehen: *Ja, er ist sehr eindrucksvoll, da hast du sehr gut recherchiert. Aber er enthält Fehler – ich sag sie dir, wenn du nach Israel kommst.*)

Anna Heller Stern also.

Und dann natürlich auch noch Shlomo und sein Cousin Josef Adler, die als kleine Jungen von dem ukrainischen Bauern versteckt worden waren und daher als Einzige ihrer Familien überlebt hatten. Und auch noch die Reinharz', Solomon und Malcia, die jetzt in Beerscheba lebten, weit im Süden von Tel Aviv, ein

Paar, das 1941 frisch verheiratet war, wie Shlomo mir in einer der vielen Mails schrieb, die vor meiner Abreise hin und her gegangen waren. Er hatte mir erzählt, das Paar sei während dieser schrecklichen Hetzjagd bei der zweiten Aktion irgendwie entkommen und habe sich lange in dem Zwischenraum zwischen der Decke und dem Dach eines Gebäudes versteckt gehalten, das ein Vergnügungssaal für die deutschen Besatzer werden sollte – ein *Casino*, wie Shlomo es nannte.

Die würden wir auch interviewen, versicherte er mir. Er habe alles arrangiert, sagte er. Er wolle mich selbst fahren. Ich dankte ihm gerührt. Nicht zum ersten und auch nicht zum letzten Mal in der inzwischen langen und komplizierten Freundschaft mit diesem großen Bären von einem Mann, einem Mann, dessen ausholende und prägnante Gebärden und gefühlvolle Stimme auf allen Videobändern, die ich von meiner Reise nach Israel habe, ihre Spuren hinterlassen haben, Gebärden und Intonationen, die ich noch heute mitdenke, wenn ich seine Mails lese, spürte ich, dass hinter Shlomos Hilfsangeboten, der kolossalen Energie seiner Korrespondenz der Schatten von etwas anderem, Persönlicherem lag: seines Bedürfnisses, mit Bolechow, mit seiner verlorenen Kindheit, seinem verlorenen Leben verbunden zu bleiben.

Diese Leute also, da stimmte ich mit Matt überein, würden wir noch einmal besuchen müssen, wann auch immer Matt der Meinung war, er könne sein Neugeborenes zurücklassen, den jüngsten Zuwachs der Familie, die, zumindest offiziell, 1746 mit der Geburt Scheindl Jägers ihren Anfang nahm.

Dennoch war ich nicht allein. Ich reiste mit einer Freundin (eine Freundin ungeachtet dessen, woran ich eigentlich nie denke, dass sie nämlich der Generation meiner Mutter angehört), die ebenso wie ich Altphilologin ist – vor allem spezialisiert auf die griechische Tragödie. Mitte zwanzig saß ich an einer Doktorarbeit und stattete der Universität, wo Froma, die Frau, mit der ich heute befreundet bin, lehrte, extra einen Besuch ab, weil ihre Aufsätze, die ich in wissenschaftlichen Zeitschriften gelesen hatte, mich so elektrisierten, Aufsätze, deren Stil, geschmeidig, anspielungsreich, komplex, brillant geschichtet, fast *gewoben*, die Charakteristika der Texte, die sie beleuchten wollte, perfekt spiegelten. Diese Artikel las ich mit zwei-, dreiundzwanzig, und ich wollte die Autorin kennenlernen. So vertraut sie mir jetzt auch ist, erinnere ich mich noch immer an den Eindruck, den sie auf mich machte, als ich zum ersten Mal ihr Büro mit den berüchtigten, metastasierenden Bücherstapeln und Papiermengen betrat; in klobigen Glasaschenbechern glommen mehrere lange, braune Zigaretten unterschiedlicher Länge vor sich hin, vergessen. Sie erschien mir verblüffend klein, und während ich eine strenge Person erwartet hatte – ich war noch jung genug, um Brillanz mit Strenge zu verwechseln –, war sie entwaffnend zugänglich mit ihrem runden, wachen Gesicht, den fedrigen hellbraunen, kurz geschnittenen Haaren und natürlich den berühmten Kleidern, dem Samt und dem Leder in komplizierten Tönungen und den kubistischen Taschen mit Schnallen an unerwarteten Stellen. Bei meinem ersten Besuch an dem Tag redeten wir nur einige Minuten, und am Ende unseres Gesprächs fixierte sie mich mit einem ihrer jähen, durchdringenden Blicke und sagte mit ihrer leisen, ein wenig angerauten Stimme: Aber selbstverständlich müssen Sie herkommen, es wäre ein *embarras de richesses*!

Aber es muss festgehalten werden, dass ihr Geist weit größer ist als meiner, dass er Material weit kreativer und mutiger verknüpft, Möglichkeiten sieht, wo ich (der schließlich in einem Haus aufwuchs, das gemäß der *Mittelmark'schen deutschen Ordnungsmanie* geführt wurde, wie meine Mutter es genannt hätte) nur Durcheinander, nur Probleme sehe. *Ihr* Problem, sagte Froma einmal zu mir, als ich mich auf halber Strecke meiner Dissertation über die griechische Tragödie hoffnungslos festgefahren hatte, bis sie mir zeigte, wie es doch noch weiterging: Ihr Problem, sagte sie – in einer Hand eine ihrer langen braunen Zigaretten, starrte sie mich an auf die ihr eigene Art, wenn sie in einem Problem versunken ist, den Kopf leicht zur Seite geneigt, ohne zu bemerken, dass ihr gleich fünf Zentimeter Asche in den Schoß fallen, die andere Hand, mit Ringen beladen, spielte mit einem der großen kunsthandwerklichen Schmuckstücke aus Metall und Email, die sie so mag – Ihr Problem, wiederholte sie, ist, dass Sie die Komplexität als Problem und nicht als Lösung sehen.

Erst als ich bei ihr studierte, erfuhr ich, dass auch sie ein tiefes Interesse am Schicksal der Juden im Zweiten Weltkrieg hatte. Klar, dass ihres profunder, weitreichender, abstrakter und forschender zugleich war als meines. Als Enkelin zweier Rabbis, jene selbst das Produkt der hochintellektuellen Kultur von Vilnius (»das Jerusalem des Nordens«, wie die Stadt genannt wurde, allerdings war ich dort und kann Ihnen sagen, dass sehr wenig davon geblieben ist), und Tochter überzeugter rekonstruktionistischer Juden hatte sie im Gegensatz zu mir eine rigorose jüdische Erziehung genossen. Sie las und sprach fließend Hebräisch, verfügte über genaue Kenntnisse jüdischer und hebräischer Religion, Gesetze und Literatur, was mir nie besonders wichtig gewesen war, bis jetzt. Als zutiefst jüdischer Mensch und in gewisser Hinsicht einer, der sein ganzes Berufsleben der Natur der Tragödie widmete, wie konnte sie da letztlich nicht vom Holocaust besessen sein?

Wohingegen er für mich, wie wir wissen, eine Familiengeschichte war, etwas viel Kleineres. Ich wollte wissen, was mit Onkel Shmiel und den anderen geschehen war, sie wollte wissen, was mit allen geschehen war. Und nicht nur das. Noch heute, lange nachdem sie begonnen hatte, mich an vielbändige Werke über die medizinischen Experimente der Nazis und Dokumentarfilme über die Partisanen von Wilna und Dutzende, Hunderte anderer Dokumente, Filme und Bücher heranzuführen, Dinge, für deren Verarbeitung ich einfach nicht die Zeit habe und die mich noch jetzt in Erstaunen versetzen ob der gewaltigen geistigen Energie, die ihr gestattet, das alles zu lesen und zu betrachten und zu verdauen, Jahre nach diesen Anfängen verlangt sie noch immer nach Informationen, die ihr dabei helfen, Antworten auf noch größere Fragen zu formulieren: Wie es geschah und, eine Frage, auf die es nie eine Antwort geben kann, die je auch nur ein Mensch wird begreifen können, warum es geschah.

Und deshalb lernte ich weiter von ihr, nachdem ich Jahre schon nicht mehr ihr Student war, formal gesprochen, Jahre, nachdem sie mir durch meine Dissertation über die griechische Tragödie geholfen hatte, werde noch immer gedrängt, das Problem als die Lösung zu betrachten.

Und so wurde auch Froma ein Teil der Suche nach den Verlorenen, und nun, im Sommer 2003, reisten wir gemeinsam. Wir hatten uns in Prag getroffen, wo sie eine Reise zu Stätten des Holocaust beendete. Was sahen wir in Prag? Wir sahen die Josefstadt, das alte jüdische Viertel mit seinen kleinen, beinahe unterirdischen Synagogen, deren kühle Wände gegen die Sommerhitze anschwitzten, die krumme Straße voller blonder Touristen, die pflichtschuldig Reiseführer zu Rate zogen und spontan Ansichtskarten kauften (DIE PINCHAS-SYNAGOGUE IM JÜDISCHEN PRAG), wir sahen die opulente, islamisch inspirierte Innenverzierung der gelb-weiß gestrichenen Spanischen Synagoge, 1868 erbaut auf dem Gelände, wo einmal die älteste Schul Prags gestanden hatte, jetzt für die staunenden Augen der Touristen in ihrer zügellosen, polychromen Pracht wiederhergestellt, wir sahen auf dem Alten Jüdischen Friedhof das verschwenderisch gestaltete und geschmückte Grab von Rabbi Judah Löw Bezalel, der 1609 im Alter von vierundachtzig Jahren starb und von dem es heißt, er habe aus dem Lehm der Moldau zur Verteidigung gegen die bitteren Antisemiten am Hofe des Habsburgerkaisers Rudolf II. den Golem geschaffen. Es war ein merkwürdiger Zufall, dass der Golem Jossel – »Joseph« auf Jiddisch – genannt wurde, denselben Kosename trug, den dreihundert Jahre später die dankbaren Juden aus Städten wie Bolechow Rudolfs Nachfahren Franz Joseph I. aus liebevoller Dankbarkeit für seine Güte gegenüber den Juden gaben. Am

Ausgang des Friedhofs kann man kleine Statuetten des früheren Jossel kaufen, eine frühe, wenn auch primitive Antwort auf die Verfolgung der Juden der Stadt.

Was sahen wir noch? Wir sahen Objekte, die weit kunstvoller waren als die Jossel-Statuetten: die Tausende herrlich geschnitzter, gemeißelter, gravierter und geprägter Becher, Gefäße und ritueller Gegenstände jeder Art, die man in der Dauerausstellung Europäischer Judaica findet, untergebracht im Obergeschoss der Spanischen Synagoge, jenem Teil, der einst die Frauengalerie war, als es noch Juden in Prag gab, die in den Synagogen beteten, durch die ich und Hunderte weiterer Touristen an jenem schönen Sommertag andächtig schritten. Durch einen merkwürdigen Zufall verdankt die Sammlung von Torakronen, zeremoniellen Kerzen, Kelchen und Medaillons ihre Pracht (diese Information wird in der Ausstellung an eher unauffälliger Stelle genannt) dem Umstand, dass Hitler Prag als Stätte für das Museum eines Ausgelöschten Volks auserkoren hatte, das er hatte errichten wollen, damit die Arier sie in späteren Jahren begaffen konnten. Und so wurden denn auch die Reichtümer von wenigstens einhundertdreiundfünfzig Gemeinden aus der Gegend um Prag 1942 zur Sichtung und Bewertung in die Stadt transportiert; das Nazi-Museum des jüdischen Volks wurde indes nie gebaut, weswegen diese opulent verzierten Stücke heute von Touristen bewundert werden können, wenn sie durch dieses Viertel kommen, bevor sie ins Hotel zurückkehren und sich überlegen, wo sie zu Abend essen wollen.

Das alles sahen wir also, bevor auch wir ins Hotel zurückkehrten und uns nach einem Abendessen umsahen, denn so interessiert wir an der Vergangenheit sind – oder gar davon besessen –, leben wir doch in der Gegenwart und müssen uns auch den Angelegenheiten des Lebens widmen. Dennoch, die Vergangenheit holt einen auf seltsamen Wegen ein. In Prag ereignete sich der erste einer, wie ich damals glaubte, bizarren Serie von Zufällen. Am Abend bevor Froma und ich nach Terezín wollten – dem »Modell«-Konzentrationslager, das unweit der Stadt liegt und das damals Vertretern des Roten Kreuzes als Beispiel deutscher Humanität gegenüber den dort internierten Juden, Aufrührern und anderen Häftlingen vorgeführt wurde –, fuhren sie und ich im Fahrstuhl in die oberste Etage unseres Hotels, wo es eine Bar gab, die laut Hotelführer einen herrlichen Blick über die Stadt gewährte. Ein paar Stockwerke unterhalb dieses fantastischen Horsts hielt der Fahrstuhl an, und ein gut gekleideter, nicht besonders alter Mann stieg zu. Er trug, wie mir auffiel, einige große goldene Ringe und eine sehr teure Uhr. Wie in einer solchen Situation oft der Fall, herrschte, als die Türen zugingen und der Fahrstuhl wieder aufstieg, ein verlegenes, freundliches Schweigen. Auf einmal wandte sich dieser weißhaarige, kräftig wirkende Mann uns leichthin zu und sagte nickend, als pflichtete er uns bei, als wäre das, was er zu sagen im Begriff stand, die Fortsetzung eines Gesprächs, das wir drei schon länger führten: *Ja, ich war in Babyn Jar.*

Am nächsten Morgen stiegen wir in einen riesigen klimatisierten Reisebus für die einstündige Fahrt zu dem letzten Lager, das Fromas Gruppe auf ihrer grausigen Tour besuchte. Die Tschechen nennen den Ort Terezín, bei seiner Gründung unter einem viel früheren Regime wie auch unter der Nazi-Besatzung hieß er Theresienstadt, die Stadt Maria Theresias, also der großen Habsburgischen Kaiserin des 18. Jahrhunderts, der Victoria Mitteleuropas. Sie wurde so benannt, weil die Festung Theresienstadt, fertiggestellt 1780, dem Todesjahr der Königin, Teil eines Netzwerks aus Festungsstädten war, die während und kurz nach der Regentschaft dieser fülligen, dominanten Frau zum Schutz des riesigen Herrschaftsgebiets der Habsburger errichtet wurden, eines multikulturellen Flickenteppichs aus Ländern, Provinzen und Fürstentümern, der sich schließlich auflöste, nachdem ein serbischer Nationalist namens Gavrilo Princip (der offensichtlich nicht froh darüber war, Teil dieses Flickenteppichs zu sein) ein Attentat auf den Nachkommen Theresias, den Erzherzog Franz Ferdinand, den Thronerben des da bereits betagten Franz Joseph, *Jossele*, an einem Tag im Juni 1914 verübte, womit er die Deklarationen und Ultimaten auslöste, die dann rasch, absehbar und so unausweichlich wie der Fall einer sich dahinwindenden Reihe Dominosteine zum Ausbruch des Ersten Weltkriegs führten. Und ich muss sagen, was mich an jenem nieseligen Tag im Juni 2003, als ich das Lager und die verschiedenen Museen besuchte, die sich heute auf dem Gelände befinden, als Froma und ich durch die wieder aufgebauten Baracken und das Ghettomuseum gingen, bei den erschütternden Kunstwerken verweilten, die Kinder während der Nazi-Jahre im Lager angefertigt hatten, was mich da am meisten berührte, was in mir den größten Widerhall auslöste, war die Erkenntnis, dass in einer der Zellen dieses einstigen Festungsgefängnisses – eine winzige, dickwandige Kammer, die ich kurz betrat, bevor mich, wie so häufig (in Fahrstühlen oder kleinen unterirdischen Räumen), die Klaustrophobie überkam – Gavrilo Princip selbst eingekerkert gewesen war, nachdem er den Erzherzog getötet hatte. Kurze Zeit später starb er. Da stand ich nun, seltsam bewegt von dieser unerwarteten und sehr konkreten Erinnerung an das Verbrechen, das das erste gewaltige Gemetzel des Jahrhunderts ausgelöst hatte, und dabei war es mir peinlich, dass mich gerade das, mehr als alles andere, mehr als üblich oder abstrakt berührt hatte. Erst nachdem ich eine Weile dort gestanden und darüber nachgedacht hatte, wurde mir bewusst, dass es mich deswegen so bewegte, weil diese Spur Gavrilo Princips und seines Verbrechens, nach der weder ich noch sonst jemand an dem Tag suchten, da wir alle auf Informationen in Verbindung mit dem Holocaust aus waren, mir einen Zeitsprung in die österreichisch-ungarische Kindheit und Jugend meines Großvaters gestattete, zu dem verschwundenen Augenblick zurück, als die schlimmste politische Katastrophe, die je über die Bolechower Juden gekommen war, tatsächlich die Ermordung des Erben ihres geliebten Kaisers und der Beginn des Krieges waren, was ihrer Überzeugung nach das Schlimmste war, das sie je erleben würden.

Und so sahen wir auch Theresienstadt. Auf der Webseite kann man seinen Freunden elektronische Postkarten mit dem Gruß ARBEIT MACHT FREI schicken; die Postkarte, die ich Mrs Begley aus Prag schickte, war einfach eine heitere Fotografie der Josefstadt, dem malerischen alten Viertel, das heute Ziel der Touristen ist. *Prag ist schön*, schrieb ich, *heute haben wir das jüdische Viertel besucht. Keine Juden weit und breit.* Bei ihrem etwas bitteren Humor vermutete ich, dass sie diesen etwas düsteren Scherz mögen würde, und ich hatte recht. *Sehr lustig*, sagte sie mit scheinbarer Missbilligung, als ich sie bald nach der Rückkehr von meiner einmonatigen Reise nach Prag, Wien, Tel Aviv, Vilnius und Riga besuchte. Sie schwenkte die Ansichtskarten, die ich ihr geschickt hatte. *Sehen Sie? Ich habe alle Ihre Karten.* Sie bat Ella, mir noch etwas Eistee einzuschenken; in ihrem Wohnzimmer war es warm, weil sie, obwohl es Ende Juli war, die Klimaanlage ausgeschaltet hatte. *Ich höre nichts, wenn dieses Ding läuft*, sagte sie und funkelte das Gerät von ihrem Bergère-Sessel in der Ecke ihres Wohnzimmers aus an, in dem sie immer gern saß, ein Sessel, der fast wie ein Thron wirkte, auch wenn das vielleicht weniger mit dem Sessel selbst als mit ihrer Haltung zu tun hatte, die noch bis vor ganz Kurzem kerzengerade war: Sie saß auf der Sitzkante, stützte sich dabei manchmal auf einen Stock, schaute mich fest mit zusammengekniffenen, abschätzenden Augen an und lauschte meinen Geschichten, schüttelte nur gelegentlich einmal den Kopf und seufzte, ich sei zu sentimental, oder machte eine zornige Geste zu den mitgebrachten Blumen hin, die Ella auf den Couchtisch gestellt hatte und die Mrs Begley mit knorriger Hand als rausgeschmissenes Geld abtat, das ich besser für meine Kinder ausgegeben hätte. *Wie geht es den Kindern?*, war immer die erste Frage, die sie auf mich abschoss, nachdem sie ihren thronartigen Platz neben einem Bücherregal eingenommen hatte, das mit Fotografien ihres Kindes und dessen Kindern vollgestellt war. *Das Kind, das Kind, alle haben mir gesagt, ich muss das Kind retten*, hatte sie eines Tages weinend gesagt, noch ziemlich am Anfang unserer Verbindung, an dem Tag, als sie mir erzählte, wie schuldig sie sich fühle, dass sie nicht auch noch andere habe retten können. An diesem Tag drei Jahre später, als ich sie besuchte, um sie mit Geschichten von meiner mitteleuropäischen Odyssee zu ergötzen, trank ich meinen Eistee, während sie humorlos lächelte und sagte: *Keine Juden, das kann ich mir denken. Wir sind alle hier oder im Grab.*

Von einem verdreckten und bedrückenden Prager Bahnhof der Sowjetzeit aus, wo der altersschwachee, aggressive Mann, der nicht von uns ablassen wollte, sich als Gepäckträger erwies, der seine Dienste anbot, begaben wir uns auf eine vierstündige Bahnreise nach Wien, einer Stadt, die ich liebe, nicht zuletzt deshalb, weil sie, wenn auch nur ganz am Rande, in manchen Fami-

liengeschichten auftaucht. (*Mein Vater*, erzählte mir mein Großvater, *ging einmal im Jahr sogar nach Wien, wegen seinem Geschäft, und was er uns von da nicht alles mitgebracht hat, die
Spielsachen, die Süßigkeiten!*) In Wien war Froma noch nicht
gewesen, und ich wollte ihr unbedingt seine grandiosen Schönheiten zeigen, die episch dimensionierten Gebäude des Barock
und Historismus, deren stets leicht übergroßen Details, die auf-
geblähten Gesimse und überladenen Friese einst ein Symbol für
übermäßiges kaiserliches Selbstbewusstsein waren und heute
fast peinlich wirken können – so wie eine ältere Verwandte, die
sich für einen zwanglosen Anlass grotesk herausgeputzt hat,
peinlich wirken kann. Und dennoch liebe ich Wien, vielleicht
weil mich die Zähigkeit, mit der es sich an die abgelegten Förm-
lichkeiten einer anderen Zeit klammert, an einige ehemalige
Österreicher erinnert, die ich einmal kannte.

Was sahen wir in Wien? Wir sahen viele der Dinge, die ich mag,
zu denen nicht zuletzt, da meine Begeisterung für Gräber sich
keineswegs auf jüdische beschränkt, die Kapuzinergruft gehört,
die Grabstätte der Habsburger, ein kühler unterirdischer Raum,
der mich, als ich einige Jahre zuvor zum ersten Mal dort war, an
einen Weinkeller erinnerte, wobei unter den niedrigen gewölbten
Decken statt Fässern und Flaschen Sarkophage aus Bronze und
Stein warteten. Das größte der Monumente ist natürlich das
Maria Theresias, die sich, lebensgroß, mit einem Arm vom Deckel
ihres mächtigen Sargs abstützt. Wir sahen die Franz-Josephs-
Gruft, wo Franz Joseph selbst in einem schicken Marmorsarko-
phag in der Mitte einer nüchternen, zurückhaltenden Kammer
liegt, zwischen seiner schönen, unglücklichen Frau Elisabeth,
auch sie Opfer eines Attentats, und seinem romantischen Sohn
Rudolf, dem Kronprinzen, der sich in einem Selbstmordpakt mit
seiner jugendlichen Geliebten im kaiserlichen Jagdschloss May-
erling im Januar 1889 tötete, was mich unter anderem bei manchen Familiengeschichten ins Grübeln bringt, beispielsweise der,
die mir Sylvia, die unglückliche Schwester meines Großvaters,
erzählte, dass sie nämlich als kleines Kind eben diesen Kronprinzen gesehen habe, wie er auf einem weißen Pferd in einer blauen
Uniform die Stufen eines Palasts in Lemberg (wie sie es damals
nannte) hinaufritt, da Sylvia erst 1898 geboren wurde, also neun

Jahre, nachdem Rudolf die Tat beging, die ihn auf so romantische Weise berühmt machte.

Das alles also sahen wir. Aber wie schon gesagt, Froma hat einen hungrigen Geist. *Ich habe das Gefühl,* sagte sie mir später auf meine Frage, warum sie, wenn wir unterwegs waren, immer sagte: *Gehen wir noch mal hin und sehen es uns ein letztes Mal an,* warum sie immer noch mehr Sehenswürdigkeiten sehen, weitere Fragen stellen, ihre Reisen weit mehr auswringen wollte, als ich es je getan hätte – *Ich habe das Gefühl, dass man vielleicht nie mehr herkommt, also muss man alles herausquetschen.* Froma gab sich jedenfalls nicht mit toten Habsburgern zufrieden, besonders gern wollte sie Stätten mit jüdischem Bezug sehen. Und auch hier bin ich zu dem Eingeständnis gezwungen, dass aufgrund meiner eigenen Geschichte, des Einflusses meiner Familie und ihrer Geschichten meine Gefühle besonders von einem Ort angeregt wurden, der für die meisten anderen von eher geringerem Interesse ist. Denn erst an unserem letzten Tag in Wien, nachdem wir das jüdische Museum in der Dorotheergasse besucht hatten (wo man erfahren kann, dass schon bald nach Ankunft der ersten Juden in der Stadt, Ende des 12. Jahrhunderts, das erste Pogrom stattfand, bei dem sechzehn Juden umgebracht wurden, eine Tat, der der Papst seinen Segen gab), nachdem wir auch das neue Museum am alten Judenplatz besucht hatten (unter dem Archäologen die Überreste der frühen Synagoge der Stadt entdeckt hatten, zerstört 1470, dem Jahr, in dem, am dreiundzwanzigsten Mai, der Herzog anordnete, dass die Juden Wiens inhaftiert oder vertrieben und ihr Besitz beschlagnahmt werden sollten; sehr umfangreich können diese Überreste jedoch nicht gewesen sein, da die Steine der abgerissenen Synagoge zum Bau der städtischen Universität verwandt wurden), nachdem wir das Mahnmal für die österreichischen jüdischen Opfer der Shoa betrachtet hatten, entworfen von der britischen Künstlerin Rachel Whiteread, das die Form eines Betonkubus hat, der eine Bibliothek mit siebentausend Bänden darstellt, deren Türen dauerhaft verschlossen sind, deren Bücher nicht gelesen werden können und deren Sockel die Namen der Orte nennt, an denen nahezu siebzigtausend Wiener Juden eliminiert wurden – nachdem wir all das gesehen hatten, gingen wir an unserem letzten Tag auf den Zentralfriedhof. Wir gingen hin, weil Froma sich besonders für die ursprüngliche Grabstätte des zionistischen Pioniers des 19. Jahrhunderts, Theodor Herzl, des »Vaters des modernen Israel«, interessierte, der 1904 im Alter von 44 Jahren in Wien starb (und dessen Überreste 1949 dann in den neu gegründeten Staat Israel überführt wurden, eine sinnvolle Geste, wenn man bedenkt, dass Gräber, Grabstätten, Mahnmale und Denkmäler den Toten nichts mehr nützen, den Lebenden aber eine Menge bedeuten). Wir befragten eine der zahllosen Karten und Führer, die Froma unterwegs gern erwirbt – ich, weniger neugierig und passiver, bummle lieber herum und stoße auf Dinge –, und machten unsere Pläne.

Die Straßenbahnfahrt vom Zentrum zum Zentralfriedhof dauert gut zwanzig Minuten, und der Friedhof ist so riesig, dass jedes seiner diversen Tore eine eigene Haltestelle hat; die Entfernung zwischen den Toren (womit ich natürlich nicht nur den Abstand meine, sondern auch die *Zeit*, die es braucht, um vom einen zum anderen zu kommen) ist keineswegs unbeträchtlich. Wir begannen am Tor 1, dem zum »alten« jüdischen Friedhof, und schritten in ein Dickicht aus Gräbern, das in jenem Sommer noch ziemlich überwuchert war, obwohl ein Aufschrei gegen den trostlosen Zustand der einstmals prächtigen Nekropole kurz zuvor groß angekündigte Restaurierungsanstrengungen zur Folge gehabt hatte. Doch nachdem wir fast eine Stunde zwi-

354

schen den kunstvollen und vernachlässigten Grabsteinen und Mahnmalen herumgewandert waren, zwischen Gedenksteinen für Menschen, an die sich heute niemand mehr erinnert, weil die Nachfahren dieser Granden aus dem 19. Jahrhundert ebenfalls verschwunden waren, wurde klar, dass wir uns am falschen Ort befanden. Nachdem wir dann zwanzig Minuten zum Mittelteil gegangen waren, gingen wir noch weitere zwanzig Minuten zum Tor 4, wo der neue jüdische Friedhof liegt. Mein Interesse an Herzl oder seiner Grabstätte hielt sich in Grenzen, da Israel mir zu der Zeit, wie schon gesagt, gleichgültig war. Was wir dann aber auf dem neuen jüdischen Friedhof vorfanden, überwältigte mich doch.

Vielmehr, was wir nicht fanden. Mit großen Augen schritten wir durch das überaus ansprechende Art-déco-Tor dieses neuen Teils des Zentralfriedhofs, ein Tor, dessen sich wiederholendes Motiv aus stilisierten, entfernt maurischen Bögen sich im Großen in der Kuppel der Zeremonienhalle der Begräbnisgesellschaft wiederfindet. (Diese Gesellschaft kennt man im Hebräischen als die *Chewra Kadischa*; traditionell waschen und präparieren die Mitglieder der *Chewra Kadischa* einer jüdischen Gemeinde die Leichen fürs Begräbnis: der Ritus, den mein Großvater in den Anweisungen, die er mir an jenem Sommermorgen diktierte, spezifiziert hatte.) Der Komplex der Zeremonienhalle des neuen jüdischen Friedhofs wurde, wie ich später erfuhr, zwischen 1926 und 1928 von dem produktiven Wiener Architekten Ignaz Reiser, einem ungarischstämmigen Juden, entworfen und gebaut; jedes seiner öffentlichen Gebäude, von der 1912–1914 erbauten Synagoge in der Enzersdorferstraße bis hin zur Zeremonienhalle selbst, ist in dem deutschsprachigen Architektur-Nachschlagewerk, das ich nach der Besichtigung dieses beachtlichen Friedhofskomplexes konsultierte, als *zerstört* aufgeführt. Als wir an der Zeremonienhalle vorbeigingen, die ich da noch nicht als restauriert, als Wiederaufbau eines Bauwerks erkannte, das am Abend des 8. November 1938 verwüstet worden war, und zu den Gräbern selbst gingen, blickten wir auf eine Leere. Denn das riesige Grundstück, das in den zwanziger Jahren von den Juden Wiens für ihren neuen Friedhof erworben wurde, nachdem der alte von den Toten dieser blühenden Gemeinde überfüllt war, war nur zu einem relativ kleinen Teil mit Gräbern bestanden. Neben diesen Gräbern (wovon fast keines, wie Froma und ich sahen, als wir umhergingen, später als aus den frühen dreißiger Jahren datiert) erstreckte sich eine riesige leere Fläche. Wir starrten eine Weile darauf, bis uns klar wurde, dass der neue jüdische Friedhof deshalb weitgehend leer war, weil all die Juden, die beim normalen Lauf der Dinge dort begraben worden wären, in einer Weise gestorben waren, wie sie es nicht vorausgesehen hatten, und, falls sie überhaupt begraben worden waren, in anderen, weniger attraktiven Gräbern lagen, die sie nicht selbst ausgesucht hatten. Wenn wir an den furchtbaren Schaden denken, der aus bestimmten Arten der Kriegszerstörung resultiert, denken wir normalerweise an die Leere von Orten, die einst von Leben erfüllt waren: Häuser, Geschäfte, Cafés, Parks, Museen und so weiter. Ich war schon häufig auf Friedhöfen gewesen, aber dennoch war es mir nie in den Sinn gekommen, bis zu jenem Tag auf dem Zentralfriedhof, dass auch Friedhöfe um etwas gebracht werden können.

Dorthin jedenfalls führte uns Fromas Suche nach dem Grab des großen Zionisten Theodor Herzl. Das Grab selbst fanden wir nicht, und ich vermute, dass nur Froma unglücklich darüber war, da mir das, was wir auf dem neuen jüdischen Friedhof gesehen oder vielmehr nicht gesehen hatten, genügte.

Aus Wien schickte ich Mrs Begley eine Ansichtskarte mit prachtvollen Habsburger Palästen. *Wien ist noch immer schön*, schrieb ich, *aber keine Juden – nicht einmal tote*. Das gefiel ihr dann auch.

Am Tag nach unserem Besuch auf dem Zentralfriedhof reisten wir dann in das Land, das Herzl hervorgebracht hatte.

In der Wohnung von Anna Heller Stern, *die Lorkas Freundin gewesen war*, war es kühl und schattig. Die Jalousien waren gegen eine Sommersonne herabgelassen, die so stark war, dass sie fast fluoreszierend wirkte. Die wenigen Möbel waren bequem: ein tiefes Sofa, ein paar zeitgenössische Sessel um einen niedrigen Tisch. Durch die Kargheit der Zimmerausstattung, die Kühle der nackten Fußböden und den beinahe unterseeischen Schatten war der allgemeine Eindruck, den ich hatte, als ich durch die Tür in Annas Wohnung trat, der einer angenehmen Erleichterung, wie ich sie manchmal empfand, wenn ich nach einem Tag auf vernachlässigten Friedhöfen, wo ich Inschriften abgeschrieben hatte, aus der Hitze des Sommernachmittags in ein einst imposantes, nun aber vergessenes Familienmausoleum flüchtete.

Wie ihre Wohnung wirkte auch Anna selbst freundlich und ein wenig zurückhaltend. Sie lächelte warm und schüttelte mir fest die Hand, als Shlomo uns vorstellte, aber sie hatte auch etwas leicht Misstrauisches, als gäbe es in ihrer Wohnung oder gar in ihr selbst etwas, was sie einem lieber doch vorenthalten wollte. Als sie öffnete, stand da eine leicht birnenförmige Frau mit einem reservierten, hübschen Gesicht und dem feinen Teint und rot angehauchten Haar eines Menschen, der die Sonne meidet; sie trug eine ärmellose weiße Bluse und einen engen grauen Rock, der knapp über den Knien endete. Wie bei meinen Großmüttern war das schwere Fleisch ihrer Oberarme rundlich und geschmeidig zugleich wie ein Teig, der lange geknetet worden war. Mit einem dieser Arme bedeutete Anna Stern Shlomo und mir einzutreten, dann nahmen wir Platz. Anna setzte sich Shlomo gegenüber, ich mich aufs Sofa, wo ich mein Aufnahmegerät, Tapes, Videokamera und Aktenmappen ausbreitete sowie das eine Foto von Lorka, das wir besitzen, jene Gruppenaufnahme der Familie bei ihrer Trauer um Shmiels Mutter 1934, das ich ihr im Laufe des Interviews zeigen wollte.

Shlomo sprach mit Anna auf Jiddisch, und ich spitzte die Ohren, als ich ihn *Di farlojrene* sagen hörte. Die Verlorenen.

Er schreibt ein Buch über seine Familie, erklärte Shlomo ihr. Anna hatte den niedrigen Tisch mit Tellern, Tassen und Servietten gedeckt. Außerdem stand da noch eine Platte mit sorgfältig geschnittenen Kuchen und Torten, mit denen leicht fünfzehn

Menschen gesättigt werden konnten. Lächelnd schob Anna sanft die Platte zu mir hin und bedeutete mir zu essen. Shlomo fuhr fort: Es soll *Die Verlorenen* heißen. *Di farlojrene*.

Die farlojrene, wiederholte Anna und nickte, als erforderte dieser Titel keine Erklärung.

Di farlojrene. Ich weiß nicht mehr genau, wie beschlossen wurde, dieses Interview auf Jiddisch zu führen. Ich hatte erwartet, die weichen, säuselnden Laute des Polnischen zu hören, der Sprache, mit der Anna ebenso wie Shlomo im Bolechow in der Zwischenkriegszeit aufgewachsen waren, der Sprache, in die Meg Grossbard bei dem Gruppeninterview in Sydney oft gewechselt und dabei so getan hatte, als wäre es ein Ausrutscher gewesen, obwohl ich damals den Verdacht hatte – der heute noch stärker geworden ist, da ich sie jetzt besser kenne –, dass sie es tat, um mich subtil daran zu erinnern, dass dies ihr Leben war, ihre Geschichte, eine Geschichte, von der ich, *ein Amerikaner der zweiten Generation*, zwangsläufig ausgeschlossen war, es sei denn als Zuspätgekommener, als bloßer Beobachter. Oder dass sie, hatte ich gedacht, vielleicht Hebräisch sprachen, die Sprache des Landes, in dem diese beiden ehemaligen Polen jetzt lebten, bis Shlomo mir erklärte, dass Anna erst vor Kurzem aus Südamerika, wohin sie nach dem Krieg mit ihrem Mann gegangen war, nach Israel gezogen sei.

Sie hat Polen 1947 verlassen, sagte Shlomo auf Englisch zu mir. Da war sie sechsundzwanzig. Und sie hat zweiundvierzig Jahre in Argentinien gelebt. In Israel ist sie erst seit einigen Jahren.

Bei dem Wort *Argentinien* lächelte Anna, nahm eine spanische Zeitung, die auf einem Beistelltisch lag, und nickte mir zu. *Ich red kejn Ebrejisch*, sagte sie zu mir auf Jiddisch.

Das war mir ganz recht, ich sprach es ja auch nicht, ich, der ich meine Haftara auswendig gelernt und daher keine Ahnung hatte, dass ich von der Reinigung der jüdischen Gemeinde sang, ich, den es lange nicht interessierte, hebräische Texte zu entziffern, Texte, die, wie ich fast zu spät erkannte, Familiengeheimnisse und Familienlügen erhellen konnten. Aber ich freute mich sehr über etwas, was ich nach dem Tod meines Großvaters nie erwartet hätte, nämlich Jiddisch aus dem Mund eines Bolechowers zu hören. Jiddisch war die Sprache Europas, des alten Landes; seine feuchten, vollen Laute ranken sich um meine Erinnerungen, vertraut und dennoch ebenso rätselhaft, wie die hebräischen Buchstaben sich auf einem Blatt Papier oder einem Stein schlängeln. Meine Mutter sprach es mit ihren Eltern, ihre Eltern sprachen es miteinander, ihre Onkel und Tanten untereinander und mit ihren Männern und Frauen, und – das jedenfalls erzählte mir meine Mutter, als ich mich neulich zu erinnern suchte, wie viel Jiddisch denn nun in meiner Familie gesprochen wurde, früher, nun natürlich nicht mehr, da fast jeder, der es konnte, gestorben war – ihre ältere Cousine Marilyn, Jeanettes Tochter, sprach es als Kind mit ihrer Großmutter, der Mutter ihres Vaters, der gefürchteten Verwandten, die wir alle als »Tante« kannten. Jiddisch war die Sprache, in der sich meine Mutter mit ihrem Vater unterhielt, wenn sie nicht wollte, dass wir mitbekamen, was für ein Drama, welche Krise oder welchen Klatsch sie gerade besprachen. Und es war die Sprache der Pointen der Witze meines Großvaters.

Daher sagte ich auf Shlomos Frage, ob es in Ordnung sei, wenn das Interview auf Jiddisch geführt würde, natürlich ja. Ich sehnte mich danach, wieder Jiddisch zu hören.

Jo, sagte ich zu ihr, worauf sie lächelte. Sie legte die spanische Zeitung wieder hin, drehte sich zu Shlomo und redete derart schnell jiddisch, dass ich nicht mehr mitkam. Er ließ sie ausreden, nickte ihr zu und sagte dann, an mich gewandt: In Argentinien hat sie wieder angefangen zu leben. In Argentinien hat sie wieder gemerkt, dass sie ein Mensch ist.

Ich nickte und sagte dann: Fangen wir an.

Nur um es zu dokumentieren, sagte ich, wolle ich sie bitten, mir ihren Geburtsnamen zu nennen, die Namen ihrer Eltern, die Namen ihrer Familie in Bolechow. Ich begann gern so, weil es einfach war.

Ich?, wiederholte sie. *Ich hiss Chaja, izt hejss ich Anna.* Wo, fragte ich, sei die »Klara Heller«, die ich, wie Meg Grossbard sagte, in Israel finden würde? Ohne es für Anna zu übersetzen, erklärte mir Shlomo, dass sie als Mädchen in Bolechow Klara genannt worden sei, doch zu Ehren des ukrainischen Priesters, der ihr das Leben gerettet hatte, indem er ihr gefälschte Taufpapiere gab, habe sie den Namen, den er ihr gegeben habe, auch nach Kriegsende beibehalten: *Anna*.

Und ihre Familie?, fragte ich, lotste sie behutsam durch diesen einfachen Teil.

Sie sah mich an und spreizte die Finger einer Hand, mit Ausnahme des Daumens. *Mir sajnen gewen fir kinder*, sagte sie. Wir waren vier Kinder. Sie tippte ihren Zeigefinger an: Nummer eins. *A schwester, Ester Heller* –

Bei der zweiten Silbe von *Ester* wurde ihre Stimme plötzlich zittrig vor Tränen, und sie schlug sich beide Hände vors Gesicht. An Shlomo gewandt sagte sie auf Jiddisch – das konnte ich nun verstehen –,

Sehen Sie? Schon kann ich nicht mehr weiter.

Im weiteren Verlauf dieses Gesprächs in der schattigen, kühlen Wohnung erfuhr ich, wie ihre Schwester bei der zweiten Aktion mitgenommen wurde – ein Ereignis, das Anna von ihrem Versteck auf dem Heuboden aus mit ansehen musste; sie sah, wie die zweitausend Juden von Bolechow zum Bahnhof gingen und dabei »Mayn Shtetele Belz« sangen, eine Erinnerung, die für Anna an jenem Vormittag so schmerzhaft war, dass sie noch einmal das Gesicht in den Händen vergrub –, erfuhr, wie Ester Heller, die beiden Brüder und die Eltern gestorben waren, eine weitere sechsköpfige Familie, die ausgelöscht wurde, doch das kam später. Zu Beginn unseres Gesprächs, als der Kuchen noch weitgehend unberührt war, versuchte Anna höflich, alle Informationen miteinander zu verknüpfen, die sie mir über meine Familie gab.

Ich wird den dezember draj und achzig jor, sagte sie. Dann noch: Lorka war ein paar Monate älter als ich.

Ach?, sagte ich, obwohl ich wusste, dass das stimmen musste, weil auf Lorkas Geburtsurkunde *21. Mai 1920* steht. Ich wollte wissen, warum sie das noch so genau in Erinnerung hatte.

Anna lächelte. *Wejsst far woss ich wejss?* Wissen Sie, warum ich das weiß? Weil ich in der ersten Klasse die Kleinste und die Jüngste war! Mit Lorka bin ich bis zur siebten Klasse in die Schule gegangen. Von sechs Jahren bis dreizehn. Verstehen Sie? *Farschtejsst?*

Ich nickte zurück. *Ich farschtej*, sagte ich.

Anna erzählte nun von den Jägers. Ihre Erinnerungen kamen ohne besondere Reihenfolge. Ich unterbrach sie nicht, da ich an ihrem Gedankengang ebenso sehr interessiert war wie an den Erinnerungen selbst.

Shmiel Jäger hatte einen Laster, er brachte immer Sachen nach Lemberg, sagte Anna, und sie benutzte den alten, alten Namen für Lwów. Und er brachte Waren aus Lemberg ... Es war eine sehr nette Familie, eine nette Frau ...

Ich möchte immer noch mehr über Ester erfahren. Ob sie eine klare Erinnerung an Ester habe, Shmiels Frau?, fragte ich.

Anna lächelte. *Sie wejr a fejne froj, a gute mama, a gute balebosste. Woss noch ken ich wissen?* Sie war eine gute Ehefrau, eine gute Mama, eine gute Hausfrau. Was könnte ich noch wissen?

Sie sagte etwas zu Shlomo, der sich an mich wandte.

Sie war ein Kind, sagte er, was bei ihnen zu Hause geschah, weiß sie nicht. Sie sagt, die Mutter sei eine hervorragende Ehefrau gewesen, das Haus sei sehr sauber und die Kinder seien sauber gekleidet gewesen, die Kinder seien sehr hübsch angezogen gewesen.

Anna wandte sich an mich. *Du sesst?*, erklärte sie. *Lorkas familje ken ich besser als Malka Grossbard!*

Sehen Sie? Ich kenne Lorkas Familie besser als Meg Grossbard!

Sie sagte etwas zu Shlomo, der mir erklärte, der Bruder ihrer Mutter, ein Mr Zwiebel, sei ein Nachbar von Shmiel Jäger gewesen. Er wohnte neben ihm, sagte Shlomo. Und Anna (fuhr er fort) besuchte immer ihren Onkel, und deshalb habe sie Lorka ständig gesehen, nicht nur in der Schule.

Vielleicht zum Beweis dafür berichtete Anna von einer frühen Erinnerung. Ich erinnere mich, sagte sie, dass die ersten Erdbeeren jedes Jahr, wenn sie kamen, als Erstes in Lemberg verkauft wurden. Also hat Ihr Onkel Shmiel Jäger sie immer von Lemberg nach Bolechow gebracht, weil in Bolechow noch keine erhältlich waren. Und dann hat Lorka mich an dem Tag, als die Erdbeeren kamen, besucht und gesagt: *Komm, nimm dir ein paar von den neuen Erdbeeren!*

Ganz plötzlich erreichte mich ein starker Anflug von etwas,

ein Hauch, unverwechselbar, aber flüchtig, eines bestimmten Lebensrhythmus, unsichtbar und unvorstellbar jetzt.

Shmiel und seine Laster: Daran schien sich jeder zu erinnern. Was Shmiel für ein Mann gewesen sei, wollte ich wissen.

Anna lächelte leicht und fasste sich ans Ohr. *Er war a bissl tojb!* Er war ein wenig taub!

Taub?, wiederholte ich, worauf sie sagte.

Ja! Tojb! Tojb!

Ich schwieg. Dann fragte ich: Erinnert sie sich an eines der anderen Mädchen?

Di klejnste, begann sie –

Bronia, bohrte ich. Ich war ganz aufgeregt, weil uns anscheinend endlich jemand etwas über Bronia erzählen konnte. Bronia, die sechzig Jahre zuvor in den Bade- und Inhalationsräumen verschwunden war, Bronia, die das Pech hatte, so jung zu sein, als man sie abholte, und weil niemand so Junges gut arbeiten konnte, hatte auch fast niemand so Junges – ihre Freundinnen, ihre Schulkameradinnen – überlebt, weswegen man heute so wenig über sie weiß.

Bronia?, sagte ich noch einmal. Doch Anna schüttelte den Kopf und sagte: *Ruchele war di klejnste.*

Ruchele?, fragte ich verblüfft. Anna nickte heftig, doch ich drängte nicht weiter.

Weswegen ich, als sie fortfuhr, *die klejnste* sei ein sehr stämmiges Mädchen gewesen, sehr sensibel, sehr empfindlich, und habe zu einer Gruppe Kinder gehört, die alle sehr höflich und sehr freundlich gewesen seien – eine Beschreibung, die, das wusste ich, gut zu Jacks Beschreibung von Ruchele passte –, nicht sicher sein konnte, ob ich je etwas über Bronia erfahren würde.

Ich möchte Ihnen einige Bilder zeigen, sagte ich zu Anna.

Um ihren Erinnerungen auf die Sprünge zu helfen, hatte ich meine Mappe mit den alten Familienfotos mitgebracht, mit denen ich auch in Sydney gewesen war. Aber Sydney, wo Boris Goldsmith angestrengt auf das kleine Bild von Shmiel, Ester und Bronia von 1939 geschaut und dann seufzend gesagt hatte: *Das erkenne ich nicht,* war mir eine Lehre gewesen, und ich

hatte alle Bilder stark vergrößert. Jetzt lag selbst der kleinste Schnappschuss in meiner Sammlung in DIN-A4-Größe vor: Shmiels sorgenvolles Gesicht auf jener letzten Fotografie vom *Dezember 1939* war beinahe lebensgroß. Als ich die Mappe hervorzog, rutschte eine der Vergrößerungen auf den Tisch, das Foto von Frydka, Meg Grossbard und Pepci Diamant in Schulmänteln mit Pelzkragen und mit Baretten aus dem Jahr 1936.

Das is Frydka mit Malka Grossbard und Pepci Diamant, sagte ich. Sogleich zeigte Anna auf Megs Gesicht, klaubte wie jemand, der bei einem Kartenspiel einen Stich gemacht hat, das Bild auf und sagte: Malka! Dann sagte sie: *Frydka war sejer schejn* – sejer *schejn!*

Frydka war sehr schön – *sehr* schön!

Dabei machte sie eine bewundernde Gebärde, eine universelle Geste des Staunens: Hände an die Wangen, Augen gen Himmel gerichtet. Wir waren gekommen, um über Lorka zu sprechen, die niemand gut gekannt hatte, aber es überraschte mich nicht, dass wir auf Frydka zu sprechen gekommen waren, ein Mädchen, das so schön war, ein Mädchen, für das ein Junge sein Leben hingegeben hatte, ein Mädchen, das hatte ich schon gespürt, dem Geschichten und Mythen ganz natürlich anhafteten.

Sie sollen eine Sache wissen, sagte Anna, den Blick auf dem Foto der vierzehnjährigen Frydka, und sie fing an zu reden.

Shlomo hörte zu und sagte dann zu mir: Sie hat gesagt, Frydka müsste heute leben, heute noch lebendig sein. Sie war eine moderne Frau, aber sie hat zur falschen Zeit gelebt!

Was meint sie damit?, fragte ich.

Wegen der Art, wie sie damals lebte, in dem kleinen Schtetl, wegen der hat man sie kritisiert! Sie war, na ja, *frei*!

Kritisiert?, fragte ich, wobei ich dachte: Was war nur dran an ihr? Schon damals redete man über sie. Schon damals war sie der Mittelpunkt der Geschichte.

Anna nickte. Sie hätte fünfzig Jahre später leben sollen, sagte sie noch einmal. Lorka, fuhr sie fort, war still, ernst und hatte nur eine *sympatia* –

(später schlug ich *sympatia* in einem polnischen Wörterbuch nach: *Flamme* stand da, und als ich mich erinnerte, wie Anna über Lorka und ihre *sympatia* sprach, rührte mich der altmodische Klang von *Flamme*)

– immer nur eine *sympatia*. Sie hatte einen, den sie mochte, einen Bruder von Frau Halpern. Also ist sie mit ihm gegangen ... Bumo Halpern.

Wirklich?, sagte ich. Das überraschte mich nun doch. Ich erklärte ihnen, in Sydney habe Meg Grossbard darauf beharrt, Lorkas Freund sei ihr entfernter Cousin ... mein entfernter Cousin – Yulek Zimmerman gewesen. Anna schüttelte emphatisch den Kopf und sagte: *Bumo Halpern.*

O.k., sagte ich. Wie auch immer.

Shlomo fuhr fort: Anna sagt, Lorka habe sich gut verhalten, sie sei ehrlich gewesen und nicht ... sie habe für einen Mann Sympathien gehabt und ihn nie betrogen.

Betrogen.

Und Frydka?, fragte ich und kannte die Antwort schon im Voraus.

Anna strahlte mich an und schüttelte den Kopf, als amüsiere die Erinnerung sie noch immer, dann sagte sie, wobei sie mit den Fingern durch die Luft fuhr: *Frydka war gewen a –*

(sie hielt inne und wechselte, da ihr das passende Wort auf Jiddisch nicht einfiel, ins Spanische)

– *sie's gewen a picaflor!*

Frydka war ein Kolibri!

Shlomo strahlte, als er das übersetzte; das Bild gefiel ihm, und er fügte noch ein eigenes hinzu. Ja! Er nickte, lächelte, auch er erinnerte sich an sie. Sie war ein Schmetterling!, rief er aus. Ging von einer Blume zur anderen!

Und nun summte und sprudelte eine Menge Jiddisch zwischen Anna und Shlomo hin und her. Shlomo schlug sich auf den Schenkel und lachte.

Sie hat mir zwei Geschichten erzählt, sagte er. Die eine: Über Frydka kann sie sagen, dass sie und ein paar Freundinnen einmal nach Russki Bolechow gegangen sind. Da gab es einen Burschen, der hatte dort ein Zimmer gemietet, auf den waren sie neugierig. Also klopften sie an die Tür, und wer stand da, als sie aufging? Frydka!

Ich grinste. *Ein Schmetterling!* Na, dachte ich, wer konnte es ihr verübeln? Ich hatte die Bilder aus Pepci Diamants Alben gesehen. Frydka, der melancholische Teenager, über ihrem offenen Fotoalbum brütend, Frydka an einem strahlenden Sonnentag in einem weißen Kleid und den vorne offenen Schuhen, groß, lange Beine, in die Kamera blinzelnd, Frydka, in den Büschen am Sukiel-Fluss herumalbernd, Frydka, finster in die Kamera funkelnd, die Finger an den fein geschnittenen Lippen, eine Pose, in der sich niemand gern erwischen lässt, beim Verspeisen einer Köstlichkeit, die ihre Mutter ihr zubereitet hat, ein Mahl, das ein Menschenalter zuvor zu Staub geworden war. In dieses Mädchen, dachte ich, konnte man verknallt sein.

Anna entschuldigte sich und ging zum Telefon, das am Ende dieser Geschichte ziemlich laut geschrillt hatte. Während sie in der Küche war, fuhr Shlomo mit Annas zweiter Geschichte über Frydka den Schmetterling fort, einer Geschichte aus dunkleren Zeiten.

Das ist ein bisschen schwierig zu übersetzen!, sagte er und lachte laut. Anna hat gesagt, während des Krieges, als die Leute in den Fabriken arbeiteten, arbeiteten die meisten Mädchen draußen. Frydka aber, weil sie, na ja, weil sie so frei war … sie hat es fertiggebracht, dass sie drinnen gearbeitet hat! Im Lager, in der Fassfabrik …

Na ja, sagte ich, leicht amüsiert, noch während ich sprach, über meinen reflexhaften Impuls, den Ruf meiner seit Langem toten Cousine zu schützen: Nach dem, was Jack Greene uns erzählt hatte und was wir aus Shmiels Briefen wissen, war Frydka auf eine höhere Handelsschule gegangen, um später einmal Buchhalterin zu werden. Und vielleicht, fuhr ich fort, hat sie deshalb in dem Lagergebäude gearbeitet? Hatte nicht auch Jack gesagt, dachte ich, dass sie als Buchhalterin in der Fassfabrik gearbeitet hatte?

Anna kam mit einer großen Flasche Cola wieder und stellte sie auf den Tisch. Shlomo übersetzte ihr meinen Einwand. Anna schüttelte den Kopf, grinste breit und sagte etwas zu ihm.

Sie hat Nein gesagt, erklärte Shlomo, Frydka hat nicht im Büro gearbeitet, sie war da noch nicht Buchhalterin, sondern hat an einer Maschine gearbeitet. Er wandte sich noch einmal zu Anna und dann zu mir: Ich habe ihr gesagt, dass ich in dem Gebäude neben Frydka gesessen habe, und dass es nicht so nett war, es war sehr hart da drinnen, aber gerade sagt Anna zu mir: Nein, nein, es war besser, als draußen in dem bitterkalten Winter zu arbeiten!

Es war schreklich kalt!, sagte Anna zu mir, wissend, dass ich keine Übersetzung brauchte.

Ich erinnerte mich an meine endlosen Gespräche mit Andrew, Jahre zuvor, in denen wir uns überlegten, wie es meinem Großvater wohl ergangen wäre, wenn er während des Krieges in Bolechow festgesteckt hätte, ob seine wunderbare Fähigkeit, sich das, was er wollte, zu organisieren, sich Zugänge oder Auswege zu erschmeicheln, sich auf ihn beschränkte oder Ausdruck einer Eigenart war, die es in unserer Familie einmal gegeben hatte, die aber (denn das war der stillschweigende Eindruck, der hinter unserem Interesse lag) nun anscheinend ausgestorben war. Jetzt hatte Shlomo, nicht ohne Bewunderung, gesagt: *Sie hat es fertiggebracht, dass sie drinnen gearbeitet hat!*

Sie hätte heute leben sollen!, wiederholte Anna.

Ich lächelte. Ja, dachte ich, das war wirklich ein Mädchen, in das man verknallt sein konnte.

Ich wollte auf die Fotos zurückkommen, das eine von ihrer Freundin Lorka, das wir hatten. Doch gerade als ich in die Mappe griff, um die Vergrößerung jenes Gruppenbildes herauszuziehen, das jetzt knapp siebzig Jahre alt war, sagte Anna etwas zu Shlomo. Ich hörte die Namen *Shmiel* und *Frydka*. Sprechen wir denn jetzt die ganze Zeit über Frydka?, dachte ich.

Dann sagte Shlomo: *Aha!*

Er wandte sich zu mir. Sie hat gesagt, sie hat irgendwo gehört, dass Frydka und Shmiel sich womöglich irgendwo versteckt hielten und jemand sie verriet und sie umgebracht wurden.

Frydka und Shmiel?, wiederholte ich einfältig. Anna sah mich an; ich konnte sehen, dass sie ahnte, dass ich eine andere Geschichte gehört hatte. Sie nickte, während sie mich noch ansah, und fuhr fort.

Sej sent behalten baj a lererin …

Shlomo hörte zu und übersetzte dann, auch wenn ich der Geschichte folgen konnte. Er sagte: Sie wurden bei einer Lehrerin versteckt. Es war eine Lehrerin, die ihnen gelernt hat, wie man Zeichnungen macht.

Eine Kunstlehrerin, sagte ich.

Ja, sagte er. Eine Kunstlehrerin. Eine Polin.

Ob sie den Namen dieser Lehrerin kenne?, fragte ich. Ich wollte etwas Konkretes, etwas Spezifisches, womit sich die Geschichte genau einordnen ließ.

Anna sprach weiter mit Shlomo, der den Kopf schüttelte. Nein. Aber als sie weiterredeten, hörte ich einen Namen, den ich gut kannte: *Ciszko Szymanski*. Ich machte große Augen. Für jeden, der zu lange in Archiven sitzt und dunkle Ereignisse erforscht, die im Gedächtnis aller, vielleicht mit Ausnahme dem einiger ganz weniger Alter, seit Langem verblasst sind, ist es erfreulich, eine unabhängige Bestätigung der Geschichten zu hören, denen man nachgeht. Dann hatte also auch sie von der Sache mit Ciszko Szymanski gehört. Anna nickte lächelnd und sagte etwas zu Shlomo.

Sie sagt, Ciszko Szymanski war Frydkas Freund, sagte Shlomo.

Ich bat ihn, ihr zu sagen, dass Meg Grossbard in Sydney uns nichts davon erzählen wollte – an Anna gewandt sagte ich *garnischt!*, worauf sie lächelte –, weil Ciszko kein Jude war. Shlomo übersetzte für Anna, die mich daraufhin ungläubig ansah, die Stirn runzelte und die Arme ausbreitete, als wollte sie sagen: *Wen interessiert das schon noch?*

Ich sagte ihr, wir hätten von Jack Greene gehört, Ciszko Szymanski sei exekutiert worden, weil er versucht habe, Frydka zu helfen. Sie verstand eindeutig, was ich sagte, denn noch bevor ich geendet hatte, sah sie mich an und sagte auf Jiddisch: Ja, das habe ich auch gehört.

Und dabei beugte sie sich über den niedrigen Tisch zu mir her wie eine Frau, die ihrer Freundin ein wenig Tratsch anvertrauen will, und sagte sehr schnell etwas. Die Spannung zwischen der Vertrautheit ihrer Geste und der Merkwürdigkeit, auf Shlomos Übersetzung warten zu müssen, erschien mir in dem Moment als bedeutsam. Sie war wie ein Symbol für alles, was ich an dem Tag empfand – die Merkwürdigkeit, unglaubliche Entfernungen von Zeit, Sprache und Gedächtnis verarbeiten zu müssen, und zwar alle gleichzeitig, dazu noch die Unmittelbarkeit und Lebendigkeit der kleinen, aber bewegenden Fragmente über meine so lange toten Verwandten, die ich da hörte. *Komm, nimm dir ein paar Erdbeeren! Er war taub! Ein Schmetterling!*

Shlomo hörte Anna zu, während sie sich so vertraulich herüberlehnte, und sagte dann zu mir:

Sie hat gesagt, als sie gefasst wurden, habe Ciszko gesagt: *Wenn ihr sie umbringt, dann bringt auch mich um!*

Einen Augenblick lang herrschte Schweigen. Ich wusste natürlich, dass Frydka weit mehr als nur eine Verknalltheit ausgelöst hatte: *Der Junge hat dafür mit dem Leben bezahlt*, hatte Jack in Sydney gesagt. Doch es war schon etwas, jetzt die Leidenschaft, die jugendliche Tollkühnheit der Worte dieses verlorenen Jungen zu hören. *Wenn ihr sie umbringt, dann bringt auch mich um!* Und sie brachten ihn um, darin stimmten alle überein, obwohl es noch zwei Jahre dauern sollte, bis ich herausbekam, wie genau.

Ich sagte: Woher weiß sie das alles?

Shlomo und Anna redeten, dann sagte er zu mir: Sie hat es von einem Cousin gehört, der war in Kfar Saba, ist jetzt aber in Haifa. Er war in Russland, ist dann aber gleich nach dem Krieg zurückgekommen und hat in Bolechow gelebt. Er war einer von denen, die das Mahnmal in Taniawa gebaut haben. Der hat also viel gewusst – wie, wo was passiert ist. Sie, also die, die zurückkamen, haben nach dem Krieg, gleich nach dem Krieg, haben sie mit den Ukrainern gesprochen.

Shlomo hielt inne und sagte dann, nur zu mir: Es hat so vieles gegeben, wonach ich nicht gefragt habe – wonach *ich* nicht gefragt habe. Na ja, ich weiß nicht. Heute will ich mehr wissen, als ich damals wissen wollte.

Er holte tief Luft und kehrte dann wieder zu Annas Cousin zurück, der von Ciszko Szymanskis letzten Worten gehört hatte. Also, sagte Shlomo, der hat was gewusst, und meinte damit Annas Cousin, der hat eine Menge gewusst, und das hat er gehört.

Was ist aus diesem Cousin geworden?, fragte ich. Ich war plötzlich ganz aufgeregt. Wenn er in Haifa wäre, konnte ich mit der Bahn hinfahren, mit ihm reden, vielleicht konnte er sich noch an andere Details erinnern.

Es folgte ein ziemlich langer Austausch zwischen Anna und Shlomo. Dann wandte er sich wieder zu mir und sagte: Sie sagt, er ist nicht mehr ganz richtig im Kopf. Sie sagt, er habe neulich angerufen und zu Anna gesagt: »Ich habe gerade mit meiner Cousine gesprochen«, worauf sie sagte: »Welcher Cousine?«, und darauf er: »Anna«, und sie hat gesagt: »Aber *ich* bin doch Anna.«

Also: Mit diesem Cousin würde ich nicht sprechen.

Meine Gefühle müssen wohl ziemlich durchschaubar gewesen sein, während ich all das erfuhr: das bewegende Detail über das Schicksal Ciszkos und Frydkas (wenn es denn stimmte) und, in gewisser Weise mehr noch, dass es eine bedeutsame Variante der Geschichte gab, die ich in Australien gehört hatte, der Geschichte von Shmiels Schicksal, das mir die vier Bolechower in Sydney erzählt hatten, die vollkommen überzeugt waren, dass Shmiel zusammen mit seiner Frau und der jüngsten Tochter – wirklich der jüngsten – im Zuge der zweiten Aktion gefasst worden und in Belzec umgekommen war. Es dauerte einen Augenblick, bis ich mir über die Gefühle, die dieser jähe Sichtwechsel in mir ausgelöst hatte, einigermaßen klar geworden war. Einerseits war es verstörend; mir wurde allmählich bewusst, wie fragil eine jede Geschichte, die ich da hörte, tatsächlich war. (*Sieh mal*, sagte jemand viel später zu mir, *wie will denn jemand, der überlebt hat, das genau wissen? Das hat ihm doch bloß jemand erzählt. Die waren doch gar nicht dabei. Wenn sie überlebt*

369

haben, dann waren sie schon in ihrem Versteck, als es passierte …)
Andererseits verspürte ich ein seltsames Hochgefühl, wie wenn
man eine besonders anspruchsvolle Kriminalgeschichte oder ein
kniffliges Kreuzworträtsel vor sich hat. Was also *war* denn nun
mit Onkel Shmiel geschehen?

Mein Gesicht hatte wohl meine Gefühle verraten. *Du sesst?*,
sagte Anna, ihr sanfter Blick ruhte auf meinem Gesicht, während das weiche, vertrauliche Lächeln ihren Mund umschwebte.
Ich wejß alles.

Endlich sahen wir uns dann auch das Foto von Lorka an.

Ich habe ein Foto von Lorka, sagte ich zu ihr. Ich war ja hergekommen, um über Lorka etwas herauszufinden, doch ein
Großteil unseres Gesprächs, ein Großteil der lebhaften Erinnerungen hatte sich letztlich um Frydka gedreht. Ich überlegte
kurz, ob es zwischen Lorka, der verantwortungsvollen Älteren,
der, die so treu und wahrhaftig war, und ihrer wilden (wie ich
jedenfalls glaubte) jüngeren Schwester, deren Wesen für mich
mit jeder Geschichte, die ich über sie hörte, realer wurde, konkreter, lebhafter, wohl eine gewisse schwesterliche Rivalität gegeben hatte.

Fotos fun Lorka?, sagte Anna begierig. Sie ging ins Schlafzimmer, um ihre Brille zu holen. Als sie zurückkam, hielt ich triumphierend die neunundsechzig Jahre alte Fotografie hoch. Da
waren sie wieder, erstarrt in ihrer Trauer um meine Urgroßmutter: Shmiel, Ester, Esters Bruder Bruno Schneelicht und vier
Mädchen, und zwar, dessen war ich mir jetzt sicher, die neun
Jahre alte Ruchele, die fünf Jahre alte Bronia, die vierzehn Jahre
alte Lorka – die große im Hintergrund, die in die Hocke geht,
um mit aufs Bild zu kommen, mit dem langen, scheuen, ein wenig ernsten Gesicht, keineswegs unattraktiv, aber nicht annähernd so aufgeweckt und hübsch wie Frydka – und, vom Bildrand halb abgeschnitten, Frydka selbst, zwölf Jahre alt.

Anna hielt das Bild mit beiden Händen hoch und betrachtete
es einen Augenblick. Mit großer Gewissheit zeigte sie auf Ester
und sagte: *doss is di muter fun Lorka*, und ich sagte: Ja, das ist
Lorkas Mutter. Anna sah zu mir hoch, machte mit der flachen
Hand eine abwehrende Bewegung und sagte: Ester war nicht

aus Bolechow, sie war aus Stryj. Von meinen Recherchen wusste ich, dass das stimmte, aber es berührte mich, dass sie dieses kleine Faktum kannte, das sie bei einer kindlichen Unterhaltung siebzig Jahre zuvor aufgeschnappt und sich rätselhafterweise ein Leben lang gemerkt hatte. Ich nickte und sagte: Stryj, worauf sie lächelte und sagte: Dann wissen Sie es also!

Sie wandte sich wieder dem Bild zu, betrachtete es stirnrunzelnd und sagte: *Di kinder, si ken ich noch nischt.*

Die Kinder erkenne ich nicht mehr.

Ich zeigte auf Lorka. Sie hielt das Bild wieder vor sich, betrachtete es intensiv und fragte dann, in welchem Jahr es entstanden sei. Neunzehn vierunddreißig, sagte ich. Das weiß ich genau. *Zur Erinnerung an den ersten Monat wo ich nach unser gottseligen Mutter trauerte. Bolechów in August 1934. Sam.* Meine Urgroßmutter Taube Mittelmark Jager starb am 27. Juli 1934. Taube. Vor vielen Jahren, ich war noch ein Kind, zog eine Familie ins Nachbarhaus, und als meine Mutter sich mit der Frau traf, die Toby hieß, lächelte meine Mutter und sagte: Meine Großmutter hieß Taube.

Anna wandte sich von diesem Foto, aufgenommen zur Erinnerung an den ersten Monat der Trauer um diese zartgliedrige, tatsächlich ziemlich taubenartige Frau, deren Gesicht auf allen Fotos, die wir noch von ihr haben, genau denselben traurigen Ausdruck zeigt, ab und sprach emphatisch mit Shlomo.

Was sagt sie?, fragte ich Shlomo; langsam wurde ich nervös.

Sie sagt: Ich glaube nicht, dass das Lorka ist. Sie sagt, sie sieht Lorka vor ihrem inneren Auge, und das ist nicht Lorka.

Er sah sie zur Bestätigung an. *Nejn?* Anna machte dreimal mit der Zunge ein klackendes Geräusch, *nein nein nein.* Dann sagte sie auf Jiddisch zu mir: Wer hat Ihnen gesagt, dass das Lorka ist?

Majn sejde, sagte ich, ein wenig zögernd. *Mein Großvater.* Er war derjenige, der mir drei Jahrzehnte zuvor die Alben gezeigt hatte, aus denen alle diese Fotos stammten, er war es, von dem ich alles hatte, was ich von der Familiengeschichte wusste, *seiner* Familiengeschichte, die Erzählungen und Witze und Dramen, die Namen, die zu den ernsten Gesichtern auf den alten Bildern gehörten. Natürlich war das Lorka, dachte ich; da sind vier

371

Mädchen drauf, und die, auf die ich zeigte, war eindeutig die Älteste.

Majn sejde, wiederholte ich, nun selbstbewusster.

Anna zeigte mir ihr trauriges Lächeln, blieb aber standhaft.

Dajn sejde hot si gekent?, sagte sie.

Ihr Großvater hat sie gekannt?

Was konnte ich da sagen?

Ich sagte: Nein.

Die Diskussion darüber, wie Lorka aussah, schien bei Anna eine wichtige Erinnerung auszulösen, denn sie wurde plötzlich ganz erregt. Ihre Stimme war belegt, während sie sich erst zu mir und dann zu Shlomo wandte, dabei hitzig redete und mit den Händen fuchtelte, damit zeigte, sie hochreckte, wie um Gott als Zeugen anzurufen, und schließlich ihren Körper umschlang, wie in einer Umarmung. Schließlich verstummte sie und sah mich erwartungsvoll an, wartete darauf, dass Shlomo übersetzte.

Ah, sagte Shlomo, siehst du? Erinnerst du dich, dass ich dir gesagt habe, dass jeder für sich war, egoistisch?

Ich erinnerte mich: Am Tag zuvor, als ich ihn interviewte, als er mir sagte, wie er und sein Cousin Josef sich versteckt gehalten hätten, nachdem die anderen ihrer Familien getötet worden seien und sie gemeinsam überlebt hätten, mir sagte, weil seine Mutter so *frum* gewesen sei, so fromm, dass sie ihr Versteck verlassen habe, um Pessach zu machen, Passah, und dabei gefasst und weggebracht worden sei, wie er habe mitgehen wollen und wie sie, um ihm den Anblick dessen zu ersparen, was immer mit ihr geschehen könnte, ihren kleinen Jungen ins Haus zurückgeschickt habe, um ihr ein Paar warme Socken zu holen, und wie er hineingerannt sei und sie geholt habe und dann wieder dahin, wo sie gewesen war, und sie weg war – als Shlomo mir das alles am Tag zuvor erzählte, sagte er auch, dass die Besatzung die Leute nicht zuletzt auch verschlossen gemacht habe, sogar Freunden und Verwandten gegenüber. Die Leute, die vorhatten unterzutauchen, hatte er mit einem wissenden und zugleich traurigen Blick gesagt, wussten, dass ihre Überlebenschancen stiegen, wenn so wenige wie möglich von ihren Plänen wussten. Ich versuchte gar nicht erst, mir vorzustellen, wie es gewesen sein könnte, eine derartige passive Täuschung mit Leuten praktizieren zu müssen, die man liebte – Leuten, die, wie man gewusst haben musste, sterben würden, wenn sie nicht ähnliche Pläne machten wie die, die man ihnen verheimlichte.

Siehst du, sagte Shlomo erneut, als wir mit Anna Heller Stern sprachen. Keiner wollte etwas sagen, keiner, der untertauchen wollte! Und sie war eng mit Lorka befreundet, sie arbeiteten zusammen in der Fassfabrik. Anna hat mir gesagt, an dem Tag, als sie wusste, dass sie fliehen werde, gingen sie zusammen zur Arbeit in die Fabrik. Und sie hat mir gesagt, dass sie plötzlich zu Lorka sagte: *Lorka, umarmen wir einander, geben wir uns einen Kuss, denn Gott weiß, wann wir einander wiedersehen.*

Da sah sie Lorka zum letzten Mal.

Einige Augenblicke lang waren wir alle stumm. Dann fragte ich: Wann war das? Shlomo und Anna redeten eine Weile, dann sagte er: Es war im November 'zweiundvierzig.

Er fügte hinzu: 'Zweiundvierzig verließ sie Bolechow und tauchte unter. Sie sagt, sie weiß, was mit Lorka geschehen ist, wie sie entkam und zu den Babij ging, und dann wurde sie wahrscheinlich getötet. Sie sagt, sie hat von Frydka gehört, von Frydka und Shmiel, dass sie zusammen untergetaucht sind. Aber sie weiß nicht, wie Lorka oder auch Frydka genau getötet wurden.

Sie sagt, sie weiß nicht einmal, was mit ihrer *eigenen* Familie passiert ist, fügte er hinzu.

Diese letzte Bemerkung veranlasste mich, auf weitere Fragen

zu verzichten. Aber jetzt wusste ich: Im November 1942 hatte jemand der noch Lebenden Lorka zum letzten Mal gesehen und somit ein Gesicht, das ich nie kennen werde.

Inzwischen war die Platte auf dem Tisch voller Krümel, und die Colagläser schwitzten. Wir hatten ungefähr anderthalb Stunden geredet, und ich hatte das Gefühl, dass Anna uns an dem Vormittag alles über meine Familie erzählt hatte, wie sie wusste. Ich dachte: Was wäre, wenn jemand in vierzig Jahren zu mir käme und mich fragte, welche Erinnerungen ich an einen Jungen hätte, der in der Nähe aufgewachsen, einen Jungen, der mit mir in die Grundschule gegangen war? An Danny Wasserman etwa, den blonden Jungen, der in meiner Jugendzeit mir gegenüber wohnte, einen Jungen, der ein wenig älter war als ich, an dessen blonde Haare ich mich noch erinnere und auch daran, dass er Sport mochte, dass er ein großer, netter Junge war; was könnte ich da sagen? Daher war ich Anna Heller Stern an jenem Vormittag dankbar. Ich war ihr dankbar für die Geschichte mit den Erdbeeren, genauso wie es mich seltsamerweise ein wenig in Erregung versetzte, dass ich noch immer nicht genau wusste, was mit Shmiel geschehen war, und tief aufwühlte, dass das Mädchen auf dem Foto nicht Lorka war – und wer sollte es besser wissen als diese Frau, die sie so lange gekannt hatte? –, was bedeutete, dass von dieser jungen Frau nicht ein Bild mehr existierte, nirgendwo.

Wie sich zeigte, sollte das nicht der letzte Schock sein, die letzte Enttäuschung, die letzte notwendige Korrektur der Familiengeschichte.

Da wir müde waren, da ich glaubte, wir hätten alles bekommen, was wir vernünftigerweise hatten erhoffen können angesichts dessen, wie sehr das alles an jenem Vormittag auch Anna mitnahm, dachte ich langsam daran, das Gespräch zum Ende zu lenken. Auch musste ich mich auf das riesige Familientreffen vorbereiten, das Elkana für den Nachmittag geplant hatte, das Treffen, zu dem »alle Cousins und Cousinen« kommen sollten, um diesen unbekannten amerikanischen Verwandten zu sehen, der, wie man ihnen gesagt hatte, an einem Buch über die *mischpoche* schrieb. Also stellte ich eine Frage, die, wie ich glaubte, unser langes Gespräch beschließen konnte.

Ob sie sich noch an andere Jägers in Bolechow erinnere?, fragte ich. Seit ich ein Vierteljahr zuvor mit der Sydney-Gruppe gesprochen hatte, wusste ich von den entfernten Jäger-Verwandten, die die *cukierna* gehabt hatten, die Jäger-Brüder, von denen einer Wiktor hieß und der Sohn (dessen war ich sicher) der Chaya Sima Jäger war, deren Grabstein Matt an jenem Tag verrückterweise von Alex' Wagen aus gesehen hatte, der Wiktor, dessen Schwester die Mutter Yulek Zimmermans war, des Jungen, von dem ich bis heute angenommen hatte, er sei Lorkas einziger Freund gewesen. Vielleicht weiß sie ja davon etwas, dachte ich.

Stattdessen erwähnte sie, als sie mit Shlomo sprach, etwas von einem Yitzhak Jäger. Onkel Itzhak! Eine eigenartige Vorstellung, dass es hier in Israel Leute gab, die sich an ihn in Bolechow erinnerten, bevor er – oder vielmehr Tante Miriam – so weitsichtig gewesen waren wegzugehen.

Sie redete noch weiter, dann sagte Shlomo zu mir: Itzhak hatte eine Fleischerei, aber nicht am Rynek –

(am Rynek hatte das Geschäft zu Zeiten meines Großvaters gestanden, das wusste ich, und Shlomo wusste, dass ich es wusste: Ich hatte das Bild aus dem Jiskor-Buch, ein Bild von einer Seite des Rynek mit dem Rathaus und, genau gegenüber, einem flachen Gebäude, unter das mein Großvater einen Pfeil gezeichnet hatte, um anzuzeigen, wo das Familiengeschäft gestanden hatte)

– nicht am Rynek, sagte Shlomo, sondern gegenüber der Mühle. Da war es. Und von diesem Geschäft aus muss er aus Bolechow geflohen sein.

Inzwischen wusste ich um die Schwierigkeiten, in mehreren Sprachen zugleich zu operieren, und sagte daher: Du meinst, er ließ das Geschäft zurück, als er Bolechow verließ?

Shlomo schüttelte den Kopf.

Ich sagte: Du meinst, er wollte nicht dort sein? Ich war verwirrt.

Shlomo sah mich an.

Er musste *weglaufen*, sagte er.

Ich sagte: Warum war … was heißt das denn?

Anna verfolgte den Wortwechsel und sagte zu Shlomo: *Er wil wissn?*

Shlomo, mir zugewandt, dolmetschte für sie, auch wenn ich keine Übersetzung brauchte: Das willst du wirklich wissen?

Und ich sagte: *Ja.*

Da begann Anna eine lange Geschichte. Dass sie lang werden würde, erkannte ich an der Art, wie sie Luft holte, an den Rhythmen ihrer jiddischen Sätze, den trächtigen Vokalen und gurgelnden Konsonanten, die sich wie dicke Wolle von einer Spindel abrollten und den Raum füllten. Sie redete einige Minuten, saß dabei auf der Sesselkante und blickte immer wieder von Shlomo zu mir. Als sie geendet hatte, lehnte sie sich mit einem Seufzer, als hätte sie eine schwierige Arbeit abgeschlossen, in ihren Sessel zurück.

Shlomo sagte: O.k. Sie waren Kunden in Itzhak Jägers Fleischerei (Annas Familie, meinte er). Zu einer Zeit baute Itzhak sich also ein hübsches Haus, nicht weit von Shmiel, und sie hatten eine große Kellerei.

Keller, sagte ich.

Ja, einen großen Keller. Und sie sagt, in einem Jahr, da hat es eine bestimmte Zeit gegeben, da bekam man kein Kalbfleisch. Nein nein nein – man bekam kein Kalbfleisch.

Dem konnte ich nicht ganz folgen. Man bekam kein Kalbfleisch, hatte er gesagt. Warum? Ich überlegte laut, ob es vielleicht eine Plage beim Vieh gegeben habe. Er sagte, vielleicht war das so, vielleicht hatten die Kühe in dem Jahr keine Kälber bekommen.

Shlomo fuhr mit der Geschichte fort. Auf einmal, sagte er, ist eine Frau zu einer anderen gekommen und hat gesehen, dass sie in ihrer Küche Kalb hat. Also hat sie sie gefragt: *Woher haben Sie das Kalbfleisch?*, und die andere Frau hat gesagt: *Baj Itzhak Jäger.*

Baj Itzhak Jäger, wiederholte ich.

Shlomo sagte: Die Information ging also vom einen zum anderen, vom einen zum anderen – es war eine kleine Stadt. Und so hat jeder bei Itzhak Jäger Kalbfleisch gekauft. Und dann haben sie herausgefunden, *wie* er an Kalbfleisch herankam – dass er immer weit aufs Land hinausging und ein junges Kalb kaufte und dass er dann mit dem Kalb in seinen Keller ging und es selbst tötete, und so hat er Kalbfleisch zu verkaufen gehabt.

Selbst wenn man nicht wie ich von einer langen Linie koscherer Fleischer abstammte, wusste man, was das bedeutete. Weil das Kalb nicht von einem *schojchet*, einem rituellen Schlachter, getötet worden war, war es nicht koscher.

Shlomo sah mir ins Gesicht und nickte. Laut sagte er: Genau! Es war nicht koscher! Er strahlte vor Erregung über diese Geschichte, von der zu wissen er zu der Zeit zu jung war, vielleicht noch gar nicht geboren. Er fuhr fort: Um es koscher zu töten, braucht es einen berufsmäßigen Schlachter! Daher brachten die Rabbis, die Rabbis von Bolechow, ein Schild an, auf dem stand, dass dieses Geschäft nicht koscher ist, kein koscheres Fleisch verkauft! Und alle gläubigen Frauen mussten zu Hause alles Geschirr zerbrechen. Und es war ein großer Skandal!

Von sich aus setzte er hinzu: Koscheres Fleisch hat nämlich doppelt so viel gekostet wie anderes. So also hat Itzhak damit sein neues Haus bauen können!

Ich sagte eine Weile nichts. Dann fragte ich: In welchem Jahr war das? Shlomo fragte Anna und sagte dann: Sie war da ungefähr zehn Jahre alt.

Neunzehn dreißig, dachte ich. Kurz bevor Itzhak nach Palästina kam. *Gerade noch rechtzeitig! Sie war Zionistin!*

Ich dachte, das sei es gewesen, als Shlomo sich ruckartig von seinem Platz erhob und ausrief:

Siehst du?, sagte er erregt. *Siehst* du? Siehst du? Ich möchte dir etwas sehr Wichtiges sagen.

Ich hatte keine Ahnung, was nun kam.

Shlomo sah mich an. Er sagte, kaum fähig, seine Gefühle zu beherrschen: Ich möchte dir etwas sehr Wichtiges sagen. Meine Mutter war *frum*, eine fromme Frau. Sie hielt sich versteckt, weil sie gehört hatte, dass die Deutschen sie holen wollten. Aber sie ist *aus* ihrem Unterschlupf heraus, um Pessach zu machen, wegen Gott!

Shlomo holte tief Luft. Wie viele große Männer, die ebenfalls keine Angst haben, ihre Gefühle zu zeigen, schien er sich beim Sprechen irgendwie aufzublähen, größer zu werden, und seine Stimme zitterte.

Er sagte: Und sie ist herausgekommen, und sie haben sie getötet.

Er sah mich bedeutungsvoll an, und da wusste ich genau, worauf er hinauswollte. Ich sagte: Shlomo, ich weiß, worauf du hinauswillst.

Aber es war, als würde er mich nicht hören. Er sah mich an, zeigte mit seinem dicken Finger auf mich und fuhr fort. Er sagte: Weil sie *frum* war, wurde meine Mutter getötet! Und Itzhak Jäger hat etwas getan, das *vollkommen gegen die Religion war*! Und Gott hat ihn gerettet, er hat ihn nach Palästina geschickt! Verstehst du?

Ich verstand. Ich dachte an meinen Großvater, wie er Jahre zuvor von einem anderen Mahl aus unkoscherem Fleisch sagte: *Aber wenn das Leben auf dem Spiel steht, vergibt Gott!* Doch er hatte das Fleisch gegessen, um am Leben zu bleiben; das war etwas anderes. Mir fiel nichts ein, was ich hätte sagen können. Vielmehr hörte ich zu, wie Shlomo das, was er gerade zu mir gesagt hatte, für Anna übersetzte. Bei diesem zweiten Mal war er nicht weniger erregt.

Itzhak hot gemacht a sach doss is kegn Got, rief Shlomo erneut aus.

Itzhak hat etwas getan, das gegen Gott ist.

Un Got hot ihm geratet!

Und Gott hat ihn gerettet!

Anna, die vermutlich viele Jahre Zeit gehabt hatte, um über gewisse Ironien der Geschichte nachzudenken, darüber, wie oder auch nur ob Gott sich in die Angelegenheiten der Menschen einmischte, unterbrach Shlomo an der Stelle, schüttelte den Kopf und zeigte ihr Lächeln, in dessen übliche Traurigkeit sich diesmal eine gewisse müde Belustigung mischte. Vage zeigte sie himmelwärts.

Wuss, kegn Got?, sagte sie tadelnd. *Kegn di* rabbunim!

Das brauchte Shlomo mir nicht zu übersetzen. Sie hatte gesagt: Was, »gegen Gott«? Gegen die *Rabbis*!

Wenn das Leben auf dem Spiel steht, vergibt Gott!

Bald danach setzte Shlomo mich vor Elkanas schickem Wohnkomplex ab, wo das festliche Familientreffen stattfinden sollte. Der Cousin meiner Mutter war äußerst herzlich bei dem gigantischen Spätnachmittagslunch, der im Speisesaal des Komplexes serviert wurde. Nachdem die rund fünfundzwanzig Cousins und Cousinen ersten, zweiten oder dritten Grades, die Ramis und Nomis, die Pninas und Re'uts, die Gals und Tzakhis lachend vorgestellt waren (wieder diese seltsamen, abgehackten israelischen Namen! Während ich so dasaß, fiel mir wieder ein, wie wir lachten und YONA YONA YONA sagten, als wir klein waren und mein Großvater immer mit jener dunkelhaarigen, jungen Israelin anreiste, bis er dann anfing, die anderen Frauen mitzubringen), nach dem verschämten Lächeln und dem stummen Nicken und Grinsen, nachdem alle diese Leute Platz genommen hatten, erhob sich Elkana und brachte einen Willkommenstoast aus. Verlegen, weil ich nicht auf Hebräisch antworten konnte, lächelte ich einfältig und nickte allen zu. Auf Englisch sagte ich dann, ich sei froh, in Israel zu sein und endlich die ganze *mischpoche* kennenzulernen. Elkana war so aufmerksam, mich neben die Enkelinnen seiner Schwester zu setzen, junge Frauen Ende zwanzig, die fließend Englisch sprachen. Wir kamen ins Gespräch und tauschten schon nach einer Weile Familientratsch aus und verglichen Familiengeheimnisse. *In dieser Familie?*, sagte Gal einmal ungläubig auf eine meiner Fragen hin. *Machst du Witze?* Sie sah Ravit an und lachte los. Ich grinste und sagte: *Ja, auch viele von uns.* Am anderen Ende des Tischs hatte Elkana den Sohn seines Sohns Rami, Zachi, einen dunklen, gut aussehenden jungen Mann, knapp dreißig, neben sich gesetzt. *Rami*, ein Spitzname für Abraham, mein Großvater. *Zachi*, die Koseform von Itzhak. Rami war irgendwo im Fernen Osten; wie sein Vater war auch er ein Jemand. Elkana hielt vor seinem Enkel große Reden. In den Zeitungen hatte gestanden, dass die Suche nach dem abgesetzten Führer des Irak im Gange sei: Elkana, der, wenngleich schon lange in Rente, noch immer die soignierte Aura eines Mannes verströmte, der besonderen Zugang zu exklusiven Informationen von höchster Stelle hat, nickte mir zu und sagte mit einer gewissen Großzügigkeit: *Den findet ihr in Tikrit, das sag ich euch. Da kommt er her, da hat er seine Leute.* Rechts von mir saß Ruthie, ihre Zöpfe jetzt eine Mischung aus strohblond und weiß; sie übersetzte, so schnell sie konnte, wenn ich versuchte, mit den anderen zu kommunizieren, immer dann, wenn sie es für wert erachtete, dass etwas wiederholt wurde.

379

Auf diese Weise erfuhr ich, dass die meisten der jüngeren Leute keine Ahnung davon hatten, dass diese große und ausgelassene Familie aus einem Ort namens Bolechow stammte und dass ihr Name einst יֵעֲגֵר gewesen war.

Abrams erste Begegnung mit einer fremden Kultur ist auf den ersten Blick nicht sonderlich erfolgreich. Relativ früh in Para-schat Lech Lecha *erfahren wir, dass es in Kenaan, obwohl Gott Abram dorthin, in das gelobte Land, geführt hatte, bald danach eine Hungersnot gab, die Abram veranlasste, mit seiner Familie nach Ägypten zu fliehen, ein Land des Überflusses. Vor der Ankunft in Ägypten heckt Abram einen Plan aus. Sie sei eine schöne Frau, sagt er zu Sarai, weswegen die Ägypter sie entführen und ihn töten wollten; er weist sie daher an, sie solle lügen und sagen, Abram sei nicht ihr Mann, sondern ihr Bruder, »damit«, so Abram zu ihr, »es mir wohl ergehe um deinetwillen und ich deinetwegen am Leben bleibe«. Wie sich zeigt, bestätigt sich der erste Teil seiner Voraussage: Kaum sind sie in Ägypten angelangt, preisen die Fürsten des Pharao ihre Schönheit vor dem König, worauf sie »in das Haus Par'os geholt« wurde. Und es lief tatsächlich gut für Abram, der für seine Lüge »Schafe und Rinder und Esel, Knechte und Mägde, Eselstuten und Kamele« erhielt. Ein wahrhaft reicher Segen.*

Was den zweiten Teil von Abrams nervöser Voraussage angeht – dass die Ägypter ihn getötet hätten, wenn sie gewusst hätten, dass er Sarais Mann ist –, gibt es keinerlei Hinweise, die dies stützen, vielmehr suggeriert der Text, dass, wenn überhaupt etwas, das Gegenteil der Fall gewesen wäre. Nachdem Sarai ins Haus des Pharao gebracht worden ist (wir erfahren nicht, was dort geschieht), schlägt Gott Ägypten mit »schweren Plagen« als Strafe für, wie wir annehmen müssen, Pharaos (unwissentliche) Beleidigung eines Ehepaares. In einer Passage, die sich vor allem dadurch auszeichnet, was sie nicht erzählt, folgert der Pharao, vermutlich anhand der Natur der Plagen, die nicht näher bezeichnet werden, dass er bestraft wird, weil er Sarai zur Frau genommen hat, obwohl sie ja schon verheiratet ist, und bestellt zornig Abram zu sich. »Was hast du mir da getan?«, ruft er aus. »Warum hast du mir nicht gesagt, daß sie dein Weib ist? Warum hast du gesagt: ›Meine Schwester ist sie‹, daß ich sie mir zum Weib genommen habe? Doch nun: Hier hast du dein Weib; nimm und geh!« Und tatsächlich zieht Abram, wie wir in Genesis 1:13 erfahren, »von Mizraim [Ägypten] herauf«, schwer beladen mit »all seiner Habe«: Vieh, Silber und Gold.

Ein Großteil der wissenschaftlichen Kommentare zu diesem eigentümlichen Umweg auf Abrams ausgedehnten Reisen gilt der Art und Weise, wie die Episode, die die Konfrontation mit dem Pharao, die Strafplagen über Ägypten, den Zorn des ägyptischen Königs auf den Mann Gottes und seinen ungeduldigen Befehl an den Hebräer »Geh!«, einen bewussten Vorgriff auf die spätere, zentrale Episode darstellt, die in Exodus erzählt wird. Und natürlich gab es viele Diskussionen über Abrams merkwürdigen Plan, der ja auf einer Annahme bezüglich des Verhaltens der Ägypter basiert, die sich aufgrund der tatsächlichen Ereignisse als unhaltbar erweist; besonders das, was viele Kommentatoren als eine bewusste Prostituierung seiner Frau ansehen, verbunden mit der Aufforderung zu lügen, hat viele, die sich mit dieser Passage befassen, beklommen gemacht, und viele haben sich alle Mühe gegeben, Abram zu entlasten. »Man kann ihm nicht vorwerfen, dass er Sarah in eine kompromittierende Position gebracht hat«, schreibt Friedman, »denn seinem Verständnis nach wäre Sarah ohnehin genommen worden.« Dennoch haftet dem Verhalten des Patriarchen ein fader Beigeschmack an. Friedman, der Moderne aus Kalifornien, nimmt bereitwillig hin, dass Abram vielleicht doch »nicht vollkommen« ist, Raschi hingegen meint, Abram sei an den Geschenken per se nicht interessiert gewesen, vielmehr sei ihm daran gelegen gewesen – da er erkannte, dass die Episode, in der er nun Akteur war, lediglich den Auftakt zu einem größeren biblischen Drama bildete –, dass seine künftigen Nachkommen in Exodus Ägypten ähnlich reich beschenkt verlassen.

Diese und andere Versuche, den Vater aller Juden zu entlasten, erscheinen mir heute doch recht fadenscheinig. Ich denke oft an diese Geschichte, an den Mann, seine Frau und seine Familie, die Heimat, die sie in einer Krisenzeit verlassen müssen. Dass er sich mittels einer Lüge (es gibt kein anderes Wort dafür) bereichert, dass er seine Frau als eine Art Vorwand für eine Flucht

benutzt, die, wie unwahrscheinlich auch immer, zu einem Vehi-
kel für Selbstbereicherung diente, für die Vermehrung einer er-
folgreichen neuen Nachkommenschaft im neuen Land – daran
denke ich, und ich denke, wer immer Paraschat Lech Lecha ge-
schrieben hat, wusste etwas darüber, wie die Menschen sich in
schweren Zeiten verhalten können.

Am Sonntag, dem neunundzwanzigsten Juni, holte Shlomo
mich am Tel Aviver Hilton ab, das wegen des sechs Monate alten
Krieges und der dadurch erhöhten Bedrohung durch Terror-
anschläge ziemlich leer war. Vor dem berühmten Frühstück-
Smorgasbord, von dem Froma mir aufgeregt berichtet hatte, der
fabelhaften Auswahl an vielerlei Lox und Räucherfisch, der riesigen elektrischen Saftpresse mit kräftig gefärbten israelischen
Orangen, dem Käse und Hering, den Bagels und Broten, streiften an dem Morgen nur sechs, sieben Leute herum.

Um Punkt zehn Uhr umfuhr Shlomo die Sicherheitskontrolle
am Hoteleingang und hielt vor der riesigen, leeren Lobby. Er
hatte sich nur zu gern bereit erklärt, mich die rund zwei Stunden
nach Süden zu fahren, mitten in die Wüste, wo ich mit Solomon
und Malcia Reinharz sprechen wollte. Wir müssten um die
Mittagszeit dort sein, hatte Shlomo mir gesagt, auf Bitten des
Paares.

Der Mann möchte nicht zu viel Zeit von der Arbeit wegblei-
ben, erklärte Shlomo.

Arbeit?, wiederholte ich ungläubig. Nach dem, was Shlomo
mit erzählt hatte, musste dieser Herr Reinharz fast neunzig sein.

Aber sicher, sagte Shlomo und grinste breit. Die haben jetzt
seit über fünfzig Jahren ein Schuhgeschäft, dort arbeiten sie
noch immer.

Wenigstens dürfte ihr Gedächtnis dann noch gut sein, dachte
ich.

Als wir aus Tel Aviv herausfuhren, weiter durch Jaffa – wo
Elkana mich an dem Abend, als ich angekommen war, in ein
unprätentiöses arabisches Restaurant eingeladen hatte, wo das
Essen hervorragend war und Elkana auf Arabisch mit dem Besitzer plauderte, einem alten Freund von ihm – und dann hinaus
auf eine Schnellstraße, die bald kaum mehr als eine schmale

Linie war, die durch eine Menge Sand schnitt, unterhielten Shlomo und ich uns über Bolechow. Seit dem Tod meines Großvaters hatte ich nicht mehr so gern meinem Drang nachgegeben, Fragen über die Stadt zu stellen. Aufgeregt erörterten wir die Enthüllungen vom Vortag, besonders Annas Beharren darauf, dass Frydka mit Shmiel untergetaucht war – eine Version der Ereignisse, die einen nicht geringen Teil ihres Reizes der Tatsache verdankte, dass sie genau zu der Version passte, die Tante Miriam so viele Jahre zuvor gehört hatte. Erneut spürte ich die Dringlichkeit hinter Shlomos Begeisterung, die Energie, die jedes neue Faktum zu Bolechow verströmte, auch wenn es dabei um eine Familie ging, die nicht die seine war. Schließlich hatte er sich ja selbst zum Oberhaupt der »Ex-Bolechower« ernannt, die wie immer im Herbst ihr alljährliches Treffen abhalten wollten. Und es war Shlomo, der mir auch gern von den Berühmtheiten, die ihren Ursprung in Bolechow oder seiner Umgebung hatten, erzählte.

Kennst du Krauthammer, den amerikanischen Journalisten?, fragte er mich.

Ja, sagte ich. Ich kannte ihn.

Eine Bolechower Familie!, rief Shlomo triumphierend aus.

Im Ernst?, sagte ich.

Er fragte mich, ob dieser Krauthammer mich vielleicht kontaktiert habe, als mein Artikel über unsere Reise nach Bolechow im Jahr 2001 erschienen war.

Nein, sagte ich lächelnd. Allerdings erzählte ich ihm, dass mich eine andere bekannte Figur im amerikanischen Zeitungswesen, ein Mann, dessen Vater in Stryj geboren war, kontaktiert habe, nachdem er von meiner ersten Reise in die Ukraine zwei Jahre zuvor gehört hatte. *Wieseltier*, sagte ich, als Shlomo mich nach dem Namen fragte.

Ah!, sagte er, doch, ich glaube, in Bolechow hat es auch eine Familie Wieseltier gegeben.

Ich nickte und erklärte, dieser berühmte Redakteur, der in Washington, D. C., lebe, habe mir erzählt, er wisse ganz genau, dass die Familie seiner Mutter, Backenroth, eine Verbindung zu Bolechow habe, und dass er auch glaube, dass er Verwandte väterlicherseits gehabt habe, die vor dem Krieg in Bolechow ge-

lebt hätten, allerdings kenne er nicht deren Namen. Er hatte angenommen, dass sie vielleicht eine Bäckerei gehabt hätten, so
wie sein Vater in Stryj. Shlomo nickte wieder, und wir stimmten
darin überein, dass *Wieseltier* ein seltener Name sei, nicht die
Sorte, die man leicht verwechselte oder ganz vergaß. *Natürlich
kannte ich Wieseltier*, hatte mir Mrs Begley nach meiner Rückkehr aus der Ukraine gesagt und noch hinzugesetzt, *der hatte
eine Bäckerei. Ich habe den Vater gekannt*, da sie sich denken
konnte, dass ich von dem Sohn in einem völlig anderen Kontext
wusste. Dann hatte sie mir eine weiße Platte aus Knochenpor-
zellan übers Tischtuch hingeschoben und gesagt: *Nehmen Sie
doch noch einen Keks, glauben Sie etwa, ich esse die?*

Da!, rief Shlomo plötzlich. Er zeigte durchs Fenster auf eine
Gestalt, die neben einem Kamel herging. *Beduinen!*

In Bolechow sind wir jedenfalls nicht, scherzte ich. Ich dachte
an meine Großmutter 1956, *mit einem Kamel und einem Araber.*

Er bat mich, ihm genauer von den Interviews zu erzählen, die
ich in Australien gemacht hatte. Während ich ihm, so gut ich
mich erinnern konnte, von jedem der langen Gespräche erzählte, nickte er langsam, genoss jede Geschichte, jedes Faktum,
obwohl es sich natürlich um Geschichten und Fakten handelte,
die er inzwischen selbst gut kannte. Einmal fragte ich ihn, ob er
denn von der Geschichte gehört habe, die meine Mutter irgendwo, viele Jahre zuvor, gehört habe: dass ihre Cousinen vergewaltigt worden seien, bevor man sie umgebracht habe. *Sie
hatten vier schöne Mädchen, sie haben sie alle vergewaltigt und
dann umgebracht.* Wo hat sie das gehört?, hatte ich mich immer
gefragt, aber als ich meine Mutter dann endlich fragte, sagte sie:
Daran erinnere ich mich nicht mehr, es gibt so viele furchtbare
Geschichten, früher hatte ich Albträume deswegen. Als Shlomo
und ich nun Richtung Beerscheba fuhren, fragte ich also ihn,
was er wisse, was er gehört habe. In Australien hatte niemand
Genaueres gewusst, sagte ich, während draußen die Wüste flim-
merte. Er zog eine Grimasse und zuckte traurig die Achseln. So
viele schreckliche Dinge sind bei den Aktionen passiert, sagte
Shlomo, es wäre möglich, klar. Wäre. Aber es genau zu wissen,
ist meines Erachtens unmöglich.

Ich nickte, sagte aber nichts. Vielleicht war es besser, manche Dinge nicht zu wissen.

Nach einer Weile sagte er: Weißt du, dass auch Regnier in Australien war? Anatol Regnier war der Autor von *Damals in Bolechow*, dem Buch, in dem erzählt wurde, wie Shlomo und sein Cousin Josef, wie Jack und Bob und die Übrigen überlebt hatten. Ich dachte an Meg Grossbard und wie sie gesagt hatte, wie eigenartig sie es gefunden habe, dass eines Tages ein Deutscher sie angerufen und gebeten habe, von Bolechow zu erzählen, und wie sie sich geweigert habe, mit ihm zu sprechen, sich gewehrt habe, dass ihre Geschichte aufgeschrieben wurde.

Ja, antwortete ich Shlomo, ich weiß, dass er da war. Und dann führte ich den unausgesprochenen Gedanken, der in mir entstanden war, fort und sagte mit einem feinen Lächeln: Es ist etwas anderes, die Geschichte von Leuten aufzuschreiben, die überlebt haben, weil man da jemanden interviewen kann und sie einem diese unglaublichen Geschichten erzählen können. Während ich das sagte, dachte ich an Mrs Begley, die mich einmal kühl angesehen und gesagt hatte: *Wenn man keine unglaubliche Geschichte hatte, hatte man nicht überlebt.*

Mein Problem ist, fuhr ich fort, dass ich die Geschichte von Leuten aufschreiben will, die nicht überlebt haben. Von Leuten, die keine Geschichte mehr erzählen können.

Shlomo nickte und sagte: Aha, verstehe. Er fuhr weiter. Weißt du, sagte er, dieser Regnier, der ist Deutscher, aber er ist mit einer berühmten israelischen Sängerin verheiratet, Nehama Hendel, die ist ein großer Star.

Entschuldigend sagte ich, ich hätte nie von ihr gehört.

In Israel ist sie ganz groß, sagte er. Aber sie ist vor ein paar Jahren gestorben.

Plötzlich kam mir eine Frage in den Sinn, die mich schon länger beschäftigte. Mein Großvater, sagte ich, hat mir, als ich ein kleiner Junge war, immer zwei Lieder vorgesungen; ich habe mich gefragt, ob das vielleicht Lieder aus seiner Kindheit waren, Lieder, die ihm sein Vater oder seine Mutter vorgesungen hatten. Bolechower Lieder.

Wie gingen die?, fragte Shlomo.

Na, sagte ich, ein wenig verlegen, das erste hat er uns immer beim Schlafengehen vorgesungen. So war es gewesen: Als wir klein waren und mein Großvater auf Besuch war, kam er manchmal in unser Zimmer, nachdem wir ins Bett gebracht worden waren, und sang dieses Lied, dessen Text allein bestimmt recht merkwürdig und platt erscheint, wenn man ihn so liest, viel mehr als etwa der Text von »Majn Schtetele Belz«, der ja doch ziemlich sentimental ist. Um zu vermitteln, was an dem Lied so besonders war, gehört eigentlich viel mehr dazu, als den Text aufzuschreiben:

Oh why did you hit my Daniel,
My Daniel did nothing to you.
Next time you hit my Daniel,
I'll call a policeman on you!
Hoo hoo!

Ich könnte beispielsweise versuchen, ihn ein wenig anders zu schreiben, sodass man einen Eindruck vom Rhythmus bekäme, der für mich als Kind beruhigend (weil er letztlich ein Versprechen des Schutzes und der Vergeltung war) und beängstigend zugleich war (weil er die unbegreifliche Vorstellung weckte, dass jemand mich, ein Kind, schlagen wollte). Die Schreibweise könnte dann wie folgt aussehen:

Oh WHY did you HI-it my DAN-iel,
My DAN-iel did nothing to YOU.
Next TIME you HI-it my DAN-iel,
I'll CALL a po-LICE-man on YOU!
Hoo-HOO!

Aber natürlich wäre auch so nichts von den besonderen Modulationen der nahezu verschwundenen Stimme meines Großvaters vermittelt. (Ich sage *nahezu verschwundenen*, weil mein Großvater sich vor der Zeit des Videorekorders umbrachte und die einzige Aufnahme, die wir von seiner Stimme haben, daher die Kassette ist, die ich im Sommer 1974 laufen ließ, als er uns die Geschichte erzählte, wie er bei einem russischen Angriff ohne Schuhe aus dem Haus gerannt war. Bei Leuten, die vor einem bestimmten Zeitpunkt der Technikgeschichte lebten, verschwindet die Stimme mit als Erstes: Niemand wird jemals erfahren, wie Shmiel und seine Familie klangen.) Um mehr als nur den Text dieses Liedes zu vermitteln, das ich nun auch, recht verlegen, meinen eigenen Kindern vorgesungen habe, wobei ich bezweifle, dass sie es einmal ihren vorsingen werden, müsste ich versuchen, annäherungsweise seine besondere Bolechower Aussprache wiederzugeben, etwa so:

Oh WA-HI did you HI-itt my DEHN-iel,
My DEHN-iel ditt nattink to YOU.
Next TIME you HI-itt my DEHN-iel,
Ehl KOLL a poLICEman on YOU!
Hoo-HOO!

Und dann gibt es ja auch noch die Melodie, die sepia-traurigen Moll-Modulationen, bei denen ich mich kurz fragte, ob es sich um die Übersetzung eines alten Liedes aus seiner Kindheit handelte. Erst kürzlich fragte ich meinen Bruder Andrew, der so gut Klavier spielt, ob er diese Melodie meines Großvaters in Erinnerung habe, und bat ihn, als er *Selbstverständlich* sagte, sie für mich zu transkribieren. Eine Woche später öffnete ich die Datei, die er mir geschickt hatte, und musste grinsen, als ich sah, dass er ihm den Titel *Oh Why Did You Hit My Andrew* gegeben hatte. Als ich es ihm gegenüber bemerkte, sagte er allen Ernstes: Es ist mir nie in den Sinn gekommen, dass er es noch jemand anderem vorgesungen hat.

Und so sang ich das Lied nun Shlomo vor, als wir Richtung Süden in die Wüste zu den Reinharz' fuhren, und er schüttelte den Kopf und sagte: Nein, ich wüsste nicht, dass ich so ein Lied schon einmal gehört habe.

Ich war enttäuscht. Aber es gab ja noch das andere Lied, über das ich etwas erfahren wollte, ebenfalls ein recht melancholisches, und vielleicht dachte ich, der ich so wenig über populäre Musik weiß, dass es, weil es so traurig war, ebenfalls eines aus der verlorenen Kindheit meines Großvaters als Sohn einer Familie von Fleischern in einer hundert Jahre und sechstausend Kilometer entfernten Stadt sein könnte. Auch dieses sang ich Shlomo im Wagen vor:

I wish, I wish, I wish in vain
I Wish I were sixteen again.
Sixteen again I'll never be
Till apples will grow on a cherry tree!

Diesmal machte ich mir nicht die Mühe, den Akzent zu betonen: *vvisch* hatte mein Großvater gesagt. *I vvisch in wein. Till eepples vvill grrohh ...* Shlomo hörte es sich an und machte ein bedauerndes Gesicht. Auch dieses Lied habe ich noch nie gehört, sagte er.

Ach, na ja, sagte ich. Ist nicht so wichtig. Ist ja bloß ein Lied.

Ich sah aus dem Fenster; aus der Wüste waren Häuser geworden.

Aha! Shlomo zeigte. Wir sind in Beerscheba.

Oh Why Did You Hit My Andrew

Angetan mit einem ärmellosen, mit heiteren Blumen in verschiedenen Blautönen bedruckten Hauskleid, erwartete uns Malcia Reinharz auf der Schwelle ihrer Tür. Als wir die Betonstufen zu ihr hinaufgingen, lächelte sie breit und entblößte gleichmäßige Zahnreihen. Hallo!, sagte sie auf Englisch. Die Stimme war tief und hatte eine angenehm gekörnte Textur, wie eine Klarinette. Ihre Haare waren von einem hellen Kastanienbraun, und ihr langes, rundwangiges, humorvolles Gesicht war beinahe mädchenhaft lebendig.

Hallo Malcia!, sagte Shlomo. Er hatte mir gesagt, Malcia spreche gut Englisch, ihr Mann nicht, aber er werde dolmetschen. Wir gingen hinein. Die Wohnung war gegen die Nachmittagssonne abgedunkelt. Hinten, vor einigen Fenstern, stand eine bequeme Sitzgruppe, vorn, gleich hinter der Tür, ein kleiner Esstisch. Am Tisch saß, mit dem Rücken zur Küchenwand,

Herr Reinharz. Sein Gesicht gefiel mir: merkwürdig jugendlich, ernst, aber freundlich. Er hatte das angenehm altmodische Aussehen eines wohlhabenden Bauern: Er trug ein frisches gelbbraunes Hemd, eine dunkle Hose, Hosenträger und eine gelbbraune Golfkappe. Er erhob sich und gab uns die Hand. Dann bat Malcia uns, Platz zu nehmen.

Bitte, sagte Malcia. Erst reden wir ein bisschen, dann essen wir. Ist das gut so?

Das ist gut so, sagte ich. Perfekt.

Die drei plauderten einige Minuten auf Jiddisch, während ich Aufnahmegerät und Videokamera aufbaute. Shlomo erklärte ihnen den weiteren Ablauf, sie nickten. Dann war ich so weit. Wenn ich etwas sagte, versuchte ich, beide anzusehen, doch da ich wusste, dass Malcia mich besser als ihr Mann verstand – und weil sie etwas so Reizvolles, so herrlich Weiches und Erreichbares hatte, Eigenschaften, die die Mutter meiner Mutter einst gehabt hatte –, wandte ich mich unwillkürlich mehr an sie. Dennoch fiel mir auf, wie sie und ihr Mann sich während unseres langen Gesprächs ansahen, als wollten sie sich schweigend darüber verständigen, was sie gefragt wurden oder was sie mir auch in seinem Namen sagte.

Also gut, sagte ich, dann frage ich jetzt.

Sie nickte.

Wir wussten rein gar nichts über Shmiel, seine Frau oder die Kinder, sagte ich. Daher reise ich um die ganze Welt und spreche mit allen, die Shmiel gekannt haben, und aus diesen Gesprächen versuche ich, etwas von Shmiel und seiner Familie zurückzuholen. Denn bis dahin wussten wir lediglich, dass sie umgebracht wurden.

Sie schloss die Augen. Ja, ich weiß, sagte sie.

Und wir möchten gern mehr wissen als das, sagte ich.

Wieder nickte Malcia und sagte: Ach, ich weiß, ich kenne sie sehr gut.

Mir fiel auf, dass sie immer das Präsens gebrauchte, wenn sie über diese Toten redete: *Ich weiß, ich kenne sie sehr gut.*

Sie sagte: Fragen Sie, was Sie wollen. Was Sie müssen.

O.k., sagte ich.

Wir fingen an. Sie sagte, ihre Familie seien alles Bolechower.

Ob sie mir sagen wolle, in welchem Jahr sie geboren sei, fragte ich. Darauf grinste sie breit und sagte: *Ich wurde in Ungarn geboren! 1919!* Es schien sie zu amüsieren, dass mir die Frage nach ihrem Alter peinlich war. Dann erklärte sie, sie sei in Ungarn geboren, als ihre Eltern sich dort kurz aufhielten, bald danach aber seien sie in ihre Stadt zurückgekehrt und sie habe ab dem Alter von drei Monaten dort gelebt. Mit ihren Eltern, ihrer Schwester Gina und ihren zwei Brüdern David und Herman. Sie sagte: Und jetzt lebt keiner mehr. Ich habe nur ein Bild von meinem jüngeren Bruder.

Sie sagte, sie habe 1940 geheiratet. *Wer ist heute schon noch so lange verheiratet, dreiundsechzig Jahre? Niemand!* Sie brach in Lachen aus und wedelte mit der Hand, als wollte sie die Beteuerungen all derer, die weniger als dreiundsechzig Jahre verheiratet waren, beiseitewischen.

Dann kannten Sie die Jägers also schon als Kind?, fragte ich.

Ich kannte sie sehr gut, antwortete sie, wobei sie in die Vergangenheit wechselte. Es war Shmiel Jäger mit seiner Frau, sie war eine hübsche Frau. Mit hübschen Beinen!

Wiss pretty lecks.

Malcia legte die linke Hand aufs Herz und machte eine kennerhafte Gebärde wie ein Oberkellner, der eine besonders schmackhafte Spezialität des Hauses beschreibt.

Oh!, Beine hatte sie – solche Beine habe ich *nie* mehr gesehen!

Ich lächelte, Shlomo ebenfalls.

Und zwei hübsche Töchter, fuhr sie fort. Auch Lorka hatte hübsche Beine!

Sie auch?, fragte Shlomo belustigt.

Ja. Malcia nickte.

Mich interessierte eher ein anderes Detail. *Zwei hübsche Töchter.* Anscheinend hatten alle eine andere Erinnerung, wie viele Töchter Shmiel und Ester denn nun gehabt hatten.

Sie kannten nur zwei der Töchter?, fragte ich.

Nur zwei? Wenn ich redete, hörte Malcia stumm und geduldig zu, wie eine aufmerksame Schülerin, einen ernsten Ausdruck auf dem langen, wachen Gesicht, doch sobald ich geendet hatte, zeigte sich darauf häufig sofort eine heftige Reaktion. Jetzt machte sie ein übertrieben ungläubiges Gesicht.

Sie hatten vier, sagte ich.

Malcia sah mich an. *Vier?!* Vier Kinder hatte er?

Ich nannte sie alle. Lorka. Frydka, Ruchele. Bronia.

Vier Mädchen?, wiederholte sie. Ich zeigte ihr das Foto von Shmiel, Ester und Bronia, sie aber sagte nur *Ja*, Shmiel Jäger.

Sie legte das Foto auf den Tisch und sagte bloß *Ai, Gott.*

Ich weiß nur, dass die älteste Lorka hieß, fuhr sie nach einem Moment fort, und die jüngere Frydka. Und wir hatten viel Kontakt. Mit Lorka, natürlich. Sie war ein *hübsches* Mädchen. Und Frydka, die war ein bisschen höher wie Lorka.

Sie reckte eine Hand hoch in die Luft, und ich begriff, dass sie *größer* meinte. Ich ließ sie weiterreden. Für mich war all das viel mehr als bloß charmant: So viel wir bis dahin auch bereits erfahren hatten – für mich war jedes Fitzchen, jedes Detail kostbar. Ester hatte hübsche Beine. Frydka war größer als Lorka. Das hatten wir vorher nicht gewusst, und jetzt war es Teil ihrer Geschichte. *Frydka war ein sehr großes Mädchen, größer als ihre ältere Schwester.* Das würde ich meiner Familie erzählen, wenn wir wieder zu Hause waren …

Dann sagte sie: Sie war auch irgendwie hart, Frydka. Eine Kämpferin, eine *Kämpferin.*

Da hätten wir's wieder, dachte ich, immer landen wir bei Frydka. Eine Kämpferin?, sagte ich. Was meinen Sie damit?

Malcia trank einen Schluck Wein. *Ja.* Sie war so *robust!*

Sie sprach es ro-BUUST! aus, und dabei hob sie beide Arme in Kampfpose, wie ein Preisboxer.

Robust, wiederholte ich. Na, dachte ich, eine Kämpferin war sie wohl.

Aber Lorka, fuhr Malcia fort, ohne mein Anliegen zu beachten, war hübsch. Und sie hatte vielleicht zwei Beine –!

Ihre Stimme verlor sich, und sie blickte gen Himmel, als riefe sie Gott als Zeugen an.

Ich zeigte ihr das Bild der ganzen Familie von 1934, das Bild, auf dem sie um meine Urgroßmutter trauerten, Taube. Plötzlich schaute Malcia zu mir hoch und strahlte – ihr war etwas eingefallen.

Shmiel Jäger war *chiresch!* Da ich erwartete, dass sie ins Jiddische oder Deutsche wechselte, wenn ihr das passende englische

Wort nicht einfiel, war ich verwirrt, bis ich merkte, dass sie Hebräisch sprach. Als sie das Wort *chiresch* sagte, zeigte sie dabei zur Unterstützung auf die Ohren, ganz wie meine Mutter gestikulierte und zeigte, wenn sie mit meinem Großvater auf Jiddisch telefonierte, wodurch auch ich einen Großteil meines Jiddisch gelernt hatte.

Tojb, sagte Shlomo. Taub!

Ich weiß, sagte ich.

Man muss *sehr* laut mit ihm sprechen, sagte Malcia. Vielleicht verfiel sie wegen der Lebendigkeit dieser Erinnerung hier wieder ins Präsens.

Und er war ein großer Mann?, bohrte ich.

Ja, er war groß – ein sehr netter Mann. *Und* – er hat seine Frau geliebt! Wieder machte Malcia ein Gesicht wie eine, die Gott als Zeugen anruft. *Au au au au!*, rief sie aus. So *sehr* hat er sie geliebt!

Ich sagte nichts. Schließlich ist es durchaus möglich, von der eigenen Frau aus Gewohnheit oder Pflicht als *die liebe Ester* zu sprechen, aber jetzt wussten wir es. *Er hat seine Frau geliebt!* Wenn die Freundinnen ihrer Kinder es wussten, dachte ich, dann mussten sie einander ihre Gefühle offen gezeigt haben, dieses Liebespaar, Shmiel und Ester.

Ich zeigte ihr ein anderes Bild.

Ja, doss is Shmiel Jäger. Sie seufzte. Shmiel Jäger, das war ein sehr hübscher Mann. Ein hübscher Mann, sehr gut hat er ausgesehen!

Dann streckte sie die Hand in die Luft und sagte: *Hoch!*

Marcia achtete darauf, dass wir alle Wein im Glas hatten, und förderte weitere Erinnerungen zutage.

Ich bin immer mit meiner Mutter beim ihm Fleisch kaufen gegangen, sagte sie. Und er hat gegeben mein Mutter das besteste Fleisch, das er hatte! Sie haben beide *Du* gesagt, weil sie zusammen zur Schule gegangen sind.

Nach einer Weile wurde mir klar, was sie meinte: dass ihre Mutter und mein Großonkel das informelle deutsche »Du« gebrauchten. Schließlich waren sie ja alte Schulfreunde.

Dann waren Sie also in einem ähnlichen Alter wie Lorka, sagte ich. Sie war vielleicht ein Jahr jünger.

Ja, ja. Wir gingen nicht in dieselbe Klasse, aber zur selben Schule – in Bolechow gab es gar keine andere!

Dann haben Sie also zusammen gespielt?

Ja, ja, sagte Malcia. Dann zögerte sie kurz und sagte noch: Aber sie war – jedes Mal war sie –

Auf der Suche nach dem Wort, das ihr fehlte, wandte sie sich an Shlomo. *Es tat ihr immer leid*, sagte sie und lachte spitzbübisch.

Beleidigt?, schlug Shlomo vor.

Noch immer kichernd, sagte Malcia auf Jiddisch: *Si is imer gewen mit a hoch nos.*

Eine hohe Nase? Den Ausdruck hatte ich noch nie gehört.

Ah! Ah!, sagte Shlomo und sah mich an. Sie sagt, sie hat sich – als ein »Jemand« gegeben. Er legte einen Finger an die Nasenspitze und drückte sie in einer allgemeinen Geste der Hochnäsigkeit hoch.

Warum das denn?, fragte ich Malcia.

Sie machte ein abschätziges Gesicht. Nun, sie weiß, sie ist hübsch, sie hat ein gutes Zuhause, gute Eltern …

Wieder dachte ich an Shmiel und seine Briefe an meinen Großvater.

Nicht daß soll mich vorstellen für Euch meine lieben, nur waß fremde leute sagen daß ich habe die erste und vornehmste Kinder in Bolechóv

Oder:

man halt mich in Bolechov für ein reichen Man, ich zahle auch sehr grosse steuer, und wer es darf epys kommt zu Samiel Jäger. Ich habe ein sehr guten einfluß, überall werde ich vorgezogen, und ich muß mich überall schön stellen. den ich kome zwischen bessere geselschaften, ich bin in Bolechóv zu gast, da ich vortwärend verreist bin.

Hoch Nase, sagte ich. Malcia nickte grinsend, und ich hatte keinen Anlass, ihr nicht zu glauben. Alles, dachte ich, passt genau.

Hier nun stellte Malcia das Mittagessen auf den Tisch, und eine Weile unterhielten wir uns über erfreulichere Dinge.

Später, als wir mit dem gewaltigen Mahl, das sie zubereitet hatte, fertig waren, sagte Malcia: Und danach, was ist in der Besatzung geschehen, wissen Sie das? Mir fiel auf, dass Shumek – Shlomo nannte Solomon Reinharz häufig bei seinem polnischen Spitznamen – keine Anstalten machte, wieder an die Arbeit zu gehen.

Das wusste ich inzwischen – oder glaubte es jedenfalls –, doch wie bereits in Sydney bat ich sie, sich für mich zu erinnern, was geschehen war und wann. Nun aber versuchte ich, mehr wie Matt zu denken. Ich fragte sie nicht nur, was geschehen war, sondern was die Menschen dachten, fühlten und sagten.

Ich sagte: Als Sie wussten, dass die Deutschen kommen würden, im Sommer 'einundvierzig, was sagten die Leute, bevor die Deutschen dann da waren, welche Vorstellungen hatten sie, wie es wohl werden würde?

Shumek und Malcia wechselten Blicke. Sie sagte: Wir wussten es, wir wussten es, wir wussten es. In der ersten Nacht, nachdem die Russen aus Bolechow weg waren, töteten unsere Ukrainer, unsere *gojim*, hundertzwanzig Juden und warfen sie ins Wasser.

Ich nickte. Ich erinnerte mich, dass Jack und Bob gesagt hatten: *Als Erstes sind die Ukrainer gekommen und haben angefangen, Juden umzubringen. Na ja, wenn man etwas gegen die Juden hatte, brachte man sie um.*

Aber was wurde von den Deutschen erwartet?, fragte ich. Wie viel wusste man da schon? Sie wechselte einen Blick mit ihrem Mann, lachte dann bitter auf und sagte: *Ale glojbten doss die dojtscher wirdn uns zwingen in a fabrik.* Alle glaubten, die Deutschen würden uns in eine Fabrik zwingen.

Daraufhin fragte ich, was die Leute zu Beginn des Krieges allgemein von den Plänen der Deutschen für die Juden in Europa gewusst hatten.

Wieder sagte Malcia: Wir wussten es, wir wussten es, wir wussten es. 'Neununddreißig sind alle Leute, alle Juden, aus Polen weggegangen – das war die polnische *Regierung* – und sie sind weggelaufen.

Plötzlich vergrub sie das Gesicht in den Händen, etwas fiel ihr ein. Oh!, sagte sie. Wenn Sie die Leute gesehen hätten mit den kleinen Taschen und die Familien –

Auch Meg Grossbard hatte sich erinnert, Scharen von Juden gesehen zu haben, darunter auch manche Polen, die nach Osten und Süden, in die sowjetische Hälfte Polens, Richtung Ungarn, um ihr Leben flohen, mit Wagen, zu Pferd, zu Fuß, so schnell sie konnten, nachdem die Deutschen an jenem Tag im September 1939 begonnen hatten, Warschau zu bombardieren. Bolechow, erklärte mir Meg, war die letzte Stadt vor der ungarischen Grenze; Tausende von Flüchtlingen waren auf der Suche nach Schutz durch die Stadt gekommen. Und viele waren auch einfach in Bolechow geblieben. Die *Flüchtling*, wurden sie genannt. Lieber unter den Sowjets als unter den Nazis.

Als hätte sie meine Gedanken gelesen, sagte Malcia: Sie sind zu *uns* geflohen. Nicht nur aus Polen, sondern auch aus der Tschechoslowakei, aus Österreich. Weil sie wussten, dass wir unter dem russischen *Gouvernement* blieben. Wieder schüttelte sie bei der Erinnerung den Kopf und sagte: Dieses Bild kann ich nicht vergessen.

Hier meldete sich plötzlich Shlomo.

Malcia, sagte er, du bist ein paar Jahre älter als ich. Und du hast die Bilder gesehen – die Flüchtlinge –

Oh, die Flüchtlinge!, sagte sie und schlug wieder die Hände vors Gesicht.

Und du erinnerst dich, dass es zwei Jahre ruhig war, von 1939 bis 1941, fuhr Shlomo fort. Und dann erinnerst du dich, dass die Leute wussten, dass die Deutschen kommen.

Malcia nickte, und Shlomo sagte mit der ihm eigenen Emphase: *Und warum seid ihr dann nicht weggelaufen, so wie diese Flüchtlinge weggelaufen sind?*

Malcia lächelte freudlos. Warum, warum? Ahhhh … *Weil man doch nicht von zu Hause weg kann!* Wie kann man denn ein *Zuhause* verlassen?!

Wie kann man ein Zuhause verlassen? Hier fiel mir etwas anderes in Shmiels Briefen ein – wie er im Laufe der Zeit zwischen verzweifelten Fluchtfantasien und stolzen Weigerungen zu gehen schwankte. Er wolle an Präsident Roosevelt schreiben, schrieb er, er wolle verkaufen, was er nur könne, alles, nur um sie herauszubekommen, die Mädchen herauszubekommen, eines der Mädchen herauszubekommen. *Die liebe Lorka.* Und dabei änderte er häufig innerhalb eines Briefs seine Meinung. *Ich betone Euch daß ich will nicht awek von hier weil ich hab nicht waß zu essen – umgeköhrt ich habe Gott sei dank alles waß ich darf ... Ich weiß vorhinein daß so ein eksistenz wel ich so schnell in Amerika nicht haben.* Über diese starken Stimmungsschwankungen habe ich mich einmal gewundert, aber das ist Jahre her, als Jugendlicher und junger Mann, bevor ich das Leben eines Erwachsenen lebte, ein Haus, Kinder hatte. Oft, wenn ich mit bestimmten Leuten über den Holocaust spreche, darüber, was ich über die Briefe meines Großonkels herausgefunden habe, über seine zu späte Erkenntnis, dass die Welt sich um ihn zusammenzog, über seine verspäteten Fluchtbemühungen, stelle ich fest, dass diejenigen, denen der Rückblick auf die Geschichte vergönnt ist, genau das sagen, was Shlomo gerade sagte – auch wenn Shlomo seine wütende Frage aus Kummer stellte und nicht aus dem selbstgefälligen Wohlwollen heraus, das sich einstellt, wenn man historische Krisen von der Behaglichkeit des eigenen sicheren Lebens aus betrachtet. *Man fragt sich ja, warum sie die Menetekel nicht entziffert haben*, heißt es häufig. Aber mit zunehmendem Alter wundert mich das kaum noch. Malcia, wie ich sah, wunderte es auch nicht.

Wie kann man ein Zuhause verlassen?

Malcia stand auf, um sich in der Küche zu schaffen zu machen; wir haben ja noch keinen Nachtisch gehabt!, hatte sie gerufen. Solange sie dort war, unterhielten sich Shumek und Shlomo in schnellem Jiddisch über andere Kriegserinnerungen, zu schnell, um viel zu verstehen. Einmal bekam ich mit, wie Shlomo Shumek etwas über *di jiddisch polizjanten* fragte, die jüdische Miliz, die in jeder Stadt aufgestellt und häufig gezwungen wurde, die Drecksarbeit der Besatzer zu erledigen: etwa eine bestimmte Anzahl von Menschen zusammenzutreiben oder diesen oder jenen Juden ausfindig zu machen und ihn oder sie irgendwohin bringen, von wo es keine Rückkehr mehr gab. Ich hatte gelesen und hörte nun, dass die jüdischen Polizisten von denjenigen, mit denen sie zuvor als Nachbarn und Freunde zusammengelebt hatten, oftmals gefürchtet und verachtet wurden.

Zwei Tage zuvor, als das Thema aufgekommen war, hatte Anna Heller Stern eine deutliche Reaktion gezeigt. *Vor denen hatte ich mehr Angst als vor allen anderen,* hatte sie gesagt. Doch noch während sie das sagte, dachte ich: Wenn ich glaubte, ich könnte meine Familie retten, indem ich zur jüdischen Polizei ging, würde ich es tun? Ich dachte an meine Kinder und weigerte mich, ein Urteil zu fällen.

Jedenfalls war die jüdische Polizei, wie Shumek gerade zu Shlomo sagte, nicht eben unersetzlich. *Und wos hot sej geton? Sej hotn sej ale gelojscht.*

Und was haben sie gemacht? Sie haben sie alle liquidiert.

In dem Zusammenhang fragte Shlomo auch nach dem Schicksal zweier solcher Polizisten, die er gekannt hatte. Sie redeten schnell, ich bekam die Namen nicht mit.

Er is ojch gelojscht gewen?, fragte Shlomo. *Sie haben ihn auch liquidiert?*

In dem Moment war Shumeks Miene sanft, etwas resigniert. *Jo, er ojch.*

Dann kam Malcia mit einem riesigen Kuchen herein, hörte eine Weile zu, was ihr Mann und Shlomo redeten, und sagte dann zu uns: Das reicht jetzt. Ich will nicht über *meschugene zajtn* und *meschugene menschen* sprechen.

Verrückte Zeiten und verrückte Menschen.

Wer möchte jetzt eine schöne Tasse Tee?, fügte sie hinzu

Über die Besatzung wissen Sie also schon Bescheid, sagte Malcia, nachdem wir den Nachtisch gegessen hatten und uns erschöpft auf unseren Stühlen zurückgelehnt hatten. Wie in Sydney bei Megs *déjeuner à la Bolechow* dachte ich: Bald wird es keinen mehr geben, der so ein Essen kocht.

Na, sagte ich, so *richtig* Bescheid ja nicht. Also, wir wissen schon, was allgemein geschehen ist, aber wir wissen nichts *Spezifisches,* was mit ihnen geschehen ist. Ich wollte hören, was sie wusste, ohne dass ich ihr auf die Sprünge half.

Die Jägers, sagte sie. Was mit denen geschehen ist, ist mit allen geschehen. Sie seufzte.

Aber gleich darauf sagte sie: Und Frydka, die hat ein Verhältnis mit dem Sohn eines Polen, dem Nachbarn.

Wieder *Frydka*, dachte ich. Was ich sagte, war *Ciszko Szymanski*.

Sie nickte. Und dann war da noch jemand, der –

Sie wandte sich an Shlomo wegen des Wortes, das ihr fehlte, und sagte etwas zu ihm.

Jemand, der sie denunziert hat, sagte Shlomo.

Denunziert, sagte ich.

Ja. Marcia nickte wieder.

Frydka. Nach dem Gespräch mit Anna Stern hatte ich Zweifel, überhaupt noch etwas Neues erfahren zu können, jedenfalls nichts Dramatischeres und Bewegenderes als *Wenn ihr sie umbringt, dann bringt auch mich um!* Dennoch, ich wollte der Reihe nach vorgehen.

Doch Malcia kamen Dinge in Erinnerung, sie drängte mit ihrer Geschichte voran.

Sie haben sie denunziert, und dann haben sie sie gefunden, und sie war schwanger.

Schwanger?, sagte ich. Ich richtete mich auf und sah sie an.

Schwanger?, fragte Malcia Shlomo, um sicherzugehen, dass es das richtige Wort war.

Er nickte. Es war das richtige Wort. Schwanger.

Ich sagte: Moment, ich möchte doch noch einmal kurz zurückgehen. Frydka war mit dem polnischen Jungen zusammen, Ciszko Szymanski. Sie gingen miteinander, er mochte sie?

Malcia sagte etwas zu Shlomo, der sich dann zu mir wandte und sagte: Sie sagt, er hat sie gerettet, er hat versucht, sie zu verstecken.

Malcia nickte und sprach dann wieder auf Englisch mit mir. Um sie zu verstecken, sagte sie. Und sie haben zusammengelebt.

Ich wusste nicht, ob ich das richtig verstanden hatte; ich wollte weitere Einzelheiten. Sie haben wo zusammengelebt?

Malcia sagte: Bei ihm zu Hause.

Er hat sie bei sich *zu Hause* versteckt?, sagte ich verblüfft. Das war mir nie in den Sinn gekommen.

Malcia nickte, weniger mir zu als für sich. Sie sagte: Ja. Und dann haben sie sie gefunden, und sie war schwanger. Das hat man mir erzählt.

Shlomo las offenbar meine Gedanken und meldete sich. Sag, sagte er zu Malcia, und ihr Vater, Shmiel, der war nicht da?

Langsam, nachdrücklich schüttelte sie den Kopf: Nein.

Er hat sie sehr geliebt, fuhr sie fort, und er hat ihr gesagt, er will sie verstecken. Er mag sie sehr und sie mag ihn. Und es war für sie, wie wir sagen, ein *masl*. Und er versteckt sie, aber es hat schlechte Leute gegeben, die haben gewusst, dass sie …

Ihre Stimme verlor sich. Sie wirkte nachdenklich. Shlomo sagte zu mir: Ein Teil der Geschichte stimmte also. Jemand hat Frydka verraten.

Ein *Teil* der Geschichte, dachte ich. Und warum glaubten wir, dass sie stimmt? Weil jemand anderes, jemand, der auch nicht dabei gewesen war, jemand, der sich erfolgreich versteckt hatte und der auch wieder nur nach Kriegsende gehört hatte, was mit Frydka geschehen war, es von jemand gehört hatte, der es von jemand anderem gehört hatte, und weil ein bestimmtes Detail dieser Geschichte aus dritter Hand jetzt zu einem Detail passte, das Malcia von jemandem gehört hatte, und der wiederum von jemand anderem. *Frydka hatte sich versteckt und war verraten worden.* Aber was war dann mit Shmiel? Mir war, als ginge ich auf Treibsand.

Sie verraten, sagte Malcia. Ja.

Und wir haben keine Ahnung, wer das war?, sagte ich.

Malcia war ganz sachlich. Sie breitete die Hände aus. Die Nachbarn. *Ukrainer.*

Ich hatte noch immer Mühe, mich an diese neue Version zu gewöhnen: kein Shmiel, keine namenlose polnische Lehrerin, nur Frydka und Ciszko. Shlomo hatte wohl wieder meine Gedanken gelesen, denn er sah mich an und sagte dann zu Malcia: Weil, na ja, wir haben eine Geschichte gehört, dass Frydka und Lorka zu den Babij gegangen sind.

Malcias Gesicht war eine einzige Verneinung – gar Geringschätzung. Nein, nein!

O.k., sagte ich. Dann ist also das Letzte, was wir von Frydka wissen, dass sie sich bei ihm versteckt hielt und jemand sie denunziert hat –

Malcia nickte. Sie haben sie umgebracht und ihn auch. Ich habe seine Mutter nach dem Krieg gesehen.

Seine *Mutter?* Das war interessant. Ich fragte: Und was hat sie gesagt?

Malcia schaute belustigt drein. Was hat sie gesagt? Sie hat gesagt: *Er war ein dummer Junge!*

Sie warf mir einen hintergründigen, komplizierten Blick zu. Sie sagte: Er hat das mit dem Leben bezahlt.

Ich wollte weitere Details von ihr. Dann sind Sie also nach dem Krieg Frau Szymanski begegnet –

Wir sind nicht zu ihr gegangen, sondern sie kam zu uns. Wir hatten nach dem Krieg ein Geschäft in Breslau –

Wrocław?, fragte ich. »Breslau«, das wusste ich, ist der alte deutsche Name für das heutige Wrocław, so wie »Lemberg« der alte Name für L'viv ist. Froma und ich, erschöpft von zu langen Gängen durch Prag, hatten Tränen gelacht über den Unterschied zwischen dem Aussehen des Worts in den Augen eines Englischsprachlers und seiner Aussprache: *Wrotzwaf.* Erst später lernte ich, wie bestimmte polnische Buchstaben ausgesprochen werden.

Malcia nickte und grinste. Ja. *Wrocław.* Sie erinnerte sich an die Adresse, unter der sie damals lebten. *Rynek sześć.* Ringplatz sechs. Dann kam sie auf die Geschichte mit Ciszko Szymanskis Mutter zurück und sagte: Und sie kam rein, sie hat gewusst, dass wir ein Geschäft haben. Jeder sucht nach einem Gesicht, das er kennt. Weil sie uns hat sehen wollen. Sie hat geweint, geheult, und wir haben uns unterhalten.

Malcia sah mich an, und wie um die Gefühle zu erklären, an die sie sich erinnerte, sagte sie: Leute aus Bolechow.

Dann sagte sie: Sie hat über den Sohn gesprochen. Hat gesagt, wie *dumm er war!*

Malcia schrie das Wort *dumm,* wie Frau Szymanska es getan hatte. Sie fuhr fort: Er hat sein Leben für dieses Mädchen gegebt. Aber er hat sie *sehr* geliebt.

Wie die Mutter, so die Tochter, dachte ich.

Sie sah mich fest an. Sie sagte: Und für sie war es ein *mezija,* wissen Sie, was das ist, ein *mezija?*

Ich schüttelte den Kopf, worauf sie, wie sie es gern tat, eine Handbewegung machte, Daumen und Zeige- und Mittelfinger zusammendrückte, wie man es tun würde, wollte man zeigen, dass ein Rezept eine Prise Salz verlangt.

400

Shlomo sagte: Ein *mezija* – das ist etwas, etwas, na ja, etwas Besonderes.

(Später schlug ich *mezija* in dem Hebräisch-Englisch-Wörterbuch von 1938 nach, das ich von meinem Großvater geerbt hatte: *ein Fund, eine Entdeckung; etwas Gefundenes; etwas Kostbares.* Mit Interesse sah ich, dass es mit dem Wort *maza* zusammenhängt, das *herausfinden, raten; finden; auf etwas stoßen, treffen, entdecken; widerfahren, geschehen* bedeutet. Was für eine Kultur war diese Kultur der Hebräer, fragte ich mich, als ich das Monate nach meinem Interview der Reinharz' nachschlug, eine Kultur, in der die Vorstellung von *auf etwas stoßen* und *treffen* und *entdecken* unentwirrbar mit der von etwas *Kostbarem* verbunden war?)

Malcia nickte ganz energisch und rief aus: Am Leben zu bleiben! Am Leben zu bleiben! Wer hat ein solches *masl*? Wer hat ein solches Glück?

Dann dachte ich an etwas, was meine Mutter in Sydney zu mir gesagt hatte, nachdem sie das Gespräch mit Jack Greene an meinem Handy beendet hatte. *Warum hat meine Familie nicht überlebt?*, hatte sie mit tränenvoller Stimme gesagt. *Nicht einmal einer?* Nachdem ich aufgelegt hatte, hatte ich das Jack gegenüber wiederholt, der darauf erwiderte: *Ach, es war einfach Pech, mehr nicht.* Als ich nun Shlomo und Malcia zuhörte, dachte ich, dass Frydka, auch wenn sie ja gestorben war, dennoch Glück gehabt hatte. Immerhin hatte sie noch so viel länger gelebt, hatte jemanden gehabt, der sie unbedingt retten wollte, einen, der für sie gestorben war. Ein *mezija*, ein *masl* erscheint einem nur seltsam, wenn man die Dinge im Nachhinein betrachtet, aber diesen Luxus hatten Frydka und Ciszko nicht gehabt.

Shlomo sagte zu mir: Wer wusste, dass jemand sie verraten würde?

Ich möchte die Chronologie klarkriegen, sagte ich wieder, nur dass ich mich diesmal auf eine bestimmte Jüdin bezog: auf Frydka. Zu dem Zeitpunkt lebte sie doch in einem Lager, oder? Und dann –

Sehen Sie, sagte Malcia, wir konnten bis *Juni* 'dreiundvierzig arbeiten.

Juli!, rief Shlomo aus. Nicht Juni. Juli!

Und danach haben die Deutschen gesagt, dass sie ein neues Lager bauen und dass alle gerettet werden. Aber sie wollten alle bloß in *einem* Lager haben. Und das war dann das Ende.

Ich nickte. Jack hatte mir bereits erzählt, wie diejenigen, die auf die List der Deutschen hereingefallen waren, allesamt in dem neuen Lager eingesperrt und getötet worden seien. Gewehre, hatte er gesagt. Feuer.

Aber da, fuhr ich fort, statt in dieses Lager zu gehen, versteckte Szymanski Frydka bei sich zu Hause?

Malcia nickte. *Ja.*

Dann hielt Szymanski sie also bei sich zu Hause versteckt, und das war nach Juni 'dreiundvierzig.

Wieder nickte sie.

Juli, sagte Shlomo.

Juli 'dreiundvierzig, sagte ich. Also hielt sie sich irgendwann nach Juli 'dreiundvierzig bei ihm zu Hause versteckt.

(Auch hier wollte ich Genaueres.)

Und weiß jemand, wo war sein Haus?

Wie es schon vorher gelegentlich vorgekommen war, hatte meine Syntax sich leicht verändert, da ich nun mit Bolechowern sprach.

Ich weiß, wo es war, sagte Malcia. Nicht weit von Frydkas Haus. Es lag am Anfang der Straße –

Ich zog den Plan von Bolechow hervor, den Shlomo mir geschickt hatte. Malcia schaute darauf und fragte, wo die Dlugosastraße sei. Dann zeigte sie mit einem kleinen Triumphschrei auf einen Punkt.

Ja! Hier waren die Jägers, und da –

(sie zeigte auf eine Stelle an derselben Straße, aber gegenüber) – waren die Szymanskis, am Anfang der Straße.

Dann hat er also an der Ecke gewohnt, in derselben Straße, sagte ich. Da hatte sie sich versteckt. Da war es. Die Geschichte kannte ich inzwischen, jetzt wollte ich einen *Ort*, eine Stelle, auf der ich stehen konnte, sollte ich je noch einmal nach Bolechow kommen.

Shlomo, Solomon und Malcia redeten auf Jiddisch über die Liquidation der Lager im Spätsommer 1943 – ergo, die Liquidation der Stadt, denn zu der Zeit waren die einzigen noch verbliebenen Juden, die nicht untergetaucht waren, in diesem letzten Lager. Da wusste ich schon, dass die Reinharz' sich reglos, aber wachsam, im *Kasino* der deutschen Offiziere, mitten in der Stadt, versteckt hielten.

Am vierundzwanzigsten August, sagte Malcia, nun auf Deutsch. *Dann is meine Schwester gegangen, und jeden Schuss haben wir gehört.*

Sie hielten sich versteckt, erklärte mir Shlomo, obwohl ich die Geschichte ja schon kannte.

Malcia nickte und sagte zu mir, auf Englisch: Und jeden, jeden –

Sie wandte sich Shlomo zu: *Un jejdn schoss hob ich gezejlt.*

Wieder Jiddisch. Ich verstand. Und jeden Schuss habe ich gezählt.

Sie wandte sich wieder mir zu, fuhr aber auf Jiddisch fort. *Najn hundert schoss hob ich gezejlt.*

Neunhundert Schuss habe ich gezählt.

Sie hielt inne und sagte dann auf Englisch: Und danach sind sie ins *Kasino* gekommen und haben sich die Hände gewaschen und *getrunken*! Und ich war dort, ich habe sie gesehen! Sie haben sich die Hände gewaschen und dann *getrunken*!

Shlomo, den das Bild zweier versteckter Juden, die in ihrem winzigen Unterschlupf steckten, nichts sehen konnten, nur zählen, zählen, einen nach dem anderen, die Schüsse, die das Leben ihrer Freunde und Nachbarn beendeten, ebenso bewegte wie mich, sagte zu Malcia: Und du hast gewusst, was passiert ist?

Malcia tippte sich mit dem Zeigefinger auf die Schläfe. Sie sagte: Wir haben es uns *vorgestellt*.

Auch ich stellte mir nun Dinge vor. Wir waren gegen Mittag angekommen, und jetzt war es beinahe drei; ich hatte viel nachzudenken. Es waren nicht nur die neuen, sensationellen Zusätze zu Frydkas Geschichte – *sie war von ihm schwanger, er versteckte sie bei sich zu Hause* –, auch wenn sie, ebenso wenig wie die Schüsse, die Shumek und Malcia an dem Tag gehört hatten, nicht ignoriert werden konnten; noch verlangten sie eine Anstrengung der Fantasie, die zu der Geschichte, die ich erzählen wollte, zwangsläufig etwas beitragen würde. *Sie waren ein Liebespaar, sie liebten einander sehr, es waren schlimme Zeiten, sie schliefen miteinander, sie war schwanger. Er liebte sie so sehr – genug, um nicht nur sich selbst, sondern auch seine ganze Familie in Gefahr zu bringen.* Nun, dachte ich, *gut für sie.* Gut für *beide*. Ich bin froh, dass sie tiefe Liebe kannte, bevor sie starb. Zum Teufel damit, was Meg Grossbard denkt, zum Teufel mit *I know nussink, I see nussink!*

Und dennoch, so wichtig das alles war, dachte ich doch an die anderen, kleineren, weniger sensationellen Details, als Malcia sagte: *Wir haben es uns vorgestellt.* Auch hier gab es viel Bedeutsames zu erschließen. *Er hat sie so geliebt! Sie hatte so hübsche Beine!* Auch das waren Details, die eine kleine Geschichte erzählen konnten. Vielleicht waren ihm ja zuerst ihre Beine aufgefallen an jenem Tag 1918, als sie einander zum ersten Mal als Erwachsene sahen, sie eine hübsche Dreiundzwanzigjährige mit den regelmäßigen Zügen ihrer Familie und dem ernsten Gesicht, er ein tatkräftiger junger Mann, eine Art Kriegsheld, entschlossen, das Geschäft seines Vaters wieder aufzubauen. Vielleicht hatte er sie gesehen, in jenem friedlichen Sommer 1919, wie sie mit ihren Freundinnen spielte, am Ufer des Sukiel, wo beider Tochter einmal mit ihren Freundinnen herumtollen sollte, nur wenige Jahre, bevor sie fast alle vergewaltigt, erschossen oder vergast wurden. Vielleicht hatte ja gerade diese Kleinigkeit ihre Romanze ausgelöst, eine Romanze, die, wie wir heute wissen, nie zu Ende gegangen war. *Er hat sie so geliebt – au au au au!*

Während ich mir solche Gedanken über das Vorstellen machte, darüber, die Geschichte aus dem kleinen konkreten Detail herauszuziehen, bemerkte ich, dass Malcia und Shlomo nach unserem üppigen Mittagessen in Erinnerungen an bestimmte Gerichte schwelgten, die sie früher gegessen hatten und die immer weniger Leute noch kochen können. *Ahhh, Bulbowenik!*, rief Shlomo aus. Shumek verdrehte genießerisch die Augen, und die beiden anderen erklärten mir, was das war: ein Gericht aus geriebenen Kartoffeln und Eiern, die gebacken wurden und –

Halt!, rief Malcia aus. Ich glaube, sie war erleichtert, dass nach der ganzen Zeit nicht mehr über die Vergangenheit gesprochen wurde. Ihr bleibt hier ein Weilchen sitzen, und ich mache es für euch!

Ich sah Shlomo an. Wir mussten, erinnerte ich ihn, um sieben wieder in Tel Aviv sein, da ich von einem Freund, den ich in den Staaten kennengelernt hatte, ein Philosophieprofessor der Universität, zum Abendessen erwartet wurde.

Shlomo grinste breit und sagte etwas zu Malcia, die ungeduldig den Kopf schüttelte. Das ist doch kein Aufwand, das geht blitzschnell, sagte sie.

Ich dachte: Warum nicht? Auch das gehörte zu der Geschichte, und schließlich war es nicht oft vorgekommen, dass ein abstrakter Aspekt der verlorenen Zivilisation Bolechows so leicht konkretisiert werden konnte. Ich grinste und nickte. O.k., sagte ich, kochen wir.

Malcia nahm mich mit in die Küche, damit ich zusehen konnte. Wir rieben Kartoffeln, wie schlugen Eier, wir schütteten beides in die Backform. Wir warteten eine Dreiviertelstunde, bis es gar war. Wir nahmen es aus der Röhre, damit es abkühlte. Dabei dachte ich, dass wir ja gerade erst ein gewaltiges Mittagessen mit jeder Menge Wein verzehrt hatten, und vermutlich wartete auch ein gewaltiges Abendessen auf mich.

Dennoch, ich war in einem gewissen Haus groß geworden und wusste, was ich zu tun hatte. Ich setzte mich an den Tisch und aß. Es war köstlich. Malcia strahlte. *Das ist ein echtes Bolechower Gericht!*, sagte sie.

Erst nach einem Nachschlag standen wir schließlich auf und verabschiedeten uns.

Shlomo und ich gingen die Betonstufen vorm Haus der Reinharz' hinunter zum Parkplatz. Durch die improvisierte Kochstunde und die Verkostung des *Bulbowenik* waren wir viel länger geblieben als gedacht. Die jetzt milde Sonne stand schon tief überm Horizont, und als wir in Shlomos Wagen stiegen, öffneten wir die Fenster. Zunächst war Shlomo damit beschäftigt, von dem Wohnhaus in der Rambamstraße zurück zur Autobahn zu finden – einer Straße, die, wie ich erfreut feststellte, nach dem großen jüdischen Gelehrten und Philosophen aus dem 12. Jahrhundert, Maimonides, benannt war (das Akronym seines hebräischen Namens, Rabbi Moses ben Maimon, ist RMBM). Rambam war ein in Spanien geborener Jude, dessen Familie auf der Flucht vor den antijüdischen Repressalien des muslimischen Herrschers von Spanien schließlich nach Ägypten kam, weswegen Maimonides dann der geschätzte Diener des aufgeklärten Sultans von Kairo wurde. Er ist neben Raschi der am meisten bewunderte und rezipierte aller jüdischen Intellektuellen. Die rationalistischen Ansichten, die er in seinem Meisterwerk *Führer der Unschlüssigen* darlegte – und, der Gedanke drängt sich auf, der gewaltige Ruf, dessen sich Rambam erfreute –, erzürnten einige rivalisierende Rabbis in Frankreich derart, dass sie ihn bei der französischen Inquisition denunzierten, wohingegen sein Tod in Kairo von den Muslimen volle drei Tage betrauert wurde. Wo lebst du, und wem gilt deine Treue?, fragt *Paraschat Lech Lecha*; kein Wunder.

Auf der Fahrt unterhielten wir uns begeistert über unser langes Interview mit den Reinharz'.

Dann war sie also *schwanger*, sagte ich zu Shlomo, während der auf die Straßenschilder schaute.

Na, das hat sie jedenfalls gesagt, antwortete er. Aber es ist sehr interessant, nicht?

Ich nickte. Sehr interessant. Ich war nach Australien geflogen, ohne überhaupt zu wissen, welche Geschichten wir hören würden, und nun hatte es den Anschein, als hielte ich ein echtes Drama in den Händen. Ich fragte mich, was Meg wohl sagen würde, sollte ich ihr einmal dieses jüngste Detail mitteilen.

Bald hatten wir die Stadt verlassen und jagten zurück nach Tel Aviv. Nach so einem langen Tag waren wir natürlich beide erschöpft; es störte mich überhaupt nicht, als er nach einigen Minuten geselligen Schweigens das Radio anstellte. Eine weibliche Stimme sang, und es dauerte eine Weile, bis ich begriff, dass sie nicht auf Hebräisch, sondern auf Englisch sang. Die Melodie kam mir bekannt vor, aber zunächst erkannte ich das Lied nicht als das, was es war, weil mir der Text unbekannt war. Wie sich zeigte, hatte ich nur den Refrain gekannt. Aus der Frauenstimme war die eines jungen Mädchens geworden, eines Mädchens, das die Geschichte ihres eigenen Todes erzählte. Sie war gestorben, sang sie, aus Liebe zu einem Jungen, der sie nicht wiederliebte. Dann glitt die Stimme in den Refrain hinüber:

I wish I wish
I wish in vain
I wish I was
a maid again
but a maid again
I ne'er can be
till apples grow
on an ivy tree

Stotternd setzte ich mich auf und sah Shlomo an. Das ist das Lied!, schrie ich endlich. Das ist das Lied! Das, von dem ich dir heute Morgen auf dem Herweg erzählt habe. Das Lied, das mein Großvater gesungen hat!

Wir hörten beide zu, dann kam die Stimme zum letzten Vers, der meine Aufmerksamkeit weckte, vielleicht weil *aus Liebe sterben* mich an jenem warmen Abend so stark beschäftigte:

Oh, make my grave
large, wide and deep
put a marble stone
at my head and feet
and in the middle
a turtle dove
so the world may know
I died of love.

Wie in aller Welt, dachte ich, als ich diese Zeilen aufschrieb – etwas an dem Grab, dem Stein, der *Taube* berührte mich, weswegen ich mir dieses Lied merken wollte –, war mein Großvater an dieses Lied gekommen? Warum hatte er es gelernt?

Das Lied war zu Ende, und der Sprecher sagte etwas schnell auf Hebräisch. Shlomo sagte: Das ist ein irisches Lied.

Wo hatte Opa das gelernt?, dachte ich wieder. *Und warum?*

Dann grinste Shlomo noch breiter.

Und weißt du was?, sagte er. Da ist noch ein Zufall.

Ich schüttelte den Kopf. Etwas noch Unheimlicheres als das, was schon geschehen war, konnte ich mir nicht vorstellen.

Shlomo sah mich an und sagte: Weißt du, wer das singt?

Nehama Hendel, Regniers Frau, der, der das Buch über Bolechow geschrieben hat.

Vermutlich war mein Gesicht leicht zu lesen. Shlomo atmete tief aus, machte eine umfassende Handbewegung, mit der er das Kassettenradio in seinem Wagen wie auch die Wüste einschloss, und sagte: Siehst du? *Siehst* du? Israel ist ein Land der Wunder!

Da ich nicht an Wunder glaube, lächelte ich nur und nickte stumm. Als ich dann wieder im Hilton war, suchte ich im Internet nach der Wortgruppe i wish i wish i wish in vain. Sogleich erschienen Dutzende von Zitaten auf meinem Bildschirm, und so erfuhr ich binnen einer oder zwei Minuten den Titel des Liedes, das mein Großvater mir als Kind immer vorsang, eines Liedes, das ich immer für eines aus seiner Jugend gehalten hatte, das er aber, wie ich nun sah, irgendwann gelernt hatte, nachdem er Bolechow auf immer verlassen hatte, wann, lässt sich nicht mehr sagen, und das ihn dennoch aus Gründen, die ich heute nur vermuten kann, zutiefst bewegt haben muss, wovon einer schlicht der Titel gewesen sein mag, ein Titel, den ich niemals erfahren hätte, wäre ich nicht nach Israel gekommen, und der lautete: *The Butcher Boy.*

Das war am Sonntag. Für den Dienstag war ein Interview mit Shlomos Cousin Josef vorgesehen, der zu mir ins Hotel kam, ein drahtiger, fitter, militärisch wirkender Mittsiebziger, gut aussehend, nüchtern; er sprach mit fester, unsentimentaler Stimme anderthalb Stunden, mehr oder weniger ohne Unterbrechung, über das Schicksal der Bolechower Juden. Ich hörte aufmerksam zu, auch wenn ich diese Geschichte inzwischen gut kannte, nicht nur von meinen vorherigen Interviews, sondern auch aus den lebendigen, informativen Kapiteln im Bolechower Jiskor-Buch über die Kriegsjahre, von Josef Adler eigenhändig verfasst. Etwas an seinem Auftreten veranlasste mich, sein Wohlwollen zu suchen: vielleicht lag es an den scharfen Bügelfalten seiner gelbbraunen Hose und dem frischen khakifarbenen, kurzärmligen Hemd, die mich als militärisch beeindruckten. Als wir uns auf die schmalen Hotelsessel setzten, die ich um den Schreibtisch herum arrangiert hatte, räumte Josef Adler sogleich ein, meine Familie nicht besonders gut gekannt zu haben, dennoch wolle er sichergehen, dass ich wusste, was passiert war. Ich nickte und ließ ihn reden. Das Eintreffen der Deutschen. Die erste Aktion. Die zweite Aktion. Das Lager. Die Fassfabrik. Die endgültige Liquidation '43. Die bemerkenswerten Einzelheiten, wie er und Shlomo, zwei kleine Jungen, überlebt hatten. Wie er nach Israel gekommen war, wie wichtig Israel war. Bei jener letzten Erklärung dieses emphatischen und strikten Mannes mit der sanften Stimme schämte ich mich meines langen Desinteresses am heutigen Israel; ich überlegte, ob jeder amerikanische Jude, der Israel bereiste, sich irgendwann wie einer vorkommt, der sich vor dem Wehrdienst drückt. Als Josef ging, dankte ich ihm ausgiebig, dass er die ganze Strecke von Tel Aviv nach Haifa gefahren war, was, wie er mir nachdrücklich versichert hatte, als wir uns einige Tage zuvor verabredet hatten, überhaupt kein Problem sei. Was Sie da tun, ist sehr wichtig, sagte er, als wir uns in der Tür meines Zimmers die Hand gaben. Es ist sehr wichtig, dass die Leute wissen, was passiert ist.

Aber das war, wie gesagt, erst am Dienstag. Am Montag waren wir in Tel Aviv. Froma, die seit unserer Ankunft Verwandtenbesuche gemacht hatte, wollte sich das Beth Hatefutsoth ansehen, das Museum der Jüdischen Diaspora auf dem sachlich-modernen Campus der Tel Aviver Universität. Da gibt's jede Menge zu sehen, sagte sie, wir sollten früh gehen. Der Vormittag war glühend heiß, als wir ankamen, das Museum hatte gerade geöffnet. Die verstreut vor dem Museumsgebäude stehenden Palmen dämpften die beinahe aggressive Monumentalität des Baus kaum.

In der höhlenartigen Eingangshalle war es kühl. Wir bezahlten Eintritt und gingen zunächst in die Dauerausstellung, die mit der Reproduktion eines Basreliefs vom sogenannten Titusbogen in Rom beginnt, der die triumphale Heimkehr der römischen Legionen darstellt, die Judäa im Jahr 70 eroberten und den Zweiten Tempel zerstörten. Darauf ist zu erkennen, wie eine Menora, der große Kandelaber des Tempels, auf den Schultern stämmiger Römer fortgetragen wird. Es ist eine recht düstere Annäherung an den Wunsch des Museumsgründers, »die positiven und kreativen Aspekte des Lebens der Diaspora hervorzuheben«, wie in den Begleittexten formuliert wird. Diese zeigen sich viel deutlicher, hat man erst einmal das Basrelief hinter sich

gelassen und befindet sich in der eigentlichen Ausstellung. Wie
der Wiener Zentralfriedhof erschließt sich das Beth Hatefutsoth
über eine Reihe von »Toren«, auch wenn die Tore hier rein metaphorisch sind: Das Tor der Familie, das Tor der Gemeinde, das
Tor des Glaubens, das Tor der Kultur und so weiter. Besonders
faszinierte mich, als wir durch die verschiedenen Tore schritten,
die wunderbar großen und erstaunlich detaillierten maßstabsge-
treuen Modelle und Dioramen, mit denen die Schöpfer des Beth
Hatefutsoth verschiedene Aspekte jüdischen Lebens die Jahrhunderte der jüdischen Wanderschaft hindurch beschwören
wollten. So finden sich beachtliche Modelle von Synagogen auf
der ganzen Welt, von der Doppelsynagoge von Kaifeng im China
des 18. Jahrhunderts, die sich mit ihren aufwärts geschwunge-
nen Dachvorsprüngen und den schmalen, bemalten Säulen für
mein ungebildetes Auge in nichts von allen anderen chinesischen Gebäuden, die ich gesehen hatte, unterschied, bis hin zum
Tempio Israelitico in Florenz, einem maurischen Bau mit gran-
dioser Kuppel, die mich, als ich davorstand, an etwas erinnerte –
an eine andere puppenartige Rekonstruktion eines großen jüdischen Gotteshauses zur Erbauung aufmerksamer, wenn auch
nicht unbedingt jüdischer Besucher –, bis ich merkte, dass ich an
die Spanische Synagoge in Prag dachte.

Auch gab es eine herrlich detaillierte Miniaturnachbildung
der Großen Synagoge von Wilna in Litauen, erbaut 1573, also

um die Zeit, als die ersten Juden nach Bolechow kamen, und die aus einem großen Komplex aus Schulen, Jeschiweß und Gebetsräumen bestand – durchaus passend, wenn man bedenkt, dass das Jerusalem des Nordens einmal dreihundertdreiunddreißig Gelehrte beherbergte, die für sich in Anspruch nahmen, den Talmud auswendig hersagen zu können –, ein Komplex, der 1942 zerstört wurde, dem Jahr, in dem die meisten Bolechower Juden verschwanden.

(Froma und ich waren von Israel aus weiter nach Vilnius, wie es heute heißt, geflogen und gegen Ende der Woche, die wir dort waren, suchten wir die wenigen verbliebenen Spuren dieser größten Stadt der europäisch-jüdischen Gelehrsamkeit auf, besuchten das Grab des berühmten Vilna Gaon, eines Mannes, der schon zu Lebzeiten im 18. Jahrhundert so berühmt für seine Bildung war, dass Gemeinden selbst aus dem fernen Portugal jahrelang angespannt, aber geduldig warteten, bis seine Antworten auf ihre Fragen zur Schrift oder zu Gesetzen eintrafen. Und am Grab dieses großen Mannes teilte uns unser Führer mit, dass in diesem Grab auch die Knochen eines polnischen Katholiken begraben seien, des Sprosses einer reichen Aristokratenfamilie, eines Grafen, der unter Gaons Anleitung zum Judentum konvertierte und deshalb von der katholischen Obrigkeit auf dem Scheiterhaufen verbrannt wurde. Wir sahen uns höflich die polnische Inschrift auf dem Grab an, und ich las den Namen dieses Grafen ziemlich stockend, sprach ihn phonetisch aus. Poetaki?, sagte ich ein wenig zögernd, worauf der Führer lächelte und sagte: Nein, nein, das *c* ist wie ein *tz*, es spricht sich *Pototzki*.)

Für mich noch herrlicher als die Modelle waren die ebenso detaillierten und schönen Dioramen wie das in der Abteilung der Dauerausstellung mit dem Titel »Among the Nations«, »Zwischen den Nationen«, das den großen babylonischen Weisen Saadia Gaon aus dem 10. Jahrhundert darstellt, wie er sich im Kalifenpalast zu Bagdad ergeht. Die kleine Figur steht, in ein weißes Gewand gehüllt, unter dem reich verzierten, schönen Gewölbe des Palasts und streckt den rechten Arm aus, als wollte sie ein bedeutendes rhetorisches Argument vortragen. Was nicht verwundert: Der Werdegang dieses bemerkenswert gebildeten Mannes, von Geburt Ägypter – sein richtiger Name, Said al-

Fayyumi, verweist auf seine Herkunft vom Fayum in Oberägypten – und bald der Star des babylonischen Gaonats, war gespickt mit wichtigen Kontroversen über Lehre, Kultur und Intellekt. Noch vor seinem vierzigsten Lebensjahr hatte er den Versuch seines Erzrivalen Aaron ben Meir, Gaon der jüdischen Gemeinde des Territoriums Palästina, die Autorität des babylonischen Gaonats infrage zu stellen, brillant erstickt; die palästinensischen Bemühungen, einen neuen Kalender zu etablieren, lösten sich rasch auf. Auch kämpfte Saadia gegen die verbreitete Assimilierung der arabisch sprechenden babylonischen Juden, eine distinguierte Elite, die für den aufgeklärten Rationalismus der griechischen Philosophen, durch die Übersetzungen ins Arabische neu eingeführt, empfänglich war. In seinem bahnbrechenden Werk *Kitab al-'amanat wa-l-'i'tiqadat*, »Buch der Artikel des Glaubens und Lehren des Dogmas«, heute besser bekannt unter dem Titel der hebräischen Übersetzung, *Emunoth ve-Deoth*, »Buch der Glaubensartikel und Dogmen«, entwarf Saadia – stark beeinflusst von den Mutaziliten, den rationalistischen Dogmatikern des Islam – erstmals eine systematische Erklärung des jüdischen Denkens und Dogmas. In einem eleganten Arabisch verfasst, das seinem kosmopolitischen Publikum sicher gefiel, unterstrich Saadia den rationalen Aspekt des Judaismus und betonte den intellektuellen Reiz der Tora, der sich von dem der Schriften der zunehmend populären Griechen in nichts unterscheide. Als Teil seines Projekts der Klärung und Erhellung jüdischer Texte für den Geschmack der assimilierten, arabisch sprechenden Juden übersetzte er auch die Bibel ins Arabische und fügte ihr noch einen luziden, ansprechenden Kommentar hinzu: eine Leistung von erheblicher Bedeutung.

Als ich all das zur Kenntnis nahm, fiel mir auf, dass ein Teil des Reizes von Juden wie Rambam und Saadia Gaon für mich ihr immenser Kosmopolitismus war, er selbst wiederum eine Spiegelung der reich geschichteten imperialen Kulturen, in denen sie lebten. Kulturen, in denen etwa arabisch sprechende Juden Abhandlungen schrieben, die den verbreiteten intellektuellen Reiz der klassischen griechischen Philosophen bekämpfen sollten,

Kulturen, die sich auf ihre Art nicht so sehr von der reich geschichteten unterschieden, in der mein Großvater aufwuchs, auch sie eine imperiale Kultur, in der das Judentum eine Zeit lang einer von vielen lebendigen Strängen war, die zu einem komplizierten, aber schönen Muster verwoben waren, das heute in Fetzen liegt. Es mag merkwürdig klingen, aber als ich über Saadia las, dachte ich an meinen Großvater, der natürlich kein Mann von großer Bildung oder intellektueller Tiefe war, aber doch ein orthodoxer europäischer Jude, der sieben Sprachen sprach und noch nach dem Zweiten Weltkrieg nach Bad Gastein mitten in Österreich fuhr, um dort zu kuren, weil man das eben tat, wenn man eine bestimmte Art Europäer war, ein Untertan eines bestimmten untergegangenen Reichs. Zwei Jahre, nachdem Froma und ich durch das Beth Hatefutsoth gegangen waren und das Diorama von Saadia Gaon betrachtet hatten, saßen wir in einem Café in L'viv und diskutierten leidenschaftlich über den beachtlichen Reichtum der Kultur dieser Stadt vor dem Krieg, in der Juden und Polen, Österreicher und Ukrainer nebeneinander gelebt hatten, in der ukrainische Priester mittags regelmäßig Schulter an Schulter mit polnischen Bürokraten und jüdischen Kaufleuten in einem Gefilte-Fisch-Restaurant zu Mittag aßen. Jetzt ist einfach alles *homogen*, sagte Froma ziemlich unglücklich, vielleicht sogar mit einem Tick Missbilligung, als sie auf die schlanken und ziemlich hübschen blonden Ukrainerinnen blickte, die den Boulevard entlanggingen, vorbei an den Beaux-Arts- und Sezessionsbauten, die hundert Jahre zuvor von Österreichern errichtet worden waren. Ich sah sie an und sagte boshaft: Ja, das ist wie ein Land nur mit Juden. Sie sah mich finster an, und ich trank noch einen Schluck meines ukrainischen Biers, das L'vivskaya hieß.

Um zum 10. Jahrhundert zurückzukehren: Der wichtigste Kampf, den Saadia während seiner Gelehrtenlaufbahn führte, war seine andauernde Fehde mit der Sekte der Karäer. Dieses »Volk der Schrift«, das seinen Ausgang im 9. Jahrhundert nahm, unterscheidet sich vom vorherrschenden rabbinischen Judentum in wesentlichen Dingen: Anders als die meisten Juden betrachten sie das immense Korpus der mündlichen Gesetze nicht als von Gott zusammen mit den schriftlichen Gesetzen weitergegeben, sondern lediglich als das Werk von Weisen und Lehrern und mithin als anfällig für die Irrtümer einer jeden menschlichen Lehre. In Folge dieser Ablehnung rabbinischer Interpretation, die schließlich die Grundlage aller zeitgenössischen jüdischen Praxis ist, unterscheiden sich manche karäischen Praktiken wesentlich von denen der etablierten Juden. Beispielsweise entzünden die Karäer am Sabbat anders als alle anderen Juden keine Kerzen (auch vollziehen sie am Sabbat keinen Geschlechtsverkehr, wohingegen alle anderen Juden den Sabbat als dafür besonders günstig ansehen). Wegen dieser und vieler anderer Irrtümer, so Saadia in den drei Abhandlungen, die er der Zurückweisung des karäischen Glaubens widmete (zusammengefasst unter dem Titel *Kitab al-Rudd*, »Buch der Widerlegung«), seien die Karäer im Grunde gar keine Juden. Das ist aus vielerlei Gründen interessant, nicht zuletzt aus dem, dass zwölf Jahrhunderte, nachdem Saadia diese Behauptung aufgestellt hatte, die Vertreter der karäischen Gemeinde 1934 ebendies bei den Nazi-Behörden anführten und – vielleicht ebenso stark gestikulierend wie die Figurine im Beth Hatefutsoth – die Reichsstelle für Sippenforschung überzeugten, dass sie keine Juden waren und daher von den Rassengesetzen der Nazis ausgenommen werden sollten, weswegen die zugegebenermaßen kleine Bevölkerung der Karäer in Osteuropa, beispielsweise die Gemeinde der Stadt Halych, heute ungefähr eine Autostunde von Bolechow entfernt, unversehrt blieb, während die Juden um sie herum nach und nach vom Angesicht der Erde verschwanden.

Es dauerte sehr lange, bis wir all das und noch viel mehr an jenem Vormittag aufgenommen hatten; wir hatten kaum zwei Drittel des Museums gesehen, als wir merkten, dass es schon halb drei war und wir noch nichts zu Mittag gegessen hatten. Also verließen wir das Museum und gingen, nachdem wir wieder in der sengenden Sonne standen, in ein schickes kleines Café auf dem Universitätscampus. Als wir unter einer Markise saßen und unsere *pappardelle* und *insalate* verschlangen, wurde deutlich, dass Froma wie üblich noch mehr Aktivitäten in den Tag zwängen wollte.

Nach dem Lunch, sagte sie, gehen wir noch einmal hin. Komm schon. Wie können wir von hier weg, ohne das Museum ganz gesehen zu haben?

Ich schüttelte lächelnd den Kopf. Nach all den Jahren war mir ihre Unersättlichkeit vertraut, und ich zog sie manchmal damit auf – so wie sie mich damit aufzieht, wie träge und wenig neugierig ich bin.

Froma, sagte ich, mir *reicht's*. Ich lächelte weiter, obwohl ich durchaus die Absicht hatte, dieses kleine Gefecht für mich zu entscheiden. Die Fahrt nach Beerscheba am Vortag war lang und anstrengend gewesen; das Wetter war aufreibend heiß, und am folgenden Tag, dem Dienstag, unserem letzten in Israel, lagen noch weitere Interviews vor mir. Ich wollte mich ausruhen. Ich wollte im Mittelmeer schwimmen, das grün und glasig hinter meinem Hotel lag. Außerdem wehre ich mich grundsätzlich, wenn eine bestimmte Gattung Frau, eine im Alter meiner Mutter, eine gebieterische ältere Frau, bei der ich nachsichtig bin und der ich mich verpflichtet fühle, sagt: *Wir gehen noch einmal hin.*

Doch ich sagte, ich bräuchte Zeit für mich allein, um das bisher Gesehene zu verarbeiten, um meine Aufzeichnungen durchzusehen und so weiter.

Aber *Daniel*, sagte Froma und fuchtelte mit einer kleinen schwarzen Olive, du hast doch die *Genealogie*-Abteilung noch gar nicht gesehen! Meine mangelnde Begeisterung entsetzte sie. Als wir hineingegangen waren, hatte man uns gesagt, im Obergeschoss gebe es eine Genealogie-Datenbank – einen Raum voller Computer, in die man beispielsweise den eigenen Familiennamen eingeben und sehen konnte, welche Informationen erschienen. Um mich zu verführen, noch einmal den Hügel hinauf in das riesige Museum zu gehen, meinte Froma, wir wüssten doch gar nicht, welche unentdeckten Informationsschätze über die verlorenen Bolechower Jägers sich noch in diesen Maschinen befinden könnten. Ich erwiderte gereizt, was in diesen Computern an Informationen liege, sei nur das, was meine eigenen Verwandten irgendwann vor Jahren eingegeben hätten, und offen gestanden wisse ich mehr als sie.

Aber natürlich siegte sie dann doch. Sie hatte mich stets angetrieben, weiterzugehen, schärfer zu denken, und obwohl ich wusste, dass mich diesmal keine Belohnung erwartete, wäre es kleinlich gewesen, sie nicht noch einmal zu begleiten, wenn sie es so unbedingt wollte. Außerdem, dachte ich, war es nun schon Viertel nach drei; das Museum schloss um vier. Es konnte also nicht allzu lange dauern.

Wir aßen zu Ende, gingen wieder hin und gleich hinauf ins Obergeschoss. Man hatte dort bereits den Eindruck, als leerten sich die Räume nach und nach; als wir an einigen Bürotüren vorbeigingen, hörten wir die unverwechselbaren, zwanglosen Geräusche des Abschiednehmens unter Kollegen. Auch der Genealogie-Raum war leer; nur zwei Frauen Mitte sechzig waren noch da, und die waren eindeutig keine Besucherinnen, sondern Angestellte: Sie standen vorn im Raum und schwatzten vertraulich auf Hebräisch, als wir hereinkamen. Ich stand in dem kleinen Durchgang, und Froma sagte: Los, sag ihnen schon, warum du hier bist, vielleicht findest du ja was.

Noch bevor ich den Mund aufmachen konnte, sagte diejenige, die offenbar die Aufsicht hatte, eine ernste Frau mit einem

Gesicht, das freundlich und reserviert zugleich wirkte, auf Englisch: Es tut mir leid, aber wir schließen gerade.

Oh, sagte ich. Natürlich war ich erleichtert.

Es hat keinen Sinn, fuhr sie fort, wenn Sie den Computer für Recherchen mieten, Sie bezahlen jeweils für eine Stunde, und wir schließen um vier, das sind nur noch ein paar Minuten.

Um Fromas willen bemühte ich mich um eine enttäuschte Miene. Traurig nickte ich.

Die Frau lächelte schwach und sah mich irgendwie mütterlich an, dann sagte sie: Sie sind von weit her nach Tel Aviv gekommen?

New York, sagte ich.

Aus New York? Das ist weit! Sie sah mich an, gab unmerklich nach und sagte: O.k., passen Sie auf, nennen Sie mir einen Namen aus Ihrer Familie, und ich gebe ihn in den Computer ein, dann sehen wir mal, was passiert.

Wunderbar!, sagte Froma. Sie stand an der Tür, an ein kleines Geländer gelehnt, bedeutete mir aber, weiter hinzugehen.

Heute denke ich, der Grund dafür, dass ich statt *Jäger Mendelsohn* sagte, war zum Teil ein kindischer Widerstand gegen Fromas Begeisterung, ihr Beharren, dass wir *noch einmal hingehen*, ihre Zuversicht, dass meine Recherchen durch diesen neuerlichen Besuch einen Schritt weiterkommen würden, was, wie ich wusste, nicht der Fall sein würde. Ich war nach Israel gekommen, um die Familie meiner Mutter, nicht die meines Vaters zu recherchieren, doch aus einem irrationalen Trotz heraus sagte ich, als die Frau mich um einen Namen bat, *Mendelsohn*. Wenn man in einem Haus rigoroser, gar manischer Ordnung aufwächst, kann eine Auflehnung tiefe Befriedigung bieten.

Das ist ein berühmter jüdischer Name!, sagte sie.

Ich weiß, sagte ich.

Während sie am Computer herumtippte, drehte sie sich halb zu mir, der ich noch immer am Eingang stand, und sagte: Ich habe nämlich auch Mendelsohns gekannt, aber die lebten nicht in New York. Die lebten auf Long Island.

Froma und ich tauschten belustigte Blicke, und ich sagte: Ach ja? Ich bin auf Long Island geboren.

417

Ach?, sagte die Frau. Wo auf Long Island denn?

Old Bethpage, sagte ich und grinste etwas herausfordernd. Old Bethpage kennt niemand; es ist zu klein. *Five Towns*, sagen die Leute wissend, wenn man sagt, man komme aus Long Island. *The Hamptons*. Old Bethpage aber war nirgends, eine winzige Nadel in einem riesigen Heuhaufen.

Da lächelte sie. Sie sagte: Wie hieß Ihr Vater?

Ich sagte: Jay.

Stumm sah sie mich an.

Dann sagte sie: Und Ihre Mutter heißt Marlene, nicht? Und es gibt drei Jungen, nicht? Andrew, Daniel und Matthew.

Froma und ich lächelten nicht mehr. Ihr Mund stand buchstäblich offen.

Ich blinzelte und sagte: Wer *sind* Sie denn? Wer sie auch war, sie hatte mit unserer Familie lange keinen Kontakt mehr gehabt, wusste nicht, dass meine Mutter nach Matt noch weitere zwei Kinder bekommen hatte.

Die Frau lächelte erneut. Es war nicht das unpersönlich höfliche Lächeln, das sie bei meinem ersten Besuch zeigte, auch nicht das ein wenig wärmere, als wir begonnen hatten, uns zu unterhalten. Es war jetzt herzlich und leicht melancholisch, leicht resigniert, das Lächeln wie von jemandem, der es gewöhnt ist, dass sich die Dinge in eine bestimmte Richtung hin entwickeln. Ich hatte einen Moment lang den deutlichen, wenn auch irrationalen Eindruck, dass sie irgendwie erwartet hatte, dass das geschah.

Sie sagte: Ich bin Yona.

Am folgenden Nachmittag, es war ein strahlend sonniger, recht windiger Tag, spazierten Yona und ich am Strand in der Nähe meines Hotels. Mir schwindelte noch immer von dieser unglaublichen Begegnung nach so vielen Jahren. Auch dachte ich noch an die eigenartigen Zufälle, die, wie wir von Yona noch in der Tür zur Genealogie-Abteilung erfuhren, meine Familie schon immer mit der ihren verbunden hatten.

Nach dem Anfangsschock, den Ausrufen und Umarmungen hatte sie zu mir gesagt: Weißt du, warum ich Yona heiße?

Nein, sagte ich.

Sie lächelte schwach. Nun, es hat mit deinem Großvater und meinen Eltern zu tun. In Bolechow, noch vor dem Ersten Weltkrieg, war Avrumche –

(in dem ganzen Gespräch nannte sie meinen Großvater bei seinem jiddischen Spitznamen)

– war Avrumche, dein Großvater, der engste Freund meiner Mutter und meines Vaters, als sie alle zusammen aufwuchsen, zusammen Kinder waren.

Das hatte ich noch nie gehört. Deshalb war er ihr also so nahe, dachte ich.

Yona nickte. Ja, sagte sie, als sie aufwuchsen, waren sie nämlich Nachbarn. Und meine Mutter und deine Urgroßmutter Taube kannten einander, sie waren sehr eng befreundet. Als meine Mutter mich also gebar (dabei fasste Yona sich ganz kurz an die Brust), träumte sie von ihrer Freundin, deiner Urgroßmutter. Also hat sie mich nach ihr genannt!

Froma schien allmählich zu dämmern, was da geschah. Wie erstarrt hatte sie mit angesehen, wie sich die ganze Sache entwickelte. Nun sagte Froma zu mir, Yona bedeute auf Hebräisch »Taube«.

Darauf sah Yona mich an und fragte: Warum bist du in Israel?

Ich lächelte und sagte: Ich werde es dir erzählen.

An dem Abend rief ich meine Mutter vom Hilton aus an und erzählte ihr, was geschehen war. Wie ich war sie baff, den Tränen nahe. *Yona geblonah*, hat mein Vater sie immer genannt!, sagte meine Mutter, gefühlig wie stets, wenn etwas ihre Erinnerung an meinen Großvater weckte. Dabei wirkte Yona selbst merkwürdig nüchtern bei diesem für mich ganz erstaunlichen Zusammentreffen; als wir am nächsten Tag darüber sprachen, war es wieder so, als hätte sie etwas Derartiges fast erwartet.

Der kräftige Wind schnitt ihr die Worte ab. Tja, sagte sie mit ihrer leisen Stimme, Israel ist ein –

Land der Wunder?, sagte ich halb im Scherz und dachte daran, was Shlomo auf unserer Rückfahrt von Beerscheba voller Stolz ausgerufen hatte.

Yona sah mich mit ihrem reizenden, leicht schiefen, leicht melancholischen Lächeln an. Nein, es ist nur ein kleines Land, weiter nichts. Du würdest dich wundern. Solche Dinge können hier passieren.

Wir schlenderten ein Stück weiter und kamen schließlich zu einem unscheinbaren kleinen Restaurant direkt am Meer, wo wir uns setzten. Das Wasser war mit kleinen Schaumkronen gesprenkelt. Sie bestellte sehr wenig, ich einen Salat und eine Cola light.

Mehr möchtest du nicht?, sagte sie und bedachte mich mit einem Blick, der neugierig und belustigt zugleich war. Iss mehr! Du isst ja gar nichts!

Lächelnd schüttelte ich den Kopf. Wir unterhielten uns über unsere Familien. Sie hatte gesagt, sie könne mir einiges über die Jägers von Bolechow erzählen.

Nachdem ich nun schon gehört hatte, wie sie zu ihrem Namen gekommen war, fragte ich sie, ob sie je etwas über die Persönlichkeit meiner Urgroßmutter Taube gehört habe – *etwas Spezifisches,* sagte ich.

Oh, sie war eine *personlichkait,* eine sehr gute Frau, sagte Yona nach einer Weile; sie erinnerte sich an etwas, was sie vor Jahren von ihren Eltern gehört hatte. Sie war so ehrlich, so … gut.

Na, dachte ich, was hatte ich auch erwartet? Sie war Jahre vor Yonas Geburt gestorben, und was kann man schon über jemanden sagen? *Sie war so gut, sie hatte so hübsche Beine. Er war für sie gestorben.*

Für meine Eltern war dein Großvater etwas Besonderes, fuhr Yona fort. Meine Eltern sagten immer: *Avrumche, das ist kein Freund, er ist wie ein Bruder.*

Ich war es so gewöhnt, meinen Großvater nur als einen Jäger zu sehen, als Mitglied und dann Oberhaupt seiner schwierigen, sorgenvollen, theatralischen und von Tragödien heimgesuchten Familie, dass es für mich ein kleiner Schock war zu hören, dass er enge Freunde gehabt hatte, Beziehungen zu Menschen außerhalb der Familie, Freunde, bei denen er eine solche Loyalität und Zuneigung geweckt hatte.

Yona nickte. Heute kann man eine solche Freundschaft nicht mehr verstehen, sagte sie und sah mich fest an.

Ich nickte. Auch wenn ich nicht ganz genau begriff, was sie

meinte, überraschte es mich doch nicht, dass Bolechower Freundschaften, geschmiedet in einer verlorenen Zivilisation in einem verlorenen Reich, noch bevor der Erste Weltkrieg begonnen hatte, wie alles andere an Bolechow unwiederbringlich waren.

Plötzlich lächelte sie. Dein Großvater war ein *wizer*, weißt du, was ein *wizer* ist?

Wieder nickte ich; ich wusste es. Einer, der einen Witz erzählen, lustige Geschichten ausspinnen konnte. Ich dachte an meine Tante Ida, die sich an einem Thanksgiving ein halbes Jahrhundert zuvor in die Hose machte, ich dachte daran, wie meine Großmutter *Oh*, Abie! gesagt hätte.

Deine Familie hat in der Schustergasse gewohnt. Dieses kleine Detail interessierte mich; ich war beim Haus gewesen, aber ich wusste nicht, wie die Straße hieß. SCHUSTERGASSE, schrieb ich hinten auf das papierne Platzdeckchen.

Sie sah mich fragend an. Du machst dir Notizen?

Ich nickte. Das ist für die Familiengeschichte! Ihre leise Stimme hat etwas Defensives, dachte ich; sie legt Wert auf ihre Privatsphäre. Sie verzog das Gesicht, redete aber weiter. Sie erzählte von ihrem Vater, der Sholem hieß und 1916 nach Wien gegangen war, um Arbeit zu finden und seine Familie zu ernähren. Ein Gewinn für ihn, er mochte sehr gern Musik. Ihre Familie hatte einen Laden, in dem sie Brot verkauften, solche Dinge. Es waren schwere Zeiten, sagte sie.

Ich lächelte. Erinnerst du dich noch an andere Dinge, die deine Eltern über die Familie meines Großvaters sagten?, fragte ich. Ich überlegte, ob jemand auch einmal über den Vater meines Großvaters gesprochen hatte, diesen gut betuchten Herrn mit dem Ziegenbart und dem Homburg auf dem Kopf, der eines Tages in einem Kurort gestorben war und damit die Katastrophen ausgelöst hatte, die meinen Großvater nach New York getrieben, Shmiel nach New York und wieder zurück nach Bolechow und mich letztlich hierher geführt hatten.

Yona schüttelte den Kopf. Über Elkune Jäger wusste sie nichts.

Aber ich kann dir sagen, dass die Familie deines Großvaters immer sehr arm war, sagte sie.

Arm? Ich sah sie an. Sehr arm? *Immer?*

Sie nickte. Ja, sagte sie. Ich weiß noch, wie mein Vater sagte, als er noch ein Kind war und seine Familie mit ihm in einen Kurort nach Polen fuhr, nach Zakopane, er habe ein schlechtes Gewissen gehabt, weil Avrumche zu arm gewesen sei, um mitkommen zu können.

Ich überlegte kurz und sagte dann: Also, dass es ihnen nach dem Tod meines Urgroßvaters schlecht ging, wusste ich schon, und dann kam auch noch der Krieg –

Sie schüttelte den Kopf und sagte achselzuckend: Jedenfalls, als sie *klein* waren.

Ich dachte an die Geschichten meines Großvaters. Ich dachte daran, wie er seinen Vater beschrieb, den wohlhabenden Geschäftsmann, die kleinen Flaschen Tokaier, die er nach Wien brachte. Ich dachte daran, wie er das ukrainische Hausmädchen beschrieb, das er als Kind gehabt, an die Köchin, die für Freitagabend jedem Kind seine eigene Challa gebacken hatte. Ich dachte daran, wie er erzählte, sein Vater habe so einen großen Einfluss in der Stadt gehabt. Es war nicht unbedingt so, dass ich diese Geschichten jetzt nicht mehr glaubte. Doch als Yona erzählte, in welcher Armut mein Großvater aufgewachsen war, fragte ich mich doch wieder, wie viele der Geschichten meines Großvaters auf Tatsachen gründeten und wie sehr sie die Projektionen seiner lebhaften Fantasie und seiner Sehnsüchte waren. Es nimmt nicht wunder, dass ein kleiner Junge, der kaum zehn ist, als sein Vater stirbt, die Erinnerung an diesen Vater mit der Zeit vergrößert, den verlorenen Vater mit einem Zauber versieht, einem Status, einem Reichtum, den er nicht unbedingt gehabt haben muss, denn wegen der schrecklichen Zeiten, die dieser Junge durchleben muss, gestattet diese veredelte Erinnerung – die sich im Laufe der Jahre zu Fakten verfestigt, zu den Geschichten, die er anderen wie mir erzählt – dem Jungen, sich als etwas Besseres zu sehen. *Wir waren einmal wer*, sagt sich dieser Junge, *wir waren etwas Besonderes.* Die schweren Zeiten erscheinen dem Jungen jetzt, wenn überhaupt, als eine Nagelprobe für diese Sichtweise, für die angeborene Überlegenheit, die der tote Vater, der sich immer weiter in die Vergangenheit entfernt, einmal besessen hatte und von der

Reichtum, Status und Wertschätzung, mit denen der Junge, inzwischen erwachsen und selbst ein erfolgreicher Geschäftsmann, rückwirkend das Andenken an den toten Vater versieht, wenn er Jahre später über ihn spricht, letztlich nur der äußere Ausdruck waren. Manchmal sind die Geschichten, die wir erzählen, Erzählungen dessen, was geschehen ist, manchmal aber auch das Abbild unserer Wünsche, wie es hätte sein sollen, unbewusst Rechtfertigungen des Lebens, das wir eben gelebt haben. *Wir waren reich, wir hatten Dienstmädchen. Sie war Zionistin, ihn hatte ich am liebsten.* Denn schließlich gehen die Dinge nur in Geschichten gut aus, und nur in Geschichten passt jedes kleine Detail gut ins Bild. Doch wenn sie zu gut ins Bild passen, trauen wir ihnen wahrscheinlich nicht.

An all das dachte ich, fragte mich schon, wer und was meine Familie denn nun tatsächlich gewesen war, als die Rechnung kam. Yona bestand darauf zu bezahlen; nach einigen rituellen Protesten ließ ich sie gewähren. Inzwischen war es zwei Uhr geworden, und die Sonne brannte ungeheuer stark. Ich kniff die Augen zusammen.

Du hattest immer so blaue Augen, sagte sie und sah mir ruhig ins Gesicht, während wir darauf warteten, dass der Kellner mit dem Wechselgeld zurückkam. Ich lächelte und sagte nichts. Erst als wir uns ein paar Minuten später trennten und Telefonnummern, aktuelle Adressen und E-Mail-Adressen austauschten, errötete ich.

Yona, sagte ich verlegen, während ich ihren Namen auf eine Serviette schrieb, das ist mir jetzt ganz peinlich.

Sie sah mich fragend an.

YONA – mehr hatte ich nicht auf die Serviette schreiben können. Ich sah sie an und sagte: Mir ist gerade eingefallen, dass ich nach all den Jahren gar nicht weiß, wie du mit Nachnamen heißt.

Sie zeigte ihr feines Lächeln und sagte mit einem leichten Achselzucken: *Wieseltier.*

Das war im Sommer. Im Herbst kam ich dann mit Matt wieder, damit er Bilder machen konnte – von Yona, von allen anderen. Doch Israel sollte erst die zweite Station sein. Zunächst flogen wir nach Stockholm.

In der Geschichte von Abrams Wanderungen auf seinem Weg ins
Gelobte Land dreht sich alles um Zunahme: Zunahme von
Land, von Nachkommen, von Reichtum (und vermutlich auch
von Wissen). Abrams keimender Reichtum, die Folge seines för-
derlichen Aufenthalts in Ägypten, führt schließlich zu einer Kluft
zwischen seinen Leuten und denen seines Neffen Lot, und um
einen Konflikt zu vermeiden, einigen sich Abram und Lot darauf, sich zu trennen und unterschiedliche Territorien in Besitz
zu nehmen; der Neffe beansprucht die Ebene östlich des Jordan
(wo sich die unheilvollen Städte Sodom und Gomorrha befanden), der Onkel das Land westlich davon. Doch auch noch andere Zunahmen beschäftigen Abram, nachdem er sich in dem
Land, in das er »für sich gehen« sollte, bequem eingerichtet hat.
Schließlich hatte Gott ihm wiederholt versprochen, er werde
fruchtbar sein und seine Nachkommen würden so unzählig sein
wie der Staub und die Sterne, aber trotzdem ist Sarai, seine
schöne Frau, noch nicht schwanger geworden. Und so herrscht
inmitten der Fülle auch eine Dürre. Abram ist dieses Paradox bewusst, und er beklagt sich bitterlich und fragt sich, wozu sein
großer Reichtum nütze ist, wenn Fremde ihn erben werden. Das
Problem wird (scheinbar) dadurch gelöst, dass Sarai ihm ihre
ägyptischstämmige Sklavin Hagar anbietet, damit sie, Sarai,
»vielleicht durch sie zu Kindern kommen« kann. Abram tut ihr

den Willen – wenngleich nicht ohne daraus erwachsende eheliche Spannungen –, und Ismael wird geboren. Dreizehn Jahre später, als Abraham (wie er jetzt heißt) neunundneunzig ist und Sara (deren Name sich ebenfalls geändert hat) neunundachtzig, verkündet Gott, sie werde im folgenden Jahr einen Sohn gebären. Es überrascht wenig, dass Abraham diese Verkündigung nicht so recht glauben mag, und der hebräische Name, den dieses Kind passenderweise erhält, erinnert an die Reaktion seines Vaters auf die Nachricht der Empfängnis: der Name bedeutet »er lachte«, was auf Hebräisch Yitzhak heißt, Isaak.

Die einzigartige Dynamik von Lech Lecha ist denn auch eine der Bewegung zwischen Gegensätzen: Zunahme und Mangel, Aktivität und Stagnation, Dürre und Fruchtbarkeit und – wie immer in Geschichten von Abenteuerreisen – Alleinsein und Massen, die Einsamkeit des Reisenden einerseits und das mannigfaltige Treiben der Orte, die er besucht, wohin er aber nicht gehören kann, andererseits. Für mich kommt die beständige Spannung zwischen gegensätzlichen Kräften, diese quälende, expressive Dynamik (die mir häufig als eine Metapher für die Art und Weise erscheint, in der wir immerzu mehr wollen, auf unserem Weg durchs Leben uns etwas hinzufügen und wachsen wollen, auch wenn wir dabei fürchten, dass eben dieses Hinzufügen, diese Zunahme uns zu etwas machen, das nicht als wir selbst erkennbar ist und wir dadurch unsere Vergangenheit verlieren) am bündigsten und elegantesten am Ende von Lech Lecha zum Ausdruck, als Gott dem nahezu hundertjährigen Abraham verspricht, er werde tatsächlich fruchtbar sein und sich mehren. Als Symbol seines neuen Status als Vater großer Nationen wird Abram zum Nutznießer eines weiteren Zuwachses: Sein Name wird um eine Silbe wachsen und zu »Abraham« werden. Auch der Name seiner Frau wird sich verändern, von Sarai zu »Sara«. Die Bedeutung dieser Namensänderung ist unterschiedlich bewertet worden. Ich pflichte einem Kommentator bei (nicht Friedman, der die Stelle mit der Namensänderung stillschweigend übergeht), der argumentiert, die Bedeutung des Prozesses der Namenserhöhung liege weniger darin, was die Namen bedeuten, sondern vielmehr in dem weiteren Sinn, dass Abram, indem er den Bund mit Gott akzeptiert, einen neuen

Namen braucht, so wie Monarchen bei Thronbesteigung einen neuen Namen annehmen. Die Bedeutung der Namensänderung ist dieser Lesart zufolge weniger eine philologische als eine psychologische. Das erscheint mir, der ich mit dem bewegten Schicksal, das Namen haben können, inzwischen allzu vertraut bin, absolut nachvollziehbar: Wie es eine gewisse Sehnsucht nach einer Namensänderung geben kann, womit dann ein notwendiger Bruch mit dem Leben, das man davor geführt hat, signalisiert wird, und wie entscheidend es aber dennoch sein kann, dass der Name erkennbar bleibt, da nicht immer klar ist, welche Teile der Vergangenheit sich einmal als bewahrenswert erweisen werden.

2

Schweden / Erneut Israel

(Herbst)

Acccch, ist das nicht meschuge?

Es war Frühnachmittag an einem Sonntag im Dezember, als Mrs Begley mir sagte, für wie verrückt sie meine bevorstehenden Reisen hielt. Ende des Monats würde sie Geburtstag haben, dann käme ich von einer Reise zurück, die mich kreuz und quer von New York nach London nach Stockholm nach London nach Tel Aviv nach London und wieder zurück nach New York führen sollte. Während sie halb amüsiert, halb abschätzig den Kopf schüttelte, versuchte ich ihr zu erklären, dass unser Reiseweg, das anstrengende Jonglieren mit Kontinenten und Klimaten, nur wegen Dyzia Lew so sprunghaft sei. Während ich mich derart vergeblich verteidigte, hatte ich keine Ahnung, wie meschuge diese Reise tatsächlich werden würde: der schlimme Schneesturm, die halbtägigen Verspätungen, die abgesagten Flüge, die verpassten Anschlüsse auf sonderbaren Flughäfen und dann, am allerschlimmsten, die fast komische Serie von Missverständnissen bezüglich der Dame aus Minsk, die unnützen transatlantischen Flüge an Orte, die sie unmittelbar zuvor verlassen hatte.

Alles hatte mit einem Anruf begonnen, den ich im November erhielt, vier Monate nach meiner Rückkehr aus Israel.

Bis dahin hatte ich geglaubt, wir hätten noch zwei Reisen vor uns: erst eine in den Norden in der ersten Dezemberwoche – vorher konnte Matt sich nicht freinehmen –, die uns nach Stockholm führen würde, wo Klara Freilich lebte, und dann eine nach Minsk, wo Dyzia Lew zu Hause war. Dann würden wir wieder nach Hause zurückkehren und rund einen Monat später für eine Woche nach Israel fliegen, damit Matt Porträts der Bolechower machen konnte, die ich im Sommer kennengelernt hatte.

Und dann, so dachte ich, wären wir fertig.

Aber Anfang November rief mich Shlomo an, er hatte schlechte Nachrichten. Dyzia, sagte er, habe schwere Kreislaufprobleme, sodass sie gerade aus Weißrussland nach Israel geflogen sei, um sich behandeln zu lassen. Es habe also keinen Sinn, nach Weißrussland zu fliegen. Wenn überhaupt, müssten wir eher früher als später nach Israel kommen, da es offen gestanden nicht absehbar sei, wie lange ... seine Stimme verebbte. Als Shlomo das sagte, dachte ich: Jetzt ist es so weit: Die Zeit holt uns ein. Seit dem Abend, als Jack Greene mich aus heiterem Himmel angerufen und ich mich, noch während er redete, entschlossen hatte, die wenigen noch verbliebenen Bolechower auf der Welt zu besuchen, wusste ich natürlich, dass die Menschen, mit denen ich sprechen musste, schon recht betagt waren; mir war immer klar gewesen, dass einer sterben würde, bevor wir bei ihm gewesen waren. Doch es war eine Sache, sich dieser theoretischen Möglichkeit bewusst zu sein, eine andere aber, mit der frostigen Realität konfrontiert zu werden, dass eine Frau so krank war, dass ich sie womöglich nie sehen würde, ihre Erinnerung nie würde in Anspruch nehmen können.

Ich sagte zu Shlomo: Wenn sie so krank ist, vielleicht sollte ich sie dann bald, gleich am Telefon interviewen? Shlomo war derselben Meinung und meinte, er wolle mit ihr sprechen und einen Zeitpunkt vereinbaren, zu dem ich anrufen könne. Einige Tage später mailte er mir, alles sei arrangiert, er werde am folgenden

Samstag um vier Uhr dreißig, Tel Aviver Zeit, bei Dyzia Lew am Krankenhausbett sitzen und als Übersetzer fungieren.

Sonntag, den neunten?, fragte ich.

Ja, sagte er. Sonntag, den neunten.

Sonntag, der neunte November jenes Jahres, sollte also ein voller Tag für mich werden, ein Tag, angefüllt mit Familiengefühlen und auch mit Gedanken an die Vergangenheit, denn es war der Tag der großen Feier, die meine Brüder, meine Schwester und ich zu Ehren des fünfzigsten, »goldenen« Hochzeitstags unserer Eltern in New York abhalten wollten. Es war demnach ein Datum von kleiner und ziemlich lokaler Bedeutung für eine siebenköpfige Familie, es sei denn, man berücksichtigt zudem, dass der 9. November einen weiteren Jahrestag markiert, keinen goldenen, sondern einen, wie man sagen könnte, kristallenen, einen, der für meine Familie vermutlich von ebenso großer, wenn auch indirekter Bedeutung ist, denn 2003 bedeutete der 9. November auch den fünfundsechzigsten Jahrestag der *Kristallnacht*. An jenem Abend im Jahr 1938 begann in ganz Deutschland und Österreich ein umfassendes, von der Nazi-Partei organisiertes Pogrom: zwei Tage des Terrors, während der marodierende Banden jugendlicher (und erwachsener) Nazis durch die Straßen jüdischer Viertel zogen, jüdische Häuser und Geschäfte plünderten, Juden verprügelten und häufig auch ermordeten und natürlich an unzähligen Gebäuden die Fenster einschlugen. Ich sage »natürlich«, weil der Begriff »Kristallnacht« – ein Begriff, der bei einer Sitzung des Oberkommandos der Nazis einige Tage danach geprägt wurde, derselben Sitzung, auf der verkündet wurde, Hitler habe gefordert, »dass die Judenfrage jetzt einheitlich zusammengefasst werden soll und so oder so zur Erledigung zu bringen ist« – sein groteskes Funkeln den Milliarden von Scherben von Millionen zerbrochener Fensterscheiben verdankt. Auch wenn der durch die Kristallnacht entstandene Schaden enorm war (wobei der Verlust an Leben, jedenfalls nach späteren Maßstäben, zu vernachlässigen war) – nahezu hundert Juden wurden getötet, siebeneinhalbtausend jüdische Geschäfte verwüstet, über hundert Synagogen und heilige Stätten zerstört, darunter jedes einzelne der religiösen Gebäude, die der in Ungarn geborene Architekt Ignaz Reiser, der

Erbauer der Zeremonienhalle des neuen jüdischen Teils auf dem großen Wiener Zentralfriedhof, entworfen hatte –, lag die eigentliche Bedeutung jenes neunten November, der Grund dafür, dass dieses Datum im Jahr 2003 für meine Familie von doppelter Bedeutung war, darin, dass die Kristallnacht heute allgemein als das Ereignis gilt, das den Beginn des eigentlichen Holocaust markiert. Und obwohl die Städte Deutschlands und Österreichs in jeder nur erdenklichen Hinsicht fern von den Schtetl im damaligen Ostpolen waren, ist es doch möglich, eine Ähnlichkeit zu erkennen, eine, wie man sagen könnte, geschwisterliche Ähnlichkeit zwischen dem, was in der Kristallnacht in berühmten Städten wie Worms und Lübeck, Ulm und Kiel, München und Koblenz, Berlin und Stettin (Letzteres die Stadt, von der aus mein Urgroßvater Itzig Mendelsohn und seine Familie, darunter zwei Jahre alte Zwillingssöhne, 1892 nach New York aufbrachen), in Städten wie Wien und Linz, Innsbruck und Klagenfurt, Graz und Salzburg, der »Mozart-Stadt«, geschah und wenig später dann in kleinen Städten wie Bolechow. Beispielsweise wurden die Juden Deutschlands im November 1938 zu einer Geldstrafe von einer Milliarde Reichsmark verurteilt, womit sie für den Glasbruch aufkommen sollten, der in jener Nacht angerichtet worden war, wurden also dazu verurteilt, den Nazis den Schaden zu ersetzen, den sie selbst erlitten hatten (und tatsächlich wurden auch die sechs Millionen Reichsmark – eine relativ geringe Summe, verglichen mit einer Milliarde –, die die Versicherungen für die zerschlagenen Fenster zahlten, in die Staatskasse der Nazis umgeleitet). Diese grotesken Berechnungen vom November 1938 waren keinesfalls unähnlich denen, die im November 1941 in die Tat umgesetzt wurden, als die Bolechower Juden gezwungen wurden, den Deutschen die Kosten für die Kugeln zu erstatten, die andere Juden getötet hatten.

Am neunten November also, einem Datum, das 2003 in meiner Familie ein Tag des Feierns war, wählte ich die Nummer, die Shlomo mir gegeben hatte, und sprach mit der kranken Dyzia Lew.

Hallo, sagte Shlomo in sein Handy. Er sitze neben Dyzia, sie sei bereit. Seine Stimme hallte ein wenig.

Möchtest du mit ihr sprechen?, fragte er.

Aber das geht doch nicht, sagte ich. Sie kann ja kein Englisch.

Aber möchtest du denn nicht ihre Stimme aufzeichnen?, fragte er. Inzwischen kannte Shlomo meine Leidenschaft für konkrete Dinge.

Das geht jetzt nicht, sagte ich, vielleicht nächsten Monat, wenn ich komme. Zur Einführung bat ich Shlomo, er möge Dyzia sagen, ich wolle deshalb so dringend mit ihr sprechen, weil Meg Grossbard gesagt habe, Dyzia habe zu der Gruppe Mädchen gehört, die die Jäger-Mädchen kannten.

Ja, antwortete Shlomo, das habe ich ihr bereits gesagt, und sie hat mir auch schon erzählt, dass sie diese Mädchen alle kannte, die Jäger-Mädchen, und sie weiß, dass Lorka die ältere und Frydka die mittlere war, und sie weiß auch von der anderen – Fania? Sie sagt, sie erinnert sich nur an drei.

Ich grinste in mich hinein und sagte: Es waren vier. Lorka, Frydka, Ruchele und Bronia. *Bronia*, wiederholte ich – obwohl ich dabei dachte, wer bin ich, die Erinnerungen dieser Frau zu korrigieren, ich, der ich noch immer ein Blatt Papier besitze, auf dem ich in den siebziger Jahren eine Liste gemacht hatte, auf der stand: LORCA FRIEDKA RUCHATZ BRONIA?

Bronia, nije Fania, sagte Shlomo, wie ich hörte, zu Dyzia, deren Gesicht ich mir vorzustellen suchte, während ich darauf wartete, dass alles, was ich gesagt, und auch manches, was ich nicht gesagt hatte, einen Kontinent entfernt ins Polnische übersetzt wurde.

Sie sagt, vielleicht, vielleicht ja, sagte Shlomo.

Ich lachte laut auf; Shlomo wusste inzwischen, warum. Und frag sie, welche sie am besten gekannt hat, sagte ich.

Ein leises Summen auf Polnisch, dann: *Frydka*.

Ich bat ihn, sie zu fragen, ob sie Erinnerungen an die Eltern habe, ob sie sich in irgendeiner Weise an sie erinnere.

Nein, sagte Shlomo nach einigem Polnisch. An sie erinnert sie sich gar nicht.

Ich sagte: Wenn sie Frydka am besten kannte, was an ihrem Wesen erinnert sie am meisten? Wie war sie? Wir haben gehört, sie sei ein sehr lebhaftes Mädchen gewesen, sie habe Jungen gemocht – stimmt das?

Er wechselte einige Worte mit Dyzia.

Sie war sehr schön, sagte er. Schöne Augen. Sie sagt, Meg Grossbard weiß, dass ihre Augen, Frydkas Augen, schön waren. Sie sagt, Frydka sei nicht so ein, na ja, so ein einfaches Mädchen gewesen. Sie war schön, jung, die Jungs waren verrückt nach ihr.

Weiteres Polnisch.

Sie sagt, im März '42 hat Frydka in der Fassfabrik gearbeitet. *März 1942.*

Dyzia arbeitete damals in dem Büro, wo die Arbeit verteilt wurde, fuhr Shlomo fort, *Arbeitsamt* nannten sie das auf Deutsch. Sie sagt, sie weiß noch, dass Frydka 1942, es war ein schöner Tag, ins Arbeitsamt kam. Es war Mittagszeit, also kam sie aus der Fassfabrik, um sie im Arbeitsamt zu besuchen. Sie sagt, sie erinnert sich an einen Mann namens Altmann, der in diesem Arbeitsamt mit Frydka gesprochen hat. Sie hat noch einmal gesagt, dass sie viele Freundinnen hatte, dass sie aber nicht einfach war –

Nicht einfach als Mensch?, warf ich ein, vielleicht ein wenig vorschnell. Meine Neugier wurde von der Vorstellung angeregt, ich würde etwas Neues über ihr Wesen erfahren, etwas mehr als *es waren drei Mädchen, sie war die jüngere, sie hatte schöne Augen.* Ich sagte zu Shlomo: Frag sie, wie sie das meint, sie sei ein schwieriger Mensch gewesen.

Shlomo schwieg – dann erkannte er mein Missverständnis. Nein, nein, kein schwieriger *Mensch.* Nein, sie meint, für die Jungen war es nicht einfach, sie zu *kriegen.*

Ich sagte: Ah, verstehe – wobei ich mich allerdings fragte, worauf sich in dem Fall *picaflor* bezogen hatte. Um die Geschichte zusammenzuhalten, stocherte ich ein bisschen weiter. Aber sie hat die Jungs doch gemocht?, fragte ich.

Ein wenig Polnisch, dann: Ja, sie hat die Jungs gemocht, und die Jungs haben sie gemocht, aber es war nicht einfach, sie zu *kriegen.*

Ich war erleichtert. Ich sagte: Frag sie, wenn sie Lorka mit Frydka vergleichen müsste, wie verschieden waren sie in ihrem Wesen?

Sie redeten auf Polnisch, dann sagte Shlomo: Sie hat Lorka

nicht so gut gekannt, aber die Leute hätten immer gesagt, Lorka sei, nun ja, sie sei einfacher als Frydka gewesen.

Einfacher als Frydka? Ich erinnerte mich, wie hartnäckig Anna Lorkas Treue zu ihrem Freund Halpern betont hatte – andererseits hätte Annas Annahme, Lorkas einziger Freund sei dieser Halpern gewesen, während Meg mir doch erzählt hatte, es stehe außer Frage, dass es Yulek Zimmerman gewesen sei, an sich schon vermuten lassen müssen, wie brüchig diese Wahrnehmungen, diese Geschichten sein können.

Sie war einfacher als Frydka. Ich sagte: Du meinst, mit Jungs?

Ja, mit Jungs. Sie sagt, vor dem Krieg waren sie und ihre gleichaltrigen Freundinnen zu jung, um schon mit Jungs zu flirten. Aber sie haben zu Lorka aufgeschaut und sie sich als Beispiel genommen.

Ah, sagte ich, verstehe; obwohl ich es natürlich nicht verstand. Ich sagte zu ihm: Sag ihr, Anna Heller habe gesagt, Frydka sei bei den Jungs wie ein Schmetterling gewesen …

Sie redeten, dann sagte Shlomo: Weil sie so schön war, hatte sie keine Probleme, mit jedem der Jungen zu flirten. Sie sagt, hinsichtlich der Jungs war Frydka egoistisch. Sie hat sie alle nur für sich gewollt!

Sie war bei den Jungs egoistisch, sie wollte sie alle nur für sich, aber sie war nicht »einfach«. Fast zehntausend Kilometer von Dyzia Lews Krankenhausbett entfernt seufzte ich und dachte: Na ja, warum auch nicht? Solche Mädchen hatte es auch bei mir an der Highschool gegeben, Mädchen, die mit den Jungs spielten, bis sie sich dann eines Tages schwer in einen verliebten, und das war es dann. Ich dachte: Über Frydkas Beziehung mit Ciszko wird nie etwas bekannt werden: Was sie zusammengebracht hatte, was die Substanz und das Wesen dieser Beziehung ausgemacht hatte, was sie miteinander gemacht und geredet hatten, nichts. Aber die Annahme schien doch nicht unberechtigt, dass die Sache zumindest für ihn so ernst war, dass er dafür sein Leben aufs Spiel setzte, und – wahrscheinlich – auch für sie, dass sie sich ihm hingegeben hatte, von ihm schwanger wurde. Als Shlomo Dyzias Eindrücke wiedergab, *sie war nicht einfach, sie wollte sie alle nur für sich,* erkannte ich, dass diese beiden scheinbar widersprüchlichen Details in Wahrheit der Wesenskern einer ganz konkreten Geschichte waren: der Geschichte eines eigenwilligen und schönen Teenagers, ziemlich groß und vielleicht auch ein wenig verwöhnt, eines Mädchens, dessen kokette und egoistische Persönlichkeit sich unter dem gewaltigen, zerstörerischen Druck eines Krieges, unter den unvorstellbaren Kräften von Entbehrung, Leid und Kummer im Zuge der Besatzung, in etwas Heroisches und Strahlendes verwandelt hatte, so wie ein Klumpen gewöhnlichen Kohlenstoffs sich unter dem richtigen Druck in einen Diamanten verwandeln kann. Aber das werden wir natürlich nie erfahren.

Ich sagte: Ich würde jetzt gern noch über die Kriegszeit sprechen. Was weiß sie noch insbesondere über Frydka während des Krieges? Wie und wann hat sie sie gesehen? Wann hat sie sie ihrer Erinnerung nach zum letzten Mal gesehen?

Sie redeten eine Weile, dann sagte Shlomo: O.k., das war das letzte Mal – als Frydka zur Mittagszeit zu ihr kam, als sie im Arbeitsamt war. Da hat sie Frydka zum letzten Mal gesehen.

Ich fragte noch einmal, in welchem Jahr das gewesen sei. Sie weiß es nicht mehr, aber sie glaubt, sagte Shlomo, es war 'zweiundvierzig. Sie glaubt, es war vor der zweiten Aktion.

Dann frag sie doch bitte, ob sie etwas über Ciszko Szymanski und Frydka weiß, sagte ich.

Sie redeten eine Weile auf Polnisch.

Sie sagt, Frydka hat ihr *dann* von Ciszko Szymanski erzählt, und sie hat gewusst, dass Ciszko Szymanski in Frydka verliebt war. Sie sagt, sie weiß von Gerüchten, dass Leute gesagt hätten, als sie sie schnappten, hätten sie auch ihn mitgenommen.

Erst in dem Moment wurde mir so richtig bewusst, dass alles, was wir über die Liebesgeschichte zwischen Frydka und Ciszko zu wissen glaubten, auf Hörensagen beruhte, auf Gerüchten und Geschichten und Gesprächen, die erst nach Kriegsende stattgefunden hatten. Jetzt aber, am 9. November 2003, war dieser kurze Satz *Sie sagt, Frydka hat ihr* dann *von Ciszko Szymanski erzählt* für mich wie eines dieser »Wurmlöcher«, die uns, wie die Wissenschaft uns sagt, die Materie des Universums durchdringen und plötzliche und wundersame Sprünge durch Raum und Zeit gestatten. *Frydka hat ihr* dann *von Ciszko Szymanski erzählt* löste in mir dasselbe Gefühl aus wie Mr Grossbards *Er kam nie über die Affäre Dreyfuss hinweg* acht Monate zuvor in Sydney: ein Gefühl, dass uns eine einzige menschliche Erinnerung an einen spezifischen und nun unerreichbaren und unersetzlichen Punkt katapultieren kann und dass, wenn dieser eine Mensch, diese Erinnerung, verschwinden, auch der Punkt, an den es einen schleudern konnte, gewissermaßen ebenfalls verschwindet. Bestimmt hatte Frydka diese Affäre, noch während sie lief, ihren Freundinnen anvertraut; hier nun aber waren die Freundin, und hier, sechzig Jahre danach, das Geheimnis, das anvertraut worden war, aus der Vergangenheit geholt und mir beiläufig zur Betrachtung hingehalten, die Sache selbst, kein Klatsch aus dritter Hand, der von jahrelanger Weitergabe ausgehöhlt und verformt war. In dem Augenblick stellte ich mir Frydka vor, wie sie aufgeregt mit Dyzia flüsterte, vielleicht an dem Tag, als sie ins Arbeitsamt gekommen war – wobei es natürlich nicht dieser Tag gewesen sein muss, es musste auch nicht aufgeregt, es konnte verträumt, es konnte alles gewesen sein, da Dyzia sich nicht an den genauen Wortlaut erinnerte.

Sie sagt, sie weiß von Gerüchten, dass Leute gesagt hätten, als sie sie schnappten, hätten sie auch ihn mitgenommen. Ich dachte an das, woran Anna Heller Stern sich erinnert hatte: *Wenn ihr sie umbringt, dann bringt auch mich um.*

Welche Erinnerung hat sie noch an Ciszko Szymanski?, fragte ich.

Sie erinnert sich ein bisschen an ihn. Er war mittelgroß. Er hat gern getrunken, hat gern geflirtet! Shlomo lachte, und im Geist zeichnete ich ein Bild von einem stämmigen Rabauken, einem Witzbold, einem stämmigen blonden Teenager, wie ich ihm an der Highschool aus dem Weg gegangen wäre, ohne zu ahnen, wie weichherzig, wie sentimental er bei einem bestimmten Mädchen werden, wie unvorstellbar heldenhaft er letztlich sein würde, lange nachdem ich ihn als Schwachkopf abgetan hatte.

An Shlomos Ende der Leitung wurde es auf einmal unruhig: Leute kamen ins Zimmer, es wurde geredet. Shlomo sagte: Ich glaube, wir müssen jetzt bald Schluss machen, hier wird gleich das Bett gemacht und so weiter, und wir müssen raus. Hast du noch eine rasche Frage?

Eine rasche Frage? *Herrgott*, dachte ich. Also, Shlomo, du weißt es, weil du dabei warst, als wir hörten, dass jemand sagte, Frydka sei von Szymanski schwanger gewesen …

Shlomo wusste, worauf ich hinauswollte.

Moment, einen Moment, sagte er, ich frage sie.

Sie redeten kurz, dann sagte er: Sie war schwanger, hat sie gesagt.

Ich spürte etwas in mir aufwallen – nicht direkt Befriedigung, aber eine vage Freude darüber, dass diese Geschichte nun doch zu stimmen schien. Ein Teil dieser Freude entsprang dem, was Mrs Begley meine *sentimentale* Fantasie nannte, ein anderer dagegen der Erkenntnis, dass diese Bestätigung des Gerüchts über Frydkas Schwangerschaft Meg Grossbard, die mich in Sydney mit ihrem herrischen *I know nussink!* beschieden hatte, Unbehagen bereiten musste.

Das dachte ich, als Shlomo noch das Folgende sagte:

Sie sagt, sie war schwanger, aber nicht von Ciszko Szymanski.

Es dauerte ein Weilchen, bis ich blinzelte und sagte: *Was?*

Shlomo machte ein kleines Geräusch, einem Glucksen nicht unähnlich. Leute reden darüber, erklärte er, aber sie weiß nicht, von wem sie es gehört hat. Sie weiß auch nicht, ob es stimmt. Sie glaubt, dass sie es verwechselt haben, dass sie es mit dem Namen Pepci Diamants verwechselt haben – die war ja meine Cousine –, und vielleicht haben die über Pepci Diamant gesprochen und nach so vielen Jahren einen Mischmasch daraus gemacht, und man kennt die Wahrheit nicht, wer wer war. Verstehen Sie?

Nein, das verstand ich nicht; überhaupt hatte ich keine Ahnung, wovon er da redete. Erst vier Wochen später, als wir wieder in Anna Heller Sterns abgedunkelter Wohnung in Kfar Saba saßen, erzählte er mir die ganze Geschichte: dass Pepci Diamant, seine Cousine, von einem Angehörigen der ukrainischen Polizei, wie er glaube, vergewaltigt worden sei und dass sie, schon sichtbar schwanger, in derselben »kleinen« Aktion von 1943 getötet worden sei, in der auch seine Schwester Miriam gestorben sei – der Aktion auf dem jüdischen Friedhof in Bolechow, die Olga und Pjotr mit angesehen hatten, der, bei der die wenigen verbliebenen Juden der Stadt durch die Schustergasse geführt worden waren und dabei ihren einstigen Nachbarn *Lebt wohl, wir werden euch nicht wiedersehen* zugerufen hatten. Als Shlomo mir die Geschichte Pepci Diamants dieses Mal erzählte, hatte er am Ende noch hinzugefügt: Vielleicht war es ja der, der sie vergewaltigt hat – der Polizist, der sie an dem Tag dort erschossen hat.

Jetzt, bei dem hastigen Gespräch mit Shlomo am Vormittag des 9. November, konnte ich mir lediglich mehr oder weniger zurechtbasteln, wovon er redete: dass nur Pepci schwanger gewesen war und dass das Detail der Schwangerschaft im Lauf der Zeit Eingang in die Geschichte eines anderen jüdischen Mädchens gefunden hatte, die Frydka Jägers. Klar war zu dem Zeitpunkt, als ich mit Shlomo und Dyzia Lew sprach – was er und Dyzia in dem Gespräch offenbar unbedingt *klarstellen* wollten –, wie leicht solche Dinge bei der Übermittlung durcheinandergebracht werden konnten.

Weißt du, sagte Shlomo, in einer Kleinstadt … war *jemand* schwanger. Die Frage war, wer. Frydka oder Pepci Diamant? Es gab Rauch, aber wer war's? Wo? Es gab Rauch, *vielleicht* auch ein Feuer, aber das weiß niemand.

Ich verstand die englische Redewendung, auf die er hinauswollte: *Wo Rauch ist, ist auch Feuer.* Ich aber wollte wissen, wo das Feuer war und wer es gelegt hatte, ich bekam aber immer nur Rauch.

Einige Minuten später verabschiedeten wir uns. Shlomo fragte mich unverblümt, ob er Dyzia gleich dort im Krankenhaus fotografieren solle. Damit meinte er, dass es womöglich kein Bild mehr zu machen gebe, wenn Matt und ich nach Israel kämen. Ich sagte Ja. Doch diese geflüsterte Transaktion hatte mir ein schlechtes Gewissen bereitet. Kurz bevor ich auflegte, sagte ich daher nachdrücklich: Sag ihr, wir sehen uns in einem Monat, dann können wir weiterreden.

Genau einen Monat später, am 9. Dezember, flogen wir nach Israel. Als wir am Morgen des 10. landeten, war Dyzia nicht da.

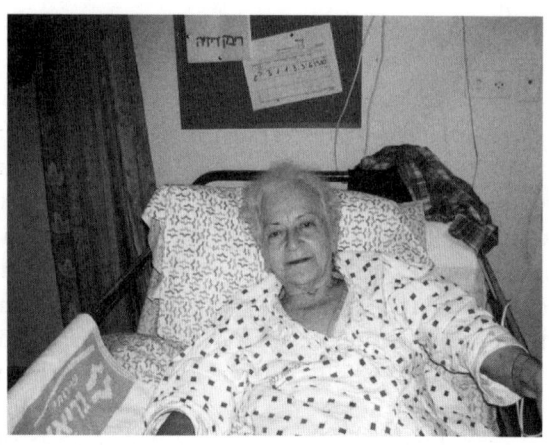

Aber das kam später. Erst reisten wir nach Stockholm, wo, da Winter war, das Licht rar und die Tage unheimlich kurz waren, als würde die Zeit selbst verformt.

Wir erreichten Schweden gegen ein Uhr in einer Nacht, deren absolute, buchstäblich kristalline Reinheit – die Luft war so kalt, dass wir die winzigen Nadeln gefrorener Kondensation auf den Wangen spürten – umso bestechender war, als wir New York im schlimmsten Blizzard verlassen hatten, den die Stadt seit zehn Jahren erlebt hatte: ein rasender Schneesturm, der uns neun Stunden auf der Startbahn in JFK festgesetzt hatte, während wir mit nicht geringer Besorgtheit den Enteisern zugesehen hatten, wie sie die Tragflächen unseres Flugzeugs besprühten, und diese Besorgtheit wurde auch nicht weniger, als wir nach Heathrow abhoben, denn zu dem Zeitpunkt wussten wir, dass wir unseren Anschlussflug nach Stockholm verpasst hatten, und fragten uns allmählich, ob es bei Ankunft dort überhaupt noch einen Anschluss geben würde. Bei alldem musste ich mich um Matt kümmern, der, wie ich wusste, ein nervöser Flieger war und glaubte, ich würde es nicht sehen, dass er in dem Augenblick des unangenehm holperigen Starts ein Foto von seiner sechs Monate alten Tochter aus der Tasche zog, das er selbst gemacht hatte, und es verstohlen küsste, als wäre es eine Ikone. Die Heimlichkeit berührte mich ebenso wie die verehrungsvolle Art, mit der er die kleine Ikone behandelte: die Verehrung, weil sie ein so reiner

Ausdruck väterlicher Liebe war, ein Gefühl, über das ich seit meiner Israelreise viel nachgedacht hatte, und die Verstohlenheit, weil sie mich daran erinnerte, dass unsere unglaubliche Partnerschaft bei der Suche nach Onkel Shmiel noch immer gerade erst anfing, die Jahre der Fremdheit zwischen Matt und mir, die Jahre des Nicht-viel-zu-sagen und Nicht-leicht-es-zu-sagen, abzutragen. Es gibt viele Arten, die eigenen Verwandten zu verlieren, dachte ich; Krieg ist nur eine. Auf dem Foto, das Matt küsste, als er sich unbeobachtet wähnte (wie auch bei anderen Starts), trägt seine Tochter, meine Nichte, für eine Halloween-Party ein grünes Filzkostüm, in dem sie wie eine Erbse in einer Schote aussehen soll.

Und so erreichten wir die erste Station unserer Herbstreise sehr spät, erschöpft, ausgekühlt, durchnässt und irgendwie deprimiert. Der Tag, den wir vollständig verloren hatten, weil wir mit sechzehnstündiger Verspätung ankamen – Freitag, der fünfte Dezember –, war zum Glück der, für den wir einen Rundgang durch die Stadt mit ihren Sehenswürdigkeiten eingeplant hatten; unser erstes Interview mit Klara war für Samstag angesetzt. Was wir von der Stadt kennen, beschränkt sich demnach auf das, was wir durch die Fenster unseres Taxis sahen, das uns am Samstag zu Klara brachte, und dann noch, als wir uns am Sonntag und auch noch einmal am Montag mit ihr trafen. Blau und grau und weiß, mit Akzenten aus rotem Backstein; Rondelle und Turmspitzen und massige Wohnblocks; überall Wasser. Das alles sahen wir nur flüchtig, während wir mit der Polnisch-Englisch-Dolmetscherin plauderten, die ich im Voraus über das Hotel gebucht hatte: eine in Polen geborene Frau, meiner Schätzung nach Ende vierzig, die schon viele Jahre in Stockholm lebte. Ewa war hübsch, hatte ein prägnantes, intelligentes Profil und sehr kurze, sehr dunkle Haare – ein Kopf, wie man ihn mit römischen Münzen assoziiert. Während das Taxi an jenem bedeckten Samstagvormittag immer tiefer in Stockholms Vorstädte fuhr, erklärten wir Ewa unser Vorhaben, wer Klara war, was wir zu erfahren hofften.

Irgendwo schrillte die Klingel einer Straßenbahn, lauter, wie uns schien, wegen der Kälte der Luft. Ewa betrachtete uns und lächelte. Das sei für sie ein sehr interessantes Vorhaben, sagte sie, da sie selbst Jüdin sei. Eine schöne Fügung!, sagten wir, auch wenn ich da schon von Fügungen nicht mehr so überrascht war wie vielleicht früher einmal. Ewa erzählte ein wenig von sich. Sie sagte, erst als sie Polen verlassen und den Sohn eines orthodoxen Rabbiners geheiratet habe, habe sie erfahren, was es bedeute, Jude zu sein.

Mein Vater war Kommunist, meine Mutter nicht, erklärte sie. Ich hatte also keine Ahnung von Religion oder dem Judentum, das kam erst, als wir nach Israel reisten. Bei meiner Hochzeit in Göteborg war ich zum ersten Mal in einer Synagoge.

Der Fahrer schaute auf den Zettel mit der Adresse, die Meg uns gegeben hatte. Bandhagen schien aus riesigen friedfertigen, modernistischen Wohnblocks zu bestehen; die eigene Wohnung, dachte ich, fand man wohl nur, wenn man selbst dort lebte. Während das Taxi durch die Straßen kroch, lächelten Matt und ich und sagten fast gleichzeitig, wir wüssten, wie Ewa sich fühle: dass auch wir uns erst mit Beginn dieses Vorhabens weiter Gedanken über das Jüdischsein gemacht hätten.

Der Wagen hielt. Wir waren da.

Klara Freilich erwartete uns in dem kleinen Flur ihrer Wohnung, der, wie Matt und mir sogleich auffiel, angefüllt war mit Schuhen, die sorgsam an einer Wand aufgereiht waren. *Das Bolechower Schuhding!*, sagte er zu mir und zeigte sein jähes, breites Grinsen mit den Grübchen. Klara hielt mir die Hand hin. Sie kleidete sich mit der Sorgfalt und leicht übertriebenen Eleganz, die man häufig bei Frauen findet, die in ihrer Jugend sehr schön waren. Obwohl es erst Mittag war, sah sie aus, als ginge sie zu einem Dinner: schicker schwarzer Hosenanzug, doppelte Perlenkette. Ihr Haar war pechschwarz, ihr Lippenstift ein elektrisierendes Rot. Sie war sehr zierlich. Als sie vorsichtig von Matt zu mir blickte, schimmerten ihre Augen hinter einer riesigen, vergoldeten Brille, deren Gläser, wie mir gleich auffiel, blassrosa getönt waren. Ihr Gesicht war rund, sein Reiz von einer witzigen, leicht gequetschten Nase eher vergrößert als verringert. Ihr Sohn Marek, ein mächtiger Mann mit festem Händedruck und breitem, slawischem Gesicht, trat vor, um sie auf Englisch vorzustellen, worauf wir uns alle nickend die Hand gaben und in jener leicht übertriebenen Art lächelten, auf die man zurückgreift, wenn die Sprache einen im Stich lässt. Klara sagte etwas zu Marek, worauf der uns mit einem halb entschuldigenden Lachen fragte, ob es uns etwas ausmache, die Schuhe auszuziehen. Der ganze Schnee und Matsch!, sagte er zur Erklärung. Matt und ich grinsten einander an, dann sagte Matt: Kein Problem! Bei unserer Mutter müssen wir das auch! Marek lachte und meinte, es interessiere ihn doch sehr, was *seine* Mutter sagen werde, da sie und ihr verstorbener Mann ihm und seinen Geschwistern nur selten etwas von ihrem Leben vor dem Krieg erzählt hätten. Er sagte, er habe versucht, seine halbwüchsigen Kinder zum Kommen zu überreden, weil er es so wichtig finde, dass sie etwas über ihr Erbe wissen. Aber sie hätten nicht gewollt.

Wir traten durch einen Durchgang mit Vorhang in den Wohn-Ess-Bereich. An einer Wand stand ein Buffet mit Glastüren, dessen drei Borde wohlgeordnet mit Nippes bestanden waren, was mein zunehmendes Gefühl, dass Klara feine und hübsche Dinge mochte, noch verstärkte. Auf dem untersten Regal war eine Gruppe recht zierlicher Porzellanfigurinen zu sehen: ein kokettes, elegant gekleidetes Paar aus dem 18. Jahrhundert, das sich über einen Porzellan-Kartentisch auf immer zueinanderbeugte, ein sitzendes Milchmädchen: alles Figurinen nicht unähnlich denen, die einst die Buffets und Tische in den Wohnungen meiner Großmütter zierten, zu deren Dekor häufig auch noch Reproduktionen von Gainsboroughs *Blue Boy* gehörten, Figurinen, deren Reiz für diese alternden jüdischen New Yorker Bürgerdamen, so meine Vermutung, die Fantasie müßiger Vornehmheit ausmachte, die sie projizierten, also der Antithese des Lebens, das diese Damen selbst geführt hatten. In Klaras Wohnung nun hingen ein paar gerahmte Drucke überm Sofa, und daneben trug ein niedriges Tischchen eine üppige Pflanze und einen Silberkandelaber mit fünf roten Kerzen. Den hinteren Teil des Raums bildete ein kleiner Essbereich mit einem Tisch und einigen Stühlen, und dorthin wies uns Klara zum Sitzen, Essen und Reden.

Von Anfang an war ihre Nervosität nicht zu übersehen. Um sie zu beruhigen, sagte ich, ich wolle mit einigen grundlegenden Dingen beginnen, beispielsweise, in welchem Jahr sie geboren sei. Neunzehn dreiundzwanzig, antwortete sie, fragte dann, warum ich das wissen wolle. Beim Reden fiel mir auf, dass sie die

Ringe an ihren Fingern drehte und häufig von mir und Matt zu Ewa blickte.

Sie sei das älteste von vier Kindern, fuhr sie fort, eine Schwester und zwei Brüder. Sie lächelte leicht, als sie sie nannte. *Józek, Władek, Amalia Rosalia.* Ihr Mädchenname sei Schoenfeld, ihr Vater sei Ingenieur in einer der dortigen Lederfabriken gewesen. In einem Anfall von Redseligkeit, wie eine Studentin, die ihre Prüfung schnell hinter sich bringen will, sagte sie: Sie wollen wissen, in welchem Jahr meine Eltern starben? Sie waren sehr jung, als sie starben. Von den Deutschen umgebracht. Leon und Rachel.

Sie brach ab und sprach eine Weile mit Ewa. Dann sagte Ewa zu mir, Klara habe eine Erklärung vorbereitet, und statt so zu reden würde sie lieber diese Erklärung vorlesen. Damit Sie alles erfahren, fügte sie hinzu.

Ich sagte, ich fände es eigentlich interessanter, ein Gespräch zu führen. Ich wolle nicht, dass es akademisch werde. Sagen Sie ihr, am Tisch sitzen doch bloß zwei Bolechower.

Ewa gab es weiter, worauf Klara ein wenig lächelte.

Ich fragte sie, welche Erinnerungen sie an die Jäger-Mädchen habe. Immerhin habe Meg uns hergeschickt, weil Klara zu ihrer Gruppe gehört habe. An wie viele Töchter sie sich erinnern könne, fragte ich.

Ewa redete mit Klara und sagte dann zu mir: Es waren zwei.

Ich lächelte und sagte nichts.

Ewa fuhr fort. Sie hat nur Frydka gekannt, und sie hat sie nur deshalb gekannt, weil sie im Geschäft Fleisch gekauft hat. Sonst hätten sie eigentlich keinen Kontakt gehabt. Sie war jung und sie hatten verschiedene Freundinnen. Sie kann Ihnen sagen, was sie gehört hat. Sie kann Ihnen nur sagen, dass Frydka von Ciszko Szymanski mitgenommen wurde und dass er sie retten wollte. Aber natürlich hat jemand den Deutschen gesagt, dass er sie versteckt hält, und da sind die Deutschen natürlich gekommen und haben ihn und sie ermordet. Aber wann und wo, das weiß sie nicht.

Mir fielen die beiden *natürlich* auf, und etwas später fragte ich: Wie war Ciszko so?

Ewa sagte: Sie kannte ihn vom Sehen. Er war ziemlich groß,

alle hatten Angst vor ihm. Weil er ein großer Bursche war, ein kräftiger Bursche, gut gebaut. Er war auch der Sohn eines Metzgers.

Matt grinste und sagte: Sie sind durchs Fleisch zusammengekommen!, und alles kicherte. Nicht zum ersten Mal fragte ich mich, was sie wohl zusammengebracht hatte. Unmöglich zu sagen.

Klara sagte: Ich weiß nicht, wo sie sich kennengelernt haben und wie. Ich sagte zu Ewa: Sagen Sie ihr, dass wir zwei unterschiedliche Geschichten gehört haben und dass es mich interessieren würde, welche sie gehört hat. Die erste war, dass er mit ihr in den Wald gegangen war und versucht hatte, sie zu den Partisanen zu bringen, die andere, dass er sie selbst versteckt hatte.

Ewa übersetzte die Frage, worauf Klara ausdrucksvoll die Achseln zuckte und noch breiter lächelte als vorher, ein Lächeln der Resignation. Könnte sein, sagte Ewa, nachdem sie ein paar Worte gewechselt hatten. Also, sie glaubt, die zweite – die andere, die mit dem Dachboden, und dass jemand es den Deutschen gesagt hat – kommt der Wahrheit am nächsten. Von der ersten, der mit den Partisanen, hat sie nie etwas gehört. Aber sie möchte sich eben nicht festlegen.

Sie möchte sich eben nicht festlegen war bei Klara am ersten Tag letztlich das große Thema; immer wieder schien sie Angst davor zu haben, sich auf eine eindeutige Aussage festzulegen. Das war zwar frustrierend für uns, aber auf seine Weise, wie ich fand, auch bewundernswert. Mehr als jeder andere, mit dem wir gesprochen hatten, betonte Klara, dass alles, was alle über Shmiels Schicksal und das seiner Familie zu wissen vorgaben, bestenfalls auf Hörensagen beruhte. Mich berührte, wie groß ihre Sorge schien, dass etwas, was sich mit der Zeit als unrichtig herausstellte, ihr zugeschrieben werden konnte. Einmal sagte ich: Erklären Sie ihr bitte, dass wir sie auf nichts *festnageln*, dass ich nur an diese … Informations*wolke* rankommen möchte.

Also, an viel erinnere ich mich nicht, sagte Klara zu Ewa. Es ist sehr, sehr schwierig.

Das ist schon in Ordnung, sagte ich und warf Klara einen beruhigenden Blick zu. Dann fand ich, dass wir im weiteren Verlauf des Interviews nur noch über harmlose Dinge sprechen sollten. Ich sagte: Sie hat also gesagt, sie habe sie vom Sehen gekannt, ein Mädchen aus der Stadt eben?

Die beiden Polinnen redeten, dann sagte Ewa wieder zu mir: Sie war groß und sehr hübsch, eine schöne Frau.

Auf Englisch sagte Klara: *Very nice! Very nice!* Sie lächelte mir und Matt zu. Wir lächelten zurück.

Dann sagte sie noch etwas zu Ewa, die plötzlich aufmerkte.

Es war eine gute Tarnung, sagte sie.

Ich sagte: Was meinen Sie damit?

Ewa wechselte einige Worte mit Klara und sagte dann: Vor allem die Nase.

Klara machte eine kleine Handbewegung zum Gesicht, um eine Stupsnase anzudeuten.

Ewa sagte: Die Nase, ein bisschen *so*. Und sie war hell, und sie hatte ein ziemlich slawisches Gesicht – nicht so dunkel wie meins, nicht dunkel wie Klara. Also, in Polen konnte man sagen, sie ist Polin.

Tarnung. Mir fiel ein, was Meg in den ersten Minuten unserer Begegnung in Sydney zu mir gesagt hatte. *Sie sehen sehr arisch aus. Wenn einer so aussah wie Sie, hatte er eine Überlebenschance.*

Ewa hörte Klara zu und sagte: Sie war keine – sie sah nicht aus wie eine *Jüdin*.

Dann sah sie mich an und fragte, ob Meg Grossbard das auch gesagt habe.

Hier nun wollte ich Klara beruhigen. Obwohl ich ihr versichert hatte, dass wir nicht über die Besatzung sprechen müssten, schien sie doch unbedingt ihre vorbereitete Erklärung vorlesen zu wollen. Mir ging auf, dass die schriftlichen Worte der Erklärung sie beruhigten, ein Gefühl, das mir, der ich im Laufe der Jahre so hoffnungsfroh so viele Dokumente aus so vielen Archiven bestellt hatte, vertraut war. Das ist uns recht, sagte ich. Klara nahm ein Blatt Papier und blickte durch ihre getönten Gläser darauf. Sie begann zu lesen, jeweils einen Satz, den Ewa dann übersetzte.

Klara Freilich sagte:

Ich wurde am dreiundzwanzigsten August 1923 in Bolechow geboren, und ich besuchte die Schule in Stryj, die Handelsschule. 1939 begann für die Juden das harte Leben, als die Deutschen in unsere Stadt kamen. Als sie begannen, unsere Stadt zu beschießen und zu bombardieren, rannte ich mit meinen Eltern und meiner Familie in den Wald. 1940 kamen die Russen, und die Deutschen gingen. Die Russen blieben bis 1941 in unserer Stadt. Ich heiratete im Mai 1941 während der russischen Zeit in unserer Stadt. Im Juni 1941 kamen die Deutschen wieder, und da begann der wahre Holocaust der Juden in unserer Stadt. Wegen der Industrie unserer Stadt wie der Lederindustrie ergriffen sie die jüngeren Juden und steckten sie an einen besonderen Ort –

(sie sagte *barak*, was, wie ich vermutete, das polnische Wort für »Lager« war)

– und die älteren wurden nach Stryj gebracht.

Sie sagte: Deshalb sind mein Mann und ich an diesem Ort für die jungen Leute geblieben, und wir haben dann in dieser Lederindustrie gearbeitet und Leim hergestellt. Jeden Tag gingen wir zusammen mit der deutschen Polizei und der ukrainischen Polizei zur Arbeit, und sie schlugen und schikanierten uns jeden Tag.

An der Stelle holte Klara tief Luft und fuhr fort: Im Dezember 1943 liefen wir in den Wald davon, aber man konnte dort unmöglich bleiben, weil die deutsche und die ukrainische Polizei davon wussten und versuchten, die Leute zurückzuholen.

Sie sagte: Zufällig begegneten wir einem Burschen aus einem nahe gelegenen Dorf, der so freundlich war, uns mit in sein Dorf zu nehmen. Aber ich muss unterstreichen, dass dieser Bursche halb Pole und halb Ukrainer war. Er hieß Nikolai Krechowjetzki aus Gerynia.

Sie sagte: Dieser Bursche baute für uns einen Raum unterm Fußboden, wie ein Bunker. Er war unter der Scheune, in der die Kühe waren. Die Bedingungen unseres Lebens in diesem Bunker sind einfach nicht wiederzugeben.

An der Stelle blickte Klara von ihrem Papier auf und sagte: Warum muss ich Ihnen so viel sagen? Möchten Sie, dass ich es Ihnen sage?

Wir sagten, sie solle uns sagen, was sie möchte.

Klara ließ das Papier auf den Tisch fallen und redete einige Minuten mit Ewa, dann sagte Ewa zu uns: Sie sagt, jeden Tag, fast jeden Tag, sind die Deutschen und die Ukrainer gekommen und haben nach Juden gesucht, weil sie wussten, dass er Juden versteckt. Und sie haben andere Juden gefunden, aber nicht Klara und ihren Mann. Es waren Klara und ihr Mann und der Bruder ihres Mannes und noch einer, ein Junge aus diesem Dorf.

Vielleicht weil ich das alles mit Matt an meiner Seite hörte, war ich besonders bewegt von dem Gedanken, dass die beiden Brüder eine Möglichkeit gefunden hatten, die ganze Zeit zusammenzubleiben (ein weiterer Bruder hatte nicht überlebt, wie wir später erfuhren): erst in Bolechow bis zum letztmöglichen Augenblick bei den Trupps der Zwangsarbeiter, dann im Versteck. Ich wollte Klara nach diesem Bruder Yankel Freilichs fragen – sie hatte mir nicht einmal seinen Namen genannt –, doch sie wollte schnell ihre Geschichte beenden.

Sie möchte Ihnen nicht alles sagen, weil es eine zu lange Geschichte ist, sagte Ewa.

Klara wandte sich wieder ihrem Papier zu. Sie las:

Und neben den Leuten in dem Bunker hatten wir noch die Gesellschaft von Mäusen, Ratten und anderen Dingen. In diesem grausigen Zustand überlebten wir, bis der Krieg zu Ende war.

Sie sagte: Ich muss Ihnen sagen, dass die Deutschen 1942 meine Eltern töteten, meine Schwester und meine Brüder.

Nach einem Augenblick sagte ich zu Ewa: Fragen Sie sie, ob das die zweite Aktion war.

Sie redeten, dann sagte Ewa: Es war die letzte Aktion. Ihr Vater hatte so lange überlebt, weil er ein Spezialist in etwas war, weswegen die Deutschen ihn brauchten. Und sie sagt, später ist es egal, nicht wichtig.

Klara lehnte sich auf ihrem Stuhl zurück und sagte zu Ewa, sie müsse eine Pause machen.

Nach einer Weile stand Klara auf und servierte ein gewaltiges Mittagessen. Gefilte Fisch, Borschtsch, kalten pochierten Lachs in Rosinensauce, köstliches selbst gebackenes Brot. Dazu servierte sie Wodka in kleinen Gläschen und sorgte dafür, dass diese auch immer gefüllt waren. Sie machte einen Witz auf Polnisch, und Ewa übersetzte ihn lächelnd: Fisch schwimmt gern, also muss man Wodka dazu trinken!

Beim Essen achteten wir darauf, nur über angenehme Dinge zu sprechen: wie aufregend und interessant unsere bisherigen Reisen gewesen waren, wie sehr wir uns gefreut hatten, die anderen Bolechower zu sehen. Wir redeten über Meg, über Jack und Bob. Jack Greene sei mit ihrem Bruder befreundet gewesen, sagte Klara. Sie lächelte, als wir Shlomo erwähnten, anscheinend kannte jeder den »König der Bolechower«. Sie sei häufig in Israel gewesen, sagte sie, weil ihre Tochter, die inzwischen an Krebs gestorben sei, dort gelebt habe. Wir redeten über die israelischen Bolechower. Offenbar kannte sie die Reinharz' nicht, also erzählte ich ihr die erstaunliche Geschichte, wie sie überlebt hatten, über der Decke des deutschen Offizierskasinos versteckt. Einmal, als sie in Israel gewesen sei, habe sie ein Treffen mit Anna Heller Stern vereinbart, sagte sie, aber Anna sei krank geworden und habe abgesagt.

Weil Klara jetzt entspannter wirkte, stieß ich sachte ihre Erinnerungen an das Leben in Bolechow vor dem Krieg an. Irgendetwas, sagte ich, egal, ohne bestimmte Reihenfolge. Zum Beispiel: Waren ihre Eltern sehr religiös?

Ihre Eltern seien nicht besonders fromm gewesen, sagte sie nach einer Weile, allerdings hätten sie natürlich die großen Feiertage eingehalten, Passah, Rosch ha-Schana, Jom Kippur. Dann seien sie zur großen Synagoge am Rynek gegangen, der, die später zum Vereinshaus der ukrainischen Lederarbeiter wurde, aber nur an Rosch ha-Schana und Jom Kippur. Matt warf mir einen Blick zu, der *Genau wie bei uns* bedeutete, und ich nickte. Ich fragte sie, ob sie sich erinnere, was für ein Essen ihre Mutter an den Feiertagen gekocht habe. Challa, sagte sie, Gefilte Fisch. *Zimmes,* erinnerte sie sich und lächelte bei dem Gedanken an diese würzige Neujahrsspeise aus Fleisch, Süßkartoffeln, Möhren und Backpflaumen. *Meine Mutter hat manchmal noch Honig dazugetan,* sagte meine Mutter immer bei diesem Gericht, *Honig!,* und dann dachte ich mit der besonderen, schützenden Zärtlichkeit, die ich bis zum heutigen Tag nur für meine tote Großmutter reserviere, die Mutter meiner Mutter, Nana: *Diese ganze Arbeit für ein Gericht, das sie nicht essen konnte.*

Wir aßen Klaras würzige Speisen, und sie erzählte von der Handelsschule, die sie und Frydka besucht hatten, dass der Unterricht von morgens um acht bis zwei Uhr nachmittags ging, wie viele Kurse sie hätten machen müssen und wie schwierig sie gewesen seien. Die vielen verschiedenen Fächer!, rief sie aus. Ukrainisch, Polnisch, Mathematik, Naturkunde, Physik, Erdkunde, Geschichte. Was sie in Bolechow aßen, als sie ein Mädchen war: Freitagabends immer Fisch, Karpfen oder Forelle, sonst Huhn, Fleisch oder sogar Pute. Ihre Mutter sei eine wunderbare Köchin gewesen, sagte sie: aber wie hätte sie auch sagen können, dass ihre Mutter *keine* gute Köchin war! Sie erzählte, wie sie und die anderen Jugendlichen nach der Schule zum Hanoar HaZioni gingen, und dass es in der Vorkriegszeit ab acht Uhr abends eine Sperrstunde für die Jugendlichen in der Stadt gab. Dass Frydka Jäger, wenn sie es sich jetzt überlegte, nicht zu den Mädchen gehörte, die regelmäßig zu den Hanoar-Treffen gingen. Von den Filmen, die sie als Mädchen im Kino im Dom Katolicki sah. Ich erinnere mich immer noch an die Stummfilme!, sagte sie fast prahlerisch. Charlie Chaplin! Gary Cooper! Ramon Novarro! Die Leute haben immer gesagt, wie gut er aussieht!

Klara bot mir noch ein Stück Gefilte Fisch an. Ich sagte, ich könne nicht mehr, ich hätte schon zwei Stücke gehabt.

Wir zählen hier nicht, sagte sie.

Sie erzählte, wie sie in den Bergen um Bolechow Ski gefahren sei, wie sie an der Schule Volleyball gespielt hätten, wie sie Pingpong gespielt hätte (Matt und ich wechselten einen raschen Blick: *Pingpong!?*). Sie erinnerte sich an die Schuluniformen: Die Mädchen trugen Barette, die Jungen Mützen. Jede Schule hatte eine andere Farbe, sagte sie. Sie erzählte von den Hausaufgaben, die sie und ihre Freundinnen vor den Hanoar-Treffen noch hätten machen müssen.

Was erwarten Sie denn?, sagte sie plötzlich. Die Leute lebten ganz *normal*, alles war ganz *normal*, wir wollten gute Noten in der Schul, weil es unseren Eltern wichtig war, und das war's! Ein *normales* Leben!

Sie erzählte von ihrem Hochzeitstag während der sowjetischen Jahre. Es war im Mai, sagte sie, ein schöner Morgen. Sie trug ein hellblaues Kleid und einen dunkelblauen Mantel, auf dem Kopf ein Hütchen. Und plötzlich Schnee und Regen! Sie fuhren mit der Pferdekutsche zu einem Restaurant am Rynek, sie luden ihre Hochzeitsgäste in das Restaurant ein. Aber Klara konnte am Hochzeitsmahl nicht teilnehmen, weil sie Fieber hatte. Ich war krank, erzählte sie und nickte bei der Erinnerung an diesen merkwürdigen Tag der Freude, des Schnees und des Fiebers.

Wer war da?, fragte ich; ich wollte, dass sie sich bei diesen schönen Erinnerungen entspannte. Meine Freundinnen, sagte sie, die Freunde meines Mannes, meine Familie, meine Brüder, meine Schwester. Beim Rabbi war dann nur die Familie dabei, beim Essen dann aber alle Freunde und die Familie. Aber es war nur ein sehr bescheidenes Essen, weil ich ja krank war.

Wie hieß der Rabbi?, fragte ich. Ob sie sich erinnerte? Klara überlegte eine Weile und rief dann: Perlov! Perlov! Sie strahlte und sagte: Jetzt erinnere ich mich! Ein Wunder!

Ich fragte mich, ob wohl auch noch andere Wunder geschahen. Als Klara wieder aufstand, um den Nachtisch zu holen, und kurz darauf mit einem riesigen Kaffeekuchen wiederkam, fragte ich sie, ob ihr zu den Jägers noch mehr einfiel. Der Metzgerladen zum Beispiel, wo sie immer Fleisch kaufte: Ob sie sich erinnerte, dass es da zwei Jäger-Brüder gab? Sie überlegte einen Augenblick und rief dann: Ja! Ja! Jetzt erinnere ich mich. Ich war ein kleines Mädchen. Da waren zwei Jägers, der eine hatte eine Metzgerei, der andere war Frydas Vater –

(sie hatte *Fryda* gesagt: der Name auf der Geburtsurkunde, nicht *Frydka*, der Spitzname; aus irgendeinem Grund schien diese winzige, diese unbedeutende Variante ihrer Erinnerung eine weitere Dimension zu geben, schien das Mädchen, das ich nur als Frydka kannte, realer zu machen)

– meine Mutter schickte mich zu dem einen Jäger-Bruder, um Fleisch zu kaufen, aber ich bin immer zu einem anderen gegangen, weil der näher bei unserem Haus war. Ob einer von denen religiös war? Der Besitzer dieses Lädchens?

Dann machte sie auf einmal ein *Aha!*-Gesicht. *Tak, tak. Skandal!*

Sie sagte etwas zu Ewa, die sich dann mit einem halb fragenden, halb amüsierten Blick mir zuwandte. Sie sagte: Die religiösen Juden boykottierten dann dieses Geschäft?

Inzwischen war es draußen ziemlich unvermittelt dunkler geworden, und von der Schwere des Essens und dem schwindenden Tageslicht schien auch die Stimmung im Zimmer schwerer und dunkler zu werden. Mir war aufgefallen, dass Marek aufmerksam und höflich zugehört hatte, als seine Mutter von den Tagen ihrer Mädchen- und Teenagerzeit erzählte, den gewöhnlichen, *normalen* Jahren vor Ausbruch des Krieges, und während wir bei Nachtisch und Kaffee saßen, redete er von der anderen Seite des Tischs aus mit mir, während Ewa und Klara sich leise miteinander auf Polnisch unterhielten. Es war klar, dass ihm etwas auf der Seele lag, und auch, wie frustriert er war, weil er nicht besser Englisch sprach. Aber ich half ihm hin und wieder mit einem Wort aus und verstand dann auch alles, was er sagte.

Ich fragte ihn, wie viel er von dem, was er jetzt gehört hatte, schon gewusst habe.

Nicht viel, sagte er. Meistens habe ich mit meinem Vater darüber gesprochen. Manchmal hat mir auch meine Mutter davon erzählt. Ich frage sie jetzt mehr, weil ich es wegen meiner Kinder, Jonathan und Sarah, achtzehn und zwölf, wissen möchte. Wie viel von dem hier wissen sie?, fragte ich. Marek schüttelte den Kopf. Fünf Prozent, sagte er. Sie wissen, dass sie Überlebende waren, dass sie bei einem Bauern unter dem Boden waren, elf Monate lang, weiter nichts. Ich hörte ihm zu und fand, dass ich ihn mochte: sein freimütiges und begieriges Interesse, seine Offenheit, wie er mit einem, der ihm völlig fremd war, über schwierige Dinge sprach. Er sah aus, wie mir plötzlich klar wurde, wie ein ansehnlicherer Bob Hoskins, und diese spontane Assoziation verstärkte irgendwie noch meinen Eindruck von ihm als einem sehr anständigen Menschen. Wir redeten eine Weile darüber, wie die Vergangenheit uns mit zunehmendem Alter und immer größerem Abstand paradoxerweise wichtiger geworden sei. Er sagte: Mein Vater, für den war es sehr wichtig, Jude zu sein, aber er hat es uns nie beigebracht. Ich hatte in Polen nie jüdische Freunde, aber er machte mir deutlich, dass auch ich Jude bin – dass ich stark sein muss, der Beste.

Ich nickte verständnisvoll.

Aus dem Grund wollte ich, dass meine Kinder heute dabei sind, sagte Marek. Sein Vater habe nur sehr selten über die Vergangenheit gesprochen, nur an Jom Kippur, und dann auch nur »ein paar Worte«. Aber nichts *Tiefes*, fügte er hinzu. Ich wollte meinem Sohn von meiner Familie erzählen, fuhr Marek fort, nicht nur von der Familie meiner Frau –

(seine Frau sei Polin, hatte er mir erzählt)

– aber es ist so schwierig. Als Sie heute herkamen, wollte meine Mutter sich die Daten merken. Ich habe versucht, ihr zu sagen, dass die *Daten* nicht so wichtig sind, sondern wie es war, *dort* zu sein, wie es war, wer mein Großvater war – nicht sein Beruf, sondern sein *Wesen*. Sie versteht nicht, dass man etwas über die banalen Dinge wissen will, etwa wie die Schule war oder die Lehrer. Das ist so schwer zu erklären.

Das bewegte mich sehr. So viel von dem, was er gesagt hatte, deckte sich mit meiner jahrelangen Sehnsucht, die kleinen Dinge zu erfahren, die winzigen Details, die, wie ich mir sagte, die Toten wieder lebendig machen konnten. An dieser Stelle sagte Matt, der in unserer Jugend häufig hitzige Dinge gesagt hatte, die mir peinlich waren, so nackt waren die Gefühle, die sie auslösten, Dinge wie »Rassisten sollen einfach *sterben*!« oder »Leute, die so was mit Tieren machen, sollte man *umbringen*!« – nun sagte Matt also heftig: Viele wollen nur wissen, wie sie gestorben sind, aber nicht, wie sie *gelebt* haben!

Marek führte seinen Gedanken weiter, indem er nickte und sagte: Die Leute finden es nicht wichtig, ob jemand glücklich war oder unglücklich. Aber genau das ist doch wichtig. Denn nach dem Holocaust ist das alles verschwunden.

Bald danach erhoben wir uns, um zu gehen. Wie manchmal am Ende dieser Interviews bat ich auch jetzt Ewa, Klara zu fragen, was ihre besten Erinnerungen an Bolechow seien. Ewa redete mit ihr, und Klara machte ein wehmütiges Gesicht. Dann sagte sie etwas Kurzes zu Ewa.

Was sie gesagt hatte, war: *Die schlechten Erinnerungen haben die guten ausgelöscht.*

Auch am nächsten Tag unterhielten wir uns mit Klara, nachdem Matt auf einem kleinen Platz mit Kopfsteinpflaster Aufnahmen von ihr gemacht hatte. Es muss »Stockholm« aussagen, hatte er in der Nacht davor gemeint, als wir nebeneinander in unseren Betten lagen und leise über das lange und, wie ich fand, seltsam blockierte Gespräch mit Klara sprachen. Sie hatte uns viel erzählt, sicher, dennoch hatte ich irgendwie den Eindruck, dass sie uns etwas vorenthielt, was ich bei den Gesprächen mit den anderen nicht empfunden hatte, außer vielleicht zu Beginn bei Meg. Als Matt sagte, sein Bild müsse *Stockholm aussagen*, musste ich grinsen, was ich aber vor ihm verbarg. Da wir ja nicht die Zeit gehabt hatten, Stockholm zu erkunden, wussten wir beide nicht so recht, was Stockholm denn überhaupt »aussagte«. Kopfsteinpflaster, im Hintergrund Wasser schien angemessen.

Und so trafen wir uns am nächsten Tag, dem zweiten, mit Klara, Marek und Ewa an einer Stelle, die Marek vorgeschlagen hatte, und gingen ein Stück. Für ihr offizielles Foto hatte Klara eine schicke Schlangenlederjacke mit Schulterpolstern angezogen. Heute sah sie, als sie sich vor dem kleinen Obelisk aufstellte, der in der Mitte des mit Kopfsteinen gepflasterten Platzes stand, und mit der Kamera flirtete, viel glücklicher aus. Es war bitterkalt und grau und ziemlich feucht; von Zeit zu Zeit versuchte die Sonne, sich einen Weg durch die dünnen, müde wirkenden Wolken zu bahnen, nur um sich nach wenigen Minuten wieder zurückzuziehen. Nach ungefähr zwanzig

Minuten Posieren und Fotografieren verzogen wir uns dankbar in ein Café in der Nähe. Drinnen war es angenehm dunkel und warm, und ein Feuer brannte. Wir bestellten alle Cappuccino.

Marek hatte am Vortag über seinen Vater sprechen wollen, jetzt tat er es. Mein Vater war von einer anderen Seite Bolechows, erklärte er, von der armen. Er besuchte nur die vierte Klasse. Er musste schon früh anfangen zu arbeiten.

Vor der Abreise nach Schweden hatte ich noch einmal unter www.jewishgen.org in das Galizische Geschäftsverzeichnis von 1891 geschaut. Bei Ephraim Freilich stand in der Datenbank HADERN- UND KNOCHENHANDLER. Ja, die andere Seite Bolechows.

Mit sanfter Miene auf dem breiten Gesicht erzählte Marek weiter von seinem Vater, der lange bevor ich auch nur davon träumte, etwas über Onkel Shmiels Schicksal in Erfahrung zu bringen, gestorben war. Marek sagte: Er war … er war sehr *besonders*. Sehr, sehr besonders. Nach dem Krieg hat er vielen Juden geholfen. Jeder Jude dort kennt ihn! Er hat vielen Leuten Geld gegeben. Es war erstaunlich: Als er starb, war er erst ganz kurz hier in Schweden, weil ich ihn aus Polen in das Krankenhaus hier brachte – als er starb, waren hundert Menschen da.

Er meinte, beim Begräbnis.

Er sagte: Es war unglaublich.

Vom Tresen kam das Geräusch aufschäumender Milch. Klara und Ewa unterhielten sich leise, dann erklärte Ewa Matt und mir, dass sie sich über einen Zeitungsbericht über antiisraelische Stimmungen in letzter Zeit in Schweden unterhielten. Sie sagte, eine Buchhandlung, in der offen antisemitische Pamphlete und Zeitungen verkauft würden, habe in der Nähe einer Kirche aufgemacht, in der während des Krieges jüdische Flüchtlinge aufgenommen worden seien.

Klara schüttelte den Kopf und sagte: *Skandal!*

Bald darauf stand Marek auf, er musste zur Arbeit. Wir gaben einander die Hand und verabschiedeten uns bis zum nächsten Tag, denn er hatte uns gesagt, er wolle versuchen, seinen Sohn

Jonathan mitzubringen, wenn wir zusammen irgendwo zu Mittag aßen. Zuvor hatte er mir im Vertrauen erzählt, warum Jonathan nicht schon am Tag zuvor mitgekommen sei. Klara und ihr Enkel hatten sich kurz vor unserem Eintreffen gestritten. Er hatte ihr anscheinend gesagt, er habe sehr viel für die Schule zu arbeiten und könne nicht den ganzen Nachmittag bleiben. Der vermeintliche Mangel an Interesse habe sie gekränkt, weshalb sie gesagt habe, wenn er nicht die Zeit für die ganze Geschichte habe, dann brauche er überhaupt nicht zu kommen. Sie sind sich sehr nahe, sagte Marek, aber beide sind auch sehr stolz! Und nun spielte Klaras Sohn, Jonathans Vater, den Mittler, um sie rechtzeitig vor unserem Abflug nach Israel wieder zu versöhnen, damit er uns noch sehen konnte.

Ich hoffte aus einem anderen Grund, dass Jonathan mitkam. Sein Englisch, so Marek, sei hervorragend, und ich hoffte, Klara würde sich mehr öffnen, wenn sie mit ihrem Enkel spräche.

Marek ging. Ich stellte eine Frage, die eigentlich eine Matt'sche war, eine Frage nach Gefühlen, nicht nach Fakten. Ich bat Ewa, sie zu fragen, wie es ihr gestern nach dem Interview gegangen sei.

Ewa übersetzte die Frage und hörte sich Klaras Antwort an. Ewa sagte: Nun, sie sagt, sie war sehr aufgewühlt und konnte nicht schlafen, also hat sie Pillen genommen. Sie hat sich nicht konzentrieren können. Sie hat gesagt, ihre Nerven waren nicht immer stabil. Jedes Mal, wenn sie etwas Neues erlebt hat, ist sie zum Arzt gegangen, zu einem Psychiater und so weiter. Und alle hätten ihr gesagt, sie solle sich nur ruhig hinlegen. Aber ihr Mann hat fünfzehn Jahre lang Krebs gehabt und dann auch noch ihre Tochter. Ein schönes Mädchen, aber sie ist gestorben. Das Problem ist, sie kann sich von Zeit zu Zeit nicht an die ganz schlimmen Dinge erinnern, weil sie sich nicht an sie erinnern *will*. Sie sagt, sie hat über diese Dinge nie mit ihren Kindern gesprochen. Ihr Mann vielleicht schon, als er noch lebte, aber sie hat so grauenvolle Dinge durchgemacht, über die sie nicht –

Ewa, die das alles übersetzt hatte, während Klara sprach, lauschte auf das Ende des Satzes, doch Klaras Stimme war schon verebbt. Dann hob sie wieder an. Viele sind weggegangen, sind untergetaucht, aber mein Mann und ich waren am längsten an dem Ort, wo sie alle Juden hielten, im *Arbeitslager*, nachdem die anderen gegangen waren – wir sind viel später als Dyzia und Meg und die anderen in die Wälder gelaufen.

Wir nickten und versuchten, das Mitgefühl, das wir für sie empfanden, mit unseren Mienen sichtbar zu machen. Ewa sagte: Aber sie sagt, sie hat sich wirklich gefreut, uns kennenzulernen, und dass sie Meg anrufen und ihr sagen will, wie nett es war, Sie kennengelernt zu haben.

Keiner der anderen Überlebenden, denen wir begegnet waren, hatte so offen über die psychischen Qualen gesprochen, die sie in Folge ihrer Kriegserlebnisse durchgemacht hatten, und ich wollte etwas sagen, was Klara guttat. Ich sagte zu Ewa: Sagen Sie ihr, dass wir ihr sehr dankbar sind, sagen Sie ihr, dass für uns jede Kleinigkeit bedeutsam und wichtig ist. Etwa dass sie uns erzählt hat, wie Ciszko ausgesehen hat …

Als Ewa das übersetzte, unterbrach Klara sie. Hat Meg Ihnen erzählt, wie Ciszko ausgesehen hat?, wollte sie wissen.

Matt und ich grinsten einander breit an, und ich erzählte ihr die Geschichte, wie Meg sich geweigert hatte, über Ciszko zu sprechen. Ich erklärte Megs Witz *I know nussink! I know nussink!* Matt lachte laut, als ich fertig war. Mich verblüffte, wie unbedingt Klara offenbar wissen wollte, was wir von Meg erfahren hatten, und ob die Informationen, die wir von ihr erhalten hatten, sich mit den ihren deckten.

Klara sagte: Ich weiß nicht viel über ihn, nur, dass er sie retten wollte. Und dass er deswegen gestorben ist. Also warum will sie nicht darüber sprechen? Sie machte eine kleine Pause, sagte dann: Meg überlegt sich jedes Wort genau. Dyzia, Dyzia Lew, eine Schulfreundin von mir, meine beste Freundin, sie ist jetzt sehr krank, diese Frau ist sehr offen und wird mit Ihnen sprechen.

Ich sagte: Ja, wir sprechen mit ihr am Donnerstag, wenn wir in Israel ankommen. An Matt gewandt, sagte ich: Das ist gut zu wissen, das mit Dyzia Lew.

Klara sagte: Wenn Sie sie sehen, sagen Sie ihr, ich wünsche ihr alles Gute und ich wünsche ihr ein langes, langes Leben.

Erst am folgenden Tag, in einem lauten italienischen Restaurant, neben sich ihren hübschen, halbwüchsigen Enkel, erzählte Klara schließlich ihre Geschichte.

Von dem Moment an, als wir hereinkamen, war klar, dass Jonathans Anwesenheit sie beruhigte und auch aufmunterte. Sie war lebhaft und redselig, und beim Essen erklärte sie sich schnell bereit, von all ihren Erlebnissen während der Besatzung zu erzählen. Sie tat es langsam, wartete, bis Jonathan, den sie richtiggehend anhimmelte, jeden Satz übersetzt hatte. Und so redete Klara, während wir an dem großen runden Tisch saßen: über die Bombardierungen, als die Deutschen im Sommer '41 einfielen, und die erste Aktion. Darüber, wie sie und ihr Mann Jakub, *Yankel*, fast von Beginn an die Flucht geplant hatten, die schrecklichen Monate im Arbeitslager, wo sie den richtigen Augenblick abwarteten. Wie erst er aus Bolechow geflohen war, in das kleine Dorf Gerynia, wie viel Angst sie gehabt hatte, als sie ihm am nächsten Tag folgte. Das Versteck, das sie räumen mussten, als die Frau des Bauern, der sie versteckt hielt, sie fortjagte, da sie – nicht ohne Grund – um ihr eigenes Leben fürchtete, um das ihrer Familie. Das zweite Versteck, unter dem Stallboden.

Wie hat das Versteck ausgesehen?, fragte ich. Seit Sydney, seit sich die Geschichte von Frydka und Ciszko in meine Fantasie geschlängelt hatte, fragte ich mich, wie die physische Realität dieser Verstecke gewesen sein mochte. Da ich nie sicher wissen würde, wo Frydka – und vielleicht auch Shmiel – sich versteckt gehalten hatten, war ich begierig darauf, wenigstens ein Bild dessen zu erhalten, einige konkrete Einzelheiten. Klara redete ein, zwei Minuten, versuchte, das Aussehen des Verstecks zu beschreiben, in dem sie beinahe ein ganzes Jahr unter der Erde gelebt hatten. Plötzlich nahm sie eine Serviette vom Tisch und einen Stift von ihrem Sohn und zeichnete eine Karte, die sie mir hinschob, und gleichzeitig begann sie zu erklären.

Das ist der Stall, übersetzte Marek. Und das ist die Öffnung zum Untergeschoss. Vom Untergeschoss aus konnte man unter den Stall gelangen. Es war wie eine Geheimtür. In der Ecke war eine Geheimtür, durch die man in den Keller darunter gelangte. Darin waren vier Personen.

Marek hielt inne, und Klara sagte auf Englisch: Ich, mein Mann, der Bruder meines Mannes, der Freund meines Mannes. Wieder machte ich den Mund auf, um nach diesem Bruder zu fragen – ich wusste noch immer nicht, wie er hieß –, doch da redete Klara bereits wieder schnell auf Polnisch.

Wenn sie schlafen wollten, sagte Marek, musste einer stehen, weil nur Platz für drei Liegende war.

Ich habe schreckliche Angst vor kleinen, geschlossenen Räumen; mich schauderte. O.k., fragte ich nach einer Weile, sie sind also im Keller, aber worüber reden sie, was besprechen, planen sie in all den Monaten?

Jonathan gab die Frage weiter, worauf Klara eine offenbar verzwickte Geschichte erzählte, die Jonathan, als sie geendet hatte, weitergab.

Die Bauersfrau hat ihnen Essen gebracht, sagte er. Es waren sehr nette Leute. Sie hatten zwei Töchter, eine hieß Hanuschka. Und sie waren sieben und neun Jahre alt. Sie gingen beide zur Schule. Meine Großmutter unterrichtete die ältere Tochter heimlich in Mathematik und so. Aber das wurde zu einem Problem, denn bald wusste das Mädchen viel mehr als die anderen Schüler, und der Lehrer stellte schon Fragen.

Ich dachte: Sogar Großzügigkeit kann tödlich sein.

Jonathan fuhr fort: Aber der Vater des Mädchens war sehr intelligent. Er sagte dem Lehrer, sie hätten einen Onkel bei sich wohnen, der habe es dem Mädchen beigebracht.

Er fügte hinzu: Das Mädchen lief auch in den Wald und brachte ihnen Blaubeeren und Brombeeren.

Ich dachte *Die ersten Erdbeeren der Saison!*, aber ich sagte: Bereitete es ihr Sorgen, dass die zwei kleinen Kinder von ihnen wussten? Hatte sie Angst, sie würden sie verraten?

Jonathan redete mit Klara und sagte dann zu mir: Nein, nein, nein. Sie liebte die beiden Mädchen. Sie hatte keine Angst.

Dann sagte sie noch etwas, woraufhin er sagte: Sie hat ihnen nach dem Krieg geschrieben, aber sie hat nie eine Antwort bekommen.

Klara redete und redete. Sie sagte, sie seien in ihrem engen unterirdischen Bau geblieben, bis die Sowjets die Gegend im Sommer 1944 befreiten. Sie seien wie Tiere gewesen, hätten gelebt wie die Tiere, *mit* Tieren. Sie sagte, sie finde nicht die rechten Worte, um auszudrücken, wie es ist, die ganzen Monate in einem Erdloch zu leben, wo dauernd die Ratten herumlaufen. Es sei ein Wunder, dass sie überlebt hätten, weil man jeden Moment getötet werden konnte: wenn nicht von den Deutschen, dann von den Ukrainern.

Dann erzählte Klara, wie es war, nach Bolechow zurückzukehren, nachdem die Sowjets die Stadt befreit hatten, wie sie und andere Überlebende zu einem Haus in der Stadt gegangen seien – sie glaubte, es könnte Meg Grossbards Haus gewesen sein – und dort einander ihre Geschichten erzählt hätten. (Von wie vielen Leuten spricht sie?, fragte ich, zwanzig? dreißig?, und Klara sagte: Vielleicht zehn.) Wie sie gleich nach dem Krieg versucht habe, in einem Krankenhaus zu arbeiten, aber zu schwach gewesen sei, Dinge zu tragen. Wie sie nach der Befreiung nicht lange in Bolechow geblieben sei, weil, wie sie sagte, alles verloren war, alles verloren. Und so gingen sie und ihr Mann auf immer und brachten es trotz aller Widrigkeiten in Polen zu etwas, selbst unter dem kommunistischen Regime, und kamen dann hierher, nach Schweden.

Als ihre Geschichte zu Ende war, fragte ich Jonathan, was er jetzt empfinde, nachdem er alles erfahren habe. Er sagte: Ich finde es irgendwie erstaunlich – ich wusste nicht, dass es so eine lange Zeit war und dass es so kompliziert war. Für mich war es immer so, dass sie sich versteckt haben und dann wieder rausgekommen sind. An die, an die … an diese vielen kleinen *Details* habe ich gar nicht gedacht.

Ich nickte und sagte: Auch wir wollen immer unbedingt Details.

Matt sagte: Stell dir mal vor, du lebst anderthalb Jahre an einem Ort, der so groß ist wie deine *Duschkabine* – das ist schwer zu begreifen.

Jonathan nickte. Manche Sachen habe ich schon gewusst, aber nicht, wie schrecklich das alles war.

Ich sagte: Das Schlimmste haben wir bestimmt noch nicht gehört. Egal, was sie uns sagt, es hat bestimmt Dinge gegeben, die noch viel schlimmer waren.

In dem Moment beugte Marek sich herüber und sagte mit leiser, vertraulicher Stimme etwas zu Matt und mir. Wir hörten ihm zu, dann sagte ich: Oh Gott.

Und so war Klaras Geschichte schließlich doch noch erzählt worden. Als ich sah, wie sie Jonathan ansah, machte ich mir keine Illusionen, dass sie ihre Entscheidung, alles, was ihr widerfahren war, in der Reihenfolge, in der es geschehen war – oder fast alles –, zu erzählen, um meinetwillen getroffen hatte. Es war indes überdeutlich, dass sie es eigentlich Jonathan erzählte: diesem klugen, ernsten jungen Mann, der mir gesagt hatte, als wir uns am Beginn des Essens um den großen runden Tisch setzten, er wisse zu wenig von dem, was seine Großmutter in ihrem Leben durchgemacht habe.

Und so waren wir also in Schweden, wie wir es einer ungläubigen Meg versprochen hatten. Und dennoch hatten wir bisher lediglich Fragmente eines Bildes, das, wie sich allmählich zeigte, nie vollständig sein würde. *Sie möchte sich eben nicht festlegen,* hatte Ewa gesagt, als wir sie fragten, welche der beiden vollkommen unvereinbaren Geschichten über Frydka die wahrscheinlichere sei. *Sie glaubt, die zweite – die andere, die mit dem Dachboden, und dass jemand es den Deutschen gesagt hat, kommt*

der Wahrheit am nächsten. Von der ersten, der mit den Partisa-
nen, hat sie nie etwas gehört.

Erst ein Jahr nach meiner Rückkehr von dieser Reise nach
New York, eines Abends, als ich mir das Video dieses Interviews
zum dritten oder vierten Mal ansah, wurde mir klar, dass ich
einen Dachboden nie erwähnt hatte.

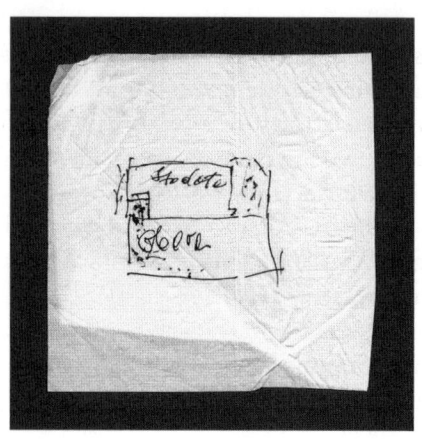

Da ich nie gern an Orte zurückkehre, an denen ich kurz zuvor
gewesen bin, könnte es daran gelegen haben, vielleicht war es
auch die zermürbende Reise nach Stockholm, vielleicht auch
Klaras unerwartetes, freimütiges Bekenntnis des psychischen
Leidens, das sie in ihrem Leben durchgemacht hatte, vielleicht
gar das Gefühl, nachdem wir drei Tage in Folge mit ihr gesprochen hatten, dass es nicht mehr viel zu erfahren gab – vielleicht
lag es an einer oder all diesen Empfindungen, dass unsere Woche
in Israel von einer Aura der Melancholie umgeben war.

Aber es gab noch etwas, von dem wir erst erfuhren, als wir am
Ben Gurion Airport gelandet und im Hotel angekommen waren.
Nachdem Matt und ich uns in unserem Zimmer eingerichtet
hatten, rief ich als Erstes Shlomo an: Ich wollte die Verabredun-
gen der nächsten Tage bestätigen, die er in seiner üblichen Hilfs-
bereitschaft arrangiert hatte. Im Verlauf dieses Gesprächs ließ er
mich wissen, dass Dyzia Lew nur wenige Tage zuvor nach Weißrussland geflogen sei.

Was? Ich war wütend, bemühte mich aber, es nicht zu zeigen. Wir hatten die ganze Reise so terminiert, dass sie mit Dyzias Aufenthalt in Israel zusammenfiel.

Was ist passiert?, fragte ich, mühsam die Stimme beherrschend.

Die Behandlung hat nicht angeschlagen, sagte Shlomo. Also ist sie wieder zurückgeflogen.

Er brauchte nicht zu sagen: Um zu sterben. Jedenfalls war es nicht Shlomos Schuld, uns blieb nichts anderes übrig, als weiterzumachen. Also hielt ich den Mund, und wir besprachen die Route, die er organisiert hatte. Allerdings haftete, fester denn je, dieser Reise eine gewisse Trauer an.

Sie war da, als wir noch einmal nach Beerscheba fuhren, um Shumek und Malcia Reinharz zu fotografieren. Wieder hatte Malcia ein gewaltiges Mahl vorbereitet, wieder redeten wir, lächelte sie und sprach ihr kraftvolles, wenn auch gebrochenes Englisch und nötigte uns, noch mehr zu essen. Wieder erzählte Malcia aus ihren Erinnerungen, diesmal für Matt: dass Shmiel *tojb* gewesen sei, dass Ester *zwei so hübsche Beine* gehabt habe! Dass es, soweit sie wisse, nur zwei Mädchen gegeben habe, und dass sie eine nette Familie gewesen seien, eine stattliche Familie. Diesmal war es aber, als sei auch sie erschöpft: Sie war jetzt viel nachdenklicher als bei unserem Interview im Juni, beendete ihre Sätze häufig mit einem kleinen Seufzer. Sie kramte weiter in ihrem Gedächtnis, zog ihre Erinnerungen ohne bestimmte Ordnung hervor. Sie erinnerte sich an die Kartenspiele, die ihre Eltern gespielt hatten: Rommé, Sechsundsechzig und etwas, was Der rote König hieß. Die Filme, die sie sich samstagnachmittags ansahen, auf den etwas teureren Plätzen, in der dritten Reihe, mit dem Anwalt Dr. Reifeisen, der kurzsichtig war und der sich, wie ich wusste, allerdings nicht von Malcia, kurz nach Einmarsch der Deutschen an einem Balken in seiner Kanzlei aufgehängt hatte. Greta-Garbo-Filme, erinnerte sich Malcia, Jeanette MacDonald! Sie erinnerte sich an das Bruckenstein, das Restaurant, das einem blinden Pianisten gehörte, der bei der ersten Aktion im Dom Katolicki gezwungen wurde, auf einer kleinen Bühne auf einem Klavier muntere Weisen zu spielen, während Gestapo-Männer Rabbi Landau die Augen ausstachen und den anderen Rabbi, der noch da war, Horowitz, zwangen, auf die Bühne zu steigen und sich nackt auf ein entsetztes nacktes Mädchen zu legen, während Ruchele, die Cousine meiner Mutter, hingekauert horchte, Stunden bevor ihr kurzes Leben zu Ende ging. Sie erinnerte sich, wie sie und die anderen Bolechower überall zu Fuß hingingen, bis nach Morszyn, tief in die Wälder, wo sie ... Erdbeeren? sammelten –

Erdbeeren, sagte ich.

Erdbeeren, sagte sie, wobei sie das Wort langsam und betont aussprach, und Blaubeeren –

Blaubeeren, sagte ich.

Blaubeeren, sagte Malcia. Erdbeeren und Blaubeeren und *Alle*beeren! Sie lachte auf über ihren Witz, wurde dann plötzlich wieder versonnen. Ach, es war nett, es war nett. Es war ein *Leben*. Das war es und wird es nie wieder sein.

Sixteen again I'll never be, till apples will grow on a cherry tree.

An dieser Stelle sagte dieser Shumek Reinharz, er wolle uns etwas zeigen, das Matt vielleicht auch fotografieren wolle. Er stand langsam auf und ging ins Schlafzimmer, um etwas zu holen. Malcia ging derweil in die Küche und kam mit einem riesigen selbst gebackenen Apfelstrudel zurück. Matt machte etwas mit seiner Kamera, und ich nutzte die Gesprächspause, um bei Malcia zu prahlen, Matt sei gerade zu einem der zehn besten Hochzeitsfotografen des Landes gekürt worden. Sie machte erfreute Laute, dann kam Shumek wieder und hielt mir einen Stapel vergilbter Papiere hin. Ich nahm sie vorsichtig, fast behutsam. Ich weiß, wie zerbrechlich altes Papier sein kann. Auf einem, es war ungefähr so groß wie ein Pass, war vorn ein Hakenkreuz, darunter stand in Blockschrift PASSIERSCHEIN. Es war, wie ich sofort sah, das Dokument, mit dem er sich als »nützlicher Arbeiter« auf die Straßen Bolechows wagen konnte, ohne umgebracht zu werden. Innen war ein großes *W*, und ich erinnerte mich, was Jack und Bob mir in Sydney erzählt hatten, wie die Arbeitskräfte in *R* und *W* aufgeteilt waren, und auch daran, wie Bob und Meg sich gestritten hatten, wofür das *W* nun stand. Ich betrachtete das Dokument, und Shumek sah mich an und sagte: *Wehrmacht! Wehrmacht!* und zeigte auf seine Brust. Es war eigenartig und beglückend, einen konkreten Gegenstand in der Hand zu halten, der mit etwas verbunden war, was bis dahin nur als Erzählung bestanden hatte. Ich erinnerte mich an jenen Tag in der Ukraine, zwei Jahre zuvor, als Matt den Grabstein entdeckt hatte, auf dem der Name JÄGER stand und der sich als der von Sima Jäger erwies, der Verwandten meines Großvaters, von der ich durch meine Internet-Recherchen jahrelang gewusst hatte, die mir bis zu dem Moment aber als nicht vollständig real erschienen war.

Ich reichte den Passierschein Matt, der ihn auf den Tisch legte und ein paarmal fotografierte. Mit dem zweiten Dokument aber, das Shumek mir gab, senkte sich die Trauer wieder auf mich herab. Jedes Jahr musste Shumek, wie er über Malcia erklärte, um weiterhin Reparationen von der deutschen Regierung zu erhalten, dieses Dokument vorweisen. Ich überflog die deutsche Schrift auf dem Papier. Es besagte, dass er, Solomon Reinharz, während der Besetzung Bolechows durch die Nazis bestimmte Entbehrungen und Verluste erlitten habe, weswegen er nun an andauernder *Panik, Angst, Spannung* leide.

Ich übersetzte es für Matt.

Malcia sagte: Jedes Jahr muss er dieses Dokument vorweisen als Beweis, dass er noch lebt!

Matt ließ sein breites Grinsen aufblitzen und sagte: Frag ihn, wie er beweist, dass er noch lebt!

Alle lachten, doch hinter dem Scherz verbarg sich eine nicht sehr lustige, eine komplizierte Geschichte, das wussten wir alle. Bald danach fuhr uns der neunundachzigjährige Shumek zu dem Schuhgeschäft, das er und Malcia seit 1950 betrieben, und Matt machte seine Aufnahmen.

Die Traurigkeit hielt sich auch noch zwei Tage später, als wir nach Haifa fuhren, um Bilder von Josef Adler zu machen.

Den ersten Teil jenes Samstags hatten wir auf einem weiteren riesigen Familientreffen bei Elkana verbracht, einer Mittagsparty, bei der sich, wie es schien, noch mehr Cousinen und Cousins ersten, zweiten und dritten Grades eingefunden hatten als beim letzten Mal. Diesmal war auch Elkanas Schwester Bruria aus Haifa gekommen. Sie erwies sich als zartgliedrige Frau, die ihre dunklen Haare im Pagenschnitt trug; sie hatte das sagenhafte Fotoalbum ihrer Mutter mitgebracht, das, bei dem meine Mutter während der einzigen Israel-Reise meiner Eltern dreißig Jahre zuvor weinend ausgerufen hatte: *Oh Daniel, du müsstest die Fotos von Tante Miriam sehen, Tante Jeanettes Hochzeitsfoto, das Kleid ist vollständig aus Spitze!* Und nun saß ich in Elkanas Wohnzimmer und blätterte endlich dieses sagenhafte Objekt durch, wobei ich schnell sah, dass fast alle Bilder darin mit Ausnahme jenes Hochzeitsfotos (ein Foto, das die Tragödien und Dramen, die sich aus dieser Hochzeit ergeben hatten, natürlich nicht einmal ansatzweise vermitteln konnte) lediglich Abzüge von Fotos waren, die wir auch zu Hause in New York hatten. Offensichtlich hatte Shmiel im Lauf der Jahre seinen Geschwistern identische Abzüge der verschiedenen Familienfotos geschickt, genauso, wie meine Geschwister und ich es tun. Zu dieser Enttäuschung gesellte sich Bestürzung, als ich etliche ziemlich alte, abgegriffene Fotos durchsah, die ich nicht erkannte, Fotos, die keinerlei Hinweise oder Beschriftungen trugen, darunter ein sehr altes von einem wilhelminisch wirkenden Herrn, der, so meine wilde Vermutung, mein Urgroßvater Elkune Jäger sein mochte. Als ich diese rätselhaften Bilder Bruria hinhielt, deren Englisch so begrenzt ist wie mein gesprochenes Hebräisch, schüttelte sie traurig den Kopf und zuckte die Achseln. Dann sind sie alle, dachte ich, als ich auf die stummen Gesichter blickte, alle sind sie absolut verloren, nicht mehr zu kennen.

Auch fiel mir bei der Durchsicht von Tante Miriams berühmtem Album auf, dass mein Großvater offenbar viel mehr Bilder von Shmiels Familie als Onkel Itzhak besessen hatte. Ich kam auf zwei mögliche Gründe: Erstens, da Onkel Itzhak so nahe bei Onkel Shmiel gelebt und gearbeitet hatte, brauchte er keine Andenken an seinen älteren Bruder, oder zweitens, da Onkel Itzhak mit dem Ruch eines *Skandals* nach Palästina gegangen war, hatten die Brüder danach keinen Kontakt mehr. Während ich so bei Elkana auf dem Sofa saß und darüber sinnierte, fiel mir eine Zeile aus einem von Onkel Shmiels Briefen wieder ein: *Waß schreibt Dir der liebe Isak von Palästina?* Erst jetzt wunderte ich mich darüber, dass Shmiel in Polen sich bei meinem Großvater, der in New York war, nach Itzhak in Palästina erkundigen musste. Andererseits sagt Shmiel *der liebe Isak*, wie fremd könnte er ihm also tatsächlich geworden sein? Unmöglich zu sagen.

Nachdem wir das Album durchhatten, gingen wir in den großen Gemeinschaftsspeisesaal und aßen. Wieder begann das Essen mit einem Trinkspruch von Elkana, der sich langsam erhob und mit einem Blick zu mir aus seinen zusammengekniffenen Paschaaugen, jenem amüsiert-wissenden Blick, mit dem er seine Verkündigungen über Politik machte, vorgetragen mit einer gewissen Großspurigkeit, die ich aus meiner Kindheit wiedererkannte, oder einem Lebewohl sagte – *Den finden sie in Tikrit! All ze Best!* –, sein Glas hob, wobei er eine Braue hochzog und sagte: *L'chaim und auf Dehniels Buch, er muss es bald beenden und dann wieder nach Israel kommen, bloß um uns zu besuchen und nicht immer zu interviewen!* Und wieder setzten sich rund zwei Dutzend Menschen, mit denen ich abgesehen von einem bestimmten Satz Gene, die mit jeder neuen Generation verdünnt wurden, fast nichts gemein hatte, weder Geografie noch Sprache, weder Politik noch Persönlichkeit, zu einem gewaltigen Mahl aus gebratenem Weißfisch, Chulent, Zimmes und Kascha Warnischkes, einem Essen, das die jungen Israelis, wie meine Cousine Gal neben mir, als »polnisch« bezeichnen, nicht weil es polnisch ist, sondern weil »polnisch« das Wort ist, das sie, vielleicht mit dem leisesten Anflug abschätziger Ironie, auf die Sitten und Gebräuche dessen anwenden, was in meiner Familie »das alte Land« genannt wird, also fast das ganze jüdische Europa von Deutschland bis Sibirien. Ach, manchmal ist sie einfach so *polnisch*!, sagte dieselbe Cousine liebevoll über ihre über-fürsorgliche Mutter Anat, meine Cousine zweiten Grades: die Enkelin von Itzhak, *Isaak*, so wie ich der Enkel von Avrumche, *Abraham*, bin.

Anat und ihr Mann Yossi fuhren uns dann auch, nachdem das große Treffen in einem Gestöber aus Umarmungen und Küssen, manche echt, manche lediglich höflich, ausgeklungen war, von Tel Aviv nach Haifa, wo uns Josef Adler erwartete. Auf der Fahrt von Elkanas Haus, wo Matt nach dem Essen noch ein paar Aufnahmen *der Familie* gemacht hatte, Richtung Norden spra-chen Matt und ich über das Debakel mit Dyzia und ob es mög-lich oder zu dem Zeitpunkt überhaupt noch wünschenswert war, nach Minsk zu fliegen und sie zu interviewen.

Na ja, ich habe sie ja schon mal interviewt, sagte ich in dem Versuch, mich selbst wie auch ihn zu überzeugen. Wäre das wirklich *sinnvoll*? Sie hat mir schon gesagt, dass sie sie nicht be-sonders gut gekannt habe und Shmiel und Ester überhaupt nicht, lediglich Frydka, sehr nahe habe sie ihr aber nicht gestan-den. Und ehrlich gesagt erfüllt mich die Geschichte über Frydka, dass sie von jemand *anderem* schwanger gewesen sein soll, nicht gerade mit Vertrauen, muss ich sagen. Lohnt es sich also, extra wegen dieser Frau nach *Minsk* zu fliegen?

Dann fügte ich noch hinzu: Nach allem, was ich gehört habe, wirkt die Ukraine neben Weißrussland wie *Paris*.

Josef Adlers Haus lag in einer stillen Straße auf einem Hügel in Haifa. Ein einsames Kind spielte an einem Parkschild, ein kühler Abendwind wehte einen leeren Pappbecher über die Straße. Einige Monate zuvor hatte Josef am Telefon gesagt – ich hatte ihn wegen seiner Adresse angerufen –, es habe in seinem Viertel einen schrecklichen Selbstmordanschlag gegeben. Ein Bus sei in die Luft gesprengt worden. Aber jetzt war alles ruhig. Bis auf das Kind war keine Menschenseele auf der Straße. In je-ner Woche waren Zeitungen und Fernsehen, wie ich gesehen hatte, frei von Gewalt; die großen Geschichten in den Blättern drehten sich um die Versuche der Nachfahren der Familie Wertheim, einst die reichsten Juden Berlins, Reparationen für die großen Besitzstände zu erreichen, die von den Nazis beschlagnahmt worden waren, einschließlich dem Land, auf dem ein neuer Bürokomplex des Deutschen Bundestags, eingeweiht am Tag unserer Ankunft in Tel Aviv, errichtet worden war. DAS WACKLIGE FUNDAMENT DES BUNDESTAGS lautete die Schlagzeile in der *Haaretz* an dem Tag, als wir uns mit Josef Adler trafen.

Wir gingen zur Haustür, wo Josef Adler wartete. Wieder war er nahezu militärisch ordentlich gekleidet. Aber diesmal – teils, weil er jetzt in seinem behaglichen Haus war, teils auch wegen der Anwesenheit seiner Frau Ilana, einer schlanken, attraktiven Brünetten, die viel jünger aussah, als sie tatsächlich war, und deren Stimme, wie die so vieler israelischer Frauen, eine gewisse reizvolle Bitterkeit im Timbre hatte, einen Klang wie eine Orangenrinde –, diesmal wirkte er entspannter, aufgeschlossener als noch ein halbes Jahr zuvor, als er mir knapp und mit der Leidenschaftslosigkeit des Gelehrten die Geschichte Bolechows während der Besatzungszeit erzählt hatte. Nachdem wir einander vorgestellt waren, setzten wir uns alle um einen niedrigen Tisch, und Ilana brachte eine Kanne Kaffee und eine riesige Messingplatte voller Nüsse und Obst: Orangen, Datteln, Feigen. Wir tranken den bitteren Kaffee, aßen die Früchte und redeten.

Für seine Frau umriss ich noch einmal unser Projekt und was wir zu erreichen gehofft hatten. Da dieses Paar etwas Anziehendes hatte, wollte ich etwas sagen, was sie freute, aber auch der Wahrheit entsprach. Nachdem ich ungefähr zwanzig Minuten über das Bolechow-Projekt gesprochen hatte, sagte ich: Ich muss Ihnen sagen, dass ich bei meinem letzten Besuch hier sehr froh über das Gespräch mit Mr Adler war. Dann sagte ich noch, wie beeindruckt ich damals gewesen sei, dass ihr Mann sich die Mühe gemacht habe, den ganzen Weg von Haifa bis zu meinem Hotel in Tel Aviv zu fahren. Ich sagte, wie wichtig es sei, dass die Menschen so mitteilsam seien, so großzügig mit ihren Erinnerungen. Ich beschrieb, wie es in manchen Fällen mehr als eines Interviews bedürfe, um eine Beziehung zu den Leuten aufzubauen. Lächelnd erzählte ich, wie wir in Sydney jeden Tag Meg

Grossbard aufgesucht und sie überredet hätten, mit uns zu sprechen, und wie reizend und aufgeregt sie dann gewesen sei, als wir schließlich in die kleine Wohnung ihres Schwagers gekommen seien. Und selbst dann, setzte ich hinzu, habe sie nur sehr widerwillig etwas über den Krieg erzählt, überhaupt etwas über ihre Familie.

Josef schaute mich über den Tisch hinweg an und sagte: Dafür hatte sie auch einen guten Grund.

Matt und ich wechselten verwirrte Blicke, dann fragte Matt: Welcher Grund war das?

Mit ruhiger Stimme sagte Josef: Ihr Bruder war Angehöriger der jüdischen Polizei und hatte deshalb keinen besonders guten Ruf.

Matt und ich sahen einander an. *I know nussink*, hatte Meg gescherzt. *I see nussink.* Ich dachte an Anna Heller Stern, die während meines letzten Besuchs gesagt hatte, sie habe sich vor der jüdischen Polizei mehr als vor allen anderen gefürchtet, dachte auch, wie viel leichter es häufig ist, grausam denen gegenüber zu sein, mit denen wir vertraut sind, denen, die wir allzu gut kennen. Kain und Abel, hatte ich gedacht, als ich Anna zuhörte. Geschwister. Ich dachte: Vielleicht war Ciszko Szymanski nicht der Einzige, an den Meg sich nicht erinnern wollte.

Wie hieß er?, fragten wir beide gleichzeitig.

Lonek, sagte Josef.

Keinen besonders guten Ruf?

Josef gab sich philosophisch. Ach, wissen Sie, heute ist es sehr schwierig, solche Dinge zu beurteilen.

Ich machte eine emphatische Gebärde. Ich *urteile* nicht! Ich verurteile *nie*manden, sagte ich. Und dem war so. Weil man manche Dinge *unmöglich wissen* kann, weil ich nie den Druck erleben werde, unter dem die Menschen während der Kriegsjahre gestanden hatten, nie vor derart unvorstellbaren Entscheidungen stehen werde, die sie zu treffen hatten, wegen alldem weigere ich mich zu urteilen. Dennoch war da nun, als ich dort saß und süße Datteln und Feigen aß, dieser neue Gedanke: All die Jahre, in denen ich nichts über Shmiel und die anderen gewusst hatte, hatten in mir eine ungeheure Sehnsucht nach Fakten und Daten, nach Details erzeugt, und dennoch war mir nie in den Sinn gekommen, dass sich diese Fakten und Daten und Details, die ich erfuhr, auf mehr belaufen konnten als bloße Einträge in einer Tabelle oder Elemente einer Geschichte – dass sie mich eines Tages zwingen könnten, Menschen zu beurteilen.

Ich sagte: Ich möchte betonen, dass es nicht meine Aufgabe ist zu beurteilen. Ich beurteile niemanden. Ich kann nicht im Jahr 1942 sein, ich weiß nicht, wie es war, die Leute taten, was sie eben taten, sie standen unter einem unvorstellbaren Druck und Stress.

Josef sagte: Es ist kompliziert. Es gab jüdische Polizisten, die waren gut, andere waren schlecht.

Ich sagte: Natürlich ist es kompliziert.

Josef seufzte und sagte: Bei Lonek Ellenbogen –

(Megs Mädchenname war, wie ich wusste, Ellenbogen, ein Name, der einem als der bizarrste Nachname überhaupt erscheinen könnte, doch selbst eine oberflächliche Suche in der Datenbank des Jewish Records Index – Poland auf jewishgen. org ergibt, dass ein ebenso verbreiteter Name Katzenellenbogen war)

– bei Lonek war es so. Wir waren in dem Lager für Zwangsarbeiter, Shlomo und ich. Shlomos Cousin Moishele, den haben sie aus dem Stryjer Ghetto hergebracht. Der hat sich dann mit uns getroffen. Aber an dem Tag, als sie beschlossen haben, das Stryjer Ghetto zu liquidieren – in Stryj –, haben sie auch Leute verhaftet, die *von* Stryj zur Arbeit ins Arbeitslager nach *Bolechow* geschickt worden waren.

In Sydney, Monate zuvor, hatte Jack Greene mir eine Geschichte über Dolina erzählt, der Heimatstadt meiner Urgroßmutter, ein Ort, auf dessen Denkmal für den Zweiten Weltkrieg, da es von den Sowjets errichtet wurde, nicht erwähnt ist, dass die Leute, die in dem Massengrab hinter der ehemaligen Synagoge der Stadt liegen – heute eine Baptistenkirche –, Juden waren. Selbst nachdem es in Bolechow mehrere Aktionen gegeben habe, hatte er gesagt, und in seiner Stimme lag noch immer eine gewisse Verwirrung, sogar zwei Jahre, nachdem die Deutschen vier-, fünfmal in Bolechow getötet hatten, sei den Juden von Dolina nichts geschehen. Das, hatte Jack gesagt, habe die in Bolechow verbliebenen Juden verstört und erzürnt, denn sie glaubten, dass der Judenrat von Dolina etwas richtig mache und der von Bolechow etwas falsch. Und dann, sinnierte Jack, seien die Deutschen in einer Nacht gekommen und hätten ganz Dolina auf einmal liquidiert. Die ganze Stadt! Das ist die deutsche … Vorgehensweise, Logik, ich weiß nicht, wie ich das nennen soll. Jetzt, in Haifa, als ich Josef Adler zuhörte, wie er über die Aktion von Stryj sprach, dachte ich: Hier war sie wieder: Die Liquidierung der Stryjer Juden bedeutete nicht bloß, die Juden zu töten, die gerade *in* Stryj waren. Deutsche Logik.

Na ja, fuhr Josef fort, jedenfalls ist Lonek mit den Deutschen gekommen, die Baracken wurden von SS und jüdischer Polizei umzingelt, und Lonek ging hinein und erkannte Moishele. Er sagte: Moishele, du musst mitkommen. Und Moishele sagte: Hab Mitleid mit mir, du *kennst* mich doch. Lonek sagte: Du musst mitkommen, es ist deine Pflicht.

Josef sah mich an. Sehen Sie, Lonek war überzeugt, dass er irgendeine sehr wichtige Pflicht erfüllte, der er nachkommen musste. Es war ihre Pflicht, die eigenen Leute zu exekutieren … Und Moishele wurde zum Rynek geführt, und da haben sie ihn erschossen.

Wir hörten in vollkommenem Schweigen zu. Dann sagte Matt: Was ist mit ihrem Bruder geschehen, mit Lonek?

Josef sagte: Den haben sie auch auf dem Friedhof getötet. Er hat noch versucht wegzulaufen, aber ich weiß nicht mehr, ob es am selben Tag war oder später. Nein, es war später. Ich habe nur davon gehört. Erst mussten sie sie verhaften, dann führten sie sie durch die Schustergasse, die hatten da so eine Art militärische Disziplin, sie wurden in Reihen aufgestellt … Seine Stimme verlor sich, dann sagte er: Ach, es war seltsam.

In der Ukraine, hatte Olga uns erzählt, *haben sie sie in Zweierreihen die Straße zum Friedhof hinaufgeführt. Der Lärm der Schüsse ging so lange, dass meine Mutter ihre alte Nähmaschine heruntergeholt hat …*

Und Lonek Ellenbogen, der wollte noch fliehen, er wollte über die Friedhofsmauer klettern – die Mauer steht nicht mehr – und wurde erschossen. Und jemand erzählte Shlomo, wie es passierte.

Er verstummte, dann sagte Matt, womit er meinen unausgesprochenen Gedanken artikulierte: Aber wenn man bei der jüdischen Polizei war, vielleicht dachte man – wenn auch naiv –, wenn ich bei der jüdischen Polizei bin, werde ich besser behandelt?

Das ist kompliziert, sagte Josef wieder. Jedenfalls ist Meg nach so vielen Jahren ja nicht verantwortlich.

Ich dachte an Meg, an ihren Stolz, ihren faszinierenden Scharfsinn, das Pendeln zwischen Weichheit und Härte, und einen Moment lang hätte ich heulen können. Bestimmt hatte sie die Geschichten, die wir an dem Tag zum ersten Mal hörten, schon immer gekannt, und ebenso sicher fürchtete sie, das sah ich jetzt, dass wir sie herausbekamen. Fürchtete, dass wir ihren Bruder verurteilten, einen Jungen – was? Anfang zwanzig? jünger? –, der sich einem Druck gebeugt hatte, den sich heute kein junger Amerikaner oder Australier von neunzehn oder zwanzig Jahren auch nur annähernd vorstellen kann. Er hatte sich aufgeplustert, hatte geglaubt, er tue etwas Wichtiges, als er einen alten Freund nicht fliehen lassen wollte. Sie hatte panische Angst gehabt, dass wir ihn verurteilten. Nein, dachte ich: Angst, dass wir *sie* verurteilten. Ich schüttelte den Kopf und sagte zu Josef: Nein, nein. Ich versuche nur, es psychologisch zu verstehen: Meg erinnerte sich an vieles, aber sobald es um sie im Krieg ging – nichts! Wie sie überlebt hat, was ihre Geschichte war: Nichts. Es ist wie ein schwarzes Loch.

Ilana, die während der ganzen Erzählung ihres Mannes und meiner Antwort stumm geblieben war, sagte nun von ihrem Stuhl aus leise: Und ich glaube, die Zeit hat nichts damit zu tun, weil wir ja nicht vergessen.

Ich schaute über den Tisch. Etwas an dieser dunklen, nachdenklichen Frau sprach mich sehr an: Die Meinungen, die sie bekundete, erschienen mir genau im richtigen Maße kompliziert, eine gute Balance zwischen unsentimentaler Strenge und weicher Menschlichkeit. Wie um meine stumme Würdigung zu bestätigen, sagte Ilona Adler in dem Moment ziemlich heftig, wobei sie einen Arm ausstreckte, wie um unser gesamtes Gespräch an jenem Nachmittag zu umfassen: *Was ist Erinnerung?* Was ist *Erinnerung?* Erinnerung ist das, woran man sich erinnert. Nein, man verändert die Geschichten, man »erinnert sich«.

Geschichten, keine Tatsachen. Wo sind die Tatsachen? Da ist die Erinnerung, da ist die Wahrheit – man weiß es nicht, *niemals*.

Bald wurde es Zeit, zum Bahnhof zu gehen. Matt sorgte sich, wie immer, um das schwindende Tageslicht, und so tranken wir unseren Kaffee aus und gingen nach draußen, wo er einige Aufnahmen von Josef am Hinweisschild machte, dessen hebräische Aussage, wie ich lächelnd dachte, bestimmt »nach Israel« lautete. Dann stiegen wir in Josefs Wagen. Als wir an die Kreuzung zweier Straßen namens *Freud* und *Wallenberg* kamen, drehte Josef sich zu mir und sagte, ohne Bezug auf das, was wir gesprochen hatten, einen Satz, der eine Erklärung hätte sein können, eine Rechtfertigung, was genau, weiß ich nicht: Es reicht nicht, nett zu den Leuten zu sein. In Bolechow waren wir nett zu den Leuten, und es hat uns nichts gebracht.

Verstärkt jetzt und verdunkelt von unangenehmen Enthüllungen, hing der Trübsinn uns noch immer an, als wir am nächsten Tag zu unserem letzten Ziel aufbrachen, der kühlen, abgedunkelten Wohnung Anna Heller Sterns: noch eine erschöpfte und melancholische Rückkehr an einen Ort, wo ich bereits gewesen war.

Wieder hatte sie ein aufwendiges Tablett mit Torten und Kuchen vorbereitet, wieder schwebte sie umher, damit wir auch immer genügend Cola, genügend Eistee hatten. Wieder erzählte sie uns, was sie noch von Shmiel und Ester und den Mädchen wusste. Wieder, was sie von Frydka und Ciszko gehört hatte. Diesmal aber, nachdem sowohl Dyzia als auch Klara ihre Erinnerungen an Ciszko ebenso wie an Frydka wiedergegeben hatten, ermunterten wir Anna sich zu erinnern, wie der polnische Junge gewesen war.

Ja, sagte sie, natürlich erinnere sie sich an ihn. Er war schwer, nicht zu *groß*, und blond. *Blaue Augen.*

Stämmig gebaut, das meinte sie wohl, mittlere Größe und blaue Augen. So weit waren sich alle drei Frauen einig.

Er hat sie irgendwo versteckt gehalten, fügte sie unaufgefordert hinzu, aber wahrscheinlich nicht bei sich zu Hause: Seine Mutter hätte ihn umgebracht! Er hat ihr Essen gebracht, sagte sie. Und dann hat sie jemand denunziert. Das hatte sie jedenfalls gehört.

Und so erzählte sie uns alles noch einmal. Auch ihre eigene bemerkenswerte Geschichte, wie sie sich versteckt hielt, anders als Frydka erfolgreich. Wieder zeigte sie uns das Bild des polnischen Priesters, der ihr das Leben gerettet hatte, indem er ihr falsche Papiere ausstellte. Wieder zeigte sie uns den falschen Taufschein, den, der ihr den Namen *Anna* verliehen hatte, den sie seitdem aufbewahrte. Matt machte ein Bild von dem Dokument. Es lautete auf ANNA KUCHARUK.

Mir fiel auf, dass das darauf angegebene Geburtsdatum gerade erst verstrichen war, und sagte lächelnd, leider hätte ich den großen Tag versäumt, wenn es denn ihr richtiger Geburtstag sei. Anna sagte, ja, das sei ihr richtiger Geburtstag, gerade sei sie dreiundachtzig geworden. Alles Gute zum Geburtstag!, sagten wir alle.

Matt wollte wissen, was sie mit den ganzen Dokumenten vorhabe. Ob sie nach Yad Vashem kämen, fragte er.

Anna redete mit Shlomo, der dann zu uns sagte: Ja, alles.

Hier wurde Shlomo in der ihm eigenen übersteigerten Art lebendig und redete hitzig auf uns ein, gestikulierte mit beiden Händen, biss in die englischen Wörter. Ich selbst habe alles dem

Holocaust Museum in Washington gegeben. Ich habe fast keine Originale mehr, sagte er. Weißt du, ich denke – ich denke, was war der Grund, dass ich überlebt habe? Was? Warum ältere Leute als ich, klügere als ich, gebildetere als ich nicht überlebt haben, aber ich?

Surwived.

Shlomo holte tief Luft und sagte dann, langsamer: Ich glaube, es sind zwei Gründe: erstens, um Rache zu nehmen. Und der zweite, um jedem die Geschichte zu erzählen, jedem zu erzählen, der es hören will, was geschehen ist.

Wir nickten. Er fuhr fort.

Jahrelang, sagte er, habe ich geglaubt, dass dieses Leben nicht das eigentliche Leben ist – dass ich aufschauen würde und meine Familie ist da. *Ich wollte keine Kinder in diese Welt setzen.* Als ich heiratete, wollte ich *keine* Kinder! Der große Umschwung begann, glaube ich, nach der Reise, die ich 'sechsundneunzig nach Bolechow gemacht habe, mit Jack und Bob und den anderen. Als ich sah, dass nichts, nichts übrig geblieben ist, unsere Häuser nicht, nichts von unseren Fabriken übrig geblieben ist, nicht einmal vom Garten mit dem Bassin … Okay, habe ich gedacht, das war's jetzt: Ich kann nicht zurück. Die Vergangenheit kann nicht zurück. Das musste ich mir eingestehen. Also habe ich angefangen zu schreiben.

Matt und ich nickten, und ich sagte, das verstünde ich genau. Shlomo wandte sich an Anna und übersetzte alles, was er zu uns gesagt hatte, auf Jiddisch, worauf sie kurz etwas erwiderte.

Shlomo sah uns an. Sie hat gesagt, ihr Mann habe immer gesagt, wer den Holocaust durchlebt hat und sagt, er sei völlig normal, der lügt. Es stimmt nicht.

Anna sagte wieder kurz etwas auf Jiddisch.

Sie sagt, jahrelang ist sie in psychiatrischer Behandlung gewesen, sagte Shlomo. Ihre Kinder wussten, dass sie in einem Zuhause aufwachsen, das kein glückliches ist. Weißt du, in einem traurigen Zuhause können die Eltern nicht glücklich sein, weil sie diese Vorgeschichte haben. Und sie haben es verstanden.

Ich sah Anna an und versuchte ihr zu zeigen, wie sehr wir mit ihr fühlten. Wieder fiel mir auf, dass alle, mit denen ich das letzte Mal gesprochen hatte und die mir damals so viele Geschichten, so viele Fakten erzählt hatten, nun plötzlich zum ersten Mal ihren Kampf mit seelischen Qualen, mit Angst und Panik und Kummer preisgaben.

Ich sagte: Na ja, bestimmt, ganz sicher. Kein glückliches Zuhause.

Mrs Begleys Sohn sagte einmal zu mir über seine Mutter: *Etwas in ihr ist zerbrochen*, und als er das sagte, dachte ich: Diejenigen, die getötet wurden, waren nicht die einzigen Verlorenen.

Anna sprach ein drittes Mal, so langsam, dass ich Shlomo nicht zum Übersetzen brauchte. *Wil fargessn, sol nischt fargessn, kan nischt fargessn.*

Man will vergessen, aber man sollte nicht vergessen, man kann nicht vergessen.

Ich nickte und erklärte ihr, genau deshalb machten wir dieses Projekt, deshalb reisten wir um die ganze Welt und suchten die verbliebenen Bolechower auf, um von ihnen jedes Fitzelchen, jedes Körnchen Information über meine Familie zu erfahren.

Sie fragte uns, wo wir noch gewesen seien. Ich sagte, ich sei an vielen Orten gewesen, nicht nur solchen, wo Bolechower lebten, sondern auch anderen, Orten, die mir halfen, ein Gefühl dafür zu bekommen, was geschehen sei. Nicht nur in Australien, sondern auch in Wien und Prag, nicht nur in Tel Aviv, sondern auch in Lettland, wo ich mich mit dem einzigen verbliebenen Juden in einer Kleinstadt bei Riga getroffen hätte, einem Mann, der zufällig auch Mendelsohn hieß – obwohl ich, da die Mendelsohns in meiner Familie nie geredet hätten, jene Mendelsohns, die 1892 aus Riga gekommen seien, nicht mehr in Erfahrung bringen könne, ob ich mit ihm verwandt sei. (Dieser Mendelsohn war ein kantiger, weißhaariger Mann, der mich, obwohl schon fast neunzig, überragte und der, nachdem wir ihn gefragt hatten, wie er mit dem Antisemitismus umgehe, den es möglicherweise auch dort noch gebe, wo nur noch ein einziger Jude zum Hassen übrig war, in sein Schlafzimmer ging und eine Flinte schwingend wiederkam.) Nicht nur in Beerscheba, sondern auch in Litauen, wo in den Todesgräben im Wald von Ponar, wo die Juden Wilnas einst picknickten, einhunderttausend eben dieser Juden liegen, unter demselben Rasen, auf dem sie einst gesessen und sich vergnügt hatten. Diese Rückkehr nach Israel, sagte ich zu Anna, sei unsere letzte Reise, nachdem wir nun auch in Schweden bei Klara Freilich gewesen seien.

Anna sah mich an und dann Shlomo. Klara Freilich, sagte sie sinnierend. *KLAAhh-ra FREIIII-lich*. So wie man *Ahh-HAAAhhhh* sagen mochte.

Shlomo nickte und sagte: *Yankeles froj*. Yankels Frau.

Anna sagte: *Jo. Fun Yankele wil ich nischt rejdn*.

Über Yankel will ich nicht sprechen.

Ich sah sie verblüfft an. *Farwos nischt?* sagte ich. Warum nicht?

Sie sah mich finster an. *Farwos? Wajl er gewen in di jidische miliz*.

Ich glaubte schon, mich verhört zu haben, doch Shlomos Übersetzung ließ keinen Raum für Zweifel.

Ihr Mann war ein *jidischer polizjant*, sagte er und sah mich streng an. Sie sagt, sie will nicht über ihn sprechen, weil er ein jüdischer Polizist war. Und eine *akcja*, eine Aktion, wurde von der jüdischen Polizei durchgeführt.

Matt und ich starrten uns an. Ich wusste, dass wir dasselbe dachten: Es war wie eine Wiederholung von Haifa. Meine Gedanken rasten, und nun kam manches, was Klara gesagt hatte – und manches, was sie, wie ich nun erkannte, nicht gesagt hatte –, allmählich wieder zurück. Zum Beispiel, dass sie ungewöhnlich spät, viel später als alle anderen, zu ihrem Versteck aufgebrochen waren. Zum Beispiel, dass sie während ihrer ganzen Erzählung über die Kriegsjahre an jenem letzten Tag eigentlich gar nicht von ihrem verstorbenen Mann gesprochen, sondern lediglich die Annahme zugelassen hatte, dass alles, was mit ihr geschehen, auch mit ihm geschehen war. Die schreckliche Angst im Arbeitslager, das angespannte Warten auf die Nacht der Abreise. Stockend sagte ich: Wenn die jüdische Polizei also an diesen Aktionen teilgenommen hat, dann waren sie genau wie – machten alles, was …?

Shlomo sagte mit verstörend lauter Emphase: Sie *kamen*, sie haben einen *mit*genommen, hatte man Geld, gab man ihnen *Geld*, und sie haben einen *weg*geführt. Sie haben geglaubt, alle *anderen* werden umgebracht, aber *sie* kommen davon.

Ich dachte daran, was Marek über seinen Vater gesagt hatte, wie großzügig und gut er gewesen sei. Ich erinnerte mich, was Josef Adler am Abend zuvor gesagt hatte: Manche waren böse, manche waren gut. Es war kompliziert. In dem Augenblick hatte ich lieber glauben wollen, dass Yankel Freilich einer der Guten gewesen war. Mit diesem Gedanken wandte ich mich an Shlomo. Ich möchte dich Folgendes fragen, sagte ich. Wie *wurde* man denn jüdischer Polizist? Ich meine, konnte man das ablehnen?

Shlomo warf mir ein vorwurfsvolles, freudloses Lächeln zu. Man konnte nicht ablehnen, nein. Manche haben sich freiwillig gemeldet, manche wurden gezwungen. Aber wer wurde »gezwungen«?

Ich sagte: Wer weiß das schon? Aber ich sage ja nur, dass –

(Tatsächlich wollte ich Folgendes sagen: Wenn ich glaubte, ich könnte meine neue Frau und mich retten, indem ich in die jüdische Polizei eintrat, indem ich die läppischen Vergünstigungen genoss, die man dafür erhielt, dass man zu denen gehörte, die ihre jüdischen Landsleute zusammentrieben, würde ich es tun? Ja, gut möglich.)

Shlomo unterbrach mich. Aber wir hatten zwei Anführer vom Judenrat, die haben sich *aufgehängt*, in Bolechow.

Ich nickte. Ich weiß, sagte ich. Reifeisen –

Reifeisen und Schindler, sagte Shlomo.

Offensichtlich wollte er damit sagen, dass es einige gab, deren moralische Abscheu gegen das, wozu sie gezwungen wurden, sie zu anderen Entscheidungen geführt hatte. Aber wer war ich, darüber zu urteilen? Egal, Yankel lag schon lange in seinem Grab, und seine Großzügigkeit nach dem Krieg seinen jüdischen Landsleuten gegenüber war jedenfalls aktenkundig. Im Moment wollte ich Klara schützen, die, wie ich inzwischen wusste, zur Erduldung unvorstellbarer Schrecken gezwungen worden war und deren fast mädchenhafte Koketterie, die Porzellanballerinas, die bukolischen Gemälde, die Art, wie sie sich betont herausputzte, und ihr Geschmack für schicke Kleider und hübschen Schmuck, so dachte ich jetzt, vielleicht so etwas wie eine oberflächliche Entschädigung waren, eine dürftige Reparation für die Dinge, die sie noch immer verfolgten. Also entschied ich mich für die Annahme, dass ihr Yankel einer der guten jüdischen Polizisten gewesen war.

Anna sagte etwas zu Shlomo, der sich nach einem Moment an mich wandte und übersetzte. Sie sagt: Er kann sich schämen, wie sie sich benommen haben, die *Behandlung*.

Dann sagte Shlomo: Ich habe eine Geschichte für dich, eine persönliche Geschichte, aber die darf nicht in dein Buch, du musst das Aufnahmegerät ausschalten.

Ich schaltete das Aufnahmegerät aus. Er begann zu erzählen.

Nicht lange danach, wir wollten gerade Annas Wohnung verlassen, kam Shlomo unvermittelt eine Erinnerung, die alles veränderte.

Wir hatten über Dusia Zimmerman gesprochen, das Mädchen, dessen Bruder, jedenfalls Meg Grossbard zufolge, während der Besatzung Lorkas Freund gewesen war … doch nachdem wir nun von Mr Halpern gehört hatten, nachdem wir gehört hatten, dass Lorka *einfacher* gewesen war, als die anderen in Erinnerung hatten, wer wusste es schon? Yulek Zimmerman sei umgekommen, sagte Shlomo, aber seine Schwester habe überlebt. Er erzählte mir eine erstaunliche Geschichte. Nach dem Krieg hatte sie einen Belgier geheiratet, dem sie erst viele Jahre nach der Hochzeit eröffnete, dass sie Jüdin sei. Doch es sei weithin bekannt, dass sie sich weigerte, mit anderen zu reden, dass sie hartnäckig ihre Privatsphäre schützte.

Na, scherzte ich, wenigstens müssen wir nicht auch noch nach Belgien. Es reiche, dass wir gerade in Schweden gewesen seien, diese Wahnsinnsreise gemacht hätten von New York nach London und London nach Stockholm und von Stockholm wieder zurück nach London und dann von London nach Tel Aviv!

Und es reiche, dachte ich, dass wir wegen Dyzia völlig umsonst nach Israel geflogen waren.

In dem Augenblick schlug Shlomo buchstäblich die Hände über dem Kopf zusammen. *Ooooh!!!*, rief er aus, Oh!!! Das hab ich vergessen!!! Ihr wart ja in *Skandinavien*! In Kopenhagen wohnt ein Mann aus Bolechow. Oj oj oj oj!

Ich sagte: Wer? Vielleicht ist er ja nicht wichtig, dachte ich.

Doch Shlomo sagte, als er sich wieder gefasst hatte: Wisst ihr was? Wir werden mit ihm sprechen. Wir rufen ihn später von mir aus an.

Nach dieser Fotosession mit Anna sollten wir zu einem Festmahl zu Shlomo nach Hause gehen, das seine Frau Ester vorbereitet hatte, eine füllige, mondgesichtige Frau, die wenig Englisch konnte, deren Wärme und Großherzigkeit aber trotz der Sprachbarriere ihre wenigen Brocken Englisch erfüllte wie der Duft der köstlichen Speisen, die sie bei jedem meiner Besuche röstete und briet und backte, ihre kleine Küche. Ester war es auch gewesen, die, den Kopf zu ihrem Mann geneigt, als wir drei uns zu dem riesigen Lunch setzten, den sie aus Anlass meines ersten Besuchs in Israel zubereitet hatte, mit einer Miene liebevoller Verzweiflung zu mir sagte: *Bolechow! Bolechow! Bolechow!*, während sie die *knejdlach* austeilte.

Jetzt, in Anna Sterns Wohnzimmer, sagte ich erneut: Wer ist es? Wer lebt in Kopenhagen?

Shlomo redete eine Weile erregt mit Anna auf Jiddisch. Ich verstand *Malcia Lewenwirths onkel*. Ich verstand *Akegn der D.K. D.K.* Ausgesprochen *de-ka*. Das Dom Katolicki. Gegenüber dem D.K.

Der haus akegn di D.K. Das Haus gegenüber dem D.K.

Ich horchte und wurde ungeduldig. Wer *ist* denn nun dieser Mann in Kopenhagen, Shlomo?

Er sagte, es gebe da noch einen Bolechower, von dem zu erzählen er völlig vergessen habe, einen viel ältereren Mann namens Adam Kulberg, der in der Nähe des Dom Katolicki gewohnt habe. Der Mann sei ihm deshalb nicht schon vorher eingefallen, weil Kulberg kurz vor dem Eintreffen der Deutschen nach Osten in die Sowjetunion gegangen sei. Aus dem Grund würde er uns nichts darüber sagen können, was mit den Jägers geschehen sei. Er sei nicht dort gewesen. Er würde es nicht wissen.

Ich dachte: Sonst war auch niemand »dort« gewesen, die anderen hatten auch nicht gesehen, was mit ihnen geschah, aber alle hatten sie ihre Geschichten. Ich dachte: Wir waren in *Schweden*, Herrgott. Es wäre so einfach gewesen, auf dieser Reise auch noch in Dänemark Halt zu machen. Aber ich sah Shlomo an und sah, wie peinlich es ihm war, und dachte: Wer bin ich, mich bei diesen Leuten über Unannehmlichkeiten zu beschweren? Na, sagte ich daher, vielleicht rufen wir ihn doch mal von dir aus an, dann erfahren wir, ob er etwas weiß, vielleicht lohnt es sich ja gar nicht, auch noch dorthin zu fliegen.

Shlomo wirkte erleichtert. Ich rufe ihn an, sagte er. In fünf, zehn Minuten kannst du ihm deine Fragen stellen.

Wie alt ist er denn?, fragte ich. Vielleicht hatte ihn ja auch sein Gedächtnis verlassen. Gut möglich, dass die Aufregung völlig überflüssig war.

Shlomo sagte: Ach, älter als sie. Er nickte zu Anna hin – sie saß auf dem Sofa, wo sie gerade für Matt posierte – und sagte dann: Ach, wie konnte ich das nur vergessen, wie konnte ich nur?!

In Shlomo Adlers Wohnung in Kfar Saba gibt es ein Zimmer, das ich insgeheim die *Bolechower Weltzentrale* nenne. Es ist ein eher kleiner Raum, eigentlich ein Schlafzimmer, aber allzu deutlich ein Büro. Wo man auch hinsieht, quellen Papiere aus Kästen, die in Regale gezwängt sind, und Loseblatthefte bilden Stapel: Den Raum beherrscht ein großer beigefarbener Computerbildschirm, er steht auf einem eher kleinen Schreibtisch, den er noch kleiner wirken lässt. In diesem Zimmer macht Shlomo seine Internet-Recherchen und hält Kontakt mit den anderen Bolechowern, schickt ihnen Mails und Briefe, versendet gelegentlich seinen *samisdat*-Newsletter und, das Wichtigste, die Erinnerungen an den alljährlichen Bolechow-Gedenkgottesdienst, den er organisiert, die nicht nur an die Überlebenden selbst gehen, sondern auch an deren Verwandte und Freunde und überhaupt alle, die irgendetwas mit Bolechow zu tun haben, also auch an Leute wie mich.

In dieses Zimmer stürmten wir, kaum in Shlomos Wohnung angelangt, nachdem wir uns von Anna verabschiedet hatten. Shlomo ließ sich schwer auf den Schreibtischstuhl fallen, setzte die Lesebrille auf, die er mit wenig passender Geziertheit an einer Kordel um den Hals hängen hatte, und sah sich ein, zwei Minuten lang Papiere an. Dann sagte er Aha, nahm den Hörer und klemmte ihn sich zwischen Hals und Schulter. Ich schlängelte mich zwischen den Papierstößen hindurch und fand bei einem Wandregal ein Plätzchen, wo ich mich hinstellen konnte, während er telefonierte.

Sogar aus der Entfernung von einem guten Meter hörte ich irgendwo weit weg das blecherne Klingeln eines Telefons durch den Hörer, den Shlomo hielt; anscheinend hatte er ihn sehr laut gestellt. Dann begann Shlomo plötzlich lebhaft auf Polnisch zu sprechen. Ich hörte ihn *Pan Kulberg* sagen. Ich hörte ihn *Anna Heller*, dann *Klara Heller* sagen. Ich hörte ihn *Bolechowa* sagen. Ich hörte ihn *Jägerach* sagen. Ich hörte ihn *Frydka Jäger, Lorka Jäger* sagen. Er sagte noch viel mehr, das ich nicht verstand.

Wie ich so dastand und darauf wartete, dass Shlomo mir übersetzte, was dieser Kulberg sagte, erinnerte ich mich, dass ich Monate zuvor, an einem Nachmittag im Spätsommer, als Matt nach New York gekommen war, um eine Porträtaufnahme von Mrs Begley zu machen, und wir in ihrem Wohnzimmer saßen und über unsere verschiedenen Reisen sprachen und was wir in Erfahrung gebracht hatten, sagte, dass es mittlerweile vielleicht sinnvoll wäre, ein wenig Polnisch zu lernen. In ihrem thronartigen Sessel vor der ausgeschalteten Klimaanlage verzog Mrs Begley das Gesicht. *Accchhhh*, sagte sie und ließ abschätzig eine Hand auf die Armlehne fallen. *Das ist zu schwierig für Sie, lassen Sie's!* Sie drängte Matt, der es ihr, wie ich sah, angetan hatte, zu einem weiteren Eistee. Zu meiner Überraschung hatte sie gleich eingewilligt, als er sagte, er bekäme wahrscheinlich ein atmosphärischeres Foto, wenn sie es in ihrem Schlafzimmer aufnähmen, was bedeutete, dass sie ihren Thron verlassen und, auf ihren Stock gestützt, den mühsamen und schmerzhaften Weg durchs Wohnzimmer zurücklegen musste. Warum im Schlafzimmer?, dachte ich und unterdrückte eine aufkommende Gereiztheit über meinen Bruder. Im Schlafzimmer stand ihr Gehbock und das harte, wenig schmeichelhafte Licht aus einem Fenster, das nur einen dünnen Vorhang hatte. Da sieht sie doch wie eine alte Frau aus, dachte ich; in der eleganten, gestreiften Bluse, die sie an dem Tag angezogen hatte, würde sie wie ein gealterter Häftling wirken, und obwohl ich natürlich wusste, dass sie extrem alt war – im Dezember sollte sie dreiundneunzig werden –, hatte ich mir Mrs Begley nie als alte Frau gedacht. Seltsamerweise sah ich sie als jemand, der so viel überlebt hatte, dass es keinen Grund gab, dass sie nicht auch noch die Zeit selbst überlebte.

Aber Matt war, wie ich erkannte, anders und sah eine andere Frau als die, auf die ich inzwischen so sehr angewiesen war, und vielleicht wollte er deshalb ein Porträt von ihr in ihrer gestreiften Bluse auf der einsamen Weite ihres großen Bettes.

Und weil sie ihn mochte – teils, weil er ein großer, gut aussehender Mann mit schönen gelben Augen und einem breiten, unberechenbaren, einschmeichelnden Grinsen ist, teils auch, weil, wie sie mir einmal sagte, seine melancholische Aufnahme eines einsamen alten Juden in einer Synagoge in L'viv, die er auf unserer ersten Reise zwei Jahre zuvor gemacht hatte, bei ihr schöne Erinnerungen an ihre Mädchenzeit in der verlorenen Welt geweckt hatte, an die Feiertage, die Mahlzeiten, daran, wie ihr Vater sie in der Schul an Simchat Tora auf den Schultern getragen hatte, damit sie besser sehen konnte –, weil sie beschlossen hatte, ihn zu mögen, stand sie klaglos von ihrem Sessel im Wohnzimmer auf, ging ins Schlafzimmer und setzte sich aufs Bett, wo er dann das Foto machte, das sie, als er ihr einen Abzug schickte, zum besten Bild erklärte, das je von ihr aufgenommen worden sei.

Von da an beendete Mrs Begley jedes Mal, wenn ich mit ihr sprach, die Unterhaltung damit, dass sie ungefähr Folgendes sagte: Wie geht's Ihrem Bruder, dem, der so viel besser als Sie aussieht. Und ließ ihr freudloses Kichern hören.

Ein Beispiel: Einige Monate später rief Mrs Begley mich an, um sich zu erkundigen, wie mein Jom-Kippur-Fasten gewesen sei. Es war ein hübscher *joutef*, sagte ich, wir haben gut gefastet, und dann hat meine Mutter ein üppiges Mahl gemacht.

Sie seufzte tief. Es ist schön, diese Worte zu hören. Sie sind mir vertraut, aber sie werden nicht mehr lange auf dieser Welt sein.

Dann sagte sie: Grüßen Sie mir Ihren Bruder und sagen Sie ihm, er sieht viel besser aus als Sie, und legte auf.

Ein halbes Jahr danach rief sie mich an meinem Geburtstag an, der immer um das Passahfest herum ist. Ich erzählte ihr von dem großen Familienseder, den wir alle auf Long Island begingen. Da ihr Sohn zu der Zeit gerade im Ausland war, lud ich sie ein, wie ich es auch schon früher gelegentlich getan hatte, um mit meiner Familie und unseren Freunden zu feiern, auch wenn ich wusste, dass sie den Vorschlag, wie auch schon frühere, abtun würde.

Accchhh, sagte sie und seufzte dramatisch. (Ich sah ihre rechte Hand vor mir, fleckig und schmal, wie sie abschätzig wedelte.) Früher wäre ich gekommen, aber meine Knie sind schlimm, ich kann nicht gehen, es geht mir gar nicht gut. Aber nett von Ihnen, dass Sie mich eingeladen haben.

Argumentieren war zwecklos, also sagte ich nichts.

Dann sagte sie noch: Ich habe immer ein nettes jüdisches Haus geführt, aber genützt hat es mir nichts.

Eine Pause entstand. Hören Sie, sagte sie – häufig signalisierte sie das Ende eines Themas oder einer ganzen Unterhaltung mit einem brüsken *Hören Sie* –, hören Sie, bestellen Sie Ihrer Mutter und Ihrem Vater schöne Grüße und besonders auch Ihrem Bruder. Wissen Sie, der sieht um einiges besser aus als Sie. Ha!

Ein halbes Jahr später war wieder Jom Kippur. Am Nachmittag von Kol Nidre, dem Abendgottesdienst, der den Beginn des Feiertags markiert – der Name *Kol Nidre* bedeutet »alle Gelübde«, da das Ritual mit einem Gebet im Namen der Gemeinde beginnt, darum, dass alle Gelübde, Verpflichtungen, Schwüre und Verdammungen, die von ihren Mitgliedern von einem Jom Kippur zum nächsten ausgesprochen wurden, aufgehoben und null und nichtig und unwirksam gemacht werden, ein Gebet, das als notwendiges Korrektiv der Vehemenz entstand, mit der (wie eine Quelle es formuliert) »Juden und Orientalen« in alten Zeiten Gelübde ablegten, wobei diese Sehnsucht nach Befreiung von Schwüren für die Juden, wenn nicht auch für andere Orientalen, während der Jahre der Spanischen Inquisition eine tiefe neue Bedeutung gewann, als die Juden regelmäßig gezwungen wurden, ihrem Glauben abzuschwören und zum Katholizismus überzutreten (obgleich die Existenz des Kol-Nidre-Gebets von Antisemiten lange schon, vielleicht zwangsläufig, als Beweis dafür herangezogen wurde, dass man dem Schwur eines Juden nicht trauen könne, eine eigenartige, wenn auch nicht seltene *Logik*) –, am Nachmittag von Kol Nidre also rief Mrs Begley an, um mich zu fragen, wann *genau* denn nun Sonnenuntergang sei. Während ich eine Webseite des jüdischen Kalenders befragte, die bis auf die Zehntelsekunde den exakten Augenblick von Sonnenauf- und untergang angibt, fragte ich sie, wie es ihr gehe.

Nicht *vell*, erwiderte sie schwer. Wir plauderten, während ich mir die Webseite ansah, und ich sagte ihr, ich überlegte, noch einmal nach L'viv und Bolechow zu gehen, um dort eventuell Anregungen zu bekommen, wie ich mein Buch beenden könnte.

Schreiben Sie schnell, sagte sie. Sonst bin ich nicht mehr da, um es zu lesen.

Dann fragte sie mich noch einmal, wann Sonnenuntergang sei, und als ich es ihr noch einmal sagte, meinte sie: Na gut, dann richten Sie Ihrer Familie gutes Fasten aus, besonders Ihrem Bruder, dem *Hübschen*.

Ich saß in meiner Wohnung, hielt den Hörer in der Hand und grinste. Das war der Punkt, an dem sie meistens auflegte, aber diesmal gab es am anderen Ende der Leitung noch eine kleine Stille, und ich fürchtete schon, sie würde mich ein drittes Mal nach der Zeit des Sonnenuntergangs fragen. Doch sie sagte: Und ich sage Ihnen noch etwas: Ich liebe Sie! Wie finden Sie das? Von einer Dreiundneunzigjährigen geliebt zu werden! Ha!

Sie ließ ihr säuerliches kleines Lachen ertönen und legte auf, bevor ich die Gelegenheit hatte, ihr zu sagen, dass ich sie auch liebte. Das hatte ich ihr schon lange sagen wollen – ich, der ich in den Jahren meiner Kindheit und Jugend Dutzende von Briefen an meine Großeltern mit *Alles Liebe, Euer Enkel Daniel* unterschrieben hatte, mich aber nicht erinnern konnte, zu einem von ihnen je *Ich liebe dich* gesagt zu haben, wenn es nicht lediglich eine mechanische Erwiderung war –, hatte es aber lange unterlassen, weil ich wusste, dass sie lachend sagen würde, ich sei ja bloß *sentimental*, so wie sie abschätzig gesagt hatte, ich würde nie Polnisch lernen.

Und tatsächlich, ich lernte nie Polnisch. Jetzt, in Israel, im Dezember, als Shlomo laut mit diesem Fremden in Kopenhagen sprach, lauschte ich verständnislos den Zischlauten, die aus dem Hörer knisterten, den Shlomo fest umklammert hielt, den Geräuschen eines Mannes, der, wie ich einen Augenblick lang hoffte (ich gebe es zu), zu gebrechlich oder vergesslich war, um noch eine weitere transatlantische Reise erforderlich zu machen. Shlomo drehte sich zu mir her, hielt die Hand über die Muschel und sagte: Die Jägers – wer war da noch?

Ich sagte: Shmiel.

Ich hörte ihn sagen: *Shmiel Jäger.*

Dann hörte Shlomo lange der festen, dünnen Stimme am anderen Ende zu.

Shlomo sah mich über den Brillenrand mit einer Miene an, die ausdrückte: Wenn Sie vorher sauer auf mich waren, weil ich vergessen hatte, Ihnen von Adam Kulberg zu erzählen, dann sind Sie es jetzt nicht mehr, und zwar wegen dem, was ich Ihnen gleich sagen werde.

Er sagte: Sein Vater war mit den Jägers verwandt, er weiß aber nicht, wie. Er erinnert sich an *alles*.

Shlomo redete mit Kulberg weiter. Ich hörte ihn sagen *Ruchel ... tak tak tak tak tak, tak. Tak. Brat? Wolf?*

Wieder legte er die Hand über die Muschel und sagte: Sein jüngster Bruder, Wolf, hat *bei Shmiel* gewohnt!

Ich sagte: Er hat bei Shmiel gewohnt?

Shlomo strahlte, als sei er für die Adresse von Kulbergs Bruder verantwortlich. Er hat bei Shmiel gewohnt! Und er weiß, dass sie verwandt sind, aber er weiß nicht, wie, und er erinnert sich an *alle* Töchter!

Ich dachte: *Verwandt?* Ich konnte mir nicht vorstellen, wie, konnte mir nicht vorstellen, in welcher Beziehung dieser Mann, von dem ich nie gehört hatte, zu uns stehen konnte. Ich zerbrach mir den Kopf, ging die Dutzende, Hunderte von Namen und Fakten durch, die ich seit 1973 abgespeichert hatte, als meine Obsession mit dem Sammeln und Sortieren von allem, was man über meine Familie wissen konnte, begann, und sagte: Wie war der Mädchenname seiner Mutter?

Sie redeten kurz, dann sagte Shlomo: Friedler, sie war nicht aus Bolechow, nicht aus Bolechow. Sie war aus Rozniatów.

Rozniatów? Soweit ich wusste, hatten wir keine Verwandten, auch keine angeheirateten, in dem wenige Kilometer von Bolechow entfernten kleinen Dorf gehabt.

In dem Moment kam Matt, der im Wohnzimmer mit seiner Kamera hantiert hatte, in die Bolechower Weltzentrale. Ich sagte zu ihm: Ich kriege gleich einen Herzschlag. Der Bruder dieses Kerls hat bei Shmiel gewohnt. Er kennt sie *alle*.

Matt zog belustigt eine seiner schönen Brauen hoch und sagte: Wo wohnt er?

Kopenhagen!, sagte ich mit belegter Stimme und einer gewissen Verzweiflung. Wieder dachte ich, wie einfach es gewesen wäre, noch vor Israel von Schweden nach Dänemark zu gelangen.

In dem Moment hörte ich Shlomo sagen: *Tak, Frydka i Ciszko Szymanski ... Shmiela Jägera. Ah, nu?*

Ich wandte mich von Matt zu Shlomo. Was hat er gerade gesagt?

Shlomo nickte aufgeregt. Er sagte: Er erzählt mir die Geschichte von der Lehrerin, die Frydka bei sich hatte! Er weiß, dass Frydka zusammen mit Ciszko getötet wurde. In Bolechow. Diese Geschichte hat er nach dem Krieg gehört.

Sie redeten weiter auf Polnisch. Dann wandte Shlomo sich mit hochgezogenen Brauen mir zu.

Er sagte: Er erinnert sich an den Namen der Kunstlehrerin, die sie versteckt hat!

Er machte eine Kunstpause und sagte dann: Der Name der Lehrerin war Szedlak!

Schedlak? Ich sprach es so aus, wie es für mich klang.

Shlomo nickte strahlend. Er wusste, welchen Wert diese Nachricht besaß. Ja. *Szedlak*.

Ich schätze mal, wir fliegen nach Dänemark, sagte ich zu Matt.

Bald darauf beendeten wir das Gespräch mit Adam Kulberg, dem wir nach einer kurzen und hektischen Befragung unserer Terminkalender versprachen, im Februar zu kommen. Dann aßen wir Esters epischen Lunch, verdrehten dabei die Augen in stummer Würdigung der vielen Gänge, die sie aufgetischt hatte. Wir aßen und aßen und redeten über diese bemerkenswerte neue Entdeckung, über diesen Mann, von dem uns niemand erzählt hatte, und wandten uns schließlich zum Gehen. Es war unser letzter Tag in Tel Aviv, am nächsten wollten wir nach Jerusalem, teils, um endlich ein wenig unschuldiges Sightseeing zu machen, teils, weil ich nach Yad Vashem wollte. Yona Wieseltier hatte dort eine Freundin, die mir, wie sie sagte, helfen würde, Kopien von aller Zeugenaussagen anzufertigen, die von Überlebenden aus Bolechow nach dem Krieg gemacht worden waren. Wir erhoben uns vom Tisch, küssten Ester zum Abschied und traten ins Treppenhaus, wo Shlomo den Fahrstuhlknopf drückte. Als wir in die winzige Kabine steigen wollten, kam ein Nachbar Shlomos heraus. Er sagte aufgeregt etwas auf Hebräisch zu Shlomo.

Shlomo strahlte uns an und sagte: Sie haben Saddam Hussein geschnappt!

Matt sagte: Das ist ja irre! Er erzählte Shlomo, wir seien von unserer ersten Reise dieses Projekts, unserer ukrainischen, kurz vor dem 11. September zurückgekehrt und dann am Tag des Kriegsausbruchs nach Australien geflogen. Und jetzt, sagte Matt, auf unserer letzten Reise –

Ich warf ihm einen amüsierten Blick zu.

Matt grinste. Gut, auf unserer, wie wir *glaubten*, letzten Reise haben sie Saddam Hussein gekriegt!

Mir fiel etwas ein, und ich fragte: Wo haben sie ihn gefunden?

Shlomo sprach kurz mit dem Nachbarn.

Sie haben ihn in Tikrit gefunden, sagte er.

3

Dänemark

(Winter)

In Dänemark verbrachten wir zwei Tage, mitten im Winter: eine Reise, die, wie wir bis kurz davor noch gemeint hatten, unsere letzte sein würde.

Da wir an einem Donnerstag im Februar, nachts, aus New York abflogen, Freitagmorgen ankamen und Sonntagnachmittag wieder zurückflogen, kann ich über Kopenhagen relativ wenig berichten. Denn praktisch den ganzen Freitagnachmittag und -abend und dann wieder fast den ganzen Samstag redeten wir mit Adam Kulberg, meistens in der Wohnung seiner Tochter Alena, einer Kunsthistorikerin, mit der ich mich, vielleicht weil sie ebenso wie ich Akademikerin ist, wahrscheinlich aber, weil wir noch andere Dinge gemein haben, wovon Blut das Geringste ist, sofort verbunden fühlte, aber auch – damit Matt ein Bild bekam, das Kopenhagen »aussagte« – in einem schönen Park mitten in der Stadt, in einer Allee mit hohen, trübseligen Bäumen, wo, als wir dastanden, leiser Schnee einsetzte. Da wir nur so kurze Zeit in der Stadt waren und diese nahezu ganz mit Adam und Alena verbrachten, können wir eben sehr wenig über Kopenhagen berichten, was schade war, da Dänemark als einziger unter den europäischen Staaten der antijüdischen Politik der Nazis einen überwiegend stillen, aber ungemein wirkungsvollen Widerstand leistete, dessen spektakulärstes Beispiel war, dass nahezu alle der achttausend Juden des Landes in einer einzigen Nacht mit kleinen Booten nach Schweden geschmuggelt wurden, sodass (wie ich einem Buch entnahm) nur vierhundertvierundsechzig Juden nach Theresienstadt deportiert wurden, einen Ort, den ich auch noch aufsuchte. Vierhundertvierundsechzig von achttausend bedeutet, dass sechs Prozent der dänischen Juden im Holocaust umkamen, eine grausam hohe Zahl, die aber, rein statistisch gesehen, neben denen verblasst, die von

Orten wie Bolechow angesetzt werden müssen, von dessen sechstausend Juden – nicht sehr viel weniger als die jüdische Bevölkerung des ganzen Staates Dänemark – 1944 noch achtundvierzig lebten, was bedeutet, dass neunundneunzig Komma zwei Prozent der dortigen Juden umgebracht wurden. Doch uns blieb kaum Zeit, Kopenhagen zu erkunden, schon gar nicht, etwaigen Spuren aus der Kriegszeit nachzugehen. Man könnte es sogar als eine feine Ironie der verschiedenen Reisen sehen, die Matt und ich auf der Suche nach Onkel Shmiel und den anderen unternahmen, dass das einzige Artefakt der berühmten Rettung der dänischen Juden, das wir überhaupt sahen, nicht in Dänemark war, sondern in Israel, in Yad Vashem, wo eines der kleinen Boote, mit denen die achttausend Juden ins sichere Schweden gebracht wurden, liebevoll bewahrt wird – und wo ich unter anderem auch Kopien von einigen der Zeugenaussagen erhielt, die unmittelbar nach Kriegsende von den wenigen Bolechower Juden gemacht wurden, darunter auch diejenige, die ihre Beschreibung des Verhaltens der jüdischen Polizei mit dem Satz beschließt:

Schließlich sind die folgenden vier diejenigen, die sich im Buch der Juden von Bolechów jämmerlich verhielten: Izio Schmer, Henek Kopel, Elo Feintuch (»der bejder«), Lonek Ellenbogen.

Neben dieser getippten Liste stand noch der handgeschriebene Zusatz: *Und Freilich (Jakubs Bruder).*

Aber immerhin durchstreiften Matt und ich in den zwei Stunden, die uns vor unserem ersten Treffen mit Adam blieben, die Gegend um unser Hotel herum, weswegen uns, sollte heute jemand zu ihm oder mir »Kopenhagen« sagen, bestimmte Bilder in den Sinn kommen, so eines von einem eleganten kleinen Palast mit einem schönen kopfsteingepflasterten Innenhof, auf dem Soldaten in bunter, spielzeugartiger Uniform regelmäßig umhermarschierten. Oder das einer engen Straße mit ordentlichen, niedrigen Häusern aus dem frühen 19. Jahrhundert, wovon eines sich als Antiquitätengeschäft erwies, in dem Matt und ich, nachdem wir die wenigen Steinstufen zur Ladentür hinabgegangen waren, rund eine halbe Stunde verbrachten und wo zwischen Sammlungen von Büchern aus dem 18. Jahrhundert und dunklen alten Gemälden und Zinngefäßen eine riesige gerahmte Ausgabe der französischen Zeitung *L'Aurore* vom 13. Januar 1898 hing, auf der gigantische schwarze Lettern die berüchtigte Anklage *J'ACCUSE!* schrien. Doch überwiegend stellen sich Bilder aus Alenas Wohnung ein – und natürlich diejenigen, die die erstaunliche Erzählung ihres Vaters heraufbeschwor, Bilder wie aus einem Märchen oder einem Mythos. Als wir in der eleganten Wohnung von Adams Tochter saßen und ihrem stattlichen, würdevollen und geistig absolut klaren Vater zuhörten, erst beim Abendessen, das sich bis spät in die Nacht hinzog, dann bei einem Mittagessen, das im Verlauf eines ganzen Tages in ein weiteres Abendessen überging, hatten wir bisweilen fast schon Schwierigkeiten, uns in Erinnerung zu rufen, dass wir gekommen waren, um uns anzuhören, was er über die Jägers zu sagen hatte, so bemerkenswert, so unglaublich, so homerisch war die Geschichte, die er uns erzählte.

Was nicht heißen soll, dass wir das, weswegen wir gekommen waren, nicht auch bekamen.

Unser Interview mit Adam begann am Freitagnachmittag, wenige Stunden nach unserer Landung. Alena Marchwinski öffnete uns. Die attraktive Frau Anfang fünfzig mit dem intensiven Blick trug die dunklen Haare streng zurückgekämmt und war lässig, aber elegant mit einem tief ausgeschnittenen schwarzen Pullover und schwarzer Hose bekleidet. Sie stellte uns ihrer Familie vor, die sich zu unserer Begrüßung in den Flur der Wohnung gezwängt hatte: ihr Mann Władyslaw, der Władek genannt wird und Konzertgeiger ist, ihre Tochter Alma, ein ungefähr zwölfjähriges Mädchen mit verträumtem Gesicht und weichem Lächeln, und ihre Eltern. Ich musterte Adam Kulberg, den Mann, mit dem ich eventuell verwandt war. Er hatte das Gesicht eines Maya-Königs: rechteckig, kantige Nase, ein Gesicht wie geschaffen für eine Skulptur. Doch seine Augen waren freundlich, als er meinen Blick lächelnd erwiderte. Er hatte einen vollen Haarschopf, der ähnlich dem seiner Tochter von der hohen Stirn streng nach hinten gebürstet war und die kräftigen Züge freigab. Aus diesem Anlass hatte er einen dunkelgrauen Anzug über einem hellgrauen Pullover mit schmalen vertikalen Streifen angelegt; diese Förmlichkeit, dazu die nach hinten gebürsteten Haare und die Tatsache, dass die Spitzen seines offenen weißen Kragens ordentlich über dem des Pullovers lagen, verlieh diesem Dreiundachtzigjährigen eine seltsam modische Aura.

Unser Plan sah vor, erst ein Interview zu machen und danach zu essen. In ihrem geräumigen Wohnzimmer hatte Alena einen kleinen Tisch aus Glas und Stahl vor dem Diwan aufgestellt, auf den ich mich setzte. Auf das Tischchen hatte sie eine Reihe von Getränken gestellt: Evian, Selterswasser, Fruchtsäfte in kleinen Flaschen. Die ganze Wand zu meiner Linken war voller sorgfältig geordneter Bücher jener Art, die Wissenschaftler anhäufen: vielbändige Nachschlagewerke, dicke Wälzer. In der Wand daneben waren große Fenster. Auf dem Brett des uns nächsten stand eine schlichte Vase voller Blumen. Vor einem anderen dieser Fenster, ein wenig rechts, abseits der Gruppe, saß Adams Frau Zofia, eine sehr hübsche Frau mit weichem weißen Haar, dessen kurzer Schnitt große Perlenohrringe freiließ, auf einem kleinen gesteppten, wilhelminisch wirkenden Ledersofa. Sie trug ein dunkles Kostüm mit weißer Bluse und ein Seidenjabot am Hals. An dem Abend und auch am nächsten Tag lächelte sie oft und liebevoll, wenn Adam sprach. Sie hatte ein breites, gütiges Lächeln, das sie offensichtlich an ihre Enkelin weitergegeben hatte, und sie zeigte es oft.

Alena und ihr Vater setzten sich nebeneinander direkt mir gegenüber, während ich meine Aufnahmegeräte überprüfte, sie bequem in einen dunkel gefleckten Korbsessel, er aufrecht auf einen Esszimmerstuhl, der für ihn hereingebracht worden war. Hinter ihnen strömte durch ein großes Fenster das schwache, aber ausreichende Nachmittagslicht herein. Rechts von mir saß Alenas Mann, ein großer, gut aussehender, zurückhaltender Herr, der nordisch aussah, obwohl er wie seine Frau und seine Schwiegereltern in Polen geboren wurde, das er, wie seine Schwiegereltern, wie die Freilichs, wie Ewa, wie viele Juden, die nach Kriegsende in Polen geblieben waren, Ende der sechziger Jahre Richtung Skandinavien verlassen hatte. Władek hörte still zu, wenn seine Frau und sein Schwiegervater redeten, und sprach nur, um für Adam zu übersetzen, wenn Alena das Wohnzimmer verließ, um nach dem Essen zu sehen. Während unseres ganzen langen Besuchs rauchte Alena viel, ohne sich, wie die Amerikaner, dafür zu entschuldigen, ganz unbefangen. Nachdem nun alle auf Stühlen oder Sofas saßen, zündete sie sich eine Zigarette an, und wir begannen.

Einige Minuten lang sprachen wir über den Fortgang des Krieges, zu der Zeit gerade ein heikles Thema, wenn man als Amerikaner Europa bereiste, wo der Krieg nicht beliebt war – wobei es allerdings noch nicht so heikel war wie acht Wochen später, nach den Enthüllungen über den Missbrauch von Gefangenen durch amerikanische Soldaten, ein Thema übrigens, das ich mit Adam Kulberg und den anderen gern diskutiert hätte. Mein Grund, das Thema zur Sprache zu bringen, war folgender: Zu den Misshandlungen, die sich offenbar ereignet hatten, gehörte eine bizarre Erniedrigung, die darin bestand, die nackten Gefangenen zu zwingen, sich aufeinanderzulegen und so eine Art lebende Pyramide zu bilden. Als ich zwei Monate nach meiner Rückkehr aus Kopenhagen davon in der Zeitung las, berührte mich das besonders stark, da ich natürlich noch das Detail in Erinnerung hatte, eines der ersten der Nazi-Folterungen der Bolechower Juden, von denen wir erfuhren, als Olga uns an jenem Augusttag 2001 in Bolechow davon erzählte: wie die Deutschen und die Ukrainer bei der ersten Aktion nackte Juden im Dom Katolicki zwangen, aufeinander zu klettern und so eine menschliche Pyramide zu bilden, ganz oben der Rabbi. Was war das, fragte ich mich, als ich über Abu Ghraib las, was war das für ein Drang zur Erniedrigung in dieser besonderen Form, eine Pyramide aus Menschenfleisch zu bauen? Aber nach einer Weile kam ich darauf, dass dieser besondere Typus der Demütigung ein perfektes, wenngleich pervertiertes Symbol der Aufgabe aller Werte der Zivilisation war, denn schließlich kann man den Impuls, Dinge aufeinanderzuhäufen, den Impuls zu bauen, den Impuls – auf Kontinenten und in Zivilisationen verbreitet –, Pyramiden zu bauen, sei es in Ägypten oder in Peru, als den frühesten Ausdruck des rätselhaften menschlichen Instinkts sehen, etwas zu schaffen, etwas aus nichts zu machen, zivilisiert zu werden. Ich, der ich einst so viel über Ägypten gelesen hatte, las nun an einem Vormittag im April 2004 die

Zeitung und blickte auf die unscharfe Fotografie der abstoßenden Pyramide aus nackten Menschen, die, soweit wir wissen, genauso aussah wie die einiger nackter Juden im Dom Katolicki am 28. Oktober 1941, und ich dachte: Darin ist alles enthalten, in diesem kleinen Dreieck – die besten menschlichen Instinkte wie die schlimmsten, der Gipfel der Zivilisation und die Abgründe der Bestialität, die Erschaffung von etwas aus dem Nichts wie die Erschaffung von Nichts aus etwas. Steinpyramiden, Fleischpyramiden.

Doch das kam später. Jetzt, bei Alena, richteten wir unsere Aufmerksamkeit auf einen anderen Krieg, auf die Vergangenheit.

Als Erstes fanden wir heraus, dass wir verwandt waren.

Seit dem Tag des Telefonats in Israel, das uns hierher geführt hatte, wollte ich unbedingt herausbekommen, wie die Beziehung zwischen unseren Familien aussah; nach der Rückkehr von unserer letzten Reise hatte ich alle meine genealogischen Aufzeichnungen gründlich durchforscht, ohne jedoch eine Verbindung zwischen den Jägers von Bolechow und den Friedlers aus Rozniatów, der Familie von Adams Mutter, zu finden. Ich fragte, ob die Familie seines Vaters lange Bolechower gewesen seien, und nachdem Alena die Frage übersetzt hatte, reckte Adam die Hand über die linke Schulter und zeigte nach hinten. Das brauchte sie nicht zu übersetzen: Ja, lange. Er sagte, er habe die Jägers von frühester Kindheit an gekannt, und zählte die Namen der Jägers, die er kannte, an Daumen, Zeige- und Mittelfinger ab: *Shmiel. Itzhak.* Jemand namens *Y'chiel*, vielleicht einer der Cousins. Auch die Frau kannte er, Ester, er sagte: Sie war schön, hat gut ausgesehen. Er lächelte.

Ich fragte, wie viele Mädchen es gewesen seien.

Alena redete eine Weile mit ihrem Vater und sagte dann: Er wusste, dass es vier waren, aber persönlich kannte er nur zwei, und diejenigen, die er kannte, waren Lorka – er glaubt, sie war die Älteste – und Frydka. Sie sahen beide gut aus, aber sie waren verschieden. Die eine war hell, blond, die andere dunkel.

Matt, der die Videokamera hielt, sah zu mir her und grinste breit, ich ebenso. Adam Kulberg war der Erste, mit dem wir sprachen, der wusste, wie viele Mädchen es gewesen waren. So irrational es sein mochte, verlieh es ihm in meinen Augen sogleich eine Autorität. Es war unsere letzte Reise. Ich wollte ihm jedes Wort, das er sagte, glauben.

Er sagte etwas zu Alena, die dann zu mir sagte: Er hat gesagt, er hat immer gewusst, dass seine Familie mit den Jägers verbunden war, wie eine Familienbeziehung. Er hat immer gewusst, dass es eine Verbindung gab, aber nie, was *genau* für eine.

Mir kam eine Idee. Was für ein Gewerbe betrieb sein Vater?, fragte ich. Sie unterhielten sich eine Weile, dann sagte Alena: Er hatte eine Fleischerei, und eine Zeit lang hatte er sogar drei. Sie waren in der Stadtmitte, aber ein Geschäft war nicht koscher, und dieses Geschäft war vor der Salzmine, der *salina*. Das andere Geschäft war gleich neben dem Haus, und die Adresse war Szewczenki 23, und es war genau gegenüber vom Dom Katolicki.

Akegn di D.K., gegenüber vom D.K., hatten Anna Heller Stern und Shlomo damals in ihrer Wohnung gesagt, als Shlomo sich an die Stirn schlug und sagte: *Wie konnte ich das vergessen? Wie hab ich das nur vergessen?*

Ich sagte: Na, das ist die Verbindung. Die Jägers waren doch auch Fleischer.

Sie redeten. Alena zog an ihrer Zigarette, blies und sagte: Er weiß, wo Shmiels Fleischerei war, neben dem Magistrat. Fünf Meter vom Magistrat entfernt, sagt er.

Ich nickte. Vor meinem geistigen Auge sah ich ein Stück Briefpapier von der parker-jaeger-company, das vor langer Zeit sorgfältig in ein Buch mit einer ausgebleichten blauen Leinenbindung gesteckt worden war. *67 – Unten. Unser Geschäft, Links.*

Neben dem Magistrat, wiederholte Alena, hatte Shmiel seine Fleischerei. In den dreißiger Jahren, fuhr sie fort, die Erinnerungen ihres Vaters zu übersetzen, hatte Shmiel einen Lastwagen gekauft und sein Fleisch nach Lwów gefahren, zu anderen jüdischen Fleischern. Er hatte den Ruf, sehr gut im Geschäft zu sein. Er war sehr clever, ein sehr cleverer Geschäftsmann. Und – sie hörte zu, als ihr Vater noch etwas hinzufügte – er war in der Stadt, in dieser Kleinstadt gut bekannt.

Ich lächelte, unterbrach sie aber nicht.

Adam erklärte nun, dass sein Onkel, der Bruder seines Vaters, Shmiels Fahrer gewesen sei. Er hieß Wolf Kulberg, sagte Alena.

Und er hat nicht nur für Shmiel gearbeitet, sie haben auch dort gewohnt, in Shmiels Haus!

Er hat in Shmiels Haus gewohnt?

Adam fuchtelte mit den Händen, skizzierte einen Grundriss. Alena sagte: Shmiels Haus bekam einen Anbau. Dann hat er, hat der Bruder seines Vaters in dem Anbau gewohnt. Und er hat seine Frau aus Lwów mitgebracht, und er hat dieses Zimmer von Shmiel gemietet und darin mit Frau und Tochter gewohnt.

Das schien mir nun die Familienverbindung zwischen den Jägers und den Kulbergs zu sein, die Adam aus seiner Kindheit in Erinnerung hatte, und es erklärte wohl auch, warum er als Junge so oft bei Shmiel war und sie folglich auch so gut gekannt hatte: Shmiel, den großen Fisch in dem kleinen Teich, die hübsche Ester, die Töchter – nicht zwei, nicht drei, sondern *vier* –, von denen er Lorka und Frydka so deutlich in Erinnerung hatte. Die eine hell, die andere dunkel.

Adam schien meine Gedanken zu lesen, denn er sagte etwas zu Alena. Sie sagte: Aber wenn wir eine Verbindung mit den Jägers haben, dann nicht deshalb, sagt er, sondern weil sie *Verwandtschaft* sind, die Jägers und die Kulbergs.

Ihr Vater korrigierte sie, sie hörte einen Augenblick zu und sagte dann: Nein, nicht Kulbergs – Kornblühs.

Adam sah mich an und sagte: *Kornblüh*!

Kornblühs!, wiederholte ich aufgeregt. Mit denen sind wir verwandt!

Nein!, sagte Alena ungläubig. Er auch! Seine Großmutter war eine Kornblüh. Ryfka Kornblüh war die Mutter seines Vaters.

Ich sagte: Dann sind wir also so verwandt. Die Großmutter meines Großvaters war eine Kornblüh. Neche Kornblüh. Auch sie kam aus einer Fleischerfamilie.

Adam und Zofia betrachteten diesen Wortwechsel und lächelten verhalten. Dann übersetzte Alena ihn strahlend für ihre Eltern. Adam redete eine Weile mit seiner Tochter, die immer wieder nickte und mir dann eine Geschichte erzählte. Ryfka Kornblüh, sagte sie, die wohnte … also, *da* war der Magistrat und *dann* die russische Kirche, und *da* bei der russischen Kirche, da hat sie gewohnt. Er spricht *sehr* oft von ihr. Sie hatten einen Stand auf dem Markt, mit Gemüse. Und sie hatte sechzehn – nein, *siebzehn* Enkel! Und die Enkel, wenn die zusammenkamen, die haben immer Witze gemacht, dass sie, wenn sie auf Besuch kamen, immer das verdorbene Gemüse kriegten – die Reste. Nicht, dass das gestimmt hätte! Sie ist vor dem Krieg gestorben, aber ihr Mann ist sehr jung gestorben. Mein Vater heißt nach ihm, er hat Abraham Kulberg geheißen.

Adam sagte etwas, darauf Alena: Aber er sagt, dass sein Großvater bei der Geburt als uneheliches Kind eingetragen wurde, nicht unter dem Namen des Vaters, sondern dem der Mutter – nicht Abraham Kulberg, sondern Abraham Kornblüh.

Natürlich dachte ich in dem Moment an ein anderes Dokument, das mir schon seit Langem vertraut war: die Geburtsurkunde von Ire Jäger, des Onkels meines Großvaters, von 1847. *Der Zuname der unehel. Kindes Mutter ist Kornblüh.* Ich bat Alena, ihrem Vater zu sagen, dass es durch einen eigenartigen Zufall auch in unserer Familie diese Sache mit »unehelichen« Kindern gegeben habe, und auch in unserem Fall sei die Mutter eine Kornblüh gewesen.

Dann sind wir also verwandt!, sagte Alena und lächelte.

Ich blickte sie an, ihren Vater, im Zimmer herum, auf die büchergesäumten Wände, die sich von denen in meiner Wohnung nicht sehr unterschieden. Ich dachte: Wenn du das erfändest, erschiene es zu glatt: der Mann, von dem wir beinahe nichts gehört hätten, die Reise, die wir beinahe nicht gemacht hätten, das Gefühl, mit dieser Familie verbunden zu sein, das sich sogleich einstellte, ein Professor und ein Musiker, eine Familie, mit der meine Familie in den Staaten, eine Familie von Schriftstellern, Journalisten und Filmemachern, von Pianisten und Cembalisten und, vor langer Zeit, Geigenbauern, so viel gemein hatte. Und dann die Entdeckung, ebenso beinahe zufällig, dass diese Familie *unsere* Familie war.

Ich sah Alena und ihren Vater an.

Wir sind Cousin und Cousine!, antwortete ich.

An jenem Abend, nachdem wir vom Wohnzimmer zum Esstisch gewechselt waren, auf dem schon der Entenbraten wartete, den Alena zubereitet hatte, erzählte uns Adam, was er von Frydka und Ciszko wusste.

Er sagte, er habe die Szymanskis sehr gut gekannt, sie hätten im selben Viertel wie die Jägers gewohnt. Alena machte eine Pause, dann erzählte Adam eine Anekdote, die ich auch schon vorher gehört hatte: dass die Szymanskis für ihre freundschaftlichen Beziehungen zu den Juden der Stadt immer bekannt gewesen seien, aber auch für ihre hervorragende polnische Wurst. Und in Adams Worten: Nicht koscher oder Schinken zu essen, das war ganz schrecklich! –

(Oh ja, dachte ich, das wussten wir)

– ganz schrecklich. Aber im Geschäft der Szymanskis gab es einen besonderen Raum, in den die Juden gingen und heimlich ein Stück Brot mit Schinken probierten.

Adam lachte, als er die Geschichte erzählte, und Matt sagte: Ein geheimer Ort!

Bei Szymanski, ein geheimer Ort. Ich fragte: Wie hat Ciszko ausgesehen?

Adam sagte, Ciszko sei sehr massig und ziemlich kräftig gewesen. Nicht groß, aber auch nicht klein. Er hat ein sehr gutes Verhältnis zu den jüdischen Kindern der Stadt gehabt, sagte Adam. Er wunderte ihn überhaupt nicht, dass Ciszko versucht habe, Frydka zu retten.

Ich bat Alena, ihren Vater zu fragen, welche Geschichte er genau gehört habe. Dann sagte ich: Nein, fragen Sie ihn erst, *wie* er sie gehört hat.

Unmittelbar nach dem Krieg, sagte Adam, ganz am Anfang, waren alle gierig nach Informationen. Also suchten die Leute nach Informationen, nach Geschichten. Er sagte, jemand aus Bolechow habe Anfang 1946 in Katowice ein Treffen der Bolechower nach dem Krieg arrangiert.

Und dort, sagte Adam, haben sich alle darüber unterhalten, was mit den Leuten, die sie kannten, passiert ist, sie tauschten die Geschichten, die sie gehört hatten, und da hat er zum ersten Mal die Geschichte von Frydka, Shmiel und Ciszko gehört. Mit einem entschuldigenden Lächeln sagte er noch, er wisse nicht mehr, von wem.

Aber Meg Grossbard war auch bei dem Treffen, fügte er hinzu.

Ich sagte zu Alena: Sagen Sie ihm, dass Meg diese Geschichte nicht erzählen will.

Alena schaute mich verwirrt an und sagte: Sie erinnert sich nicht mehr daran?

Ich erklärte ihr, wie Meg in Australien sich geweigert habe, davon zu erzählen.

Ich erzählte ihr etwas, was erst kürzlich geschehen war, erst einen Monat davor, zwei Wochen nach meiner Rückkehr aus Israel …

Das Telefon hatte spätabends in meiner Wohnung in New York geklingelt: Es war Meg. Die Verbindung war nicht sonderlich gut, und trotzdem hörte ich, wie angespannt sie war.

Ich muss Frydka verteidigen, erklärte sie, nachdem wir Hallo gesagt hatten. Sie fuhr fort: Heute ist niemand mehr da, der sie verteidigen kann.

Sogleich sah ich, was da los war. Irgendwie hatte sie erfahren, dass ich die Geschichte von Frydkas Schwangerschaft gehört hatte.

Das sind bloß Geschichten, sagte Meg. Die lassen sich nicht beweisen. Schreiben Sie nur die *Fakten*.

Ich sagte ihr, auch ich sei natürlich an Fakten interessiert, dass wir diese lange Serie von Reisen gemacht hätten, weil wir die Fakten finden wollten. Ich sagte aber auch, wegen der Dinge, die wir gehört hätten, interessierte ich mich auch stark für Geschichten, dafür, wie diese sich vermehrten und andere Geschichten gebaren, und dass sie, selbst wenn sie nicht stimmten, deshalb interessant seien, weil sie etwas über die Menschen enthüllten, die sie erzählten. Das gehöre auch zu den Fakten, zum historischen Hintergrund.

Ich sagte: Manche Geschichten sind nicht die *ganze Geschichte*.

Meg sagte: Und was steckt hinter diesen Geschichten? Ich kann Ihnen viele Geschichten darüber erzählen, was hinter diesen Geschichten steckt. Da ist persönlicher Groll. Wenn jemandem deine Familie nicht passte, hat er eine Geschichte erzählt.

Es war, als läse sie meine Gedanken, die in dem Moment nichts mit der Information zu tun hatten, die ihrer Ansicht nach so skandalös war: dass Frydka von Ciszko schwanger war. Aber ich sagte natürlich nichts.

Sie sagte: Und woher wussten sie, dass sie schwanger gewesen war? Wer hat sie gesehen? Wer hat sie *gesehen*? Wenn jemand davon wusste, dann doch sie und auch Ciszko, mehr aber nicht.

Bei Anna Heller Stern hatte Shlomo mir von einem Mann erzählt, den er aus einer anderen Stadt gekannt hatte und der dort Angehöriger der jüdischen Polizei gewesen war. Er hatte sich nicht nett verhalten (hatte Shlomo gesagt), aber ein neues Leben angefangen, war in die polnische Armee eingetreten. Anscheinend hatte dieser ehemalige jüdische Polizist, während er sich versteckt hielt, nachdem er von der jüdischen Polizei weggelaufen war, weg aus dieser Stadt, um sich zu retten, einen Bericht über alle seine Erlebnisse geschrieben.

Er schrieb sie auf, während er sich in einem Keller versteckt hielt, hatte Shlomo gesagt. Sehr, sehr harte Worte! *Sehr*. Darin stehen nur Dinge, die er *selbst* gesehen hat, Dinge, die *sie* gesehen haben und niemand sonst, die niemand hatte sehen können. Manche Dinge, die er beschrieb, waren *grauenvoll*.

Daran dachte ich und wollte Meg sagen, ein jüdischer Polizist hätte sehen können, dass Frydka schwanger war, und zwar an dem Tag, an dem sie aus ihrem Versteck im Haus der Kunstlehrerin, Frau Szedlak (oder, wie Adam sie auch nannte, Szedlakowa), gezerrt wurde, doch in dem Moment konnte ich das Thema der jüdischen Polizei natürlich nicht zur Sprache bringen. Also sagte ich nichts.

Meg sagte: Wenn die Leute reden, dann ist das bloß mündlich. Aber wenn man das geschriebene Wort sieht, ist es etwas anderes.

Ich sagte: Ich weiß.

… Und so erzählte Meg mir ihre Geschichte nicht, sagte ich mit einem trockenen Lächeln zu Alena, als wir in ihrem Esszimmer in Kopenhagen saßen.

Matt sagte: Aber welche Geschichte hat er denn gehört?

Adam und Alena redeten eine Weile. Sie sagte: Er hat gehört, dass Ciszko versuchte, ihr zu helfen. Frydka und ihr Papa sollten sich bei Szedlakowa versteckt halten.

»Ihr Papa« berührte mich aus irgendeinem Grund sehr, und einen Augenblick lang konnte ich nichts sagen. Letztlich, wenn man alles zusammennahm, war er nur das gewesen: ein Papa, ein Vater.

Sie war Lehrerin, sagte Alena. Dann erhob sie sich von ihrem Stuhl und ging in die Küche, um nach dem Dessert zu sehen. Solange sie dort war, übersetzte ihre Mutter in stockendem, aber eindringlichem Englisch das zu Ende, was Adam gesagt hatte.

Und sie waren zusammen, Frydka und Ciszko, bei der Lehrerin Szedlakowa. Jemand sagt das zu den Deutschen, und Deutschland hat getötet Frydka und Ciszko. Er hört, aber ob die Geschichte wahr ist, kann er nicht sagen.

Deutschland, hatte sie gesagt, wobei ich wusste, dass sie *Deutsche* meinte. Ach, dachte ich, das bleibt sich gleich.

Sie hat sich im Haus dieser Lehrerin versteckt gehalten?

Ja, im Haus, sagte Zofia.

Ich nickte und sagte: Laut der Geschichte war es also so, dass diese Frau Frydka bei sich im Haus hatte und Ciszko ebenfalls?

Alena nahm wieder Platz und sagte: Ja. Nein. Er hat gesagt, Ciszko hat Frydka nur besucht und ihr Sachen gebracht, Essen, irgendwas, aber er ist nicht dort geblieben, er hat sie dort versteckt. Was mit dieser Szedlakowa passiert ist, weiß mein Vater nicht. Er weiß nur, dass sie sie und Ciszko getötet haben.

Alena reichte eine Platte an mich weiter und sagte, zu mir herübergebeugt: Das ist eine Heldengeschichte!

Als wir mit dem Dessert begannen, fragte sie mich: Aber wie wollen Sie die erzählen? Noch bevor ich antworten konnte, erzählte sie mir von Freunden aus New York, Leute ihres Alters, deren Familie Geschichten – *schreckliche Geschichten* – über den Krieg kennten. Und diese Leute hatten eine Tochter Anfang zwanzig, fuhr Alena fort, die gerade ihren Abschluss in Literaturwissenschaft gemacht und ihre Examensarbeit über ihre Großmutter geschrieben hatte, diejenige, die diese schrecklichen Dinge erlebt hatte. Diese junge Frau habe ihr die Arbeit zu lesen gegeben, und beim Lesen sei ihr etwas eingefallen.

Sie sagte: Es war, als hätte sie sich weniger für die Geschichte ihrer Großmutter als vielmehr dafür interessiert, wie man die Geschichte ihrer Großmutter *erzählen* sollte – wie man die Erzählerin sein sollte.

Ich dachte an meine Großmutter und sagte, ja, das sei ein sehr interessantes Problem.

Sie beschrieb, wie sehr sie sich entgegen ihrer ursprünglichen Erwartungen in die Arbeit vertieft habe. Äußerst lebhaft sagte sie: Beim Lesen fand ich, besonders zum Ende hin, dass sie immer näher an die wichtigen Dinge herankam, die über den Krieg. Erst war es, als erzählte sie eine normale Geschichte, eine, die jeder erzählen könnte, aber dann wurde es immer enger und enger.

Nach einem Augenblick sagte ich: Ja, genauso hat mein Großvater Geschichten erzählt. Der hinausgezögerte Schluss, der ganze Hintergrund, die vielen chinesischen Schachteln, und dann plötzlich der rasche, gekonnte Schwenk hin zum Finale, auf die Ziellinie, wo die Verbindungen zwischen den ganzen Details, die man nach und nach erfahren hatte, die scheinbar unwichtigen Fakten und Nebenanekdoten, mit denen er sich am Anfang aufgehalten hatte, plötzlich klar wurden.

In dem Augenblick sagte Alena: Enger, ja. Es sind immer die Kleinigkeiten. Die machen es so lebensnah. Am interessantesten sind immer die Details.

Die Geschichte, die wir auf dieser Reise kennengelernt haben, sagte ich zu Alena, ist weit dramatischer, als wir sie uns hätten erträumen können, als wir anfingen, uns nach Informationen umzusehen. Es ist eine Geschichte, die sich, wie wir im Englischen sagen würden, von selbst erzählt.

Dabei dachte ich aber, dass das doch ein wenig gelogen war: Da waren wir nun am Ende aller unserer Reisen angekommen, und noch immer hatte ich keine definitive Geschichte zu erzählen. Das Finale fehlte noch, das Eine, das sie festmachen, das all die unstimmigen Versionen erklären würde: Ciszko versteckte sie, eine Lehrerin versteckte sie, sie war schwanger, sie war von jemandem schwanger, aber nicht von Ciszko. *I know nussink, I see nussink.* Aber noch während ich das dachte, dachte ich auch: Um wessenwillen möchte ich dieses Einssein denn so unbedingt? Die Toten brauchen keine Geschichten. Das ist die Fantasie der Lebenden, die, anders als die Toten, Schuld empfinden. Selbst wenn sie Geschichten bräuchten, dann hatten doch jedenfalls *meine* Toten, Shmiel und Ester und die Mädchen, heute eine viel größere Geschichte und viel, viel mehr Details, als man sich noch vor zwei Jahren hätte träumen lassen, und das zählte doch auch, wenn, wie manche meinen, die Toten beschwichtigt werden müssen. Doch das glaube ich natürlich nicht: Die Toten liegen in ihren Gräbern, auf Friedhöfen, in Wäldern oder Straßengräben, und das alles interessiert sie nicht, weil sie gar nichts mehr interessiert. Wir hingegen, die Lebenden, wir brauchen die Details, die Geschichten, denn das, was die Toten nicht mehr kümmert, bloße Fragmente, ein Bild, das niemals ganz sein wird, treibt die Lebenden in den Wahnsinn. Buchstäblich. Mein Großvater erlitt im mittleren Alter, 1946, einen Nervenzusammenbruch, nicht sehr lange nach jenem Tag, an dem meine Mutter von der Schule nach Hause kam und er in ihrer Wohnung in der Bronx schluchzend am Küchentisch saß, den Kopf auf den Armen, vor sich einen Brief wie keinen, den er in all den Jahren des Briefwechsels mit Shmiel aus Bolechow erhalten hatte – eine Korrespondenz, von der wir schließlich nur die eine Hälfte haben und deren andere aus Briefen bestanden haben könnte, in denen *Lieber Bruder, wir haben alles versucht, können aber das Geld nicht aufbringen, aber wir geben nicht auf* oder auch *Warum fragst Du nicht als Erstes Esters Bruder?* stand, eine Unvollständigkeit, die mich zwar nicht in den Wahnsinn treibt, mich aber doch in manchen Nächten wach gehalten hat. Mein Großvater hatte den Nervenzusammenbruch, als er nicht viel älter war als ich jetzt, und ich bin mir nicht mehr so sicher, ob es Geschäftsstress war, wie ich hörte, so wie ich keineswegs mehr die vollständige Gewissheit habe, dass, als er sich an jenem Freitag, dem dreizehnten, in Miami Beach umbrachte, nur der Krebs in ihm wütete.

Das alles dachte ich, und dennoch sagte ich nur: Ja, eine Heldengeschichte! Wir hätten uns nie ausmalen können, wo sie uns hinführen würde! (Ich meinte *geografisch* und implizierte *emotional*. Aber ich dachte auch *moralisch*, da ich nun gesehen hatte, wie diese Fakten und Geschichten einen zwingen konnten, fast gegen den eigenen Willen, über Menschen zu urteilen.) Beispielsweise, sagte ich zu Alena, versuchten wir jetzt, Verwandte von Ciszko Szymanski zu finden, obwohl Szymanski, wie sie wohl wisse, in Polen ein gängiger Name sei. Lachend erzählte ich ihnen, wie ich das Programm einer Ballettaufführung, bei der ich vor einigen Monaten gewesen sei, durchgeblättert und gesehen hätte, dass eine der Tänzerinnen Szymanska hieß und aus Wrocław kam, wohin Ciszkos Mutter nach dem Krieg gegangen war, und wie ich hinter die Bühne gerannt sei und diese schmale, blonde Frau, die kaum älter als fünfundzwanzig gewesen sein dürfte, angesprochen und vor ihr die ganze Geschichte von Frydka und Ciszko ausgekippt hätte, bis mir gedämmert hätte, wie lächerlich ich mich machte.

Alle kicherten, dann sagte Alena: In Wrocław waren Sie?

Wir baten sie, ihrem Vater zu erzählen, was wir von Malcia Reinharz gehört hatten, wie Ciszkos Mutter die Torheit ihres jungen Sohns betrauert hatte. *Wie dumm er war!*

Matt sagte: Er hat doch etwas Gutes getan! Und seine Familie war aufgebracht, weil er etwas Gutes getan hat! Ich sah ihn mit jäher Zuneigung an. Das war die gleiche wütende, empörte Reinheit, die er schon an der Highschool gehabt hatte.

Und dennoch, während ich mich noch an Malcias Anekdote erinnerte, erinnerte mich auch daran, wie Josef Adler gesagt hatte: Es war *kompliziert*. Ich dachte an Frau Szymanskis Ausbruch, dann dachte ich an die Geschichten, die wir kurz zuvor in Stockholm, in Israel gehört hatten. Es war für uns, für mich oder Matt oder überhaupt jemanden aus unserer trägen Generation unmöglich, grotesk, über die Gefühle dieser Juden zu richten, vielleicht war es auch unmöglich, über Frau Szymanski zu richten, die *Wie dumm er war!* ausgerufen hatte, als sie sich in Erinnerung rief, wie er für ein jüdisches Mädchen gestorben war.

Na ja, murmelte ich, immerhin hat sie ihr *Kind* verloren.

Matt war entrüstet. Aber er hat doch wie ein Mensch gehandelt!

Wieder machten wir es uns an Alenas Tisch bequem. Wir zeigten Adam weitere Fotos. Shmiel und Ester am Hochzeitstag, umgeben von Hortensien. Shmiel mit seinem Pelzkragenmantel. Die drei Mädchen in weißen Spitzenkleidchen. Frydka mit ihrem Schal, Ruchele mit ihrem gewellten Mittelmark-Haar. Shmiel vor einem seiner Lastwagen mit Ester und ihrem Bruder Bumek Schneelicht.

Adam nahm den verwackelten Schnappschuss, auf dem Shmiel

bereits weiße Haare hatte und viel älter als seine fünfundvierzig Jahre aussah, aber lächelte, die Hände in zuversichtlicher Haltung, voller Besitzerstolz, in den Manteltaschen vergraben, und sagte: *To jest Shmiel.* Das ist Shmiel. Er sagte etwas zu seiner Tochter, die sich wiederum an mich wandte: Das ist Shmiel, wie er ihn in Erinnerung hat. Er sagt, er würde Shmiel Jäger überall erkennen.

Heute glaube ich, dass ich diesen Mann, als ich ihm diese Fotos zeigte, extra wegen Matt fragte, welche Gefühle sie bei ihm auslösten.

Fragen Sie ihn, sagte ich zu Alena, was er empfindet, wenn er jetzt diese Gesichter sieht, die er so lange nicht mehr gesehen hat.

Sie übersetzte ins Polnische, worauf Adam vorsichtig die Brille abnahm und kurz überlegte. Dann lächelte er sanft und sagte: Ich denke nach, und ich gehe in die Vergangenheit zurück. Mir ist, als wäre ich auf dem Weg in den Himmel.

Jeder Bolechower, mit dem wir bis zu jenem Abend gesprochen hatten, hatte überlebt, indem er reglos geblieben war: indem er sich tage-, wochen-, monatelang in Mansarden, auf Heuböden, in Kellern, in geheimen Räumen, in Löchern, die in den Waldboden gegraben worden waren, und in dem eigenartigsten, beengendsten Gefängnis von allen, dem fragilen einer falschen Identität, vollkommen still verhalten hatte. Die letzte Überlebensgeschichte, die wir hören sollten, war wie eine Erzählung aus einem Epos, einem griechischen Mythos, eine Geschichte der ständigen Bewegung, der unaufhörlichen Wanderschaft.

Am Tag seines zwanzigsten Geburtstags verließ Adam Kulberg Bolechow. An jenem Abend erzählte er uns, er habe immer einen, wie er es nannte, »Informationsinstinkt« besessen, und sein Instinkt habe ihm gesagt, als die Deutschen am zwanzigsten Juni durch Ostpolen stürmten, er solle seine Heimatstadt verlassen und mit den zurückweichenden Russen nach Osten in die Sowjetunion ziehen. In jenem Sommer war er ohne Arbeit; er war jung, er war ruhelos. Es hatte Geschichten von weiter entfernten Städten gegeben, Geschichten von Juden, die auf Friedhöfen erschossen wurden. Nur wenige glaubten diese Geschichten, aber er besaß ja, wie er uns sagte, seinen *Instinkt*. Er redete seinen Eltern zu, dass die ganze Familie wegmüsse – seine Mutter und sein Vater, er selbst, seine drei Schwestern Chana, Perla und Sala, die ungefähr im selben Alter wie Shmiels Töchter Frydka, Ruchele und Bronia waren. Doch sein Vater, der die Russen hasste, weigerte sich. Sein Sohn stritt mit ihm, doch Salamon Kulberg sagte *Nein*. Er gab Adam seinen Segen, wollte selbst jedoch nicht weichen. Wir sind hier geboren, sagte der Vater. Hier ist unser Haus, hier bleiben wir.

Wie kann man denn sein Zuhause verlassen?, hatte Malcia Reinharz in Beerscheba ausgerufen.

An seinem zwanzigsten Geburtstag verabschiedete sich Adam von seiner Familie, küsste sie reihum in der Küche, wo sie sich aufgestellt hatten. Beim Gehen schnappte er sich noch schnell drei Fotografien. Er hat sie noch immer. Auf einer trägt seine jüngste Schwester Sala eine Uhr, die er, wie er bei der millionsten Betrachtung dieses raren Relikts seines vormaligen Lebens erkannte, seine Schwester hatte tragen lassen, obwohl er sie sich so lange gewünscht und dann mit dem Geld, das er mühsam angespart hatte, gekauft hatte.

Dann bin ich ja vielleicht doch ein guter Bruder!, sagte er mit einem feinen Lächeln zu Matt und mir, als er uns von dem Foto erzählte. Er zog es hervor, und es war so abgegriffen, dass die Züge des verlorenen Mädchens für jeden außer Adam nicht mehr vorstellbar waren.

Adam verließ sein Vaterhaus – das er kurz nach dem Krieg wiedersehen sollte, ein wenig älter und von seinen erstaunlichen Reisen verändert, anders als das Haus, das völlig unverändert geblieben war, wie er mir später sagte; als hätte jemand gerade gekocht, sei unterbrochen worden und habe beabsichtigt, nach wenigen Minuten wiederzukommen, was durchaus der Fall sein konnte –, er verließ also das Haus, das nahezu unverändert bleiben, auch wenn alles andere sich verändern sollte, jedenfalls neunundneunzig Komma zwei Prozent von allem anderen, und machte sich zu Fuß auf nach Osten. Anfangs ging er in Begleitung zweier Freunde, die ebenfalls den Instinkt besessen hatten zu gehen. Einer hieß Ignacy Taub. Der andere war ein Junge namens Zimmerman, doch schon nach wenigen Tagen auf der Straße nach Russland begann dieser zu weinen, sagte, er vermisse seine Familie, also drehte er um und kehrte nach Hause zurück. Das nächste und vielleicht letzte Mal taucht ein Junge namens Zimmerman in der Erzählung von Bolechow auf, als Meg Grossbard sich im Winter 1942 bei einem heimlichen Besuch in dem Haus ihrer Freundin Dusia Zimmerman überrascht darüber zeigte, dass Lorka Jäger sich mit Dusias Bruder Yulek Zimmerman angefreundet hatte, einem Jungen, von dem Meg nie geglaubt hätte, er sei Lorkas Typ. Yulek Zimmerman wurde 1943 bei einer »kleinen« Aktion getötet.

Und so zogen Bumo – wie wir ihn nun nennen müssen, da er mit einem Freund unterwegs war und alle Freunde ihn nicht Adam, sondern *Bumo* nannten –, zogen also Bumo Kulberg und Ignacy Taub los. Sie hielten sich an die kleineren Straßen und wanderten jeden Tag weiter nach Osten, wobei sie immer ein Auge auf den übrigen Verkehr hatten: Sahen sie russische Truppen, wussten sie, dass sie weitgehend sicher waren. Sie gingen weiter und weiter und wandten sich nach einer Weile Richtung Süden. Sie hatten einen Plan: Sie wollten nach Palästina wandern, über den Kaukasus, dann weiter nach Süden in den Iran und durch den Iran hindurch, wo sie sich dann wieder nach Westen wenden und bis Palästina vordringen wollten.

Palästina?, könnten Sie ausrufen, wie Matt und ich es taten, als wir den Anfang von Adams Geschichte hörten. Adam lächelte selbstironisch. Wir waren doch jung, sagte er.

Nach drei Monaten, mal per Anhalter, mal sprangen sie auf Züge auf, erreichten Bumo und Ignacy den Kaukasus, wo sie eine Zeit lang auf einer Tabakfarm arbeiteten. Sie hätten sehr hart arbeiten müssen, aber sie seien kräftig und jung gewesen und, das müsse er zugeben, das Wetter sei herrlich gewesen. Die Bäume hingen voller Früchte, sie wurden nicht hungrig. In dem Kollektiv hatten sie ein Zimmer mit zwei Betten. Alles war tadellos. Die Wände waren makellos weiß getüncht. Sie bekamen sogar ein wenig Geld. Der Hof war schön, abgelegen. Viele Pferde gab es dort, erinnerte sich Adam beim Erzählen. Berühmt für Kossaken.

Sie waren in Grosny. Binnen dreier Monate waren sie von Polen nach Tschetschenien gelaufen. Obwohl es unglaublich schien, dass Krieg herrschte – das schöne Wetter, die Früchte, die sauberen Betten, die harte, anständige Arbeit –, war Bumos Kissen jede Nacht tränennass. Er vermisste seine Familie, und ihm wurde nun bewusst, dass er weit weg von zu Hause war. Nachts zog er seine drei Fotos hervor und sprach mit ihnen.

Bald hörten sie, dass die Deutschen kamen, und nachdem sie beratschlagt hatten, kamen die beiden jungen Männer überein, dass sie, nachdem sie daheim in Bolechow nicht gewartet hätten, bis die Deutschen kamen, dies auch jetzt in Grosny nicht tun würden, so unglaublich idyllisch es auch war. Die Einheimischen und ihre Arbeitskollegen im Kollektiv waren traurig, dass sie gingen. Sie waren gute Arbeiter, und alle anderen waren in der Armee. Doch die Jungen blieben standhaft. Sie ließen sich ihren Lohn auszahlen und machten sich wieder auf den Weg. Manchmal reisten sie mit dem Zug. Die Umgebung war schön, erinnerte sich Adam. Wie ein *Kurort*. Die beiden jungen Männer zogen weiter nach Osten durch atemberaubend schöne Gegenden bis zum Kaspischen Meer.

Ungefähr zu der Zeit, als Bumo und Ignacy die winzige Sowjetrepublik Dagestan durchwanderten, musste Ruchele Jäger auf ein Brett treten, das über eine hastig ausgehobene Grube an einem Ort namens Taniawa gelegt war.

In Machatschkala, der großen Hafenstadt Dagestans, die an der Westküste des riesigen Kaspischen Meers liegt, trafen Bumo und Ignacy auf Tausende von Kriegsflüchtlingen. Es war sehr schwierig, an Nahrung zu kommen, niemand hatte Geld. Trotz dieser Zustände begafften Adam und Ignacy, die kaum mehr besaßen als ihre Kleider auf dem Leib und natürlich die drei kostbaren Fotos, die exotischen Einheimischen, zu deren Alltagskleidung gewaltige Schwerter gehörten.

Säbel! Großer Schwerter! Die durften sie tragen!, rief Bumo aus. Noch jetzt schüttelte er ungläubig den Kopf.

Die Stadt Machatschkala war, wie Bumo fand, sehr schön, angelegt wie eine Kaskade, die allmählich ins Meer fiel. Drei, vier Wochen blieben sie dort und warteten auf eine Gelegenheit, auf ein Schiff zu kommen, das sie übers Meer brachte; sie wollten weiter Richtung Osten. Sie warteten scheinbar endlos. Sowjetische Militärangehörige und ihre Familien hatten Vorrang, Tausende Frauen und Kinder waren ebenfalls auf der Flucht nach Osten. Bumo und Ignacy trieben sich stunden-, tagelang am Hafen herum in der Hoffnung, auf ein Schiff zu kommen. Schließlich beschlossen sie, sollte einer mitfahren können, dann solle er es tun und auf der anderen Seite warten, bis der Freund nachkommen würde. Und so geschah es. Bumo fuhr als Erster, illegal. Es dauerte zwei Tage in unerträglicher Enge, bis er auf der anderen Seite war, im Hafen von Krasnowodsk in Turkmenistan. Es war fünfundvierzig Grad heiß. Wie in der Sahara, sagte er. Krasnowodsk galt als die Stadt ohne Wasser, da das des

Kaspischen Meers Salzwasser ist. Ungenießbar. Daher war Wasser rationiert.

Zu der Zeit, als Bumo die glühend heiße Stadt ohne Wasser erkundete, schaffte Frydka Jäger es irgendwie, sich eine Stelle in der Fassfabrik zu sichern, was angesichts der Strenge des karpatischen Winters nicht übel war.

In Krasnowodsk verdingte sich Frydkas entfernter Cousin Bumo Kulberg als Hafenarbeiter, schleppte Fracht von Schiffen und wartete auf Ignacy Taubs Eintreffen.

Einen Monat später kam Ignacy. Obwohl beide in Krasnowodsk Arbeit bekommen hätten, zogen sie weiter. Es war zu heiß, und es gab Probleme mit dem Wasser. Sie wussten, das Wichtigste war, gesund zu bleiben. Und so beschlossen sie, weiter nach Aschgabat an der turkmenisch-iranischen Grenze zu ziehen. Sie schmuggelten sich auf Züge und gelangten so durch die schreckliche Wüste Karakum in Zentral-Turkmenistan, die so karg war, dass die wenigen Bahnhöfe, durch die sie kamen, keine Namen, sondern nur Nummern trugen.

THE CENTRAL ASIAN DESERT

Sie erreichten Aschgabat am Abend. Sogar noch hier waren überall Flüchtlinge: Ukrainer, Weißrussen. Am Bahnhof wurden sie gefragt, wo sie hinwollten, ob man behilflich sein könne, doch Bumo und Ignacy wussten natürlich, dass sie ihren Plan, durch den Iran nach Palästina zu reisen, nicht verraten durften.

Und so sagten sie nichts. Aschgabat lag nur vierzehn Kilometer von der iranischen Grenze entfernt.

Es war nun Anfang 1942. Während die beiden Bolechower Jungen sich quälend nahe dem Land des Pfauenthrons aufhielten, voller Angst, auch nur anzudeuten, wohin sie wollten, sah ein neunzehnjähriges Mädchen, aus der einmal die erwachsene Meg Grossbard werden sollte, zum letzten Mal Lorka Jäger im Haus ihrer gemeinsamen Freundin Dusia Zimmerman, die selbst einmal etwas über die Weisheit absoluter Diskretion erfahren sollte.

In Aschgabat waren Nachrichten aus der weiteren Welt selten. Der sowjetische Rundfunk war nutzlose Propaganda, und BBC zu hören war ein gefährliches Verbrechen. Die beiden Jungen trieben sich herum und fanden schließlich eine Bleibe. Einen Tag später begegneten sie zufällig einem Polen, der in einem Frisiersalon arbeitete und Informationen hatte. Aschgabat sei wegen seiner Nähe zur iranischen Grenze geschlossen, es sei sinnlos zu versuchen, weiterzukommen. Bumo hatte die Soldaten selbst bereits regelmäßig an der Grenze patrouillieren sehen, aber trotzdem unternahmen er und Ignacy einen Versuch. Sie machten sich auf den Weg von Aschgabat in Richtung Iran. Nach einigen Stunden hielt eine Grenzpatrouille sie an. Man sagte ihnen, sie müssten umkehren; zu ihrer Überraschung wurden sie ziemlich freundlich behandelt. Die Grenzer kauften den beiden Bolechower Jungen Fahrkarten und sagten zu ihnen: Ihr dürft hier nicht sein.

Und so gingen sie weiter. Das ganze Jahr 1942 hindurch zogen die Jungen weiter nach Nordosten, die ganze Weite Turkmenistans hindurch, durch die Karakum-Wüste und über den Amudarja nach Usbekistan. Zu der Zeit, als Bumo Kulberg und Ignacy Taub den Amudarja überquerten, wurden Ester Jäger und ihre dreizehnjährige Tochter Bronia in den Viehwaggon geschoben, der sie nach Belzec bringen sollte, wo sie ihre Seelen in einer Gaskammer aushauchen sollten und wo unmittelbar nach dem Tod Mund, Vagina und Rektum der Leichen aufgezwängt und nach Wertsachen abgesucht wurden, bevor sie in eine Grube geworfen wurden, nur um Monate später wieder exhumiert – ungefähr zu der Zeit, als Bumo und Ignacy die Sehenswürdigkeiten der legendären Stadt an der Seidenstraße, Samarkand, bestaunten – und verbrannt zu werden, da man dies für eine ratsamere Form der Entsorgung dieser beiden wie auch der sechshunderttausend anderen jüdischen Leichen hielt, die zusammen mit ihnen verscharrt worden waren.

Einige Monate später näherten sich Bumo und Ignacy Taschkent, und etwa zu der Zeit sagte die junge Frau, die als Chaya Heller geboren wurde, aber wegen der mutigen Güte eines Priesters in Lublin eines Tages zu Anna Heller Stern wurde, zu ihrer Schulfreundin Lorka Jäger: *Komm, gib mir einen Kuss, wer weiß, wann wir uns wiedersehen?*

Anfang 1943, als in Bolechow die *W* liquidiert wurden, waren Esters und Bronias einstige Nachbarn in Taschkent, im östlichsten Zipfel Usbekistans. Damals war es die größte Stadt Zentralasiens, eine Stadt von zwei Millionen Einwohnern. Etwas später, zu der Zeit, als die *R* liquidiert wurden, erreichte Bumo, der nun allein reiste, Frunse – das heutige Bischkek –, die Hauptstadt Kirgisistans.

Das war sehr interessant!, rief Adam aus. Er grinste bescheiden, als wollte er sagen: Jeder hätte doch dasselbe getan. Er sagte: Da war ich einundzwanzig Jahre alt!

Ob er jemals gedacht habe, wie ungeheuer das alles sei, während er unterwegs war?, fragte ich.

Alma sprach mit ihrem Vater. Nein, sagte sie. Er sagt, es war sein Schicksal.

Moment, sagte Matt. Warum reiste Bumo *allein* in Frunse?

Weil er und Ignacy, erklärte er, wie alle anderen Reisenden und Flüchtlinge, die während des Krieges durch die Städte Zentralasiens strömten, es sich zur Gewohnheit gemacht hatten, in jeder Stadt, durch die sie kamen, zum Basar zu gehen und sich nach Nachrichten aus der Welt zu erkundigen und nach freundlichen Gesichtern von Ausländern wie sie selbst Ausschau zu halten. Und auf einem dieser Basare in einer dieser Städte war Ignacy seiner Familie aus Bolechow über den Weg gelaufen.

Das ist eine wahre Geschichte, sagte Adam.

Daran hatte ich keinen Zweifel. Ich dachte an den Mann im Fahrstuhl in Prag an dem Tag, als Froma und ich aus Theresienstadt zurückkamen, der wie aus heiterem Himmel *Ja, ich war in*

Babyn Jar zu uns gesagt hatte. An die Frau in Beth Hatefutsoth, die sich als Yona entpuppte. An die Frau auf dem Flohmarkt in New York, die an einem Sommertag, als sie mir ein Stück Stoff verkaufen wollte, den Kopf schief legte und plötzlich zu mir sagte: Sie haben jemanden im Holocaust verloren, nicht? Ich dachte an Shlomo, wie er mich im Wagen auf der Fahrt nach Beerscheba fragte: Haben Sie schon von einem Bolechower gehört, einem berühmten amerikanischen Journalisten namens Krauthammer?, was ich verneinte und sagte, ich hätte nur von einem berühmten amerikanischen Redakteur namens Wieseltier gehört, und Yona sich dann zu mir umdrehte und sagte, sie heiße auch Wieseltier. Vielleicht gab es ja keine Zufälle, dachte ich. Oder es war nur eine Frage der Statistik. Vielleicht gab es so viele jüdische Gespenster, dass man irgendwann zwangsläufig über eines stolperte.

FINE-LOOKING SARTS IN OLD TASHKENT

Nachdem er sich auf diesem Basar in Kirgisistan von Ignacy verabschiedet hatte, sagte Adam, begegnete er zwei Leuten aus Bolechow. Er erinnerte sich nicht mehr, in welcher Stadt er sich von

Ignacy getrennt hatte, aber es war irgendwann Mitte 1943, zu der Zeit also, als die letzten Juden Bolechows liquidiert wurden, und er wusste, es war an der Grenze zu China. Man könnte es auch so sagen, nämlich dass es zu dem Zeitpunkt, als Bumo Kulberg, ein junger jüdischer Mann aus einer Kleinstadt in Polen, China erreichte, bis auf diejenigen, die in Kellern und Mansarden und Heuböden und in den Waldboden gegrabenen Löchern lebten, in Bolechow keine Juden mehr gab. Unter diesen versteckten Juden waren, jedenfalls eine Zeit lang, wie wir annehmen, Shmiel und Frydka Jäger.

Bumo und seine beiden neuen Bolechower Freunde – der eine hieß, wie ich auch kurz erwähnen kann, Naphtali Krauthammer – hatten gehört, dass es in einiger Entfernung von dort, wo sie gerade waren, ein Lager für Flüchtlinge aus Polen gab, in einem Ort nahe der Nordgrenze Usbekistans namens Tokmak. Bumo hatte inzwischen entschieden, zu anderen Polen Kontakt aufzunehmen, weil er nun, da sein ursprünglicher Plan, Palästina zu erreichen, gescheitert war, dringend in Erfahrung bringen wollte, wo er die Anders-Armee finden konnte, jenes polnische Bataillon, das 1941 aufgestellt worden war, nachdem die Deutschen Russland überfallen hatten und Stalin erkannte, dass es besser war, die vielen Polen, die noch in sowjetischen Gefängnissen schmachteten, im Kampf gegen die Deutschen einzusetzen. Die Taten dieser Einheit waren bereits legendär, und Bumo hatte gehört, dass ein Hauptmann im Flüchtlingslager in Tokmak vorhatte, in den Iran zu gehen, um sich der Anders-Armee anzuschließen.

Die Reise von Frunse nach Tokmak war jedoch schwierig. Es gab keine guten Straßen, und das Gelände war bergig; einige Berge waren bis zu fünf-, sechstausend Meter hoch. Von einer Behausung zur nächsten, erinnerte sich der erwachsene Bumo, waren es einige Kilometer. Es waren nicht einmal Häuser, sondern Jurten, die tragbaren Behausungen aus Filz und jungen Bäumen, seit ewigen Zeiten schon gebräuchlich bei den Nomaden der zentralasiatischen Steppe. Als Bumo, Naphtali und Abraham Richtung Tokmak gingen, gab es einen heftigen Sandsturm, und sie waren gezwungen, in einer Jurte, die von einem jungen Paar mit einem kleinen Kind bewohnt wurde, Unterschlupf zu suchen. Die freundlichen Einheimischen gaben den drei fremdartig aussehenden Männern zu essen: einen pastaartigen Teig, der mit Lamm gefüllt war. Es war köstlich.

Zu der Zeit, als Bumo sein würziges Mahl genoss, brüllte Ciszko Szymanski, wie ich später erfuhr, gerade: *Wenn ihr sie umbringt, dann bringt auch mich um!*

Was sie auch taten.

A TENT OF LONELY NOMADS ON A SUMMER PASTURE IN CENTRAL ASIA

Das junge Paar bot den drei Männern einen Schlafplatz an. Sie gaben ihnen matratzenartige Rollen, die sie am Ofen ausbreiten konnten, am Ehrenplatz. Tagsüber war es unerträglich heiß, nachts bitterkalt. Am folgenden Tag wiesen die usbekischen Nomaden ihnen den Weg über einen Fluss mit Namen Tschu. Als sie das Lager erreichten, war es bereits voller Flüchtlinge. Die drei Bolechower fanden Arbeit bei einem Tierarzt, der in einem schönen Haus mit Garten und Sauna wohnte. Mit Garten! Sie arbeiteten im Garten. Bald wurde klar, dass an dem Gerücht von dem Hauptmann, der sie zur Anders-Armee bringen konnte, nichts dran war. Die drei lebten relativ gut und hatten viel zu essen, allerdings brach im Lager Typhus aus. Eine Quarantäne wurde verhängt. Als diese wieder aufgehoben wurde, beschlossen die drei, zu einem anderen Ort zu gehen, von dem sie gehört hatten. Er hieß Antonufka, auch dort gab es ein Lager mit Polen. Bei Ankunft war ihnen gleich klar, dass das Lager militärisch geführt wurde. Es gab Armeezelte. Die Leute, die dort Zuflucht suchten, verdienten sich Kost und Unterkunft mit harter Arbeit in Steinbrüchen. Es herrschte Disziplin: Jeden Morgen wurde geweckt. Bumo merkte bald, dass auch dort die Möglichkeit, jemanden zu finden, der sie mit der Anders-Armee in Kontakt brachte, gering war. Diejenigen, die das Lager leiteten, sagten, jeder, der arbeiten wolle, erhalte die Erlaubnis, nach Frunse zurückzukehren; wollten sie gehen, sei es in Ordnung. Und so ging Bumo nach Frunse zurück und bekam Arbeit in einer Fabrik, die landwirtschaftliche Geräte herstellte. Der Firmenchef war ein Anwalt aus Kraków namens Ravner. Er war mit einer schönen Usbekin verheiratet und hatte zwei Kinder mit ihr.

Als Adam Kulberg diese Geschichte erzählte, fiel mir eine andere unglaubliche Ehe ein, von der ich gehört hatte, von jenem Juden mit Namen Shmiel Jäger aus Dolina, der eine Usbekin geheiratet und Kinder mit ihr bekommen hatte, die, soweit bekannt, mit deren Kindern und Enkeln noch immer in Usbekistan leben und die alle ein bestimmtes Gen haben, das sehr wahrscheinlich mit bestimmten anderen Genen, die meine Brüder, meine Schwester und ich haben, eine entfernte Ähnlichkeit aufweist.

In Frunse wurde Bumo dann zum ersten Mal krank. Eines Nachts ging ihm auf, dass es vermutlich eine Blinddarmentzündung war, also ging er zum Krankenhaus, wo eine Notoperation vorgenommen wurde. Da die Mittel knapp waren, erhielt Bumo nur eine örtliche Betäubung, weswegen er sehen konnte, wie man ihn aufschnitt und seinen platzenden Blinddarm entfernte. Bevor er in den OP-Saal kam, vertraute er seine wertvollste Habe – die wertvollste nicht nur, weil sie seine einzige war – einer freundlichen Schwester an, die sich erboten hatte, sie aufzubewahren, sollte ihm etwas geschehen. Denn noch immer sprach er jeden Abend mit den Fotos seiner Familie. Die Frau war eine Deutsche und mit einem russischen Offizier verheiratet.

Nach seiner Genesung war Bumo Kulberg entschlossen, eine Armeeeinheit zu finden, bei der er kämpfen konnte. Zusammen mit den beiden anderen ging er den ganzen fantastischen Weg zurück. Von Frunse aus zogen sie nach Westen, wieder nach

Taschkent. Dort blieb Bumo eine Weile. Zehn Monate lang arbeitete er in einer sowjetischen Sektfabrik in Taschkent.

Eine sowjetische Sektfabrik in Taschkent?, riefen Matt und ich gleichzeitig aus und lachten. Tja, warum nicht? In Ninas vollgestelltem Wohnzimmer in Bolechow hatten wir sowjetischen Sekt getrunken, während ihr Mann auf seinem klapprigen Klavier »Yesterday« spielte, hatten ihn getrunken und konnten es kaum fassen, dass es so etwas wie sowjetischen Sekt überhaupt gab.

Schließlich erreichte Bumo die Nachricht, auf die er so lange gewartet hatte: Einheimische sagten ihm, sie wüssten, wo er sich für das polnische Regiment melden könne, was er tat. Zwei Wochen später fuhr er im Zug von Taschkent nach Moskau und weiter zu einem Ort namens Diwowo an der Oka, wo die Einheit ausgebildet wurde und er Amir Sapirstein über den Weg lief, einem berühmten Dieb aus Bolechow. Die jungen Rekruten lebten in einem riesigen Wald. Man hatte ihnen den Schädel rasiert. Es herrschte strenge Disziplin. Ende 1943, als Shumek und Malcia Reinharz und Jack Greene und sein Bruder und Vater und Anna Heller Stern und Klara und Yankel Freilich und Josef und Shlomo Adler und Dyzia Lew allesamt stumm und abgeschottet in ihren Verstecken saßen, sah Bumo Kulberg in einem Waldstück an der Oka zu, wie drei andere junge Männer, die wie er geglaubt hatten, gegen die Deutschen kämpfen zu wollen, anders als er jedoch hatten desertieren wollen, in einer Waldlichtung hingerichtet wurden. Einer war ein Jude aus Warschau. Es war so kalt, dass die Gesichter der drei gefesselten Männer, die den Kommandanten um ihr Leben anflehten und versprachen, für Polen kämpfen zu wollen, in Adams Erinnerung violett gefärbt waren.

Im Dezember ging es für Bumo nach Westen Richtung Front. Sie machten Halt in Kiew. Berdetsow. Sie zogen weiter nach Westen. Sie betraten polnisches Gebiet. Die Wochen vergingen. Er war in Lublin, wo, ohne dass er es wusste, seine ehemalige Nachbarin Chaya Heller sich tagtäglich als katholisches Mädchen mit Namen Anna Kucharuk ausgab; er war in Majdanek. Ganze vier Kilometer vom Zentrum Lublins entfernt, war Majdanek anfangs, um die Zeit der ersten Aktion in Bolechow, noch ein Kriegsgefangenenlager der SS, wurde aber ein halbes Jahr später zum Schauplatz von Massenmorden; bis Juli 1944 wurden dort dreihundertsechzigtausend Juden, Polen und Kriegsgefangene vergast. In Majdanek war, wie Bumo sah, alles verbrannt; die Deutschen hatten ihre Spuren verwischt. Als er und die anderen ankamen, waren die Krematorien noch heiß. Bumo ging durch das Lager und sah, wie er sagte, *Berge von Koffern, Berge von Fotografien*, die einmal Erinnerungen an die Leben von Juden gewesen und nun nicht zu entziffernder Müll waren. Aus Gründen, die er nicht recht erklären konnte, nahm er einige Fotos und bewahrte sie auf.

Er ging weiter. Von September 1944 bis Januar 1945 saß er untätig an der Weichsel gegenüber von Warschau, obwohl die Sowjetarmee mit ihren kleinen polnischen Regimenten eigentlich die Verbündete der Warschauer Polen war, die einen Aufstand gegen die Deutschen versuchten; untätig, weil Stalin, der sich bereits mit der Lage nach dem Krieg beschäftigte, kein Interesse daran hatte, sich nach der Zerschlagung Deutschlands mit einem tapferen, aktiven polnischen Widerstand beschäftigen zu müssen. In dieser Zeit wurde Bumo Offizier. Nachdem der Warschauer Aufstand niedergeschlagen war, drang seine Einheit auf deutsches Gebiet vor. Am 15. und 16. April 1945 kämpfte Bumo in der Offensive auf Berlin. Zu einem winzigen Teil, weil Bumo Kulberg, ein Junge aus Bolechow, dort mitkämpfte, fiel Berlin.

Und so endete der Krieg in Europa, und damit auch der Holocaust. Was in der Nacht des 9. November 1938, der *Kristallnacht*, begonnen hatte, war endlich vorbei. Bumo Kulberg war knapp vierundzwanzig Jahre alt. In Bolechow betrug die Zahl der Juden, die aus ihren Dachböden und Kellern, aus ihren Hühnerställen und Waldbunkern hervorkamen, genau achtundvierzig.

Fast sechzig Jahre später beendete der alte Mann, zu dem der junge Bumo geworden war, seine Geschichte mit der Bemerkung: Ich bin nicht der Einzige, Tausende Juden haben in allen Armeen der Welt gekämpft.

Er machte eine Pause und sagte dann: Ich finde daher nicht, dass ich so etwas Besonderes bin.

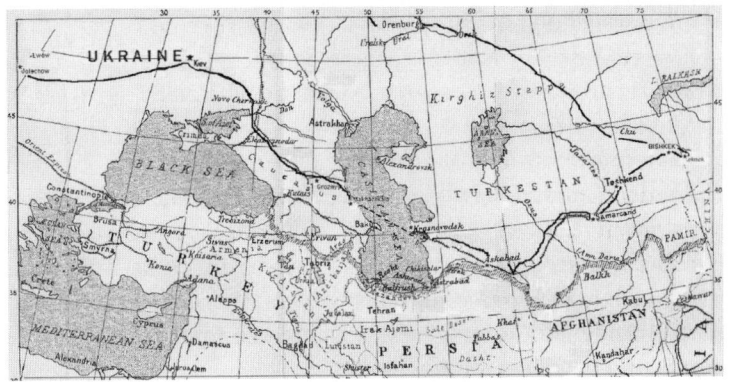

Diese ganze Zeit hindurch, während all dieser Abenteuer hatte Bumo keine Ahnung, was aus seiner Familie geworden war. Er war gereist und gereist, hatte ein gutes Stück Asien durchwandert, dabei immer an seine Mutter, an seinen Vater, an Chana und Perla und Sala gedacht, ohne freilich zu wissen, was geschehen war. Als er in den letzten Monaten des Jahres 1944 mit der Sowjetarmee vor Warschau saß, ergriff dieser Gedanke von ihm Besitz. Er schrieb an eine polnische Familie in Bolechow, die er gut kannte, die Kendelskis, seine Nachbarn, bevor er die Stadt verlassen und sich auf die Reise gemacht hatte. Er adressierte den Brief an Bronia Kendelska, doch Antwort erhielt er schließlich von deren Schwester Maria, just als Berlin fiel.

Adam Kulberg hat diesen Brief noch immer, und an jenem Abend in Kopenhagen nahm er ihn vorsichtig zur Hand und las ihn Matt und mir vor. Er las einen Satz oder einen Satzteil, dann übersetzte Alena und fügte manchmal, wo sie es für nötig hielt, Erklärungen an.

Der Brief lautete wie folgt:

Lieber Bumo
Als Antwort auf Deinen Brief
möchte ich Dir sagen,
dass bei der ersten Aktion
am 28. Oktober '41
die Deutschen

alle Deine Schwestern töteten.
Und in der letzten Aktion
im Herbst '43
töteten sie Deine Eltern.
In Bolechow sind nur noch vierzig Leute
Deines Glaubens übrig.
In Deinem Haus wohnt
Kubrychtowa,
die das Haus noch während der deutschen
Besatzung übernommen hat.

(Alena hielt einen Moment inne und sagte: Diese Kubrytschtowa behauptete, das Haus sei das Eigentum ihrer Eltern! Dann las sie weiter.)

Bei uns viele Veränderungen.
Man kann sie nicht beschreiben.
Schwester Bronia – meine Schwester Bronia –
ist mit meiner Mutter
in Rzeszów.
Von den Israeliten –

(»*Israeliten*«, unterbrach Alena, ich muss Ihnen sagen, wenn man »Israeliten« auf Polnisch sagt, klingt das sehr merkwürdig, als wollte man das Wort *Juden* nicht aussprechen. Also sagt man Israeliten.) –

– Von den Israeliten
sind nur übrig geblieben
der Sohn von Salka Eisenstein,
Hafter, Grünschlag, Kahane, Mondschein,
und viele andere,
die ich nicht kenne – die Namen sind mir nicht bekannt.
Versuche zu kommen,
und Du wirst viel erfahren.
Nun endige ich.
Viele herzliche Grüße
Kendelska Maria, Bolechów 7. Dezember '44.

Damit endete der Brief. Adam hörte auf zu lesen, Alena zu übersetzen. Eine kurze Stille entstand. Dann sagte sie: Es ist dieser Brief, der das Leben meines Vaters verändert hat, wissen Sie?

Wir blieben stumm. Adam sagte etwas zu Alena, die dann zu uns sagte: Er sagt, in den ersten Jahren nach dem Krieg hat er immer, wenn er irgendwo mit dem Zug hingefahren ist, in alle Gesichter geschaut, weil er dachte: Vielleicht erkenne ich ja jemanden, jemanden aus meiner Familie.

Adam beobachtete sie, während sie übersetzte, und sagte dann: Ich schaue mir immer die wenigen Bilder von ihnen an, und jede Nacht sage ich zu der Familie, der Bolechower Familie, Gute Nacht.

Alena machte eine Pause und wandte sich dann an mich: Das sage *ich* jetzt: Mein Vater lebt Tag für Tag mit diesen Menschen, sie sind für ihn sehr real und sehr lebendig. Jeden Abend schaut er die Bilder an und verabschiedet sich von ihnen.

Ich, der ich drei Jahre mit der Suche nach Leuten verbracht hatte, die ich gar nicht kennen konnte, sagte nichts. Matt sagte: Ich möchte ihn gern fotografieren, wie er den Brief hält.

Adam erhob sich langsam, dann traten sie ans Fenster. Wieder hörte ich das *k-schonk* des Verschlusses der Hasselblad. Dann kehrten sie an den Tisch zurück, und es wurde Zeit zu gehen. Wir hatten viel länger über Adams Abenteuer als über Onkel Shmiel geredet; aber das machte nichts. Es gab keine Geschichten mehr zu erzählen.

Als wir aufstanden und unsere Sachen zusammenpackten, hatte ich das Gefühl, als gäbe es etwas, woran ich mich nicht erinnerte. Als wir dann an der Tür waren, fiel es mir wieder ein.

Fragen Sie doch Ihren Vater, sagte ich zu Alena, wenn jemand, der mein Buch liest, etwas über Bolechow wissen sollte, etwas, was in Erinnerung bleiben sollte, was wäre das für ihn?

Sie gab die Frage an ihren Vater weiter, und als sie aufhörte zu sprechen, umspielte ein leises Lächeln seine Lippen. Dann sagte er langsam etwas, drei melodische polnische Sätze, die er in einem beinahe kirchlichen Rhythmus rezitierte. Alena hörte ihrem Vater zu, sah dann zu mir her und übersetzte die Antwort, eine Antwort, die, wie ich fand, eines Menschen würdig war, der von der weiten Welt mehr gesehen hatte als jeder Held Homers.

Sie sagte: Er sagt: Es gab die Ägypter mit ihren Pyramiden. Es gab die Inkas von Peru. Und es gab die Juden von Bolechow.

Am folgenden Tag flogen wir nach Hause. Zufällig war es der 29. Februar: ein Tag, den es zumeist nicht gibt, ein Tag, der in einer Geschichte wie ein Geisterschiff aus dem Nichts auftaucht und wieder verschwindet, bevor man auch nur begreifen kann, was es ist; ein Tag außerhalb der Zeit selbst.

Lech Lecha, *die Parascha, die sehr detailliert die erschöpfenden und ermüdenden Reisen erzählt, die Abram, später Abraham, der Vater des jüdischen Volkes, auf sich nehmen musste, um das Land zu erreichen, das Gott ihm verheißen hatte – Reisen, die, wie wir erfahren, grauenhafte und gewalttätige Begegnungen mit den kampfeslustigen Häuptlingen der Gebiete einschließt, zwischen denen Abraham mit seiner Sippe eines Tages wird wohnen müssen, Orte wie Sodom und Gomorrha, Orte, wo schreckliche Gottlosigkeit herrscht –, diese Parascha, so voller Bewe-*

gung und Aufruhr und Gewalt, endet auf einer untypisch stillen Note. Eines Tages, Abraham ist neunundneunzig Jahre alt und seine Frau Sarah hat noch immer keinen Sohn von ihm zur Welt gebracht, erscheint ihm Gott und verkündet zwei wichtige Nachrichten. Zum einen erklärt er, er habe beschlossen, einen Bund mit Abraham und seinen Nachkommen zu schließen, denen er große Ländereien als immerwährendem Besitz verspricht. Und zweitens, verkündet er dem alten Mann, der bis dahin nur einen Sohn mit seiner ägyptischen Dienerin Hagar gezeugt hat, dass Sara im folgenden Jahr schwanger sein wird. Der Junge wird geboren, und der Name, der Gott ihm gibt, ist, wie wir wissen, Yitzhak, »Er lachte«.

Im Kontext dieser Versprechen, die tatsächlich unglaublich gewirkt haben müssen, lohnt es sich, ein Detail von Gottes Rede an Abraham einmal näher zu betrachten. Als Gott zum ersten Mal zu seinem Propheten spricht, sagt er: »Ich bin der gewaltige Gott (El-Schaddai)« – das erste Mal, dass dieses eigentümliche Epitheton in der Tora auftaucht. Für manche Gelehrte – wenn auch nicht für Friedman, der eine Verbindung zwischen dem hebräischen schaddai und dem akkadischen sadu, »Berge«, sieht und wegwerfend meint, das Epitheton bedeute nichts weiter als »der vom Berge« – ist der Name von erheblicher symbolischer Bedeutung. Raschi beispielsweise erklärt die Worte recht ausführlich. Für den Franzosen aus dem Mittelalter bedeutet »Ich bin El-Schaddai« »... ich bin es, der ich mit meiner Macht jedes Geschöpf versorge«, was heißt, dass der Name eine implizite Garantie enthält, dass die Gottheit die Versprechen, die sie gibt, auch halten kann. Eine weitere Anmerkung zu dieser Passage – Beer ba-Ssade nimmt sich an dem Auslegungsmidrasch Bereschit Rabba ein Beispiel – erklärt zusätzlich, warum eine solche Garantie vonnöten ist: Abraham fürchtete, die Beschneidung, die Gott als Zeichen der Verpflichtung seines neuen Volks ihm gegenüber verlangen wird, werde ihn von der übrigen Menschheit in gefährlicher Weise isolieren, daher muss Gott ihn beruhigen. In Bereschit Rabba 46:3 erfahren wir, dass Abram sagte: »Bevor ich in diese briss *eintrat, kamen die Menschen zu mir. Werden sie denn auch weiter zu mir kommen, wenn ich in diesen* briss *eingetreten bin?« Aus dem Grund erklärt Gott sich in dem Augenblick,*

als er seine Versprechungen macht und, wie wir noch sehen wer-
den, als Gegenleistung die Einrichtung des briss-*Rituals fordert,*
für »genug«. Dieses »genug« ist daher ein, wie wir sagen könn-
ten, »positiver« Gebrauch des Wortes und daher sinngemäß ganz
anders als die ziemlich trockene Art, in der ein anderer Abra-
ham, mein Großvater, es gern gebrauchte. Zum Beispiel: Wenn
er hörte, dass ein Soundso, vorzugsweise ein betagter Cousin je-
nes Familienzweigs, den er mied, in sehr hohem Alter gestorben
war, nickte er ein wenig mit seinem attraktiven Kopf und sagte:
Nu? Genug is genug! *Diesen grimmigen kleinen Scherz machte*
er häufig, wenn er mit mir zur Grabstätte auf dem Mount Judah
ging und ostentativ das Alter aufsagte, in dem seine Schwestern
gestorben waren – sechsundzwanzig, fünfunddreißig –, und
mich dann ein paar Schritte weiter lotste, zu den bronzenen
Grabplaketten seiner Cousine Elsie Mittelmark, die 1973 mit
vierundachtzig, und deren Schwester Bertha, die 1982 mit zwei-
undneunzig starb und somit mehr als dreimal so alt wurde wie
ihre Cousine Ray, Ruchele, als sie eine Woche vor ihrer Hochzeit
starb. Genug is genug!

Gott jedenfalls gibt Abraham dies extravagante Verspre-
chen, und was der Name, den er in dem Moment gebraucht,
auch bedeuten mag: Die Erfüllung seiner Versprechen besagt,
dass er, jedenfalls dem Text zufolge, mächtig »genug« ist, um sie
zu erfüllen.

Versprechen betreffen beide Seiten, und wie ich erwähnt habe,
verlangt Gott als Gegenleistung für das Versprechen von Schutz
und Überfülle ein dauerhaftes Zeichen des Bundes zwischen
ihm und dem erwählten Volk, ein Symbol, das ins Fleisch selbst
geschnitten ist. Daher ist das letzte Ereignis, das in Paraschat
Lech Lecha erzählt wird, ein recht eigenartiges: eine Massen-
beschneidung, die stattfindet, kurz bevor Yitzhak/Isaak geboren
wird. Nach Gottes Erscheinung als El Schaddai nimmt Abraham
seinen dreizehnjährigen Sohn Ismael und alle aus seinem Haus-
halt und alle seine Sklaven, sowohl diejenigen, die in der Sklaverei
geboren wurden, als auch die gekauften, und beschneidet sie.
Natürlich ist diese Beschneidung das sichtbare und unveränder-
liche Zeichen von Gottes Bund mit dem hebräischen Volk –
dieselbe Sichtbarkeit, dieselbe Unveränderlichkeit, die später

einer der Gründe dafür sein wird, dass man mit höherer Wahrscheinlichkeit Geschichten über Frauen hört, die, wie Anna Heller Stern, aufgrund eines glücklichen genetischen Umstands vorgeben konnten, einem nicht auserwählten Volk anzugehören, als das auserwählte von der Erde ausradiert wurde, als über Männer, denn selbst wenn die Männer beispielsweise blond und blauäugig waren, so war ihr Fleisch doch durch den Bund gezeichnet, der von Gott mit seinem auserwählten Volk geschlossen wurde, wie am Schluss von Paraschat Lech Lecha *erzählt wird. Meines Wissens jedenfalls versteckten sich die Männer wie Bob und Jack und die anderen oder flohen wie Bumo Kulberg, der nach seinem Großvater Abraham benannt war – ein Mann, dessen Name Kulberg und Kornblüh zugleich war, der später dann ein Kind bekam, ein Mädchen, das seinerseits eine Tochter bekam, deren Vorname Alma »Seele« bedeutet und deren Nachname nicht der ihres Vater ist, sondern der des Vaters ihrer Mutter, Kulberg, da sonst niemand mehr den Namen weiter in die Zukunft tragen kann. Mindestens zum Teil veranlassten die starken Gefühle hinter der Entscheidung, dieses Erbe anzutreten, Adam Kulbergs Tochter, am Ende unseres ersten Abends mit ihm zu sagen: Das Beste, was meinem Vater widerfahren ist, ist Alma. All die Schmerzen, all das Unglück, Alma wiegt es auf. Er sagt, er lebt für Alma.*

Jedenfalls ist eine berühmte Frage zum Schluss von Lech Lecha: *Warum wartet Gott, bis Abraham neunundneunzig Jahre alt ist, um dann das Zeichen des Bundes für ihn und sein Haus und seine Nachkommen festzulegen? Schließlich hat Gott zu dem Zeitpunkt, wie Friedman es in seinem modernen Kommentar formuliert, »Abraham schon jahrelang gekannt«: »Warum befiehlt er es nicht schon am Beginn der Beziehung?« Friedman beantwortet seine rhetorische Frage in einer Weise, die mir einleuchtet, mir, der mit der Tora weniger vertraut ist als mit der* Odyssee, *der Geschichte eines epischen Kampfs um die Rückkehr in die Heimat, der seinem Helden die Befriedigung einer vereinten Familie verweigert, nicht im Augenblick der Rückkehr selbst, sondern in den zahlreichen Proben und Prüfungen danach, mittels derer er beweist, dass er diese Vereinigung verdient. Warum kommt der Augenblick der Beschneidung, der Augenblick, in* dem eine neuartige Familie geschaffen wird, in der Erzählung der Genesis so spät?, fragt Friedman. Weil, so seine Antwort, die Beschneidung nur ein Zeichen des Bundes ist.

Aber warum wird der Bund selbst nicht gleich am Anfang geschlossen?, beharrt er.

Weil, so sagt uns der Rabbi, Abraham viele Proben bestehen muss, um zu zeigen, dass er den Bund verdient. Dabei handelt es sich, wie mir scheint, also ebenso sehr um eine epische Erzählung wie um eine ethische Betrachtung. Denn gelänge es Paraschat Lech Lecha nicht, die Mühsal des Kampfs, den er im Laufe der Zeit durchstehen muss und mittels dessen Abraham sich den Bund verdient, zu vermitteln, wäre die Geste, die ja ein Höhepunkt sein soll, stumpf und fiele ab: Wir würden die abschließende Wucht der Szene der Massenbeschneidung, jenes sichtbare und unveränderliche Zeichen, dass Abraham auf der Welt einzigartig ist, dass er und sein Volk für etwas Besonderes auserwählt sind, nicht so empfinden, wie es beabsichtigt ist.

4

Wieder zu Hause

(Ein falsches Ende)

Lange nahm ich an, dies sei das Ende unserer Reisen und damit auch der Geschichte.

Nach unserer Rückkehr aus Dänemark dachte ich an all die Reisen zurück, die wir unternommen, an all die Geschichten, die wir gehört hatten, und dabei ging mir ein Satz von Alena nicht aus dem Kopf. *Es war, als hätte sie sich weniger für die Geschichte ihrer Großmutter als vielmehr dafür interessiert, wie man die Geschichte ihrer Großmutter* erzählen *sollte*, hatte sie an jenem Abend gesagt. *Wie man die Erzählerin sein sollte.* Auch hier, so dachte ich, war wieder das eine Problem, das sich meiner Generation stellte, der Generation derjenigen, die Mitte der sechziger Jahre sieben, acht Jahre alt waren, der Generation der Enkel derer, die erwachsen waren, als das alles geschah, ein Problem, das sich keiner anderen Generation der Geschichte stellen wird. Wir sind denen, die dort waren, gerade noch nahe genug, um uns den Fakten, wie wir sie kennen, verpflichtet zu fühlen, gleichzeitig aber gerade weit genug entfernt, um uns Gedanken über unsere Rolle bei der Übermittlung dieser Fakten zu machen, nun da die Menschen, denen diese Dinge widerfahren sind, überwiegend dahingegangen sind. Daran dachte ich und erkannte, dass wir es nach den Zehntausenden von Kilometern, die Matt und ich im Verlaufe des vergangenen Jahres gereist waren, eines des fast ununterbrochenen Unterwegsseins, in gewisser Weise mit einer Geschichte über die Probleme von Nähe und Distanz zu tun hatten.

Einerseits hatten wir dadurch, dass wir denen nahe gekommen waren, die dort gewesen, die den Ereignissen selbst nahe gewesen waren, so viel erfahren, so viele Fakten, eine Unmenge von Details. Und selbst diese Informationen, diese Fakten wären verschwunden, wenn wir nicht rechtzeitig gekommen wären, um bei diesen Leuten zu sammeln, was uns wichtig war – sie wären verschwunden, weil die Protagonisten unserer Geschichte, Shmiel, Ester, die Mädchen, vier Mädchen, deren Namen wir jetzt kennen, in den Geschichten derer, die überlebt haben, zwangsläufig Randfiguren waren. In den Erzählungen, die wir in Australien und Israel, in Schweden und Dänemark gehört hatten, konnten die Jägers nicht mehr als Freunde, Nachbarn, Schulfreundinnen gewesen sein, nicht Mütter, Väter, Schwestern, Brüder, diejenigen also, an die man unablässig denkt. Daher wären Shmiel und seine Familie, hätten wir nicht die wenigen verbliebenen Bolechower aufgespürt, umso mehr verloren gewesen, als die Erben der Überlebenden sich im Laufe der Zeit an das erinnerten und das aufzeichneten, was *ihnen* wichtig war – den Greenes und Grunschlags, den Goldsmiths und Grossbards, den Adlers und Reinharzes, den Freilichs und Kulbergs –, und alles Übrige zwangsläufig verschwinden ließen, die Namen der Nachbarn und Freunde und Schulfreundinnen jener ursprünglichen Überlebenden, Namen, die mit der Zeit dann keine Bedeutung mehr hatten, so wie manche Namen, die ich bei meiner Suche nach den Jägers hörte, Namen, die für *meine* Geschichte nicht entscheidend waren, bei mir auf der Strecke blieben.

Zu leben heißt, eine Geschichte erzählen zu können. Zu leben heißt, eben der Held, der Mittelpunkt einer Lebensgeschichte zu sein. Kann man nichts weiter als eine Randfigur in der Geschichte eines anderen sein, bedeutet es, dass man wirklich tot ist.

Gleichwohl weiß ich durchaus, dass auch Randfiguren Schattenexistenzen führen, auch Statisten bis in die Gegenwart bestehen können, vorausgesetzt, jemand will ihre Geschichte erzählen. Wer wäre mein Großvater heute, wenn ich ihm nicht als kleiner Junge zu Füßen gesessen und die Geschichten, die er mir erzählte, auswendig gelernt hätte? – Geschichten, die natürlich in einer Hinsicht alle von ihm handeln und in der Hinsicht nur so vergnüglich sind, wie es Vergnügen bereiten kann, etwas Interessantes zu erfahren, ein Vergnügen der Erkenntnis, des Wissenschaftlers, in einer anderen Hinsicht aber davon handeln, was es bedeutet, Mitglied einer Familie zu sein, und in der Hinsicht für mehr Menschen von größerem Wert und mithin sicher bewahrenswert sind.

Unsere Reisen brachten uns also in die Nähe einer Vergangenheit, die wir ebenso wie die Menschen, die in dieser Vergangenheit lebten, auf immer verloren geglaubt hatten und aus der wir derart viele Fakten über sie bargen. Was hatten wir nach all den Reisen gelernt? *Er war taub, sie hatte hübsche Beine, sie war freundlich, er war schlau, ein Mädchen war abgehoben oder womöglich leicht zu haben, eines mochte die Jungen oder spielte vielleicht die Unnahbare. Sie war ein Schmetterling! Er hatte zwei Lastwagen, er brachte die ersten Erdbeeren mit, sie hielt ihr Haus makellos sauber, er war der Größte, sie spielten Karten, die Frauen häkelten, sie war hoch Nase! Sie war eine gute Ehefrau, eine gute Mutter, eine gute Hausfrau: Was kann man sonst schon sagen? Sie nannten ihn den »König«, sie trug ihre Bücher so, ihre Augen waren blau, hatten aber da eine braune Stelle, sie gingen ins Kino, sie gingen Skifahren, sie spielten Volleyball, sie spielten Basketball, sie spielten Pingpong! Er hatte das erste Radio, die Antenne war so hoch, nur zwei Männer in Bolechow hatten ein Auto, und einer davon war er. Sie gingen zur Schul oder auch nicht oder nur an hohen Feiertagen, sie dawneten, sie machten an Neujahr Zimmes, sie schlichen sich zu diesem polnischen Metzger und aßen heimlich Würste! Er liebte seine Frau so sehr, au au au au au!*

Es war eine nette Familie, eine prächtige Familie.

Es war ein Leben, es war ein Leben.

Das hatten wir erfahren, und natürlich erfuhren wir auch ihre Geschichten, die Geschichten der Geschichtenerzähler, sodass auch das Teil unserer Geschichte wird. Die Verstecke, der Bunker, die Mansarde, die Ratten, der Wald, die falschen Geburtsurkunden, die Scheunen. Und dann noch die Geschichten der Gegenwart. Die Leute, denen wir begegneten und mit denen wir redeten, ihre Familien, das Essen, das wir aßen, die Verbindungen, die jetzt, heute geknüpft wurden und deren Chancen 1:99,2 gestanden hatten. Und während all dieser Reisen, all dieser Annäherungen, fand ich auch noch etwas anderes: einen Bruder, den ich zuvor nie so recht gekannt hatte, einen Mann mit tiefen Gefühlen und weichem Herzen, einen Künstler, der wenig sagt und viel sieht und der sich um Gefühle mehr sorgt als ich, einen Mann, dem ich einmal, jedenfalls teilweise deshalb den Arm gebrochen habe, weil er einen Namen trug, um den ich ihn beneidete.

Nähe also und alles, was sie mit sich bringt.

Und der Rest? Denn obwohl wir jenen nahe kamen, die dort waren, gab es auch noch das Problem der Distanz. Einer physischen Distanz in erster Linie, als all das geschah, einer räumlichen Diskrepanz der Orte, an denen die Überlebenden und unsere Verlorenen sich aufhielten: erst verschiedene Häuser, dann verschiedene Lager und schließlich verschiedene Verstecke. Ab einem bestimmten Punkt war es schlicht unmöglich zu wissen, was den anderen geschah. Auch gab es eine Art psychische Distanz: Wenn man der Protagonist einer Lebensgeschichte ist, die gezwungenermaßen zu einer Geschichte rein kreatürlichen Überlebens geworden ist, bleibt wenig Raum für Abweichungen, für schweifende, gemächliche Ringe weiterer Erzählungen über andere Leute. Und schließlich war auch, stärker noch, jene andere Form von Distanz dazwischengekommen, die Distanz der sechs Dekaden zwischen Damals und Heute, ein Spalt, der sich auftat zwischen dem Geschehen und dem Erzählen, eine Leere, in die so vieles gefallen ist.

Weil so viel Zeit vergangen und so viel verschwunden war, gab es nur quälende Fragmente. Fragmente, die nun, da wir mit allen gesprochen hatten und es keine weiteren mehr zu finden gab, von endlicher Zahl waren und sich nie völlig, das war nun klar, zu einem ganzen Bild zusammenfügen konnten. *Der blonde Junge, der kein Jude war – auch er liebte sie so sehr. Sie hat sich, glaube ich, mit Freundinnen getroffen. Sie wurde dorthin gebracht, und anderthalb Tage später stand sie nackt auf einer Planke und wurde erschossen. Sie horchte, als das Klavier gespielt wurde, als der Mann sich auf den heißen Herd setzen musste. Sie wurde vergewaltigt. Sie könnte vergewaltigt worden sein: könnte. Die erste Aktion fand im Oktober statt. Es dürfte kalt gewesen sein. Sie wurden in einen Viehwaggon gesteckt und gingen in die Gaskammern, das war bei der zweiten Aktion. Es war im September. Es war im August. Es war die Mutter, der Vater, deren jüngste. Es waren die Mutter und die Tochter. Sie arbeitete in der Fassfabrik, sie suchte sich dort ein Plätzchen, während alle anderen in der Kälte waren!* 'Einundvierzig lebte sie noch, 'zweiundvierzig lebte sie noch, sie war bei Zimmerman, und dann hat niemand sie mehr gesehen. *Nein, sie war bei Halpern, sie war sehr loyal gegenüber ihrer* sympathia, *sie war leicht zu haben, wer weiß?* Sie war bei den Babij, sie wurde mit ihnen 'dreiundvierzig umgebracht, wer weiß das schon, der Letzte, der sie gesehen hat, ging 'zweiundvierzig. *Sie kam eines Tages zum Arbeitsamt, sie redete mit einem Mädchen namens Lew und einem Mann namens Altmann. Sie wurde von ihrer Freundin umarmt, die dabei sagte: Komm, gib mir einen Kuss. Sie saßen drei Tage lang in dem Hof und sahen mit an, wie Kinder aus Fenstern geworfen wurden, und Mrs Grynberg stand benommen da, und blutige Fetzen hingen ihr zwischen den Beinen. Sie floh mit ihrer Schwester zu den Babij. Sie blieb in der Stadt. Er hat sie so sehr geliebt. Er hat sie bei sich zu Hause versteckt.* Sej sent behalten baj a lererin. *Eine polnische Lehrerin versteckte sie bei sich zu Hause. Sie war schwanger. Eine polnische Lehrerin versteckte* sie beide *bei sich zu Hause. Sie war von jemandem schwanger, aber nicht von Ciszko. Das Hausmädchen hat sie verraten, ein Nachbar hat sie gesehen. Sie war allein, sie war mit ihrem Vater zusammen. Es war Ciszko, es war eine Kunstlehrerin. Eine Frau. Sedlak. Schedlak. Serlak. Szedlak. Szedlakowna. Szedlakowa. Niemand weiß, wo sie gelebt hat.*

Unmöglich zu sagen.

Vor langer Zeit hatte ich meine Suche begonnen in der Hoffnung zu erfahren, wie sie gestorben waren, weil ich ein Datum wollte, das ich in ein Diagramm einfügen konnte, weil ich dachte, dass mein Großvater, der mit mir als kleinem Jungen auf die Friedhöfe ging, wo er dann mit den Toten sprach, mein Großvater, der, wie ich wohl wusste, seine Fehler hatte, den ich aber trotzdem verehrte, der Zusammenbrüche gehabt, der Selbstmord begangen hatte, ein wenig friedlicher würde ruhen können – eine sentimentale Vorstellung, das ist mir klar –, wenn ich endlich eine Antwort auf die Frage geben könnte, die er, als ich sie ihm stellte, lediglich achselzuckend und kopfschüttelnd wiederholte, also nicht darüber sprechen wollte: *Was ist mit Onkel Shmiel passiert?* Immer zog er sich dann in ein untypisches Schweigen zurück, und ich sagte mir, eines Tages würde ich die Antwort finden: dass es *hier* gewesen war, dass es *dann und dann* gewesen war, dass wir nun, da wir es wussten, irgendwohin gehen und einen Stein auf ein Grab legen und mit ihm, mit Shmiel, auch sprechen konnten. Wir waren losgezogen, um genau zu erfahren, wie und wo und wann er gestorben war, sie gestorben waren, und waren größtenteils gescheitert. Doch im Scheitern hatten wir, fast zufällig, erkannt, dass es vor uns niemandem eingefallen war, nach Dingen zu fragen, die sich nicht in ein Schaubild eintragen ließen: Wie sie gelebt hatten, wer sie gewesen waren. Nach unserer Rückkehr aus Kopenhagen war ich mir dieser Ironie bewusst – dass wir am Ende weit mehr darüber erfahren hatten, wonach wir nicht gesucht hatten, als darüber, was wir finden wollten. Aber natürlich war es auf vielen unserer Reisen so gewesen.

Es war also die Distanz, dachte ich, die mich letztlich immer daran hindern würde, die Geschichte zu erzählen, die ich immer hatte erzählen wollen, bestehend aus Anfang, Mittelteil und Ende. Eine Geschichte, die wie die meines Großvaters in aller Seelenruhe begann und dann Fahrt aufnahm, sich die Lineamente ausprägten, die Charaktere, die Personen und die Handlung, um dann mit etwas Denkwürdigem zu enden, einer Pointe oder einer Tragödie, die für immer im Gedächtnis blieb. Wir hatten so viel mehr erfahren, als wir uns erträumt hatten, aber letzten Endes konnte ich doch nicht die ganze Geschichte erzählen, konnte *das* für sie nicht retten, nicht für meinen Großvater und auch nicht für mich.

Und dennoch, einige Zeit nach jenem letzten Besuch in Dänemark, als ich über dem Problem von Nähe und Distanz brütete, darüber, wie das, was geschieht, zu einer Geschichte wird, dachte ich an die junge Frau, die über ihre Großmutter schrieb. Auf der einen Seite war da die Großmutter, der Mensch, dem *schreckliche Dinge* widerfahren waren und der keinen Meter entfernt von einem interessierten jüngeren Menschen wie ihrer Enkelin oder mir, sitzen und ihre Geschichte erzählen konnte. Auf der anderen Seite die Enkelin, die *wegen* der Distanz, des Vergehens der Jahre und des Versagens der Erinnerung zwangsläufig die Lücken füllen müsste, um aus den Rohdaten eine Geschichte zu formen. Ich erkannte, dass das, was Alena mir an jenem Abend erzählt hatte, als eine Art Fabel über den ewigen Konflikt zwischen dem Geschehenen und der *Geschichte* des Geschehenen gelesen werden konnte, eine Fabel, die auf den unausweichlichen Triumph des Geschichtenerzählers hindeutet, noch während sie vor den Gefahren warnt, die diesem Triumph innewohnen. Um zu einer Geschichte zu werden, mussten die Details dessen, was mit der Großmutter geschah, was in der Echtzeit, der wirklichen Geschichte einem realen Menschen geschah, dem Gesamtentwurf, der in den Gedanken der Enkelin aus welchen idiosynkratischen Gründen von Persönlichkeit, Präferenz oder Geschmack auch immer bereits existierte, untergeordnet werden – so wie die kleinen Steine, die *tesserae,* die von griechischen und römischen Handwerkern verwendet wurden und entsprechend einem Muster, das der Künstler erdacht hatte, in Mörtel oder Zement gesetzt wurden, einem Muster, ohne das (wie der Künstler sagen würde) die *tesserae* selbst – es konnten glitzernde Halbedelsteine sein, Onyx, Quarz oder Jaspis oder auch bloß unscheinbare Steinchen aus der Umgebung – letztlich nichts als eben hübsche kleine Steine waren.

Es ist, anders formuliert, die *Nähe,* die einen dichter an das *Geschehene* führt, verantwortlich ist für die Fakten, die wir sammeln, die Artefakte, die wir besitzen, die wörtlichen Zitate dessen, was die Menschen gesagt haben; *Distanz* hingegen macht es erst möglich, das Geschehene zu erzählen, bedeutet genau die Freiheit, diese Stückchen zu einem angenehmen und kohärenten Ganzen zu organisieren und zu formen – beispielsweise drei separate Zitate eines Menschen aus dem Verlauf dreier Abende auszuwählen und sie aneinanderzureihen, um so eine dramatische Wirkung zu erzeugen, die viel stärker ist, als würde man ihnen in drei aufeinanderfolgenden Kapiteln eines Buchs begegnen.

Noch lange, nachdem wir uns auf die letzte unserer Reisen begeben hatten, fand ich diese Vorstellung vom Triumph der Distanz, des Geschichtenerzählers, reizvoll und spannend. Warum auch nicht? Ich bin der Erbe meines Großvaters, der (wie gescherzt wurde, als ich klein war) in den Laden ging, um einen Liter Milch zu kaufen, und mit einer erstaunlichen, dramatischen Geschichte wiederkam. Ist man ein bestimmter Menschentyp und stammt aus einer bestimmten Familie, braucht es für eine Geschichte nicht viel.

Als ich dann aus Dänemark zurückkam und mir meine Dutzende Videobänder ansah, alle Geschichten bedachte, die wir gehört hatten, wenn auch in dem Bewusstsein, dass wir nicht die erhoffte ganze Geschichte gehört hatten, ich all das also erwog, dachte ich: Es reicht. Ich dachte: *Genug is genug.*

Ich dachte: Wir sind fertig.

FÜNFTER TEIL

Wajera
oder
Der Baum im Garten

(8. Juli 2005)

… nämlich dass man als »Beobachtender« einem weit
niedrigeren Niveau verhaftet ist denn als Schaffender.

Marcel Proust,
Auf der Suche nach der verlorenen Zeit
(Im Schatten junger Mädchenblüte)

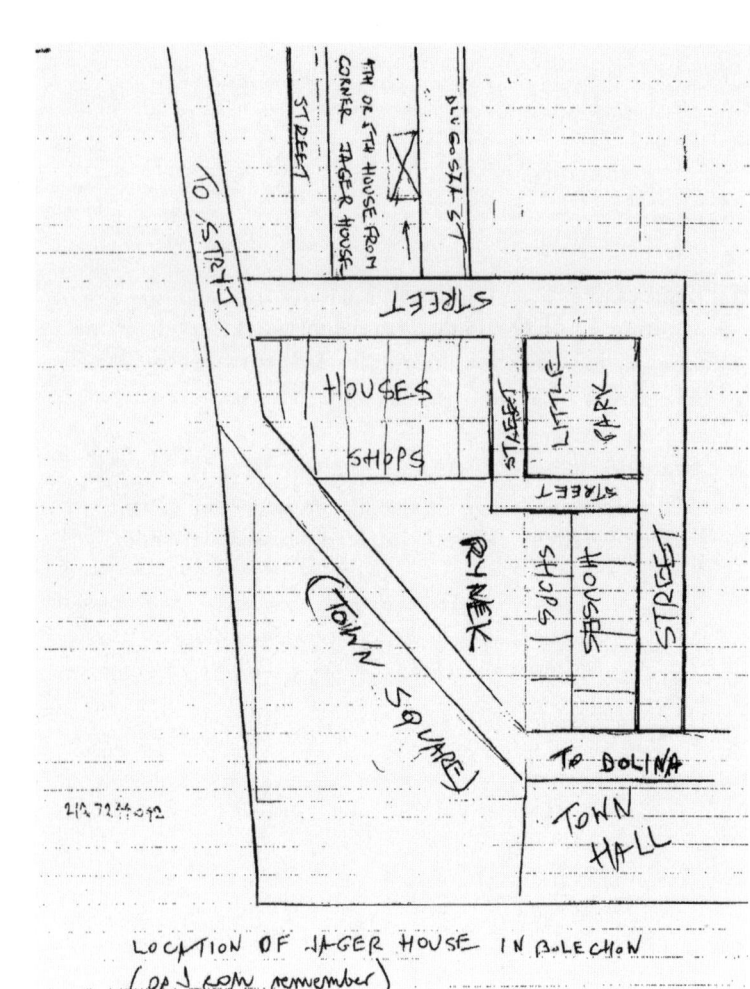

LOCATION OF JAGER HOUSE IN BOLECHOW
(as I can remember)

Mrs Begleys Begräbnis fand an einem kalten, strahlenden Dienstagvormittag Ende Dezember statt. Sie war an einem Samstag gestorben, zwei Tage vor ihrem vierundneunzigsten Geburtstag. Wie immer hatte sie recht gehabt: Ich hatte nicht schnell genug geschrieben.

Monatelang war es ihr schon nicht gut gegangen. *Not vell, not vell at all*, blaffte sie müde zurück, wenn ich mal wieder so dumm gewesen war, ein Telefongespräch mit einem mechanischen *Wie geht es Ihnen?* zu beginnen. Inzwischen kannte ich die Antwort. Auch wenn sie immer gebrechlicher wirkte, blieb sie, soweit ich sehen konnte, geistig intakt. Sie hörte aufmerksam zu, wenn ich sie auf den neuesten Stand meiner Reisen, meiner Forschungen, meines Schreibens brachte; sie zeigte eine fast bestürzend tiefe Anteilnahme, als ich ihr eines Nachmittags am Telefon erzählte, ich hätte eben erfahren, dass Dyzia Lew in Weißrussland gestorben sei und dass wir nun nicht mehr nach Minsk führen. *Wir gehen alle, einer nach dem anderen*, sagte sie tonlos. Sie las weiterhin die *Times* und die *New York Review of Books* von vorn bis hinten durch, und das ganze Jahr 2004 hindurch rief sie mich häufig an, um zu diesem oder jenem Stück, das ich geschrieben hatte, etwas anzumerken. Einen Monat vor ihrem Tod unterhielten wir uns eine Weile am Telefon über die griechischen Dramatiker, und sie erzählte mir eine Geschichte, die sie mir fast fünf Jahre zuvor an dem Januartag zum ersten Mal erzählt hatte, als ich nervös zu ihr gekommen war und sie mir die erste von so vielen Tassen Tee eingeschenkt hatte: Unmittelbar nach Kriegsende in Polen war das erste Kulturereignis eine Aufführung von Sophokles' *Antigone*, ein Stück, wie wir beide wohl wussten, über einen Menschen, der sich der autoritären Herrschaft mutig entgegenstellt und dafür stirbt. Aber es gibt andere Formen des Widerstands, die in der griechischen Tragödie undenkbar sind, beispielsweise Überleben. Wann immer ich nun Griechische Tragödie unterrichte, erzähle ich beide Geschichten: die der *Antigone* in Polen nach dem Krieg und die von Mrs Begley, die sich versteckt und überlebt hatte.

Die Griechen, seufzte sie schwer ins Telefon, die Griechen, das Theater, ich habe sie alle gekannt, ich habe mir immer alles angesehen.

Nun aber versagte ihr Körper ihr den Dienst, das wusste ich, auch wenn ich mich wie üblich weigerte, an das Ende zu denken, daran, wohin dieses Versagen letztlich führen musste. Ihre Knie machten ihr zu schaffen, sagte sie bei jedem unserer Gespräche, bei jedem meiner Besuche in der oberen Lexington Avenue; sie kam nicht mehr an die Tür, um mich zu begrüßen, sondern wartete auf mich, im Sessel bei der lautlosen Klimaanlage thronend, oder am Esstisch auf dem der Küchentür nächsten Stuhl, wartete mit den Tellern Räucherlachs, Brot, geschichtetem Gebäck. Was macht es schon, wenn ich hier festsitze?, kicherte sie grimmig Mitte August in ihrem letzten Jahr, als in New York wegen eines Blackouts der Strom ausgefallen war, ich kann mich ohnehin nicht bewegen! Ich hatte von meiner Wohnung in der Seventy-first Street bei ihr in der Ninety-fourth Street angerufen, um zu hören, ob sie etwas brauchte. Mein elektrisches Telefon war tot wie jedes andere auch, aber ich hatte ein altes Telefon aus meinem Wandschrank gekramt, ein dickes schwarzes Ding aus den fünfziger Jahren, das ich aus einer Laune heraus auf dem Flohmarkt gekauft hatte. Dieser Apparat brauchte keinen Strom, ebenso wenig wie, das wusste ich, Mrs Begleys. Als ich mühsam die Nummer wählte – nach jeder Zahl surrte die Wählscheibe zu ihrem Ruhepunkt zurück mit einem Geräusch, das ich jahrelang nicht mehr gehört hatte, einem Geräusch, das in mir Erinnerungen an meine Mutter an dem alten Wählscheibentelefon in der Küche wachrief, wie sie mit ihrem blonden Kopf zum Haus der Nachbarn deutete –, während ich also ihre Nummer wählte, wusste ich, dass ich sie erreichen würde. Ihre Stimme klang, als sie abnahm, verblüffend belustigt, als wäre die Aufregung über die Krise der ganzen Stadt eine Entlastung von der abgedroschenen Nachricht ihrer nachlassenden Gesundheit. Sie sagte, doch, es gehe ihr gut, und nein, ich bräuchte ihr nichts zu bringen.

Ich schaute aus dem Fenster auf die verdunkelten Gebäude im Osten meines Viertels, fummelte an dem schweren Hörer und sagte: Möglicherweise sind wir die beiden einzigen Menschen in New York, die miteinander telefonieren können!

Wissen Sie, warum?, raunte sie. Weil nur wir solche Telefone haben! Weil wir *alte Dinge* mögen! Ha!

Sie hatte also Knieprobleme. Oder einen Mangel an Natrium, Kalzium oder vielleicht auch Kalium; ich erinnere mich gar nicht mehr an die Namen der Chemikalien, die zu dick oder zu dünn in ihrem Blut rannen. Aber ich wusste, dass einer dieser Mängel ein Problem verursachte, das sie erzürnte und frustrierte, eine merkwürdige Form von Aphasie. Mitten im Gespräch machte sie dann plötzlich ein hilfloses, wütendes Gesicht und sagte *Ecchhh, mir fällt nicht ein, was ich gerade sagen will, Sie wissen ja, was*, und manchmal wusste ich es tatsächlich, manchmal auch nicht, aber in beiden Fällen sagte ich: Schon gut, Mrs Begley, es ist nicht wichtig. Zwei Begriffe, die sich in den Sommer- und dann Herbstmonaten vor ihrem Tod nicht aus ihrem Vokabular verflüchtigt hatten, waren *sentimental* und *besser aussehen*.

Und dann bekam sie Lungenentzündung, dann ging es ihr wieder besser, dann schlechter, dann starb sie.

In der Friedhofskapelle an der Madison Avenue, vorne in dem bescheidenen, mit schlichten, polierten Holzbänken versehenen Raum, wartete der schlichte Kiefernsarg, wie es der Brauch will. Auf diesen Bänken saßen ungefähr zwanzig Personen, abgesehen von ihrer Familie vornehmlich Freunde ihres Sohnes und vereinzelt Leute wie ich, die wider Erwarten auch ihre Freunde waren. In dem kleinen Vorraum, in dem wir uns vor Beginn des Gottesdienstes eingefunden hatten, saß auf einem Sofa eine winzige alte, wie ein Stammesgötze geschrumpfte Frau, überraschend schick gekleidet: kesse Fedora, Maßanzug, Jabot, riesige Brille. Sie sah aus wie hundert, und wie sich herausstellte, war sie es auch fast. Diese Dame sei Mrs Begleys Nachbarin in Stryj gewesen, sagte Anka. Die alte Frau sah mit riesenhaft vergrößerten Augen zu mir auf, musterte mich und sagte: *Ich kenne Louis, seit er ein Baby war! Jetzt bin ich die letzte.*

Aber ausnahmsweise hatte ich kein Interesse, mit einer alten

Jüdin zu sprechen, sondern nickte nur und nahm meinen Platz ein, wobei ich sorgfältig jeden Kontakt mit den anderen Gästen mied. Das letzte Mal, als ich einen Juden aus einer Stadt in Galizien begraben hatte, war es mein Großvater gewesen, und aufgrund der Gefühle und der Familie und meiner weinenden Mutter war es wie ein seltsamer, beschleunigter Blitz vorübergegangen. Ich war zwanzig gewesen. Diesmal war ich Mitte vierzig. Ich wusste, was ich verlor.

Während des kurzen Gottesdienstes zog ich den Schnappschuss hervor, den ich vier Jahre zuvor gemacht hatte, am Tag des festlichen Lunchs, den sie nach meiner Rückkehr aus der Ukraine gegeben hatte. Darauf sitzt sie an ihrem Esstisch, ihre elegante, dick geäderte Hand liegt auf dem Tischtuch, und sie blickt ein wenig misstrauisch in die Kamera, das heile Auge halb offen, das lange mitteleuropäische Gesicht reserviert und müde, aber nicht unfreundlich. Als ihr Sohn sprach – *Aber etwas in ihr war zerbrochen*, sagte er an einer Stelle, daran erinnere ich mich noch – und dann ihre Enkel und schließlich noch ihre Urenkelin, ein empfindsamer, dunkelhaariger Teenager mit vollen Lippen und traumerfüllten Augen, die, davon bin ich überzeugt, in erstaunlichem Maße aussieht, wie ihre Urgroßmutter einmal ausgesehen haben muss, und an dem Abend, an dem ich dieses Mädchen zum ersten Mal sah, am selben Abend, an dem ich Mrs Begley kennenlernte und sie auflachte und *Bo-LEH-choof!* sagte, sagte ich denn auch *Oh!, du siehst deiner Urgroßmutter aber ähnlich!*, was in dreißig Jahren gut und gern der Anfang eines anderen Buchs sein könnte – als nun die Begley-Kinder und -Enkel und die Urenkelin sprachen, zog ich dieses Foto heraus und betrachtete es und strich mit dem Finger darüber, so wie meine Mutter es getan hatte, als sie an jenem Junitag 1980, als der schlichte Kiefernsarg in die Erde des Mount-Judah-Friedhofs gesenkt wurde, über ein beiläufiges (aber deshalb authentischeres) Foto ihres Vater strich und immer wieder sagte, während ein Rabbi, der meinen Großvater gar nicht gekannt hatte, mechanisch das Ritual abspulte und daher nichts Bedeutsames, kein beglaubigendes Detail des Menschen vermitteln konnte, dessen Leichnam er der Erde übergab: Sie müssen sagen, wie lustig er war, er war doch so *lustig*!

Das war ein Vierteljahrhundert zuvor gewesen. Jetzt war es Zeit, Mrs Begley zu beerdigen, die mir eine zweite Chance gegeben hatte, jemanden aus der Kultur und Zeit meines Großvaters kennenzulernen, die Fragen zu stellen, die ich mit zwanzig noch nicht hatte stellen können. Der Gottesdienst ging zu Ende, und der Raum leerte sich allmählich. Ich blieb noch, bis niemand mehr da war, nicht einmal die Alte, die einst eine junge Hausfrau mit frischem Gesicht in einer fernen Stadt gewesen war, die wohl einst über dem neuen Kind ihrer Nachbarin gegurrt und *Ludwik, Ludwik!* gesagt und dabei das knetgummiweiche Babyfleisch gestreichelt hatte. Mir war komisch zumute: teils, weil es mir seltsam vorkam, sie in dem hohen Raum zurückzulassen, teils, weil ich wusste, dass ich sie, wenn ich durch die breite Tür in den Flur trat, in dem die Familie sich in einer Reihe aufgestellt hatte und den Gästen die Hand schüttelte, nie mehr wiedersehen würde. Ich ging Richtung Tür, doch etwas hielt mich auf, ein so starkes Zögern, dass es wie eine physische Kraft war, eine feste Hand, die sich mir auf die Schulter legte, und ich drehte mich um. Nicht darauf achtend, wer mich sah oder wie albern ich wirkte, schritt ich forsch den Mittelgang entlang zum Sarg und blieb davor stehen. Ich legte die Hand auf das unlackierte Holz, das von dunklen Verwachsungen fleckig war wie eine gealterte Hand, und strich einige Male sachte darüber, so wie man den Arm eines sehr alten Menschen streicheln würde, behutsam und beruhigend zugleich.

Ich sagte: Ich habe Sie wirklich geliebt, Mrs Begley. Ich werde Sie sehr vermissen.

Dann drehte ich mich um und ging zur Tür. Ich blieb stehen, warf noch einen letzten Blick zurück – schließlich bin ich ein *sentimentaler* Mensch – und ging dann, und das war das letzte Mal, dass wir geredet haben.

Auch wenn sie nicht das Ende der Genesis bildet, liefert die Paraschat Wajera, *deren Name sich von der göttlichen Manifestation vor Abraham, mit der sie einsetzt, herleitet –* Und der Ewige erschien ihm –, *für mich einen passenden und befriedigenden, dramatisch fesselnden und zugleich moralisch eindringlichen Abschluss der Erzählung, die sich über die ersten Paraschijot der*

541

hebräischen Bibel spannt. Diese Lesungen verfolgen die Entwicklung des Auserwählten Volks, verengen ihren Fokus im Verlauf des Textes mit wachsender Intensität: von dem bedeutungsvollen, großartigen Breitwanddrama der Erschaffung der gesamten Schöpfung selbst, aller Gattungen und Arten von Lebewesen, dann weiter, sozusagen in Form einer Serie immer kleinerer chinesischer Schachteln, zu der Geschichte einer Gattung, der Menschheit, dann zu der einer bestimmten Familie und schließlich zu der Geschichte eines bestimmten Mannes, eines Mannes, den Gott auserwählte, Abrahams, des ersten Juden. Diese Geschichte Abrahams und seiner Beziehung zu Gott, den Abraham als erster Mensch als Gegenstand einer angemessenen religiösen Ehrfurcht anerkannte, findet in der Paraschat Wajera ihr Ende, die selbst in zwei berühmten und erschütternden Geschichten kulminiert.

Die erste, die Geschichte der Zerstörung Sodoms und Gomorrhas durch Gott, rekapituliert Themen, die bereits früher in der Genesis auftauchen, und unternimmt eine tiefergehende Erkundung der moralischen Implikationen des Auserwähltseins. Am Anfang steht ein weiteres Beispiel göttlicher Auslöschung: Gottes Entscheidung, eine nicht unerhebliche Zahl von Menschen zu vernichten – die gesamte Bevölkerung zweier Metropolen – als Strafe für ihre Gottlosigkeit, ein Ereignis, das zwangsläufig an seine vorige, in Noach beschriebene Entscheidung erinnert, die ganze Menschheit mit Ausnahme Noahs und dessen engerer Familie auszulöschen. Diese Entscheidung warf die leise Sorge auf, dass neben den schuldigen auch unschuldige Menschen vernichtet worden sein könnten – ein moralisches Problem, das in der Geschichte von Sodom und Gomorrha ausführlich behandelt wird. Des Weiteren lässt sich die Paraschat Wajera, weil sie eine krasse Konfrontation zwischen den von Gott Auserwählten und den Nichtauserwählten zeigt und damit auch zwischen der Bedeutung, das Gute oder eben das Böse gewählt zu haben, als ein Text begreifen, der dem Leser einen weiteren – vielleicht den endgültigen und raffiniertesten – in jener Reihe von Unterscheidungsakten präsentiert, wie sie so denkwürdig am Beginn der Genesis beschrieben werden. Denn wie wir wissen, ist der Akt des Unterscheidens das Kennzeichen der Schöpfung selbst.

Diese und weitere Wiederholungen früherer Themen und Motive überzeugen mich davon, dass die Paraschat Wajera als Gipfelpunkt, als Resümee empfunden werden soll. Diese zyklische Eigenschaft des Textes betrifft nicht nur die großen Themen, sondern auch flüchtige Details. Ein Beispiel: In dieser Lesung erfahren wir, dass Abraham nach der Zerstörung der Zwillingsstädte Sodom und Gomorrhas mit Sara weiter in den Negev, in die Stadt Gerar zieht. Auch hier gibt der Patriarch, wie einst in Ägypten, seine Frau als seine Schwester aus, mit dem gleichen Ergebnis wie zuvor, dass nämlich der dortige König sie in sein Haus aufnimmt und nur durch die Hand Gottes, der dem König im Traum eine Warnung schickt, davon abgehalten wird, sie zu berühren. Was genau dieser König, Abimelech, mit der neunzig Jahre alten Sara vorgehabt haben mag, bleibt unklar, doch das wiederkehrende Motiv der Lüge des Patriarchen hinsichtlich seiner Frau, wie aufgesetzt sie auch wirkt, soll uns sicherlich genau an dem Punkt, an dem die Geschichte der Wanderschaft des Paares zu Ende geht (denn Sara stirbt gleich zu Beginn der

543

nächsten Parascha*), daran erinnern, wie diese begann. Gewisse Manipulationen der Wahrheit sind unwiderstehlich, will man einer Geschichte eine befriedigende Form geben.*

Sodom und Gomorrha also. Die zweite klimaktische Ge*schichte in* Paraschat Wajera, *die von Abrahams beabsichtigter Opferung Isaaks, zeigt hübsch – weil sie die Beziehung eines Vaters zu seinem kleinen Sohn wie auch die zu seinem göttlichen Schöpfer behandelt –, wie jeder einzelne Mensch eine Brücke zwischen Vergangenheit und Zukunft darstellt, und indem Isaak schließlich als ausgeprägte Figur in die Erzählung eingeführt wird, legt diese auch das narrative Fundament für die Geschichte von Abrahams Nachkommen, die den Leser ans Ende der hebräischen Bibel selbst führt. Letzteres betrifft uns hier nicht, da ich, wie schon gesagt, zu der Zeit, als ich als junger Erwachsener kurz die Tora studierte, um mich dann wieder den Griechen zuzuwenden, nur bis* Paraschat Wajera *kam, weswegen auch wir damit enden wollen.*

Auf die individuellen Geschichten werde ich später zurückkommen, hier jedoch erscheint der Versuch lohnend, einen der bekanntesten Momente in der Paraschat Wajera *zu interpretieren, wenn auch nur, weil die beiden Kommentatoren, die ich ausgesucht habe, um diese Texte zu erhellen, Raschi und Friedman, für meine Begriffe daran scheitern, die Bedeutung dieses merkwürdigen und berühmten Vorfalls zu erklären (der freilich zu unbedeutend ist, um später, wenn wir die größeren moralischen Implikationen der beiden erwähnten Geschichten beleuchten, von Belang zu sein). Ich spreche von der bekannten Geschichte von Lots Frau – davon, wie sie, ihr Mann und ihre beiden Töchter durch das Eingreifen des Engels Gottes aus der todgeweihten Stadt gerettet werden, indem die himmlischen Wesen sie mit Gewalt aus ihrem Haus zerren, wie Lots Frau die ausdrückliche Anweisung des Engels missachtet, sich auf der Flucht nicht umzudrehen und auf die Stadt zu schauen, und wegen dieser Übertretung in eine Salzsäule verwandelt wird.*

Schockierend ist, jedenfalls für mich, dass Friedman über diesen fesselnden Augenblick rein gar nichts zu sagen weiß – vielleicht weil er sich die exegetische Munition aufspart, bis er sie wirklich braucht, nämlich für die noch weit verstörendere Ge-

schichte von Abrahams Bereitwilligkeit, das eigene Kind zu töten. Auch Raschis Erklärung scheint mir ausnahmsweise nicht überzeugend. Der französische Gelehrte beginnt damit, die Anweisung des Engels, sich nicht »umzuschauen«, als eine Art Bestrafung zu interpretieren: Er erklärt das »Schaue nicht hinter dich« so, dass Lot und seine Familie, da sie genauso wie die Einwohner der Zwillingsstädte gesündigt haben und nur wegen ihrer Beziehung zu Abraham, dem guten Propheten, gerettet werden, nicht das Recht haben, die Bestrafung der Todgeweihten von der sicheren Warte ihres Fluchtwegs aus zu verfolgen. »… darum bist du nicht würdig, ihre Strafe zu sehen, während du gerettet wirst«, heißt es bei dem Franzosen. Das bizarre Detail des Schicksals von Lots Frau, ihre Verwandlung von Mensch in Mineral, erklärt Raschi so: »… durch Salz hatte sie gesündigt, und durch Salz wurde sie geschlagen.« Dieses »durch Salz gesündigt« ist der Verweis auf eine Midrasch-Tradition; Lots Frau hat die traditionelle Geste, Gästen Salz anzubieten, missachtet. (In derselben Tradition meldete Lots Frau unter dem Vorwand, bei den Nachbarn Salz zu borgen, die Handlungen ihres im Ausland geborenen Mannes den sodomitischen Behörden – eine Erinnerung daran, dass sie, anders als ihr Mann, mutmaßlich gebürtige Sodomitin ist.)

So geschickt diese Erklärung auch ist, lässt sie für mein Empfinden jedoch die emotionale Bedeutung des Texts vollkommen außer Acht – seine schöne und schön ökonomische Evokation bestimmter schwieriger Gefühle, mit denen zumindest die meisten normalen Menschen allzu vertraut sind: quälende Trauer um die Vergangenheit, die wir aufgeben müssen, tragische Sehnsucht nach dem, was zurückgelassen werden muss. Vielleicht weil ich Altphilologe bin, fiel mir bei der Lektüre von Raschis Interpretation dieser Passage auf, wie wenig Beachtung, wie wenig Anerkennung der jüdische Text und seine jüdischen Kommentatoren dem beimessen, was mir als die naheliegende Frage erscheint, die aus der Geschichte von Sodom und Gomorrha erwächst, jener nach dem Wert von Schönheit und Freude. Wir dürfen nicht vergessen, dass Abraham zwar in einer Stadt geboren wurde, fast sein ganzes Leben aber als Nomade verbracht hat, wie Paraschat Lech Lecha deutlich macht; vielleicht hat er inzwischen ja *die Freuden der Urbanität vergessen. Lots Frau dagegen hängt sehr an ihrer Stadt – Raschi bezeichnet sie gar als »Hauptstadt« –, und wir können uns vorstellen, warum dem so ist, nämlich weil die große Hauptstadt, der wir in der* Paraschat Wajera *begegnen, zweifellos wie jede andere auch einiges an Schönheit zu bieten hatte, an seltenen und verworrenen Freuden, zu denen durchaus auch gerade die Laster gezählt haben dürften, für die sie schließlich bestraft wurde. Aber vielleicht spricht da der Heide, der Hellenist in mir.*

Dieses mentalitätsbedingte Versagen, Sodom im eigenen Kontext als alte Metropole des Nahen Ostens, als Stätte verfeinerter, ja dekadenter Freuden und hyperzivilisierter Schönheiten zu verstehen, führt dazu, dass der Kommentator die wahre Bedeutung der beiden entscheidenden Elemente dieser Geschichte nicht erfasst: die Anweisung des Engels an Lots Familie, sich nicht umzudrehen und auf die Stadt zu blicken, aus der sie fliehen, und die Verwandlung von Lots Frau in eine Salzsäule. Denn betrachtet man Sodom als schön – als was es zweifellos desto mehr erscheinen wird, weil es verlassen und auf immer verloren sein wird, genauso wie, sagen wir, Verwandte, die tot sind, immer irgendwie schöner und besser sind als die noch lebenden –, dann erscheint klar, dass es keine Strafe ist, wenn Lot und seiner Familie befohlen wird, nicht darauf zurückzublicken, sondern einem praktischen Grund dient: weil die Trauer um das, was wir verloren haben, um die Vergangenheiten, die wir aufgeben müssen, oftmals alle Versuche vergiftet, sich ein neues Leben zu schaffen, und genau das müssen Lot und seine Familie jetzt tun, so wie Noah und seine Familie es einst hatten tun müssen, wie alle, die schreckliche Vernichtungen überlebt haben, es irgendwie tun müssen. Diese Erklärung wiederum trägt zur Erklärung der Form bei, die die Bestrafung von Lots Frau annahm – wenn es denn überhaupt eine Bestrafung war, was ich persönlich nicht glaube, da es mir eher wie ein natürlicher Prozess erscheint, wie eine unausweichliche Folge ihres Charakters. Für diejenigen, die ihrer Natur nach gezwungen sind, immerzu auf das Gewesene zurück statt nach vorn in die Zukunft zu schauen, liegt die große Gefahr in Tränen, in dem unaufhaltbaren Weinen, das, wie die Griechen wussten, wenn nicht auch der Autor der Genesis, nicht

nur Schmerz ist, sondern auch narkotische Lust: eine trauervolle
Kontemplation, die so makellos, so kristallin ist, das sie einen
letztlich bewegungsunfähig machen kann.

Oh Daniel, geht nicht *zurück*!, sagte meine Mutter eines Abends
einige Monate nach Mrs Begleys Begräbnis.

Ich hatte sie angerufen, um ihr Gedächtnis ein wenig anzu-
zapfen. Zu der Zeit dachte ich häufig an die Israel-Reise meines
Großvaters 1956, daher hatte ich sie einige Tage vorher gefragt,
ob es ihr etwas ausmache, im Familienarchiv nach bestimmten
Fotos zu suchen, die ich für hilfreich hielt – hilfreich natürlich
nicht, um meinem Gedächtnis nachzuhelfen, da das Ereignis
lange vor meiner Geburt stattgefunden hatte, sondern eher als
visuelles Pendant für die Geschichten, die ich so oft gehört hatte.
Wegen ihres *pedantischen deutschen Bluts* hatte sie gemeint, ich
solle sie einige Tage später wieder anrufen, bis dahin werde sie
dazu gekommen sein, die Alben sorgfältig aus ihrer Mumien-
umhüllung, wie ich sie damals, mit acht, gesehen hatte, auszu-
packen. Als ich dann an jenem Sommertag vor ungefähr einem
Monat mit ihr telefonierte, beschrieb sie mir etliche Fotos und
trennte die, die ich wollte, von denen, die mir nicht so interessant erschienen.

Da ist Nana, sagte sie, sie sitzt auf einem Liegestuhl auf dem
Dampfer, sie hat in dem Jahr so *gesund* ausgesehen, da ist ihre
Mutter auf der Abschiedsparty in ihrer Kabine, sie lächelt gut-
mütig, hat einen Arm um ihre Schwägerin gelegt, Tante Sylvia,
die wie immer enttäuscht dreinschaut, den anderen um Minnie
Spieler, die ihrer Boheme-Legende entsprechend den Mut hatte,
einen Männeranzug und Krawatte zu tragen. Hier sind noch
andere Fotos, die in das ISRAEL-REISE AUF SS UNITED STATES-
Album geraten sind, Bilder, die, so meine Mutter – dabei stahl
sich ein verblüffter Ärger in ihre Stimme –, nicht dorthin gehörten: der einzige Bruder ihrer Mutter, Jack, der attraktive blonde
Junggeselle, den ihr Vater nicht mochte (weil er, wie ich mir sagte,
während sie redete, ein *Rivale* war), dann die ältere Schwester
ihrer Mutter, die unstabile, die gegen Ende ihres Lebens nicht
mehr badete, weil sie überzeugt war, dass die Russen ihr Elek-
troden in die Frisur getan hatten, eine Geschichte, bei der wir

Kinder vor Lachen kreischten – dieselbe ältere Schwester, die meinen Großvater daran hindern wollte, meine Großmutter zu heiraten. Diese Geschichte kannte ich auswendig, seit ich zehn war, sie gehörte zum Grundrepertoire meines Großvaters nach dem Essen: wie Pauline die Verlobung dreimal gelöst hatte, weil sie darauf beharrte, dass ihre kleine Schwester, ein echtes amerikanisches Mädchen, in New York geboren, nicht unter ihrem Stand, einen Einwanderer, ein Greenhorn, *grinhorn*, heiraten sollte. Doch die Liebe überwand alles!, scherzte mein Großvater, und Jahre später, nachdem er wohlhabend geworden war, die Fabrik der Mittelmarks erworben und damit Erfolg gehabt hatte, ging eben jene Pauline eines Abends bei irgendeinem Seder, irgendeiner Zusammenkunft, für die meine Großmutter ihre berühmten Suppen und Desserts, die sie nicht essen konnte, gemacht hatte, zu ihm hin und sagte: Weißt du was, Abe? Du warst schon immer mein Lieblingsschwager! Worauf mein Großvater ohne zu zögern antwortete: *Ahhh, Pauline – dann bin ich jetzt also* endlich *ein Yenkee Doohddle Dehndee!*

Was auch stimmte. Niemand sprach das Treuegelöbnis lauter als er, hängte am Memorial Day eine größere Fahne aus dem Fenster, verteilte am vierten Juli größere Eistüten. Dafür war er weit gereist.

Und so gab meine Mutter diese Geschichten wieder zum Besten, während sie ihre Alben durchsah, die sie möglicherweise deshalb gern so säuberlich beschriftet und ordnet, weil hundert Jahre vor unserem Gespräch ein Ehestifter in Bolechow für den jungen Witwer Elkune Jäger ein Mädchen aus Dolina namens Taube Ryfka Mittelmark ausgewählt hatte, *Mittelmark*, eine Familie, deren deutsches Blut sich, wie sie immer betonten, in einem Sinn für Ordnung ausdrückte, so wie manche Gene sich in einer geraden Nase, blauen Augen oder einer Neigung zu Darmkrebs zeigen. Und während meine Mutter also ihre säuberlich geordneten Bilder durchsah, erwähnte ich, ich hätte beschlossen, noch einmal in die Ukraine zu fliegen, nach Bolechiv (*Bolechiv*, wie ich es von nun an nennen muss, da ich jetzt weiß, dass ich nie wieder dorthin zurückkehren werde, nie wieder, und deshalb – und weil ich nun weiß, nachdem ich dieses letzte Mal dort war, dass es dort wirklich nichts mehr zu sehen gibt, dass von *Bolechow* nichts mehr übrig ist – bin ich nun endlich bereit, dem Städtchen zu gestatten, seinen Platz in der Gegenwart einzunehmen). Ich sagte ihr, ich freute mich zwar nicht gerade auf noch eine Reise – eine Reise zudem an einen Ort, wo wir bereits gewesen waren, wo wir bereits mit Leuten geredet und gesehen hatten, was es zu sehen gab –, dächte jetzt aber, ein weiterer Besuch könne eine interessante Art sein, die Suche, die ich vor so langer Zeit begonnen habe, zu Ende zu bringen. Ich sagte ihr, ich glaubte, mehr als alles andere gäbe mir eine Rückkehr nach Bolechiv das Gefühl eines Abschlusses; ich glaubte, wiewohl wir auch vieles nie erfahren würden, wäre es doch befriedigend, diese zweite und letzte Reise mit der ersten zu kontrastieren, noch einmal durch die verwirrend krummen Straßen der Stadt zu gehen, diesmal aber mit so viel mehr Wissen als beim ersten Mal vier Jahre zuvor, als wir außer sechs Namen nichts gekannt hatten. Dieses Mal hätte ich meine Aufzeichnungen, meine Tapes, die Geschichten, die Beschreibungen, die Karte, die Jack und Shlomo mir peinlich genau gezeichnet und gefaxt hatten, all die Daten, die ich im Laufe von vier Jahren gesammelt hatte – mit alldem könne ich nun selbstsicher durch die Stadt meiner Familie gehen und sagen: *Das ist die Dlugosa, die Straße, in der sie lebten, hier, fünf Meter vom Magistrat entfernt, war der Laden, da war die Schule, dort das Hanoar-Gebäude, da das Dom Katolicki, das da ist die Straße nach Taniawa, hier war das Geschäft von Szymanski, da die Straße, die zum Bahnhof führt, das sind die Gleise nach Belzec.* Dieses Mal wussten wir etwas, wenn auch nicht ganz so viel, wie wir uns erhofft hatten. Ich dachte, damit könne es enden, sagte ich zu meiner Mutter, indem ich die vollkommene Unkenntnis unserer ersten Reise mit dem Teilwissen dieser letzten kontrastierte. Indem ich sagte: Mit der Zeit wird die Distanz immer größer, aber gerade noch rechtzeitig sind wir nahe genug herangekommen, um einige erfahrbare Dinge zu erfahren. Indem ich sagte: Eine Gewissheit, ein *Datum*, einen *Ort* wird es nie geben, aber sieh nur, wie viel wir gelernt haben. Ein Ende, das zeigt, wie nahe wir allem gekommen sind, aber auch, wie weit entfernt wir immer sein würden.

Das alles erzählte ich also meiner Mutter, und sie seufzte. Musst du denn wirklich noch einmal hin?, klagte sie. Seid Matt und du nicht schon *überall* gewesen? Sie machte das kleine Klackgeräusch, das sie immer macht, wenn sie sich der Tatsache ergibt, dass man eine schlechte Entscheidung trifft: ein doppeltes *tsch, tsch*, das sie formte, indem sie den vorderen Teil der Zunge gegen den oberen Gaumen schlug. Ich vermutete, dass sie dieses vertraute Geräusch von ihrer Mutter hatte und die wiederum von ihrer Mutter und so weiter, ein Faden, der sich bis nach Russland spannte, ins neunzehnte und achtzehnte und siebzehnte Jahrhundert, ins Odessa des sechzehnten Jahrhunderts und dann noch weiter, über den Beginn der Moderne hinaus; ein Faden, der sich von jenem Juninachmittag 2005, an dem meine Mutter sagte, ich solle nicht noch einmal hin, zurückspulte, vorbei an dem Tag ihrer Hochzeit 1953 in Manhattan, der Hochzeit ihrer Eltern 1928 in der Lower East Side, Elkune Jägers zweiter Hochzeit 1894 in Bolechow und der Hochzeit seiner Eltern 1846 ebendort, vorbei an dem Tag, an dem der Architekt Ignaz Reiser vor seinem geistigen Auge eine Form sah, die später in den maurischen Bögen der Zeremonienhalle des neuen jüdischen Teils des Wiener Zentralfriedhofs auftauchen sollte, vorbei an dem Tag, an dem ein österreichischer Beamter in einem Weiler namens Dolina die Worte *Die Mutter dieses unehelichen Kindes trägt den Namen ...* schrieb, an dem Tag, an dem sich Ber Birkenthal entschied, seine Erinnerungen in seinem eleganten Hebräisch zu Papier zu bringen, vorbei an dem unerfahrbaren Tag, an dem ein namenloser Slawe in einem Dorf bei Odessa eine Jüdin vergewaltigte und so das Gen für eine bestimmte Farbe von Haaren und Augen in das Erbgut einer Familie einbrachte, die einmal *Cushman* heißen sollte, vorbei an alldem, rückwärts durch die Zeit, beständig sich abspulend, vorbei an dem Sonntag des Jahres 1943, als der erste Judentransport den Bahnhof von Salonica verließ, dem Mittwoch des Jahres 1941, als die erste Aktion in Bolechow auf einem Feld namens Taniawa endete, dem Freitag im März zu Beginn der Hochrenaissance, als Ferdinand und Isabella von Spanien das Edikt zur Ausweisung der Juden unterzeichneten, dem Donnerstag im Mai 1420, als Herzog Albrecht V. die Juden aus Wien vertrieb, dem Freitag des Jahres 1306, als Philipp der Schöne die Juden aus Frankreich verjagte und den Anspruch auf die Kredite übernahm, die seine Christenbrüder diesen schuldeten, dem Dienstag im Jahr 1290, an dem Edward I. die Juden aus England vertrieb, weiter zurück durchs Mittelalter, vorbei an Saadia Gaon, der seine gelehrten Argumente vor dem Kalifen von Bagdad ausbreitete, vorbei an dem Augenblick, als der erste der Karaiten beschloss, dass er kein Jude wie die anderen war; und noch weiter zurück, dieser winzige unbedeutende Tick, der von Tochter zu Mutter einen Faden geschaffen hatte, einen Weg, dem man theoretisch so sicher folgen konnte wie der Spur, von einer DNA hinterlassen, die in einem bestimmten Organ existiert, das in jeder menschlichen Zelle anzutreffen ist, ein Organ mit Namen Mitochondrium, einer DNA, die anders ist als die jedes anderen Teils jeder anderen Zelle, da diese mitochondriale DNA nur von der Mutter auf ihr Kind übertragen wird, unverändert, unvermischt, wie jede andere DNA, mit der des Vaters, und daher eine ungebrochene DNA-Kette von der Gegenwart bis in die entfernteste, unvorstellbare Vergangenheit bildet, nur entlang der Linie der Mutter. Vielleicht, so überlegte ich, als meine Mutter ihr missbilligendes *tsch* machte, vielleicht geht dieses kleine Geräusch durch Zeit-Äonen auf eine dunkelhaarige, schwarzäugige, hakennasige Frau in der längst untergegangenen Stadt Ur zurück, eine Frau, die dieses Geräusch machte, als ihr Sohn Abram eines Nachmittags erklärte, er mache sich auf eine Reise, von der er womöglich nicht mehr wiederkehren werde.

Ja, sagte ich an jenem Tag zu meiner Mutter, ich muss da *wirklich* noch mal hin.

Um sie zu besänftigen, fügte ich noch hinzu, ich hätte mit einer Zeitschrift, für die ich schreibe, einen Reiseartikel über L'viv vereinbart. Damit würde sich die Reise lohnen, selbst wenn der Bolechiv-Teil sich als Fehlschlag erweisen sollte.

Wieder machte meine Mutter das Geräusch. Im Hintergrund hörte ich Papier rascheln: Sorgfältig steckte sie die Fotos, Speisekarten und Passagierlisten wieder in ihre Umschläge, Plastiktütchen, Schachteln.

Na gut, sagte sie. Aber nach dieser Reise, *genug is genug*, o.k.?

Ja, sagte ich. Ich *weiß* ja.

Sie sagte: Gut. In Ordnung, mein Lieber, ich leg auf. Auf Wiedersehen und viel Glück.

Das war immer der rituelle Abschiedsgruß zwischen ihr und ihrem Vater gewesen, und jetzt nahm sie ihn für uns. Doch bevor sie tatsächlich auflegte, sagte sie noch etwas, etwas, was mich überraschte.

Sie sagte: Meine Familie hat ihr *Leben* ruiniert, indem sie immer auf die Vergangenheit geblickt hat, und ich will nicht, dass auch *du* so bist.

Am vierten Juli flog ich in die Ukraine.

Wieder reiste ich mit Froma. Von all den einstmals großen Städten der osteuropäischen Juden war L'viv, Lwów, Lemberg diejenige, in der sie noch nicht gewesen war. Ich wusste, dass sie es sehen wollte (Es wird *genauso wie letztes Mal*, rief sie aus, als ich sie anrief, um sie zu fragen, ob sie mitkommen wolle, worauf ich grinste und dachte: *Wohl eher nicht*); ebenso wollte ich die Reise nicht allein machen. Es war Mitte des Sommers, und Matt war überlastet mit Hochzeiten und Studioporträts. Er konnte mich unmöglich begleiten.

Ich habe bis September einfach kein Wochenende frei, sagte er, als ich ihn anrief, um zu fragen, ob er noch ein paar letzte Fotos von der Stadt machen wolle. Da ich mit ihm über die Fotos für das Buch sprechen und ihm Neuigkeiten von verschiedenen Bolechowern erzählen wollte, sprach ich in der Zeit fast täglich mit Matt: Fünf Jahre zuvor hätte ich das nicht vorausgesehen. Ist gut, sagte ich, du hast die Bolechow-Bilder schon letztes Mal gemacht, wir können die nehmen. Mach dir keine Gedanken. Dennoch legte ich mit gewissen Bauchschmerzen auf. Ich hatte mich daran gewöhnt, dass er auf den Langstreckenflügen neben mir saß, mir immer den Platz am Gang überließ, über die Comics im *New Yorker* grinste, die er mir gern laut beschrieb, statt sie mich ansehen zu lassen, bewunderte heimlich sein Erbsenschoten-Idol.

Dieses Mal also, auf der letzten aller letzten Reisen, waren es wieder Froma und ich.

Schließlich sollte noch eine Dritte dazukommen. Meine Freundin Lane, eine Fotografin, plante, nach der Hälfte unserer Woche in L'viv zu uns zu stoßen. Die lebhafte, dunkelhaarige Frau aus North Carolina, die seit einigen Jahren in New York lebte, hatte mehrere Jahre an einem Fotoessay über »Stätten des Genozids« gearbeitet. Seit meiner ersten Begegnung mit ihr vor fünf Jahren hatte ich von ihren Reisen nach Ruanda, Darfur, Kambodscha und Bosnien gehört, eine immer länger werdende Liste, derzufolge *Nie wieder!*, wie sie selbst gern sagte, eine leere Phrase war. Überall dort war Lane also bereits gewesen. Ihr Problem sei, sagte sie mir, dass sie sich noch nicht über ihren Ansatz bezüglich des Holocaust im Klaren sei. Auschwitz, so ihre Befürchtung, sei zu einem visuellen Klischee geworden – *Damit ist man immer fein raus*, wie sie es bei einem Abendessen bei ihr zu Hause formulierte, als ich mir Bilder von ihr ansah. Ich dachte an die Frau, die gesagt hatte, *Wenn ich nicht gleich ein Evian kriege, kippe ich um*, an den Viehwaggon, in dem man im Holocaust Museum fahren kann, an die elektronischen ARBEIT-MACHT-FREI-Postkarten, die man online beim Museum von Terezín bekommen kann. Ja, das finde ich auch, sagte ich. Und auch: Wenn ich noch einmal nach Bolechiv gehe, musst du mitkommen. Wenn dich Stätten des Genozids interessieren, dann gibt es dort viel für dich zu sehen. Als ich das sagte, dachte ich an Taniawa, was da bereits zu den Orten gehörte, deren Lage ich kannte.

Froma und ich hatten vor, an einem Dienstag in L'viv anzukommen und uns den größeren Teil der Woche die Stadt anzusehen, Informationen und Erlebnisse für meinen Reiseartikel zu sammeln, und Lane würde am Samstag zu uns stoßen, worauf wir nach Bolechiv fahren wollten, einige Bilder machen und dann in alle Nachbarstädte fahren, in Orte, die einst Dolina und Drohobycz, Stryj und Kalusz, Rozniatów und Halych, Rohatyn und Stanislawów geheißen hatten, dorthin und in all die anderen, von denen jeder sein eigenes Taniawa hatte, sein eigenes Massengrab und Mahnmal. Samstag und Sonntag wollten wir herumfahren und uns die Ruinen des jüdischen Galizien ansehen, dann würde es nach Hause gehen, ein für alle Mal.

Alex holte uns am Flughafen ab, er strahlte. Seit wir ihn zuletzt gesehen hatten, war er fülliger geworden, mehr wie ein liebenswerter Bär. Inzwischen kannten wir uns natürlich gut, und deshalb stand er auch nicht mit einem Stück Pappe mit der Aufschrift MENDELSOHN da, sondern drängte sich durch die Menge am Ausgang zu uns durch und schlang die mächtigen Arme um mich, sodass mir fast die Puste wegblieb. Ich grinste ihn an: Ich freute mich, ihn wiederzusehen. Was diese Reise nach L'viv unter anderem davor bewahrte, ein ungutes, emotional auslaugendes »Zurückkommen« zu werden, war die Aussicht, viel mit Alex zusammen zu sein. Ich betrachtete ihn als Freund, weswegen ich glaubte, mit ihm offen über bestimmte Themen sprechen zu können, die im Verlauf meiner Recherchen aufgetaucht waren, deren nicht Geringste die schwierige Frage der jüdisch-ukrainischen Beziehungen war, vor und nach dem Krieg. Als ich einen Artikel über unsere erste Reise nach L'viv drei Jahre zuvor geschrieben hatte, hatte ich den Refrain, den ich stets von meinem Großvater gehört hatte – *die Deutschen waren schlimm, die Polen waren schlimmer, die Ukrainer waren die Allerschlimmsten* (woher wusste er das überhaupt? was hatte *er* gehört?) –, mit dem Empfang kontrastieren wollen, der uns überall in der Ukraine zuteilgeworden war, der spontanen Wärme, Großzügigkeit und Freundlichkeit, die jeder Ukrainer, dem wir begegnet waren, uns erwiesen hatte. Mir schien, dass diese Diskrepanz etwas mit den Spezifika der Geschichte zu tun hatte und in einem allgemeineren Sinn auch etwas mit der Zeit. Zweifellos weil ich vollkommen außerhalb des Geschehens stehe, kann ich davon ausgehen, dass bestimmte Dinge, die manche, ja viele Ukrainer während des Krieges getan haben, die Folge bestimmter historischer Umstände waren, und nur schwer glauben, dass die ukrainischen

Gräuel gegen die Juden 1942 ebenso ein natürlicher Ausdruck des ukrainischen Wesens sind wie etwa die serbischen Gräuel an bosnischen Muslimen 1992 ein natürlicher Ausdruck eines grundlegenden serbischen Charakterzuges. Daher bin ich – möglicherweise ist das naiv – nicht bereit, die »Ukrainer« grundsätzlich zu verurteilen, auch wenn ich weiß, dass sie viele Gräuel begingen. An andere Verallgemeinerungen dagegen glaube ich gern, zum Beispiel an das brodelnde Ressentiment einer Gruppe von Menschen, die die Unterschicht bilden und sich auch als solche begreifen, zumal sie kurz zuvor unsagbare Unterdrückung erlitten haben – ein Beispiel hierfür wäre Stalins absichtliches Aushungern von fünf bis sieben Millionen Ukrainern in den Jahren 1932 und 1933, was für die Ukrainer die zentrale nationale Tragödie darstellt, so wie für die Juden der Holocaust –; das brodelnde Ressentiment einer solchen Menschengruppe wird unter der entsprechenden Kombination von Umständen in bestialische Grausamkeit gegen jene umschlagen, die sie für ihr Leid verantwortlich machen, wie sehr zu Unrecht auch immer. Und wie ich weiß, ist es am einfachsten, diejenigen dafür verantwortlich zu machen, mit denen man in engster Nachbarschaft lebt.

Allgemeiner dachte ich, dass der Unterschied zwischen *die Ukrainer waren die Schlimmsten* und dem, was meine Geschwister und ich in der Ukraine angetroffen hatten, der Tatsache, dass wir von den Ukrainern, die ja wussten, dass wir Juden waren, so gut behandelt wurden, eindeutig mit dem Thema zusammenhing, das mich interessierte, nämlich wie viel durch das Vergehen der Zeit verloren geht. Für mich lag auf der Hand, dass auch kulturelle Gewohnheiten und Haltungen mit der Zeit ausgehöhlt werden, und auch wenn es einmal stimmte, dass unter der ukrainischen Bevölkerung von Orten wie Bolechow ein brodelnder Antisemitismus wütete, wollte ich glauben, dass dies nicht mehr der Fall war – dass ich, wenn ich die Ukraine bereise, nicht mehr Grund zur Furcht habe, als wenn ich in Deutschland unterwegs bin, auch wenn einige meiner Überlebenden mich davor gewarnt hatten. *Seien Sie sehr vorsichtig, wenn Sie dorthin gehen*, hatte Meg mir kurz vor unserer Abreise aus Australien gesagt. Warum?, fragte ich. Glauben Sie denn, sie hassen die

Juden noch immer? Sie sah mich müde an und sagte: *Das ist noch untertrieben.*

Und tatsächlich hatten einige der Überlebenden, denen ich von meiner Freundschaft mit Alex und ganz allgemein unserer freundlichen Aufnahme durch die Ukrainer erzählt hatte, alles mit einem bitteren Lachen abgetan oder, schlimmer noch, gesagt, die Ukrainer von heute seien nur deshalb nett zu uns gewesen, weil wir Amerikaner seien, weil sie glaubten, wir könnten ihnen Geld geben. *Sie waren ja nicht dabei, Sie haben es nicht gesehen,* sagte einer auf meinen Protest hin, die Ukrainer, denen ich begegnet sei und mit denen ich gesprochen hätte, seien so warm, so freundlich, so nett zu uns gewesen; und was konnte ich darauf antworten, ich, der es für unmöglich hält, vordergründige Analogien zwischen den Erfahrungen zu ziehen, die ich und andere meiner Schicht, Herkunft und Generation wahrscheinlich machen, und bestimmten Dingen, die bestimmte Menschen während des Krieges erlebt hatten? Wenn manche meiner Überlebenden kopfschüttelnd zu mir sagten, auf Grundlage meiner Erfahrungen könne ich gar nichts über die Ukrainer wissen, dachte ich, dass sie ja vielleicht doch recht hatten: Vielleicht hatten sich zu viele Variablen verändert, vielleicht war es *unmöglich zu wissen,* ebenso wie man nicht wissen kann, wie es im Sommer 1942 auf dem Transport nach Belzec gewesen war, wenn man in dem Viehwaggon im Washingtoner Holocaust Museum fährt. Anders als die meisten kannte ich die Wurzeln dieser bitteren, verallgemeinerten Feindseligkeit gegenüber den Ukrainern allzu gut – schließlich hatten die Überlebenden, mit denen ich gesprochen hatte, mit eigenen Augen gesehen, wie die jüdischen Säuglinge auf ukrainische Mistgabeln aufgespießt, von Ukrainern aus dem Fenster geworfen, gegen Wände geschmettert und niedergetrampelt wurden, so wie Frau Grynbergs Neugeborenes Augenblicke nach seiner Geburt, die Nabelschnur hing ihr noch zwischen den Beinen, zertrampelt wurde; sie, nicht ich, hatten eine schiere, fast animalische Brutalität erlebt, die so heftig war, dass es Zeiten gab, und das ist belegt, dass sogar die Nazis die Ukrainer zurückhalten mussten. Sie hatten es gesehen, nicht ich, und etwas Derartiges würde ich auch nie sehen. Dennoch muss gesagt werden, dass ich die Weigerung, von den

Ukrainern auch Gutes anzunehmen, ebenfalls irrational fand, immerhin war jeder Überlebende, mit dem ich gesprochen hatte, von einem gerettet worden. Das sagte ich damals nicht, aber mir schien, dass die Juden mehr als andere vorsichtig damit sein sollten, ganze Bevölkerungen rundweg zu verurteilen.

Und so redete ich mit Alex während meines Besuchs offen und frei über all das. Da er von Haus aus Historiker ist, so wie ich Altphilologe, versucht er, die Dinge in ihrer Komplexität zu sehen, und misstraut Verallgemeinerungen, so wie ich die Dinge gern durch die Linse der griechischen Tragödie sehe, die uns unter anderem lehrt, dass die wahre Tragödie nie eine einfache Konfrontation zwischen Gut und Böse ist, sondern vielmehr, und das ist viel erlesener und quälender, ein Konflikt zwischen zwei unvereinbaren Weltsichten. Die Tragödie bestimmter Gebiete Osteuropas zwischen, sagen wir, 1939 und 1944 war in diesem Sinne eine wahre Tragödie, da – wie zuvor schon bemerkt – die Juden Ostpolens, die wussten, dass sie unter der Naziherrschaft unvorstellbares Leid erfahren würden, die Sowjets 1939 als Befreier ansahen, als Ostpolen vorübergehend, wie sich zeigen sollte, an die Sowjetunion abgetreten wurde, wohingegen die Ukrainer Ostpolens, die unter der sowjetischen Unterdrückung in den zwanziger und dreißiger Jahren unvorstellbar gelitten hatten, die Abtretung Ostpolens an die Sowjetunion 1939 als nationale Katastrophe und die Nazis als Befreier sahen, als diese dann einmarschierten und die Macht übernahmen. Das ist natürlich keine Formel, mit der sich alles, die aufgespießten Säuglinge oder die Nabelschnur, erklären lässt, aber sie ist wenigstens komplexer und daher wahrscheinlich genauer als jene, die alle Ukrainer immer und einfach als *die Schlimmsten* abtut. Alex und ich sprachen während unseres Besuchs häufig über diese Dinge, und am Ende sagte er achselzuckend, ähnlich wie andere, mit denen ich in den Jahren zuvor darüber gesprochen hatte: Ach, manche waren gut, manche waren böse.

Doch das kam später. Am Flughafen, am Tag meiner Rückkehr nach L'viv, umarmte ich Alex und stellte ihm Froma vor. Ich erkundigte mich nach seiner Frau Natalie, nach seinem fleißigen Sohn Andriy, den Alex in meiner Gegenwart immer Andrew nennt, und nach seiner rundgesichtigen Tochter Natalie, die seit dem üppigen Abschiedsessen, das Alex für meine Brüder, meine Schwester und mich in seiner Wohnung gegeben hatte, beide viel größer geworden sein dürften. Alles sei bestens!, sagte Alex. Allen gehe es bestens! Er weigerte sich, uns etwas tragen zu lassen, nicht einmal die Computertasche, als wir aus dem bizarren kleinen Flughafengebäude in die helle Sonne traten. Am Bordstein stand der blaue VW Passat. Nein!, sagte er, als ich beim Anblick des Wagens eine theatralische Gebärde des Wiedererkennens machte. Das ist nicht der Wagen, den du kennst, es ist das gleiche Modell, aber ein anderer, neuer. Der gleiche, aber anders!

Wir fuhren ins Hotel. Es war entweder da oder irgendwann später, als er schallend auflachte und sagte: Du wirst es nicht glauben, aber Andrew hat sich selbst beigebracht, ein wenig Jiddisch zu lesen!

Das war am Dienstag. Am Freitag fuhren wir nach Bolechiv.

Es war gut, längere Zeit in L'viv zu sein. Bei meinem ersten Besuch in dieser Stadt war ich so gespannt darauf gewesen, was uns in Bolechiv erwarten würde, dass ich den Besichtigungstouren, die wir vor und nach dem Aufenthalt in meiner Familienstadt gemacht hatten, wenig Aufmerksamkeit schenkte. Diesmal sahen wir, wie ich behaupten möchte, alles.

Viele für das verschwundene jüdische Leben der Stadt interessante Stätten sind nicht, worauf ich hinweisen sollte, verschwunden, sondern einfach *die gleichen, aber anders,* wie man sagen könnte. Ein gutes Beispiel dafür ist ein rundliches, hübsches, ein wenig exzentrisches Gebäude mit Türmchen, das am Taras Schewtschenko Prospekt 27 steht und heute die Desertniy Bar beherbergt. Manche kennen es jedoch weit besser als das Szkocka Café, das Schottische Café, das in seinem früheren Leben in einer Allee namens Akademichna stand – ein passender Name, war das Café doch Treffpunkt einer berühmten und einflussreichen Gruppe von Mathematikern, bekannt als die Lemberger Mathematikschule. Diese Schule wurde dominiert von dem polnischen Mathematiker Stefan Banach, der bedeutende Arbeiten auf einem Gebiet namens Funktionalanalysis leistete und zusammen mit Hugo Steinhaus, einem weiteren Lemberger

Mathematiker, 1929 die Zeitschrift *Studia Mathematica* gründete, die neben der Warschauer *Fundamenta Mathematicae* eine der großen Zeitschriften der lebendigen und bedeutenden polnischen Mathematiker-Szene in der Zeit zwischen den Weltkriegen wurde. Die Lebendigkeit der Lemberger Schule führt uns auch zurück zum Schottischen Café, da das Café ein beliebter Treffpunkt der Mitglieder dieser Gruppe war. Banach kaufte auch das große Notizbuch, später Gegenstand von Legenden, in das im Verlauf angeregter Gespräche, begleitet von zahllosen Tassen Kaffee, knifflige Probleme und schließlich auch Antworten eingetragen wurden. Am Ende eines jeden Treffens wurde dieses Notizbuch dem Oberkellner übergeben, der es, wenn die Gruppe an einem anderen Abend wiederkam, aus seinem Geheimversteck holte, in das es zurückgelegt wurde, wenn sie wieder gegangen waren.

Die Lemberger Schule und ihre lebhafte, bedeutsame polnische Mathematiker-Szene sollte sich von den verheerenden Auswirkungen der Nazi-Besatzung nie wieder erholen, so sehr wurde die polnische Professorenschaft, die katholische wie die jüdische, dezimiert. Zwar überlebten Banach und Steinhaus den Krieg, doch erlitten beide grauenhafte Entbehrungen. Banach, ein Pole, 1892 nicht weit von Kraków geboren und daher aus derselben Generation wie Onkel Shmiel, trug, da unehelich geboren, den Namen der Mutter statt des Vaters (was, wie wir wissen, auch ehelichen Kindern widerfahren konnte). Er wurde von den Nazis verhaftet und musste, seiner illustren Stellung beraubt, die er vor dem Krieg innegehabt hatte, in einem Labor für ansteckende Krankheiten arbeiten, wo der große Mathematiker während der ganzen Besatzungszeit seine Tage damit verbrachte, die Läuse zu füttern, mit denen Experimente durchgeführt wurden. Er überlebte das Kriegsende nur um drei Monate, im August starb er an Lungenkrebs. Steinhaus, einige Jahre früher als sein Kollege geboren, hatte, da er Jude war, größere Sorgen als Läuse, als die Nazis kamen. Er tauchte unter und erlitt schwere Entbehrungen, von denen Hunger nicht die schlimmste war, auch wenn es von ihm heißt, wie ein Biograf es formulierte, dass *sein scharfer, ruheloser Verstand selbst dann noch an einer Vielzahl von Ideen und Projekten arbeitete* – worin er Klara

Freilich nicht unähnlich war, die ebenfalls, wie wir wissen, über Mathematik nachdachte, als sie unter der Erde bei den Ratten kauerte. Jedenfalls zog Steinhaus nach Kriegsende, so wie auch Ciszkos Familie, nach Wrocław, wo er 1972 im Alter von fünfundachtzig Jahren starb, nachdem er, was noch gesagt werden sollte, das Notizbuch aus dem Schottischen Café retten und aufbewahren konnte, das später auch veröffentlicht wurde. Die Rettung des Buchs könnte man als Symbol sehen, da Steinhaus weithin als derjenige gilt, der mithalf, dass die polnische Mathematik nach den Verheerungen, die der Krieg im polnischen Universitäts- und Geistesleben angerichtet hatte, aus den Trümmern auferstand.

Zufällig hatte ich die Gelegenheit, ein eigenartiges Zeugnis dieser Art von Kriegszerstörung in Händen zu halten. Im Grunde ging ich ins Schottische Café – vielmehr in die Desertniy Bar –, weil mein Vater Mathematiker ist und, als wir alle das erste Mal in L'viv waren, unbedingt wollte, dass wir diese berühmte Stätte aufsuchten, die auf ihre Weise ein Schrein für Mathematiker ist, eine Personengruppe, die für eine gesteigerte Hingabe an Schreine nicht unbedingt bekannt ist. Das meiste aber, was ich über die Lemberger Schule weiß, verdanke ich meinem Patenonkel, dem engen italienischen Freund meines Vaters, der eigentlich Edward heißt, den wir aber immer mit dem liebevollen Spitznamen *Nino* genannt haben; er war lange Jahre Mathematikprofessor an der Universität auf Long Island und der einzige Mensch, den wir kannten, der in den Baum im Garten meiner Eltern griff, Äpfel pflückte und sie auch aß – damals, als ich ein Kind war und mich fragte, warum der Baum der Erkenntnis ein *Baum* war. Durch einen seltsamen Zufall ist eines von Ninos Spezialgebieten die Funktionalanalysis, jenes Gebiet, das vor langer Zeit von der Lemberger Schule begründet wurde, und Nino versuchte auch, als ich ihn nach meiner letzten Reise in die Ukraine besuchte und ihm erzählte, was wir dort gefunden hatten, mir zu erklären, worum es sich dabei überhaupt handelt. Vieles von dem, was er mir erzählte, war für mich sehr schwer zu verstehen. Dennoch war ich fasziniert, als er sagte, er selbst habe beim Studium von Problemen bei der sogenannten Optimierung die Funktionalanalysis angewandt. Da mir der Begriff *Optimierung* gefallen hatte, bat ich ihn in einer E-Mail, die ich ihm schrieb, als ich wieder zu Hause war, mir den Begriff zu erklären, worauf er mir umgehend antwortete:

optimierung ist das studium von maxima und minima in unterschiedlicher gestalt. zwei schnelle beispiele, das erste aus der klassik, Dido zugeschrieben, das zweite aus der sputnik-ära:

1. welche geschlossene oberfläche gegebenen gebiets umschließt das maximale volumen (Dido: welche flächige figur eines gegebenen umfangs umschließt das größte gebiet. antwort: der kreis)?

2. welche flugbahn beschreibt eine rakete, um die zeit zum rendezvous zwischen zwei punkten auf verschiedenen kreisbahnen zu minimieren?

Als ich das las, berührte es mich, dass ein Name, der mir aus der lateinischen Literatur vertraut war, seltsamerweise zum Symbol eines berühmten mathematischen Problems geworden war. In Vergils *Aeneis* wird uns eine Geschichte im Zusammenhang mit der Königin von Karthago, Dido, erzählt – der Frau, in die Aeneas sich verliebt, nur um sie später wieder zu verlassen, worauf sie sich das Leben nimmt. Die Geschichte handelt davon, wie Dido ihre Stadt Karthago gründete. Aus ihrer Heimat vertrieben, streifte Dido lange umher auf der Suche nach einem Ort, wo sie sich niederlassen konnte. Als sie in Nordafrika landete, schlug ihr der dortige König einen merkwürdigen Handel vor: Er willigte ein, ihr und ihren Begleitern so viel Land zu gewähren, wie sie mit einer Kuhhaut umspannen konnte. Didos geniale Antwort auf dieses gemeine, knickerige Angebot war, eine Kuhhaut in dünne Streifen zu schneiden und diese zu einem langen Strick zu verknoten, den sie dann zum Umfang eines riesigen Kreises machte: das Territorium des künftigen Karthagos, das nach und nach zu einer großen Stadt wurde, jener Stadt, in der Aeneas später so unvermutet auf ein Gemälde seines eigenen Lebens stieß, worauf er in Tränen ausbrach. Daher grübeln die

Mathematiker, wenn sie von »Didos Problem« sprechen, über Folgendes: Wie findet man die maximale Fläche für eine Figur mit einem gegebenen Umfang, während Altphilologen, wenn sie von Didos Problem sprechen, wahrscheinlich eher damit befasst sind, dass sie, nachdem sie aus ihrer Heimat vertrieben wurde und um ihr Leben fliehen musste, nachdem sie sich eine neue und blühende Existenz aufgebaut hatte, dennoch – trotz ihrer Klugheit, trotz allem, was sie getan hatte, um zu überleben – als Selbstmörderin endete, als eine Frau, deren neues Leben kein Leben war, weil man ihr das Herz gebrochen hatte.

Wie auch immer, als ich Ninos E-Mail las, wusste ich nicht so recht, was das alles bedeutete, dennoch – da ich gerade von dieser Reise zurückgekehrt war – beschäftigten mich die Probleme, wie man geschlossene Flächen dazu brachte, ein maximales Volumen zu umschließen, und wie man die Zeit minimiert, die es braucht, um Rendezvouspunkte zu erreichen, sehr, wenn natürlich auch in einem anderen Kontext, und vermutlich deshalb weckte Ninos Antwort mein Interesse.

Als ich bei Nino war und wir über die Lemberger Schule sprachen, erwähnte er, er habe mehrere Bände der *Studia Mathematica* wie auch der *Fundamenta Mathematicae*, und in einem der Letzteren zeigte er mir eine Gedenkausgabe von 1945, die mit einer schwarz umrandeten Liste von Dutzenden ehemaliger Mitarbeiter dieser Zeitschrift, die im Krieg getötet worden waren, begann, einer Liste, die mir einen guten Eindruck vermittelte, wie schwierig Hugo Steinhaus' Projekt, die polnische Mathematik wiederzubeleben, gewesen sein muss. Wenn wir an große Verheerungen denken, daran, was im Zuge der Dezimierung ganzer Bevölkerungen verloren geht, der anderthalb Millionen Armenier, die 1916 von den Türken abgeschlachtet wurden, der fünf bis sieben Millionen Ukrainer, die Stalin 1932 und 1933 verhungern ließ, der sechs Millionen im Holocaust getöteten Juden, der zwei Millionen Kambodschaner, die Pol Pots Regime in den siebziger Jahren umbrachte, und so weiter, dann denken wir natürlich als Erstes an die Menschen selbst, an die Familien, die nicht mehr existieren, die Kinder, die nie geboren werden, und dann an die einfachen Dinge, die den meisten von uns vertraut sind, an die Häuser und Andenken und Fotogra-

Ce volume est dédié
à la Mémoire des Collaborateurs des ,,Fundamenta Mathematicae",
Victimes de la guerre:

Herman Auerbach, Chargé du cours à l'Université de Lwów, péri entre les mains de la Gestapo à Lwów en été de 1943.

Antoni Hoborski, ancien Recteur de l'Académie des Mines de Cracovie, Professeur à l'Université de Cracovie, mort en 1940 au camp de concentration de Sachsenhausen, où il fut transporté en Novembre de 1939 avec les autres professeurs de l'Université de Cracovie, dont 15 sont également morts dans ce camp.

Stefan Kaczmarz, Chargé du cours à l'Université de Lwów, péri en automne de 1939.

Stefan Kempisty, Professeur à l'Université de Wilno, mort en prison en août de 1940.

Andrzej Koźniewski, Docteur de mathématique, mort à Zbaraż en décembre de 1939.

Adolf Lindenbaum, Chargé du cours à l'Université de Varsovie, tué par la Gestapo à Nowa Wilejka en été de 1941.

Antoni Łomnicki, Professeur et Prorecteur de l'École Polytechnique de Lwów, fusillé par la Gestapo à Lwów en juillet de 1941 avec plus de 30 autres professeurs des Écoles Supérieures de Lwów.

Józef Pepis, Docteur de mathématique, Assistant à l'Université de de Lwów, tué par la Gestapo en août de 1941.

Aleksander Rajchman, Professeur à l'Université Libre de Varsovie, péri en 1940 au camp de concentration à Dachau.

Stanisław Ruziewicz, Recteur de l'Académie de Commerce de Lwów, ancien Professeur à l'Université de Lwów, fusillé par la Gestapo à Lwów en juillet de 1941.

Stanisław Saks, Chargé du cours à l'Université de Varsovie, tué par la Gestapo à Varsovie en novembre de 1942.

Juliusz P. Schauder, Chargé du cours à l'Université de Lwów, péri entre les mains de la Gestapo à Lwów en septembre de 1943.

Włodzimierz Stożek, Professeur de l'École Polytechnique de Lwów, fusillé par la Gestapo à Lwów en juillet de 1941.

Witold Wilkosz, Professeur à l'Université de Cracovie, mort à Cracovie en mars de 1941.

Józef Zalcwasser, Professeur à l'Université Libre de Varsovie, tué dans les chambres à gaz de Treblinka en janvier de 1943

— et plusieurs autres, dont on ignore encore le sort et la date de mort.

fien, die, weil die dazugehörigen Menschen nicht mehr leben, irgendwann gar keine Bedeutung mehr haben. Aber dann gibt es auch noch dies: die Gedanken, die nie gedacht werden, die Entdeckungen, die nie gemacht werden, die Kunst, die nie geschaffen wird. Die Probleme, irgendwo in ein Buch geschrieben, ein Buch, das die Menschen überlebt, die die Probleme aufgeschrieben haben, die nie gelöst werden.

Jedenfalls war ich im Schottischen Café in L'viv. Es ist, könnte man sagen, das gleiche, aber anders, was auch eine Möglichkeit ist, das L'viv von heute zu beschreiben, mit seinen Restaurierungen und Neubauten und dem wachsenden Tourismus als alt und neu zugleich, *aus den Trümmern auferstehend*, wenigstens in mancher Hinsicht, wenigstens in den Fällen, wo es noch Trümmer gibt, aus denen auferstanden werden kann.

Auch Bolechiv war gleich, aber anders.

Wieder hatte Alex auf der Hügelkuppe angehalten, von wo aus man die kleine, ins Tal geduckte Stadt sehen konnte, jenem Hügel, wo Matt vier Jahre zuvor ein Foto gemacht hatte. Dann sind wir also wieder in Bolechow, verkündete ich ein wenig verzagt. Aber diesmal schien der Ort, als wir über die kleine Steinbrücke hineinfuhren, die über dem schmalen, unbedeutenden Rinnsal kauerte, zu dem der Sukiel geworden ist, vorbei am ehemaligen Restaurant Bruckenstein, irgendwie verwandelt. Das letzte Mal, an dem wolkenverhangenen, nieseligen Nachmittag unseres ersten Besuchs, hatte die Stadt verlassen gewirkt; der graue Anflug von Trostlosigkeit, der an jenem Sonntag in der Luft hing, war wie ein weiteres belastendes Beweisstück gewesen, als stünde die Stadt dauerhaft vor Gericht und Wetter und Stimmung wären Zeugen der Anklage. Jetzt, an diesem klaren, wolkenlosen Vormittag, herrschte in Bolechiv buntes Treiben: Autos brummten geräuschvoll um den Platz, auf Baustellen schepperte, sirrte und zischte es, Mütter schoben Buggys, und alles leuchtete von den Farben der vielen frisch gestrichenen Häuser. Das von Meg Grossbard, von dem sie mir ein Foto gegeben hatte und das mir ich ansehen sollte – das hatte sie mir nach dem Mittagessen bei ihrem Schwager aufgetragen, Matt und ich standen bereits vor dem Wohnblock und warteten auf ein Taxi, und uns noch eingeschärft, sollten wir so dumm sein, noch einmal in die Ukraine zu fliegen (*Kannibalen!*), niemandem zu sagen, dass sie jetzt in Australien lebe, und auf meine erstaunte Miene hin fortfuhr: *Die haben meine ganze Familie umgebracht, warum sollten sie mich nicht auch noch umbringen wollen?* –, Meg Grossbards Haus, war, wie ich sah, kaugummirosa angestrichen.

Wir stiegen aus dem Passat aus, und Froma sah sich um: Ob die Leute hier alle neugierig auf uns sind?, sagte sie.

Diesmal wurde mir auch klar, dass wir beim letzten Mal eigentlich nur die Hälfte des Rynek gesehen hatten. Mit der Karte bewaffnet, die Jack mir eine Woche vor unserer Abreise gefaxt hatte, gab ich die Richtung vor, Froma und Alex folgten. Wir kamen an das Geburtshaus meines Großvaters, die Pflaumenbäume neigten sich unter ihren Früchten, dann zu dem kleinen Park mit den Linden. Wir blieben vor dem Magistrat stehen, wo ich auf die genaue Stelle zeigte, an der Shmiels Geschäft gewesen war. Ich zog die Kopie des Fotos aus dem Bolechower Jiskor-Buch hervor, desjenigen, auf das mein Großvater vor langer Zeit UNSER GESCHÄFT geschrieben hatte, und zeigte es Froma und Alex zum Vergleich. Sie nickten und lächelten. Wir fanden das Dom Katolicki, jetzt ein Versammlungsort für die Zeugen Jehovas, ein gedrungener, hässlicher zweistöckiger Kasten mit quadratischen Fenstern und einem rostigen Blechdach. Es steht mitten in einer Wohnstraße in der Nähe der, wie ich inzwischen wusste, ehedem sogenannten Polnischen Kirche. Wieder, wie so oft, wenn ich endlich vor einem Gebäude stand, dessen äußere Erscheinung in nichts auf die geschichtsträchtigen Ereignisse hindeutet, die sich darin abgespielt haben, und das auch gar nicht könnte, verspürte ich eine leise Enttäuschung, eine gewisse Schalheit. Ich fand es schwierig, diesen behäbigen kleinen Bau mit den vielen lebendigen, schrecklichen Geschichten zu verbinden, die ich darüber gehört hatte. Erst mehrere Wochen später, als ich wieder in New York war und mir die Bilder der Reise ansah, fiel mir auf, dass an der Vorderseite dieses heruntergekommenen Baus direkt unterhalb der welligen Dachkante große, eindeutig moderne Metalllettern befestigt worden waren. KIHO lauteten die kyrillischen Buchstaben an der linken Seite des Gebäudes, TEATP auf der rechten: *Kino. Theater.*

Und erst da wurde mir klar, dass dort noch immer Filme gezeigt wurden.

Vielleicht weil ich mein Wissen, die Sicherheit genoss, die meine Karten und meine Interviews mir gegeben hatten, vielleicht auch einfach wegen des schönen Wetters war ich gehobener Stimmung. Der Kontrast zwischen diesem zuversichtlichen und sonnigen Besuch und dem von 2001 hätte größer nicht sein können. Endlich einmal, sagte ich mir, hatte ich genau das angetroffen, was ich gesucht hatte.

Doch binnen weniger Minuten wurde mir klar, dass ich falsch lag.

Es begann damit, dass wir das Eine, was ich mehr als alles andere sehen wollte, nicht fanden, Shmiels Haus. In Australien hatte Boris Goldsmith uns gesagt, Shmiel habe nicht in dem Haus gewohnt, in dem er und seine Geschwister geboren worden seien, dem Haus Nummer 141, die Adresse, die auf den hundert Geburtsurkunden und Totenscheinen angegeben war, die Alex mir vor Jahren geschickt hatte, vielmehr sei er in den dreißiger Jahren in ein großes neues Haus in der Dlugosastraße gezogen. Sukzessive hatten Jack und die anderen in Australien, Europa und Israel dies bestätigt und mir Pläne gezeichnet, auf der sie die Lage der Straße – genau gegenüber dem kleinen Park – und des Hauses selbst markiert hatten, das fünfte Haus auf der rechten Seite, wenn man in die Straße hineingeht. Doch nach vier (und auch fünf und sechs) Häusern in der Straße, die mehr oder weniger der Dlugosastraße auf Jacks Plan entsprach und die jetzt Russka hieß, kam eine riesige, sehr lange und sehr alte Scheune, die sich bestimmt über mehrere Grundstücke erstreckte. Es war klar, dass dort nie ein Haus gestanden hatte. Wir schlenderten die Straße entlang, immer weiter weg von dem kleinen Park. So umherzustreifen war zugegebenermaßen erheblich angenehmer als das letzte Mal, als Andrew, Matt, Jen und ich durch Regen und Matsch gestapft waren. Es war noch nicht elf Uhr vormittags, aber die Luft war schon recht warm. Unsere Schritte knirschten trocken auf der Erde und dem Schotter auf der Straße. Offenbar gab es hinter jedem Haus einen großen Garten mit Apfel-, Pflaumen- und Quittenbäumen. Hunde bellten träge. Alex hielt eine junge Frau an und fragte sie, ob sie einen alten Menschen von hier kenne, der uns sagen könne, wo die

Straße sei, die früher einmal *Dlugosa* geheißen habe. Sie schwatzten eine Weile, dann machte Alex Froma und mir ein Zeichen, kehrtzumachen. Wir müssen dorthin, zurück zum Park, sagte er. Da, am Anfang der Straße, wohnt ein alter Mann.

Die Frau führte uns zu dem Haus und zeigte mit dem Finger. Ein untersetzter Mann mit slawischem Gesicht und vollem weißen, nach hinten gekämmtem Haarschopf saß in einer Art motorisiertem Rollstuhl im Vorgarten, trotzdem stand er auf, als er uns kommen sah. Alex sprach mit ihm. Offenbar wusste er nichts von einer Dlugosastraße. Alex zwinkerte und neigte den Kopf bereits seitlich zu einer *Gehen wir*-Geste – ein Tick, den ich inzwischen als sein Zeichen dafür kannte, dass wir nur unsere Zeit verschwendeten und weitersollten –, als der alte Mann laut jemanden grüßte, der die Straße aus unserer Richtung daherkam. Wir drehten uns um. *Stepan*, sagte der Alte. Stepan schlenderte zu uns her und begrüßte uns alle mit einem festen Händedruck. Er trug ein blau-grau kariertes Arbeiterhemd und eine altmodische Mütze. Wenn er sprach, konnte man ein schwaches Klatschen hören, fast ein Schnarren. Er hatte keine Schneidezähne, was ihn nicht daran hinderte, häufig zu lächeln. Seine Haut war braun und wettergegerbt wie Sattelleder.

Alex wiederholte, was er gerade gesagt hatte. Wir suchen die Dlugosastraße, sagte er. Wir suchen nach dem Haus des Großonkels dieses Amerikaners, eines Juden, der vor dem Krieg in Bolechiv, in Bolechow, gelebt hat. Shmiel Jäger.

Jäger!, rief Stepan aus. Er sprach rasch mit Alex.

Alex, dessen Gesicht von der Sonne schon rot und schweißbeperlt war, strahlte nun noch mehr. Er sah mich an und sagte: Sein Vater war bei Shmiel Jäger Fahrer!

Tat*sächlich?*, sagte ich. In dem Moment nahm ich noch einen weiteren Kontrast zwischen 2001 und 2005 wahr. 2001 hatten Jen und ich den Kopf gesenkt und geweint, nur weil wir jemanden gefunden hatten, der von Shmiel und seiner Familie wusste, sie aber nicht gekannt hatte: So unmöglich hatte es damals geschienen, dass es noch Leute auf der Welt geben könnte, die sich an sie erinnerten. Inzwischen aber hatte ich mit so vielen Menschen gesprochen, Menschen, die sie tatsächlich kannten. Daher hörte ich dem, was Stepan zu sagen hatte, mit Interesse, nicht aber Erregung zu.

Jäger, tak, sagte Stepan. Während er redete, dolmetschte Alex simultan.

Jäger hatte einen Lastwagen. Mit diesem Lastwagen transportierte er Güter zwischen Bolechow und Lwów. Sein Vater fuhr den Lastwagen. Und er, Jäger, sagte dem Vater manchmal, er solle zwei Pferde holen, mit deren Hilfe er den Lastwagen einen Berg hinaufziehen sollte, weil er manchmal stark überladen war und manchmal hängen blieb! Sehr große Pferde, deutsche Pferde, wie man sie auch im Krieg verwendete, um Kanonen zu ziehen.

Tatsächlich?, sagte ich wieder. Mittlerweile hatten sich weitere Leute um uns versammelt, um zu hören, was da vor sich ging: eine Frau mittleren Alters in einem Hauskittel und zwei jüngere Frauen in Jeans und engen T-Shirts.

Sie waren tatsächlich neugierig auf uns.

Er fuhr immer nach Lwów, fuhr Alex, Stepan dolmetschend, fort, und wenn etwas kaputtging, regte er sich sehr auf, es sei hinüber! Sein Geschäft war irgendwo in der Stadtmitte, wo inzwischen drei neue Häuser gebaut worden sind. Nicht weit vom Ratusz, gegenüber vom Magistrat. Auf der anderen Straßenseite.

Ja, sagte ich.

Und so redete Stepan eine ganze Weile und erzählte uns vieles. Er erinnerte sich an die Szymanskis, eine polnische Familie. Sie hatten ein Haus mit einer Art Schenke, da konnte man gute Würste essen. Das Haus stand nicht mehr. Er erinnerte sich an die Grünschlags, die hatten eine Holzhandlung. Er erinnerte sich an eine Familie namens Zimmerman. Beide erinnerten sich an die Ellenbogens, die hatten ein Geschäft am Rynek. Er erinnerte sich an Juden, die 1940 nach Sibirien gebracht worden waren, die Landes. Er erinnerte sich an die Namen von Leuten, von denen ich nie gehört hatte: Blumenthal, Kelhoffer. Er erinnerte sich an Eli Rosenberg, der nach Bolechow zurückgekehrt war und nach Kriegsende dort noch lange lebte. Er erinnerte sich, dass während der Besatzung alle Juden getötet wurden. Auch an manche Einzelheiten aus den Kriegsjahren, zum Beispiel an den Tag, als er gerade seinem Vater nicht weit vom Rynek bei einer

Arbeit half und plötzlich geschossen wurde. Überall Kugeln, *peng! peng! peng!*, sagte Stepan, und machte kleine Schießgeräusche. *Runter! Runter!*, hatte sein Vater gebrüllt, dann lagen sie im Gras, damit sie nicht getroffen wurden. Wer wurde da erschossen?, fragten wir. Wahrscheinlich Juden, sagte er. Einmal sah er, wie die Juden die Straße entlanggeführt wurden und die Nazis mit aufgekrempelten Ärmeln und mit Maschinenpistolen dabeistanden. Und ein paar von den Ortsbewohnern, die keine Uniform trugen, die halfen ihnen. Es gab auch eine jüdische Polizeimiliz, die von den Nazis organisiert war, und die jüdische Polizei kannte alle. Die Juden wurden also zu dem Platz am Stadtrand geführt, bei Taniawa. Ja, er wusste, wo Taniawa war, sein Vater war einer der Männer, die an dem Denkmal mitgebaut hatten. Sie hatten dort früher Gras gemäht.

Schön, sagte ich, dahin gehen wir. Ich hatte gehört, dass es so überwuchert war, dass man es unmöglich wiederfinden konnte; dieser Stepan war ganz klar derjenige, der uns dabei helfen konnte. (Und wir gelangten auch wirklich dorthin, später am Tag, nachdem wir eine Stunde in einem Wald herumgeirrt waren, der so üppig mit brusthohen Wildblumen bestanden war, dass man sich wie im Märchen vorkam, und ich mich zu Alex umdrehte und sagte, wie meine Mutter es gesagt hätte: Ist das nicht *schön* hier!, worauf er bitter grinste und sagte: Es war *immer* an einer schönen Stelle. Schließlich fanden wir es mithilfe eines jüngeren Mannes, der in der Nähe wohnte – wenn auch nicht zu jung, um einen Vater zu haben, der an dem Tag dabei gewesen und dann nach Hause gegangen war und seinen Kindern von den Reihen um Reihen Juden erzählt hatte, die dort aufgestellt und erschossen worden waren –, und standen vor den kleinen Betonobelisken, der Mann, Alex, Froma, Stepan und ich, und einen Augenblick lang herrschte Schweigen. Ich kam mir ein wenig blöd vor. Dann zog ich die Vergrößerung des Bildes von Ruchele hervor und sagte: Ich weiß nicht recht, aber ich finde, wir sollten einfach einen Augenblick lang dieses Mädchens gedenken, eines sechzehnjährigen Mädchens. Ihres Lebens. Hier ist sie gestorben, da, genau da. Ich reichte das Bild herum, und alle nahmen es nacheinander, schauten darauf und nickten traurig. Dann gingen wir wieder.)

Stepan stand dort also in der Russkastraße und wir um ihn herum und erzählte uns, woran er sich erinnerte. Froma wollte wissen, wie die Ukrainer sich während der Besatzung gefühlt hätten. Jeder hatte ständig Angst, sagte Stepan, und hier meldete sich der andere, der Mann mit dem wilden Gesicht und der weißen Mähne, der während des ganzen Gesprächs geschwiegen hatte. Natürlich hatte jeder Angst, sagte er. Er erzählte eine Geschichte. Ein Ukrainer namens Medvid – was »Bär« bedeutet – hielt eine jüdische Familie versteckt. Sie wurden entdeckt, und dann kamen die Nazis und töteten nicht nur diesen Medvid und seine ganze Familie, hängten sie alle auf, auch die kleinen Kinder, sondern töteten auch jeden in der ganzen Gegend, der Medvid hieß.

Deutsche Logik, hörte ich Jack sagen. Diese Ordnung, diese oberflächliche Formalität ohne jeden rationalen oder moralischen Gehalt.

Und danach, fuhr der Alte fort, hat niemand mehr versucht, einem zu helfen. Oder fast niemand.

Ich dachte an Ciszko Szymanski. Ich dachte an all die Überlebenden, mit denen ich gesprochen hatte, die fast alle von Ukrainern versteckt worden waren. Ich dachte an Frau Szedlak, wer immer das auch war. Aus einem seltsamen Grund hatten die Leute doch noch geholfen. Als Alex Stepan von sich aus fragte, ob er Geschichten von Leuten kenne, die den Behörden Juden gemeldet hätten, sagte Stepan: Solche Leute kenne ich nicht. Es hat gute Menschen gegeben und auch schlechte Menschen. Ich hörte ihm zu und dachte: Ja. Es gab Szymanski und Szedlak, und dann gab es die Mistgabeln und den Nachbarn, der sie verraten hat. Am Ende war es eben so einfach, so rätselhaft.

Schließlich hatten wir rund eine Dreiviertelstunde geredet dort in der Sonne, während der Alex immer roter wurde. Das Einzige, was keiner so recht wusste, war, wo genau die Dlugosastraße lag. Stepan kratzte sich am Kinn und zog die Stirn kraus, schüttelte dann den Kopf. *Dlugosa Dlugosa Dlugosa*. Nein. Immerhin konnte er uns sagen, dass während der Stalinjahre jeder, der in der Straße wohnte, auf der wir jetzt standen, der Russkastraße, nach Sibirien deportiert wurde, weil die Häuser dort Blechdächer hatten und Blechdächer bedeuteten, dass man bürgerlich war, konterrevolutionär. Seine eigene Familie, fügte er noch mit dem breiten, riesigen Lächeln eines Kleinkinds hinzu, sei verschont geblieben, als diese irrationale (aber keineswegs ungewöhnlich irrationale) Dezimierung stattfand, weil ihr Haus ein Strohdach hatte, ein proletarisches Dach.

Er redete, wir hörten zu. Er sagte etwas zu Alex, der sich daraufhin an uns wandte: Er meint, ihr solltet mit einer Frau sprechen, die in der ... der deutschen Kolonie –?

Ja, sagte ich, ich weiß davon, sie war auf der anderen Seite der Brücke. Jack hatte mir davon erzählt.

– der deutschen Kolonie lebt, ihr Bruder war auch Fahrer bei Shmiel, vielleicht weiß sie mehr.

O.k., sagte ich.

Und er sagt, mehr noch solltet ihr mit einem sehr alten Mann namens Prokopiv sprechen, der arbeitet jetzt in der Kirche. Er ist so alt, vielleicht weiß er mehr als jeder andere.

O.k., sagte ich.

Wollt ihr dahin?, fragte Alex. Er wusste, dass wir heute zu einem bestimmten Zweck hierhergekommen waren: um die Orte zu sehen, über die ich jetzt so viel wusste, um, soweit das heute jemand kann, auf ihren Spuren zu gehen. Wir hatten im Verlauf der letzten Jahre so viel gemailt und gesprochen und er kannte mich bereits so gut, dass ihm klar war, dass ich keine Zeit damit verschwenden wollte, mir Geschichten anzuhören, die mir inzwischen vertraut waren.

Nein, sagte ich, schon gut, warum nicht? Dabei dachte ich: Diese Geschichten waren reizvoll: die Zugpferde, der hängen gebliebene Laster. Ein paar mehr konnten nicht schaden.

Wir stiegen alle in das blaue Auto, Alex, Froma, Stepan und ich, und fuhren zu Prokopivs Haus.

Allein nur wegen der Schwere der Bestrafung, die sie erleiden, ist es eigenartig, dass die Sünden, wegen derer die Bewohner der luxuriösen Städte Sodom und Gomorrha ausgelöscht werden, in der Paraschat Wajera *nie konkret benannt und schon gar nicht detailliert beschrieben werden. Auch wenn es, wie wir gesehen haben, einen deutlichen Hinweis gibt, dass die Sünde die einer sexuellen Übertretung ist und Praktiken einschließt, die weit* außerhalb der berühmten Vorschriften des Leviten-Buchs der Bibel liegen, findet sich im Text tatsächlich nichts, das erklärt, warum die Städte zerstört werden müssen: Gott verkündet Abraham lediglich, sozusagen aus heiterem Himmel, dass das Geschrei über Sedom und Amora gar groß *und dass ihre – ungenannte – Sünde sehr schwer sei.* Zu Gottes Verteidigung, dessen Vorliebe für totale Vernichtung wie auch Schöpfung aus der Genesis inzwischen hinreichend bekannt ist, verweilt Raschi bei dem Umstand, dass Gott daraufhin verkündet, er wolle sich »herablassen«, um sich die Städte der Gegend anzusehen und sich zu überzeugen, dass das »Geschrei«, das er gehört hat, auch zutreffe. »Er lehrte«, erklärt der französische Weise, »damit die Richter, dass sie Urteile über das Leben nur aufgrund von Augenzeugen fällen dürften«, eine reizvolle Überlegung, auch wenn man vermutlich mit einigem Recht sagen kann, dass heutige juristische Geister eher darauf verweisen würden, dass die Verurteilten in diesem Fall über die ihnen zur Last gelegten Taten offenbar gar nicht informiert wurden – Taten, die, jedenfalls in dem Text, den wir haben, weder benannt noch in irgendeiner Weise bewiesen werden, beunruhigend, wenn eine ganze Einwohnerschaft angeklagt ist.

Daraus entwickelt sich dann einer der seltsamsten Wortwechsel in der langen Liste an gereizten Dialogen zwischen Patriarchen und der Gottheit in der Tora. Als Gottes zerstörerische Engel zu den bösen Städten unterwegs sind, trägt Abraham Gott eine Sorge vor, die wohl auch jeden heutigen Leser beschäftigen würde. Abraham treibt etwas um, das manchen Kommentator an anderer Stelle beim Nachdenken über die uneingeschränkte Schonungslosigkeit von Gottes Strafen beunruhigt hat (wie beispielsweise in der Passage in der Paraschat Noach, die die vage Möglichkeit enthält, dass Unschuldige – beispielsweise Kinder – in der Sintflut ertrinken könnten): Und wenn nun Schuldlose in den Städten leben, die Gott für die unentrinnbare Ausrottung auserkoren hat – was angesichts des Ausmaßes der Zerstörung wahrscheinlich ist? Wenn unter den Gottlosen von Sodom und Gomorrha auch nur, sagen wir, fünfzig Unschuldige lebten? (Nur ein winziger Teil – wie achtundvierzig – angesichts der Bevölkerung einer ganzen Großstadt.) Wäre es da nicht, argumentiert Abraham, ein Sakrileg gegen Gott selbst, die Unschuldigen zusammen mit den Gottlosen zu bestrafen? Wäre das nicht ungerecht? Sollte der Richter über die ganze Erde eine Ungerechtigkeit begehen?

Gott versteht sogleich, worauf sein Prophet hinauswill, und versichert, gäbe es in Sodom nur fünfzig Gute, würde er die ganze Stadt verschonen (»den ganzen Ort«, wie Raschi in seinem Bestreben, Gott als unnötig großherzig darzustellen, extra unterstreicht, bezeichnet nicht nur Sodom, sondern auch die anderen Städte in der Gegend, da Sodom ja eine »Hauptstadt« ist). Vielleicht in Sorge wegen Gottes rascher Antwort – niemand, der je einmal gefeilscht hat, fühlt sich sicher, wenn der andere seinen Bedingungen zu rasch zustimmt – versucht Abraham, seinen Schöpfer noch ein wenig zu drücken, ihn auf fünfundvierzig herunterzuhandeln: würde Gott Sodom (und die ganze Gegend) verschonen, wenn es dort nur fünfundvierzig Gerechte gäbe? Gott willigt ein: fünfundvierzig. Und so geht es weiter: von fünfundvierzig auf vierzig, von vierzig auf dreißig, von dreißig auf zwanzig, von zwanzig auf zehn. Abraham gibt sein aggressives Feilschen erst auf, nachdem er Gott das Versprechen abgerungen hat, den Großraum Sodom nicht zu zerstören, wenn auch nur zehn Gerechte darin wären. Letztendlich werden die Städte zerstört, die prächtigen und dekadenten Städte des Ostens, samt allen Einwohnern, den Jungen, den Alten, den Kranken, den Lahmen, selbst dem Neugeborenen an der Brust seiner Mutter vermutlich, obwohl der Text auch hier mit Details geizt und sich ebenso wenig bereit zeigt, die Bestraften zu beschreiben, wie zuvor das Verbrechen.

In gewisser Weise ist diese Geschichte für diejenigen unwiderstehlich, denen die von der Sintflut mit ihrer leisen Andeutung, dass genau das eintrat, was Abraham später befürchtet, nämlich die Ermordung der Unschuldigen zusammen mit den Gottlosen, noch immer Unbehagen bereitet. Doch für mich ist das Schicksal von Sodom und Gomorrha – oder vielmehr der Tod der Männer, Frauen und Kinder der beiden Städte, denn inzwischen habe ich gelernt, dass es zu einfach ist zu sagen, diese oder jene Stadt sei zerstört worden, wenn man eigentlich sagen will, dass alle Menschen dieser Stadt getötet worden seien – aus einem anderen

Grund verstörend. Zwar bewundere ich Abrahams Basarschläue, dennoch habe ich mich immer gefragt, warum er bei der Zahl zehn aufgehört hat. Friedman hat dazu beinahe nichts zu sagen, sondern nimmt Gottes Urteil einfach hin: »Da Gott die Lage und ihr notwendiges Ergebnis kennt, wozu sprechen?« Raschi erklärt mit einem ziemlich geschickten Verweis auf die Sintflut-Erzählung, dem Prototyp dieser Geschichte, warum Abraham beim Feilschen die Zahl immer in Zehnerstufen drückt (weil die Zahl der in Noahs Arche Geretteten acht war und acht plus Abraham plus Gott zehn ergibt). Doch keinen der beiden Kommentatoren beschäftigt die Frage sonderlich, die mich so sehr umtreibt, nämlich: Selbst wenn es weniger als zehn gute Sodomiter gegeben hätte – selbst wenn, sagen wir, nur ein Gerechter in der ganzen riesigen Metropole gelebt hätte –, wäre es nicht ungerecht, ihn zusammen mit den Schuldigen zu töten? Oder gar: Solange es im Land der Gottlosen noch einen guten Einwohner gibt, können wir da sagen, dass die ganze Nation schuldig ist?

Bei dem alten Prokopiv war niemand da, also setzten wir Stepan zu Hause ab, wo seine erzürnte Frau schon auf der Veranda stand, die Hände in den Hüften, und fragte, wo er denn den ganzen Vormittag gewesen sei, und fuhren zu der deutschen Kolonie, wo wir auch das Haus von Frau Latyk fanden, das er uns genannt hatte, der alten Frau, deren Bruder für Onkel Shmiel gearbeitet hatte.

Wie es seine Art ist, klopfte Alex statt an die Tür ans Fenster und rief auf Ukrainisch: Ist jemand zu Hause? Nach ein, zwei Minuten erschien eine weißhaarige Frau am Maschendrahttor, das in den gepflegten kleinen Garten führte. Ihr tief zerfurchtes, aber lebhaftes Gesicht, die breiten, verblüffend beweglichen Züge, die ungenierte Himmelfahrtsnase, das kräftige weiße Haar, das achtlos zu einem kleinen Knoten zurückgebunden war, die energischen, großen Hände, die zappelten und wedelten, während sie langsam zum Tor kam, selbst das kräftige Kornblumenblau ihres dünnen Baumwollkittels – das alles suggerierte eine Art solide Vertrauenswürdigkeit. Alex sprach kurz mit ihr, wobei er irgendwann *Shmiel Jäger* sagte, worauf sie energisch nickte, *Tak, tak* sagte und uns bedeutete, durch das Tor zu treten. In einer Ecke ihres kleinen schattigen Gartens bot sie uns an, auf Plastikstühlen Platz zu nehmen, und erzählte, sie sei 1919 geboren. Nein, sagte sie, Stepan habe unrecht: Ihr Onkel sei Fahrer bei Shmiel gewesen, nicht ihr Bruder. Doch, ja, natürlich erinnere sie sich an Shmiel Jäger. Sie hatte ihn nicht oft gesehen und erinnerte sich deshalb auch nicht an die Kinder – sie glaubte, es könne eine Tochter gegeben haben –, aber Jäger, ja, an den erinnerte sie sich, der hatte einen großen Laster. Seine Fahrer fuhren damit nach Lwów und holten dort alle möglichen Güter, Kleider, Nahrungsmittel, Obst –

Erdbeeren, dachte ich –

– und andere Dinge, und transportierten sie an unterschiedliche Orte …

Wir unterhielten uns eine halbe Stunde, und sie erzählte uns alles, woran sie sich erinnerte, schlichte Dinge, Alltagsdinge. Dinge, die wir bereits gehört hatten. Sie wusste, dass Jäger irgendwo nahe am Rynek gewohnt habe, aber das Haus stehe nicht mehr; an der Stelle sei ein neues Haus gebaut worden. Ja, ihr Onkel habe gern für Jäger gearbeitet, sagte sie. Und Jäger habe ihren Onkel *sehr* gemocht! Sie waren einander nahe, nicht nur ein Mann und sein Arbeiter. Jäger war als netter Mann bekannt, als großzügig. Die Leute mochten ihn. Wie ihr Onkel hieß? Stanislaw Latyk. *Stas*, sagte sie. Seine Kinder seien schon vor langer Zeit nach Amerika ausgewandert, wenn wir wollten, könne sie uns deren Namen und Adressen geben. Besonders der Sohn, glaubte sie, werde sich noch an vieles erinnern. Ich sagte, ja, das wäre nett, dachte: Vielleicht hatten auch sie reizvolle Geschichten zu erzählen (»Und Jäger, der mochte unseren Vater *sehr*!«). Sie kam mit einem Zettel, und während ich die Adresse abschrieb, zeigte sie uns Schnappschüsse ihres Onkels, der ganzen Familie. Ich versprach, ihre Cousins in den Staaten anzurufen, wenn wir wieder zu Hause seien, und bald darauf, nachdem wir ihr fest und herzlich die Hand geschüttelt hatten, gingen wir zum Passat zurück. Alex hatte den richtigen Instinkt: Wir sollten nicht zu viel Zeit auf diese Interviews verschwenden.

Tatsächlich rief ich Stas Latyks Kinder einige Wochen nach meiner Rückkehr an, allerdings waren die Geschichten, die sie mir erzählten, nicht sehr reizvoll. Als ich mit Lydia sprach, der Tochter, die jetzt in der Nähe von New Haven lebt, breitete sie bereitwillig alles aus, woran sie sich erinnern konnte, und versuchte, mir nach Kräften zu helfen. Ja, sicher, sie erinnere sich an Shmiel Jäger, sagte sie, ihr Vater sei gut mit ihm befreundet gewesen, sie seien einander sehr nahe gewesen. Während des Krieges habe ihr Vater seinen eigenen großen Lastwagen gehabt – in den dreißiger Jahren habe er bei Shmiel aufgehört und sein eigenes Geschäft aufgemacht – und einen der großen Dieseltanks seines Lasters irgendwie in eine Art Versteck umgewandelt, und in diesem Versteck habe er Juden an sichere Orte geschmuggelt, in andere Verstecke. (Als ich ihr erzählte, was ich bis dahin über Shmiels Schicksal wusste, meinte sie, es sei gut möglich, dass ihr Vater ihn zum Haus der polnischen Lehrerin gebracht habe.) Das, ergänzte sie, müsse vor dem Tag gewesen sein, an dem die Juden zusammengetrieben worden seien und ihr Vater, als er gesehen habe, wie ein deutscher Soldat eine Frau brutal von ihrem Kind wegzerrte, zu dem Soldaten gegangen sei, ihm ins Gesicht geschlagen und gesagt habe *Schämen Sie sich.* Dafür sei Stas in eine Gestapo-Zelle gekommen und zwei Tage lang verprügelt worden. Als er danach nach Hause kam, sei er kaum noch zu erkennen gewesen, worauf ihre Mutter in Ohnmacht gefallen sei. Bald darauf sei Stas Latyk, da er um sein Leben fürchtete, in die Wälder verschwunden. Lydia, ihre Mutter und ihr Bruder Mikhailo hätten später herausgefunden, dass er sich irgendwann den Russen angeschlossen habe und nach dem Krieg nach Bolechiv zurückgekehrt sei, aber zu dem Zeitpunkt sei die übrige Familie bereits in Amerika gewesen, und warum auch immer, vielleicht weil die Welt war, wie sie damals eben war, wegen anderer Dinge, hätten sie ihn nie wiedergesehen.

Auch Michael Latyk rief ich an, wie Stas' Sohn Mikhailo jetzt heißt. Er lebt in Texas. Er war sehr freundlich, als ich ihn am Tag nach dem Gespräch mit seiner Schwester spontan anrief, und meinte, ja, natürlich würde er mir gern von seinen Erinnerungen an seinen Vater, an den Krieg, überhaupt alles erzählen. Er bestätigte, was Lydia mir von der engen Freundschaft seines Vaters mit Shmiel erzählt hatte, und fügte nur hinzu, dass die beiden

Männer, und daran erinnere er sich sehr deutlich, häufig spontan Ringkämpfe gemacht hätten.

Ringkämpfe? Ich konnte es nicht erwarten, meiner Mutter davon zu erzählen.

Woran er sich noch erinnere, fragte ich ihn. Es falle ihm schwer, sagte er, er sei noch ein Junge gewesen, es sei eine sehr schlimme Zeit gewesen, er habe furchtbare Dinge gesehen. Er habe in der Menge gestanden, die sich an jenem Abend im Oktober um das Dom Katolicki versammelt habe. Er habe gesehen, wie Leute an die Wand gestellt und erschossen worden seien. Einmal, im Juni, sei er draußen gewesen und habe Kirschen von einem Baum gepflückt und gegessen, als er plötzlich Schüsse gehört und dann gesehen habe, wie eine Gruppe Menschen gleich dort im Freien erschossen worden sei. Danach, sagte er, habe er drei Tage lang nichts essen können. Er habe noch andere Dinge gesehen. Eine Frau, im sechsten oder siebten Monat schwanger, verwundet, die um einem Arzt bat, einen Arzt. Und dann noch, nach einer der großen Aktionen, habe er gesehen, wie einem Jungen ungefähr seines Alters, als sie zusammengetrieben wurden, in die rechte Schulter geschossen worden sei – *Nein, halt*, es war die linke Schulter, er habe es noch vor Augen –, aber irgendwie habe der überlebt. Er erinnere sich, den Jungen vier Tage später am Zaun eines Lagers sitzen gesehen zu haben. Er hat unten am Zaun gesessen, erinnerte sich Michael, vor Hunger ganz aufgedunsen, und er hat –

Seine Stimme wurde rau, und er begann zu weinen. Tut mir leid, sagte er, tut mir leid, das kann ich nicht erzählen.

Ist ja gut, sagte ich, wie manchmal zu meinen Kindern. Lassen Sie sich Zeit, holen Sie tief Luft.

Das tat er und sagte: Er hat.

Wieder brach er ab. Ich konnte mir nicht vorstellen, worauf diese Geschichte hinauslaufen würde, doch wie ich so am Schreibtisch saß, merkte ich, dass ich den Hörer so fest umklammerte, dass meine Hände nass waren.

Schließlich holte Michael Latyk in Texas im August 2005 noch einmal tief Luft und sagte: Er hat da gesessen, vor Hunger ganz aufgedunsen, da am Zaun, und er hat sich die Läuse vom eigenen Körper genommen und gegessen.

Dann sagte er: Tut mir leid, ich kann über diese Dinge nicht mehr sprechen.

Ich nickte, bis mir einfiel, dass ich ja am Telefon saß. Ja, sagte ich leise, o.k., Sie haben mir sehr geholfen, ich bin Ihnen sehr dankbar für das, was Sie mir erzählt haben, ich und meine Familie sind Ihnen sehr dankbar –

Plötzlich unterbrach er mich. Eines aber muss ich Ihnen noch sagen, sagte Michael. Sie kennen doch den Ausdruck »eine ausgewogene Kost essen«? Tja, für den Rest meines Lebens muss ich immer, wenn ich diesen Ausdruck höre, *daran* denken.

Ich hatte gehalten, was ich Frau Latyk versprochen hatte, und ihren Cousin und ihre Cousine in den Staaten angerufen.

Wir kamen gerade noch rechtzeitig. Als wir vor seinem Haus hielten, trat der alte Prokopiv gerade aus der Haustür und strebte eilig Richtung Stadt – zu seiner Arbeit in der Kirche, wie er uns dann erzählte, wo er jeden Tag aufräumte. Das Haus war groß und sah gut aus, ein großzügiger Holzbau mit einem steilen Blechdach. Es war ziegelrot gestrichen, die Fensterrahmen weiß. Der Eindruck einer Scheune, den es machte, wurde noch dadurch verstärkt, dass es ein wenig abseits der Straße inmitten einer Menge Apfelbäume stand, überhaupt sah es aus wie etwas, auf das man bei einer angenehmen Landpartie treffen könnte. Prokopiv selbst, dessen Vorname Vasyl war, sah man seine neunzig Jahre nicht im Mindesten an. Er war hochgewachsen und kräftig und hatte einen stattlichen, ovalen Kopf mit einem straffen Gesicht, das bis auf zwei tiefe Lachfalten zu beiden Seiten des breiten Mundes fast vollkommen ohne Runzeln war. Seine koboldhafte Nase reckte sich, wie die Frau Latyks, an der Spitze gen Himmel, was ihm etwas unangemessen Jungenhaftes verlieh. Wie Josef Adler an dem Tag, als ich ihn kennenlernte, trug er ein braunes Hemd mit Schulterklappen. Er sah wie siebzig aus. Sein Händedruck war beinhart.

Weil Prokopiv es offensichtlich eilig hatte, machte Alex die Vorstellung kurz. Er sagte, wir seien Amerikaner und auf der Suche nach Leuten, die die Jägers aus Bolechow gekannt haben könnten.

Prokopiv führte die linke Hand ans Gesicht, wie um nachzudenken, und sagte dann eine Minute lang etwas auf Ukrainisch.

Er erinnert sich an keine Jägers, sagte Alex.

Durch die unerwarteten Interviews mit Stepan und Frau Latyk sowie die Stunde, die wir mit der Suche nach Taniawa verbracht hatten, war es bereits ein langer Tag gewesen. Die Sonne war heiß. Ein wenig hastig sagte ich: Nicht? O.k.

Prokopiv sagte noch etwas zu Alex, stellte eine Frage, wie ich der Intonation entnahm. Ich war mir ziemlich sicher, das Wort *zhid*, Jude, gehört zu haben.

Alex sagte *Tak*, ja, und dann noch etwas, worauf Prokopiv den stattlichen Kopf zurückwarf und lachte, ein Lachen des Erkennens.

Alex sagte: Ich habe ihm von den Lastwagen erzählt, dann ist es ihm gleich wieder eingefallen. *Tak tak*. Ja ja. Er erinnert sich. Shmiel Jäger. Er hat in Russki Bolechow gewohnt. Wo die Straße war, weiß er nicht. Er kannte den Namen, sie selbst aber nicht.

Ich sagte: O.k., das ist nett. Dann bat ich ihn, Prokopiv, den es ja zur Kirche zog, zu fragen, ob er noch einige andere Namen kenne: Szymanski, Grünschlag, Ellenbogen. Er und Alex redeten ein Weilchen, dann sagte Alex: Ja, die Namen hat er gekannt. Es war eine kleine Stadt. Jeder kannte jeden.

O.k., sagte ich, dann erinnert er sich also an einige Namen.

Alex nickte und machte sein *Gehn wir*-Gesicht, sein *Mehr kriegen wir aus ihm nicht raus*-Gesicht. Ja, sagte er. Na gut.

Wir dankten Prokopiv, er ging weiter, Alex und ich wandten uns zum Wagen.

Moment, sagte Froma.

Wir drehten uns um.

Sie sagte: Willst du ihn nicht noch was anderes fragen?

Ich dachte: Jetzt geht's wieder los: das Drängen, die Weigerung loszulassen, das Beharren, auf einen letzten Blick, eine letzte Frage zurückzugehen. Leise Verzweiflung regte sich in mir, nicht nur, weil ich nicht mehr zurückwollte. Bei Taniawa hatte es zwischen Froma und Alex eine kleine Szene gegeben. Als wir endlich den idyllischen, abgelegenen Schauplatz des Massengrabs erreichten, hatte Froma bemerkt, ohne die Hilfe der Ukrainer hätten die Deutschen diese Stelle niemals gefunden. Seit sie und ich zusammen in Vilnius gewesen waren und das Massengrab im Wald von Ponar mit seinen hunderttausend Juden besucht hatten, die dort ihren unruhigen Schlaf unter den Picknickplätzen schliefen, waren wir nahezu besessen immer wieder zu der Frage nach der Kollaboration von Einheimischen zurückgekehrt, hatten wir viele Male die Mechanik des Tötens erörtert, das ohne die Unterstützung durch Einheimische, von Leuten, die wussten, wer die Juden waren, wo sie wohnten, wo die Felder im Wald waren, sehr häufig nicht möglich gewesen wäre. Viele denken beim Holocaust an *Deutsche*. Erst kürzlich, bei einer Bat-Mizwa, die ich in New York besuchte (eine Zeremonie, die mein Großvater missbilligt hätte, aber die Zeit ändert eben auch Traditionen), kam jemand, der von meiner Suche nach dem Schicksal Shmiels, meinen vielen Auslandsreisen gehört hatte, auf mich zu und sagte: Ist Ihnen unter Deutschen nicht unbehaglich?, worauf ich ihn fragte: Sie meinen Deutsche im Allgemeinen? Dann schüttelte ich lachend den Kopf und sagte: Nein, natürlich nicht, und überhaupt, würde ich so denken, dann würde ich mich noch mehr als vor den Deutschen vor den Ukrainern fürchten. Froma beschäftigte dieses Thema besonders stark, und im Wald von Taniawa hatte sie gesagt: Diese Stelle hätten sie ohne die Ukrainer nie gefunden, worauf Alex, der erhitzt und müde war, ein wenig zornig wurde und Froma angiftete, was sie da gesagt habe, könne man *unmöglich wissen* – zornig nicht, weil er Ukrainer war, da er sich als Historiker ja für die Fakten interessiert und mit den ukrainischen Gräueln daher vertraut ist, genauso wie er einem die Fakten der großen erzwungenen Hungersnot nennen kann, der Sowjetsoldaten, die die Städte und Dörfer nach und nach umzingelten, einfach alle Lebensmittel herausholten und die Menschen sterben ließen, was sie dann auch taten, nachdem sie die Mäuse und die Ratten und schließlich sich gegenseitig gegessen hatten. Eben weil Alex an den Fakten interessiert war, sagte er zornig: Entschuldigen Sie, aber woher wissen Sie das denn, für *diesen* Fall gibt es keinerlei Belege, es war damals nur freies Feld, es hätte jeder Ort sein können, jeder, der auf dieser Straße entlangkam, hätte so eine Stelle oder eine ähnliche finden können, ja? Und um diesen aufgeladenen Moment zu entschärfen, hatte ich, als wir auf dieser laubgrünen Lichtung standen, gesagt: *Ich finde, wir sollten jetzt einen Augenblick an dieses Mädchen denken, ein sechzehnjähriges Mädchen. An ihr Leben.*

Weil ich diese ungute Szene noch im Kopf hatte und weil ich fürchtete, Froma könne wieder auf die ukrainische Kollaboration zu sprechen kommen, erwiderte ich auf ihre Frage, ob wir Prokopiv nicht noch *etwas anderes* fragen sollten, fest: Nein, das ist schon gut so.

Froma beharrte darauf. Willst du ihn denn nicht fragen, was er darüber weiß, wie sie sie geschnappt haben?

Hmmm?, machte ich; ich wollte mich nicht darauf einlassen. Inzwischen wussten wir ja, was geschehen war. Und es war klar, dass dieser Prokopiv meine Familie nicht gekannt hatte. Ich fand, es wurde Zeit, die Sache zum Abschluss zu bringen, noch ein paar Fotos zu machen und zu gehen.

Was du die anderen auch gefragt hast, fuhr Froma fort. Was passiert ist, als sie die Juden weggebracht haben.

Alex schwitzte stark; als kräftiger Mann litt er stärker unter der Hitze als wir. Dennoch wiederholte er Fromas Frage auf Ukrainisch. Prokopiv redete eine Weile, er sagte: Ja, er erinnere sich an einmal, als einige Juden dorthin gebracht wurden, wo früher einmal die Ziegelei war, da hätten sie selbst Gruben ausgehoben, und dann hätten sie sie getötet und darin begraben. Es gebe dort eine Art Denkmal. Und andere seien auf dem Friedhof getötet worden.

Wo ist dieses Denkmal?, fragte Froma.

Er glaubt, es ist im Wald, sagte Alex nach einem kurzen Gespräch. Die Deutschen haben sie zu einem Club gebracht, der dort gewesen ist, sie haben sie ins Kino gebracht und dann getötet.

Es war klar, dass sie von der ersten Aktion sprachen, von Taniawa. Es war Zeitverschwendung.

O.k., sagte ich, dann bedanken wir uns jetzt und gehen.

Doch Froma sagte: Kennt er welche, die *versteckt* waren? Folgendes interessierte sie: Als wir am Vormittag vor dem Dom Katolicki gestanden hatten, war eine sehr kleine und sehr alte Frau vorbeigekommen, die, nachdem sie kurz stehen geblieben und Stepan begrüßt hatte, auch mit uns sprach und dabei erzählte, vor langer Zeit habe sie geholfen, ein kleines jüdisches Mädchen namens Rita zu verstecken. Dann war die Frau in Tränen ausgebrochen und hatte gesagt: *Die Juden haben doch gar nichts gemacht, und trotzdem haben sie sie alle umgebracht.* Das hatte Froma berührt, und man sah, dass sie immer noch an Rita denken musste. Also sagte sie nun: Kennt er welche, die versteckt waren?

Alex, der ein paar Schritte abseits bei Prokopiv stand, machte eine Bewegung, als habe er sie nicht gehört. Laut wiederholte ich die Frage. Kennt er welche, die *versteckt* waren?

Alex gab die Frage weiter. Ich gab auf, trat vom Wagen weg und ging wieder zu Prokopiv.

Prokopiv bejahte es mit einem schmalen Lächeln. Versteckt, sagte er. Ja, kenn ich.

Mit dem Kopf wies der Alte hinüber zur nächsten Straße und redete dann weiter. Ich glaubte, den Namen *Kopernika* zu hören. Kopernikus? Mein Ukrainisch war eindeutig nicht besser als mein Polnisch.

Alex hörte zu und übersetzte dann.

Er sagte: In der Kopernikastraße wohnten zwei Polinnen, die

Lehrerinnen waren. Eine hielt zwei Juden versteckt. Die Juden wurden mitgenommen und die Lehrerinnen getötet.

Wie ich so dastand in dem Augenblick, nachdem der alte Prokopiv *zwei Polinnen, die Lehrerinnen waren, eine hielt zwei Juden versteckt* gesagt hatte, begriff ich zum ersten Mal im Leben den Ausdruck *wie angewurzelt*. Ich konnte mich nicht bewegen. Mir klangen die Ohren. Ich hörte meine Stimme im Kopf hallen, als ich endlich etwas sagte. Nur weil mein digitales Aufnahmegerät weiterlief, als ich so sprachlos dastand, weiß ich, dass ich sagte: Aber das ist doch – das ist –

Ich rang um Fassung. Ich sagte: Frag ihn, ob es eine polnische *Kunst*lehrerin war. Denn die hat meinen Onkel und seine Tochter versteckt, eine Kunstlehrerin von der Schule, frag ihn –

Da fiel mir auf, dass ich Alex den Teil der Geschichte noch gar nicht erzählt hatte. Seit ich ihn das letzte Mal gesehen hatte, hatten wir so viel erfahren, war so viel nachzutragen, und das hatte ich mir alles für das große Essen aufgespart, das er und Natalie für uns am folgenden Abend, dem Samstag, ausrichten wollten, nachdem Lane angekommen war. Ich hatte ihm noch nicht von Frydka und Shmiel und Ciszko und Szedlak erzählt, weil ich es für diesen Ausflug, heute, nicht für wichtig gehalten hatte.

Frag ihn, hatte ich gesagt, wobei ich kaum wusste, was ich da sagte. Alex sprach bereits mit Prokopiv, als ich mich räusperte und ergänzte: Erinnert er sich an den *Namen* dieser Lehrerin? Es konnten ja auch zwei Lehrerinnen gewesen sein, dachte ich, schließlich hatte es in dieser Stadt ja wohl mehr als eine Lehrerin gegeben, vielleicht hatte eine andere ebenfalls Juden versteckt. Vielleicht war es ja gar nicht dieselbe. Vielleicht waren sie es nicht. Ich musste sichergehen.

Alex stellte die Frage. Prokopiv hörte zu, nickte zweimal heftig und lächelte dann breit. Seine Zähne waren klein und eckig.

Er sagte *Tak tak*.

Er sagte *Szedlakowa*.

Er sagte noch etwas anderes, einen Satz.

Alex sah mich an. Er sagte zu mir: Er sagt, sie wurde gleich im Garten hinter ihrem Haus getötet.

Ich stand da und sagte zu dem Alten, als könne die Gewalt der Gefühle in diesem Augenblick die Sprachbarriere überwinden:

Das waren mein Onkel und seine Tochter. *Bestimmt.*

Monate nach diesem Nachmittag hat Froma mir gesagt, wenn sie die Geschichte unserer Erlebnisse auf dieser Reise anderen erzählt, beschreibe sie mich in dem Augenblick, als Prokopiv den Namen *Szedlakowa* aussprach, als *aufgelöst.* Und es stimmt, in dem Moment brach etwas in mir. Ich sank einfach nieder, hockte im Staub der Straße und brach in Tränen aus.

Teils war es das: der bizarre Zufall, dass dieser Mann, den wir an dem Tag beinahe verfehlt hatten, mit dem wir nie gesprochen hätten, wären wir auch nur fünf Minuten später gekommen, dem wir nie die richtige Frage gestellt hätten, wenn Froma nicht erneut gedrängt, noch einen Blick verlangt hätte, dass dieser Mann von all den Geschichten von *Menschen, die versteckt waren*, nur eine Geschichte von Juden kannte, die versteckt gewesen waren, und die sich als die einzige Geschichte erwies, an der ich interessiert war, die Geschichte, die aufzuspüren und zu rekonstruieren mich die vergangenen vier Jahre gekostet hatte.

Und teils war es das: dass es lange so aussah, als könne es niemals eine echte Bestätigung dieser Geschichte geben, weil keiner von denen, die sie mir erzählt hatten, in all den unterschiedlichen Versionen, die sie gehört hatten, dort gewesen war, als es geschah. Und nun redete ich mit einem Ukrainer, keinem Juden, also jemandem, der tatsächlich dabei gewesen war. Plötzlich wirkte es weniger wie eine Geschichte als vielmehr wie ein Faktum. Ich war zum Kern vorgedrungen.

Ich kauerte auf der stillen Straße, die Hand über den nassen Augen, und als ich schließlich wieder aufblickte, war Prokopiv näher gekommen und betrachtete mich mit einem Ausdruck tiefen, fast väterlichen Mitgefühls wie einer, der ein Kind mustert, das sich wehgetan hat.

Aiiiii, sagte er und seufzte tief. *Tak tak.* Ja ja. Es war wie *Ist ja gut.*

Froma und Alex schwiegen eine Weile. Dann fragte Froma sanft: Hat jeder davon gewusst? Hat jeder diese Geschichte gekannt?

Prokopiv nickte fest. Ja, ja, sagte Alex. Jeder hat sie gekannt. Er sagt, alle haben gleich, als es passierte, darüber gesprochen.

Gleich, als es passierte. Nicht 1946 in Katowice, nicht 1950 in Israel, nicht 2003 in Australien. Dieser Gedanke erinnerte mich daran, dass ich zu arbeiten hatte, dass ich jetzt Informationen brauchte. Ich wurde klar im Kopf und stand auf.

Ich sagte: Er sagt also, es waren *zwei* Lehrerinnen? Das war mir neu.

Die beiden Ukrainer unterhielten sich eine Weile, der alte Neunzigjährige, der so viel gesehen hatte, und der bärengleiche Junge Mitte dreißig, der, aus welch rätselhaften Gründen auch immer, aus Vorliebe, Naturell oder Zufall, sein Arbeitsleben letztlich der Geschichte der Juden Galiziens gewidmet hatte. Alex sagte: Ja, die beiden Lehrerinnen waren Geschwister, sie lebten zusammen. Und er glaubt, beide wurden getötet.

Ich fragte: Weiß er noch, in welchem Teil der Stadt die Frauen lebten?

Alex redete mit Prokopiv und sah mich dann durchdringend, vertraulich an.

Er sagte: Klar weiß er es noch. Wenn wir wollen, führt er uns zu dem Haus.

Die Straße war still. Eine kleine Brise rauschte in den Blättern der Apfelbäume.

Ich sagte: Ja, das wollen wir.

Das Haus, das einmal den Szedlak-Schwestern gehört hatte, ein flacher, einstöckiger Bungalow, vielen Häusern ähnlich, die man in Bolechiv sieht, wirkte verlassen; Prokopiv zeigte darauf, als wir ihn zur Kirche fuhren. Mit überschwänglichen Dankesworten setzten wir ihn dort ab.

Auf der Fahrt hatte Froma Alex gebeten, den Alten zu fragen, ob er sich an den Namen des *Verräters* erinnere. Ich selbst war so überwältigt von der Entdeckung des Sedlak'schen Hauses, dass ich gar nicht darauf gekommen war. Ich konnte mir nicht vorstellen, noch etwas zu entdecken; es schien genug. Alex dagegen, der, wie ich sah, von dem Vorfall tief berührt war, wollte dieser Fährte ebenso begierig folgen wie Froma. Er redete eine Weile mit Prokopiv, der dann traurig den Kopf schüttelte.

Er weiß nicht, wer sie verraten hat, sagte Alex, als wir das kurze Stück von der Gegend um das Dom Katolicki zum Rynek fuhren, wo die kleine ukrainische Kirche mit der goldenen Kuppel stand, fünfzig Schritt von dem Haus, in dem mein Großvater geboren wurde. Alex fügte hinzu: Er sagt, vielleicht hat er es *damals* gewusst. Ja, damals, da wussten es die Leute ... Aber das ist schon so lange her.

Mich durchzuckte kurz, dass Prokopiv womöglich jemanden schützte, und als Froma sprach, wusste ich, dass sie dasselbe dachte. Sie sagte: Alles, was geschah, geschah, weil jemand, ein einzelner Mensch, eine Entscheidung traf. Sie und ich hatten im Laufe der Jahre häufig darüber gesprochen. In Ponar hatte sie einen Gedanken erläutert, den sie bereits zuvor formuliert hatte und auch weiterhin formulieren würde: dass der Holocaust so groß ist, das schiere Ausmaß so gigantisch, dass man ihn sich leicht als etwas Mechanisches vorstellt. Etwas Anonymes. Aber alles, was geschehen ist, geschah, weil jemand eine Entscheidung traf. Die, einen Abzug zu betätigen, einen Schalter umzulegen, eine Viehwaggontür zu schließen, zu verstecken, zu verraten. Mit dieser Überlegung im Kopf – die den Verzeichnissen der historischen Fakten, dem Katalog der Dinge, die geschahen und deren Zeuge man sein konnte, die unsichtbare Dimension der Moral hinzufügt, des *Urteilens* über das Geschehene – hatte sie gefragt: *Wer war der Verräter?* und, wie auch ich, kurz überlegt, ob Prokopivs Unfähigkeit, einen Namen zu nennen, den einst jeder gekannt hatte, in dem Moment das Ergebnis einer moralischen Entscheidung war, vielleicht der, heute einem kranken und alten Nachbarn die Verurteilung zu ersparen, und nicht die unausweichliche Folge dessen, dass so viele Jahre vergangen waren.

Wir fuhren zurück zum Haus der Szedlaks. Prokopiv hatte uns erzählt, damals habe es vorn eine hübsche Veranda gegeben. Jetzt bot das Hause seine lange Seite der stillen Straße dar, eine leere, verputzte Fläche, von drei bescheidenen Fenstern durchbrochen. Es wirkte unergründlich. Die Tür war anscheinend auf der hinteren Seite, man erreichte sie, indem man durch ein Maschendrahttor und dann auf einem kleinen Weg in den Hof ging. Am hinteren Ende des Hofs befand sich ein kleines

Nebengebäude, dessen schräges Dach mit dem gleichen Wellblech gedeckt war wie das des Hauses. Es hatte eine Tür und ein kleines Fenster. Ich betrachtete es und dachte: Zu offensichtlich. Auf dem Weg, der von der Straße zum Hof führte, lagen zwei Hunde, ein kleiner schwarzer Terrier und ein großer Schäferhund, beide sahen zu uns hoch. Sie machten keinen besonders freundlichen Eindruck.

Alex klopfte ans Fenster. Gleich darauf erschien eine verhärmt wirkende Frau auf dem Hof: gepresste slawische Züge, schwarz gefärbte Haare, die in Büscheln abstanden, ein grellroter Morgenmantel aus einem dünnen Stoff, hastig um die Taille geschlungen. Sie mochte sechzig gewesen sein oder auch vierzig. Die Hunde begannen wild zu kläffen. Froma und ich warteten am Tor, während Alex mit der Frau sprach.

Sie sagt, wir können in den Hof kommen, sagte er. Aber sie weiß nichts, sie ist erst in den siebziger Jahren aus Russland gekommen.

In Ordnung, sagte ich, wir möchten uns nur gern den Hof ansehen. Prokopiv hatte gesagt: Sie haben sie im Hof getötet. Ich wollte die Stelle sehen, dort stehen und wieder gehen.

Wir gingen den kleinen Weg entlang, die Hunde strichen uns um die Beine und bellten laut. Alex sagte etwas zu der Frau, worauf sie die Hunde anschrie, die sich trollten.

Wir gingen um die kleine zementierte Fläche herum. Im Hof, hatte Prokopiv gesagt. Sie haben sie alle dort getötet. Ich reichte Alex die Videokamera und sagte: Das schaff ich jetzt nicht, könntest du vielleicht das Filmen übernehmen? Er nickte ausdrucksvoll und nahm sie. Wir drei gingen eine Weile um die kleine Fläche herum. Hier sind sie also gestorben, dachte ich. Irgendwie war es nicht ganz real. Ich sagte zu Froma: Ich weiß gar nicht, was ich denken soll. Unglaublich, dass es hier war. Ich stand kopfschüttelnd da und schaute auf das altersschwache Haus, den winzigen Zementhof, den Schuppen mit dem durchhängenden Dach.

Es war alles Mögliche, nur nicht das *kessle* eines polnischen Grafen.

Ich blickte wieder auf den Schuppen, dann fiel mir etwas ein. Ich sagte zu Alex: Meinst du, wir können die Leute hier fragen, ob wir mal kurz da rein dürfen? Ich wollte sehen, wie es im Haus aussah. Hier irgendwo auf diesen paar Quadratmetern rissigen Betons waren sie gestorben. Aber irgendwo im Haus, da drin, hatten sie sich versteckt gehalten, hatten sie gelebt. Dreißig Jahre zuvor hatte Tante Miriam mir einen Brief geschrieben. *Onkel Schmil und 1 Tochter Frydka die Deutschen haben sie 1944 in Bolechow getötet, nu sag mir einen Mann aus Bolechow keiner weiß was wahr ist.* Nun kannten wir die Wahrheit. Hier waren sie gewesen, irgendwo *hier.* Ich wollte es sehen.

Drei weitere Frauen, ebenso verhärmt wie die erste, die bloßen Füße schmutzig, hatten sich in der Tür versammelt. Alex sagte: Ich finde, wir sollten nicht zu lang hierbleiben, die sind Alkoholiker – sehr starke Alkoholiker.

Wir nickten. Wir schoben uns durch die schmale Tür. Zwei hagere Katzenpaare kopulierten auf einem Sofa. Es roch muffig nach abgestandenem Alkohol und, wie ich glaubte, Urin. Im Innern waren ein paar kleine Zimmer: gleich hinter der Tür eine winzige Küche, dahinter ein kleines Wohnzimmer mit zwei Sofas – auf einem lag, wie ich nach einem Augenblick erkannte, der reglose Körper einer Frau, in eine Decke gewickelt –, dem sich ein Esszimmer mit einem Tisch und ein paar Stühlen anschloss. Die Wände des Esszimmers waren hellgelb gestrichen, darum herum lief, dicht unterhalb der Decke, ein hübsches Schablonenmuster grüner Efeublätter. Vor jedem Fenster hingen Spitzenvorhänge, an den Wänden billige Teppiche mit orientalischen Mustern. Hier und da war eine Ikone zu sehen, ein altes Porträtfoto in abgetönten Pastellfarben, und, besonders bizarr, alte Plakate mit lasziven Models in schlüpfriger Wäsche aus den vierziger Jahren. Vom Esszimmer ging ein weiterer Raum ab, und als ich die Doppeltür dazu öffnete, erblickte ich einen riesengroßen Jugendlichen mit strengen und schönen slawischen Gesichtszügen. Er hatte kohlschwarze Haare, und seine Haut war nahezu rein weiß, als flösse kein Blut in seinen Adern. Er sah mich mit glasigen, blinden Augen an. Ich schloss die Tür und drehte mich um. Alex hatte hinter mir gestanden.

Nicht nur Alkohol, sagte er. Vielleicht auch Drogen.

Das also war das Haus. Ein Stockwerk. Abzüglich dem einen

oder anderen Plakat konnte man sich vorstellen, wie es damals gewesen war, blitzblank, die Spitzenvorhänge nicht zurückgezogen, sondern geteilt, der gekachelte Ofen nahe der Küche, jetzt kalt, verströmt ein kräftiges Aroma von garendem Essen. Ich ging hin und her, wollte nicht gehen. Meine Gedanken rasten. *Wo könnte man hier jemanden verstecken?*

Ich sagte zu Alex: Na gut.

Dann knallte ich mir buchstäblich mit der Hand gegen die Stirn. *Frag sie*, sagte ich, frag sie, ob es hier nicht einen *Souterrain*, irgendeinen *Keller* gibt.

Die Frau war uns auf unserem Weg durch die kleinen Zimmer gefolgt. Vermutlich hatte sie Angst, wir könnten ihr Schnapslager und Gott weiß was noch finden. Alex sprach mit ihr. Ja, sagte sie, unten ist noch ein Raum.

Die schwarzhaarige Frau seufzte tief und runzelte resigniert die Stirn, als wäre sie die Zumutungen von Fremden, die stärker waren als sie, lange schon gewöhnt. Sie ging die wenigen Schritte vom Esszimmer zurück in das kleine Wohnzimmer. Wir drei drängten hinter ihr her. Die beiden Sofas standen ungefähr einen Meter auseinander, zwischen ihnen lag ein runder Webteppich. Mit müder Geste streifte sie mit dem Fuß den Teppich beiseite und zuckte mit dem Kopf.

Dort, aus den Dielen ausgeschnitten, war eine Falltür. Sie maß einen guten halben Meter im Quadrat und war so gesägt, dass die beiden Seitenkanten mit den Kanten der Dielen bündig waren. *Gute Tarnung*, dachte ich. Am einen Ende war ein kleiner Metallring, der als Griff diente. Wir standen alle da und starrten darauf und dachten dasselbe.

Ich zeigte auf das in die Dielen geschnittene Viereck und sagte zu Alex: Kann ich da rein?

Noch bevor er dazu kam, es zu übersetzen, nickte die Frau. Sie sagte etwas zu Alex, der mir sagte, dieser Keller sei schon da gewesen, als sie aus Südrussland hierher gezogen seien. Jetzt lagerten sie dort Gläser, Eingelegtes und dergleichen. Ich bückte mich, zog an dem kleinen Ring und öffnete die Tür. Sie war verblüffend dick und schwer. Ich schwang sie auf, und es entströmte der klamme Geruch von Erde und noch etwas anderem, der triste Gestank des Nichtgenutztwerdens. Eine der anderen

Frauen, die auf dem Sofa gegenüber saß, streckte hilfsbereit eine Hand aus, um die Tür offen zu halten. Wir spähten alle hinein. Zunächst sahen wir nur ein pechschwarzes Viereck. Nach ein, zwei Sekunden zeigten sich die Konturen von Borden, die mit Flaschen und Gläsern gesäumt waren. Ich schritt um die Öffnung herum und blieb neben der Tür stehen. An eine Seite waren neue Kiefernsprossen genagelt.

Ich blickte hoch und sagte: Ich muss da runter. Alex, die Videokamera in der Hand, nickte.

Ich kauerte mich hin und senkte die Beine in das Loch ab, tastete mit dem Fuß nach der Sprosse. Ich fand sie und begann hinabzusteigen, wobei ich die ganze Zeit zum Licht hinaufsah. Wie schon erwähnt, habe ich eine Todesangst vor geschlossenen Räumen, doch jetzt, unter diesen Umständen, konnte und wollte ich das nicht erwähnen. Ich dachte an den Viehwaggon im Holocaust Museum. Vielleicht war Shmiel ja auch klaustrophobisch gewesen. Vielleicht ist das etwas Genetisches, wer weiß? Immerhin würde ich wieder hier heraussteigen und aus dem Haus ins helle Tageslicht hinausgehen.

Das Loch war genau das: ein Loch. Ich war vielleicht zweieinhalb Meter hinabgestiegen und stand auf dem Boden. Hier unten gab es kein Licht, und obwohl die Falltür über meinem Kopf offen stand, war der Raum selbst in tiefes, tintiges Schwarz getaucht. Ich musste die Hände ausstrecken, um die Wände zu erfühlen, und sie erwiesen sich als ziemlich nah. Ich schätzte, der Raum maß an einer Seite einen Meter. Da ich tief in der Erde war, war es sehr kalt, verblüffend kalt. Ich kämpfte meine Panik nieder und dachte: Das ist ja grauenhaft, das ist wie in einem –

Oh Gott, ich bin ja so *blöd*, sagte ich mir in diesem Augenblick. Ein *kestl*, ein *kestl*, kein *castle*. Letzten Endes sehen wir so viel falsch, nicht weil wir nicht aufpassen, sondern weil die Zeit vergeht, Dinge sich ändern, ein Enkel nicht sein Großvater sein kann, sosehr er es auch versucht; weil wir immer nur wir selbst sein können, eingesperrt von unserer Zeit, unserem Ort, unseren Umständen. Wie sehr wir auch lernen, wissen wollen, können wir die Dinge doch immer nur mit unseren Augen sehen, unseren Ohren hören, und wie wir interpretieren, was wir sehen und hören, hängt letztlich davon ab, wer wir sind und was wir bereits zu wissen glauben oder wissen wollen. *Kestl* ist das jiddische Wort für *Kasten*. Während all der Jahre, die ich meinem Großvater zugehört hatte, hatte er mir ein einziges Mal Informationen zu Shmiels Tod gegeben, und ich hatte, als ich die eleganten Vokale und verdickten Konsonanten hörte, eben das gehört, was ich hatte hören wollen, eine Geschichte wie ein Märchen, ein tragisches Melodram samt Edelmann und Schloss. Aber am Ende hatte er mir keine seiner eigenen Geschichten erzählt, jener, die halb auf Fakten, halb auf Fantasie gründeten, eine Geschichte über Juden in einem fernen Land, die sich in einem Schloss versteckten. Sie hatten sich in einer Art *Kasten* versteckt. Dann hatte er also *doch* etwas gewusst, hatte eine Geschichte gehört, deren Details jetzt verschwunden sind, eine Geschichte, die, wie sich zeigte, der Wahrheit nicht sehr fern war. Das alles hatte es mich gekostet, die Jahre und die Meilen, ich hatte noch einmal herkommen und den Ort mit eigenen Augen sehen müssen, bis das Faktum, die materielle Realität mich endlich diese Worte verstehen ließen. Sie hatten sich in einem furchtbar kleinen und geschlossenen Raum versteckt, einem Raum, den jemand irgendwo einmal als einen Kasten beschrieben haben muss, ein *kestl*, und nun stand ich in diesem Kasten und nun wusste ich alles.

Zitternd kramte ich in meiner Tasche nach der Kamera, die Froma mir gegeben hatte, und machte blind eine Aufnahme. Das Bild zeigt eigentlich gar nichts: eine leere Wand, von einem Blitzlicht grell erhellt. Hier waren sie gewesen, hatten sich wochenlang, monatelang versteckt, keiner wusste es. Aber *hier* war es gewesen. Immer hatte ich Einzelheiten gewollt. Jetzt hatte ich sie gefunden.

Ich blieb noch einen Augenblick, weil ich es angemessen fand innezuhalten und ich meine Gedanken ordnen wollte, die in tausend Richtungen schossen, dann kletterte ich hastig hinaus. Wir standen noch eine kleine Weile da und machten Bilder von den Zimmern, den Teppichen, der Falltür, den Sofas, dem Versteck. Dann gab es nichts mehr zu tun. Wir dankten den Frauen und gingen.

Zwei weitere und äußerst wichtige Informationen ergaben sich aus diesem neuerlichen Besuch in Bolechiv.

Nachdem wir das Haus verlassen hatten, fragte ich Alex und Froma, ob sie etwas dagegen hätten, wenn ich meine Eltern anriefe: Ich musste ihnen auf der Stelle sagen, was passiert war. Natürlich nicht, sagten sie, worauf ich ein Stück vom Passat wegging und die Nummer in mein Handy eintippte. Bei meinem Vater war es sieben Stunden früher, als er abnahm. Ich weiß noch genau, was ich zu ihm sagte, weil ich vergessen hatte, das Aufnahmegerät abzuschalten, als wir aus dem Haus der Szedlaks traten, und Wochen später, als ich wieder zu Hause war und alle Aufnahmen transkribierte, hörte ich zu meiner Verblüffung am Ende der *HIDING HOUSE!*-Datei meine eigene aufgeregte Stimme, und nur die, da die Aufzeichnung nicht erfasst, wie bei manch anderen Familiengesprächen, die in diese Geschichte eingegangen sind, was der andere sagt.

Dad? Hier ist Dan, hol mal Mom ans Telefon.

[Pause]

Momma

(Ich habe keine Ahnung, warum ich das sagte, so hatte ich sie nicht mehr genannt, seit ich vier Jahre alt war.)

– hier ist Daniel. Ich bin in Bolechow. In Bolechow. Moment, du glaubst nicht, was gerade passiert ist, du glaubst es nicht. Was passiert ist. Wir haben einen alten Mann getroffen, und der hat

uns zu dem Haus geführt, in dem Shmiel versteckt war. ... Und ich bin in das Haus und in das Versteck, das gibt's noch, es ist wie ein unterirdischer ... Keller, und es ist noch alles da. Und er hat sich an alles erinnert, sie waren in dem Keller, und sie haben sie verraten und sie haben sie auf den Hof geführt und erschossen. ... Ja, es ist unglaublich, ich war gerade drin. Ich hätte im Leben nicht geglaubt, dass ich das finden würde. Ja, ich habe Fotos gemacht, ich habe Fotos gemacht. Jedenfalls ist es sehr ... aufwühlend und eigenartig. Mir geht's gut. Mir geht's gut, wir fahren jetzt gleich zurück nach Lwów. Ich hätte einfach nie geglaubt, dass ich das finden würde, ich dachte bloß, ich komme hierher und mache noch ein paar Bilder. Ruf jedenfalls meine Brüder und meine Schwester an und sag ihnen das, ich habe das Haus gefunden, ich habe jemanden gefunden, der uns zu dem Haus gebracht hat, in dem sie sich versteckt hatten, und ich bin genau dahin, wo sie gestorben sind. O.k., ja, ich ruf später noch mal an, o.k., ich liebe dich auch, bye, bye.

So also beschrieb ich meinen Eltern, was wir gefunden hatten. Doch das Telefongespräch, bei dem ich von ihnen etwas erfuhr, fand später statt, nachdem wir nach L'viv zurückgefahren waren und die Möglichkeit gehabt hatten, über das Geschehene zu sprechen, die außerordentlichen Gefühle jenes Tages zu sezieren. Gefasster als bei meinem Telefonat am Handy rief ich meine Eltern später nochmals vom Hotelzimmer aus an. Mein Vater war unterwegs. Langsam, Schritt für Schritt, berichtete ich meiner Mutter erneut von den Ereignissen des Tages.

Wie gut, dass Froma wieder dabei war!, rief sie aus. Sonst hättest du es nicht gefunden! Genau so, wie du wegen ihr Yona in Israel gefunden hast!

Ich lächelte und sagte: Ja, genau so. Die Ähnlichkeit zwischen dieser bemerkenswerten Entdeckung und der damaligen war mir auch schon aufgefallen. Meine Mutter fügte noch etwas hinzu, ich verdrehte die Augen und sagte: Ja, ich habe mich bei Froma bedankt. Tatsächlich war interessant, was Froma auf mein *alles nur wegen dir* geantwortet hatte. Bei all der ungeheuren Energie und obwohl sie keine Scheu hat, sich auf Situationen einzulassen, *hartnäckiger* zu sein, wie sie gern sagt, ist Froma, wie ich immer wieder beobachtet habe, nur sehr ungern Empfänger bestimmter Komplimente und Lobhudeleien, daher verzog sie, als ich *alles nur wegen dir* sagte, das Gesicht und sagte: Hm, ja und nein. Also, wenn es nun geregnet hätte und niemand auf der Straße gewesen wäre, als wir unsere Suche nach dem Haus begannen, und wenn Stepan nicht da gewesen oder der alte Prokopiv zehn Minuten früher zur Kirche gegangen wäre? Es lag also schon an mir, aber auch an allem sonst.

Ich hörte ihr zu und dachte: Hm. Ich dachte an jenen Nachmittag in Israel, an die unheimlichen Zufälle, die es auf dieser langen Suche gegeben hatte. An den Mann in dem Fahrstuhl in Prag. Yona. Daran, wie Shlomo das Autoradio anschaltete und Nehama Hendel »Sixteen Again I'll Never Be« sang. Da ich an das Übernatürliche nicht glaube – als einen Monat danach eine Freundin sagte: Ich habe deine Geschichte einer Frau, einem Medium erzählt, und sie hat gesagt: »Die Toten haben dich zu ihnen geführt, sie haben dafür gesorgt, dass du sie findest«, verdrehte ich nur die Augen und zog ein Gesicht, wie mein Vater es getan hätte –, da ich also nicht an das Übernatürliche glaube, suchte ich nach einer Erklärung und kam zu folgendem Schluss: Dass es sich bei dem, was wir erreicht, was wir im Verlauf aller unserer Recherchen erlebt hatten, eben genau darum handelt, was Geschichte ausmacht. Einerseits gibt es stets eine gewaltige Reihe willkürlicher Möglichkeiten, Wetter, Stimmung, die unbegreifliche und unendliche Masse von Dingen, die in die Lebensführung eines Menschen oder eines Volks eingehen, andererseits gibt es etwas, was sich mit diesem unvorstellbaren und unendlichen Universum aus Faktoren und Möglichkeiten schneidet, nämlich das unwiderrufliche Faktum der individuellen Persönlichkeit und des individuellen Willens, dass jemand x tut, aber nicht y, die Entscheidung, dies und nicht jenes zu tun, Unterscheidungen zu treffen und damit etwas zu *schaffen*, ein wenig *hartnäckiger* zu sein; es gibt den angeborenen Impuls, *noch ein letztes Mal* hinzugehen, es gibt das Etwas, was einen nach links und nicht nach rechts gehen, diese Frau, aber nicht jenen Mann dort auf der Straße ansprechen lässt, um sie nach der Lage eines Hauses oder einer Straße zu fragen; es gibt das Etwas, was einen eines Nachts, während der man dem untergetauchten jüdischen Mädchen, das man liebt, ein Essenspaket bringt, zu der Annahme verleitet, dass es dunkel genug ist und man das Päckchen nicht unterm Mantel verbergen muss; es gibt den Impuls, der den Nachbarn, der den jungen Mann mit dem Päckchen sieht, zum ersten Mal zu der Frage führt, warum dieser Junge jeden Abend in diese Straße, dieses Haus kommt; es gibt die unermesslichen Vorgeschichten von Naturell und Psychologie in all ihren unwägbaren, aber letztlich konkreten und fassbaren Einzelheiten, die winzigen Dinge, die einen zu der Entscheidung bringen, mit einer alten Ukrainerin genau zweiunddreißig und keine, sagen wir, siebenundvierzig Minuten lang ein Gespräch zu führen, was zur Folge hat, dass man genau in dem Moment zum Haus eines alten Ukrainers kommt, als der gerade zur Arbeit aufbricht, und nicht eine Viertelstunde später, nachdem man womöglich aufgrund einer gewaltigen Reihe anderer Faktoren und Erwägungen, Hunger, die heiße Sonne, Erschöpfung, bereits beschlossen hatte, *genug ist genug*, fahren wir zurück nach L'viv.

Es gibt also die gewaltige Masse von Dingen auf der Welt und den Schöpfungsakt, der durch sie hindurchschneidet, die Dinge, die geschehen sein könnten, von denen scheidet, die geschehen sind. Ich habe nicht geglaubt und glaube weiterhin nicht, dass die Toten, die lange toten und zerfallenen Shmiel und Frydka an jenem Tag irgendwie aus dem Äther auf uns gezeigt haben, auf Bolechiv und dann Stepan und dann Prokopiv und dann das Haus und dann die Frau und dann das Versteck, das Loch in der Erde, den schrecklichen *Kasten*, in dem sie einst kauerten und letztlich doch in ihrem Versuch zu überleben scheiterten. An einige Dinge aber glaube ich. Ich, dem eines Abends im September 2001, ich war gerade zurück von unserer ersten Reise in die Ukraine und erzählte die Geschichte dessen, was wir dort nach dieser langen Zeit gefunden hatten, eine Freundin zuhörte, still, manchmal weinend, die schließlich sagte: *Ich weine, weil mein Großvater vor zwei Jahren gestorben ist und es jetzt zu spät ist, ihn etwas zu fragen* – ich habe geglaubt und glaube nach allem, was ich gesehen und getan habe, noch immer, dass man, wenn man sich der Masse an Dingen aussetzt, wenn man nach Dingen sucht, wenn man forscht, allein durch den Akt des Suchens bewirkt, dass etwas geschieht, was sonst nicht geschehen wäre, dass man *etwas* findet, wenn auch nur etwas Kleines, man jedenfalls ein Stückchen weiter ist, als wenn man gar nicht erst mit der Suche begonnen, seinen Großvater gar nicht erst gefragt hätte. Ich hatte endlich die Lektion gelernt, die mir, Jahre nach ihrem Tod, Minnie Spieler und Herman der Friseur erteilt hatten. Es gibt keine Wunder, keine magischen Zufälle. Es gibt nur Schauen und schließlich Sehen, das, was schon immer da war.

Denn alles geht mit der Zeit verloren: das Leben heute ferner Völker, das verlockende, aber letztlich doch untergegangene und weitgehend unbegreifbare Leben praktisch aller Griechen und Römer und Ottomanen und Malaien und Goten und Bengalen und Sudanesen, die je gelebt haben, der Völker von Ur und Kusch, das Leben der Hethiter und Philister, das man nie kennen wird, das Leben von Menschen jüngerer Zeit, der afrikanischen Sklaven und Sklavenhändler, der Buren und Belgier, derer, die abgeschlachtet wurden, und derer, die im Bett starben, der polnischen Grafen und jüdischen Ladenbesitzer; die blonden Haare und Brauen und kleinen weißen Zähne, die jemand einmal an diesem oder jenem Jungen oder Mädchen, diesem Mann oder dieser Frau von den fünf Millionen (oder sechs oder sieben) Ukrainern, die von Stalin ausgehungert wurden, einst liebte oder begehrte, und auch die nicht greifbaren Dinge jenseits von Haaren, Zähnen und Brauen, das Lächeln und die Enttäuschungen, das Lachen und Entsetzen der sechs Millionen im Holocaust getöteten Juden sind jetzt verloren oder werden bald verloren sein, weil keine Zahl von Büchern, wie groß auch immer, sie alle je dokumentieren könnte, selbst wenn sie geschrieben werden sollten, was nicht geschehen wird und kann; all das wird ebenfalls verloren sein, ihre hübschen Beine und ihre Taubheit und die energische Art, wie sie einst mit einem Stapel Schulbücher aus dem Zug stiegen, die geheimen Familienrituale und die Rezepte für Kuchen und Eintöpfe und *gołąbki*, das Gute und das Böse, die Retter und die Verräter, ihr Retten und ihr Verrat – das allermeiste wird irgendwann verloren sein, so sicher, wie das meiste dessen, was das Leben der Ägypter und Inkas und Hethiter ausgemacht hat, verloren gegangen ist. Doch für eine kleine Weile kann etwas davon bewahrt werden, wenn nur jemand im Angesicht der Größe all dessen, was es gibt und je gegeben hat, die Entscheidung trifft, zurückzublicken, noch ein letztes Mal, um eine Weile im Schutt der Vergangenheit zu suchen und nicht nur das zu sehen, was verloren ist, sondern auch das, was sich noch finden lässt.

Schließlich sprach an dem Abend auch meine Mutter, als ich sie vom Hotel aus anrief, von Rückblicken.

Ja, hatte ich gesagt und sie bestätigt: Gut, dass Froma da war. Gott sei Dank zieht sie immer ihr Ding durch, dieses *Halt! Da ist noch was! Wir müssen noch mal zurück!* Bei meiner Imitation Fromas lachte ich und schüttelte den Kopf.

Auch meine Mutter lachte und sagte, plötzlich ernst: Das ist genau wie an dem Tag, als meine Mutter starb.

(Das stimmt.)

Ich sagte: Was meinst du?

Sie sagte: Ach, Daniel, weißt du noch, du hast sie so geliebt, du warst den ganzen Tag mit mir dort, wir beide.

Mein Herz schlug ein wenig schneller, und ich sagte: Nein, ich hatte da immer schon so ein Durcheinander von Bildern.

Ich erzählte ihr von dem Wellenmuster auf den Kacheln des Wartezimmers, dem Klang ihrer Stimme, die etwas sagte, an das ich mich nicht mehr erinnern konnte oder wollte, Sehnsucht und Entsetzen, dumpfe Scham. Dem Geräusch laufenden Wassers.

Daniel, sagte sie erneut. Ich kann nicht glauben, dass du dich nicht mehr daran erinnerst.

Dann erzählte sie mir die ganze Geschichte der Reihe nach, so wie ich ihr gerade die unseres Tages an dem Ort, wo ihr Onkel gestorben war. Sie erzählte mir, ihre Mutter habe eine Art Unterleibsblockade gehabt, und bei einer explorativen Operation habe man dann einen massiven Krebs entdeckt. Sie nähten sie wieder zu und sagten, sie müssten eine Kolostomie durchführen, zuvor müsse sie aber wieder zu Kräften kommen, müsse ernährt werden.

Hastig fuhr meine Mutter fort. Sie sagte, mein panischer Großvater habe sie von Miami aus angerufen, um ihr das zu sagen, und dass sie übereingekommen seien, dass sie in ein paar Tagen hinfliegen und sich um ihre Mutter kümmern solle. Aber dann, am selben Tag noch, sei ihre Mutter, wie die Ärzte gern sagen, einfach weggetreten. Sie fiel ins Koma, und am Tag nach jenem ersten Anruf rief der Arzt meine Mutter und sagte: Wenn Sie Ihre Mutter noch einmal lebend sehen wollen, müssen Sie heute noch kommen. Und so hatte meine Mutter hektisch Andrew und ihren neugeborenen Eric der Nachbarin anvertraut und mich und Matt, die Haare noch nass vom Duschen, für die Flugreise bereit gemacht.

Du erinnerst dich nicht mehr, dass Onkel Nino mit seinem Wagen kam und uns zum Flughafen fuhr?, fragte sie.

Ich sagte: Nein, daran erinnere ich mich nicht.

Meine Mutter fuhr fort. Sie sagte, sie habe noch kurz bevor wir das Haus Richtung Flughafen verlassen hätten, im Krankenhaus angerufen, und wie durch ein Wunder sei ihre Mutter noch einmal kurz aufgetaucht, worauf meine Mutter zu ihr sagte: Keine Sorge, ich komme. Doch als wir dann in Miami ankamen, war meine Großmutter in den Schlaf gesunken, aus dem sie nie wieder erwachen sollte, in ein Koma, das über eine Woche andauerte.

Eine Woche, zehn Tage, das weiß ich jetzt nicht mehr. Weißt du nicht mehr, dass wir jeden Tag ins Krankenhaus fuhren?, fragte mich meine Mutter auf Long Island, während ich in einem hohen Zimmer in L'viv saß und aus dem Fenster schaute, wo blonde Ukrainerinnen auf Straßen schlenderten und lachten, auf denen heute keine Juden mehr gehen.

Nein, sagte ich.

Na, sind wir jedenfalls. Und an dem Tag, als sie dann starb, haben du und ich den ganzen Tag im Krankenhaus verbracht und einfach nur an ihrem Bett gesessen. Ach, sie hat dich ja so geliebt. Und dann war Abend, und wir gingen die Treppe zum Empfang hinunter. Und dann – das erinnerte mich nun an Froma – sagte plötzlich etwas in mir, wie eine Stimme, ein Gefühl, *etwas*, etwas sagte, ich solle noch einmal hin. Und so beugte ich mich zu dir herunter und sagte *Daniel, gehen wir noch einmal hin und sehen uns Nana an*, und wir gingen die Treppe wieder hinauf. Und als wir bei ihr waren, war sie tot. Die Krankenschwester stand im Flur und sagte: Es tut mir leid, Ihre Mutter ist gerade verstorben. Und ich trat ins Zimmer und ging am Bett auf die Knie und sagte: Mama, Mama, verlass mich nicht, verlass mich nicht, ich brauch dich noch.

Während meine Mutter redete, dachte ich – das weiß ich noch –, dass mich das mit Scham erfüllt hatte: dass ich meine Großmutter vor diesem Tag immer hatte wiedersehen wollen, weil es schön sein würde, ihr den Arm zu reiben, während sie dalag, die blauen Augen offen. Aber an dem Tag war ich müde, außerdem lag etwas in der Dringlichkeit meiner Mutter, als sie sich herabbeugte und *gehen wir noch einmal hin* sagte, etwas, das mir Angst machte, das mich aus irgendeinem Grund überzeugte, dass meine Großmutter da bereits tot war. Ich wollte unbedingt zurück und fürchtete mich gleichzeitig vor dem, was ich sehen würde, ich war verwirrt, ich schämte mich meiner Verwirrung und wollte nicht, dass meine Mutter beides sah, die Verwirrung und die Scham.

Und wir weinten, sagte meine Mutter, und dann sind wir ins Badezimmer, und ich habe mir Gesicht und Hände gewaschen und auch dir Gesicht und Hände, weil man sich immer die Hände waschen soll, wenn man bei einem Toten war.

Ich erinnerte mich: das laufende Wasser. Ich erinnerte mich, wie mein Großvater, als wir vor all den Jahren vom Friedhof kamen, sagte, lauft jetzt nach oben, Kinder, und wascht euch die Hände, ihr wart auf dem Friedhof. *Wasch your hents.*

Das weißt du alles nicht mehr?, wiederholte meine Mutter.

Ich sagte: Doch, jetzt schon.

Ein paar Wochen danach, als ich dieses Gespräch meiner Freundin schilderte, die mit dem Medium gesprochen hatte, hörte sie lange zu, und als ich schließlich fertig war, sagte sie: Es ist so merkwürdig, dass du bei dem *Umkehren und noch ein letztes Mal schauen* diese Sperre hast. Ihre Stimme isolierte die Wörter, wodurch der Satz wie ein Axiom klang, der letzte Satz einer Fabel.

Ich sagte: Warum? Das ist doch gar nicht merkwürdig, die Geschichte erklärt doch alles! Ich war ziemlich zufrieden mit mir.

Donna, die Dichterin ist, lachte und sagte: Ach Daniel, das liegt doch auf der *Hand*. Es ist merkwürdig, weil du Altphilologe bist und ein Familien*historiker*. Du hast dein ganzes *Leben* damit verbracht, zurückzublicken.

Das war also das.

Die zweite Rückmeldung, die sich aus jenem Nachmittag in Bolechiv ergab, war eine E-Mail, die ich ungefähr zehn Tage nach meiner Rückkehr nach New York erhielt, und auch sie veränderte meine Sicht auf bestimmte Dinge.

Vor unserem Abflug hatte ich eine Idee gehabt: Vielleicht, sagte ich zu Alex, könne er ja nach unserer Abreise, eine Woche später oder so – lange genug, dass Prokopivs Erinnerungen noch gären konnten, aber nicht so viel, dass sie wieder verblassten –, noch einmal nach Bolechiv zurückkehren und ihn nach dem Verräter fragen. Ich dachte – und da ich mich bei ihm völlig sicher fühlte, sagte ich Alex auch, was ich dachte –, dass Prokopiv, falls er tatsächlich etwas zurückhielt, um jemanden zu schützen, es angenehmer fände, nur mit Alex zu sprechen, von Ukrainer zu Ukrainer, ohne eine Meute begieriger jüdischer Verwandter, die jedes seiner Worte aufsogen. Alex sagte, er sei sich ziemlich sicher, dass Prokopiv uns gegenüber ehrlich war, meinte aber auch, dass ihm der Name nun, da die Erinnerungen des alten Mannes aufgewühlt seien, vielleicht nach einigen Tagen wieder einfiele.

Und so fuhr er eine Woche später noch einmal nach Bolechiv und redete mit Prokopiv. Sie unterhielten sich eine ganze Weile, wie er mir in einer langen E-Mail schrieb, und der Alte konnte sich noch immer nicht an den Namen des Verräters erinnern. Er war alle Namen derer, die in der Straße gewohnt hatten, durchgegangen – denn er selbst hatte, wie eine spätere Bemerkung von ihm im Nachhinein deutlich machte, immer in der Gegend gewohnt und konnte sich auch noch an die Namen der Familien erinnern, die dort vor dem Einmarsch der Deutschen gelebt hatten, beispielsweise die Kesslers, eines jüdischen Schreiners –, aber keiner davon war der jener Person, die vor langer Zeit, wie jeder wusste, Szedlakowa verraten hatte.

In gewisser Hinsicht war ich erleichtert: Die Jagd nach dem Schuldigen war, so empfand ich es nun, beinahe eine andere Geschichte. Wir hatten nach Shmiel und den anderen gesucht, danach, wer sie gewesen und wie sie gestorben waren, und wir waren den konkreten Details näher gekommen, als wir es uns je erträumt hätten. Es war genug. Wenn überhaupt, interessierte mich jetzt weniger die Identität des Verräters als die Persönlichkeit dieser Frau Szedlak. Denn die Retter waren für mich auf ihre Weise ebenso unerklärlich und rätselhaft wie die Verräter. Aus bestimmten Gründen, vielleicht weil ich wusste, dass sie Lehrerin gewesen war, und ich mir – die Kraft geistiger Gewohnheiten und Klischees ist doch größer, als wir zugeben möchten, weshalb wir oft, da wir bei Menschen von unbewussten Annahmen ausgehen, bei der Interpretation historischer Ereignisse schwerwiegende Fehler machen, wenn wir nicht aufpassen – seit dem Tag in Anna Heller Sterns Wohnzimmer, als sie sagte, *sej sent behalten baj a lererin*, immer eine alleinstehende Frau mittleren Alters vorgestellt hatte, vielleicht eine große, dünne Frau mit zurückgekämmten grauen Haaren. Nun war ich im Haus dieser Frau gewesen und mehr als nur ein wenig neugierig auf den Menschen, der dort einmal gewohnt hatte, diese Frau, die, was auch immer wir sonst noch über sie wussten, sehenden Auges einer rigorosen Moral gefolgt war, und das in dem Bewusstsein, dass es sie das Leben kosten konnte, was dann auch so gekommen war. *Sie haben sie alle gleich dort im Hof getötet*, hatte Prokopiv gesagt. Sie war Polin gewesen. Ich fragte mich, ob sie wohl, wie so viele Retter, gläubige Katholikin gewesen war. Eine fromme, alleinstehende Frau, die ihre Tage zwischen Schule und Kirche aufteilte.

Aus dem Grund war das, was Alex über die Frau, die Onkel Shmiel und Frydka hatte retten wollen, zu berichten hatte, so interessant.

Erst, schrieb er, hatte Prokopiv sich noch an ein weiteres Detail des Tages erinnert, an dem das Szedlak'sche Versteck entdeckt worden war: Er war an dem Tag auf dem Heimweg und hatte, als er am Haus der Lehrerin vorbeikam, die Leichen auf der Straße liegen sehen, von wo aus sie zu dem Massengrab auf dem jüdischen Friedhof gekarrt werden sollten, wohin die Leichen derer, die so entdeckt und getötet worden waren, gebracht wurden.

Als ich das las, dachte ich: Wenigstens liegen sie irgendwo auf dem jüdischen Friedhof.

Ich las die E-Mail weiter. Ich hatte ihn gebeten, Prokopiv zu fragen, ob er sich noch erinnere, ob eine der Jüdinnen, die an dem

Tag entdeckt und getötet worden waren, schwanger gewesen sei. Als Nächstes schrieb Alex:

Prokopiv wusste nicht, ob eine, die sich versteckt hatte, schwanger war. Aber er hat gesagt, dass die Lehrerin, die die Juden versteckte, ein uneheliches Kind vom Direktor der Schule, Paryliak (oder Parylak), hatte.

Allerdings weiß Prokopiv nicht, was aus dem Kind (ein Mädchen) geworden ist, als die Mutter getötet wurde.

Ich hatte also wieder falschgelegen. Wer sie auch gewesen war, eine fromme Frau mittleren Alters mit grauem Dutt offenbar nicht. Als ich Alex' E-Mail las, dachte ich an Stepans Geschichte der Familie Medvid, daran, dass die ganze Familie auf dem Rynek aufgehängt und auch alle anderen Medvids im Bezirk umgebracht worden waren. Diese öffentlichen Hinrichtungen waren zu einem bestimmten Zweck durchgeführt worden, um nämlich Leute wie Szymanski und Szedlak und all die anderen davon abzuschrecken, das zu tun, was sie, aus welchen rätselhaften Gründen auch immer, Liebe, Güte, religiöse Überzeugung, trotzdem getan hatten. Wer sie auch war, was sonst noch auf sie zutraf – und ich weiß nicht, ob ich je mehr über sie in Erfahrung bringen werde, auch wenn ich die Suche danach begonnen habe –, eine alleinstehende Frau, die nur ihr eigenes Leben für die zwei Juden aufs Spiel setzen konnte, war die Szedlakowa nicht.

Vielleicht mehr als jede andere Parascha *in der Genesis beschäftigt sich* Paraschat Wajera *mit den Implikationen moralischer Entschlüsse: In der Geschichte von Sodom und Gomorrha sollen uns die Konsequenzen der Entscheidung, der Gottlosigkeit zu folgen, vor Augen geführt werden, in der Erzählung, mit der diese ereignisreiche* Parascha *endet – der von Gottes Forderung, Abraham solle sein einziges eheliches Kind opfern –, sollen wir hingegen, wie ich meine, die Konsequenzen der anderen Entscheidung, dem Guten zu folgen, nachvollziehen.*

Gottes Forderung nach einem Menschenopfer, die, wie wir gleich zu Beginn dieser bemerkenswerten Passage lesen, zumin-

dest für Gott nichts weiter als eine Probe von Abrahams Hingabe ist, läuft dem zivilisierten Denken so zuwider, dass Kommentatoren im Laufe der Jahrtausende deswegen ganze Ozeane von Tinte vergossen haben. So widmet Friedman dem Opfer drei volle Seiten – an sich schon verblüffend, wenn man bedenkt, dass die Geschichte von Sodom und Gomorrha zuvor gänzlich unkommentiert bleibt – und liefert eine außerordentlich luzide Zusammenfassung der klassischen Antworten auf die Fragen, die sich durch das Opfer stellen. Zu Recht (von einem rein literarischen, strukturellen Standpunkt aus) konzentriert sich der moderne Rabbi auf den eindeutig beabsichtigten Kontrast zwischen Abrahams hitziger Verteidigung der Sodomiter, seinem Versuch, um das Leben in den todgeweihten Städten zu feilschen, einerseits und seinem totalen Schweigen angesichts der Forderung Gottes, auf ihre Weise noch entsetzlicher, der Patriarch solle sein eigenes Kind töten, andererseits. Eine mögliche Erklärung dieses schlagenden Kontrasts ist Friedman zufolge die, dass Abrahams Wesen die Genesis hindurch von Gehorsam gekennzeichnet ist – die charakterologische Erklärung ist für sich genommen zwar befriedigend, allerdings schürft sie bei der verstörenden Frage, ob Abrahams vermeintlich angeborenes Faible dafür, Befehle auszuführen, ohne Fragen zu stellen, in jenen Fällen, wo diese Befehle eindeutig unmoralisch sind, einer eingehenderen Prüfung wert sind, nicht besonders tief (»Befehle«, schreibt Friedman, »lassen keinen Raum für Diskussionen« – eine eigenartige Behauptung für einen Rabbi, der im ausgehenden zwanzigsten Jahrhundert schreibt, selbst im Kontext einer Bibelauslegung). Sodann führt Friedman ein, wie man es nennen könnte, rhetorisches Argument an: Der Patriarch, schreibt er, kann für die gottlosen Sodomiter überzeugender (ja, überhaupt nur) plädieren, eben weil er in keiner Beziehung zu ihnen steht: Die Gerechtigkeit oder Ungerechtigkeit der Forderung, er solle seinen Sohn opfern, kann er deshalb nicht erörtern, weil dieser ihm so nahesteht. Auch das erscheint auf den ersten Blick irgendwie unbefriedigend, so als wäre »voreingenommen« zu sein zwangsläufig dasselbe wie dumm zu sein. Drittens suggeriert Friedman interessanterweise, dass das Ergebnis der ersten der beiden bedeutsamen Moralgeschichten dieser Parascha, der von

Sodom und Gomorrha, den Schlüssel zu Abrahams Schweigen liefert. Die Vergeblichkeit seiner Auseinandersetzung mit Gott, suggeriert er, die Tatsache, dass Gott schon immer wusste, wie böse die Sodomiter waren und wie gut Abraham ist, seien der Grund dafür, dass Abraham nicht mit Gott streiten will, wenn dieser eine Vernichtung verlangt, die für Abraham unendlich schmerzhafter ist als die Auslöschung der Einwohner mehrerer Städte.

Auch Raschi gibt sich nicht wenig Mühe anzudeuten, dass Gottes Interesse, Abraham zeigen zu lassen (was er, wie wir natürlich wissen, tun wird), dass er »gottesfürchtig« ist, erhebliche internationale und kosmische Implikationen hat: Es ist nötig, dass Abrahams rechtschaffener Gehorsam demonstriert wird, schreibt er, damit Gott für Satan und die Nationen der Ungläubigen eine Antwort parat hat, wenn sie wissen wollen, was denn nun der Grund für Gottes Liebe zum Stamm Abrahams ist. »Dass sie gottesfürchtig sind«, ist die Antwort, die Abrahams Bereitschaft, seinem Sohn die Kehle durchzuschneiden, liefert.

Ein interessanter moralischer Aspekt, den die Opferung Isaaks – und implizit die Parascha *als Ganzes – aufwirft, liegt darin, das die Darstellung des Textes dessen, was es heißt, ein guter Mensch zu sein (also einer wie Abraham, der Gott selbst unter extremen und verwirrenden Umständen gehorcht), ebenso hohl und unbefriedigend ist wie die Schilderung dessen, was es heißt, ein böser Mensch zu sein (also wie die Sodomiter, was immer das genau bedeutet). Tatsächlich deutet die* Parascha *lediglich an, dass Gehorsam gegenüber Gott gut und Ungehorsam böse ist, so als wäre Moral eine oberflächlich kohärente Verhaltensstruktur ohne konkreten Inhalt – obgleich, um Beispiele aus dieser wöchentlichen Lesung zu wählen, es so aussieht, als sei das, was die Sodomiter tun, was verderbt sein mag, aber nicht dazu führt, dass Leichen herumliegen, um einiges weniger schrecklich als das, was Gott von Abraham verlangt.*

Andererseits leuchtet mir an dieser letzten Parascha *ein, dass sie, wie immer man ihre größere moralische Fragestellung bewertet, ein meiner Ansicht nach außerordentlich genaues Bild dessen zeichnet, wie Menschen sich unter unvorstellbar extremen Bedingungen verhalten. Will heißen, das Bild eines blinden*

604

Flecks, von etwas, was am Ende vollkommen unfassbar und rät-
selhaft bleibt: dass manche sich einfach entscheiden, Böses zu
tun, und manche Gutes, selbst wenn sie in beiden Fällen wissen,
dass ihr Entschluss schreckliche Opfer fordern wird.

Noch eine letzte Geschichte des Umkehrens, des Zurückkeh-
rens auf einen letzten Blick muss ich erzählen, bevor ich diese
Geschichte beende.

Der Tag, nachdem wir das Versteck entdeckt hatten, war ein
Samstag. Am Nachmittag landete Lane auf dem L'viver Flug-
hafen, und auf der Fahrt zum Hotel, wo Froma wartete und zur
Vorbereitung unserer Exkursionen zu den Stätten des Genozids
Landkarten studierte, erzählten Alex und ich ihr aufgeregt von
unserer großen Entdeckung.

Lane machte mit ihrem zierlichen Kopf eine jener raschen,
ruckartigen Gesten, bei denen mir immer das Adjektiv *vogelar-
tig* einfällt.

Das ist ja *unglaublich*, sagte sie. Als der Wagen um die Oper
herum kajolte, wo siebzig Jahre zuvor eine junge Frau, die da
noch nicht *Frances* hieß, *Carmen* sah, zeigte Lane bedeutungsvoll auf eine ihrer riesigen, kompliziert wirkenden Kamera-
taschen aus schwarzem Gewebe. Aber hast du denn *Fotos* gekriegt?, fragte sie, gute *Fotos* für dein *Buch*? Als ich ihr sagte,
wir hätten nur Fromas kleine Digitalkamera gehabt, zog sie ein

Gesicht, das halb Missbilligung, halb Ungläubigkeit ausdrückte. Sie sagte: Wir müssen *zurück*. Wir können zurück, dann mache ich dir gute *Fotos*.

Pikschas, sagte sie. *Buuh-uhk*.

Und so fuhren wir am Sonntag noch einmal hin, und bei diesem letzten Besuch – und es war wirklich die letzte Reise, die ich wegen Onkel Shmiel unternahm – machte ich unsere letzte Entdeckung und schloss unsere Suche ab.

Wieder fuhren wir den kleinen Hügel hinab in das verschlafene Städtchen, das diesmal unter zornigen Regenwolken döste. Wieder fuhren wir durch Straßen, die uns jetzt freilich sehr vertraut erschienen. Wieder hielt Alex vor dem nichtssagenden Häuschen, auf dessen Fußweg wieder der schwarze Hund und der braune lagen und uns beäugten. Wieder klopfte er ans Fenster, und wieder kam die schwarzhaarige Frau heraus. Wir erklärten ihr, wir hofften, sie würde uns noch einmal hereinlassen, da wir diesmal eine bessere Kamera hätten, mit der wir die Fotos machen wollten, die wir brauchten. Mir fiel auf, dass sie diesmal ein wenig lebhafter war als zwei Tage zuvor. Sie nickte ein paarmal, vielleicht ein bisschen müde, aber mit einem schwachen Lächeln, und bedeutete uns einzutreten. Wieder gingen wir in den winzigen Zimmern herum, öffneten die Falltür, wieder klickten Kameraverschlüsse. Der einzige Unterschied war, dass ich diesmal nicht in das Versteck, das *kestl*, hinabstieg. Es war genug gewesen.

Als wir wieder aus dem Haus traten, bemerkten wir, dass diesmal noch jemand anderes da war: ein kräftiger junger Mann – nicht der blutleere Zombie, der am Freitag reglos im Schlafzimmer gestanden hatte –, anscheinend der Sohn einer der Frauen. Alex und er unterhielten sich lebhaft, worauf der Mann über den Zaun zeigte. Alex sagte: Er sagt, das Haus ist eigentlich in zwei Teile geteilt.

Froma, Lane und ich schauten über den Zaun, und anders als zwei Tage zuvor fiel mir jetzt auf, dass das eine Haus sich über zwei Gärten hinweg erstreckte.

Alex sagte: Er sagt, dass in der anderen Hälfte eine Russin wohnt, sie ist kurz nach dem Krieg hergekommen, vielleicht kann sie uns mehr sagen.

Ich blickte unsicher auf Froma und Lane. Ob es ihnen etwas ausmache, fragte ich. Keineswegs, sagten sie. Dafür sind wir doch hergekommen!

Wir gingen wieder auf die Straße und um die Vorderseite des Hauses herum, ein Stück die Straße entlang, dann auf die andere Seite. Tatsächlich, dort war noch ein Eingang. Alex klopfte und rief etwas auf Russisch, und gleich darauf kam eine Frau mit rosigen Wangen, hellem Kindergesicht und unglaublich dunklen Locken heraus. Sie trug ein hellblaues Kleid mit weißen Punkten. Alex sprach mit ihr, worauf sie uns mit herzlich-begeisterter, hoher Stimme aufforderte einzutreten. Wie in einer Kindergeschichte war ihre Hälfte des Hauses ebenso makellos und hübsch, wie die andere verdreckt und heruntergekommen war. In der kleinen Küche hing das kräftige Aroma garender Pfirsiche. Wir setzten uns, dann stellte sie das kleine tragbare Kassettengerät, das mit erstaunlicher Lautstärke russische Kirchenmusik gespielt hatte, leiser, woraufhin Alex ihr erklärte, warum wir zu ihr wollten. Klangvolles Russisch, das alles andere dämpfte, erfüllte den Raum. Die Frau war derart lebhaft, nickte so energisch und sprach so tönend, dass es schwerfiel, sie nicht umarmen zu wollen. Sie war wie eine Großmutter oder gute Hexe in einem Märchen.

Nach einigem Hin und Her sah Alex mich an. Er lächelte nicht.

Sie sagt, ja, sie hat von dieser Geschichte gehört, dass Juden versteckt worden seien, und von den Lehrerinnen. Sie selbst ist erst in den fünfziger Jahren hergekommen, aber sie hat davon gehört. Aber sie sagt, sie ist sich ziemlich sicher, dass diese Lehrerinnen beide nach dem Krieg noch lebten, außerdem hätten sie nicht in dem Haus hier gewohnt, sondern in einem anderen in dieser Straße.

Ratlos, beinahe verzweifelt sahen wir einander an. Ich sagte: Das kann nicht sein, das glaube ich nicht.

Ich war doch in dem Kasten, diesem kalten Kasten gewesen. Es hatte sich *richtig* angefühlt.

Wir redeten noch weiter, aber nach einer Weile, als ich Alex' breites, helles Gesicht las, wurde mir klar, dass er mehr als das, was sie schon gesagt hatte, nicht aus ihr herausbekam. Aber es war genug gewesen. Alles lag in Trümmern. Wir standen wieder am Anfang.

Wir wandten uns zum Gehen. Alex sagte: Sie hat mir gesagt, welches Haus es ist, in dem es ihrer Meinung nach passiert ist. Dort wohnt ein sehr alter Mann. Sie sagt, er ist taub. Willst du hin?

Ich wusste, was er meinte. Er meinte: Vielleicht sollten wir es lassen, solange wir im Soll liegen.

Ich nickte finster und sagte: Reden wir mit dem Alten.

Zu viert trotteten wir die Straße entlang. Einmal drehte Alex sich zu mir um und sagte: Ich will diese neue Geschichte nicht hören, ich will, dass das am Freitag zu Ende war!, worauf ich düster lächelte und sagte: Genau das denke ich auch immer.

Ja, sagte er. Jetzt weiß ich, wie das ist!

Das Haus, zu dem die alte Frau uns geschickt hatte, sah genauso aus wie aus einem Märchen der Gebrüder Grimm: ein wackeliges, einst prachtvolles Holzhaus mit unglaublich steilen Giebeln, Dachgesims und Balken von der Zeit geschwärzt; es stand ein Stück von der Straße zurückgesetzt. Auch hier dröhnte russische Musik; die vorderen Fenster waren verrammelt, sie kam aus dem Garten. Als wir in die Richtung stapften, setzte feiner Nieselregen ein. Die Tür stand offen. Alex brüllte, keine Antwort. Er brüllte erneut, und schließlich gingen wir einfach durch die Hintertür ins Haus. Die Decken waren niedrig, überall hingen Ikonen. Wir folgten der Musik, bis wir zu einem Zimmer kamen, das früher bestimmt das prächtigste des Hauses gewesen war, ein riesiges, einst elegantes, jetzt spärlich möbliertes Gemach mit einem Kieferntisch, auf dem ein altmodischer Phonograph stand. Neben dem Tisch stand der Alte selbst: eine Gestalt, wie gemacht für diesen Raum, einem Holzschnitt aus dem 19. Jahrhundert entsprungen, ein hagerer, unwahrscheinlich großer alter Mann, dessen vergilbte weiße Haare an einer Seite schlaff herabhingen. Seine tief sitzenden Augen waren schwarz umrandet. Ich fand, er sah aus wie Franz Liszt.

Alex ging auf den Mann zu und brüllte, der Worte der alten Russin eingedenk, dem Mann einige Minuten lang ins Gesicht. Durch das Gebrüll, die Ikonen, den Duft der Räucherstäbchen und die Musik – und nun auch die tiefe emotionale Enttäuschung über die Information, die wir gerade erhalten hatten – wirkte das Ganze zunehmend wie eine Farce, und Froma, Lane und ich mussten ein ungläubiges Kichern unterdrücken. Nachdem Alex fertig gebrüllt hatte, warf er mir seinen *Hauen wir ab hier*-Blick zu. Als wir wieder in dem relativ ruhigen Garten waren, sagte er: Der ist erst in den siebziger Jahren hergezogen, der weiß gar nichts.

Das war's dann also. Wir gingen zum Auto. Ich war am Boden zerstört: Keine zwei Tage zuvor hatte ich geglaubt, ich hätte endlich das Ende unserer Geschichte gefunden, und nun hatte sich alles in Luft aufgelöst: das Haus der Lehrerin, das Versteck, der Hof, in dem sie erschossen worden waren. *Früher war vorn einmal eine Veranda, aber jetzt ist sie weg.* Anscheinend war der alte Prokopiv doch nicht so klar im Kopf, wie wir gedacht hatten.

Und dann, gerade als wir ins Auto steigen wollten, sagte Froma: Halt, er will was von uns. Wir drehten uns um und schauten zu dem anderen Haus. Dort schwenkte der junge Mann die Arme und bedeutete uns, zurückzukommen. Wir gingen zu ihm, und er sprach mit Alex. Nach dem schnellen Wortwechsel strahlte Alex und sagte: Er sagt, gegenüber, auf der anderen Seite, wohnt eine Polin, die hat ihr ganzes Leben hier verbracht, die kennt die Geschichte ganz bestimmt und weiß auch, welches das richtige Haus ist. Sie wird es sicher wissen. Er redete noch eine Weile mit dem jungen Mann, der die Straße entlangzeigte und ihm die Adresse nannte. Die Frau hieß Latyk – ein verbreiteter Name dort; mit der anderen Frau Latyk war sie nicht verwandt.

Wieder ans Fenster klopfen, wieder der fragende, gebrüllte Gruß. Das Haus war groß, weiß und makellos. Ein Blick über den Zaun zeigte einen großzügigen Garten. Aus diesem Garten erschien wenige Augenblicke später eine kleine, stämmige Frau mit dichten weißen Haaren und einem verschmitzten runden Gesicht. Sie trug einen dünnen grauen Morgenrock, den sie mit einer Hand festhielt; heute glaube ich, dass sie Alex gegenüber nur deshalb so misstrauisch war, als er ihr erklärte, wonach wir suchten, weil sie nicht auf Besuch eingestellt war. Als er zu Ende geredet hatte, entspannte sich ihr Gesicht fast auf der Stelle, und sie nickte und lächelte breit.

Sie sagte: *Tak, tak! Tak. Tak, tak, tak!*

Hastig redete sie mit Alex auf Polnisch. Der sagte zu uns: Sie kennt die Geschichte! Sie kennt die Geschichte, sie weiß, dass es da zwei Lehrerinnen gegeben hat, die Juden versteckt hielten. Sie sagt, die beiden Schwestern hießen –

Er hörte zu, und sie sagte: *Pani Emilia i Pani … mmm …*

Offensichtlich erinnerte sie sich nicht an den Namen der anderen Frau. Emilia und? Während sie stirnrunzelnd in ihrem Gedächtnis kramte, fuhr Alex fort. Die eine entkam, die andere wurde getötet.

Plötzlich sagte Frau Latyk: Hela! *Emilia i Hela!* Schnell sagte sie etwas zu Alex.

Hela wurde getötet. Emilia konnte fliehen.

Zum zweiten Mal in drei Tagen sagte ich: Erinnert sie sich an ihren Familiennamen?

Alex gab die Frage weiter, und Frau Latyk sagte emphatisch: *Szedlakowa.*

Kennt sie das Haus?, fragte ich. Wenigstens wissen wir es dann genau, dachte ich.

Alex sagte: Ja, sie will uns zeigen, wo es genau ist.

Froma, Lane und ich sagten: Danke!

Erst jetzt stellte Alex uns einander vor. Pani Janina Latyk. Pan Daniel Mendelsohn, Pani Froma Zeitlin, Pani Lane Montgomery.

Die Frau lächelte jetzt entspannt und redete weiter.

Ich hörte sie *Szymanski* sagen.

Halt, sagte ich. Alle redeten, und ich wollte Ruhe. Bis dahin hatte ich einfach nur wissen wollen, welches denn nun das richtige Haus war. Und nun hatte sie *Szymanski* gesagt. Offensichtlich konnte sie uns noch mehr sagen.

Halt, halt, halt, rief ich.

Alle verstummten, und ich fragte Alex: Was hat sie da gerade gesagt?

Wieder redeten sie eine Weile, dann sagte Alex: Es hat einen gegeben, der hat den Juden geholfen, Verstecke zu finden.

Und wie hieß der?, fragte ich.

Czesław, sagte Frau Latyk.

Mein Herz begann zu pochen. Der alte Prokopiv hatte uns von dem Haus erzählt, hatte gewusst, dass eine Lehrerin namens

Szedlak dort Juden versteckte. Zum ersten Mal hatte ich diese Geschichte vor langer Zeit in einem Wohnzimmer in Kfar Saba gehört und mich seitdem gefragt, wie all die Versionen wohl in Einklang zu bringen waren. *Ciszko hielt sie bei sich zu Hause versteckt. Eine polnische Lehrerin hielt sie beide bei sich zu Hause versteckt.* Jetzt würden wir es erfahren.

Ich sagte: Czesław und weiter?

Frau Latyk sagte: Czesław – Ciszko, *Ciszko*!

Der Spitzname. Wir sahen einander an. Wieder begannen Froma, Lane und Alex alle gleichzeitig zu reden und Fragen zu stellen. Inzwischen kannten sie die Geschichten genauso gut wie ich. Es war aufregend.

Halt, sagte ich. Ich schwitzte auf einmal, und wieder hörte ich dieses schwache Echo in den Ohren. Ruhiger sagte ich: Ich muss dieses Interview auf eine *ganz* bestimmte Weise führen, versteht ihr. Wir können ihr keine Informationen geben, wir können ihr nicht sagen, was wir von ihr hören wollen, wir können ihr nicht sagen, was wir schon wissen. Das ist jetzt das *letzte* Mal, dass einer von uns hier ist, und nach dem, was wir gerade erlebt haben, möchte ich mit etwas *Definitivem* hier abreisen. Also fragen wir sie einfach, was sie weiß, und hören es aus ihrem Mund. Ich möchte es *unverfälscht* haben.

Dann wandte ich mich an Alex: O.k., sie hat Czesław gesagt, sie hat Ciszko gesagt, davor hat sie Szymanski gesagt. Was weiß sie über ihn, warum erwähnt sie diesen Namen?

Sie redeten eine Weile. Alex sagte: Weil *er* ihnen das Versteck hier besorgt hat. Und er hat ihnen auch Essen gebracht.

Froma und ich starrten einander an. Eine weitere Frau mittleren Alters mit freundlichem Gesicht trat aus dem Haus: Frau Latyks Tochter. Die beiden Frauen sprachen mit Alex. Er wandte sich mit unsicherer Miene zu mir. Sie laden euch ins Haus ein, aber ich habe gesagt, dass wir ihnen auf keinen Fall Umstände bereiten wollen …

Ich sah ihn streng an und sagte: Ich will da rein. Ich glaube, es ist besser, wenn wir uns alle setzen. Sag ihr, das ist jetzt für mich und meine Familie extrem wichtig.

Alex redete, die beiden Frauen nickten, und wir gingen alle ins Haus.

Während der folgenden Dreiviertelstunde erzählte sie uns die Geschichte, wie sie sie kannte, und ich kann diese Geschichte jetzt erzählen, auch wenn es witzlos ist, sie hier noch einmal zu erzählen, da seine Bestandteile jedem, der diese Seiten gelesen hat, bereits vertraut sind. Der Unterschied war, dass wir alle, als wir sie aus dem Mund Frau Janina Latyks hörten, einer lebenslangen Bewohnerin Bolechows, einer lebenslangen Bewohnerin der Kopernikastraße, einer ehemaligen Nachbarin der Schwestern Szedlakowa, sie zum ersten Mal von einer Person hörten, die dort gewesen war und die, eben weil sie dort gewesen war, uns eine Geschichte erzählen konnte, die alle Bestandteile einschloss, die sich bis zu jenem Tag im Juli 2005 nicht ganz zu einer kohärenten Erzählung fügen wollten, einer Geschichte mit einem Anfang, einer Mitte und einem Ende.

Folgendes erzählte sie uns: dass sie 1928 in Bolechow geboren wurde und an dem Tag des Jahres 1943, als sie von Besorgungen in der Stadt nach Hause kam und alles auf der Straße stand und redete, daher etwa fünfzehn war. Man erzählte sich Folgendes: Es war herausgekommen, dass ihre Nachbarin Hela Juden versteckt hatte. Alle redeten!, sagte Frau Latyk. Ja, es hat die beiden Schwestern Szedlakowa gegeben, aber eine, Emilia, hatte Angst bekommen und die Stadt verlassen – nach Boryslaw, wie jemand sagte. Als sie also entdeckt wurden, wurde Hela getötet. Sie hatte die Juden irgendwo in einem Keller im Haus versteckt, einem Raum unter der Erde. Und der Junge Ciszko Szymanski, der ihnen diesen Unterschlupf besorgt hatte, brachte ihnen jeden Abend Essen aus dem Laden seines Vaters, der hatte eine Gerberei, aber auch eine Art Laden im Haus, da kauften die Leute Fleisch, Würste. Er habe dieses Mädchen, diese Jüdin, geliebt, sagten die Leute, also hatte er ihr und ihrem Vater einen Unterschlupf besorgt. Aber jemand hat gesehen, wie er jeden Abend Essen zu Szedlakowa brachte, und hat Verdacht geschöpft, und dieser Mensch – wahrscheinlich ein Nachbar, mehr wusste sie nicht mehr – denunzierte ihn und Szedlakowa bei der Gestapo. Die Deutschen kamen und führten die Juden zu einer Stelle hinten im Garten und erschossen sie dort.

Was genau ist mit Szymanski und Szedlakowa passiert?, fragten wir. Jack Greene hatte vor einer Ewigkeit, so schien es uns jetzt, gesagt, er habe gehört, man habe ihn auf ein Feld geführt, *drüben*, und ihn getötet. Frau Latyk aber, die am Tag des Geschehens dort gewesen war, sagte: Er wurde in Stryj getötet. Und auch Hela wurde nach Stryj gebracht, wo sie beide zusammen aufgehängt wurden. Die Juden aber wurden auf der Stelle erschossen.

Stryj, dachte ich: Mrs Begleys kleine Provinzstadt. Dieses kleine Detail, von dem ich bisher nicht gewusst hatte, schien mir der absolute Beweis für Authentizität zu sein. Die Juden standen außerhalb des Gesetzes, man konnte sie einfach töten, erschießen, überall. Aber an ungehorsamen Polen konnte man ein Exempel statuieren. Wahrscheinlich brachte man sie nach Stryj, um dort mit ihnen vor ihrer Hinrichtung, die schon beschlossene Sache war, ein abschreckendes Schauspiel zu inszenieren.

Und das war die Geschichte. Jetzt passten alle Stückchen zusammen: Ciszko *und* Szedlak, das Haus der Szymanskis *und* das der polnischen Lehrerin. Jetzt hatte alles Hand und Fuß, und endlich konnte man sehen, wie aus den tatsächlichen Geschehnissen, durch geografische wie zeitliche Entfernungen verformt – sie waren gar nicht *dort* gewesen, sie hatten es erst zwei, drei oder zehn Jahre *danach* gehört –, die vielen Geschichten geworden waren, die wir bis dahin gehört hatten.

Wir unterhielten uns noch eine ganze Weile: über die Kriegsjahre, den Schrecken, denen die Menschen ausgesetzt waren, den Schmerz, langjährige Nachbarn verschwinden zu sehen, und auch die Brutalität der Jahre nach 1945, als die Sowjets die Macht übernommen hatten, die Bedingungen der Hungerjahre, die kleineren Bedrängnisse. Frau Latyk schwelgte in Erinnerungen an die Vorkriegsjahre, ihre Mädchenjahre, die sie mit jüdischen, polnischen und ukrainischen Freundinnen verbrachte, Jahre, in denen es, soweit sie sagen konnte, keine Spannungen, keinen Hass, keine Animositäten gab. Es war eine lebendige, glückliche Stadt, sagte sie und lächelte schwach. Ich saß stumm da und hörte zu, teils bewegt davon, dass eine 1928 geborene Polin die gleichen Worte sagte, die mein Großvater, ein Jude, 1902 in derselben Stadt geboren, mir vor einer Ewigkeit immer wieder gesagt hatte, teils auch, weil es das Mindeste war, was ich für diese Frau mit dem freundlichen Gesicht tun konnte, die wir beinahe gar nicht kennengelernt hätten, die wir verpasst hätten, wenn wir nicht dieses eine letzte Mal umgekehrt wären, als wir bereits dachten, alles sei verloren, und die mir letztlich die Geschichte erzählte, die ich so lange hatte hören wollen, von Anfang bis Ende.

Eines blieb noch, was Frau Latyk klären sollte, und ich war nervös, als ich am Ende unserer langen Unterhaltung sagte: Kann sie uns auch zeigen, wo das Haus war?

Sie nickte. Bevor wir gingen, sagte ich noch zu Alex: Sag ihr doch bitte, dass meine Familie dreihundert Jahre in dieser Stadt gelebt hat und dass ich mich geehrt und dankbar fühle, sie als Nachbarin zu haben.

Er übersetzte meinen Satz, worauf sie mich anlächelte, die Hand aufs Herz legte und dann auf mich richtete. *Gleichfalls*, sagte Alex.

Wir verließen das Haus und gingen langsam die Straße entlang. Vor dem ersten Haus, dem, in das wir am ersten Tag gegangen waren, dem Haus mit der Falltür und dem Versteck, blieb Frau Latyk stehen und zeigte darauf.

Ich hab's gewusst, dachte ich. Ich war drin gewesen, war in dem eisig kalten Loch gewesen.

Das ist das Haus, sagte Alex. Sie sagt, wenn du willst, kann sie dir die Stelle zeigen, wo sie sie erschossen haben. Die Nachbarin hat alles gesehen, die Leute haben davon gewusst.

Ja, sagte ich.

Die Tür zum Garten befand sich an der Rückseite der Haushälfte der Russin, und sie murmelte aufgeregt, als Alex ihr sagte, warum wir noch einmal gekommen seien. Strahlend öffnete sie mir das Tor. Ich stand am Zaun und sah nach hinten in den Garten, ein endlos langer Garten, dicht bepflanzt mit Reihen von Gemüse und Reben, die sich bis ans ferne Ende des Grundstücks zogen. Frau Latyk, die neben mir am Zaun stand, deutete in die Richtung. Am Ende des Gartens stand ein uralter Apfelbaum mit einem Doppelstamm. Sie sagte etwas zu Alex. Er sagte zu mir: Dort ist die Stelle.

Langsam ging ich auf den Baum zu. Das Gemüse, die Reben

und die Himbeersträucher wuchsen an den kaum sichtbaren Furchen entlang so dicht, dass es manchmal schwierig war, sicheren Halt zu finden. Nach ein paar Minuten erreichte ich den Baum. Seine Rinde war dick, und die Stelle, wo die beiden wuchtigen Stämme sich teilten, war ungefähr auf Höhe meiner Schulter. Hin und wieder spritzte ein winziger Regentropfen, kaum mehr als kondensierter Nebel, auf ein Blatt. Doch ich blieb trocken.

Ich stand an der Stelle.

Eine Weile stand ich da und überlegte. Es ist eine Sache, an einer Stelle zu stehen, über die man lange nachgedacht hat, einem Gebäude, einem Schrein oder Mahnmal, die man auf einem Gemälde oder in Büchern oder Zeitschriften gesehen hat, einer Stelle, an der man bestimmte Gefühle von sich erwartet, die man, wenn man dann tatsächlich dort steht, hat oder auch nicht: Ehrfurcht, Verzückung, Entsetzen, Trauer. Etwas anderes ist es, an einer Stelle ganz anderer Art zu stehen, einer Stelle, die man lange Zeit für hypothetisch gehalten hatte, die man als *die Stelle, wo es passiert ist* bezeichnet und gedacht haben mochte, es war auf einem Feld, es war in einem Haus, es war in einer Gaskammer, an einer Wand oder auf der Straße, aber hatte man sich diese Worte gesagt, war es weniger die *Stelle* gewesen, die von Bedeutung schien, als vielmehr jenes *es*, die schreckliche Sache, die getan worden war, denn den Ort hatte man sich eigentlich nur als eine Art Hülle gedacht, unbedeutend, unwichtig. Und nun stand ich an der Stelle, und ich hatte nicht die Zeit gehabt, mich darauf vorzubereiten. Ich sah mich der Stelle selbst gegenüber, der Sache, und nicht der Vorstellung davon.

Lange hatte ich nach *Spezifika* gedürstet, nach *Details*, hatte die Menschen, deretwegen ich um die ganze Welt geflogen war, um mit ihnen zu sprechen, gedrängt, sich noch mehr zu erinnern, noch intensiver nachzudenken, mir die konkrete Sache zu nennen, die die Geschichte zum Leben erwecken würde. Das aber war, wie ich nun sah, das Problem. Ich hatte die Details und Spezifika für die *Geschichte* und hatte gar nicht recht begriffen – und wie konnte ich es auch, ich, der ich sie ja gar nicht kannte, der immer *nur* Geschichten hatte –, was ein *Detail* überhaupt bedeutete, ein Spezifikum, bis jetzt. Das Wort *Spezifikum* kommt vom lateinischen Wort *species*, was »Erscheinung« oder

»Gestalt« bedeutet, und da jedes Ding seine eigene Erscheinung oder Gestalt hat, verwenden wir das Wort *Spezies* zur Beschreibung einheitlicher Typen lebender Dinge, der Tiere und Pflanzen, die die Schöpfung bilden; da aber jeder Typus der lebenden Dinge seine eigene Erscheinung und Gestalt hat, ist aus dem Wort *species* über zahllose Jahrhunderte hinweg das Wort *spezifisch* entstanden, was unter anderem »*einem bestimmten Individuum eigen*« heißt. Als ich an dieser spezifischsten aller Stellen stand, spezifischer selbst als das Versteck, jener Stelle, an der Shmiel und Frydka Dinge erlebten, physische wie emotionale, die ich eben deshalb, weil ihr Erlebnis für sie und nicht für mich *spezifisch* war, nie auch nur im Ansatz verstehen werde, an dieser spezifischsten aller Stellen also wusste ich, dass ich dort stand, wo sie gestorben waren, wo das Leben, das ich nie kennen würde, aus den Körpern, die ich nie gesehen hatte, gewichen war, und eben weil ich sie nicht gekannt oder gesehen hatte, wurde mir umso nachdrücklicher in Erinnerung gerufen, dass sie spezifische Menschen mit einem je spezifischen Tod gewesen waren, und dass dieses Leben und dieser Tod ihnen gehörten und nicht mir, egal, wie packend die Geschichte, die über sie erzählt werden mochte, sein würde. Es gibt so viel, das auf immer *unmöglich zu wissen* ist, doch wir wissen, dass sie einmal sie selbst waren, *spezifisch*, Subjekte ihres eigenen Lebens und Todes und nicht einfach Marionetten, die zum Zweck einer guten Geschichte manipuliert werden konnten, für Memoiren und magisch-realistische Romane und Filme. Dafür wird noch Zeit genug sein, wenn ich und jeder, der je einmal jemanden kannte, der sie kannte, stirbt, denn am Ende geht, wie wir wissen, alles verloren.

Und genau in dem Augenblick, in dem ich sie sozusagen am spezifischsten gefunden hatte, spürte ich, dass ich sie wieder aufgeben, sie selbst sein lassen musste, was immer das gewesen war. Das war bitter, und es war süß, und als ich diesen Augenblick später Jack Greene beschrieb, dem ich im Grunde alles verdankte, sagte er, indem er eine Analogie zu seinen Gefühlen zog, als er damals, vor so vielen Jahren, aus seinem Versteck kroch: Ja, ich weiß, wie das ist, es ist ein Gefühl von *Bewältigung*, aber kein *frohes*. Ich war weit gereist, hatte den Planeten umflogen und meine Tora studiert, und ganz am Ende meiner Suche stand ich endlich an dem Ort, wo alles beginnt: an dem Baum im Garten, dem Baum der Erkenntnis, der, wie ich vor langer Zeit lernte, etwas Geteiltes ist, etwas, was, da Wachstum nur durch das Medium der Zeit geschieht, Freude bringt und letztlich auch Leid.

Es waren vermutlich konkrete Fakten, Spezifika, die ich irgendwie zu fassen bekommen wollte, als ich mich aus einem Instinkt heraus, den ich selbst heute nicht so ganz benennen kann, bückte, die Hände in die Erde am Fuß des Baums stieß und meine Taschen damit füllte. Dann – denn es ist die Tradition des merkwürdigen Stammes, dem ich angehöre, weil mein Großvater ihm einmal angehört hat, auch wenn Teile dieser Tradition mir nichts sagen – suchte ich die Erde nach einem großen Stein ab, und als ich einen fand, legte ich ihn in die Beuge, wo sich die Stämme des Baums vereinten. Das ist ihr einziges Mahnmal, dachte ich, also hinterlasse ich hier einen Stein. Dann wandte ich mich ab und ging aus dem Garten, und bald danach verabschiedeten wir uns, stiegen ins Auto und fuhren davon.

Auf dieser Rückfahrt machte ich den letzten meiner vielen Fehler. Ich hatte mir vorgenommen, wenn wir diesmal Bolechiv verließen, etwas zu tun, was ich schon Jahre zuvor, bei unserem ersten Besuch, hatte tun wollen, weil ich damals geglaubt hatte, es wäre unser letzter in dieser kleinen Stadt, diesem lebendigen *schtetl*, diesem *glücklichen* Ort, einem Ort, der *war und nie wieder sein würde*: Ich hatte mir vorgenommen, mich, wenn wir aus der Stadt hinaus und den kleinen Hügel Richtung L'viv hinauffuhren, umzudrehen, wie mein Großvater es – irgendwie wusste ich das – an einem Oktobertag achtzig Jahre zuvor getan hatte, mich aus dem Grund umzudrehen, aus dem wir uns immer umdrehen und auf das blicken, was hinter uns liegt, nämlich um sich etwas Unmögliches zu wünschen, zu wünschen, dass nichts zurückbleibt, dass wir den Eindruck dessen, was aus und vorbei ist, in die Gegenwart und in die Zukunft mitnehmen. Ich sagte mir, ich würde durch die Heckscheibe auf die kleine Stadt schauen, wie sie zurückwich, weil ich in Erinnerung behalten wollte, wie der Ort aussah, nicht nur, wenn man hinkam, sondern auch, wenn man ihn auf immer verließ.

Doch als Alex den blauen Passat durch die komplizierten Sträßchen hinaussteuerte, die eine Epoche zuvor den Bewohnern dieses Orts, von denen es heute nur noch sehr wenige gibt, von denen keiner mehr am Leben sein wird, wenn ich in Jack Greenes Alter bin, den Spitznamen gaben, den heute keiner mehr kennt und der keinen mehr interessiert, *Bolechower Krie-cher!* – als Alex uns also durch diese krummen Straßen lenkte, fingen wir alle auf einmal an zu reden, die frappierende Geschichte dessen zu erzählen, was wir gefunden hatten und wo wir umhergelaufen waren, und als mir dann endlich einfiel, mich umzudrehen und jenes eine letzte Mal zurückzuschauen, waren wir schon zu weit gefahren, und Bolechow war aus dem Blick verschwunden.

IN MEMORIAM

Frances BEGLEY, geborene HAUSER
Rzeszów 1910 – New York 2004

Elkana EFRATI, geborener JÄGER
Bolechow 1928 – Kfar Saba 2006

Josef FEUER
Bolechow 1920 – Striy 2002

Boris GOLDSMITH
Bolechow 1913 – Sydney 2005

Salamon GROSSBARD
Bolechow 1908 – Sydney 2004

Bob GRUNSCHLAG
Bolechow 1929 – Sydney 2005

Dyzia RYBAK, geborene LEW
Bolechow 1923 – Minsk 2004

Solomon (Shumek) REINHARZ
Bolechow 1914 – Beer Sheva 2005

Nachtrag

(Februar 2007)

Lange hatte ich die Hoffnung gehegt, dass nach dem Erscheinen dieses Buchs im September 2006 neue Informationen über meine sechs verlorenen Verwandten ans Licht kommen könnten – dass ein Leser, der wider alle Erwartungen besondere Kenntnisse über meine Familie hatte, sich mit mir in Verbindung setzen würde. Wie sich zeigte, brauchte ich nicht lange zu warten.

Zwei Monate nach dem Erscheinen von *The Lost* in den Vereinigten Staaten erhielt ich eine E-Mail von Yaacov Lozowick, dem Direktor des Archivs in Yad Vashem. Er schrieb mir, er habe das Buch gelesen und wolle mir seine Reaktion mitteilen. Daraus entspann sich bald eine freundliche Korrespondenz. Ungefähr einen Monat später, am Neujahrstag 2007, schrieb mir Yaacov, er sei auf eine Erwähnung einer der Jägers gestoßen, und zwar in einer Unmenge neuen Materials, vieles davon aus der ehemaligen Sowjetunion, das erst am Vortag auf der Datenbank von Yad Vashem hochgeladen worden sei. Er schickte mir den Link zu der fraglichen Erwähnung. Wie sich herausstellte, liefert genau eine Zeile eines Dokuments in diesem Berg neu verfügbarer Datensätze – es sind über 350.000 – endlich eine konkrete Information über das Schicksal einer meiner Verwandten. Oder, wie ich vielleicht sagen sollte, eine konkrete Information über eine Verwandte und eine implizite Information über eine weitere.

Das betreffende Dokument ist Teil eines Berichts, der kurz nach Kriegsende einer Institution mit dem Namen »Außerordentliche Staatliche Kommission für die Feststellung und Untersuchung der Gräueltaten der deutsch-faschistischen Eindringlinge und ihrer Komplizen, und des Schadens, den sie den Bürgern, Kolchosen, öffentlichen Organisationen, staatlichen Betrieben und Einrichtungen der UdSSR zugefügt haben« übergeben wurde. Diese Kommission, 1942 vom Obersten Sowjet gegründet und zumeist als TschGK abgekürzt, war für die Untersuchung der deutschen Kriegsverbrechen zuständig. Deren eigenen Unterlagen zufolge waren über dreißigtausend Ermittler an dem Projekt beteiligt. Sie befragten die verbliebenen Bewohner der verheerten, *judenreinen* kleinen und großen Städte und dokumentierten ihre Geschichten; über sieben Millionen Sowjetbürger sollen befragt worden sein. Die siebenundzwanzig umfänglichen Extrakte, die aus diesem gewaltigen Augenzeugenmaterial erstellt wurden, bilden die Hauptmasse der Beweise, die von den Russen bei den Nürnberger Prozessen vorgelegt wurden. Eine der Städte, die von den Ermittlern im Auftrag der Außerordentlichen Staatlichen Kommission besucht wurden, war Bolechow.

Aus diesem Bericht schickte Yaakov mir drei Seiten. Die erste war die Titelseite, die wie folgt lautet:

AUFZEICHNUNG DER ERMITTLUNG DER GRÄUELTATEN DER DEUTSCHEN FASCHISTEN UND IHRER KOMPLIZEN IM BEZIRK BOLECHOW IN DER REGION STANISLAWOW

Die dritte Seite, die Yaakov schickte, die siebte und letzte des Bolechow-Berichts, enthält fünf Unterschriften: die des Vorsitzenden des Untersuchungskomitees sowie der anderen vier Komiteemitglieder. Die handschriftlichen Namen sowjetischer Bürokraten mit ihren unleserlichen Kringeln stehen unmittelbar unter einer vertikalen Liste anderer Namen, wiedergegeben in dem russischen Standardformat *Familienname – Vorname – Vatersname*, und allesamt in kyrillischen Buchstaben geschrieben (wie man sie heute an der Vorderseite des Gebäudes in Bolechiv sehen kann, das einmal das Dom Katolicki war, und dort kino und theater buchstabieren). Vor jedem dieser Namen steht eine Zahl, dahinter erscheinen die folgenden Informationen, in Spalten arrangiert: Geburtsjahr, Geschlecht, Beruf, Datum der Erschießung/Razzia, Adresse. Einige der Namen auf der Liste – die ich lesen kann, weil ich mir Jahre zuvor die russischen Schriftzeichen beigebracht hatte, vielleicht aus dem Wunsch heraus, mich bei der verdrießlichen letzten Frau meines

Großvaters einzuschmeicheln, die Russin gewesen war, bevor Auschwitz sie zur Bürgerin von Nirgendwo machte – sind mir heute aufgrund meiner Reisen und der Menschen, mit denen ich gesprochen habe, vertraut. Beispielsweise kann ich eine Malka Abramovna Lew finden, die mit Dyzia Lew verwandt sein musste, wenngleich mir Dyzia natürlich keine Informationen mehr geben kann; ich kann einen Dovid Israelewitsch Reifeisen finden und mutmaßen, dass eine Verbindung zu dem Anwalt Reifeisen besteht, der sich erhängte, bevor alles noch viel schlimmer wurde. Ich entdecke sogar jemanden mit Meg Grossbards Mädchennamen und frage mich im Stillen, wer das sein könnte, auch wenn mir bewusst ist, dass ich das nie erfahren werde, weil ich von Meg nun keine nächtlichen Anrufe mehr bekomme.

Der letzte Eintrag in dieser Liste trägt die Nummer *350*. Beim ersten flüchtigen Überfliegen dieser Seiten fiel mir auf, dass es bei keinem der Namen einen Eintrag in der Rubrik »Beruf« gibt. Diese Anomalie lag, wie ich bald erkannte, daran, dass das »Geburtsjahr« nahezu aller dieser dreihundertfünfzig Menschen zwischen dem Ende der zwanziger und den frühen dreißiger Jahren lag, und praktisch jeder Eintrag unter »Datum der Erschießung/Razzia« 3.IX.1942 lautet, was heißt, dass alle diese Menschen Kinder zwischen zehn und vierzehn Jahren waren. Als ich diese Namen, diese Einträge zum ersten Mal las, dämmerte mir langsam, dass ich da eine Liste der jüdischen Kinder von Bolechow vor mir hatte, die im Zuge der Razzien, die der »großen« zweiten Aktion des 3., 4. und 5. September vorangingen, der Aktion, deren Überlebende in Viehwaggons nach Belzec fuhren, ermordet worden waren. Der Aktion, bei der nach bestem Wissen der Menschen, mit denen ich im Laufe der fünf Jahre, in denen ich an diesem Buch schrieb, meine Großtante Ester und ihre jüngste Tochter Bronia umkamen.

Durch einen unheimlichen Zufall ist Bronia sogar der allererste Eintrag in dieser Liste, die auf der zweiten von Yaacovs Seiten beginnt: Sie ist die Nummer eins. Ihr Name wird als Bronia Samuelewna Jeger angegeben und ihre Adresse als Dlugosa 9, was korrekt ist. Das angegebene Geburtsjahr ist 1929, was nun also Jack Greenes Ahnung offiziell bestätigt, dass dies tatsächlich ihr Geburtsjahr war – dasselbe, wie er mir in seinem Wohnzimmer in Australien vor nunmehr vier Jahren sagte, in dem auch sein verstorbener Bruder Bob zur Welt kam. Das Datum, an dem Bronia »gefangen und erschossen« wurde, wird mit dem 3. September 1942 angegeben.

Und somit kann ich nun als Ergebnis eines weiteren zufälligen, eines weiteren unglaublichen Kontakts, der entgegen aller vernünftigen Erwartungen zustande kam, dem Häuflein Fakten, die ich gesammelt habe, dieses konkrete Faktum hinzufügen: dass Bronia, von der jeder nur in Erinnerung hatte, dass sie *noch ein Kind war, sich noch mit ihren Spielsachen beschäftigte*, während dieser ersten furchtbaren Tage der zweiten Aktion in Bolechow gefangen und erschossen wurde und dass sie, als sie auf diese Weise starb, entweder dreizehn Jahre alt war oder kurz davor (ihr genaues Geburtsdatum kennen wir noch immer nicht). Und somit hat ihre sehr kurze Geschichte nun zumindest einen halbwegs konkreten Anfang (»1929«) und ein sehr präzises Ende (»3.IX.1942«).

Ich habe oben erwähnt, dass dieses neue Dokument uns noch eine weitere Information liefert – keine konkrete, aber eine implizite. Sehen Sie, am Ende meiner vielen Reisen und meiner Interviews, als endlich sicher schien, dass Tante Ester und Bronia im Zuge der zweiten Aktion gefangen worden waren, war ich der – gewiss sentimentalen – Ansicht gewesen, dass während dieser letzten unvorstellbaren Stunden, vielleicht Tage ihres Lebens Mutter und Tochter wenigstens *einander* gehabt hatten: den Weg zusammen gegangen waren, (vielleicht) dagestanden hatten, nackt und voller Furcht, gewiss, aber *zusammen*, die Arme der Mutter fest um die Tochter geschlungen, als die Dämpfe in den luftdicht verschlossenen Raum strömten. Nun aber wissen wir aufgrund dessen, was ein Nachbar 1942 sah und einige Jahre später der Sowjetischen Kommission berichtete, aufgrund eines kleinen Faktums unter den vielen Millionen Fakten, die in den Bericht gelangten, der der »Außerordentlichen Staatlichen Kommission für die Feststellung und Untersuchung der Gräueltaten der deutsch-faschistischen Eindringlinge und ihrer Komplizen« vorgelegt wurde, dass Bronia während der Razzia getötet wurde, einer Razzia, die, wie wir auch

623

wissen, berüchtigt war für die Brutalität, mit der Kinder getötet wurden. Und weil ich dieses konkrete Faktum nun kenne, sehe ich mich auch zu Spekulationen über etwas veranlasst, was nie bewiesen werden kann, was aber beinahe eine Gewissheit ist: dass meine Tante Ester – Ester Jäger, geborene Schneelicht, um genau zu sein, eine sechsundvierzig Jahre alte Mutter von vier Kindern, eine Matrone aus Bolechow, die eine gute Ehefrau und eine wunderbare Hausfrau war, die sehr wahrscheinlich häkelte, um sich an den langen Winterabenden zu beschäftigen, die *so hübsche Beine* hatte und die einmal einem Brief, der bis nach New York gelangte, ein Postskriptum anfügte, das irgendwie, irgendwo verloren gegangen ist, weswegen nichts von den Gedanken dieser Frau erhalten ist –, dass also meine Tante Ester das, was sie an dem schrecklichen Ende ihres Lebens durchlitt, allein durchlitt.

Anmerkungen des Autors

Die in diesem Buch aufgezeichneten Ereignisse sind wahr. Alle formellen Interviews wurden auf Video aufgenommen, fast alle anderen Gespräche, darunter auch Telefonate, wurden entweder vom Autor aufgezeichnet oder auf der Grundlage von Notizen, die der Autor während dieser Gespräche anfertigte, rekonstruiert. Einige, aber keineswegs alle auf diesen Seiten dokumentierten Dialoge wurden um der Kohärenz willen oder zur Vermeidung von Wiederholungen redigiert; gelegentlich hat diese Redaktion die chronologische Umordnung mancher Bemerkungen notwendig gemacht. Mehrere Namen wurden auf Wunsch bestimmter Personen geändert, um deren Privatsphäre zu schützen.

Da dieses Buch unter anderem die Geschichte von Fernreisen durch viele Länder und Kontinente ist, in denen ich häufig mit Menschen sprach, die ihrerseits von Land zu Land gezogen waren, ist ein Wort zur Sprache angebracht. In den Fällen, in denen Englisch die Interviewsprache war, habe ich das gesprochene Englisch meiner Gesprächspartner wiedergegeben, so fehlerhaft es zuweilen auch war, da ihre Sprechweisen, Akzente und Ausdrucksformen Teil der inzwischen fast verschwundenen Kultur sind, die in gewissem Maße Gegenstand meiner Suche war; auf dieselbe Weise bin ich mit den Übersetzern, die ich hier und da in Anspruch nahm, verfahren. Das Jiddische habe ich zumeist gemäß dem YIVO-Standard transliteriert, außer wenn dieser Standard mit meiner Erinnerung bestimmter Ausspracheformen kollidierte – in der deutschen Übersetzung wurde es den entsprechenden Konventionen angepasst. Zitate von Zeugenaussagen auf Polnisch, die ich von Yad Vashem erhielt, werden hier in einer englischen Übersetzung wiedergegeben, die für dieses Buch in Auftrag gegeben wurde – für die vorliegende Ausgabe wurden davon Übersetzungen ins Deutsche angefertigt.

Hinsichtlich der Ortsnamen habe ich bei den meisten kleinen und großen Städten, die ich besucht habe, die heutige polnische und ukrainische Schreibweise verwendet, in Passagen mit Ereignissen, die in der Vergangenheit stattfanden, aber – teils um der historischen Genauigkeit willen, teils auch, um die Atmosphäre einer verlorenen Ära zu vermitteln – auf ältere Schreibweisen zurückgegriffen. So schreibe ich beispielsweise über meine Reisen nach L'viv in den Jahren 2001 und 2005, verweise aber zuweilen auf die – im Deutschen ein feststehender Begriff – Lemberger Mathematikschule. Die eine mehr oder weniger konsequente Ausnahme von dieser Norm – eine verzeihliche, wie ich hoffe – ist mein Gebrauch der alten deutschen Schreibweise des Namens der Stadt, die in Atlanten heute in seiner ukrainischen Form *Bolechiv* verzeichnet ist und die die meisten meiner Interviewpartner bei ihrem polnischen Namen *Bolechów* nannten, von der meine Familie, die dort über dreihundert Jahre lang lebte, aber immer als *Bolechow* sprach – eine Gewohnheit, mit der zu brechen mir unmöglich war.

Dank

Kein Buch, dessen Entstehung fünf Jahre – und noch länger – gedauert hat, wird ohne die Unterstützung und Ermutigung vieler Menschen geschrieben, daher ist es mir ein Vergnügen, an dieser Stelle meine Dankbarkeit denjenigen zu bekunden, die sie so sehr verdienen.

Dies ist ein Buch über Familie, und in der größten Schuld stehe ich bei meiner eigenen: zuallererst bei meinen Eltern, Marlene und Jay Mendelsohn, die die seltsame Begeisterung meiner Kindheit (»Athene-Tisch«, Fotoexkursionen auf den Friedhof) ermutigten und die mir seitdem vorbehaltlos ihre Zeit, ihre Erinnerungen und noch viel mehr geschenkt haben; dann bei meinen Geschwistern und deren Partnerinnen und Partnern, die, wie diese Seiten gezeigt haben dürften, nicht nur begeisterte Unterstützung boten, sondern sich auch aktiv und nachhaltig an dem Projekt Bolechow beteiligten: Andrew Mendelsohn und Virginia Shea, Matt Mendelsohn und Maya Vastardis, Eric Mendelsohn, Jennifer Mendelsohn und Greg Abel.

Freilich wäre es ungerecht, meine tiefste Dankbarkeit nicht vor allem Matt zu erweisen, war er doch von Anfang bis Ende ein ebenbürtiger Mitarbeiter bei diesem Projekt; die in diesem Buch erzählte Geschichte verdankt ihm ebenso viel wie mir, und das nicht nur deshalb, weil viele dieser Seiten sein außerordentliches Talent belegen. Wenn ich sage, dass er eine wunderbare Art hat, die Dinge zu sehen, meine ich nicht nur sein professionelles Auge; am Ende ist seine tiefe Menschlichkeit ebenso in die Worte wie in die Bilder eingegangen. Von allem, was ich auf meiner Suche gefunden habe, ist er der größte Schatz.

Die Bolechower, mit denen ich im Laufe von zwei Jahren gesprochen habe, gehören, streng genommen, nicht zur Familie, doch fällt es inzwischen schwer, sie nicht dazu zu zählen; es ist nicht notwendig, ihre Namen hier zu wiederholen, da das ganze

Buch ein Dokument meiner Dankbarkeit für ihre überragende und überreiche Gastfreundschaft ist, für ihre Großzügigkeit bezüglich ihrer Zeit und Erinnerungen, die mitzuteilen, dessen bin ich mir bewusst, nicht immer eine schöne Aufgabe war. Allerdings möchte ich hier doch die Namen einiger anderer Freunde und Verwandter erwähnen, die mit der Bolechower Gruppe in Verbindung stehen und denen ich Dank für Gastlichkeit oder Freundschaft oder beides schulde: Susannah Juni, Malka Lewenwirth, Debbie Greene in Sydney und unserer Mittelmark-Cousine Renate Hallerby und ihrem Mann Nils in Stockholm, deren Wärme und Großzügigkeit trotz der Kürze der Zeit, die wir gemeinsam hatten, allzu offensichtlich waren. Freunde und Verwandte in Israel waren beständige und geschätzte Quellen von Gastfreundschaft, Ermutigung und Enthusiasmus, ich bin ihnen zutiefst dankbar. Besonderen Dank schulde ich Linda Zisquit in Jerusalem für die liebevolle Beharrlichkeit, mit der sie mir bei der Suche nach etwas Kleinem, aber Entscheidendem half. In den Staaten bedachten Allan und Karen Rechtschaffen sowie Marilyn Mittelmark Tepper mich an einem langen, herrlichen »Cousin-und-Cousinen«-Wochenende mit vielen wesentlichen Erinnerungen, und Edward (»Nino«) Beltrami verhalf mir zu einer wichtigen Erkenntnis.

Jedem, der das Buch gelesen hat, wird klar geworden sein, dass ich in Bolechiv, Ukraine, eine außerordentliche Gastfreundschaft genossen habe, für dich ich ebenso dankbar bin wie für die, die ich überall sonst erfahren habe. Von allen Ukrainern, die mir geholfen haben, war jedoch keiner so großzügig, engagiert und letztlich entscheidend wie Alex Dunai aus L'viv, seit nunmehr zehn Jahren meine rechte Hand bei dem Projekt, dessen Krönung dieses Buch ist. Für seine unermüdlichen Bemühungen unseretwegen bin ich dankbarer, als ich auszudrücken vermag. Anfangs war er ein geschätzter Kollege, jetzt ist er, zusammen mit seiner Familie, ein lieber Freund.

Unschätzbare archivarische und technische Hilfe kam außerdem von einer Gruppe talentierter junger Leute, deren Beitrag ich gern erwähne: Nicky Gottlieb mit seiner kalendarischen Zauberei, Henryk Jaronowski, dem ich einige entscheidende Fotografien verdanke, Arthur Dudney, ohne dessen polnische

Übersetzungen ich verloren gewesen wäre, und meine *Benjamine*, Morris Doueck und Zack Woolfe: »von euren Studenten werdet ihr lernen«.

Zutiefst dankbar bin ich auch Ariel Kaminer vom *New York Times Magazine* dafür, dass er meinen ersten Text über Bolechow so erfolgreich bis in den Druck begleitet hat.

Ein kleiner Kreis enger Freunde waren wichtige Begleiter bis zum Abschluss dieses langen Projekts: Chris Andersen, Glen Bowersock und Christopher Jones, István und Gloria Deák, Diane Feldman, Lise Funderburg und John Howard, Bob Gottlieb und Maria Tucci, Renée Guest, Jake Hurley, Lily Knezevich, Laura Miller und Stephen Simcock. Donna Masini war die beste Freundin, die man sich nur wünschen kann, Patti Hart leistete unschätzbare Unterstützung. Myrna und Ralph Langer waren, zusammen mit ihrer Großfamilie, für mich und die meinen ein Fels an Zuneigung und Ermutigung, vor allem während dieses Projekts für mich von großem Wert; besonders froh bin ich zudem, Karen Isaac als unterstützende und liebevolle Chat-Partnerin zu haben. Meine Dankesschuld gegenüber Froma Zeitlin, die ich, wann immer möglich, sehr gern einräume, dürfte auf diesen Seiten evident geworden sein; ohne sie wäre dieses Buch buchstäblich nicht geschrieben worden – auch nicht ohne ihren Mann George –, eine großzügige Gastgeberin früherer Tage und in jüngerer Vergangenheit eine unermüdliche Reisebegleiterin in Wien, Israel und Litauen. Meine Reisen mit Lane Montgomery haben, wie man wohl sagen kann, das gesamte Spektrum der Annehmlichkeiten durchlaufen; ich bin ihr äußerst dankbar für ihren Beitrag zu der zweiten, sehr emotionalen Reise, die wir zusammen unternahmen. Von Beginn des Projekts an waren Nancy Novogrod und ihr Mann John – die meinen Erzählungen von den galizischen Reisen ein ungeheuer teilnahmsvolles Ohr geschenkt haben – geschätzte Quellen der Freundschaft und Ermutigung. Dankbar bin ich Nancy auch in ihrer Funktion als Redakteurin bei *Travels + Leisure* für ihre Nachsicht und Geduld, indem sie mich von meinen Verpflichtungen freistellte, damit ich dieses Buch fertigstellen konnte; Bob Silvers von der *New York Review of Books* war in dieser Hinsicht ebenfalls sehr großzügig, wie im Übrigen auch in manch anderer.

Keine Freunde waren bei der Abfassung dieses Buchs jedoch unerlässlicher als Louis und Anka Begley. Zu sagen, dass sie viel Wichtiges mit mir geteilt haben, wäre eine Untertreibung; nur ein kleiner Teil davon war eine entscheidende Woche der Gastfreundschaft, in der ich meine Arbeit zu Ende brachte.

Die Zusammenarbeit mit meinem Lektor Tim Duggan war von Beginn an außerordentlich angenehm, und sollte das Buch Vorzüge besitzen, so sind sie überwiegend ihm geschuldet. Seine Begeisterung für das Projekt von Beginn an, seine Geduld, als sie an Umfang (inhaltlich wie räumlich) und Dauer zunahm, sein makelloser Professionalismus, das Geschick, mit dem er ein scharfsinniges editorisches Gespür mit einem tiefen Feingefühl hinsichtlich meiner Ziele austarierte, hat mir die Abfassung dieses Buches zu einer Freude und letztlich einer Erfahrung gemacht, bei der ich eine Menge gelernt habe. Dafür bin ich dankbar. Ich sollte noch hinzufügen, dass nicht der geringste Teil des Vergnügens, mit ihm zu arbeiten, die hervorragende Hilfe war, unermüdlich, fröhlich und stets effizient, die mir seine Assistentin Allison Lorentzen gewährte. Auch ihr bin ich sehr dankbar.

Noch einmal werde ich enden, wo ich begonnen habe. Ich hatte gerade das Graduiertenstudium abgeschlossen, als Lydia Wills mich mehr oder weniger packte und in die richtige Richtung wies, und seitdem hat mich unsere berufliche Zusammenarbeit mit großem Stolz und Genugtuung erfüllt – ebenso wie unsere Freundschaft. Sie wusste schon die ganze Zeit, dass ich dieses Buch schreiben musste, wegen ihr ist es auf die genau richtige Art geschrieben worden; deshalb ist es wie so vieles, das ich erreicht habe, ihres ebenso wie meins.

Die deutsche Ausgabe dieses Buches hat lange auf sich warten lassen, doch das Warten hat sich gelohnt. In erster Linie danke ich Helge Malchow, der sich dieses Buchs annahm, als kein anderer deutscher Verleger Interesse dafür zeigte, dann meinem Lektor Lutz Dursthoff, der es klug durch alle Stadien von Übersetzung, Lektorat und Produktion gesteuert hat, seinem Kollegen Johann Christoph Maass, der dem deutschen Text mit Umsicht und hohem Sachverstand den letzten Schliff gegeben hat, vor allem aber meinem großartigen Übersetzer Eike Schönfeld, dessen wunderbare Arbeit (dies zu übersetzen, wird ihm peinlich sein [quite so, Daniel]) höchstes Lob verdient und, sollte diesem Buch Erfolg beschieden sein, wesentlichen Anteil daran hat. Nicht unerwähnt lassen möchte ich meine lieben deutschen Freunde Constanze Güthenke und Christian Wildberg (und Annette Güthenke, eine unentbehrliche Ratgeberin), die mich nach Kräften unterstützt haben. Dank schulde ich auch Gary Smith und seinen Mitarbeitern von der American Academy in Berlin dafür, dass sie mir die entscheidende Gelegenheit gaben, über *The Lost* zu sprechen – eine Gelegenheit, die mich, wie sich zeigte, glücklicherweise zu Kiepenheuer & Witsch führte.

Bildnachweis

Dank schulde ich den folgenden Einrichtungen und Personen für die Erlaubnis, Fotografien abzudrucken und aus Dokumenten in ihrem Besitz zu zitieren:

Beth Hatefutsoth, Nahum Goldmann Diaspora Museum, Tel Aviv, Dauerausstellung (S. 410 und 415); Jüdisches Museum in Prag (S. 347); Yad Vashem – die zentrale Gedenkstätte für die Opfer in Jerusalem (S. 254–257, 278–281, 427); Lane Montgomery (S. 592); Henryk Jaronowski (S. 354 und 356); Staatsarchiv der Russischen Föderation (S. 624).

Zitierte Literatur

Die heilige Schrift, ins Deutsche übertragen von Naftali Herz Tur-Sinai, Holzgerlingen: Hänssler, 1993.

Raschis Pentateuchkommentar, herausgegeben und übersetzt von Selig Bamberger, Basel: Goldschmidt, 1962.

Adalbert Rückerl, *Nationalsozialistische Vernichtungslager im Spiegel deutscher Strafprozesse: Belzec, Sobibor, Treblinka, Chelmno*, München: Deutscher Taschenbuch Verlag, 1978.

Marcel Proust, *Auf der Suche nach der verlorenen Zeit*, Deutsch von Eva Rechel-Mertens, Frankfurt am Main: Suhrkamp, 1967.

Anna Komnene, *Alexias*, übersetzt von Diether Roderich Reinsch, Köln: Du Mont Buchverlag, 1996.

José Saramago, *Die Geschichte der Belagerung von Lissabon*, aus dem Portugiesischen von Andreas Klotsch, Reinbek: Rowohlt, 1992.

Der Übersetzer dankt Bashe Trinh für ihre wertvolle und geduldige Unterstützung bei allen Fragen des Jiddischen.

Daniel Mendelsohn

EINE ODYSSEE

*Mein Vater,
ein Epos und ich*

PANTHEON

»Ein
hinreißendes
Buch!«
Deutschlandfunk
Kultur

Eine berührende Vater-Sohn-Geschichte auf den Spuren des großen Epos von Homer

Als Jay Mendelsohn, pensionierter Mathematiker und 81 Jahre alt, eines Tages spontan beschließt, den Uni-Grundkurs seines Sohnes Daniel zum Thema »Odyssee« zu besuchen, ahnen beide Männer nicht, dass dies der Beginn einer ganz eigenen Familienreise ist. Vater und Sohn beschließen nämlich, auf einer Schiffsroute den Spuren des großen Epos von Homer zu folgen – und im Angesicht der eigenen Sterblichkeit kommen sie sich dabei endlich wieder näher. Bewegend und mitreißend erzählt Daniel Mendelsohn, wie ein 3000 Jahre alter Mythos ihn und seinen Vater wieder zueinanderführt.

»Eine flirrende Mischung aus Familiengeschichte und Lektüreschlüssel, Textanalyse und Lebensdeutung, elegant geschrieben und souverän komponiert.«
FRANKFURTER ALLGEMEINE SONNTAGSZEITUNG

*»Ein hinreißendes Buch. Mendelsohn zeigt,
dass Weltliteratur vom Leben handelt.«*
DEUTSCHLANDFUNK KULTUR LESART

www.pantheon-verlag.de

»Vergleichbar dem Tagebuch der Anne Frank.«
Frankfurter Allgemeine Zeitung

Unter dem Druck der nationalsozialistischen Gewalt-
herrschaft zerbricht die deutsch-jüdische Familie
Jahn. Als die Jüdin Lilli Jahn im September 1943 in das
Arbeitslager Breitenau gebracht wird, halten nur noch
ihre fünf Kinder fest zu ihr. Fast täglich schicken sie ihr
Briefe, die Lilli helfen, das Grauen des Lageralltags zu
überstehen, und die sie auf herausgeschmuggelten
Papieren erwidert. Im März 1944 wird Lilli Jahn nach
Auschwitz deportiert und stirbt dort.
In einzigartiger Vollständigkeit sind über 500 Briefe
erhalten – ein zutiefst ergreifendes Zeitzeugnis.

»Kein historischer Roman, keine Erinnerungen können
es mit Originalquellen dieser Qualität, dieser Lebendigkeit und Ursprünglichkeit aufnehmen.«
DER SPIEGEL

 **PENGUIN** VERLAG

»Du fährst, mein Sohn, in das Land der Kultur«, gibt seine Lehrerin dem kaum neun Jahre alten Marcel mit auf den Weg, als
er seine polnische Heimat verlässt, um nach Berlin zu gehen.
Doch dieses Land ist auch eines der Barbarei und Dunkelheit.
Auf die Schulzeit im »Dritten Reich« folgen 1938 die Deporta-
tion nach Polen und das demütigende Leben im Warschauer
Getto. 1958 kehrte Reich-Ranicki nach Deutschland zurück,
und seine beispiellose Karriere als Kritiker begann.

»Eine der ergreifendsten Lebensgeschichten dieses Jahrhunderts.«
DER SPIEGEL

»Mein Leben *ist eine überraschende, grandiose Apotheose der
Liebe – zu seiner Frau und zur Literatur.«*
WELT AM SONNTAG

»Mein Leben *ist nicht nur ein großes zeitgeschichtliches
Dokument. Es ist auch eine wunderschöne Liebesgeschichte.«*
FRANKFURTER NEUE PRESSE

www.pantheon-verlag.de